Heinrich Heine

»… und grüßen Sie mir die Welt «

Ein Leben in Briefen

Herausgegeben von Bernd Füllner
und Christian Liedtke

| Hoffmann und Campe |

1. Auflage 2005
Copyright © 2005 by Hoffmann und Campe Verlag, Hamburg
www.hoca.de
Schutzumschlaggestaltung: Katja Maasböl
Abbildung: Radierung von
Ludwig Emil Grimm, 9. November 1827
Heinrich Heine Institut Düsseldorf
Satz: Dörlemann Satz, Lemförde
Druck und Bindung: Clausen & Bosse, Leck
Printed in Germany
ISBN (10) 3-455-09512-7
ISBN (13) 978-3-455-09512-8

HOFFMANN
UND CAMPE

Ein Unternehmen der
GANSKE VERLAGSGRUPPE

Inhalt

Einleitung

Briefe gehören unter die wichtigsten Denkmäler, die der einzelne Mensch hinterlassen kann. [...] Was uns freut oder schmerzt, drückt oder beschäftigt, löst sich von dem Herzen los, und als dauernde Spuren eines Daseins, eines Zustandes sind solche Blätter für die Nachwelt immer wichtiger, je mehr dem Schreibenden nur der Augenblick vorschwebte, je weniger ihm eine Folgezeit in den Sinn kam.«[1] Dieser von Goethe beschriebene Reiz geht von den Briefen Heinrich Heines in besonderem Maße aus. Anders als Schiller oder Goethe, bei dem man doch manchmal den Eindruck hat, daß ihm bei allem, was er tat, »eine Folgezeit in den Sinn kam«, hat er seine Briefe nicht mit halbem Blick auf die Nachwelt geschrieben. Er hat auch keine epistolarischen Kunstwerke verfaßt wie die Romantiker, die bei ihren Herzensergießungen oft schon gleich an das Buch dachten, in dem sie diese anschließend veröffentlichen wollten. Heines Credo als Briefschreiber lautete vielmehr, daß »[...] bey mir immer der Brief den ich schreibe ein Thermometer ist woraus man meine Gemüthsstimmung erkennen kann. Das ist doch am Ende die Hauptsache die man aus Briefen der Freunde ersehen will, u darum ist mir der Brief im Negligee-Gewand tausendmahl lieber als der Galla-Brief« (S. 121).[2]

Dieses »Thermometer« schlägt mitunter recht heftig aus, tragen seine Briefe doch den Stempel einer Zeit revolutionärer Kämpfe und Veränderungen, eines bewegten Lebens und vor allem eines ebenso umstrittenen wie streitbaren Autors, der sein Selbstverständnis einmal mit den Worten zusammenfaßte: »Die Literatur, das sind wir und un-

---

[1]   Johann Wolfgang von Goethe: *Winckelmann*. In: ders., *Werke*. Hg. im Auftrage der Großherzogin Sophie von Sachsen. I. Abteilung, Bd. 46, S. 1–101. Hier: S. 11 f.
[2]   Verweise mit einfacher Seitenangabe beziehen sich auf Stellen in diesem Buch. Zur Zitierweise s. den Abschnitt »Zu dieser Ausgabe«, S. 22 f.

sere Feinde.« (S. 228) Während Heine in seinen Werken oft in der schimmernden Rüstung des brillanten Spötters und Satirikers auftritt, zeigen seine Briefe jedoch auch die Verletzungen, die er in diesen Zeitkämpfen davongetragen hat, die Nöte des Exils, die Schwierigkeiten mit der Zensur, die Auseinandersetzungen mit literarischen und politischen Weggefährten. Heine richtet seine Briefe an die große Welt der Literatur, an George Sand und Alexandre Dumas, Honoré de Balzac und Hans Christian Andersen, aber auch an die kleine Welt seiner Familie und Freunde, wobei er andere, weniger bekannte Seiten von sich offenbart. Die Briefe an die Studienfreunde geben Einblicke in das Universitätsleben der Zeit, die liebevollen, mitunter besorgten Briefe an seine Mutter und seine Schwester bezeugen das lebenslang schwierige Verhältnis zu seiner Familie in Hamburg, und der Briefwechsel mit seinem kongenialen Verleger Julius Campe zeigt nicht nur die Entstehungsgeschichten seiner Werke und die alltäglichen Probleme und taktischen Winkelzüge vormärzlicher Publizistik, sondern auch zwei starke Persönlichkeiten zwischen Freundschaft und Interessenkonflikten, die sie stets mit bemerkenswerter Offenheit austragen.

Die Bemerkung Goethes über den Reiz von Briefen gilt nicht nur für den Leser, sondern auch für den Schreiber, erst recht, wenn das Schreiben ansonsten sein Beruf ist. Denn hier schreibt er sozusagen »außer Konkurrenz«. Gegenüber Rudolf Christiani bekennt sich Heine am 26. Januar 1824 jedenfalls ausdrücklich zur Kunstlosigkeit, die er sich als Briefschreiber gestatte:

> Wenn ich mir Mühe gebe, so möchte es mir vielleicht gelingen daß ich einige zierliche Perioden ächter großherzogl Weimarscher Hofprosa zu Stande brächte [...]. Aber Sie wissen wohl dergl wird mir sauer, u ich mache es mir gern bequem, und Sie werden es mir nicht verübeln daß ich auch jetzt in meinem gewöhnlichen abgehakten, konfusen Jargon schreibe. Von meinem Schriftstellerruhm will ich doch wenigstens das haben, daß ich so schreiben darf wie es mir einfällt, ohne daß ich ein stilistisches oder grammatisches Ketzergericht zu befürchten habe. (HSA XX, 138)

Dennoch präsentiert Heine sich im bequemen »Negligee-Gewand« des Briefes durchaus nicht mit weniger Kraft oder Wortwitz – aber dafür manchmal mit weniger Rücksichten – und alles, was die Werke des »amüsantesten deutschen Klassikers«3 so einzigartig macht, findet man auch in seinen Briefen: die unnachahmliche Mischung von Ernst und Scherz, die Fähigkeit, mit wenigen Worten Personen oder Situationen treffend zu schildern und in ein komisches oder entlarvendes Licht zu stellen, seinen satirischen Blick und die scharfe politische Beobachtungsgabe, originelle Wortschöpfungen wie: »Gehirnschweiß« (S. 59), »Briefschreibungsordentlichkeit« (HSA XX, 64), »Literaturschmerzen« (HSA XXI, 173), »Grunzvögelchen«(S. 363), Mathilde als »Hausvesuv« (HSA XXII, 155) – und ebenso viele zitierenswerte Bonmots:

> Hamburg ist am Tage eine große Rechenstube und in der Nacht ein großes Bordell. (HSA XX, 224)

> Aergert dich dein Auge so reiß es aus, ärgert dich deine Hand so hau sie ab, ärgert dich deine Zunge so schneide sie ab, und ärgert dich deine Vernunft so werde katholisch. (S. 186)

> Nächst der Kunst giebt es nichts Schrecklicheres als die Natur! (S. 272)

> Ich sterbe an den Prügeln, die ich nicht austheilen kann. (S. 424)

Manche dieser Besonderheiten treten in den Briefen sogar noch deutlicher hervor als in seinen Werken, etwa jene »kleine[n] liebenswürdige[n] Züge und Wendungen«, von denen Heinrich Laube gesagt hat, daß sie »aus seinen besten Gedichten mit Kindesaugen hervorblicken«4 und die man vor allem in seinen Familienbriefen entdeckt. Und auch die Selbsteinschätzung, »ich kann meine eigne Schmerzen nicht erzählen ohne daß die Sache komisch wird« (HSA XX, 128), gilt für den Briefschreiber Heine in fast noch stärkerem Maße als für den Dichter. Das belegen vor allem die Briefe an den wohl engsten Freund in seinem Leben, Moses Moser. Nirgendwo sonst äußert Heine sich so ausführlich über das Judentum, dessen historische Rolle und aktuelle Situation sowie über seine eigene Haltung dazu, über seine Empfindungen bei der Auseinandersetzung mit Gegenwart und Geschichte der Juden, jener Quelle »der Belehrung und des Schmerzes« (S. 127), und bei aller

---

3 Hermann Kesten: *Meine Freunde die Poeten*. München 1959, S. 516.
4 Werner / Houben I, S. 419.

Bitterkeit, die Heine nach der Taufe auch gegen sich selbst richtet, gehören tatsächlich gerade einige dieser Briefe zugleich auch zu seinen komischsten.

Eine weitere Qualität seines schriftstellerischen Werkes kommt in den Briefen noch stärker zum Tragen als dort, nämlich das, was Klaus Briegleb »den kämpferischen und doch poetisch warmen Zugang des Menschen Heine zu seinen Lesern«[5] genannt hat, der spezielle Ton, die kommunikative Unmittelbarkeit, durch die es Heine in Versen wie in Prosa gleichermaßen gelingt, seine Leser direkt anzusprechen und die den Charme seines Werkes ausmacht. Diese Qualität zeigt sich hier in den ganz unterschiedlichen Arten der Ansprache, die er für seine verschiedenen Briefpartner findet. Daran erweise sich »ein geistreicher Briefsteller«[6], hat Goethe gesagt, doch Heine geht es nicht in erster Linie darum, geistreich zu sein, seine Briefe sind keine Selbstgespräche. Er übt sich in dieser Kunst, weil er Antworten bekommen will. »Dieser Brief ist die Taube, die ich aus meiner Arche, aufs Gradewohl entlasse, um mir Nachricht von Ihnen zu bringen« (HSA XX, 380), lautet eine häufige Formulierung von ihm, und viele seiner Briefe enthalten manchmal mehr, manchmal weniger drängende Aufforderungen zum Antworten, zu baldigem und häufigem Schreiben. Das sind keine bloßen Floskeln. Stets interessieren ihn vor allem die Reaktionen auf seine Werke, über die er genau informiert werden möchte, und natürlich sind es die Freunde selbst, über die er Bescheid wissen will, von denen er ebenfalls keine geistreichen Reflexionen erwartet, wie er Rudolf Christiani wissen läßt:

> Zwar kann ich die augenblickliche Stimmung der Freunde sehr gut errathen wenn sie im Briefe reflecktiren, u Stoff u Weise geben mir manchen Wink. Doch ist es mir lieber wenn ich individuelle Züge, unbedeutende Facta finde; u obzwar es mich hinreichend interessirt wie Dr Christiani über das Volksthümliche denkt, so würde es mich dennoch eben so stark, ja noch mehr interessiren wenn ich erfahre: ob er auf jener Redoute (abgeleitet von redoutable) in Lüneburg seine unästhetischen Trikothosen getragen, ob er noch oft nach Wienebüttel

5 Klaus Briegleb: *Literatur und Fahndung*. München, Wien 1979, S. 124.
6 Goethe, *Winckelmann* (s. Anm. 1), S. 13.

geht, u Gott weiß was noch mehr. Aber was ich hier sage ist eigentlich gegen einen Berliner Freund gerichtet, wovon ich gestern einen langen Brief erhielt, worinn nichts über den Freund selbst, da doch dieses mich mehr interessirte als seine ellenlangen Contemplazionen. (S. 121)

Solche »ellenlangen Contemplazionen«, wie Heine sie hier indirekt einem »Berliner Freund« vorwirft (gemeint ist Moses Moser), finden sich in seinen eigenen Briefen denn auch entsprechend selten. Ausführliche ästhetische oder poetologische Reflexionen und Selbstkommentare sind bei ihm eher die Ausnahme. Zu diesen Ausnahmen, die zum größten Teil aus der Anfangszeit seiner Schriftstellerlaufbahn stammen, gehören etwa die Briefe an die Bonner Kommilitonen, ein Echo ihrer lebhaften literarischen Diskussionen, die diese erste Phase von Heines Studium für seinen Weg als Dichter so fruchtbar gemacht haben; gleichfalls die Schreiben an Immermann, in denen Heine ausführlich wie selten aus seiner »Werkstatt« berichtet und einen Gedankenaustausch unter Kollegen anstrebt, wie er ihn später, jedenfalls in brieflicher Form, nie mehr geführt hat. Gegenüber dem Liederdichter Wilhelm Müller äußert er sich über das Volkslied und die moderne Lyrik (Nr. 47), in einem Brief an Friederike Robert entwickelt er seine durch die Auseinandersetzung mit Aristophanes gewonnenen Ansichten über den Zusammenhang von Komik und Tragik (Nr. 40), auch in den Briefen an seine Berliner Freunde und Förderer Rahel und Karl August Varnhagen von Ense äußert er sich gelegentlich über seine eigenen Werke. Aber gerade die Briefe an das Ehepaar Varnhagen zeigen, daß dabei die Werke selbst weniger im Mittelpunkt stehen, viel häufiger geht es dagegen um die Frage ihrer Aufnahme durch das Publikum und was man für ihre Verbreitung tun könne. Das beste Beispiel dafür ist vielleicht der große Brief an Varnhagen vom 4. Januar 1830 (Nr. 63), in dem Heine nach den antisemitischen Angriffen Platens sein Vorgehen gegen diesen begründet. Er macht deutlich, daß die literarische Landschaft inzwischen eine ganz andere ist als in der klassisch-romantischen Epoche und daß darum nicht nur die literarischen Werke, sondern eben auch die Briefe der Dichter ganz anders sein müssen. Ähnlich charakteristisch ist dafür Heines Brief an Gutzkow (Nr. 98). Und mit Heinrich Laube, der Heine von den Schriftstellern des Jungen

Deutschland am nächsten stand und mit dem er einen sehr umfangreichen Briefwechsel führte, tauscht Heine sich vorwiegend über publikationstaktische und literaturpolitische Aspekte aus. »Ästhetische Briefe«, wie sie sich die Dichter des 18. Jahrhunderts schrieben, passen schließlich nicht mehr für Schriftsteller, die, wie Heine in seiner *Romantischen Schule* programmatisch formulierte, »[…] keinen Unterschied machen wollen zwischen Leben und Schreiben, die nimmermehr die Politik trennen von Wissenschaft, Kunst, und Religion, und die zu gleicher Zeit Künstler, Tribune und Apostel sind« (DHA VIII, 218).

Wie die Kämpfe und Kleinkriege aussahen, die ein politischer Schriftsteller in der Zeit des Vormärz führen mußte, wird durch die vielen Briefe Heines an seinen Verleger Julius Campe anschaulich. Friedrich Hirth, der Herausgeber der ersten Gesamtausgabe von Heines Briefen, glaubte ihre Publikation noch rechtfertigen zu müssen und erörterte sogar die Frage, ob sie vielleicht dem Nachruhm Heines schaden könne. »Man wird diese Briefe nicht immer erfreulich nennen können. Der Geldpunkt spielt darin eine entscheidende Rolle, und die rastlosen Erwähnungen von Wechseltrassierungen und Honorarzahlungen stechen von der Erörterung dichterischer Pläne grell ab.«[7] Aus heutiger Sicht sind diese Briefe aber gerade darum so interessant, weil sie eben keine »idealischen« Episteln über nichts anderes als »dichterische Pläne« sind, sondern Einblicke in den Arbeitsalltag von Autor und Verleger geben. Sie zeigen die Modernität des Berufsschriftstellers Heine, der sich stets bewußt war, daß er nicht nur Kunstwerke schuf, sondern auch eine Ware zu verkaufen hatte, über die er selbstbewußt mit seinem Verleger verhandelte. An den Briefen Heines an Campe werden aber auch die Zensurnöte besonders augenfällig, gegen die Heine anzukämpfen hatte, was er meistens mit, manchmal aber auch gegen Campe tat. Diese Briefe sind vielleicht interessantere Zeugnisse über Heines Selbstverständnis als Dichter und seine Vorstellung von der Literatur, als »ellenlange Contemplazionen« über ästhetische Fragen es hätten sein können.

---

7 Friedrich Hirth: Einleitung zum ersten Teil. In: Heinrich Heine: *Briefe. Erste Gesamtausgabe nach den Handschriften*. Hg. und eingeleitet von Friedrich Hirth. Bd. I. Mainz 1950, S. XV–LIV. Hier: S. XVIII.

So wie sich Heines Ansichten über Literatur nicht in langen
»Grundsatzbriefen« äußern, sondern in vielen kleinen, manchmal
scheinbar nebensächlichen Bemerkungen und zudem eher implizit im
Alltagstext seiner Briefe präsent sind, gibt es auch wenige explizite
Selbstdarstellungen und -reflexionen Heines. Der große Bekenntnisbrief war seine Sache nicht; »der Brief als eine Art von Selbstgespräch«,
bei dem, wie Goethe es charakterisierte, der Freund, »an den man
schreibt, mehr der Anlaß als der Gegenstand des Briefes«[8] ist, kommt
bei Heine kaum vor. Eine wichtige Ausnahme bilden hier die beiden
Briefe, die er während seiner kaufmännischen Lehrzeit in Hamburg
an seinen Düsseldorfer Schulfreund Christian Sethe schrieb (Nr. 2 und
3). Sie sind erste ausdrückliche Standortbestimmungen und Selbstdarstellungen eines Dichters, der sich von Anfang an darüber im klaren
war, welch eine exponierte Stellung er als öffentlich auftretender Jude
haben würde und daß er sich beinahe zwangsläufig in eine Außenseiterposition begeben würde; eine Stellung, die er sein ganzes Leben in-
nehaben sollte.

Annähernd 1800 Briefe von Heinrich Heine an über 400 verschiedene Empfänger sind überliefert. Die 199 ausgewählten Briefe, die
hier soweit wie irgend möglich in ihrer Originalgestalt präsentiert werden[9], sollen einen Eindruck von der Vielfalt dieses Korpus vermitteln
und die besonderen Qualitäten des originellen, poetischen Briefautors
Heine hervorheben. Zugleich sollen sie die Möglichkeit bieten, Heines
Leben mit Hilfe seiner Briefe »nachzulesen«. Literarische und politische Themen spielen darum eine genauso große Rolle wie alltägliche
und scheinbar banale Dinge, und es konnte nicht das Ziel unserer Auswahl sein, für jedes Werk die Entstehungsgeschichte lückenlos zu do-
kumentieren; bei einigen Briefen – etwa manchen kurzen Billetts aus
der Pariser Zeit – kommt es weniger auf den Inhalt als vielmehr auf
den Empfänger an.

Die Gliederung des Bandes folgt den Lebensstationen Heines. Jede
nachträgliche Einteilung einer Biographie in Lebensphasen hat natürlich etwas Willkürliches, hier wurden vorwiegend die naheliegenden

---

8   Goethe, *Winckelmann* (s. Anm. 1), S. 12.
9   Zu den Editionsprinzipien s. den Abschnitt »Zu dieser Ausgabe«, S. 18 ff.

äußerlichen Kriterien dafür gewählt: Kapitel I umfaßt Heines Jugend in Düsseldorf und die Zeit seiner kaufmännischen Ausbildung in Hamburg, sein Studium bildet die nächsten beiden Abschnitte. Kapitel II enthält Briefe aus dessen erster Phase in Bonn und Göttingen, bis zur Unterbrechung durch das »Consilium abeundi«, den Verweis von der Göttinger Universität. Im Hinblick auf Heines Entwicklung als Dichter ist dies eine Zeit, in der er sich ausbildet und sich geradezu systematisch in verschiedenen Gattungen und Formen übt, während die Fortsetzung des Studiums in Berlin (Kapitel III) dann den Schritt an die Öffentlichkeit mit sich bringt. Nach dem Zwischenaufenthalt in Lüneburg – einer ereignisarmen Zeit, die dafür um so interessantere Briefe hervorgebracht hat – endet das Kapitel mit dem juristischen Examen. Die folgende Phase, zwischen dem Studienabschluß und der Übersiedlung nach Paris (Kapitel IV), wird von vielen Heine-Biographen gerne mit »Wanderjahre« überschrieben – eine allzu euphemistische Bezeichnung, die verschleiert, daß sein unstetes Leben und die vielen Ortswechsel in dieser Zeit kein Selbstzweck sind, sondern dem am Ende vergeblichen Bemühen geschuldet sind, eine berufliche Existenz und eine gesicherte Position als Schriftsteller in Deutschland zu erlangen. Der Gang nach Paris ist schließlich auch von Heine selbst unter das Motto »La force des choses«, »die Macht der Dinge« (S. 221), gestellt worden, denn wenn er ihn auch freiwillig und mit Freuden antrat, war er zugleich doch auch von äußerer Notwendigkeit bedingt. Um Heines Zeit in Paris (Kapitel V und VI) in Abschnitte zu unterteilen, wären verschiedene Zäsuren denkbar, wir haben uns dafür entschieden, den Einschnitt im Jahr 1844, nach Heines Rückkehr von seiner zweiten und letzten Deutschlandreise, anzusetzen. Danach sollte er Frankreich (und bald auch Paris) nicht mehr verlassen, zudem begann unmittelbar danach – wohl nicht zufällig im Zusammenhang mit dem Pensionsstreit nach dem Tode seines Onkels Salomon Heine – die stetige Verschlechterung seines Gesundheitszustands, die dann die gesamte letzte Phase seines Lebens prägte. Im Hinblick auf Heines Werk markiert dieser Zeitpunkt ebenfalls eine Zäsur. Ähnlich wie die *Harzreise* Summe und Abschluß seiner Studienjahre war, indem sie alle Themen und Motive dieser Zeit noch einmal bündelte, faßte das 1844 erschienene Versepos *Deutschland. Ein Wintermärchen* die politisch-literarischen Kämpfe Heines aus den dreißiger und vierziger Jahren zusammen. Bis zu seiner nächsten Buchpublikation sollten danach dann drei Jahre vergehen.

Briefe sind Teile eines Dialogs, manchmal sogar eines größeren Gesprächs mit mehreren Beteiligten. Viele Briefe Heines vermitteln durch ihre unterschiedlichen Schreibweisen einen erstaunlich guten Eindruck von ihren jeweiligen Adressaten. Aber Briefe sind nun einmal nicht isoliert von ihren Empfängern zu betrachten, und da hier darauf verzichtet werden muß, auch Briefe an Heine wiederzugeben, ist das im Anhang angefügte Personenlexikon ein besonders wichtiger Bestandteil dieses Buches. Es soll das Geflecht von Personenbeziehungen sichtbar machen, die Heines Leben geprägt haben und das sich nirgends so deutlich zeigt wie in seinen Briefen, ob diese nun sich nun »im Negligee-Gewand« oder als »Galla-Brief« den Menschen präsentierten, die seine Welt waren – »[…] und grüßen Sie mir die Welt!« (S. 195)

Das Personenlexikon und die Einleitungen wurden von Christian Liedtke verfaßt. Unser herzlicher Dank gilt den beiden Mitarbeiterinnen, die uns bei diesem Projekt unterstützt haben: Regina Grundmann, die die französischen Briefe Heines übersetzt hat, und Michaela Kura, die für diesen Band die Stammtafel der Familien Heine und van Geldern erstellte.

Die Rechte an allen hier abgedruckten Bildern liegen beim Heinrich-Heine-Institut, Düsseldorf. Wir danken für die Genehmigung zur Publikation.

Düsseldorf, im August 2005
Bernd Füllner
Christian Liedtke

Zu dieser Ausgabe

Die Einleitungen zu den einzelnen Kapiteln geben jeweils einen kurzen Überblick über die betreffende Lebensphase und die Themen oder Werke, die in den Briefen aus dieser Zeit im Vordergrund stehen. Das wichtigste Hilfsmittel in diesem Band ist das Personenlexikon (S. 467ff.). Es enthält Informationen zu allen Empfängern der hier abgedruckten Briefe[1] und darüber hinaus zu vielen weiteren Personen, die für Heines Leben und Werk wichtig sind und in seinen Briefen erwähnt werden. Es verzeichnet nur Zeitgenossen, keine zu Heines Lebzeiten bereits verstorbenen Personen. Neben biographischen Erläuterungen sollen die Artikel vor allem über das Verhältnis und die Art des Kontaktes der jeweiligen Person zu Heine informieren. Oft finden sich dort auch Erläuterungen zu einzelnen Briefen. Familien- und Verwandtschaftsverhältnisse können anhand der von Michaela Kura erstellten Stammtafel[2] (S. 532f.) nachvollzogen werden, der chronologischen Orientierung dient die Zeittafel[3] (S. 537ff.). Auf Worterklärungen und detaillierte Kommentare zu einzelnen Stellen wurde ebenso verzichtet wie auf die Mitteilung von Lesarten. Sie können im Internet recherchiert werden, in der von den Herausgebern dieses Bandes mitbetreuten, digitalen Edition *Heinrich-Heine-Portal*

---

[1] Ein Sonderfall ist der Artikel über die deutsche Bundesversammlung. Dieses Gremium ist natürlich keine Person, da Heine aber einen offenen Brief an sie gerichtet hat (Nr. 88), wurde sie trotzdem in das Personenlexikon aufgenommen.

[2] Grundlagen dafür waren Fritz Mende: *Heinrich Heine. Chronik seines Lebens und Werkes*. 2. bearb. u. erw. Aufl. Stuttgart, Berlin, Köln, Mainz 1981, S. 344, und Joseph A. Kruse: »Sehr viel von meiner mütterlichen Familie« (H. Heine). Geschichte und Bedeutung der van Gelderns. In: ders.: *Heine-Zeit*. Stuttgart, Weimar 1997, S. 1–44.

[3] Die Daten basieren auf Fritz Mende: *Heinrich Heine. Chronik seines Lebens und Werkes* (s. Anm. 2).

(http://www.hhp.uni-trier.de), einem Gemeinschaftsprojekt des Heinrich-Heine-Instituts, Düsseldorf, und des Kompetenzzentrums für elektronische Publikations- und Erschließungsverfahren in den Geisteswissenschaften, Universität Trier.

Zur Textgestalt

Die Briefe Heines werden nach den Handschriften wiedergegeben. Von den Herausgebern wurden dazu Originale sowie Faksimiles, Fotokopien oder Fotografien von Originalen herangezogen. Bei Briefen, deren Handschriften heute verschollen sind, folgt der Text Drucken, die noch auf das jeweilige Original zurückgreifen konnten; Briefe, deren Handschriften unbekannt sind, werden nach den Drucken oder Abschriften wiedergegeben, die in diesen Fällen die einzigen Überlieferungsträger sind (s. Verzeichnis der Handschriften und Druckvorlagen, S. 543 ff.).

In seinem letzten Lebensjahrzehnt hat Heine meist nicht mehr selbst schreiben können, sondern diktiert. So kündigte er seiner Mutter im Juli 1847 an:

> [...] mein Augenübel ist halsstarrig. Ich darf fast gar nicht lesen, und das Schreiben ist mir ebenfalls nicht sonderlich heilsam. Diesen Winter werde ich mir in Paris einen Vorleser anschaffen, der mir zugleich als Secretär dienen soll. Wenn Du daher alsdann mahl einen Brief von mir erhälst, der nicht eigenhändig geschrieben ist, so erschrick nicht; ich sag es Dir 6 Monath voraus. (S. 363)

Meist sind diese Briefe von Heine selbst unterzeichnet, manchmal enthalten sie eigenhändige Zusätze, wie etwa das Schreiben an Gustav Heine vom 15. November 1850 (Nr. 156): »Mein Esel von Sekretair schreibt so unrichtig, will aber das Zeug mir nicht überlesen lassen, bin zu betrübt – kann durch fremde Hand nicht alles sagen. Harry« (S. 396) Es fällt auf, daß die diktierten Briefe oft länger sind, auch enthalten sie gelegentlich Wiederholungen – ein Indiz dafür, daß Heine sich den Brief hinterher nicht noch einmal hat vorlesen lassen. Die von Schreiberhand überlieferten Briefe werden hier genauso behandelt wie handschriftlich überlieferte.

Prinzip dieser Edition ist es, die Briefe in ihrer Originalgestalt zu präsentieren und sowenig wie möglich in den Text einzugreifen. Wenn das doch geschieht, dann sollen diese Eingriffe dem besseren Verständnis dienen. Herausgeberzusätze sind durch Kursivierung gekennzeichnet, der Originaltext erscheint recte. Wenn ganze Wörter eingefügt oder ersetzt wurden, stehen diese in spitzen Klammern (<>). Bemerkungen zur Beschaffenheit der Handschrift oder sonstige Mitteilungen der Herausgeber erfolgen in eckigen Klammern (z.B. *[am linken Rand]*, *[Übersetzung]*). Hervorhebungen Heines, die in der Handschrift meist durch Unterstreichung gekennzeichnet sind, werden g e s p e r r t wiedergegeben. Normiert wurde die Schreibung der Anredepronomina, die hier grundsätzlich mit großem Anfangsbuchstaben geschrieben werden.4 Auch die Position von Datums- und Ortsangabe am Briefanfang sowie von Unterschrift und Schlußformel am Briefende wurde normiert, sie erscheint in allen Fällen rechtsbündig.

Die Schreibungen der Handschrift wurden grundsätzlich beibehalten, sie gehören zum Zeitkolorit und zur »persönlichen Note« des Mediums Brief. Das gilt auch für die Kleinschreibung von Substantiven und offensichtliche orthographische Fehler, auch wenn es sich dabei um »Flüchtigkeitsfehler« handelt. Sie sagen schließlich etwas über die »Flüchtigkeit« des Schreibvorgangs aus, enthalten also eine Information über die Entstehungssituation des jeweiligen Briefes. Manche dieser Fehler sind eher zeit- oder Heine-spezifische Schreibweisen (z.B. »Nordeney«), andere wiederum geben möglicherweise persönliche oder regional gefärbte Spracheigentümlichkeiten wieder (z.B. »relieuser«, »Hergott«, »wunderhüpsches«, »Gummi alastik«, die gelegentliche Verwechslung von Dativ und Akkusativ, die vorwiegend beim jungen Heine, manchmal aber auch später noch vorkommt). Korrigierend eingegriffen wurde nur in wenigen Einzelfällen (z.B. »mit k*l*areren Worten«; »von mir ger*e*det« oder »ich <*bin*> zufrieden mit meiner eignen Zufriedenheit« statt »ich mit zufrieden mit meiner eignen Zufriedenheit«). Die oft fehlerhafte Orthographie der französi-

---

4   Diese Normierung dient der Übersichtlichkeit, hat aber auch den praktischen Grund, daß großes und kleines »d« bei Heine ohnehin oft nur sehr schwer zu unterscheiden sind.

schen Briefe Heines wurde nicht verbessert, um einen authentischen Eindruck von seinen tatsächlichen Sprachkenntnissen zu vermitteln. In seinen letzten Lebensjahren, als er seine Briefe häufig diktierte, ist die Orthographie natürlich kein Maßstab mehr dafür. Allen französischen Briefen wird eine deutsche Übersetzung beigefügt. Die Briefe Heines an Mathilde werden in der Übersetzung von Adolph Strodtmann wiedergegeben[5], alle anderen Übersetzungen wurden von Regina Grundmann für diesen Band angefertigt.

Lücken durch Textverluste, die z.B. durch das Öffnen des Siegels oder andere Beschädigungen der Handschrift entstanden sind, oder von fremder Hand unleserlich gemachte Stellen (meist Personennamen) werden, soweit möglich, in spitzen Klammern ergänzt. Das gilt auch für versehentliche Auslassungen Heines, soweit sie das Verständnis beeinträchtigen. Auffällig ist übrigens, daß davon sehr häufig »ich«, »mich« oder »mir« betroffen sind.

Abkürzungen gehören zu jenen kleinen Signalen, die, unabhängig vom Wortlaut des Schreibens, etwas über das Verhältnis der Briefpartner aussagen können. Das Beispiel des unscheinbaren Wortes »und« kann das belegen: In den meisten Briefeditionen wird dessen Abkürzung stillschweigend aufgelöst. Ein Blick auf die Briefe des jungen Heine zeigt beispielsweise, daß er in den Briefen an seine Freunde meistens »u« abkürzt, wendet er sich jedoch in eher förmlichen Schreiben an die Verleger Brockhaus (Nr. 8) oder Dümmler (Nr. 16), dann schreibt er das Wort dagegen häufiger aus. Ähnlich ist es in den Briefen, in denen Heine den Kontakt mit Karl Immermann anknüpft, den er sehr schätzt und an dessen Bekanntschaft ihm liegt; als aus der Bekanntschaft Freundschaft geworden ist, kürzt er häufiger »u« ab. Die Verwendung der Abkürzung kann hier also als ein Indiz für die Vertrautheit mit dem Briefpartner gelten. Solche Nuancen in der Schreibung – ob man sie nun bedeutsam findet oder nicht – sollen in dieser

---

5 Nr. 116, 117, 119, 120 vgl. *Heinrich Heine's sämmtliche Werke. Rechtmäßige Original-Ausgabe* [Hg. von Adolph Strodtmann]. Bd. 21: *Briefe. Dritter Theil.* Hamburg 1876, S. 338 ff., Nr. 124 vgl. ebd., Bd. 22: *Briefe. Vierter Theil*, S. 20 ff. Die Orthographie von Strodtmanns Übersetzung wurde modernisiert, die Umbrüche der Absätze wurden dem französischen Original angepaßt.

Edition nicht durch Normierung von seiten der Herausgeber nivelliert werden. Daher werden Abkürzungen nur dann durch Herausgeberzusätze aufgelöst, wenn sie andernfalls unverständlich wären. Das gilt insbesondere für Personen- und Ortsnamen, Werk- und Zeitschriftentitel (z. B. Fr. v. *Varnhagen*, *Boulogne*, Hamb*urg*, Lit*eratur* B*latt*, R*eise* B*ilder*, Pap*ier*fens*ter*). Taucht eine Abkürzung im selben Brief mehrfach auf, wird sie nur bei der ersten Nennung aufgelöst. Ungebräuchliche Abkürzungen, die jedoch aus dem Zusammenhang verständlich sind, werden nicht aufgelöst. Die häufigsten von Heine benutzten Abkürzungen sind unten aufgeführt.

Die Kopfzeile enthält Angaben zu Empfänger, Datum und Entstehungsort des jeweiligen Briefes, bei offenen Briefen auch zum Druckort. Außerdem werden dort Besonderheiten der Überlieferung vermerkt, wie »Schluß fehlt«. Der Hinweis »Briefentwurf« bedeutet, daß die zugrunde gelegte Handschrift ein Entwurfsmanuskript ist und nicht der tatsächlich abgeschickte Brief selbst. In einzelnen Fällen liegen neue Erkenntnisse zur Datierung der Briefe vor, dann weicht das in der Kopfzeile angegebene Datum von Heines handschriftlicher Datierung ab (z. B. Nr. 2, Nr. 172).

Abkürzungen

Abkürzungen sind in Heines Briefen oft nicht durch einen abschließenden Punkt gekennzeichnet. Die häufigsten von ihm verwendeten Abkürzungen sind:

Allg. Z / Ztg.	*Allgemeine Zeitung*
Anz. / Anzeiger	*Rheinisch-Westfälischer Anzeiger*
Art.	Artikel
Aufl.	Auflage
B.	Band
Bco.	Banco (Währungseinheit)
Bl, Blt.	Blatt, Blätter
Candid.	Candidatus

dens	denselben
dgl / drgl	dergleichen
dr	der
dsr	dieser
Elegante / Elegante Welt / Ellegante / Ellg.	*Zeitung für die elegante Welt*
Ew.	Euer
Ex	Exemplar(e)
Fr.	Frau
fr., franz.	französisch
fr., frc, Frs	franc, francs
Ged.	Gedichte oder Heines Buch *Gedichte*, Berlin 1822
Geh.	Geheimer
M., Mk.	Mark
Me, Mme	Madame
Mpt., Mspt., Mss.	Manuskript(e)
Parch.	Pergament, Seite
Pr	Professor
pr.	preußisch
Rez.	Rezension(en)
s	sein
st. Jur.	studiosus Juris
T., Tr., Trag.	Tragödie(n), oft auch: Heinrich Heine: *Tragödien, nebst einem lyrischen Intermezzo*. Berlin 1823
Vfr	Verfasser
Wohlgeb / Wohlgb	Wohlgeboren
Zeitsch / Zeitschr.	Zeitschrift
Ztg.	Zeitung

In den Einleitungen, im Personenlexikon und in den Fußnoten werden Zitate aus Heines Werken und Briefen jeweils in runden Klammern im laufenden Text nachgewiesen. Auf Stellen innerhalb dieses Buches wird dabei durch einfache Nennung der Seitenzahl verwiesen, Verweise auf andere Ausgaben erfolgen unter Angabe von Band- und

Seitenzahl (römische Ziffer, arabische Ziffer). Dabei werden folgende Abkürzungen verwendet:

DHA — Heinrich Heine: *Historisch-kritische Gesamtausgabe der Werke*. In Verbindung mit dem Heinrich-Heine-Institut hg. von Manfred Windfuhr im Auftrag der Landeshauptstadt Düsseldorf. Bd. 1–16. Hamburg 1973–1997.

Galley / Estermann — *Heinrich Heines Werk im Urteil seiner Zeitgenossen*. Hg. von Eberhard Galley und Alfred Estermann. Bd. 1–6. Hamburg 1981–1992, Bd. 7 ff. hg. von Christoph auf der Horst und Sikander Singh. Stuttgart, Weimar 2002 ff. [noch nicht abgeschlossen].

HSA — Heinrich Heine: *Säkularausgabe. Werke, Briefwechsel, Lebenszeugnisse*. Hg. von den Nationalen Forschungs- und Gedenkstätten der klassischen deutschen Literatur in Weimar [heute: Stiftung Weimarer Klassik] und dem Centre National de la Recherche Scientifique in Paris. Bd. 1–27. Berlin, Paris 1970 ff. [noch nicht abgeschlossen].

Werner / Houben — *Begegnungen mit Heine. Berichte der Zeitgenossen*. Hg. von Michael Werner in Fortführung von H. H. Houbens »Gespräche mit Heine«. Bd. 1, 2. Hamburg 1973.

I

Zwischen Rhein und Elbe

(1797–1819)

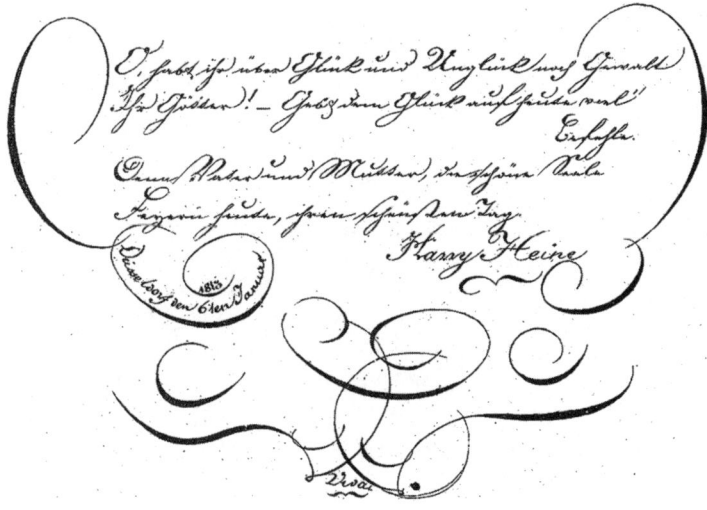

Aus Heines Kindheit und Jugend sind nur sehr wenige Briefe überliefert, denn am 3. November 1833 brannte das Haus seiner Mutter Betty Heine in Hamburg ab und alle dort aufbewahrten Papiere wurden zerstört. Um so kostbarer sind die Dokumente, die sich erhalten haben. Das früheste handschriftliche Zeugnis, das es überhaupt von Heine gibt, ist nicht im Original, sondern lediglich als Faksimile[1] überliefert: der kleine, in kunstvoller Zierschrift geschriebene Glückwunsch, mit dem der fünfzehnjährige Harry Heine seinen Eltern zum sechzehnten Hochzeitstag gratuliert (Nr. 1). Bemerkenswert ist dieses Blatt auch deswegen, weil es das einzige erhaltene Schreiben Heines ist, das sich an seinen Vater richtet. Samson Heine starb bereits 1828, so daß alle Briefe an ihn, die es gegeben haben mag, verbrannt sind. Auch das einzige Porträt von ihm fiel dem Feuer zum Opfer. Im Fragment seiner *Memoiren* erinnert Heine sich daran: »[...] den Conturen seiner Züge fehlte das Markirte, und sie verschwammen ins Unbestimmte. Dieses Portrait war günstigerweise mit Pastellfarbe gemalt. Ich sage günstigerweise, da letztere [...] die Unbestimmtheit der Züge vorteilhaft verschleyert.« (DHA XV, 77) Die verschwommene »Unbestimmtheit« seiner Gesichtszüge kennzeichnet auch die Rolle des Vaters für Heines Jugend und sein späteres Leben – sie blieb vage, in den *Memoiren* wirkt die Gestalt Samson Heines merkwürdig entrückt. »Eine

---

[1] Erstmals gedruckt in: *Skizzen über Heinrich Heine*. Von seiner Nichte Fürstin della Rocca [d. i. Maria della Rocca, geb. Embden]. Mit drei Illustrationen und vier Facsimile-Beilagen. Wien, Pest, Leipzig 1882. Zwischen S. 4 und S. 5. Zu dem Text, dessen erste Verse ein Zitat aus einem Gedicht von Klamer Schmidt (1746–1824) sind, vgl. DHA I, 1226f. Ebenfalls während seiner Schulzeit, aber vermutlich etwas später, entstand eine Abschrift, die Heine von einem Gedicht aus Fouqués Roman *Der Zauberring* angefertigt hat (vgl. DHA I, 708). Sie wurde von seinem Jugendfreund Christian Sethe aufbewahrt und befindet sich heute im Heinrich-Heine-Institut, Düsseldorf.

grenzenlose Lebenslust war ein Hauptzug im Charakter meines Vaters. Er war genußsüchtig, frohsinnig, in seinem Gemüthe war beständig Kirmeß« (DHA XV, 80), aber seine Sorglosigkeit und Güte schienen auch von einer gewissen Distanz zum Ernst des Alltags herzurühren, denn sein Beruf als Tuchhändler war für ihn, wie Heine schrieb, »vielmehr ein Spiel, wie die Kinder Soldaten oder Kochen spielen. Seine große Thätigkeit war eigentlich nur eine unaufhörliche Geschäftigkeit.« (DHA XV, 83) Charakteristisch für die emotionale Nähe Samson Heines zu seinem Sohn und die Ferne zu dessen Alltagswelt ist die kleine Episode, die zu den deutlichsten Erinnerungen Heines an seinen Vater gehört:

> Eines Morgens umarmte er mich mit einer ganz ungewohnten Zärtlichkeit und sagte: ich habe diese Nacht etwas Schönes von dir geträumt und bin sehr zufrieden mit dir, mein lieber Harry. Während er diese naiven Worte sprach, zog ein Lächeln um seine Lippen, welches zu sagen schien: mag der Harry sich noch so unartig in der Wirklichkeit aufführen, ich werde dennoch, um ihn ungetrübt zu lieben, immer etwas Schönes von ihm träumen. (ebd.)

Glaubt man Heines eigener Darstellung, dann war sein Vater für die Träume, seine Mutter für die Wirklichkeit zuständig. Sie hatte die »Oberleitung« (DHA XV, 64) seines Lebens inne, und nicht »mit Pastellfarbe«, sondern mit kräftigem Strich und deutlichen Konturen zeichnete sich der Einfluß Betty Heines ab: »Sie spielte die Hauptrolle in meiner Entwicklungsgeschichte. Sie machte die Programme aller meiner Studien [...]« (DHA XV, 62), bekennt Heine in seinen *Memoiren*, in denen er sie als energische, praktisch veranlagte und ehrgeizige Frau zeigt, deren vorrangiges Erziehungsziel darin bestand, ihren Söhnen später den gesellschaftlichen Aufstieg zu ermöglichen. Ihr »Programm« sah für Harry eine recht umfassende Schulbildung vor: Nach dem Besuch einer Kinderschule, der Volksschule und einer jüdischen Privatschule sowie zusätzlichen Zeichen- und Musikstunden ging er auf das ebenso angesehene wie strenge Lyzeum, das von katholischen Ordensgeistlichen geleitet wurde. Die Tatsache, daß Harry und seine beiden Brüder für lange Zeit die einzigen jüdischen Schüler auf dem Düsseldorfer Lyzeum waren, verdeutlicht den auf ihre Kinder projizierten Aufstiegswillen Betty Heines und die Besonderheit ihres Erziehungsprogramms.

»[…] meine Mutter behauptete es habe jetzt die Stunde geschlagen wo ein bedeutender Kopf im merkantilischen Fache das Ungeheurste erreichen und zum höchsten Gipfel der Macht emporschwingen könne. Sie beschloß daher jetzt daß ich eine Geldmacht werden sollte« (DHA XV, 63). Darum zog sie für ihren ältesten Sohn den Einstieg in die praktische Berufsausbildung einem regulären Schulabschluß vor: Ohne die letzte Klasse vollständig absolviert zu haben, verließ Harry Heine 1814 das Lyzeum, um eine Handelsschule zu besuchen. Die »Geldmacht«, der es nachzueifern galt, stammte aus der eigenen Familie: Harrys Onkel Salomon Heine hatte es in Hamburg als Bankier zu einem Millionenvermögen gebracht. Er war zweifellos als Lehrmeister geeigneter als die Lehrer auf der Handelsschule, und nachdem Heine für einige Wochen in einem Frankfurter Bankhaus und einer Kolonialwarenhandlung hospitiert hatte, trat er im Juni 1816 seine kaufmännische Ausbildungszeit bei seinem Onkel an, der zu einer der bestimmenden Gestalten seines Lebens werden sollte.

Harry Heine wuchs in bewegten Zeiten auf. In Europa tobten die Koalitionskriege zwischen den alten Mächten und dem Napoleonischen Frankreich, und auch in Düsseldorf wechselten die Herrschaftverhältnisse mehrfach, von 1799 bis 1801 und von 1806 bis 1813 war die Stadt französisch. Trotz dieser Turbulenzen hatte Heine eine recht beschauliche Kindheit erlebt, an die er später in seinen Werken – vor allem in *Ideen. Das Buch Le Grand* (1827) – gerne erinnert hat. Der Abschied vom Elternhaus war nun ein Schritt in die große Welt. Das reiche, international geprägte Hamburg hatte damals rund zehnmal so viele Einwohner wie Düsseldorf, zudem verkehrten im Hause seines Onkels politisch und wirtschaftlich einflußreiche Persönlichkeiten. Dennoch war der Umzug nach Hamburg kein Schritt in die Unabhängigkeit, im Gegenteil. Nun lag die »Oberleitung« seines Lebens bei Salomon Heine, dem Patriarchen der Familie, und der war strenger, fordernder, autoritärer als die Mutter. Wie schwierig das Verhältnis zwischen Onkel und Neffen war, deutet sich bereits in den Briefen an, die Heine aus Hamburg an seinen Düsseldorfer Schulfreund Christian Sethe schrieb. Die beiden einzigen Schreiben, die sich erhalten haben

(Nr. 2 und 3), stammen vom Beginn seiner Lehrzeit; deutlich zeichnet sich darin der grundlegende Konflikt ab, der das Leben Heines in den folgenden Jahren bestimmen sollte: der Widerstreit zwischen der Notwendigkeit, einen Brotberuf zu ergreifen, und dem Wunsch, Dichter zu werden. An den Briefen aus Hamburg läßt sich ablesen, daß Heine seine selbstgewählte Dichterrolle als direktes Gegenbild zu der von der »Oberleitung« vorgegebenen Lebensstellung entwarf und daß er sein Selbstbewußtsein gerade aus dieser Opposition zu den Erwartungen und Ansprüchen seiner Umgebung schöpfte. Die Dichtung als Mittel zur Emanzipation und zur Selbstbehauptung – das sollte ein Leitmotiv seines gesamten Lebens bleiben, bis hin zur Leidenszeit in der »Matratzengruft zu Paris« (DHA III, 177), in der er seine dichterische Kraft selbst seiner schweren Krankheit und dem nahenden Tod entgegenstellte.

Mit großem rhetorischen Aufwand präsentiert Heine sich in seinen Briefen an Christian Sethe als Dichter. Sie sind beredte Zeugnisse ihrer vertrauten Freundschaft, von Heines inneren Kämpfen und seinem Ringen um Selbstbehauptung in der neuen, fremden Umgebung. Sie sind aber auch durchkomponierte literarische Schaustücke, darauf angelegt, die Bewunderung des Jugendgefährten hervorzurufen. Neben Zitate von Goethe und Voltaire stellt Heine selbstbewußt Kostproben seines eigenen Könnens, darunter die vielsagende kleine Szene an Klopstocks Grab, das sich in der Nähe von Salomon Heines Landhaus in Ottensen befand und zu dieser Zeit eine Art nationale Wallfahrtsstätte war. Diese früheste literarische Standortbestimmung Heines zeigt, daß er sich als Dichter in einer Außenseiterposition sah und diese auch ganz bewußt einnahm. Bereits am Anfang seiner Laufbahn war ihm klar, daß er sich durch den Schritt an die Öffentlichkeit als Jude besonders exponieren würde. Als er in der Zeitschrift *Hamburgs Wächter* im Februar und März 1817 erstmals Gedichte publizierte, wählte er dafür ein Pseudonym: mit »Sy. Freudhold Riesenharf« (DHA I, 655) unterzeichnete er seine ersten gedruckten Verse. Der romantisch-verschrobene Name ist ein Anagramm aus den Buchstaben der Worte »Harry Heine. Dusseldorff«.

Harry Heine machte Christian Sethe auch zum Zuschauer seiner eigenen kleinen Liebestragödie. Die »blauen Augen«, die es ihm in

Hamburg angetan hatten und die leider »zu kalt« waren, gehörten seiner Cousine Amalie, der zweitjüngsten unter den vier Töchtern Salomon Heines. Auch diese jugendliche Liebe, die Heine in seinen Briefen stark literarisiert – er nennt Amalie »Molly«, nach dem Vorbild des Dichters Gottfried August Bürger, der die von ihm besungene Geliebte (seine spätere Ehefrau) so genannt hatte, und sich selbst stilisiert er wie eine Figur aus einem Nachtstück E. T. A. Hoffmanns –, hatte etwas Rebellisches, denn selbstverständlich wäre er niemals ernsthaft als Bewerber um die Tochter eines der reichsten Männer Hamburgs in Frage gekommen, selbst wenn sie seine Gefühle erwidert hätte. Daß sie das nicht tat, verstärkte sein Gefühl der Fremdheit und Einsamkeit, aber auch seinen Willen zur Selbstbehauptung.

Diese unglückliche Jugendliebe war jedoch nicht die wirkliche Tragödie während Heines Ausbildungszeit. Das Ereignis, das sein Leben tatsächlich beeinflussen sollte, war weniger romantisch und wurde auch in keinem Brief Heines je erwähnt: der rapide Niedergang des väterlichen Tuchgeschäfts in Düsseldorf.[2] Ein volles Warenlager und hohe Schulden bei gleichzeitigem Preisverfall auf dem Textilmarkt hatten die Firma an den Rand des Bankrotts gebracht. Als letztes Rettungsmittel wurde im Mai 1818 in Hamburg das Geschäft »Harry Heine & Comp.« gegründet, das von Salomon Heine finanziert wurde und überzählige Ware des Vaters in Kommission nehmen sollte. Heine wurde also selbständiger Kaufmann – aber nicht, um zu lernen und wirklich die ersten eigenen Schritte in dieser Branche zu gehen, sondern aus kurzfristigem Kalkül und mit dem Ziel, vielleicht doch noch den Bankrott der väterlichen Firma abzuwenden. Sie war jedoch nicht mehr zu retten; Salomon und Henry Heine bemühten sich, ihren Bruder, der auch bei ihnen beiden Schulden hatte, zur Aufgabe zu bewegen, und versuchten sogar, ihn per Gerichtsbeschluß entmündigen zu lassen, weil sie einen Finanzskandal fürchteten, der auch ihrem Ruf als

---

2 Vgl. dazu Joseph A. Kruse: *Heines Hamburger Zeit*. Hamburg 1972, S. 18 ff., Klaus H. S. Schulte: Das letzte Jahrzehnt von Heines Vater in Düsseldorf. Notariatsurkunden über Samson Heines Geschäfte (1808–1821). In: *Heine-Jahrbuch* 13 (1974), S. 105–131, und Klaus Briegleb: *Bei den Wassern Babels. Heinrich Heine, jüdischer Schriftsteller in der Moderne*. München 1997, S. 62 ff.

Bankiers geschadet hätte. Anfang 1819 wurde Samson Heines Geschäft liquidiert, die von seinem Sohn geleitete Filiale in Hamburg war damit überflüssig und wurde geschlossen. Samson Heines Familie war fortan vollkommen abhängig von der Unterstützung durch Onkel Salomon. Im Juni 1819 kehrte Heine in sein Elternhaus nach Düsseldorf zurück, um sich dort auf die neue berufliche Laufbahn vorzubereiten, die die »Oberleitung« nun für ihn vorgesehen hatte.

1. *An Betty und Samson Heine, Düsseldorf, 6. Januar 1813*

> O, habt ihr über Glück und Unglück noch Gewalt
> Ihr Götter! – Gebt dem Glück auf heute viel' Befehle.
> Denn Vater und Mutter, die schöne Seele
> Feyern heute, ihren schönsten Tag.

Düsseldorf den 6ten Januar 1813

Harry Heine
Vivat

2. *An Christian Sethe, Hamburg, 6. Juli 1816*

Hamburg d 6' July 1815

An Christian Sethe! ....
(Ich weiß nicht, hast Du lieber hochgebohren oder wohlgebohren?
kanst Dirs daher selbst beym Nahmen schreiben).
Ja! ich will jetzt an meinem Freunde Christian schreiben. Zwar ist
es nicht die dazu am besten geeignete Stunde. Wunderseltsam ist mir
zu Muthe, und bin gar zu herzbewegt, und habe mich wohl in Acht zu
nehmen daß kein leises Wörtlein entschlüpfe das mir den innern Gemüthszustand verrathen kann. Ich sehe schon wie zwey große wohlbekannte blaue Augen mich anstarren würden; die habe ich zwar sehr
lieb, sind aber glaub' ich nur zu kalt. – –
Ich habe mich wieder hingesetzt Dir zu schreiben und habe alles
aus dem Herzen rauschen gelassen was Dir immer spanische Dörfer
bleiben. Ich habe Dich ein bischen sehr lieb. Wie geht's Dir Alter? Erfreut mich gar herrlich und königlich wenn Du mir brav schreibst.
Thue es. Aber viel beten kann ich selbst zu unserm lieben Hergott
nicht. – Mir gehts gut. Bin mein eigener Herr, und steh so ganz für
mich allein, und steh so stolz und fest und hoch, u schau die Menschen

tief unter mir so klein, so zwergenklein; und hab' meine Freude dran.
Christian, Du kennst ja den eiteln Prahlhans? Doch

> Wenn die Stunde kommt wo das Herz mir schwillt,
> Und blühender Zauber dem Busen entquillt,
> Dann greif ich zum Griffel rasch u wild,
> Und mahle mit Worten das Zaubergebild. –

–. Aber auch verwünschte Prahlerey, es scheint als sey mir die Muse untreu geworden, u habe mich allein nach Norden ziehen lassen, u sey zurück geblieben. Ist auch ein Weib. Oder fürchtet sie sich vor die furchtbaren Handelsanstallten die ich mache? Wahr ist es, es ist ein verludertes Kaufmannsnest hier. Huren genug, aber keine Musen. Mancher deutscher Sänger hat sich hier schon die Schwindsucht am Halse gesungen. Muß Dir was erzählen:

> Als ich ging nach Ottensen hin
> Auf Klopstoks Grab gewesen ich bin.
> Viel schmucke und stattliche Menschen dort standen,
> Und den Leichenstein mit Blumen umwanden,
> Die lächelten sich einander an
> Und glaubten Wunders was sie gethan. –
> Ich aber stand beym heiligen Ort,
> Und stand so still und sprach kein Wort,
> Meine Seele war da unten tief
> Wo der heilige deutsche Sänger schlief: – –
>
> – – –

Nun? Sieh! selbst auf Klopstocks Grab verstummt meine Muse Nur erbärmlich mit miserable kann ich noch zusammenreimen.

Hauptsächlich, lieber Christian, muß ich Dich bitten Dich des armen Levys anzunehmen. Es ist die Stimme der Menschlichkeit die Du hörst. Ich beschwöre Dich bey allem was Dir heilig ist, hilf ihm. Er ist in der grösten Noth. Mein Herz blutet. Ich kann nicht viel sprechen; die Worte brennen mir in den Adern. Ich wasche meine Hände in Unschuld, Du hast alles auf Deine Seele. – – –

Meine Addresse ist: Harry Heine bey Wittwe Rodbertus auf die große Bleiche in Hamburg.

Freu Dich, Freu Dich: in 4 Wochen sehe ich Molly. Mit ihr kehrt auch meine Muse zurück.

Seit 2 Jahr hab ich sie nicht gesehen. Altes Herz was freust du dich u schlägst so laut! – Leb wohl lieber Christian, denke mein

Dein Freund
H a r r y H e i n e .

Pellman zu grüßen, vorzüglich den guten Zugemaglio, (bitte Zugemaglio er soll ein Brief an mich bey Dir einschlagen.) Unzer, Lottner und Wünneberg nicht zu vergessen. Spielt brav, u befutelt Euch unter einander.

Grüße Deine werthe Eltern u Geschwister.

3. An Christian Sethe, Hamburg, 27. Oktober/ 20. November 1816

Hamburg d 27' October 1816.

An dem Studioso Christian Sethe in Düsseldorf

Sie liebt mich n i c h t ! – Mußt, lieber Christian, dieses l e t z t e Wörtchen ganz leise, leise aussprechen. In den ersten Wörtchen liegt der ewig lebendige Himmel, aber auch in dem letzten liegt die ewig lebendige Hölle. – Könntest Du Deinem armen Freunde nur ein bischen ins Gesicht sehen, wie er so ganz bleich aussieht und gewaltig verstört und wahnsinnig, so würde sich Dein gerechter Unmuth, wegen des langen Stillschweigens, sehr bald zur Ruhe legen; am Besten wär es zwar wenn Du einen einzigen Blick in seine inn're Seele werfen könntest, – da würdest Du mich erst recht liebgewinnen; – Eigentlich, mußt Du wissen lieber Christian, ist jeder meiner Gedanken ein Brief an Dich oder wenigstens gestaltet er sich so, und ich habe Dir unlängst schon einen Ellenbreit langweiligen Brief zusammen gekrazt, wo ich Dir mein ganzes Innere seufzend aufschloß, vom Ey der Leda an bis Troyas Zerstörung; aber diesen Brief habe <ich> weislich wieder vernichtet, da er doch zu nichts dienen konnte als in fremde Hände zu fallen und mir alsdann vielleicht den Garaus zu machen. Kannst mir ja so nicht helfen –

35

Einen kleinen Spaß will ich Dir erzählen. Du weißt, Christian, von demselben Augenblick an als ich Dich zum ersten Mahle sah ward ich unwillkürlich zu Dir hingezogen, und ohne mir selber davon Rechenschaft geben zu können, warst Du mir immer ganz unendlich lieb und theuer Ich glaube Dir in dieser Hinsicht schon längst davon gesprochen zu haben: wie ich oft in Deinen Gesichtszügen und vorzüglich in Deinen Augen E t w a s bemerkte was mich auf einer unbegreifliche Art zugleich von Dir abstieß und zugleich wieder gewaltsam zu Dir hinzog, so daß ich meinte im selben Augenblick liebendes Wohlwollen und auch wieder den bittersten, schnöden, eiskalten Hohn darin zu erkennen. Und siehe! dieses nemliche räthselhafte Etwas habe ich auch in Mollys Blicken gefunden. Und eben dieses ist es was mich auch so ganz confus macht. Denn obgleich ich die unläugbarsten, unumstößlichsten Beweise habe: daß ich nichts weniger als von ihr geliebt werde – Beweise die sogar Rector Schallmeyer für grundlogisch erkennen, u kein Bedenken tragen würde seinem eignen Systeme obenan zu stellen, – so will doch das arme liebende Herz noch immer nicht sein concedo geben, und sagt immer: was geht mich deine Logic an, ich habe meine eigne Logic. –

Ich habe sie wiedergesehen –

>>Dem Teufel meine Seele,
Dem Henker sey der Leib,
Doch ich allein erwähle
Für mich das schöne Weib.<<

Hu! Schauderst Du nicht Christian? Schaudre nur, ich schaudre auch. – Verbrenn den Brief Gott sey meiner armen Seele gnädig. – Ich habe diese Worte nicht geschrieben. – Da saß ein bleicher Mensch auf meinem Stuhl, der hat sie geschrieben. Das kommt weil es Mitternacht ist. – O Gott! Wahnsinn sündigt nicht. – Du! Du! hauche nicht zu stark; da hab ich eben ein wunderhüpsches Kartenhaus aufgeschichtet, und ganz oben auf steh Ich und halte s i e im Arm. –

– Sieh, Christian, nur D e i n Freund konnte seinen Blick zum Allerhöchsten erheben, (erkennst Du ihn hieran?); freylich scheint es auch als wenn es sein Verderben seyn wird.

Aber Du kannst Dir auch kaum vorstellen, lieber Christian, wie mein Verderben so herrlich und lieblich aussieht! – Aut Caesar, aut nihil war immer mein Wahlspruch. Alles an Allem.

Ich bin ein wahnsinniger SchachSpieler. Schon beym ersten Stein habe ich die Königinn verloren, und doch spiel ich noch, u spiele – um die Königinn. Soll ich weiter spielen? –

»quand on a tout perdu et qu'on n'a plus d'espoir
La vie est une opprobre et la mort un devoir.«

Schweige, verfluchter, lästerlicher Franzose, mit deinem feigen Verzweiflungsgegreine! Kennst du nicht die deutsche Minne? Die steht kühn u fest auf zwey ewig unerschütterliche Säulen, Manneswürde u Glauben. – Nur halte mich, O Gott, in sicherer Huth vor die schleichende finstre Macht der Stunde. – Entfernt von ihr, lange Jahre glühende Sehnsucht im Herzen tragen, das ist Höllenqual, und drängt höllisches Schmerzgeschrey hervor. Aber, in ihrer Nähe seyn, und doch ewig lange Wochen nach ihrem alleinseeligmachenden Anblick oft vergebens schmachten, u – u – und – und – O! – O! – O Christian! da kann auch das frömste und reinste Gemüth in wilder wahnsinniger Gottlosigkeit auflodern. –

Ach Du bist klug, Christian, und wirst mich gewiß meines langen Stillschweigens wegen nicht strafen wollen. – Du weißt nicht welch ungeheuer Weh mir der dolchscharfe Widerhacken macht, mit welchem sich jedes Wort aus meiner Seele hervorreißt; andern Leuten kosten die schwarze Striche nichts, können sie nach Belieben hin und herstellen, schreiten auf dem Cothurn um besser durch den Dreck zu kommen. Dies was Du hier für Cothurn ansehen magst, sind riesig hohe Schmerzgestallten die aus den gähnend weiten, blutigen Herzwunden hervorsteigen. – Sey nicht böse, Christian, ich bin Dir ja so gut, so gut, und bin so gewaltig unglücklich dran. Willst Du mich auch verstoßen? Ach, die Stimme im Herzen hat mich sehr getäuscht wird sie auch diesmahl Lügnerinn seyn? Christian sag Ja oder Nein. Du bist allein übergeblieben, sag Ja oder Nein. Bey allem was Dir heilig ist sag mir die Wahrheit. – Ja? nun so hab ich auch Hoffnung, daß mir die Stimme des Herzens auch bey Molly nicht lügt. Nein? nun – – – Schreib bald, lieber Christian, Ja, willst Du?

Das ist auch eine herzkränkende Sache daß sie meine schöne Lieder, die <*ich*> nur für Sie gedichtet habe so bitter und schnöde gedemüthigt und mir überhaupt in dieser Hinsicht sehr häßlich mitgespielt hat. – Aber solltest Du es wohl glauben, die Muse ist mir demohngeachtet jetzt noch weit lieber als je. Sie ist mir eine getreue tröstende Freundinn geworden, die ist so heimlich süß und ich liebe sie recht inniglich. Wie tief treffen mich jetzt die Worte Goethes im Tasso:

>»Alles ist dahin! Nur eines bleibt:
>Die Thräne hat uns die Natur verliehen
>Der Schrey des Schmerzes, wenn der Mann zuletzt
>Es nicht mehr trägt – Und mir noch über Alles, –
>Sie ließ im Schmerz mir Melodie und Rede,
>Die tiefste Fülle meiner Noth zu klagen:
>Und wenn der Mensch in seiner Qual verstummt,
>Gab mir ein Gott, zu sagen wie ich leide.«

Ich dichte viel; denn ich habe Zeit genung, und die ungeheure Handelsspekulationen machen mir nicht viel zu schaffen; – Ob meine jetzigen Poesien besser sind als die frühere weiß ich nicht; nur das ist gewiß, daß sie viel sanfter und süßer sind; wie in Honig getauchter Schmerz. Ich bin auch gesonnen sie balde (das kann indessen doch noch viele Monathe dauern) in Druck zu geben. Aber das ist die Schwerenothssache: da es dazu lauter Minnelieder sind würde es mir, als Kaufmann, ungeheuer schädlich seyn; ich kann Dir dies nicht so genau erklären, denn Du kennst nicht den G e i s t , der hier herrscht. Und, gegen Dich kann ich's aufrichtig gestehen: außerdem daß in dieser Schacherstadt nicht das mindeste Gefühl für Poesie zu finden ist, – es seyen denn eigends bestellte u baar'bezahlte Hochzeits-Leichen- oder Kindtaufs C a r m i - n a d e n , – so hat sich auch noch dazugesellt seit einiger Zeit eine schwüle Spannung zwischen den getauften und ungetauften Juden (alle Hamburger nenne ich Juden und die ich um sie von den Beschnittenen zu unterscheiden: getaufte Juden benamse, heißen auch vulgo: Christen.) Bey so bewandten Umständen läßt sich leicht voraussehen daß Christliche Liebe die Liebeslieder eines Juden nicht ungehudelt lassen wird. Da ist guter Rath theur; auch ohne dies weiß ich nicht wie man eine Buchherausgabe bewerkstelligt, und darinn sollst Du mich belehren Christian; verstehst das ja besser. –

Ich lebe hier ganz isolirt; aus obigen Andeutungen kannst Du Dir dies sehr leicht erklären. Mein Oheim lebt auf dem Lande. Dort geht es sehr geziert und geschwänzelt zu, und der freye unbefangene Sänger sündigt sehr oft gegen die Etikette. Diplomatisches Federvieh, Millionäre, hochweise Senatoren &c. &c. sind keine Leut für mich. Der homerisch göttliche herrliche Blücher aber war unlängst hier, und ich habe das Glück gehabt in seiner Gesellschaft zu speisen bey Onkel; so ein Kerl macht Freude. – –

Der Neffe vom großen (???) Heine ist zwar ü b e r a l l gern gesehen und empfangen; schöne Mädchen schielen nach ihm hin, und die Busentücher steigen höher, und die Mütter kalkulieren, aber – aber – bleib allein; Niemand bleibt mir übrig als i c h s e l b s t. Und wer dieser Sonderling ist, das weiß Christian besser als ich. – Ich bin sehr verlegen, ob Dich dieser Brief noch zu Hause antrift, oder ob Du ihn, wie ich gewiß erwarte, nachgeschickt erhällst. Auf jedem Fall, wenn noch ein Funken Freundschaft übrig geblieben ist, schreibe mir sogleich ob Du ihn richtig erhalten hast. Ich kann, des Inhalts wegen, eher nicht ruhig schlafen. – Wie gehts Dir? Schreib. Zwar macht es mir viel Vergnügen, Deine Schriftzüge zu e n t z i f f e r n , aber ein Bischen mehr Deutlichkeit könnte nicht schaden. – Indessen bin auch mit Geschmier zufrieden. – –

In relieuser Hinsicht habe ich Dir vielleicht bald etwas sehr verwunderliches mitzutheilen. Ist Heine toll geworden? wirst Du ausrufen. Aber ich m u ß ja eine Madonna haben. Wird mir die Himlische die Irdische ersetzen? Ich w i l l die Sinne berauschen. Nur in den unendlichen Tiefen der Mystik kann ich meinen unendlichen Schmerz hinabwälzen. Wie erbärmlich scheint mir jetzt das W i s s e n in seinem Bettlerkleid. Was mir einst durchsichtige Klarheit schien, zeigt sich mir jetzt als nakte Blöße.

»Werdet wie die Kindlein« lange wähnte ich dies zu verstehen, o ich närrischer Narr! – Kindlein g l a u b e n .

Heine.

[Am linken Rand]
Sobald ich Gelegenheit finde erhallst Du den Tobak.

Schon beynahe ein Monath liegt dieser Brief in meinem Pult; da ich erst nach Ddorf geschrieben habe, um zu wissen ob Du schon weggereißt. So eben erhalte <ich> Deinen lieben Brief. Bey Gott! alle Freuden sind mir noch nicht abgestorben. Verzeih mir guter, edler Christian, ich habe Dich zwar immer von ganzer Seele geliebt, aber auch oft, vielleicht immer, verkannt. Dein Stolz erlaubte Dir dem armen Harry dreymahl zu schreiben, ohne zu wissen ob Du vielleicht Antwort erhällst? Nun, bey Gott! der arme Harry ist so arm nicht mehr!

Aus dem Brief wirst Du sehen wie mir ums Herz ist; ist noch immer so. Aber ich trage den Schmerz jetzt viel m ä n n l i c h e r . Ich fühle aber ein inneres Ersterben; auch Poesy verschwimmt in blasse Nebelbilder. O M. du kost mir viel! – Ich umarme Dich Christian; aber drücke nicht so fest, auf die nakte Brust hängt eine schwarze eiserne Kette, u daran, grade wo das arme Herz schlägt, hängt ein viel u scharfzakiges schwarze eiserne Kreutz, darin liegt M-s Locke. Hu! Das brennt! … O Christian!

Ich kann nicht mehr im Augenblick geht die Post fort. Onkel will mich hier weg haben; auch Vater beschwert sich daß ich keine Geschäfte mache ohngeachtet der großen Ausgaben; aber coute ce que coute bleib ich hier.

Schreib mir bald.

Dem Herrn / Studioso Christ: Sethe aus / Düsseldorff / bey Herrn Wolper auf die Gronderstrasse / in / G ö t t i n g e n

4. *An Charlotte Heine, Düsseldorf, 20. Juni 1819*

Wir können die Menschen füglich in zwey Classen eintheilen: 1tens Diejenigen die uns lieben; 2tens Diejenigen die uns oft und deutlich sagen daß sie uns lieben. – Mich, liebes Lottchen, kannst Du dreist zur ersten Classe rechnen. Ich bin Dir herzlich gut; wenn ich auch nicht viel Aufhebens davon mache

Dein Bruder H a r r y   H e i n e

Düsseldorff d 20 Juny 1819.

II

OCHSE, DEUTSCHER JÜNGLING

(1819–1821)

Abbildung Seite 41:

Szene aus dem Studentenleben. Zeichnung von Joseph Neunzig aus dem Stammbuch von Isaak Coppenhagen. Neunzig und Coppenhagen waren Bonner Kommilitonen Heines.

DIE RECHTSWISSENSCHAFT WAR NEBEN der Medizin das einzige akademische Fach, das Juden eine Karrierechance eröffnete, und nachdem »die merkantilische Seifenblase« (DHA XV, 63) geplatzt war, gab es für den jungen Heine kaum eine andere Alternative. Onkel Salomon sagte die Finanzierung des Studiums zu, und für das Wintersemester 1819/20 immatrikulierte Harry Heine sich an der Preußischen Rhein-Universität Bonn, die erst ein Jahr zuvor den Lehrbetrieb aufgenommen hatte. Sie war die dritte Neugründung im Sinne der Humboldtschen Reformen nach Breslau und Berlin und zog schnell viele Studenten an, nicht zuletzt wegen der populären und berühmten Professoren Ernst Moritz Arndt und August Wilhelm von Schlegel. Seit 1815 gehörte das Rheinland zu Preußen, und Friedrich Wilhelm III. schrieb in seinem Gründungserlaß für die neue Universität, er »[...] erwarte von ihr mit Zuversicht, daß sie [...] wahre Frömmigkeit, gründliche Wissenschaft und gute Sitte bei der studierenden Jugend fördere und dadurch die Anhänglichkeit meiner westlichen Provinzen an den preußischen Staat, je länger je mehr befestige«[1].

Doch in Bonn gärte es wie an allen deutschen Universitäten. In der Studentenschaft sammelte sich ein revolutionäres Potential: Patriotismus – oft zu aggressivem Nationalismus gesteigert – verband sich mit der Forderung nach Rede- und Pressefreiheit und dem Ruf nach einem freien, einigen Deutschland sowie einer Verfassung, die Friedrich Wilhelm III. nach den Befreiungskriegen versprochen hatte. Die nach der Ermordung Kotzebues durch den Jenaer Burschenschafter Karl Ludwig Sand gefaßten Karlsbader Beschlüsse, die u. a. die Zensur für alle Druckwerke unter 320 Seiten und das Verbot der Burschenschaft vorsahen, lähmten das geistige und politische Leben in ganz Deutschland

---

[1] Zit. nach Walter Kanowsky: *Vernunft und Geschichte. Heinrich Heines Studium als Grundlegung seiner Welt- und Kunstanschauung.* Bonn 1975, S. 2.

und hatten auch ihre Auswirkungen auf die Universität Bonn. Mißliebige Professoren wurden suspendiert, Dozenten wie Studenten wurden von Spitzeln überwacht, ein eigens von der Regierung eingesetzter Universitätsrichter hatte die Disziplinargewalt inne. Mit dieser bekam auch Heine es bald zu tun, als er an einer studentischen Kundgebung zum Gedenken an die Leipziger Völkerschlacht teilnahm und anschließend vor dem Universitätsgericht verhört wurde.

»Es war damals eine dunkle Zeit in Deutschland, nichts als Eulen, Censuredikte, Kerkerduft, Entsagungsromane, Wachtparaden, Frömmeley und Blödsinn« (DHA XII, 113), schrieb Heine später über diese Hoch-Zeit der Restauration. Als junger Studienanfänger fühlte er sich einig mit der oppositionellen Mehrheit seiner Kommilitonen und trat der Verbindung »Allgemeinheit« bei, der etwa die Hälfte aller Bonner Studenten angehörte. Sie unterschied sich sowohl von den burschenschaftlich als auch von den landsmannschaftlich organisierten Verbindungen, denn sie verstand sich nicht als »christlich-germanisch«. Ihre Aufnahmebedingungen sahen weder nationale noch konfessionelle Beschränkungen vor, alle Mitglieder hatten gleiche Rechte, weder Duelle noch die sonst übliche Drangsalierung der Studienanfänger kamen in ihren Reihen vor.

Das Wirken der »Allgemeinheit« sorgte in Bonn für einen besonderen Gemeinschaftsgeist. Hatte Heine zuvor in Hamburg über sein isoliertes Dasein geklagt, so führte er nun ein ausgesprochen geselliges Leben. Und während er zuvor in seiner Dichterrolle Außenseiter war, befand er sich jetzt in einem geradezu »poetisierten« Umfeld, geprägt vom Geist der Romantik. Fast jeder, so schien es, hatte literarische Pläne im Sinn, und viele von Heines Bonner Freunden und Kommilitonen – Johann Baptist Rousseau (dem Heine den Spitznamen »der Poet« gab), Friedrich Steinmann, Hoffmann von Fallersleben, Karl Simrock, Wolfgang Menzel – sollten früher oder später, mit unterschiedlichem Erfolg, dichterisch hervortreten. Sie alle teilten die allgemeine Begeisterung für die altdeutsche Dichtung und vor allem für das Nibelungenlied, trugen sich gegenseitig eigene poetische Versuche vor, und in dieser lebendigen, schwärmerischen Atmosphäre erfuhr Heine zum erstenmal aufrichtige Anerkennung als Dichter.

Das mit der Romantik entstandene, patriotisch gefärbte Interesse an der nationalen Geschichte spiegelte sich auch im Lehrplan der Bonner Universität wider. Heine hörte Vorlesungen über »Germanisches Staatsrecht des Mittelalters«, »Urgeschichte der Deutschen« und zwei Vorlesungen Arndts, über »Geschichte des deutschen Volks und Reichs« sowie über Tacitus' *Germania*. Die wichtigsten Impulse gingen jedoch von seinem bedeutendsten akademischen Lehrer in Bonn aus: August Wilhelm von Schlegel. Heine hörte alle seine Vorlesungen und trat auch in persönlichen Kontakt zu dem Oberhaupt der romantischen Schule. Wie er stolz an Friedrich von Beughem schrieb (Nr. 6), sah Schlegel sogar seine Gedichte kritisch durch. Heines Kommilitone Friedrich Steinmann berichtete später:

> Da er mit A. W. Schlegel in nähere Bekanntschaft [...] getreten war, so übergab er diesem das Manuscript zur Durchsicht; willig übernahm dieser dieselbe und erklärte ihm offen, was er dawider auszusetzen habe; er deutete seine Erinnerungen durch Bleistiftstriche in der Handschrift an, und als Heine dieselben wiedererhielt, hatte er keine andere Beschäftigung, als alle die kleinen Mängel, worauf ihn der kompetente Lehrer aufmerksam gemacht, auszumerzen und zu bessern; und das geschah mit einer Strenge, fast Unbarmherzigkeit, die ohne Gleichen war. Stundenlang brütete er über die Aenderung eines Verses, und fühlte sich belohnt genug, wenn ihm die Korrektur gelungen, und Freunde ihm ihren Beifall zollten.[2]

Diese Strenge gegen sich selbst blieb fortan für Heines Arbeitsweise charakteristisch. Das Verständnis für Metrik, der Sinn für die sprachliche Form und das Handwerkliche der Dichtkunst ist in seiner Bonner Zeit besonders geschult worden. Zudem lenkte Schlegel Heines Aufmerksamkeit auf traditionelle lyrische Formen wie die Ballade, die Romanze und das Sonett, in denen er sich in der Folgezeit beinahe systematisch übte. Er übersetzte Auszüge aus Byrons Werken, und während seines Aufenthaltes in Beuel, dem auf der anderen Rheinseite gelegenen Dorf bei Bonn, nahm er im Sommer 1820 sein erstes umfangreicheres literarisches Projekt in Angriff: die Tragödie *Almansor*.

In literarischer Hinsicht waren diese beiden Semester ungemein produktiv. Die Briefe, die Heine danach an die Bonner Kommilitonen

---

[2]   Werner / Houben I, S. 42f.

und Dichterkollegen schrieb, zeigen, daß er nun über das handwerkliche und begriffliche Rüstzeug verfügte, um selbstbewußt und sicher über die eigenen Werke und die der Freunde zu urteilen. Wie fleißig er war, läßt sich auch daran ablesen, daß nur ein Kommilitone in dieser Zeit mehr Bücher aus der Bibliothek entliehen hat als er.[3] Allerdings galt dieser Fleiß fast ausschließlich seiner literarischen Ausbildung, nicht jedoch seinem eigentlichen Studienfach. Nur jeweils eine juristische Pflichtvorlesung hörte er in den beiden Semestern: bei Ferdinand Mackeldey, der als langweilig galt und wegen seiner Schwerhörigkeit oft Opfer studentischen Mutwillens wurde, und bei Karl Theodor Welcker, später einer der bedeutendsten politischen Köpfe Deutschlands und Anführer der Liberalen im Kampf um eine Verfassung. Die Vernachlässigung seiner juristischen Studien verursachte Heine zweifellos ein schlechtes Gewissen, zumal der Druck, einen bürgerlichen Beruf zu erlangen, noch stärker auf ihm lastete, seitdem feststand, daß sein Vater nicht mehr würde arbeiten können. Samson Heine litt an epileptischen Anfällen und war pflegebedürftig – Heine sprach vorsichtig von seiner »Gemüthskrankheit« (S. 64) –; Anfang 1820 hatte seine Familie Düsseldorf verlassen und war zunächst nach Hamburg, dann nach Oldesloe gezogen. Das Drama um den Vater warf einen Schatten auf die beinahe idyllische Bonner Zeit, die ansonsten zu den sorglosesten Abschnitten in Heines gesamtem Leben zählt.

Um endlich richtig zu »ochsen« und seine juristischen Studien zu intensivieren, folgte Heine im September 1820 dem Ruf seines schlechten Gewissens und wechselte an die größte und angesehenste deutsche Hochschule, die Georg-August-Universität Göttingen. Die Briefe, die er nach Bonn zurückschrieb, zeigen, daß er die besondere, inspirierende Atmosphäre und vor allem die studentische Gemeinschaft, die er dort erlebt hatte, schon bald vermißte. Gegenüber Friedrich von Beughem klagte er, daß ein Kollegium über altdeutsche Sprache, das in Bonn gewiß einen ganzen Hörsaal gefüllt hätte, in Göttingen kaum Resonanz fand:

---

3 Vgl. Walter Kanowsky: Heine als Benutzer der Bibliotheken in Bonn und Göttingen. In: *Heine-Jahrbuch* 12 (1973), S. 129–153. Hier: S. 136.

Denk Dir, Fritz, nur 9 (sage neun) Studios hören diese Kollegium. Unter 1300 Studenten, worunter doch gewiß 1000 Deutsche, sind nur 9, die für die Sprache, für das innere Leben und für die geistigen Reliquien ihrer Väter Interesse haben. O Deutschland! Land der Eichen und des Stumpfsinnes! (HSA XX, 33)

In Göttingen, das Heine später in seiner *Harzreise* so verspottet hat, war die Atmosphäre bestimmt von den hannoverschen Adeligen und dem Korpsgeist der alteingesessenen Landsmannschaften, die »hordenweis, und geschieden durch Farben der Mützen und der Pfeifenquäste, [...] sich ewig unter einander herumschlagen, in Sitten und Gebräuchen noch immer wie zur Zeit der Völkerwanderung dahinleben« (DHA VI, 84). Aber auch viele Mitglieder der verbotenen Burschenschaft aus Jena sammelten sich hier, und so lernte Heine nun auch die nationalistische, chauvinistische Ausrichtung der Burschenschaftsbewegung kennen, die er seitdem stets bekämpfte.

Heine arbeitete weiter an der Tragödie *Almansor*, seine guten Vorsätze im Hinblick auf das Studium konnte er nicht in die Tat umsetzen, denn der Abschied von der ungeliebten Stadt kam schneller als erwartet. Ein Streit mit einem Kommilitonen führte zu einer Duellforderung. Diese studentische Sitte war bei den Behörden nicht gern gesehen, und als das geplante Duell bekannt wurde, reagierten sie, noch bevor es zur Ausführung kam, streng: Heine wurde mit dem »Consilium abeundi« bestraft. Er wurde für ein halbes Jahr der Universität verwiesen und mußte die Stadt verlassen. Es folgte der schwere Gang zu seiner inzwischen nach Oldesloe gezogenen Familie und nach Hamburg, wo die »Oberleitung« nun bestimmen mußte, wie es weitergehen sollte.

5. An Charlotte Heine, Bonn, 22. März 1820

Bonn d 22 Merz 1820

Liebes Lottchen! Ich beziehe mich auf alle meine Briefe. Du sollst mir schreiben wie es Euch dort geht, und wie es bey Eurer Abreise herging. Der Saal des Musikvereins ist gewiß mit schwarzem Flor behangen worden, 14 Tage lang ist dort gewiß kein Allegro gehört worden, nur Adagio – Und die Straßen, wie müssen die jetzt todt seyn! – Hast Du auch geweint wie Du fortfuhrst? Wie ist es Euch auf der Reise gegangen? Ich habe manche Nacht auf meinem Holzstuhl gesessen, und in meinen großen, gelehrten Büchern mechanisch fortgelesen, während meine Gedanken sich auf der Lüneburger Haide herumtrieben und ängstlich zusahen: ob auch Eur Kutscher nicht schläft, ob Eur Wagen auf der rechten Spur, ob Euch kein Rad bricht – Bist Du auch werth daß ich Dich so lieb habe?

Harry Heine
Stud Juris.

6. An Friedrich von Beughem, Bonn, 15. Juli 1820

An Fritz von Beughem!

Mein Friz lebt nun im Vaterland der Schinken,
Im Zauberland, wo Schweinebohnen blühen,
Im dunkeln Ofen Pumpernikel glühen,
Wo Dichtergeist erlahmt, und Verse hinken.

Mein Friz, gewohnt aus heil'gem Quell zu trinken,
Soll nun zur Tränke gehn mit fetten Kühen,
Soll gar der Themis Acktenwagen ziehen, –
Ich fürchte fast er muß im Schlamm versinken.

Mein Friz, gewohnt auf buntbeblümten Auen
Sein Flügelroß, mit leichter Hand, zu leiten,
Und sich zu schwingen hoch, wo Adler horsten;

Mein Friz wird nun, will er sein Herz erbauen,
Auf einem dürren Prosagaul durchreuten –
Den Knüppelweg von Münster bis nach Dorsten.

Es war mir recht erfreulich, lieber Friz, einen Brief von Dir zu erhalten. Mit Vergnügen habe ich daraus ersehen daß Du Dich wohl befindest; aber mit Leidwesen sah ich auch daß Du, der sonst so gern Musen u Busen gereimt hat, sich jetzt so ganz und gar vom Busen der Musen losreißen will. Ich habe oben meine wohlgereimte und ehrlichgemeinte Gesinnungen darüber ausgesprochen. Ich muß Dich wahrlich mit einer vierzehnknötigen Sonnett-Geißel wieder zur alten Rüstigkeit aufgeißeln. Denn ich habe selbst die Erfahrung gemacht daß die Musen, wie eitle Weiber überhaupt, jede absichtliche Vernachläßigung gar fühlbar zu rächen wissen. Auch ich hab mahl (schöner Busen halber) die Musen vernachläßigt. Meine Bestrafung hast Du selbst gesehen, nemlich meine poetische Unfruchtbarkeit von vorigem Winter, die mich in so fern ärgerte, da ich mich auf immer von den Musen verlassen wähnte, und nicht ein mahl ein poetisches Klagelied hierüber zu Stande bringen konnte. Aber der alte S c h l e g e l , der überhaupt mit den Damen umzugehn versteht, hat die zürnenden Schönen wieder mit mir versöhnt; und da er ihrer vielgenossenen Reitze satt ist, oder sie vielleicht nicht mehr selber bespringen kann, so hat er sie mir gütigst zugekuppelt, und allen 9 Schwestern habe ich bereits wieder dicke Bäuche gemacht.

Ueber mein Verhältniß *mit* Schlegel könnte ich Dir viel erfreuliches schreiben. Mit meinen Poesien war er sehr zufrieden, und übr die Originalität derselben fast freudig erstaunt. Ich bin zu eitel um mich hierüber zu wundern. Ich habe mich sehr gedocken gefühlt als ich neulich von Schlegel förmlich eingeladen wurde, und bei der rauchenden Kaffetasse stundenlang mit ihm plauderte. Je öfter ich zu ihm komme, desto mehr finde ich welch ein großer Kopf er ist, u daß man sagen kann:

Unsichtbare Grazien ihn umrauschen
Um neue Anmuth von ihm zu erlauschen.

Seine erste Frage ist immer: wie es mit der Herausgabe meiner Gedichte stehe? und scheint solche sehr zu wünschen. Auch Du, lieber Friz, scheinst mich hierüber ebenfals zu fragen. Leider habe ich, wegen der vielen Verändrungen die ich auf Schlegels Rath gemacht habe, noch viele Gedichte wieder abzuschreiben und v i e l e ganz neue Gedichte und metrische Uebersetzungen der Engländer noch hinzuzuschreiben. Letztere gelingen mir besonders gut und werden meine poetische Gewandheit bewähren. Genug des Selbstlobs.

Du kannst Dir nicht vorstellen, liebr Friz, wie oft und wie lebhaft ich an Dich denke. Um so mehr da ich jetzt ein höchst t r a u r i g e s, k r ä n k l e n d e s und e i n s a m e s Leben führe. Neue Freundschaften zu suchen, ist bey dem jetzigen Zustand der Dinge ein mißliches und unrathsames Geschäft; und was meine alten Freunde betrift, so scheine ich denselben nicht mehr zu scheinen. Eines Besuches von Seiner Herrlichkeit, dem Staatsrath, habe ich mich lange nicht zu erfreuen gehabt. In stattlicher Schnödigkeit und vornehmnickend sehe ich ihn zuweilen bey mir vorüberschreiten. Seine Obscuranz, der Herr Consistorialrath Bölling, den ich während seiner Krätz-Krankheit vorigen Winter tagtäglich zu bekneipen pflegte und während der Ferien oft den ganzen Tag mit mir herumschleppte, um seine Teufel zu bannen, besagter Bölling ist, Gott lob, wieder gesund. Doch sehen wir uns jetzt nur im Universitätsgebäude; da i c h es jetzt bin, der krank und Teufelbesessen ist, u e r jetzt auf dem Strumpf ist. Das ist ganz in der Ordnung. Daniels u Schopen stecken meistens zusammen, und speisen zusammen, und lesen zusammen, und medisiren zusammen. Das ist auch ganz in der Ordnung. Mit Pelmann stehe ich jetzt wieder auf intimen Fuß, und wir wünschen uns oft auf der Straße einen guten Tag. Alle andre freuen sich ihres Daseyns.

Steinmann, ein Jude, ein Poet, der Prinz Witgenstein, u dessen Hofmeister sind jetzt mein ganzer Umgang. Die Ferien über will ich wieder hier bleiben und durchochsen. October aber werde ich mich nach Göttingen verfügen, und werde, auf meiner Durchreise, Dich in Hamm besuchen.

Das ist wieder eine von jenen freundlichen Rosen die auf meinen dornigten Lebenswegen so sparsam gestreut sind.

O lieber Friz! die Dornen ritzen mich jeden Augenblick; aber sie können mich nicht mehr so sehr wehe thun wie sonst. Denn ich sehe jetzt ein daß die Menschen Narren sind wenn sie über große Schmerzen klagen. Der Schmerz ist nicht so groß, aber die Brust, die ihn beherbergen soll, ist gewöhnlich zu eng.

Dein Freund

H. H e i n e

Bonn d 15 July 1820

Stud Juris

Mit heutigem Postwagen sende ich Dir den längstversprochenen Pfeifenkopf.

7. *An Friedrich Steinmann und Johann Baptist Rousseau,*
Göttingen, 29. Oktober 1820

Göttingen, den 29. Oct. 1820.

Mit zusammengezogener Stirn und rollenden Augen war ich just im Begriff, einen Himmel und Hölle zersprengenden Fluch herauszudonnern, womit ich den 3. Akt meiner Tragödie schließen wollte, als ein königl hannöverischer Beamte im Scharlachrock meine Stubenthür öffnete und mir einen Brief von Dir übergab. Herzlich, recht herzlich habe ich mich da gefreut; erheitert, recht lebendig erheitert hat sich mein ganzes Wesen; doch der Fluch, der hübsche Fluch ist dadurch zum Teufel gegangen. Indessen der Schaden ist so groß nicht, Heine kann nicht lange in einer seelenvergnügten Stimmung bleiben, und vielleicht schon die nächste Stunde schickt mir einen Aerger an den Hals; die bösen Geister steigen wieder ins Haupt und besagter Tragödienfluch bricht umso furchtbarer heraus.

Wirklich schon, während ich diese Zeilen schreibe, verfliegt allmälig meine vergnügte Stimmung; die alten Schmerzen begeben sich wieder nach ihrer alten Kneipe, welches leider meine eigene Brust ist, und diese ganze Familie S c h m e r z beginnt dort wieder ihr altes Treiben; die blinde Großmutter Wehmuth hör' ich trippeln, ein neu gebornes Töchterchen hör' ich greinen. F r ä u l e i n R e u e – so wird diese Kleine getauft, und in ihrem ewigen Gegreine unterscheide ich die Worte: Du hättest in Bonn bleiben sollen.

Das sind ärgerliche Worte. Doch was hilfts, wenn ich sie in allerlei Variationen nachgreine, und die ganze Tonleiter durchseufze! – Ich habe es ja nicht besser gewollt, und war nicht viel klüger als der Junge, der zufällig seine Schuhe in den Rhein fallen ließ und aus Aerger seine Strümpfe denselben nachwarf.

Ja, wie sehr ich mich auch dadurch blamire, so will ich Euch doch ehrlich bekennen, daß ich mich hier furchtbar ennuyire. Steifer, patenter, schnöder Ton. Jeder muß hier wie ein Abgeschiedener leben. Nur gut ochsen kann man hier. Das war's auch, was mich herzog. Oft wenn ich in den TrauerweidenAlleen meines paradiesischen Beuls zur Zeit der Dämmerung dämmerte, sah ich im Verklärungsglanze vor mir schweben den leuchtenden Genius des Ochsens, in Schlafrock und Pantoffel, mit der einen Hand Mackeldey's Institutionen emporhaltend, und mit der andern Hand hinzeigend nach den Thürmen Georgias Augustas. Sogar die lauten Wogen des Rheines hatten mir alsdann oft mahnend zugerauscht:

> Ochse, deutscher Jüngling, endlich
> Reite deine Schwänze nach;
> Einst bereust du, daß du schändlich
> Hast vertrödelt manchen Tag!

Klingt das nicht höchst tragisch? Wahrlich es liegt ein ernsterer und schauerlicherer Sinn drin als im Schwanengesang der Sappho des Herrn Grillparzer in Wien.

Dieser Brief, wie Ihr an der Aufschrift ersehen könnt, ist an Euch Beide zu gleicher Zeit gerichtet; denn ich wüßte gar nicht, wie ich es anfangen sollte, jedem von Euch privatim zu schreiben; sintemal ich doch sehr gut weiß, daß das, was ich dem Einen schreibe, dem Andern nicht gleichgültig ist. Wie ich bis zur Zeit meiner Abreise gelebt, was ich in Beul gesagt und gesungen, und wie ich mich noch zuletzt in Bonn herumgetrieben habe, wirst Du gewiß schon an <Rousseau> erzählt haben, lieber <Steinmann> ich habe jetzt, bis auf einige Zeilen, den 3. Akt meiner Tragödie geschlossen. Das war der schwerste und längste Akt. Hoffentlich werde ich diesen Winter die beiden übrigen Akte auch vollenden. Wenn das Stück auch nicht gefallen wird, so wird es doch wenigstens ein großes Aufsehen erregen. In diesem Stücke habe ich mein eignes Selbst hineingeworfen, mit sammt meinen Paradoxen, meiner Weisheit, meiner Liebe, meinem Hasse und meiner ganzen Verrücktheit. Sobald ich es ganz fertig habe, übergebe ich es ohne weiteres dem Druck. Es wird schon aufs Theater kommen – gleichviel wann. – Anstrengung hat mir das Stück schon genug gekostet. Und aufrichtig gesagt, ich fange fast an zu glauben, daß eine gute Tragödie zu schreiben viel schwerer sei, als eine gute Klinge zu schlagen; ob zwar man in einer Paukerei auf dem Schläger 12 Gänge und in einer Tragödie nur 5 Gänge zu machen braucht. – Ich habe mich ganz an den Comment des Aristoteles gehalten, und habe seine Mensur in Hinsicht des Orts, der Zeit und der Handlung gewissenhaft angenommen. – Ich habe ferner auch gesucht, etwas Poesie in meine Tragödie zu bringen; freilich nicht so viel als im Cervantes von Hofrath G. Döring. Ueber meine Gedichte nächstens. – Du siehst, mein guter <Steinmann>, daß ich, gegen meine Gewohnheit, viel auf einmal gedichtet habe. Von Dir hoffe ich dasselbe zu hören. Mit wie viel hundert Stanzen ist Deine Muse niedergekommen? Sind die Kindlein wohlgestaltet? Schone nicht das kritische Amputirmesser, wenn's auch das liebste Kind ist, das etwa ein Buckelchen, ein Kröpfchen oder ein anderes Gewächschen mit zur Welt gebracht hat. Sei streng gegen Dich selbst; das ist des Künstlers erstes Gebot. Ich glaube, Dir hierin oft ein Beispiel gegeben zu haben. Mit unserm »Poeten« gehts, Gott Lob, recht gut. Er hat bisher, wie Du weißt, mit der Muse in wilder Ehe gelebt, hat mit seinem Gassenmensch, der Demagogia, manchen Wechselbalg gezeugt, und wenn er ja mal die ächte Muse schwängerte, so hatte er bei solcher Schwängerung nie dran gedacht, ob er einen Knaben oder ein Mädchen, einen Mops oder eine Meerkatze wollte. Ich darf mich rühmen, daß ich ihn endlich in den heiligen Dom der Kunst geführt, seine Hand in die der wahren Muse gelegt, und über Beide den ehelichen Segen ausgesprochen habe. Ich bin freilich nicht würdig genug eine solche Weihe der Poesie auszuüben; – doch wo der Priester fehlt, da kann auch oft eine schlichte Hebamme die Nothtaufe verrichten. Wahrlich, lieber <Steinmann>, Du wirst vor Verwunderung die Augen aufsperren, wenn Du siehst, welch ein tüchtiger Poet unser »Poet« jetzt geworden ist. Er hat meine Ermahnungen beherzigt, und die oben angedeuteten zwei Hauptfehler »das Dichten ohne dabei zu denken« und das folenische

Kraftworteresiren endlich abgelegt. Ich habe lange nichts so Hübsches und Zartes gelesen, wie eins seiner Sonette; seine Apologie des Nibelungenliedes enthält wahre poetische Schönheiten und ergreifende Stellen, endlich der Sonettenkranz, womit er des Freundes krankes Haupt umsungen hat, duftet und flimmert wie goldner Johannesberger in einem schöngeschliffenen Krystallpokal. – Du weißt, <*Steinmann*>, ich lobe selten; aber wenn ich Grund zum Loben habe, so quillt es mir um so unaufhaltsamer aus der Herzgrube. Ringe nur freudig und rüstig, mein lieber Poet; den Lorbeer verdienst Du, und daß man ihn Dir nicht vorenthalten soll, dafür laß nur mich sorgen. Aber Du mußt mir auch folgen. Kümmere Dich nicht um bellende Hunde. Der Mond wird noch immer im selben Glanze leuchten, wenn längst die Hunde verstummt sind, die ihn anbellen. Sein Goldschimmer erstreckt sich über die ganze Erde. Aber wie weit erstreckt sich die Stimme eines Hundes? Ich habe mehrere Tage in <*Hamm*> zugebracht; dort habe ich auch endlich die persönliche Bekanntschaft von <*Dr. Schulz*> gemacht. Mit seinem Associé habe ich mich auch ziemlich befreundet durch manchen vergnügten Spaziergang, den wir zusammen machten. Recht gut bin ich von Beiden aufgenommen worden. Aber mein wundersüßes Bräutchen, Fräulein Romantik, geborne Poesie, hat sich dort sehr ennuyirt. Ich habe meinen Vorsatz aufgegeben, auf den Sandsteppen der Mark einige Blumen aus unserm Poesiegärtlein zu verpflanzen, und den Saamen derselben dort wuchern zu lassen; denn mit dem *Unterhaltungs*blatt ist durchaus nichts anzufangen. Dr. <*Schulz*> hat gar keinen Sinn, vielleicht gar Abneigung für Gedichte, und <*Wundermann*> liebt nöthigenfalls nur Gedichte aus der Gleim'schen Schule. Ich habe zwar Deine Gedichte, welche Du mir mitgegeben, demselben zugestellt, lieber <*Steinmann*>. Doch bei obiger Bewandtniß der Dinge zweifle ich nicht, daß es mit dem Abdruck sehr saumselig zugehen wird. – Wer weiß, ob mich nicht das Verlangen nach Euch, liebe Freunde, nächsten Sommer wieder nach Bonn zurücktreibt. Denn ich zweifle nicht, Ihr werdet Beide einer auf den andern wohlthätig gewirkt haben. <*Rousseau*> wird sich an <*Steinmanns*> löbliche plastische Umrisse gewöhnt haben und <*Steinmann*> an <*Rousseaus*> romantischen Farbenschmelz und Wortfluß. Aber keiner soll sich an der Eigenthümlichkeit des andern vergreifen. – Ich werde Euch nächstens mehr schreiben über meine Studien, mein Poesiren, meinen Umgang etc. Ich habe Dr. Hundeshagens sämmtliche Aufträge richtig besorgt, welches ich ihm nächstens selbst schreiben werde, da jetzt die Post abgeht und es zu spät ist, noch etwas zu schreiben. – Denkt Euch, Hofrath Beneke ist hier der einzige, welcher über altdeutsche Literatur liest, und nur (horribile dictu!!) 9 (sage neun) Zuhörer hat. Unter diese gehört auch meine Wenigkeit. Wenn Hundeshagen nächsten Sommer über Niblungen lesen wird, so möchte mich dieses wahrscheinlich nach Bonn zurückziehen. Dir, lieber <*Steinmann*>, bemerke ich nur noch, daß ich Deinen Brief e r b r o c h e n (in England steht darauf der Galgen) erhalten habe, und daß Dein Solinger Freund nur ein neues Couvert mit meiner Adresse über den erbrochenen Brief gezogen hatte. – – Schreibe mir nur recht viel, lieber <*Steinmann*>, ich hatte lange auf Briefe von Dir gewartet, und erhalte nach so langem Warten nur wenige Zeilen. – Grüße mir alle unsere Freunde. – Lebt wohl, sonst geht mir noch die Post ab. Schreibt! schreibt! schreibt bald!

H. Heine,
Stud. Juris.

8. *An Friedrich Arnold Brockhaus,*
   Göttingen, 7. November 1820

Sr Wohlgeboren d Herrn F. A. Brockhaus in Altenburg
Beyliegend erhalten Sie ein Mss. betitelt » Traum u Lied « welches ich Ihnen zum Verlag anbiete. Ich weiß sehr gut daß Gedichte in diesem Augenblick kein großes Publikum ansprechen, und daher als Verlagartikel nicht sonderlich geliebt seyn mögen. Deßhalb aber habe ich mich eben an Sie, Herr Brockhaus, gewannt, da es mir auch nicht unbekannt geblieben seyn konnte daß es Ihnen beym Verlag von Poesien auch ein bischen um der Poesie selbst zu thun ist, und daß Sie das anspruchlos Gute in unserer sch. Literatur eben so wirksam zu befördern suchen, wie Sie den gespreizten Dünkel niederzuzerren und zu aller Welts Freude zu demüthigen wissen.

Ich kann daher auch, nach dem Beyspiel mehrerer meiner Freunde, einem Manne wie Sie die Bestimmung des Honorars gänzlich überlassen, und bemerke nur daß mir an letzterm weit weniger gelegen ist als an dem guten Papier und Druck womit Sie gewöhnlich Ihre Verlagartikel so liberal ausstatten.

Ich wünschte recht sehr daß Sie selbst mein Mss. durchlesen möchten, und bey Ihrem bekannten richtigen Sinn für Poesie bin ich überzeugt daß Sie wenigstens der ersten Hälfte dieser Gedichte die strengste Originalität nicht absprechen werden. Dieses Letztere, welches heut zu Tag schon etwas werth ist, musten mir auch die zähesten Kunstrichter zugestehen, vorzüglich mein Meister A.W. v. Schlegel, welcher (vorigen Winter und Sommer in Bonn) meine Gedichte mehrmals kritisch durchhechelte, manche Auswüchse derselben hübsch ausmerzte, manches Schöne besser aufstutzte, und das Ganze, Gott sey Dank, ziemlich lobte.

Da mich leidige Verhältnisse zwingen jedes Gedicht, dem man nur irgend eine politische Deutung unterlegen könnte, zu unterdrücken, und meist nur erotische Sachen in dieser Sammlung aufzunehmen, so muste solche freylich ziemlich mager ausfallen. Doch außer sechs Gedichten, welche ich vor circa 4 Jahr in einer Hamburger Zeitschrift »der Wächter« abdrucken ließ, sind alle Gedichte des Manuskripts noch ungedruckt, und sie mögen schon hinreichen als Belege zu meinen Ansichten über neuere Poesie, welche in dem beygelegten Aufsatze zusammengedrängt ausgesprochen sind.

Recht sehr bitte ich Sie mir doch so bald als möglich anzuzeigen ob Sie von meinem Mss Gebrauch machen wollen; und ist das nicht der Fall so ersuche ich Sie mir solches unter untenstehender Addresse per fahr Post zukommen zu lassen.

Ich bin mit ausgezeichneter Hochachtung
Ew Wohlgeboren
ganz ergebener
H. Heine.

Göttingen d 7/ Nov. 1820

Meine Addresse ist:
An den Rechtskandidaten H. Heine
bey Dr Wyneker in Göttingen.

An / Herrn / F. A. Brockhaus / Wohlgeboren

Göttingen, den 4. Februar 1821.

Staune! staune! staune! – ich habe hier das Consilium abeundi erhalten!

Ich habe wegen allerlei Mißhelligkeiten schon seit 3 Monat in beständiger Unruhe gelebt, ward von manchem fatalen Pech heimgesucht und wurde endlich vorige Woche

wegen Uebertretung der Duellgesetze

auf ein halb Jahr consiliirt. Nur unter dem Vorwand, daß ich zu krank sei, das Zimmer zu verlassen, hat man mirs erlaubt, noch einige Tage hier zu bleiben. An <*Rousseau*> kannst Du diese Nachricht zeigen, aber Du mußt ihm erst das Wort abnehmen, daß er sie nicht weiter plappert. Denn die dortigen Düsseldorfer würden es erfahren und nach Hause schreiben; dadurch erführe es auch meine Familie, welches ich vermeiden will. Du kannst Dir jetzt meine Verdrießlichkeit wohl vorstellen; sehnsüchtig Spieße von Haus erwartend, Papiere aufräumend, gezwungen das Zimmer zu hüten, so sitze ich schon den ganzen Morgen und schrieb so eben Jemand ins Stammbuch:

Selig dämmernd, sonder Harm,
Liegt der Mensch in Freundes Arm,
Da kommt plötzlich wie's Verhängniß
Des Consiliums Bedrängniß
Und weit fort von seinen Lieben
Muß der Mensch sich weiter schieben.

Aber wohin soll ich mich schieben? Nach Bonn gehe ich, Verhältnisse halber, auf keinen Fall zurück. Ich erwarte, daß man mir von Haus die Universität bestimmen wird, wohin ich mich begeben soll. Wahrscheinlich wird es Berlin sein. Ich werde Euch dieses näher anzeigen.

Mit Vergnügen sehe ich, daß Du Dir die Schuhe mit eisernen Nägeln beschlagen hast, um besser den Helikon zu erklimmen. Ich habe mit herzlichem Wohlbehagen Deine übersandten dramatischen Proben gelesen und abermals gelesen. Doch daß Du mein Urtheil über dieselben verlangst, setzt mich in Verlegenheit.

Ich kenne zu gut die Menschen im Allgemeinen, um nicht zu wissen, daß man nur Lob erwartet, wenn man auch allerdemüthigst um die strengste Beurtheilung bittet, daß man doch im Herzen letztere ungerecht ansieht, wenn sie tadelnd oder ganz zermalmend ausfällt, und daß, wenn man auch den ehrlichen Beurtheiler deswegen just nicht hassen wird, man ihn doch deshalb nicht noch desto mehr lieben wird. Denn die Menschen sind die eitelsten unter allen Creaturen, und die Poeten sind die eitelsten unter allen Menschen. Wer die Eitelkeit eines Poeten beleidigt, begeht daher ein d o p p e l t e s Majestätsverbrechen. Das ist eben mein Wahnsinn, und das macht mich eben allgemein verhaßt, daß ich jene Erfahrung kenne und doch nicht anwende. – Aber ich sehe es Dir an, guter *<Steinmann>*, Du hast mich beim Rock erfaßt, und bestehst drauf, daß ich mich über Deine Dramen aussprechen soll. Ich will es mit wenigen Worten; aber vorher will ich, da Du es doch dringend verlangst, über meine eigne Tragödie sprechen.

Ich habe mit aller Kraftanstrengung daran gearbeitet, kein Herzblut und keinen Gehirnschweiß dabei geschont, habe bis auf einen halben Akt das Ganze fertig, und zu meinem Entsetzen finde ich, daß dieses von mir selbst angestaunte und vergötterte Prachtwerk nicht allein keine g u t e Tragödie ist, sondern gar nicht mal den Namen einer Tragödie verdient. – Ja – entzückend schöne Stellen und Scenen sind drin; Originalität schaut überall draus hervor; überall funkeln überraschend poetische Bilder und Gedanken, so daß das Ganze gleichsam in einem zauberhaften Diamantschleier blitzt und leuchtet. So spricht der eitle Autor, der Enthusiast für Poesie. Aber der strenge Kritiker, der unerbittliche Dramaturg trägt eine ganz anders geschliffene Brille, schüttelt den Kopf, und erklärt das Ganze für – eine schöne Drahtfigur. E i n e T r a g ö d i e m u ß d r a s t i s c h s e i n – murmelt er, und das ist das Todesurtheil der meinigen. – Hab' ich kein dramatisches Talent? Leicht möglich. Oder haben die französischen Tragödien, die ich sonst sehr bewundert habe, unbewußt ihren alten Einfluß ausgeübt? Dies letztere ist etwas wahrscheinlicher. Denke Dir, in meiner Tragödie sind alle drei Einheiten höchst gewissenhaft beachtet, fast nur vier Personen hört man immer sprechen, und der Dialog ist fast so preziös, geglättet und geründet wie in der Phèdre oder in der Zaire. Du wunderst Dich? Das Räthsel ist leicht gelöst: ich habe versucht auch im Drama romantischen Geist mit streng plastischer Form zu verbinden. Deshalb wird meine Tragödie ein gleiches Schicksal haben mit Schlegels Jon. Nämlich weil letztere ebenfalls in polemischer Absicht geschrieben ist. Nach Deinen Probescenen zu urtheilen, glaube ich nicht, daß Deine Dramen diesen Fehler haben werden. (Von der Ueberschrift dramatisches Gedicht nehme ich keine Notiz; so etwas besticht mich nicht.) Wenigstens wirst Du wirkliche Tragödien hervorgebracht haben. Doch ob auch g u t e ? Das ist die Frage – sagt der Kronprinz von Dänemark. Ich zweifle. Vielleicht liegt's an den vierfüßigen Trochäen, die mir überall unausstehlich sind in einem Drama. Vielleicht aus Vorurtheil, nur den fünffüßigen Jambus lasse ich dort gelten. Doch dürfen diese nicht reimen; höchstens in ganz lyrischen Stellen, wie z.B. das Gespräch von Romeo und Julie, durchaus nicht in ruhig gehaltenen Expositionsscenen, wie in Deiner A n n a v o n C l e v e. Der Anfang von letzterer gefällt mir ganz unbändig. In metrischer Hinsicht finde ich die Jamben weit besser, als ich Dir zugetraut. Verbanne nur das holprige Trochäengesindel mit ihren Flickwortskrücken, wie z.B. das oft eingeflickte Wörtchen »hold«, dem ich, wie Du weißt, durchaus nicht hold bin. Die poetischen Bilder in jenen 2 Proben sehen aus wie König Pharao's magere Kühe. Was mich am meisten bei Dir wundert, ist, daß alles den Charakter der Flüchtigkeit trägt. Arbeite die Anna von Cleve fertig. Ich glaube, Du könntest sie auf die Bühne bringen, wenn Du Anspielungen auf den Proceß der jetzigen Königin von England einwebtest. Studire jenen Prozeß. Aber überhaupt sei streng gegen Dich selbst. Dieses ist bei jungen Dichtern nicht genug anzuempfehlen. Lieblich singt der persische Goethe, der herrliche Sadi:

> Streng sei gegen dich selbst. Beschneide die üppigen Reben,
> Desto fröhlicher wächst ihnen die Traube dereinst.

Aber besonnene Strenge gegen sich selbst ist ganz etwas anderes als das unbesonnene Gedichte-auto-da-fee eines wahrscheinlich Besoffenen. Indessen ich kenne zu gut das Gemüth des Dichters, um nicht zu wissen, daß ein Poet sich weit eher die Nase abschneidet, als daß er seine Gedichte verbrennt. Letzteres ist nur ein stehender Ausdruck für Beiseitelegen. Nur eine Medea kann ihre Kinder umbringen. Und müssen nicht Geisteskinder uns viel theuerer sein als Leibeskinder, da letztere oft ohne sonderliche Mühe in einer einzigen Nacht gemacht werden, zu erstern aber ungeheure Anstrengung und viel Zeit angewendet wurde? – Wie hat Dir des Poeten Gedicht über die Nibelungen gefallen? Ich habe es vor einigen Tagen gedruckt erhalten, und kann mich nicht satt dran ergötzen. Ich habe es wenigstens schon 20 Mal laut vorgelesen und die Schönheiten desselben mit gewaltig kritischer Miene entwickelt. Den Almanach hab ich hier nicht erhalten können. Was macht der »Poet«? Hätt' ich ihn nur wieder in den Klauen! Und was machst Du? Ich spreche jetzt sehr oft von Dir mit Deinem Freunde <Funcke.> Viel Vergnügen hat mir die Bekanntschaft des letztern gemacht. Er ist ein herzlich guter Junge. In seinen Gedichten spielen zwar die alten heidnischen Götter die Hauptrolle, und die schöne Daphnis ist seine Heldin; doch haben seine Gedichte etwas Klares, Reines, Bestimmtes, Heiteres. Er hat mit sichtbarem Vorteil seinen Goethe gelesen, und weiß ziemlich gut, was schön ist. Sein Hauskamisol <Waldeck> ist ein sehr guter Poet, und wird mal viel leisten. Ich habe durch Wort und Beispiel Beide tüchtig angespornt, habe denselben meine Ansichten über Poesie faßlich entwickelt, und glaube, daß wenigstens bei <Waldeck> dieser Saame wuchern und gute Früchte tragen wird. – Erzähle mir doch frei, welche Studenten in Bonn katholisch geworden sind? Nun muß ich endlich doch in einen sauern Apfel beißen und Dir sagen, wie es mit meinen Gedichten steht. Du thust mir Unrecht, wenn Du glaubst, daß ich an der Verzögerung der Herausgabe Schuld bin. Ich habe dieselben von B r o c k h a u s zurückerhalten mit der äußerst zierlich und höflichsten Antwort: daß er gar zu sehr in diesem Augenblick mit Verlagsartikeln überladen sei. Ich will jetzt sehen, daß ich sie irgend anders unterbringe. Es ist dem großen Goethe ebenso gegangen mit seinem ersten Product. Frage mal den Poeten, ob er Rath weiß? Meine Tragödie werde ich trotz ihrer Mängel dennoch drucken lassen. Lebe wohl!

H. Heine,
St. Juris

Ich werde wahrscheinlich übermorgen abreisen. Nicht nach Berlin. Ich will eine Fußreise nach dem Harz machen. Du und der Poet, Ihr könnet mir daher nicht eher schreiben, bis ich Euch nochmals geschrieben habe. Dies soll in vier Wochen geschehen.

10. *An Heinrich Straube, Oldesloe,*
    Anfang März 1821 (Schluß fehlt)

Liebster Mensch!
Ich habs ja vorausgewußt und habs Dir auch vorausgesagt. Kaum betrat ich das Weichbild Hamburgs so wars mir plötzlich als ob ich nie dieses Nest verlassen hätte u alles was ich in jenen 2 Jahren der Abwesenheit erlebt, gedacht u gefühlt erlosch aus meinem Gedächtniß.
Ich saß eine Stunde schweigend u fast ohne eigentlich an etwas zu denken. Diese Stunde ist ein bedeutungsloser u dennoch vielsagender Gedankenstrich im Buche meines Lebens. Wie wird dieses Buch endigen? Hat der göttliche Author eine Tragödie oder ein Lustspiel schreiben wollen? Dieu mercy, ich habe auch noch ein Wort mitzusprechen, von meinem Willen hängt die Katastrophe ab, u es kostet mir nur ein Loth Pulver um dem Helden des Stücks die Narrenkappe vom Kopfe zu donnern. Was liegt mir dran ob die Gallerie pfeift oder klatscht? Auch das Parterre mag zischen. Ich lache. Auch das kurzbeinige herzliebe Männlein mit der Wünschelruthe mag immerhin wimmern: das Stück ist schlecht. Ich lache. Alle himmlische Heerschaaren mögen pochen. Ich lache!!! – – – –

Ich lache ob den Gimpeln u den Laffen!
Die mich anglotzen starr u lauwarm nüchtern,
Ich lache ob den kalten Bocksgesichtern,
Die hämisch mich beschnüffeln u begaffen.
Ich lache ob den kunsterfahrnen Affen,
Die sich aufblähn zu stolzen Splitterrichtern,
Ich lache ob den feigen Bösewichtern
Die mich bedrohn mit giftgetränkten Waffen.
Denn wenn des Glückes hübsche Siebensachen
Uns von des Schicksals Händen sind zerbrochen,
Und so zu unsern Füßen hingeschmissen,
Und wenn das Herz im Leibe ist zerrissen,
Zerschnitten u zerschnitten u zerstochen,
So bleibt uns doch das hübsche gelle Lachen!
Ja wenn die weitklaffende Todeswunde meines Herzens
sprechen könnte, so spräche sie: ich lache.

Aber oben in der Eckloge sitzt ein gar hübschgeputztes Sonntagspüppchen, bey dessen Fabrikation der himmlische Kunstdrechsler sich selbst übertroffen. Dieses wunderliebe Frätzchen sollte doch nicht lachen, u es wäre mir sogar lieb wenn diverse Kristalltröpfchen aus diesen zwey Aquatophanaäuglein hervorquöllen. Ja, das ist die Klippe, woran mein Verstand gescheitert ist, u die ich dennoch in Todesangst umklammern möchte. Es ist eine alte Geschichte. Aber der königl franz. geheime Oberhofmaximenverfertiger Francois Duc de la Rochefoucauld sagt ganz mit Recht:»l'absence diminue les mediocres passions, et augmente les grandes, comme le vent eteint les bougies et alume le feu.«

Vous avez raison, Monseigneur!

Es ging schon gegen Mitternacht, da begab ich mich nach dem Hause einer Dulcinea de Tobosa, um unter ihren Fenstern die Rolle meines Almansor in der Wirklichkeit zu spielen. Aber ich hatte leider keinen Mantel wie mein Almansor, u muste frieren wie ein Schneider. Auch hatte ich statt einer hellgestirnten andalousischen Sommernacht nur einen aschgrauen Himmel, feuchten hamburger Nationalwind, u durchfröstlendes Regengeträufel. Denn der gelbe Kuppler, der mich so oft belogen, hatte sich aus Scham hinter seine Wolkenbatterien verkrochen, u beleuchtete nur mit einzelnen Stralen das Haus aller Häuser. – Ich brauche Dir nicht zu erzählen, liebster Wimmer, wie sehr ich da gewimmert. Alle Tollhäuser hatten ihre Wahnsinnbilder losgelassen u mir auf den Hals gejagt. In meinem Gehirn feyerte dieses verrückte Gesindel seine Wallpurgisnacht, meine Zähne klapperten die Tanzmusik dazu, und aus meiner Brust ergossen sich warme Ströme von rothem, rothem Herzblut. Unheimlich umrauschten mich diese Blutwogen, betäubend umnebelte mich der Duft Ihrer Nähe, u sie selbst, sie selbst erschien oben am Fenster, u nickte herab, und lächelte herab, in all ihrer leuchtenden Schönheitsglorie, so daß ich zu vergehen glaubte vor unendlicher Sehnsucht, u Wehmuth und Seeligkeit. –

Doch doppeltschneidender Schmerz zerriß mein innerstes Gemüth als ich bemerkte daß meine Fantasie mich wieder in den April geschickt hatte. Das schaurigsüße Lockenköpfchen das mir so huldreich herabgenikt, war nur die alte Gouvernante die ihre Jalousien zugemacht, der wundersame Duft der meine Sinne umnebelte war nur der Geruch aus einem nahen Käseladen, und der herabrauschende Blutstrom war nur der Schiffprügelinhalt den eine Hure aus ihrem Fenster herabgoß. Ich möchte Dir noch vieles schreiben wie es mir ging mit meinem armen verrückten Herzen, doch bin ich unpäßlich, schreibe diese Zeilen im Zimmer meiner Eltern, muß vorsichtig seyn daß mir niemand über die Schulter sieht, kurz ich bin genirt.

Ich habe meine Familie in einem höchsttraurigen Zustand gefunden. Mein Vater leidet noch immer an seiner Gemüthskrankheit, meine Mutter laborirt an Migräne, meine Schwester hat den Catharr und meine beiden Brüder machen schlechte Verse. Dieses letztere zerreißt mir das Herz. Für den jüngern gebe ich nicht alle Hoffnung verloren. Meine Gedichte gefallen ihm nicht. Das ist ein gutes Zeichen. Meine Schwester fällt aber ein besseres Urtheil über meine poetische Verdienste. Als ich ihr jüngst eins meiner besten Geisteswerke vorlas, bemerkte sie: »Oh! das geht.« Dieses Mädchen singt wie ein Engel. Mein jüngerer Bruder wird Medizin studiren. Der ältere studirt jetzt praktisch die Landwirthschaft. Aus brüderlicher Liebe will ich beide verschonen mit meinen Kunsttheorien.

III

DER UNGEZOGENE LIEBLING DER GRAZIEN

(1821–1825)

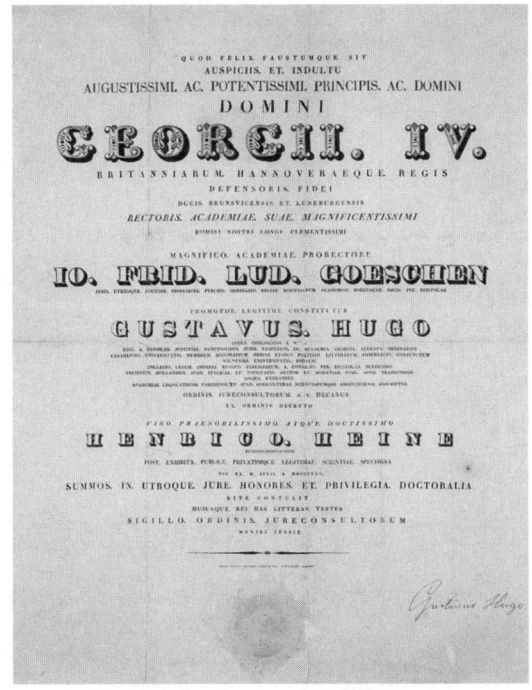

Abbildung Seite 65:

Heines Promotionsurkunde, ausgestellt am 20. Juli 1825.
Unterzeichnet von Gustav Hugo, dem Dekan der Göttinger
juristischen Fakultät.

WIE HEINE SCHON VERMUTET HATTE, wurde beschlossen, daß er sein Studium in Berlin fortsetzen sollte. Doch die größte deutsche Stadt (200000 Einwohner) mit ihrem reichhaltigen kulturellen und gesellschaftlichen Leben war kaum geeignet, seine Konzentration auf die Juristerei zu fördern, im Gegenteil: ob Theater, Oper, Bälle, Konzerte, literarische Salons oder Teegesellschaften – Heine nahm alle Gelegenheiten wahr, am bunten Hauptstadtleben teilzuhaben, das allerdings in auffälligem Kontrast zum polizeilich kontrollierten Stillstand des öffentlichen politischen Geschehens stand. In seinen *Briefen aus Berlin* schrieb Heine darum hintersinnig:

> Der heftige Partheykampf von Liberalen und Ultras, wie wir ihn in andern Hauptstädten sehen, kann bey uns nicht zum Durchbruch kommen, weil die königliche Macht, kräftig und partheylos schlichtend, in der Mitte steht. Aber dafür sehen wir in Berlin oft einen ergötzlichen Partheykampf, den in der Musik. (DHA VI, 24)

Die geschickt komponierten, witzigen und anspielungsreichen *Briefe aus Berlin*, die Heine für den in Hamm erscheinenden *Rheinisch-Westfälischen Anzeiger* schrieb, dessen Verleger Schulz und Wundermann er im September 1820 bei seiner Wanderung durch Westfalen kennengelernt hatte, waren seine erste zeitkritische journalistische Arbeit.

Hatte Heine sich in Bonn und Göttingen ganz seiner literarischen Ausbildung gewidmet und sich in vielen verschiedenen Gattungen und Formen geübt, so suchte er in Berlin nun zielstrebig den Weg an die Öffentlichkeit. Besonders wichtig war dabei die Bekanntschaft mit Friedrich Wilhelm Gubitz, in dessen Journal *Der Gesellschafter* Heine schon bald regelmäßig publizierte. »Die Zeitschriften sind freylich nur die Pißecken der Litteratur, aber alle Anonzen sind dort angeschlagen« (HSA XX, 129), schrieb Heine, und weil ihm klar war, wie wichtig solche »Anonzen« auch für den Verkauf seiner Bücher sein würden, war die kontinuierliche Verbindung mit bestimmten Journalen von Anfang an fester Bestandteil seiner Publikationspolitik. Vermutlich war es auch Gubitz, durch dessen Vermittlung Heine mit der Maurerschen Buchhandlung in Kontakt kam, in deren Verlag dann im Dezember 1821 sein erstes Buch erschien, dem er den schlichten Titel *Gedichte* gab. Wie versiert er dafür zu werben verstand, zeigen die Briefe, mit denen er Widmungsexemplare an Goethe, Müllner und andere einflußreiche Personen schickte, oft versehen mit der Bitte um eine Rezension – eine Praxis, die er ebenfalls seine gesamte Karriere hindurch beibehielt. Wieviel er in dieser Hinsicht in seiner Berliner Zeit schon gelernt hatte, läßt sich an der Souveränität ablesen, mit der sich der junge Heine im Januar 1823 an den Verleger Dümmler wandte, um diesem sein zweites Buch, *Tragödien, nebst einem lyrischen Intermezzo*, anzubieten (Nr. 16). Es erschien noch im selben Jahr, und neben dem *Almansor* enthielt es seine zweite Tragödie *William Ratcliff* und seine neuen Gedichte – »kleine maliziös-sentimentale Lieder« (S. 85), wie er selbst sie nannte, die kunstvoll mit den herrschenden Konventionen klassisch-romantischer Liebeslyrik und den biedermeierlichen Erwartungen des Publikums spielen und, wie Heines Schriftstellerkollege Karl Immermann in einer Rezension schrieb, virtuos und in origineller Form »bittren Grimm über eine nüchterne, unempfängliche Gegenwart, […] tiefe Feindschaft gegen die Zeit«[1] aussprechen.

Weder die *Gedichte* noch die *Tragödien, nebst einem lyrischen Intermezzo* waren besondere Verkaufserfolge, und als Bühnenautor konnte Heine sich nicht durchsetzen: Der von ihm selbst hoch eingeschätzte *William Ratcliff* kam nie auf das Theater, die Uraufführung des *Almansor* in Braunschweig war ein regelrechtes Fiasko. Daß Heine sich trotzdem so schnell einen Namen machte und sich nachhaltig in der Berliner Öffentlichkeit etablieren konnte, lag neben den weitverbreiteten Zeitschriftenpublikationen seiner Gedichte und den recht kontroversen Rezensionen seiner Bücher, die ihn ins Gespräch brachten, insbesondere daran, daß er in den verschiedenen literarischen Zirkeln Berlins Anklang und Beachtung fand. Bei den illustren dienstäglichen

---

[1] Karl Immermann: Rezension der *Gedichte* (1822), zit. nach Galley / Estermann I, S. 35 f.

Teegesellschaften der Elise von Hohenhausen (geb. Ochs), der gefeierten Übersetzerin Byrons und Walter Scotts, trug er mit Erfolg seine Gedichte vor und erwarb den Ruf als Byrons »Nachfolger in Deutschland«[2]. Auch im wichtigsten aller Berliner Salons, im Haus von Rahel und Karl August Varnhagen von Ense, fand Heine ein Forum aufgeschlossener Zuhörer und konnte zudem wichtige Kontakte knüpfen. Im Hause Varnhagen fand er allerdings noch weit mehr als nur das erwartete Karrieresprungbrett, nämlich unerwarteten Zuspruch, Förderung und Freundschaft. Das Ehepaar wurde zu einem seiner wichtigsten Orientierungs- und Bezugspunkte in dieser Lebensphase. Varnhagen mit seinen vielfältigen persönlichen Verbindungen und seiner großen »Literatur-Erfahrung« (S. 180) wurde Heines wichtigster Ratgeber, nicht zuletzt in Fragen der Publikationspolitik und »Öffentlichkeitsarbeit«. »Der Einfluß von Rahel und mir auf Heine bestand nur einzig darin, seinen Ernst zu stärken und seine Scherzausbrüche zu mäßigen, und darin hat besonders Rahel viel gethan, wenn es auch manchem wenig merkbar sein kann, denn allerdings blieb er immer noch zu scharf und wild«[3], schrieb Karl August Varnhagen 1853 rückblickend, und Heine gedachte später »der liebreichen Freundinn, die mir immer die unermüdlichste Theilnahme widmete, und sich oft nicht wenig für mich ängstigte, in jener Zeit meiner jugendlichen Uebermüthen, in jener Zeit als die Flamme der Wahrheit mich mehr erhitzte als erleuchtete« (DHA I, 565). Nicht nur aus ästhetischen Gründen versuchten Rahel und Karl August Varnhagen, für die Goethe das Maß aller Dinge war, Heine zur »Mäßigung« anzuhalten, sondern auch aus Sorge um seine politische Stellung. Sie ahnten wohl bereits, daß im restaurativen Deutschland für ihn auf Dauer kein Platz sein würde. Ihre Äußerungen aus der ersten Zeit ihrer Bekanntschaft mit dem jungen Heine wirken manchmal wie die von wohlwollend besorgten Eltern über ihr rebellisches Kind, bei denen doch immer auch eine gewisse heimliche Sympathie für dessen originelle Streiche durchschimmert.

---

2   Werner / Houben I, S. 55.
3   Werner / Houben II, S. 489.

Bei seinem ersten Auftreten in der literarischen Öffentlichkeit schlug Heine jedoch nicht nur Sympathie entgegen, denn »der ungezogene Liebling der Grazien«[4], wie man ihn nannte, provozierte und polarisierte. An ihm schieden sich die Geister, und er erlebte die ersten polemischen Auseinandersetzungen um seine Person und seine Werke – sowohl um seine Gedichte als auch um die 1823 im *Gesellschafter* erschienene Artikelserie *Ueber Polen*, einen Bericht über seine Reise durch den preußischen Teil Polens, bei dessen Publikation es ebenso Zensurschwierigkeiten gab wie zuvor schon bei den *Briefen aus Berlin*. Manche Feindseligkeiten verletzten und verunsicherten ihn, wie einige seiner Briefe aus dieser Zeit zeigen, zumal wenn sie von ehemaligen Freunden oder von Kommilitonen ausgingen. Nicht immer hatte die Kritik, mit der Heine sich konfrontiert sah, literarische oder politische Gründe, vor allem nicht, wenn sie aus Offiziers- oder Burschenschaftskreisen kam. Daß »Christliche Liebe die Liebeslieder eines Juden nicht ungehudelt lassen wird« (S. 38), hatte er schon in Hamburg, noch vor seiner ersten Veröffentlichung, geahnt, und tatsächlich mußte er nun als Dichter und als Gestalt des öffentlichen Lebens gegen den alltäglichen Antisemitismus ankämpfen.

Der »Rischeß« – dieses jiddische Wort für Judenhaß gebraucht Heine in manchen Briefen – hatte 1819 in vielen deutschen Städten zu gewaltsamen Ausschreitungen geführt, den sogenannten »Hep-Hep-Krawallen«, die von der Polizei allenfalls sporadisch bekämpft worden waren. Hinzu kam, daß die Juden ohnehin zu den Verlierern der Restaurationszeit gehörten. Ihre gesetzliche Gleichstellung, die von den Franzosen eingeführt worden war, wurde ebenso rückgängig gemacht wie die gerechteren Bestimmungen aus der Zeit der preußischen Reformen. Das 1812 erlassene Edikt, das Juden in beschränktem Maße erlaubt hatte, im preußischen Staatsdienst zu arbeiten und öffentliche Lehrämter auszuüben, wurde 1822 wieder aufgehoben, was auch die Berufsaussichten des angehenden Juristen Heine sehr schmälerte.

Unter dem Eindruck der antisemitischen Krawalle war 1819 in Berlin der »Verein für Cultur und Wissenschaft der Juden« gegründet

---

4 Werner / Houben I, S. 63.

worden, ein Zusammenschluß junger Akademiker, die sich zum Ziel gesetzt hatten, auf ein modernes, in die säkularisierte Gesellschaft integriertes, selbstbewußtes und emanzipiertes Judentum hinzuarbeiten. Im Unterschied zur jüdischen Reformbewegung ging es ihnen weniger um religiöse als um soziale und wissenschaftliche Fragen. Sie richteten eine Unterrichtsanstalt ein, die jüdische Studenten, die aus der Provinz nach Berlin kamen, auf die Universität vorbereiten sollte, und ihre *Zeitschrift für die Wissenschaft des Judentums* widmete sich der ausdrücklich säkular orientierten, philologischen und historischen Erforschung des Judentums. Zu den Mitgliedern gehörten bedeutende Gelehrte wie der Historiker Isaac Marcus Jost, der Orientalist Ludwig Markus und insbesondere Leopold Zunz, der Begründer der modernen Judaistik. Im Varnhagenschen Salon hatte Heine Eduard Gans kennengelernt, den umtriebigen Vorsitzenden des Vereins, und im August 1822 trat er der Gruppe bei, in der er mit Joseph Lehmann, Immanuel Wohlwill, Gans, dem hochgeschätzten Zunz und vor allem Moses Moser einige seiner engsten Berliner Freunde finden sollte. Im Verein wurde sein lebenslanges Interesse für die jüdische Geschichte geweckt, das sich bald darauf in der Erzählung *Der Rabbi von Bacherach* niederschlug, für die er intensive historische Quellenstudien betrieb, bei denen er Moser und Zunz immer wieder um Rat fragte.

Viele der Freunde aus dem »Verein für Cultur und Wissenschaft der Juden« – allen voran Gans und Moser – waren erklärte Anhänger der Philosophie Hegels, von der auch ihre Ansichten über die historische Rolle des Judentums und die Bedeutung der Religion in der modernen Gesellschaft beeinflußt waren. Die Debatten, die Heine mit ihnen darüber führte, spiegeln sich in vielen seiner Briefe an Moser. Hegel, mit dessen Geschichtsphilosophie er sich später intensiv auseinandersetzte, war einer der Professoren, deren Vorlesungen Heine an der Berliner Universität hörte. Dazu gehörten außerdem Savigny, der vor allem von Gans bekämpfte Gründer der restaurativen Historischen Schule und Mitglied des preußischen Staatsrats, den Heine in seinen *Briefen aus Berlin* subtil verspottete, der gefeierte junge Sanskritforscher Franz Bopp und der berühmte Altertumswissenschaftler Friedrich August Wolf, der Heine Aristophanes nahebrachte, dessen spezielle Verbindung von Tragik und Komik Heines Verständnis von

Komik und Satire prägen sollte. Bei so vielfältigen Anregungen ist es kein Wunder, daß Heines rechtswissenschaftliche Studien stagnierten; im Mai 1823 verließ er darum Berlin und ging nach Lüneburg, wo seine Eltern inzwischen wohnten, um seine Situation und seine Möglichkeiten zu überdenken.

Im Vergleich zu der geselligen, anregenden Zeit in Berlin führte er dort nun ein zurückgezogenes Leben, aber gerade deswegen sind seine Briefe aus dieser Zeit besonders interessant. In literarischer Hinsicht war die »Einsiedelei« Heines in Lüneburg, die von gelegentlichen Reisen nach Hamburg und an die See unterbrochen wurde, ausgesprochen ergiebig, denn in dieser Zeit entstand ein Großteil des zunächst *Drei und dreißig Gedichte* betitelten Zyklus, der später *Heimkehr* heißen sollte und mit der »Loreley« Heines wohl berühmtestes Gedicht enthielt. In Lüneburg rang er sich auch schließlich dazu durch, doch noch das juristische Examen anzustreben und einen zweiten Anlauf im ungeliebten Göttingen zu nehmen. Ihm war klar, daß das auf lange Sicht auch bedeutete, daß er sich taufen lassen müßte, um danach die Chance auf eine entsprechende berufliche Stellung zu haben. Wie schwer ihm das trotz seiner erklärten religiösen Indifferenz fiel, zeigt sich in vielen Briefen vor und nach diesem Schritt, den er 1825 schließlich vollzog. Der bittere Sarkasmus etwa, mit dem Heine später Gans' Taufe kommentierte – die zugleich das Ende des »Vereins für Cultur und Wissenschaft der Juden« und der Hoffnung auf einen klaren Ausweg aus dem Dilemma von Emanzipation und Assimilation bedeutete, das den Juden aufgezwungen wurde –, richtete sich zum Teil auch gegen sich selbst.

Heine schaffte, was er sich vorgenommen hatte: Er bestand das Examen, und am 20. Juli 1825 überreichte ihm Gustav Hugo, der konservative und wegen seiner Strenge gefürchtete Dekan der Göttinger juristischen Fakultät, die Promotionsurkunde. Die anstrengenden Abschlußsemester bereiteten Heine buchstäblich Kopfschmerzen. Immer wieder plagten ihn gesundheitliche Probleme, von denen er sich im Frühjahr durch eine Reise zu den Freunden nach Berlin und im Herbst durch eine Wanderung durch den Harz abzulenken versuchte. Sie führte ihn auch nach Weimar, wo Heine es sich nicht nehmen ließ, Goethe zu besuchen – eine Begegnung, die zu intensiven Reflexionen über seine Rolle als Dichter führte. Aber nicht in erster Linie wegen dieses Zusammentreffens ist diese Wanderung in die Literaturgeschichte eingegangen, sondern weil sie Heine zu seiner *Harzreise* inspirierte, der berühmten humoristischen und zeitkritischen Wandererzählung, die auch einen Abschluß seiner literarischen Lehrjahre darstellte.

11. *An Johann Wolfgang von Goethe,*
Berlin, 29. Dezember 1821

Ich hätte hundert Gründe Ew Excellenz meine Gedichte zu schicken. Ich will nur einen erwähnen: Ich liebe Sie. Ich glaube das ist ein hinreichender Grund. – Meine Poetereyen, ich weiß es, haben noch wenig Werth; nur hier und da wär manches zu finden, woraus man sehen könnte was ich mahl zu geben im Stande bin. Ich war lange nicht mit mir einig über das Wesen der Poesie. Die Leute sagten mir: frage Schlegel. Der sagte mir: lese Göthe. Das hab ich ehrlich gethan, und wenn mahl etwas Rechts aus mir wird, so weiß ich wem ich es verdanke.

Ich küsse die heilige Hand, die mir und dem ganzen deutschen Volke den Weg zum Himmelreich gezeigt hat, und bin

Ew Excellenz
gehorsamer u ergebener
H. Heine.
Cand. Juris.

Berlin d 29 Dez. 1821.

12. *An Adolf Müllner, Berlin, 30. Dezember 1821*

Herr Hofrath!
Wenn ich Dichter geworden bin, so war Ew Wohlgb Schuld schuld dran. Diese war mein Lieblingsbüchlein, u ich hatte dieses so lieb, daß ich es als Liebesgeschenk der Geliebten verehrte. Schreiben Sie auch so etwas, sagte die Holde mit spöttischem Tone. Versteht sich daß ich hoch und theuer versicherte noch etwas besseres zu schreiben.

Aber Ew Wohlgb können es mir aufs Wort glauben, daß es mir bis auf dieser Stunde noch nicht gelingen wollte meine Versicherung zu erfüllen. Indessen zweifle ich nicht im Gringsten daß ich in einigen Jahren den Alleinherrscher im Reiche des Dramas von seinem Bretterthrone verdrängen werde. »Schrecken dich nicht -s und -s blut'ge Häupter, in krit'schen Blättern warnend aufgesteckt? Nicht das Verderben vieler Tausende, die ihre Schmach in gleichem Wagniß fanden?« Nein, ich bin unerschrocken.

Wo ein großer Bau unternommen wird da fallen auch Späne; und das sind die Gedichte, die ich heute so frey bin Ew Wohlgb zu überreichen. Letzteres geschieht nicht weil ich Ew Wohlgb so sehr verehre; ich hüthe mich wohl dieses merken zu lassen. Auch geschieht es nicht aus Dankbarkeit für die schönen Abende, die ich Ew Wohlgeb verdanke; denn erstens bin ich undankbar von Natur, weil ich ein Mensch bin, zweitens bin ich undankbar gegen Dichter aus Gewohnheit, weil ich ein Deutscher bin, und drittens kann jetzt von Dankbarkeit gegen Ew Wohlgb bey mir gar nicht mehr die Rede seyn, weil ich jetzt glaube daß ich selbst Dichter bin.

Den beyliegenden Band Gedichte übersende ich Ew Wohlgb bloß weil ich eine Rezension derselben im *Literatur* Blatte zu sehen wünsche.

Ich gewinne viel wenn die Rezension gut ausfällt, d.h. nicht gar zu bitter ist. Denn ich habe in einem hiesigen lite*rarischen* Club gewettet, daß Hofrath Müllner mich partheylos rezensiren wird, selbst wenn ich sage daß ich zu seinen Antagonisten gehöre.

Ich verharre in Ehrfurcht
Ew Wohlgeboren
ganz ergebener
H. Heine.

Berlin d 30 Dez. 1821.

13. *An Christian Sethe, Berlin, 14. April 1822*

Lieber Christian

Du weißt, ich schreibe selten Billete; drum mache Dich drauf gefaßt etwas Höchstwichtiges, vielleicht auch Höchstvernünftiges zu lesen.

Ich habe mir diese Nacht, als ich nicht schlafen konnte, recht vieles überlegt, und hab mir alles aufgezählt, was ich liebe; und das ist:

Nr. 1. ein weiblicher Schatten, der jetzt nur noch in meinen Gedichten lebt.

Nr. 2. eine köstliche Idee, die in dem Polen steckt.

Nr. 3. einen Menschen, den ich mir bisher in Dir gedacht.

Nr. 4. meine neue Tragödie.

Nr. 5. eine olla Potrida von: Familie, Wahrheit, französische Revolution, Menschenrechte, Lessing, Herder, Schiller &c &c &c &c

Mit Nr. 3 hat es jetzt seine eigne Bewandtniß. Ich werde Dich noch immer lieben; das hängt nicht von mir ab. Letztere Erfahrung habe ich längst gemacht. Aber F r e u n d e können wir nicht bleiben.

Ich erkläre Dir: daß ich vom 15. April an Dein Freund nicht mehr seyn werde, daß ich mich alsdann aller Pflichte gegen Dich entbinde, und daß Du alsdann nur Ansprüche an konvenzioneller Höflichkeit und Urbanität machen kannst. Sollte es der Fall seyn, daß Du, obschon ich es nie ganz glauben konnte, mein Freund wärest, so entbinde ich Dich ebenfalls aller Pflichten derselben für die Folge; nach den Gesetzen des Völkerrechts zwischen ehemaligen Freunden erwarte ich daß Du nichts von All dem sprichst, was ich mit Dir vor dem 15. April gesprochen, u wovon ich vielleicht wünschte, daß es kein Anderer erfahre. Aber was ich n a c h dem 15ten, ich glaube, der ist schon morgen, mit Dir spreche, das kannst Du jedem sagen, u auch an Klein sagen, u Klein mags wieder an seinen Bruder und der an die Clicke, u diese an Berlin, und Berlin an ganz Deutschland sagen. – Es steht Dir alsdann auch frey, mich, den gelehrtesten der jetzt lebenden Menschen, als unwissend, dumm u kenntnißlos allgemein zu verschreyen, nur bitte ich immer dabey zu sagen: daß wir keine Freunde mehr sind; damit die Leute wissen, was sie von Deinem Urtheil zu halten haben. Ich glaube gewiß und ich gebe Dir mein Wort drauf, ich bin davon überzeugt: daß keiner in Deutschland so viel weiß als Ich, nur daß ich nicht prale mit meinem Wissen, und – Lieber Christian, glaube nicht, daß ich Dir böse sey; wenn ich Dir sage, daß ich Dein Freund nicht mehr seyn kann, so geschieht dieses, weil ich immer ganz ehrlich und offen gegen Dich handelte, und ich Dich auch jetzt nicht hintergehn möchte. Ich lebe jetzt in einer ganz besondern Stimmung, und die mag wohl an allem den meisten Antheil haben. Alles was deutsch ist, ist mir zuwider; und Du bist leider ein Deutscher. Alles Deutsche wirkt auf mich wie ein Brechpulver. Die deutsche Sprache zerreißt meine Ohre. Die eignen Gedichte ekeln mich zuweilen an, wenn ich sehe, daß sie auf deutsch geschrieben sind. Sogar das Schreiben dieses Billets wird mir sauer, weil die deutschen Schriftzüge schmerzhaft auf meine Nerven wirken. Je n'aurais jamais cru que ces bêtes qu'on nomme allemands, soient une race si ennuyante et malicieuse en même temps. Aussitôt que ma santé sera rétablie je quitterai Allemagne, je passerai en Arabie, j'y menerai une vie pastorale, je serai homme dans toute l'étendue du têrme, je vivrai parmis des chameaux qui ne sont pas étudiants, je ferrai des vers arrabes, beaux comme le Moalaccat, enfin je serai assis sur le rocher sacré, où Mödschnun a soupiré après Leila. O Christian, wüßtest Du, wie meine Seele nach Frieden lechzt, und wie sie doch täglich mehr u mehr zerrissen wird! Ich kann fast keine Nacht mehr schlafen. Im Traum seh ich meine sogenannten Freunde, wie sie sich Geschichtchen u Notizchen in die Ohren zischeln, die mir wie Bleytropfen ins Hirn rinnen. Des Tags verfolgt mich ein ewiges Mißtrauen, überall hör ich meinen Namen u hinterdrein ein höhnisches Gelächter. Wenn Du mich vergiften willst, so bringe mir in diesem Augenblick die Gesichter von Klein, Simons, Bölling, Stucker, Plücker u von bonner Studenten u Landsleuten vor Augen. Das miserable Gesindel hat auch das Seinige dazu beygetragen mir die berliner Luft zu verpesten. Und Dir verdanke ich auch so manches, o Christian! Christian!

Aber glaube nur nicht daß ich Dir böse sey; daß ein besonderes Factum Ursache dieses Billetes sey.

Ich hoffe, lieber Christian, daß wir uns so lange ich noch in Berlin seyn werde recht oft sehen u sprechen werden. Ich wünsche, daß Du mich auch mahl besuchst, damit ich nicht zu oft Gefahr laufe, Dich in Gesellschaft schauderhafter Gesichter zu treffen. Ich werde Dich diese Tage besuchen u Dir auch die Flegeljahre mitbringen. Es thut mir sehr leid, lieber Christian, daß ich Dir erst den 1ten May die 9 Thaler geben kann, u daß ich vielleicht Ursache bin, daß Du in Geldverlegenheit bist. Es ist schauderhaft von mir, daß ich sie Dir nicht vor einigen Monath gab als ich meinen Wechsel erhalten. Sonst pflegte Zuverlässigkeit zu meinen Tugenden zu gehören. Ich werde auch diese Tage Deine Familie besuchen. – Leb wohl, lieber

Christian, u sey mir so gut wie Du es bey so bewandten Umständen seyn kannst.

bis morgen Dein Freund
Heine.

Berlin d 14 April 1822.

Sr. Wohlgeboren den Herrn / Referendarius Christian Sethe / Im Hause des Herrn Präsidenten Sethe / auf der a u f d e r K o c h s t r a ß e

14. *An Ernst Christian August Keller,* *Gnesen, 1. September 1822*

Mein braver, wackerer Hartman vom Rhein!
Sie werden sich wundern einen Brief aus P o l e n von mir zu erhalten. Wenn ich auch lange gesäumt habe Ihren letzten lieben Brief zu beantworten, so habe ich nichts destoweniger oft an Sie gedacht; ja um so öfter da ich mir täglich Vorwürfe machte Ihnen noch nicht geschrieben zu haben. Von einem Tag zum anderen wurde ich an der Nase herumgeführt von Jemand der mir das von Ihnen verlangte Blatt der gelehr*ten* göttin*ger* an*zeigen* verschaffen wollte, und mittlerweile, vor 4 Wochen, reiste ich ab von Berlin. – Ich sollte nach Dresden u Töplitz reisen um meine Gesundheit herzustellen. Aber meine wilde Natur trieb mich nach den Wäldern Polens. Ich wollte das Land kennen lernen und einige befreundete Polen wiedersehen. Das Land ist abscheulich; einen melancholischen Anblick gewähren den polnischen Dörfern wo der Mensch wie das Vieh lebt. Ja, liebster Doktrinär, mir wurde gar wehmüthig zu Muthe als ich jene Resultate einer ausgebildeten Aristokratie, der elende Zustand der polnischen Bauern, betrachtete. Daß es in unserm geliebten Deutschland nie zu einem ähnlichen Zustand, zu einem Rückfall ins Mittelalter, kommen wird, dafür bürgen mir die vielen Kämpfer für Recht u Wahrheit, deren eiserne Stimmen noch überall erschallen, dafür bürgen mir Männer wie der Doktrinär von der rothen Erde, der, ein strenger Gotteswärtel im großen Natursaal, Jedem seinen rechtmäßigen Platz anweist, den wurmartig zertretenen Mauschel auf die Menschenbank hinaufhilft, und den lachenden Zünftler von seinem mit weichen Privilegien gepolsterten Faulsitz herunterpeitscht.

Aber die Menschen in Polen sind gut. Der Edelman ist wacker und brav, er verdient daß man ihn achte. Deutsche, die Polen durchreist haben und ein entgegengesetztes Urtheil nach Deutschland mitgebracht, haben gewöhnlich die Polen durch die deutsche Brille betrachtet, oder sie trugen Nationalvorurtheile in der Brust.

Ich schwärme in dieser Gegend hin u her. Morgen reise ich wieder nach Posen um einige Alterthümer u die Copien altdeutscher Manuskripte, die Pr Schotky von Wien mitgebracht, nochmals zu beschauen. In 3–4 Wochen bin ich wieder in Berlin. Ich habe noch immer den festen Vorsatz Ihnen einen Besuch in Potsdam zu machen. – Dr Schulz schrieb mir vor 4 Wochen daß er October in Berlin seyn wird. Wenn Sie, lieber Keller, ihm diese Tage schreiben, so schreiben Sie ihm daß ich jetzt in Polen mich herumtreibe, aber October wieder in Berlin bin; ich vergaß ihm dieses anzuzeigen, u werde ihm erst in 4 Wochen schreiben. Nächsten Winter gedenke ich noch in Berlin zuzubringen. Meine Studierzeit, 3 Immatriculationsjahre, ist zerronnen. Aber ich glaube daß mir noch einige Jahre zugesetzt werden. Ich werde diese Zeit dem Quellenstudium der mittlern Geschichte widmen. Ich hoffe später im Stande zu seyn den Katheder zu besteigen und der unmündigen Jugend die Vorzeit im Lichte der Wahrheit zu zeigen. Ich hoffe daß Ew Wohlgeboren in einigen Jahren eine bessere Meinung von mir gewinnen, als diejenige dubiöse Meinung ist welche Hochdieselben vorig Jahr von mir zu hegen geruheten. – Mit der edlen Poeterey beschäftige ich mich noch sehr viel. Ich hoffe bald etwas aufs Theater zu bringen; nicht in Berlin. Diesen Winter erst wird wieder ein Band Dichtungen von mir in Druck erscheinen. Von allen Seiten vernehme ich wie viel über mich (als Dichter) raisonirt worden u wird. Ob man mich lobt oder tadelt, es rührt mich nicht, ich gehe meinen strengen Weg, den ich mahl als den besten erkannt habe. Einige sagen er führt mich in den Dreck, andere sagen er führe mich nach dem Parnaß, wieder andre sagen er führe direkt in die Hölle. Gleichviel, der Weg ist neu, und ich suche Abentheuer. Aber gerührt hat mich doch die Liebe womit meine Landsleute mich aufgenommen. Wahrlich ich bin besser behandelt als ich es verdiene.

Die Ochs befindet sich wohl; sie ochst. Sie hat Scotts Ivanhoe längst fertig, u derselbe wird nächstens erscheinen. Mit Byron treibt sie noch immer geistig Unzucht. Was Sie, lieber Keller in Ihrem Briefe über Byron sagen, ist sehr schön gesagt. Aber man klopft den Rock, u des Freundes Buckel fühlt die Schläge. Arbeiten Sie noch viel am Brokhausischen *Conversations* Blatte? Schreiben Sie viel? Ich hätte Ihnen einen Vorschlag zu machen. Einige Wochen vor meiner Abreise von Berlin lernte ich den Dr Eduard Gans kennen, und fand in ihm einen braven, rüstigen jungen Mann, der in jeder Hinsicht meine unbeschränkte Achtung verdient und der gewiß mehr werth ist als alle jene Herren, die ihn, den M o s a i s t e n, aus christlicher Liebe gehörig anfeinden. Seine Tüchtigkeit der Gesinnung setze ich fast höher als die Gelehrsamkeit, wovon er öffentliche Beweise gegeben, und die, so viel ich das Wissen eines Menschen zu beurtheilen vermag, nicht vom gewöhnlichen Schlag ist, da Dr Gans gründliche Kenntnisse besitzt, mit scharfem Selbstdenkerblick in die Wissenschaften eindringt, und überall überraschend neue und gute Ansichten zu Tage fördert. Gans hat, weil ich vielleicht wenig Blößen gegeben, eine zu günstige Meinung von meiner Gelehrsamkeit, und machte mir den Vorschlag mit ihm und noch einigen andern eine Berliner Kritische Zeitschrift für Rechts- und Staatswissenschaft herauszugeben; indem er mir, bei dem fühlbaren Mangel einer wirklichen Literatur-Zeitung in Berlin das Gedeihen einer solchen Zeitschrift wahrscheinlich machte, und sich erboth für Verleger &c zu sorgen, so daß ich bey der Sache nichts zu riskiren hätte als einige Rezensionen Staatswissenschaftlicher Werke. Wie Sie es von meiner Ehrlichkeit erwarten können, lieber Keller, gestand ich ihm wie wenig zu einem solchen Vorhaben meine Kenntnisse hinreichend seyn möchten, und ich versprach ihm Sie, den tüchtigen Staatswirthschafter, für dieses Unternehmen zu gewinnen. Ich bitte Sie daher mir Ihre bestimmte Gesinnung darüber zu erkennen zu geben. Im Fall Sie meinen Antrag Mitherausgeber jener projektirten Zeitschrift zu seyn genehmigen, so wünscht Gans daß Sie mir bald melden welche Federn Sie als Mitarbeiter der Zeitschrift zu gewinnen gedächten, und überläßt diese Bestimmung gänzlich Ihrem Gutdünken. Er seinerseits wird Ihnen anzeigen welche Mitarbeiter Er besorgen konnte. Ich wünschte daß ich bey meiner Zurückkunft in Berlin Ihre Antwort über diesen Gegenstand vorfände. Addressiren Sie Ihre Antwort an den Stud. Juris H. Heine abzugeben an den Dr Eduard Gans in Berlin.

Wenn Sie unterdessen nach Berlin kämen u mit Gans selbst über meinen Antrag sprechen wollten, wär mir noch lieber. Er wohnt auf der n e u e n Friedrichstraße, ich glaube 48.

Meine Gesundheit ist noch immer in schlechtem Zustande; meine Reise wird mich wahrscheinlich nicht auf den Strumpf gebracht haben. – In meinem 3ten Briefe aus Berlin ist auf unverzeihliche Weise geschnitten worden. Schulz schreibt es sey die Censur gewesen. Nicht allein daß jener Brief, die Spuren meiner krankhaften Stimmung tragend, unerquicklich ausfiel; muste die Censurscheere noch verursachen daß ich Unsinn sprach. – Ich werde schwerlich mehr als 2 Briefe noch schreiben. – Leben Sie recht wohl, wackerer Keller, halten Sie mich lieb, und seyn Sie überzeugt daß ich mit Leib u Seele bin

Ihr Freund
H. Heine.

15. *An Karl Immermann, Berlin, 24. Dezember 1822*

An Carl Immerman in Münster.

Sie sollten längst schon Brief von mir haben. Wie ich die menschenversöhnende Liebesworte las, die Sie vorigen Sommer im Anzeiger über meine Gedichte ausgesprochen, nahm ich mir vor Ihnen zu schreiben. Unterdessen sanndte mir unser gemeinschaftlicher Bekannter Dr Schulz Ihre Tragödien, und ich wollte, statt Ihnen Lobeserhebungen, Dienstbetheurungen und andre leere Worte zu schicken, Ihnen erst Ihren Liebesdienst wirklich vergelten und in der Domkirche der Literatur, im kritischen Berlin, bey Ihrem Geisteskinde Gevatter stehen, und ihm den rechten, verdienten Namen geben, und es besonders dem Schutze und der Pflege der Frauen empfehlen. Als ich bald drauf – das Wort Domkirche ist wohl nicht das rechte, und statt dessen sollte stehen Packhaus, Börse, Rumpelkammer, Nothstall, Spinnhaus, Tanzsaal, und Gott weiß was, aber ich liebe nicht das Ausstreichen, und fahre also lieber fort – als ich bald drauf eine große Reise antrat, nahm ich zwar Ihre Tragödien u die Papierfenster mit, beschäftigte mich geistig mit Ihnen auf der ganzen Reise, und wurde sehr vertraut mit Ihnen, und das Schreiben unterblieb. Bey meiner Zurückkunft hierher wollte ich

Ihnen mit Freude gleich schreiben wie überall, wo ich die Saat Ihres Ruhmes hingestreut, tausendfältige, schwere Halmen mir jetzt entgegenwallten; aber Krankheit und Unmuth ließen mich nicht dazu kommen. Vor 6 Wochen reiste von hier nach Münster mein bester Freund, der Referendarius Christian Sethe, der wegen einiger Umwegsreisen vielleicht erst jetzt dort eingetroffen, und durch diesen war ich Willens Ihnen einen Brief zustellen zu lassen. Aber ich habe noch nicht seine Addresse und will nicht so lange mehr warten, da ich gestern zufällig erfahre daß Sie in Kurzem nach Berlin kommen würden. Zwar glaube ich es nicht, da alles was mir am liebsten wäre, nie geschieht. Doch ist es mir selber unerklärlich, wie das, was mich eigentlich zu einer Verlängerung meines Stillschweigens veranlassen sollte, mich just am meisten antreibt Ihnen schnell zu schreiben. Es ist vielleicht die Besorgniß daß ich bey Ihrer Hierherkunft Ihnen nicht frey ins Gesicht sehen könnte, weil ich solange damit säumte Sie meiner höchsten Achtung und innigsten Liebe zu versichern. Ja, ich bin begierig Ihnen das alle mündlich zu sagen, und wenn Sie nicht herkommen, so will ich deshalb diesen Frühling zu Ihnen nach Münster kommen. Wenn dieser Brief Sie noch in Münster trifft, und mein Freund Sethe schon dort ist, so wünschte ich daß Sie seine Bekanntschaft machten; Sie sind ihm schon bekannt, und er wird Ihnen sagen daß ich der Mann bin, der um einer Sache willen, die andre Leute eine bloße Grille nennen, im Stande ist eine bedeutende Reise zu machen. Vielleicht sagt er Ihnen sogar daß ich seiner und Ihrenthalben schon längst das Projekt gefaßt dieses Frühjahr nach Münster zu kommen. – Ich sah diese Tage eine kleine Pieze über Göthe u Pust*kuchen* von Ihnen angezeigt. Sagen Sie doch an Schulz u Wunderman daß man sie mir gleich herschicke.

Ihre Gedichte haben mich nicht befriedigt; denn ich las die Tragödien früher. Ein andermahl mehr über diesen Punkt der vielleicht greller aussieht als er ist. Es ist vielen so gegangen, und ich sage es Ihnen offenherzig, weil ›ich‹ Sie für den Mann, halte dem man seine Meinung ohne Umschweife sagen kann. Aber wie wär es mir möglich das ganze große Folio-lob Ihrer Tragödien auf diesem Quartblättchen nieder zu schreiben! Ich muß dieses schöne Geschäft mir aber doch vorbehalten für eine schönere Zeit, wo mich nicht Krankheit so sehr niederdrückt wie jetzt. Empfangen Sie nur vorläufig meine heilige

Versicherung daß ich Sie nächst Oehlenschläger für den besten jetztlebender Dramatiker halte. (denn Göthe ist todt) Ich werde nie den schönen Tag vergessen wo ich Ihre Trauerspiele erhielt und las und halb freudetoll allen Freunden davon erzählte. Die laue Anzeige derselben im Gesellschafter von Varnhagen v. Ense hat mir mißfallen; ich hatte anders mit ihm gewettet. – Einen Gruß muß ich Ihnen bestellen von einer Ihrer Verehrerinnen, der Frau v. Hohenhausen, der ich i n I h r e m N a m e n ein Ex der Trauerspiele verehrte. Ich hoffe Sie werden dieses eigenmächtige Verfahren nicht mißbilligen, die gute Frau hat ehrlich Wort gehalten zur Verbreitung der Tragödien beyzutragen, obschon das was sie in mehreren Zeitschriften, besonders im Leip*ziger* Conversazionsblatte darüber schrieb auch ehrlich flach ist; sie hatte eine bessere Rez. derselben an Müllner geschickt, die dieser bloß benutzt zu seinem Wischiwaschi. An eine Aufführung Ihrer Tragödien auf dem hiesigen Theater glaub ich nicht; sie sind zu gut. Mein Freund Köchy, der nächstens im Conversazions Blt. über Ihre Trag. etwas besseres sagen wird, hat ein Ex derselben, das ich ihm auf einer Reise nach Braunschweig mitgegeben, dem dortigen Direktor Klingeman mitgetheilt und von demselben das Versprechen erhalten den Petrarcha aufzuführen. – Mein Brief würde zu lang werden, wenn ich Ihnen ausführlich erzählen wollte wie sehr hier Ihre Tragödien gefallen, wie sie gepriesen worden, kritisirt und getadelt – von Dichterlingen. Letztere sind die natürlichen Feinde der guten Dichter, und dieses Geschmeiß wird nicht ermangeln Ihren schönen Lorbeer anzufressen. Sie haben bis jetzt noch das besondere Glück gehabt daß, in dem obskuren Münster, Ihre Persönlichkeit den meisten verborgen war. Aber wo der wahre Dichter auch sey, er wird gehaßt und angefeindet, die Pfennigsmenschen verzeihen es ihm nicht daß er etwas mehr seyn will als sie, und das höchste was er erreichen kann ist doch nur ein Martyrthum. Tief ergriffen haben mich die bedeutungsvollen Worte die Sie im Anz. über meine Gedichte ausgesprochen; ich gesteh es, Sie sind bis jetzt der Einzige der die Quelle meiner dunkelen Schmerzen geahndet. Ich hoffe aber bald ganz von Ihnen gekannt zu werden; vielleicht gelang es mir in meiner nächsten poetischen Schrift den Paßpartout zu meinem Gemüthslazarethe niedergelegt zu haben. Ich werde dieses Büchlein bald in Druck geben und es wird zu meinen grösten Seelenfreuden gehören wenn ich es Ihnen mittheile; eigentlich sind es ja doch nur wenige für die man schreibt, besonders wenn man, wie ich gethan, sich mehr in sich selbst zurück gezogen. Dieses Buch wird meine kleine maliziös-sentimentale Lieder, ein bildervolles südliches Romanzendrama und eine sehr kleine nordisch düstre Tragödie enthalten. Thoren meinen ich müßte, wegen des westfälischen Berührungspunkts (man hat Sie bisher für einen Westfalen gehalten) mit Ihnen rivalisiren, und sie wissen nicht daß der schöne klarleuchtende Diamant nicht verglichen werden kann mit dem schwarzen Stein, der bloß wunderlich geformt ist, und woraus der Hammer der Zeit böse wilde Funken schlägt. Aber was gehn uns die Thoren an? Von mir werden Sie immer das Bekenntniß hören wie unwürdig ich bin neben Ihnen genannt zu werden. Pr Gubitz hat mir längst den Auftrag gegeben Sie für den Gesellschafter zu werben; aber ich kann Ihnen nicht rathen sich durch Zeitblätter zu zersplittern. Bewundre indessen Ihre literarische Thätigkeit. Die Natur muß Ihnen außer der Poesie noch das schöne Geschenk einer guten Gesundheit gemacht haben. Sie können viel, unendlich viel Gutes wirken. Ich fand diese Tage eine kleine Burschenschrift »ein Wort zu seiner Zeit v. Immerman.« Ich glaube sie ist von Ihnen, und mit Freude habe ich daraus ersehn wie Ihnen schon früh ein starkes Wollen des Guten u Rechten innewohnte. Kampf dem verjährten Unrecht, der herrschenden Thorheit und dem Schlechten! Wollen Sie mich zum Waffenbruder in diesem heiligen Kampfe, so reiche ich Ihnen freudig die Hand. Die Poesie ist am Ende doch nur eine schöne Nebensache.

H. Heine.

Berlin d 24 Dez 1822.

Addr.: H. H. aus Düsseldorf.
beim Universitätspedellen zu erfragen.

16. *An Ferdinand Dümmler, Berlin, 5. Januar 1823*

Gemeinschaftliche Bekannte haben mir Ihre Thätigkeit und Loyalität gerühmt. Weil ich, durch Erfahrung gewitzigt, diese beiden Eigenschaften bei einem Buchhändler am höchsten achte, mehr als jedes andere Interesse, so mache ich Ihnen hiermit das Anerbieten, ein Buch von mir in Verlag zu nehmen. Dieses enthält: 1) eine kleine Tragödie (etwa 3 ½ Druckbogen stark), deren Grundidee ein Surrogat für das gewöhnliche Fatum sein soll und die Lesewelt gewiß vielfach beschäftigen wird, 2) ein größeres dramatisches Gedicht, genannt »Almansor«, dessen Stoff religiös-polemisch ist, die Zeitinteressen betrifft, und vielleicht etwas mehr als 6 Bogen beträgt, und 3) ein drei bis drei und ein halb Druckbogen starker Cyklus humoristischer Lieder im Volkstone, wovon in Zeitschriften Proben standen, die durch ihre Originalität viel Interesse, Lob und bittern Tadel erregt. Die kleine Tragödie, die ich für die Bühne bestimmt habe, und die gewiß auch aufgeführt wird, nenne ich Ihnen oder theile ich Ihnen mit, sobald ich Sie meinem Anerbieten nicht abgeneigt finde; ich wünsche nämlich nicht, daß sie hier bekannt werde, bevor der Druck angefangen, und ich habe sie hier nur zwei Personen, dem Professor Gubitz und dem Legationsrathe Varnhagen v. Ense, lesen lassen.

Über meinen eignen Werth als Dichter darf ich selbst wohl kein Urtheil fällen. Nur Das bemerke ich, daß meine Poetereien in ganz Deutschland ungewöhnliche Aufmerksamkeit erregt, und daß selbst die feindliche Heftigkeit, womit man hie und da über dieselben gesprochen, kein übles Zeichen sein möchte. Von den zahlreichen öffentlichen Ausbrüchen der Art schicke ich Ihnen nur beiliegendes Blatt, erstens weil ich nur dieses besitze, und zweitens weil der Tadel darin ziemlich bedeutend ist. Es ist so halb und halb eine Entgegnung auf Karl Immermann's unbedingt lobendes Urtheil über mich in derselben Zeitschrift, schließt sich an Das, was in den westfälischen und rheinischen Blättern in so vollem Maße über mich gesagt worden, und ist in süddeutschen Blättern (Hesperus, Morgenblatt, Rhein. Erholungen u. s. w.) ebenfalls auf ungewöhnliche Weise ausgesprochen worden.

Ich glaube nicht, daß ich hier in Berlin sehr bekannt bin; aber desto mehr bin ich es in meiner Heimat, am Rhein und in Westfalen, wo man, wie ich von allen Seiten erfahre, auf das Erscheinen meines langerwarteten poetischen Buches sehr gespannt ist, und wo dasselbe gewiß den größten Absatz finden wird.

Ich habe nächster Tage das Vergnügen, Sie persönlich zu besuchen und mit Ihnen über das Übrige, Honorarbestimmung und Dgl., zu sprechen. Ich bin

mit Hochachtung und Ergebenheit
H. Heine.

Berlin, den 5. Januar 1823.

Taubenstraße No. 32.

17. *An Moritz Embden, Berlin, 2. Februar 1823*

Lieber Emden! Ihr Brief vom 23' v. M. hat mich mit vieler Freude erfüllt; ich gratulire zu Ihrer Verlobung mit meiner Schwester. Obschon die Nachricht derselben mich sehr bewegte, gewiß mehr als man es mir zutraute, so kam sie mir doch nicht vor wie eine »seltsame Schicksalslaune«; sie erschien mir vielmehr als etwas was ich längst gewußt, und zwar schon vor vielen Jahren gewußt, und was ich während meiner innern und äußern Lebensstürme allmählig vergessen hatte. – Ich hoffe daß Sie und meine Schwester ein glückliches Paar seyn werden, da Lottchen im Stande ist den Werth Ihres Charakters zu fühlen, und da auch Sie den Charakter meiner Schwester zu würdigen verstehen; weil Sie gewiß nicht, wie u n s r e verbildete schöne Welt, an einem Weibe einseitig hervorstechende Vorzüge des Verstandes oder des Herzens oder des Körpers schätzen, und weil Sie gewiß, wie ich Sie beurtheile, nur im schönen Ebenmaße aller Seelenkräfte die wahre Bildung, und in der Harmonie von Seele und Körper die wahre Liebenswürdigkeit erkennen. Mein Lottchen ist Musik, ganz Ebenmaß und Harmonie – der Bruder braucht sich gegen den Bräutigam solcher Ausdrücke nicht zu enthalten.

Der politische Theil Ihres Briefes hat mich sehr erfreut; es ist mir lieb daß der künftige Mann meiner Schwester kein Revoluzionär ist. Auch finde ich es sehr natürlich daß ein Mann, der à son aise und glücklicher Bräutigam ist, nicht den Umsturz der bestehenden Formen wünscht und für seine und Europas Ruhe besorgt ist. Bey mir sind andere Verhältnisse obwaltend, und außerdem fühle ich mich ein bischen seltsam gestimmt wenn ich zufällig in der Zeitung lese daß auf den Straßen Londons einige Menschen erfroren und auf den Straßen Neapels einige Menschen verhungert sind. Obschon ich aber in England ein

Radikaler und in Italien ein Carbonari bin, so gehöre ich doch nicht zu den Demagogen in Deutschland; aus dem ganz zufälligen und gringfügigen Grunde, daß bey einem Siege dieser letztern einige tausend jüdische Hälse, und just die besten, abgeschnitten werden.

Mögen indessen unsere Ansichten über die Erscheinungen des Tages noch so grell von einander abweichen, oder sich gar entgegengesetzt seyn, so bin ich überzeugt, daß dieses nicht im mindesten einen unfreundlichen Einfluß ausüben wird auf unsere verwandschaftliche Freundschaft, die auch in der Ferne, (ein trüber Unmuth wird mich auf immer von Hamburg zurückhalten), durch gemüthliche Theilnahme, durch verständige Berichtigung und durch liebevolle Aufmuntrung mich, der ich noch in Verstimmung, Irthum und Kampf lebe, oft erheitern, belehren und beruhigen wird.

H. Heine.

Berlin d 2 Febr 1823.

Addr: H. H. Stud. Juris
aus Düsseldorff in Berlin

Herrn / Moritz Emden, / Wohlgeben / in / H a m b u r g .

18. *An Immanuel Wohlwill, Berlin, 7. April 1823*

Berlin d 1' April 1823.

An Wolf, genannt Wohlwill!

Glaube nur nicht, Aimabelster, daß an der so lang verzögerten Beantwortung Deines lieben Briefes eine Freundschaftserkaltung von meiner Seite Schuld sey; nein, wahrlich, obschon in diesem strengen Winter manche Freundschaft eingefroren ist, so hat sich Dein geliebtes, dickes Bild aus den engen Pforten meines Herzens noch nicht herauswinden können, und der Name Wolf, oder besser gesagt Wohlwill, schwebt warm und lebendig in meinem Gedächtnisse. Noch gestern sprachen wir von Dir anderthalb Stunden – unter w i r mußt Du immer verstehn: Ich und Moser – es ist wirklich auffallend welche äußere Aehnlichkeit Du hast mit Herrn Hang-hoh, einem von den zwey chinesischen Gelehrten, die auf der Behrenstraße für 6 grosch zu sehen sind. Gans findet diese beide sehr interessant, und in seinem neuen Buche wirst Du, bey Gelegenheit des chinesischen Erbrechts, folgendes Citat finden: siehe die Chinesen auf der Behrenstr N° 65, so wie auch meine Nanquinhose, u vgl damit Teu-zing-leu-li, B X. Cap 8. Man will hier zwar behaupten daß diese zwey Chinesen verkleidete Oestreicher sind, die Metternich hergeschickt hat um an unserer Constituzion zu arbeiten. Zunz hat die Chinesen noch nicht gesehen, auch seine Frau noch nicht; letztere hat noch immer genug an ihrem Manne zu sehen, wird täglich enchantirter von ihm, u behauptet seine Pockennarben seyen kleine Spucknäpfchen der Liebesgötter. Ich mag ihn auch gut leiden und es schmerzt mich bitterlich wenn ich sehe wie dieser herrliche Mensch so sehr verkannt wird wegen seines schroffen abstoßenden Aeußern. Ich erwarte viel von seinen nächstens erscheinenden Predigten; freylich keine Erbauung und sanftmüthige Seelenpflaster; aber etwas viel besseres, eine Aufregung der Kraft. Eben an letzterer fehlt es in Israel. Einige Hüneraugenoperateurs (Friedländer & C°) haben den Körper des Judenthums von seinem fatalen H a u t geschwür, durch Aderlaß zu heilen gesucht, und durch ihre Ungeschicklichkeit und spinnwebige Vernunftbandagen muß Israel verbluten. Möge bald die Verblendung aufhören daß das Herrlichste in der Ohnmacht, in der Entäußerung aller Kraft, in der einseitigen Negazion, im idealischen Auerbachthume bestehe. Wir haben nicht mehr die Kraft einen Bart zu tragen, zu fasten, zu Hassen, und aus Haß zu dulden; das ist das Motiv unserer Reformazion. Die Einen, die durch Comödianten ihre Bildung und Aufklärung empfangen, wollen dem Judenthume neue Dekorazionen und Coulissen geben, und der Souffleur soll ein weißes Beffchen statt eines Bartes tragen; sie wollen das Weltmeer in ein niedliches Bazin von Papiermaschee gießen, und wollen dem Herkules auf der Casseler Wilhelmshöhe das braune Jäckchen des kleinen Markus anziehen. Andere wollen ein evangelisches Christenthümchen unter jüdischer Firma, und machen sich ein Talles aus der Wolle des Lamm Gottes, machen sich ein Wams aus den Federn der heiligen-Geisttaube und Unterhosen aus christlicher Liebe, und sie falliren und die Nachkommenschaft schreibt sich: Gott, Christus & C°. Zu allem Glücke wird sich dieses Haus nicht lange halten, seine Tratten auf die Philosophie kommen mit Protest zurück, und es macht Bankrott in

Europa, wenn sich auch seine von Missionarien in Afrika u Asien gestifteten Comissionshäuser einige Jahrhunderte länger halten. Dieser endliche Sturz des Chr.......... wird mir täglich einleuchtender. Lange genug hat sich diese faule Idee gehalten. Ich nenne das Chr......... eine Idee; aber welche? Es giebt schmutzige Ideenfamilien, die in den Ritzen dieser alten Welt, der verlassenen Bettstelle des göttlichen Geistes, sich eingenistet, wie sich Wanzenfamilien einnisten in der Bettstelle eines polnischen Juden. Zertretet man eine dieser Ideen-Wanzen, so läßt sie einen Gestank zurück der Jahrtausende lang riechbar ist. Eine solche ist das Chr...... das schon vor 1800 Jahren zertreten worden, und das uns armen Juden seit der Zeit noch immer die Luft verpestet.

Verzeih mir diese Bitterkeit; Dich hat der Schlag des aufgehobenen Edikts nicht getroffen. Auch ist alles nicht so ernst gemeint, sogar das frühere nicht; auch ich habe nicht die Kraft einen Bart zu tragen, und mir Judemauschel nachrufen zu lassen, und zu fasten &c. Ich hab nicht mahl die Kraft ordentlich Mazzes zu essen. Ich wohne nemlich jetzt bey einem Juden (Mosern und Gans gegenüber) und bekomme jetzt Mazzes statt Brod und zerknacke mir die Zähne. Aber ich tröste mich und denke wir sind ja im Gohles. Auch das Sticheln auf Friedländer ist nicht so schlimm gemeint, ich habe noch unlängst den schönsten Boudding bey ihm gegessen, und er wohnt mir ganz vis à vis, und er steht jetzt am Fenster, und schneidet sich eine Feder, und schreibt gleich an Elise v. d. Recke, und auf seinem Gesichte ist schon zu lesen: »edelgeborene Frau, ich bin wirklich nicht so unausstehlich wie der Pr Voigt sagt, denn – – – – – –«

Berlin d 7/ April 1823.
Es sind jetzt acht Tage her, daß ich hier im Schreiben unterbrochen wurde, und schon des Briefes vergaß; unterdessen erhielt ich Deinen Brief vom 1sten April (wir schicken uns wechselseitig in den April) und ich will hier nur noch einiges hinzuschreiben, trotz meiner Schmerzen, die wie heißes Bley meinen Kopf durchrieseln, und mich zur schneidendsten und feindseeligsten Bitterkeit verstimmen.

Es freut mich daß es Dir in den Armen der aimablen Hammonia zu behagen beginnt; mir ist diese Schöne zuwider. Mich täuscht nicht der goldgestickte Rock, ich weiß sie trägt ein schmutziges Hemd auf dem gelben Leib, und mit den schmelzenden Liebesseufzern »Rindfleisch! Banko!« sinkt sie an die Brust des Meistbiethenden. Es giebt dort aber zwey Sorten Rindfleisch – rohes und gekochtes. Letzteres ist das schlechteste, weil es Saft u Kraftlos ist; es ist das aufgeklärte. – Vielleicht thue ich aber der guten Stadt Hamburg Unrecht, die Stimmung die mich beherrschte als ich dort einige Zeit lebte, war nicht dazu geeignet mich zu einem unbefangenen Beurtheiler zu machen; mein i n - n e r e s Leben war ein brütendes Versinken in den düstern, nur von phantastischen Lichtern durchblitzten Schacht der Traumwelt; mein ä u ß e r e s Leben war toll, wüst, cynisch, abstoßend, mit einem Worte, ich machte es zum schneidenden Gegensatze meines innern Lebens, damit mich dieses nicht durch sein Uebergewicht zerstöre. Ja, amice, es war ein großes Glück für mich daß ich just aus dem Philosophie-auditorium kam als ich in den Cyrkus des Welttreibens trat, mein eignes Leben philosophisch konstruiren konnte, und objektiv anschauen, – wenn mir auch jene höhere Ruhe u Besonnenheit fehlte, die zur klaren Anschauung eines großen Lebensschauplatzes nöthig ist. Ich weiß nicht ob Du mich verstanden; wenn Du einst meine Memoiren liest und einen Hamburger Menschentroß geschildert findest, wovon ich einige liebe, mehrere hasse und die meisten verachte, so wirst Du mich besser verstehen; jetzt möge das Gesagte nur dazu dienen einige Aeußerungen in Deinen lieben Briefen zu beantworten, und Dir zu erklären: warum ich Deinen Wunsch nicht erfüllen kann diesen Frühling nach Hamburg zu kommen, – obschon ich nur wenige Meilen davon entfernt seyn werde. Ich reise nemlich in 4 Wochen nach Lüneburg, wo meine Familie lebt, bleibe dort 6 Wochen und reise alsdann nach dem Rhein, und wenns mir möglich ist nach Paris. Mein Oheim hatte mir noch 2 Jahr zum Studiren zugesetzt, und ich habe nicht nöthig meinem früheren Plane gemäß in Sarmazien eine Professur zu suchen. Ich denke daß sich bald manches geändert haben wird, daß ich keine Schwierigkeiten haben werde mich am Rhein zu fixiren. Ist das nicht der Fall so fixire ich mich in Frankreich, wo ich französisch schreiben und mir einen Weg ins Diplomatische bahne. Die Hauptsache ist die Herstellung meiner Gesundheit, ohne welche alle Pläne thörigt sind. Gott möge mir nur Gesundheit geben, für das übrige will ich selbst sorgen. Mein Arzt giebt mir Hoffnung daß mich das Reisen, besonders das Fußreisen, herstellen wird. Meine Sturzbäder habe ich eingestellt, haben mir nichts geholfen und unmenschliches Geld gekostet. Am ärgerlichsten war daß mir mein Arzt noch bis auf dieser Stunde den tugendhaftesten Wandel vorschreibt. Obendrein muß ich mich auch geistiger Anstrengungen enthalten und ich habe diesen Winter fast gar nichts anders gethan als den nicht semitischen Theil Asiens studirt, im Schelling und Hegel etwas gelesen, Chroniken durchstöbert und mich erfrischt an der reinen Schönheit, die mir entgegenhauchte aus den Geisteswerken der Griechen. Sempiterna solatia generis humani nennt sie der alte Wolf. Für Gesellschaft war ich ungenießbar, gedichtet hab ich wenig, mein historisches Studium hat noch weniger gewonnen und am allerwenigsten mein »historisch Staatsrecht des germanischen Mittelalters«. Letzteres war diesen Sommer fast zum Drucke bereit, aber die vielen Ideen, die ich aus dem Studium Asiens gewonnen, so wie auch das Beyspiel der Art wie Gans sein Erbrecht behandelt, und vorzüglich philosophische Anregungen von Moser, machten dß ich den grösten Theil meines Buches dem Feuer übergab, und das Ganze in Paris, und zwar in französischer Sprache aufs Neue schreiben werde. – Daß Dir mein Memoir über Polen gefallen, das ist sehr edel von Dir. Von allen Seiten hat man meiner scharfen Auffassung Polens großes Lob gezollt; nur ich selbst kann in dieses Lob nicht einstimmen. Ich war diesen Winter, und bin noch jetzt, in einem so elenden Zustande, um etwas Gutes zu Tag zu fördern. Dieser Aufsatz hat das ganze Großh Posen in Bewegung gesetzt, in den Posener Blättern ist schon 3 mahl so viel als der Aufsatz beträgt darüber geschrieben, d.h. geschimpft worden, und zwar von den dortigen Deutschen, die es mir nicht verzeihen wollen daß ich sie so treu geschildert und die Juden zum tiers état Polens erhoben. – Meine Gedichte sind in West*falen* u am Rhein noch immer Gegenstand der Aufmerksamkeit und ich höre viel erfreuliches darüber. Wie kannst Du aber den Wisch in der Leipziger *Literatur Zeitung* des Erwähnens werth halten? Es ist das seichteste u unbedeutendste was über mich gesagt worden. – Ich schicke Dir diese Tage meine Tragödien. Ich habe dieselben meinem Oheim Salomon Heine dedizirt. Hast Du ihn gesehen? Es ist einer von den Menschen die ich am meisten achte; er ist edel und hat angeborene Kraft. Du weißt letzteres ist mir das Höchste. – Hast Du dort meine Schwester gesehn? Es ist ein liebes Mädchen. Kommst Du dort viel unter Weiber? Nimm Dich in Acht, die Hamburgerinnen sind schön. Aber bey Dir hat es nichts zu sagen, Du bist ein stiller, ordentlicher, seelenvergnügter Mensch, und wenn Du mahl glühst so ist es für die ganze Menschheit. Bey mir ist das anders. Auch hast Du das Glück ein moralischer Mensch zu seyn, und reflektirst, und machst ethische Betrachtungen, und bist zufrieden, und bist brav, und bist gut, und weil Du ein so guter Junge bist habe ich Dir einen so langen Brief geschrieben.

Heine.

19. *An Rahel Varnhagen von Ense,*
Berlin, 12. April 1823

Ich reise nun bald ab, und ich bitte Sie werfen Sie mein Bild nicht ganz und gar in die Polterkammer der Vergessenheit. Ich könnte wahrhaftig keine Repressalien anwenden; und wenn ich mir auch hundertmal des Tags vorsagte:»Du willst Frau v. Varnhagen vergessen!« es ginge doch nicht. Vergessen Sie mich nicht! Sie dürfen sich nicht mit einem schlechten Gedächtnisse entschuldigen, Ihr Geist hat einen Contract geschlossen mit der Zeit; und wenn ich vielleicht nach einigen Jahrhunderten das Vergnügen habe Sie als die schönste und herrlichste aller Blumen, im schönsten und herrlichsten aller Himmelsthäler, wiederzusehen, so haben Sie wieder die Güte mich arme Stechpalme (oder werde ich noch was schlimmeres seyn?) mit Ihrem freundlichen Glanze und lieblichen Hauche, wie einen alten Bekannten, zu begrüßen. Sie thuen es gewiß; haben Sie ja schon anno 1822 u 1823 Aehnliches gethan, als Sie mich kranken, bittern, mürrischen, poetischen und unausstehlichen Menschen mit einer Artigkeit und Güte behandelt, die ich gewiß in d i e s e m Leben nicht verdient, und nur wohlwollenden Errinnerungen einer frühern Connoissanz verdanken muß. Ich bin

genädige Frau!
mit Achtung und Ergebenheit
H. Heine.

Berlin d 12 April 1823.

20. *An Ludwig Uhland, Berlin, 4. Mai 1823*

Die Liebe mit welcher ich Ihre Schriften gelesen, und, wie Sie vielleicht erkennen werden, in mich aufgenommen, die Aehnlichkeit der Gesinnung sowohl im Leben als in der Kunst, so wie auch die Anregung gemeinschaftlicher Freunde, bestimmen mich dazu Ihnen in der Uebersendung des beykommenden Buches ein äußeres Zeichen meiner Verehrung zukommen zu lassen.

Ihr ergebener
H. H e i n e .

Berlin d 4 May 1823

Addresse Pr. Gubitz

21. *An Moses Moser, Lüneburg, 23. Mai 1823*

Lüneburg d 23 May 1823.

Lieber Moser! Dienstag Abend bin ich in Lupteen angelangt, nachdem ich Montag Nacht u den ganzen darauf folgenden Tag immerwährend gefahren, und gerüttelt wurde und mich über das lästige Geschwätze der Reisegesellschaft ärgerte und meinen Phantasien Audienz gab, und viel fühlte und an Dich dachte. Letzteres beschäftigte mich am meisten, fast so sehr daß ich sentimental wurde, und mich darüber ärgerte und Dir gewiß recht viel Sotisen gesagt haben würde, wenn ich Deiner habhaft gewesen wäre. Wenn Dir Dienstag u Montag Abend viele barocke Gefühle durch das Gemüth gezogen sind, so erkläre Dir das nur durch den sympathetischen Rapport. Wenn ich nächstens von guten Gedanken überschlichen werde oder gar hegelsche Ideen plötzlich in den Kopf bekomme, so will ich mir das auf ähnliche Weise erklären. – Ich habe in Lupteen einen Wagen genommen und bin Mitwoch um 5 Uhr Nachmittag bey meiner Familie angelangt. Du siehst ich habe Mitwoch Nacht in Lupteen geschlafen, wo mich die allerfatalsten Träume plagten. Ich sah eine Menge Menschen die mich auslachten, so gar kleine Kinder lachten über mich, und ich lief schäumend vor Aerger zu Dir, mein guter Moser, und Du öffnetest mir Deine Freundes Arme, und sprachest mir Trost ein, u sagtest mir ich solle mir nichts zu Gemüthe führen, denn ich sey ja nur eine Idee, und um mir zu beweisen daß ich nur eine Idee sey, griffest Du hastig nach Hegels Logik und zeigtest mir eine konfuse Stelle darinn, und Gans klopfte ans Fenster, – ich aber sprang wüthend im Zimmer herum und schrie: ich bin keine Idee und weiß nichts von einer Idee und hab mein Lebtag keine Idee gehabt – Es war ein schauderhafter Traum, ich errinnere mich Gans schrie noch lauter, und auf seiner Schulter saß der kleine Markus und schrie mit unheimlich heiserer Stimme die Zitaten hinzu und lächelte auf eine so gräßlich freundliche Weise daß ich vor Angst aufwachte.

Ich übergehe den anderen fatalen Traum: wie der Tripperdoktor Oppert in seiner Equipage bey mir vorfuhr, mit seinem Orden u in weiß seidenen Strümpfen in meine Stube trat, und mir im Vertrauen erzählte er sey ein gebildeter Mann; – ich übergehe diesen abgeschmakten Gegenstand u melde Dir bloß daß ich meine Eltern in vollem Wohlseyn antraf.

Den 22 Juny heurathet meine Schwester, die Hochzeit ist wahrscheinlich in der Nähe von Hamburg. Ich werde wohl mehrere Monathe hier blciben, und mich langweilen. Bey meinem Eintritt in Lüneburg merkte ich daß hier großes Rischeß herrscht u ich nahm mir vor ganz isolirt zu leben. Leider bin ich ohne Bücher. Die Bibliothek meines Bruders besteht nur aus lateinischen und griech Classikern u diese sind es die ich aus Langeweile lesen werde. Ich wünschte sehr daß Du mir einige Theile des Gibbon, die 2 Bände des Basnage worin bloß Geschichte ist, u eine kurzgefaßte ital Gramatik nebst einem italienischen Lesebuche überschicktest. Wird es viel kosten wenn Du das alle mit der Post schickst? Ich bin in solcher Bücherverlegenheit daß ich Dich während meines hiesigen Aufenthalts viel belästigen werde. Du must auch Geld für mich auslegen, indem Du nemlich für mich ein kleines ital Handwörterbuch und die wohlfeile Steriotypausgabe des Esprit de loix Montesquieus kaufen u herschicken must. Ich kann nemlich hier nichts haben wie ich es will u nach Hamburg kann ich mich deßhalb nicht wenden. Kannst Du mir etwas leichte italienische Prosa schicken, so wär es mir sehr lieb. Wenn mich meine Kopfschmerzen etwas verlassen werden, so will ich hier viel schreiben. Freylich wär es mir wohlthätiger wenn ich zu Fuß herumreiste. – In Hinsicht der Aufnahme meiner Tragödien, habe ich hier meine Furcht bestätigt gefunden. Der Succes muß den übeln Eindruck verwischen. Was die Aufnahme derselben bey meiner Familie betrifft so hat meine Mutter die Tragödien u Lieder zwar gelesen aber nicht sonderlich goutirt, meine Schwester tollerirt sie bloß, meine Brüder verstehn sie nicht, u mein Vater hat sie gar nicht gelesen. – Zeitschriften bekomme ich gar nicht zu lesen, u vom anderweitigen Schicksale meines Buches erfahre ich also gar nichts. Ich muß also alles von Dir erfahren; auch Lehmann habe ich ersucht mir alles zu schreiben was öffentlich über mich ausgesprochen wird. Ich bitte Dich, lieber Moser, ganz besonders es mir gleich zu schreiben, wenn Du etwas lesen solltest was meine Persönlichkeit berührt. – Du wirst wohl nicht vergessen haben den Briefträgern anzuzeigen daß sie alle Briefe die an mich adressirt sind bey Dir abgeben. Meine Addresse ist: an Harry Heine Cand. Juris, bey S. Heine in Lüneburg. Mache Deine Briefe nur immer fest zu. Ich hoffe daß ich die Koffer bald erhalten werde. Wenn Du mir die Bücher schickst, so

Während ich dieses schreibe erhalte ich den kleinen Koffer nebst Deinem lieben Billet vom 20 May. Wahrhaftig, Du bist der Mann in Israel der am schönsten fühlt! I c h kann nur das Schöngefühlte anderer Menschen leidlich ausdrücken. Deine Gefühle sind schwere Goldbarren, die meinigen sind leichtes Papiergeld. Letzteres empfängt bloß seinen Werth vom Zutrauen der Menschen; doch Papier bleibt Papier wenn auch der Banquier Agio dafür giebt; und Gold bleibt Gold, wenn es auch als scheinloser Klumpen in der Ecke liegt.

Hast Du an obigem Bilde nicht gemerkt daß ich ein jüdischer Dichter bin? Doch wozu soll ich mich geniren, wir sind ja unter uns, und ich spreche gern in unseren Nazionalbildern. Wenn einst Ganstown erbaut seyn wird, und ein glücklicheres Geschlecht am Missisippi Lulef bеnscht und Matzes kaut, und eine neu-jüdische Literatur empor blüht dann werden unsere jetzigen merkantilischen Börsenausdrücke zur poetischen Sprache gehören, und ein poetischer Urenkel des kleinen Markus wird in Talles u Tefillim vor der ganzen Ganstowner Kille singen: Sie saßen an den Wassern der Spree und zählten Tresorscheine, da kamen ihre Feinde und sprachen gebt uns Londonner Wechsel – hoch ist der Cours –

Genug der Selbstpersifflage. Lebe wohl u behalte mich lieb. Hast Du nicht Gelegenheit die Bücher, die ich von Dir verlange, mit einer

Gelegenheit nach Hamburg zu schicken. Wenn man sie dort mit der Post her nach Lüneburg schickt kostet es mir nicht viel; sie direkt mit der Post herzuschicken ist viel zu theuer. Ich spekuliere wie ich Dir Deinen Marquis Posa-Mantel am besten zuschicke; doch sollst Du ihn nicht lange mehr entbehren. Grüße mir Gans, Zunz u seine Frau, so wie auch Lehman, Rubo, Marcus, Schöneberg, – besonders aber mache vielmals meine Empfehlung an Hillmar u seine Familie. – Herrn M. Friedländer u seinem Vater zeige meine glückliche Ankunft an.

Dein Freund
H. Heine.

22. *An Ludwig Tieck, Berlin, Mai 1823*

Als ein Zeichen seiner Hochachtung und Ergebenheit, und mit der besondern Bitte daß der große Kenner des englischen Geistes die Tragödie »Radcliff« seiner Aufmerksamkeit würdigen möge, übersendet dieses Buch

der Verfasser.

23. *An Friedrich de la Motte Fouqué, Lüneburg, 10. Juni 1823*

Herr Baron! Ich kann es nicht aussprechen, was ich beim Empfang Ihres lieben Briefes empfunden habe. Derselbe traf mich hier im Schooße meiner Familie, die ich besuchen kam, um der Hochzeitfeier einer Schwester beizuwohnen, mich von meinem Krankseyn zu restauriren, und meinen Eltern vor meiner Abreise nach Paris Lebewohl zu sagen. Diese wird nun wohl vor der Hand unterbleiben, da mich jetzt meine Krankheit mehr als je niederbeugt. In diesem Zustande, Herr Baron, mußte mich Ihr Brief desto tiefer bewegen und ergreifen. Kaum las ich Ihren theuern Namen, so war es auch, als ob in meiner Seele wieder auftauchten all' jene leuchtende Lieblingsgeschichten, die ich in meinen bessern Tagen von Ihnen gelesen, und sie erfüllten mich wieder mit der alten Wehmuth, und dazwischen hörte ich wieder die schönen Lieder von gebrochenen Herzen, unwandelbarer Liebestreue, Sehnsuchtgluth, Todesseligkeit – vor allem glaubte ich die freundliche Stimme von Frau-Minnetrost zu vernehmen. Es mußte den armen Kunstjünger sehr erfreuen, bei dem bewährten und gefeierten Meister Anerkennung gefunden zu haben, entzücken mußte es ihn, da dieser Meister eben jener Dichter ist, dessen Genius einst so viel in ihm geweckt, so gewaltig seine Seele bewegt und mit so großer Ehrfurcht und Liebe ihn erfüllt! Ich kann Ihnen nicht genug danken für das schöne Lied, womit Sie meine dunkeln Schmerzen verherrlicht und die bösen Flammen derselben beschworen. Ich möchte gern dieses Gedicht einigen Freunden mittheilen, aber ich habe zu sehr Angst, daß dieselben so indiskret seyn möchten, es in viele Hände zu bringen; denn wirklich, dieses Gedicht gehört zu den schönsten, die ich von Ihnen gelesen, und ich zweifle nicht, daß es auch andern Leuten Thränen entlocken kann.

Ich lebe hier sehr isolirt, da meine Eltern noch nicht lange in Lüneburg wohnen, sich sehr zurückziehn, und ich hier keinen M e n s c h e n kenne. Ich will aber zu meiner Erheiterung in vierzehn Tagen eine Reise nach Hamburg machen, und acht, oder, wenn ich mich amusire, vierzehn Tage dort bleiben. Haben Sie in Hamburg gute Freunde, deren Bekanntschaft Sie mir durch einige Zeilen verschaffen wollten, so würden Sie mich dadurch ganz erstaunlich verbinden.

Den Osterpsalm habe ich gelesen; er ist mehr als ein Gedicht und folglich besser. – Mein »Almansor« wird Sie nicht ganz angesprochen haben. Ich hatte dieses Gedicht früher verworfen, erst durch starkes Zureden der Freunde bequemte ich mich dazu, es drucken zu lassen, und jetzt, wo es manchen Beifall findet, viel mehr als der Ratkliff, habe ich doch noch nicht angefangen, günstiger darüber zu urtheilen. Ich weiß nicht, wie es kömmt, aber dieses helle, milde Gedicht ist mir im höchsten Grade unheimlich, statt daß ich mit Behagen an den düstern, steinernen Ratkliff denke. – Ich erinnere mich, die Romanze von Donna Clara und Don Gasairos im Zauberring, an die ich in den bedeutendsten Lebenssituationen lebhaft gedacht, und die ich in manchen Augenblicken selber geschrieben zu haben vermeine, diese liebliche Romanze hat mir oft vorgeschwebt, als ich den Almansor schrieb. – Was Ihr liebes Gedicht an mich in Betreff der Schlangen ausspricht, ist leider nur zu sehr die Wahrheit. Wie konnte ich dieses Lied

mißverstehen! Der schöne Maitag, an welchem ich es erhielt, wird mir
noch lange leuchtend vorschweben. Bleiben Sie mir gewogen, großer,
edler Fouqué, entziehen Sie mir nie Ihre freundliche Neigung, wenn
auch fremdes Dazwischengerede, oder gar mein eigenes Irren diese
zerstören wollte, und seyn Sie versichert, daß nichts, weder Meinung
noch Stellung, mich je abhalten wird, Sie unaussprechlich zu lieben.

Ihr ergebener
H. Heine.

Lüneburg, den 10. Juni 1823.

24. An Karl August Varnhagen von Ense, Lüneburg, 17. Juni 1823

Lüneburg, d 17 Juny 1823.

Herr v. Varnhagen! ich übersende Ihnen beykommend den versprochenen Aufsatz über Göthe, den ich nicht früher liefern konnte, weil
ich noch immer so sehr krank bin, und erst vorgestern, unter lauter
Schmerzen, denselben schrieb. Sie werden es auch merken, da an die
Stelle meines gewöhnlichen kurzsätzigen, zahmen Styles ein dumpfer,
breiter Bilder- und Ideewirwarr getreten ist Ich hoffe daß der Aufsatz
frühzeitig genug kommt, um Ihrem Buche einverleibt zu werden; verzeihen Sie mir daß ich ihn so spät schicke, und betrachten Sie dieses
nicht als ein Zeichen von Faulheit oder gar Gleichgültigkeit. Ich lebe
in diesem Augenblick gänzlich isolirt, abgeschnitten von allem wirklichen Menschenverkehr, und dennoch wegen meines Krankseyns
ganz unbeschäftigt, und es ist daher ganz natürlich daß ich den grösten
Theil des Tages an Sie und Ihre Frau denke, und mir immer lebendig
vorschwebt, wie Sie beyde mir so viel Gutes und Liebes erzeigt, und
mich mürrischen, kranken Mann aufgeheitert, und gestärkt, und geho-
belt, und durch Rath und That unterstützt, und mit Makaroni und
Geistesspeise erquickt. Ich habe so wenig wahre Güte im Leben gefunden, und bin so viel schon mystifizirt worden, und habe erst von Ihnen
und Ihrer großherzigen Frau eine ganz menschliche Behandlung erfahren. Ich muß mir Ihre lieben Bilder um so fester einprägen, da jetzt

wieder so viel Unreines, Bösartiges und Verwirrtes auf mich eindrängt, und mein Kopf noch krank ist und mein Herz noch nicht genesen.

Günstige Umstände haben, in der letzten Zeit, meine Eltern und auch meine Geschwister mit so viel Erfreulichem und Behaglichem umgeben, daß ich auch für mich einer heiterern Zukunft entgegensehen würde, wenn ich nicht wüßte daß das Schicksal gegen deutsche Poeten seine böse Nücken selten unausgeübt läßt. Ich kann Ihnen, lieber Varnhagen, über meine nächste Lebensweise doch noch nichts Bestimmtes sagen, da ich erst nächste Woche, am Hochzeittage meiner Schwester, meinen Oheim, von dem manches abhängt, sprechen werde. Führt dieses zu keiner Bestimmtheit, so finde ich solche in Hamburg, wohin ich bald nach der Hochzeit zu reisen gedenke, obschon durch den Anblick dieser Stadt die schmerzlichsten Empfindungen in mir aufgeregt werden. Ich bin dort so frey Ihr Briefchen Ihrer Schwester zu übergeben. Ich werde dort auch den Dr Ulrich finden, der mir nützlich seyn kann; da ich beabsichtige dort viele Bekanntschaften zu machen, wovon vielleicht eine oder die andere mir durch Vermittlung in der Folge von Wichtigkeit seyn mag. Obschon dieses für mich bekanntschaftscheuen Menschen durchaus nicht amüsant ist, so rathet mir doch die Klugheit, der Sicherheit in der Folge wegen, dergleichen nicht zu übersehen.

Haben Sie, Hr v. V. einen Freund in Hamburg, dessen Bekanntschaft mir in dieser Hinsicht nützlich seyn möchte, so wär es mir lieb wenn Sie mir solche vermittelten. Ich werde überhaupt jetzt anfangen sehr besonnen und politisch zu werden. Das gefürchtete Mißverständniß in Betreff meines Oheims finde ich bestätigt, nur meine Eltern scheinen es nicht zu merken. Indessen der Erfolg des Buches mildert und besänftigt. Die Notiz in der Zeitung war wohltätig; meinen Vater hat sie ganz besonders erfreut. Ich habe Brief von Immerman erhalten, den ich Ihnen beykommend mittheile. Ich habe ihm geschrieben er möchte zusehen daß die Rezension, im Fall sie nicht im Conversations Blatt abgedruckt wird, Ihnen dennoch zukomme, da ich weiß daß Sie nicht die deutsch Bl. zu Gesicht bekommen. Fouqué, dem ich in Berlin die Tragödien geschickt, hat mir einen herzlichen Brief und ein Gedicht geschrieben, welches letztere ich Ihnen mittheile, mit der Bitte, es außer Fr. v. *Varnhagen* bey Leibe keinem Dritten mitzu-

t h e i l e n . Des Mannes Herz ist gut, und nur im Kopfe sitzt die Narrheit. Meine Addresse ist: H. Heine, Candid. Juris in Lüneburg. Grüßen
Sie mir Frau v. Varnhagen recht herzlich, ich werde bald besonders
schreiben. Grüßen Sie auch Robert und seine Frau, und sagen Sie daß
ich ihn so sehr liebe wie seine Frau, das heißt, wie ich seine Frau liebe.
Man kann sich doch im Deutschen gar nicht gut ausdrücken, und ich
besonders kann mir in dieser Sprache nicht gut helfen, und muß, wie in
diesem Briefe geschieht, meine mächtigsten Gefühle unterdrücken.

Votre devoué
H. Heine.

25. An Moses Moser, Lüneburg, 18. Juni 1823

Lüneburg d 18 Juny 1823.

Du nimmst wohl keine Million und schreibst mir ehe ich Deinen Brief
förmlich beantwortet oder, besser gesagt, erwiedert? Gewöhne Dir
diese Philiströsität ab. Ich warte gestern begierig auf die Post und auf
Brief von Dir, und vergesse daß ich erst selber hätte wieder schreiben
müssen. Dies hätte ich auch schon früher gethan wenn mich nicht mein
noch immer andaurendes Kopfleiden und eine daraus und aus noch andern Contraritäten entspringende Verdrieslichkeit davon abgehalten
hätte. Ich würde Dir heute ebenfals nicht schreiben, wenn ich Dir es
nicht so früh als möglich einprägen wollte daß Du mir sehr oft, wenn
auch nur wenig, schreiben mußt, ohne erst abzuwarten daß ich jede
Deiner geehrten Zuschriften mit einer darauf passenden Antwort
eigens beehre. Wenn i c h Dir schreiben will werde ich mich wenig
darum bekümmern ob schon ein Brief von Dir zur Beantwortung vor-
liegt, und ich werde Dir wohl mehrere Briefe hintereinander schreiben,
ohne erst die Etikette zu fragen ob es sich auch schickt, und ob es politisch sey jemandem zu schreiben ohne erst seine Antworten regelmäßig
abzuwarten. – Aus obigem, besonders aus der Confusion womit es aus-
gedrückt ist, wirst Du ersehen haben daß ich verdrieslich, mürrisch,
enfin unausstehlich bin. Du kannst also den Brief weglegen wenn Du
jetzt grade bey guter Laune bist; Du kannst jetzt meiner Grämlichkeit

besser ausweichen, als bey meiner Anwesenheit in Berlin, wo ich Dir in höchsteigener Person auf den Hals kam. Ich lebe hier ganz isolirt, mit keinem einzigen menschlichen Menschen komme ich zusammen, weil meine Eltern sich von allem Umgang zurückgezogen. Juden sind hier, wie überall, unausstehliche Schacherer und Schmutzlappen, christliche Mittelklasse unerquicklich, mit einem ungewöhnlichen Rischeß, die höhere Classe ebenso im höheren Grade. Unser kleiner Hund wird auf der Straße von den andern Hunden auf eigene Weise berochen und maltraitirt, und die Christenhunden haben offenbar Rischeß gegen den Judenhund. – Ich habe hier also bloß mit den Bäumen Bekanntschaft gemacht, und diese zeigen sich jetzt wieder in dem alten grünen Schmucke, und mahnen mich an alte Tage, und rauschen mir alte vergessene Lieder ins Gedächtniß zurück, und stimmen mich zur Wehmuth. So vieles Schmerzliche taucht jetzt in mir auf und überwältigt mich, und dies ist es vielleicht was meine Kopfschmerzen vermehrt, oder besser gesagt in die Länge zieht; denn sie sind nicht mehr so stark wie in Berlin, aber anhaltender. Studieren kann ich wenig, schreiben noch weniger. Sonntag schrieb ich einen Aufsatz über Göthe, etwa ein Druckbogen groß, den ich an Varnhagen gestern schickte daß er ihn seinem Buche über Göthe einverleibe. Ich hatte ihn längst versprochen, und schrieb ihn jetzt en pleine carrière daß er noch zur rechten Zeit eintreffe. Du wirst in diesem Aufsatz 1/4 dutzend Deiner eigenen Ideen finden; ich war ehrlich genug sie nackt hinzustellen, denn hätte ich sie mit meinen Purpurlappen umhängt, Du würdest sie wahrlich selber nicht wieder erkannt haben. Der Aufsatz soll Dir bald zu Gesicht kommen. Denke Dir, mein Festspiel ist ungeschrieben geblieben (ich schreibe es aber hinterher) hingegen meine Tragödie gestaltet sich in meinem Kopfe immer mehr und mehr. Sehr drängt es mich, in einem Aufsatz für die Zeitschrift, den großen Judenschmerz (wie ihn Börne nennt) auszusprechen, und es soll auch geschehen sobald mein Kopf es leidet. Es ist sehr unartig von unserem Herr Gott, daß er mich jetzt mit diesen Schmerzen plagt; ja, es ist sogar unpolitisch von dem alten Herrn, da er weiß daß ich so viel für ihn thun möchte. Oder ist der alte Freyherr von Sinaï und Alleinherrscher Judäas ebenfalls aufgeklärt worden, und hat seine Nazionalität abgelegt, und giebt seine Ansprüche und seine Anhänger auf, zum Besten einiger vagen, kosmopolitischen Ideen? Ich fürchte der alte Herr hat den Kopf verloren, und mit Recht mag ihm le petit juif d'Amsterdam ins Ohr sagen: entre nous, Monsieur, vous n'existez pas. Und wir? wir existiren? Um des Himmels willen, sag nicht noch einmahl daß ich bloß eine Idee sey! Ich ärgere mich toll darüber. Meinethalben könnt Ihr alle zu Ideen werden; nur laßt mich ungeschoren. Weil Du und der alte Friedländer und Gans zu Ideen geworden seyd, wollt Ihr mich jetzt auch verführen und zu einer Idee machen. Rubo lob ich, den habt Ihr nicht dazu bekommen können. Der Lehmann möchte gern Idee werden und kann nicht. Was geht mich der kleine Markus an mit seinem Demonstriren daß ich eine Idee sey; seine Magd weiß es besser. Die Doktorinn Zunz hat mir mit thränenden (Judaism) Augen geklagt; daß man ihren Mann ebenfals zur Idee machen wollte, und daß sie dadurch all seine Kraft und Saft verlöre, Jost hätte sich deßhalb vom Verein zurückgezogen und Auerbach sey mahl dadurch krank geworden. Ich verbitte mir auch alle übrigen Anzüglichkeiten, daß Du noch nicht weist welche Idee ich sey; welches so viel heißt als sey ich eine sonderbare Idee; und sonderbar ist Tusch.

Genug des aberwitzigen Gewäsches. In einigen Tagen reise ich nach der Hochzeit meiner Schwester, die zwischen hier und Hamburg statt findet. Bald drauf – s a g e u n d s c h r e i b e e s a b e r k e i n e r m e n s c h l i c h e n S e e l e – reise ich auf 8 Tage nach Hamburg.

Ich habe hier ein Stück des Briefes abgeschnitten, weil eine zu heftige, und für einen Brief nicht ziemliche Aeußerung mir entschlüpft ist. Mit meinem Oheim stehe ich noch nicht auf dem Fuße, auf dem ich zu stehen wünschte, um mit Sicherheit feste Lebensplane für die Folge entwerfen zu können. Erst nach meiner Zurückkunft von Hamburg kann ich Dir in dieser Hinsicht etwas bestimmteres sagen. Wenn ich kann, suche ich noch einmal nach Berlin zu kommen und Dich und meine übrigen Freunde zu umarmen. Ich werde Cohn in Hamburg besuchen. Von Dir erwarte ich daß Du mir schreibst (aber kurz) wie ich in Hinsicht des Vereines mich dort zu betragen habe, wen ich dort besuchen kann, und drgl. Kann ich dort einen bestimmten Auftrag des Vereins ausführen, der sich auf ein schon in Berlin besprochenes gründet, so will ich ihn gern übernehmen. Ich freue mich die Monas wiederzusehen. – Du kannst doch an Gans sagen daß ich auf 8 Tage nach Hamburg reise, vielleicht fällt es ihm ein daß ich dort etwas thun kann;

nur soll er es nicht hinschreiben. – Hamburg wird viele schmerzliche Errinnerungen in mir aufregen, doch wird es von großem Nutzen seyn daß ich hinreise. Ein mir feindliches Hundepack umlagert meinen Oheim. Ich werde vielleicht Bekanntschaften in Hamburg machen, die in dieser Hinsicht ein Gegengewicht bilden können. Nur ahndets mir daß ich mit meiner abstoßenden Höflichkeit und Ironie und Ehrlichkeit mir mehr Menschen verfeinden als befreunden werde. Der Posaunenstoß in der Hamburger Zeitung, meine Tragödien betreffend, hat mir Spaß gemacht. Was hat man drüber gesagt? Wenn meine Tragödien ignorirt würden, wäre es mir nicht gleichgültig, Geschätztester! Blätterlob macht mir höchstens flüchtigen Spaß, stärkt mich nicht und erquickt mich nicht, und ist mir doch von gröster Wichtigkeit. Doch sey außer Sorge, es wird nicht ausbleiben daß meine Tragödien in den Blättern viel besprochen werden, wenns Andre nicht thun thue ich es selbst. Immerman schreibt mir daß er eine kräftige Rezension der Tr schreiben werde, worin er manches Verletzende aussprechen wird. Sein Brief enthielt daher nur einiges allgemeine (Lob) über die Tragödie, und Andere Gegenstände, deren vorzüglichste seine Freude ist mich in Münster zu sehen, und seine Einladung bey ihm zu wohnen. Der mir zuletzt geschickte Brief war von Blomberg, voll ästhetischen Raisonnements. Von dem Rousseau habe ich noch keinen Brief erhalten, und theils Dein Wink über das Unterhaltungsblatt, dessen judenfeindliche Stelle mir sehr auffiel, theils noch manches Andre, giebt sichere Anzeichen daß man am Rhein von katholischer Seite über den Almansor höchst unwillig sey, ihn ignoriren möchte, ihn dennoch allgemein bespricht, und den Rousseau gegen mich aufhetzig gemacht hat. Ich verachte dergl Schwachköpfigkeit alzu sehr, um davon empört zu werden, und ich habe es längst gefühlt daß ein gar zu feuriger Enthousiasmus für meine Persönlichkeit endlich verkohlen muß, und wenn Regen auf die Kohlen fällt, dem schwarzen Schmutze Platz macht. Ich erwarte die Zeichen dieses Schmutzes, und ich werde es ohne Bitterkeit zusehen daß mich die Menschen, die mich in den Himmel erhoben, auch zur Abwechselung einmal mit Koth werfen. – Ich habe unlängst eine Anzeige der Rousseauischen Gedichte geschrieben, die ich unverändert im Gesellschafter abdrucken lasse.

Sage doch an Lehmann daß er das Traumgedicht »mir Träumt ich bin ich liebe Gott« aus dem Almanach herausnehmen solle, wenn er ihn jemanden liehe; da es möglich ist – daß ich auf einige Zeit nach Berlin zurück komme. Lache nicht. – Den großen Koffer und die Bücher habe ich noch nicht erhalten. – Fouqué hat mir kürzlich einen sehr herzlichen Brief geschrieben und mir ein s e h r s c h ö n e s Gedicht gewidmet; ich will es Dir gelegentlich mittheilen. Auch dieser wird dieses Gedicht einmal ungeschrieben wünschen, wenn er meinen Stammbaum genauer untersucht hat. Sorge nur daß mir durch Dummheit des Postbothen kein Brief verloren geht, und schreib es mir gleich wenn Du irgend in einem Blatte eine Hinweisen über diesen meinen Stammbaum findest. – Ich werde Dir bey meiner Rückkunft von Hamburg viel zu schreiben haben! Grüße mir Gans und Zunz, so wie auch seine Frau. Sage ihnen daß ich viel an sie denke; welches auch ganz natürlich ist, da ich hier ganz isolirt lebe, und noch nicht die letzten Eindrücke Berlins in mir verdrängt werden konnten. Dich, lieber Moser, sehe ich überall, und es ist vielleicht etwas mehr als krankhafte Weichheit, wenn ich auf die wehmüthigste Weise überwältigt werde von dem Wunsche wieder mit Dir zusammen zu leben. Gäben die Götter daß dieser Wunsch in Erfüllung gehe! Hamburg? Sollte ich dort noch so viele Freuden finden können als ich schon Schmerzen dort empfand? Dieses ist freylich unmöglich –

Glücklicherweise ruft mich hier mein Bruder zu Tische, und statt mit einer sentimentalität schließe ich hier den Brief mit dem Vorgefühle eines guten Mittagessens.

H. Heine.

Herrn M. Moser Wohlgb / pr Addr. M. Friedländer & C⁰ / Neue Friedrichstr. 47. / in / Berlin

26. *An Leopold Zunz, Lüneburg, 27. Juni 1823*

Lüneburg d 27 Juny 1823

Auch bitte ich die Frau Doktorinn Zunz recht herzlich von mir zu grüßen. Leben Sie wohl, und seyn Sie meiner aufrichtigen Freundschaft versichert. Kann ich irgends nutzen – versteht sich, ohne daß es mir viele Mühe macht – so brauchen Sie es mir bloß zu sagen. Ende nächster Woche mache ich eine kleine Reise nach Hamburg und wenn Sie oder der Verein dort von meiner Unwirksamkeit Gebrauch machen können, so schreiben Sie mir es entweder per addresse Wohlwills oder schreiben es an: den Candidatus Juris Harry Heine auf dem Markt in Lüneburg, in welchem Falle der Brief mir nachgeschickt wird. Ich h a b e v o r nur 8 Tage in Hamburg zu bleiben. Ich habe von Moser die Zeitschrift erhalten, und selbige bereits aufgeschnitten, durchblättert, und Theilweise mit Aerger gelesen. Ich will gar nicht in Abrede stellen daß die Sachen darinn gut sind, aber ich muß freymüthig gestehen – und erführe es auch der Redakteur – der gröste Theil, ja ¾ des dritten Hefts ist ungenießbar wegen der verwahrlosten Form. Ich will keine Göthische Sprache, aber eine verständliche, und ich bin fest überzeugt was i c h nicht verstehe, versteht auch nicht David Levy, Israel Moses, Nathan Itzig, ja vielleicht nicht mahl Auerbach II. Ich habe alle Sorten deutsch studirt, sächsisch deutsch, schwäbisch deutsch, fränkisch deutsch, – aber unser Zeitschriftdeutsch macht mir die meisten Schwierigkeiten. Wüste ich zufällig nicht was Ludwig Markus und Doctor Gans wollen, so würde ich gar nichts von Ihnen verstehen. Aber wer in der Corruptheit des Stils es am weitesten gebracht hat in Europa das ist L. Bernhardt. Ben David ist klar, aber was er schreibt paßt weder für die Zeit noch für die Zeitschrift. Das sind Aufsätze die anno 1786 im theologischen Journal passend gewesen wären. Nur von Seite 523 bis 539 hat mich die Zeitschrift erfreut. Ich weiß sehr gut daß ich Ihnen diese Klagen nicht vorbringen soll ohne anzugeben wo bessere Aufsätze zu haben sind; ich weiß sehr gut daß ich, der noch nichts geliefert und noch nichts zu Liefern bereit hat, ganz schweigen sollte. Außerdem weiß ich daß Sie das alle mit der gleichgültigsten Ruhe lesen, aber lesen sollen Sies. Dringen Sie doch bey den Mitarbeitern der Zeitschrift auf Cultur des Styls. Ohne diese kann die andere Cultur nicht gefördert werden. Indessen, ich möchte hier ungefähr das anwenden was Sie beim Erscheinen der ersten Bände Jostischer Geschichte äußerten, indem Sie sich alles Urtheils darüber enthielten, weil es doch möglich sey daß diese vorsätzlich so schlecht geschrieben worden, damit die späteren Bände desto glänzender ausfiehlen; auf gleiche Weise möchte ich vermuthen die Aufsätze der Zeitschrift werden von Ihnen so geordnet daß man einst in einer Reihe von Jahrgängen genau nachweisen kann wie sich der deutsche Styl unter uns Wissenschaftsjuden allmählig ausgebildet. Ueber diese Bedeutung der Zeitschrift möchte ich einen eigenen Aufsatz schreiben, betitelt: die Naturseite der Zeitschrift. Seyn Sie mir des oben gesagten halber nicht böse, lieber Zunz, erstens bin ich ja ein Abonent der Zeitschrift, zweitens liebe ich Sie. Daß dieses letztere keine Phrase ist, dürfen Sie glauben. I c h weiß es.

Ihr Freund
H. Heine.

27. *An Moses Moser, Lüneburg, 30. September 1823*

Lüneburg d 27 Septemb. 1823

Lieber Moser. Ich bin jetzt wieder in Lüneburg, in der Residenz der Langeweile. Mit meiner Gesundheit sieht es eigen aus; gestärkte Nerven, aber anhaltender Kopfschmerz. Dieser bringt mich noch immer zur Verzweiflung, da ich jetzt wieder an meiner Juristerey arbeite. – Ich habe Dir so viel zu schreiben, daß ich wahrlich nicht weiß womit ich anfangen soll. Wenn ich nicht von Deiner Freundschaft überzeugt wäre, hätte ich Dir früher geschrieben; unser Freund Cohn wird nemlich nicht ermangelt haben Dir recht viel schönes u gutes von mir mitzutheilen, um Deine Freundschaft für mich zu befestigen. Glaube nicht daß ich mit Bitterkeit gegen Cohn erfüllt sey, wie sehr er es auch gegen mich seyn mag. Du wirst gewiß gelacht haben als Du hörtest daß ich mich mit ihm wegen des Tempels überworfen. Ich hatte ihm bey meiner ersten Anwesenheit in Hamburg meine ehrliche Meinung darüber mitgetheilt, aber in höchst gemilderten Ausdrücken. Bey meiner zweiten Anwesenheit in Hamburg beschuldigte er mich (und auf Ehre, mit Unrecht) daß ich mich bey Salomon Heine über Kley u Bernais anders geäußert als bey ihm. Dies hatte zur Folge daß ich, als ich ihn bey meinem Oheim traf, meine Aeußerungen so grell als möglich wiederholte. Ich hatte noch einmal ihn zu besuchen, um ein paar Louisd'or, die er noch für mich hatte in Empfang zu nehmen, später sah ich ihn zufällig an der Börsenhalle, u seit der Zeit haben ihn meine Augen nicht wiedergesehn. – Diese Geschichte hat für mich manches Unangenehme zur Folge gehabt, das ich Dir mahl mündlich mittheilen werde, ich werde auf vielfache Weise gereizt und gekränkt, und bin ziemlich erbittert jetzt auf jene fade Gesellen, die ihren reichlichen Lebensunterhalt von einer Sache ziehen, für die ich die größten Opfer gebracht und lebenslang geistig bluten muß. Mich, mich muß man erbittern! Just zu einer Zeit, wo ich mich ruhig hingestellt habe die Wogen des Judenhasses gegen mich anbranden zu lassen.

Wahrlich es sind nicht die Kleys u Auerbachs die man haßt im lieben Deutschland. Von allen Seiten empfinde ich die Wirkungen dieses Hasses, der doch kaum emporgekeimt ist. Freunde mit denen ich den grösten Theil meines Lebens verbracht, wenden sich von mir, Bewunderer werden Verächter, die ich am meisten liebe hassen mich am meisten, alle suchen zu schaden. Du fragst in Deinen Briefen so oft ob Rousseau geschrieben; ich finde diese Frage sehr überflüssig. Ganz andre Freunde haben mir abgesagt u widersagt. Von der großen lieben Rotte, die mich persönlich nicht kennt, will ich gar nicht sprechen. – Unterdessen sind meine Familien- u Finanzumstände die schlechtesten. Du nennst mein Verfahren gegen meinen Oheim Mangel an Klugheit. Du thust mir Unrecht, ich weiß nicht warum ich just gegen meinen Oheim jene Würde nicht behaupten soll, die ich gegen alle andre Menschen zeige. Du weißt ich bin kein delikater zartfühlender Jüngling, der roth wird wenn er Geld borgen muß und stottert wenn er von dem besten Freunde Hülfe verlangt. Ich glaube, Dir brauche ich das nicht zu beschwören, Du hast es selbst erlebt daß ich in solchen Fällen ein dickhäutiges Gefühl habe; aber ich habe doch die Eigenheit von meinem Oheim, der zwar viele Millionen besitzt, aber nicht gern einen Groschen mist, durch keine freundschaftliche u gönnerschaftliche Verwendungen Geld zu erpressen. Es war mir schon fatal genug das mir zugesagte Geld für das Jahr 1824 zu vindiziren, u ich bin ärgerlich über diese Geschichte weiter zu schreiben. Ich danke Dir für Deine freundschaftliche Bemühung in dieser Sache. Ich bin mit meinem Oheim übereingekommen: daß ich nur 100 Louisd'or, zum Studiren von Januar 1824 bis 1825, von ihm nehme, weil ich darauf gerechnet habe, und daß er übrigens sicher seyn könne von meiner Seite nie in Geldsachen belästigt zu werden. Für solche Genügsamkeit bin ich auch dadurch belohnt worden, daß mein Oheim mich in Hamburg, wo ich viele Tage auf seinem Landhause verbrachte, sehr ehrte u sehr auszeichnete u genädig ansah. Und am Ende bin ich doch der Mann der nicht anders zu handeln vermag, und den keine Geldrücksicht bewegen sollte etwas von seiner innern Würde zu veräußern. Du siehst mich daher, trotz meiner Kopfleiden, in fortgesetztem Studium meiner Juristerey, die mir in der Folge Brod schaffen soll. Wie Du denken kannst – kommt hier die Taufe zur Sprache. Keiner von meiner Familie ist dagegen, außer ich. Und dieser i c h ist sehr eigensinniger Natur. Aus meiner Denkungsart kannst Du es Dir wohl abstrahiren daß mir die Taufe ein gleichgültiger Akt ist, daß ich ihn auch symbolisch nicht wichtig achte, und daß er in den Verhältnissen u auf der Weise wie er bey mir vollzogen werden würde, auch für Andere keine Bedeutung hätte. Für mich hätte er vielleicht die Bedeutung daß ich mich der Verfechtung der Rechte meiner unglücklichen Stammsgenossen mehr weihen würde. Aber dennoch halte ich es unter meiner Würde u meine Ehre befleckend wenn ich, um ein Amt in Preußen anzunehmen, mich taufen ließe. Im lieben Preußen!!! Ich weiß wirklich nicht wie ich mich, in meiner schlechten Lage helfen soll. Ich werde noch aus Aerger katholisch u hänge mich auf. Doch auch dieses fatale Thema breche ich ab, u da ich Dich in einigen Monathen persönlich spreche, will ich die Besprechung desselben bis dahin verschieben. Wir leben in einer traurigen Zeit, Schurken werden zu den Besten, u die Besten müssen Schurken werden. Ich verstehe sehr gut die Worte des Psalmisten: Herr Gott, gieb mir mein täglich Brod, daß ich Deinen Namen nicht lästre! – Ich denke Neujahr nach Göttingen zu reisen u dort ein Jahr zu bleiben, ich muß mein jus mit mehr Fleiß als jeder andre studieren, da ich – wie ich voraussehe – nirgends angestellt werde, und mich aufs Advoziren legen muß. Ehe ich nach Göttingen reise, denke ich Dich in Berlin auf einen Tag zu besuchen. Du kannst kaum glauben wie sehr ich mich darauf freue! Es liegt so vieles, so schlimmes auf meiner Brust!

30 Sept.

Ich würde Dich noch früher besuchen wenn ich nicht meine Gelder bereits ausgegeben. Die 6 Wochen in Cuxhaven haben mir d 30 Louisd'or gekostet. (Mein Oheim schenkte mir 10 Louisd'or vor meiner Abreise nach dem Bad) Hier lebe ich bey meinen Eltern u habe keine Ausgaben. Es ist fatal daß bey mir der ganze Mensch durch das Büdget regirt wird. Auf meine Grundsätze hat Geldmangel oder Ueberfluß nicht den mindesten Einfluß, aber desto mehr auf meine Handlungen. Ja, großer Moser, der H. Heine ist sehr klein. Wahrlich, der kleine Markus ist größer als ich! Es ist dies kein Scherz, sondern mein ernsthaftester, ingrimmigster Ernst. Ich kann Dir das nicht oft genug widerholen damit Du mich nicht mißt nach dem Maaßstabe Deiner eigenen großen Seele. Die meinige ist Gummi alastik, zieht sich oft ins Unendliche, u verschrumpft oft ins winzige. Aber eine Seele habe ich doch, I am positive I have a soul, so gut wie Sterne. Das gnüge Dir. Liebe mich um der wunderlichen Sorte Gefühls willen die sich bey mir ausspricht in Thorheit und Weißheit, in Güte u Schlechtigkeit. Liebe mich weil es Dir nun mahl so einfällt; nicht weil Du mich der Liebe werth hältst. Auch ich liebe Dich nicht weil Du ein Tugendmagazin bist, und Adelungisch, Spanisch, Syrisch, Hegellianisch, Englisch, Arrabisch u Calcuttisch verstehst, und mir Deinen Mantel geliehen hast, u Geld geliehen hast u für mich den Kopf zergrübelt hast u drgl. – ich liebe Dich vielleicht nur wegen einiger närrischen Mienen die ich Dir mahl abgelauscht u wegen einiger pudelnärrischer Redensarten, die Dir mahl entfallen, u die mir im Gedächtniß kleben geblieben sind, u mich freundlich umgaukeln wenn ich gutgelaunt oder bey Cassa oder sentimental bin. – Ich hatte einen Polen zum Freund, für den ich mich bis zu Tod besoffen hätte, oder besser gesagt für den ich mich hätte todt schlagen lassen, u für den ich mich noch todt schlagen ließe, u der Kerl taugte für keinen Pfennig, u war venerisch, u hatte die schlechtesten Grundsätze – aber er hatte einen Kehllaut, mit welchem er auf so wunderliche Weise das Wort »Was?« sprechen konnte, daß ich in diesem Augenblick weinen und lachen muß wenn ich daran denke. – Ich will nicht mehr sagen, Du hast mich doch nicht verstanden, u das ist gut; ich glaube Du entbehrst nicht gern den Pathos in der Freundschaft. – Ich will Dir zu Gefallen manchmahl den Cato-Mantel umwerfen und gähnen: Delenda est Carthago.

Um Gottes willen glaube nicht daß ich dem guten Gans unhold sey, oder seinen Werth verkenne. Es ist wahr, auch ihn liebe ich nicht wegen der dicken Bücher die er schreibt, und wegen der edeln Weise womit er handelt, sondern bloß wegen der spaßhaften Weise womit er mich herumzupfte wenn er was erzählte u wegen der gutmüthig kindlichen Miene die er machte wenn ihm etwas feindseeliges oder böses geschah. Das einzige was ich gegen ihn habe ist daß er durch sein Schwatzen mir manches Unangenehme erregt u vorzüglich daß er ohngeachtet meiner wohlbegründeten Bitten mit dem Schuften Dr Gustorf über mich gesprochen. Dieser Schuft, der ein Jude ist u sich bey einigen jämmerlichen Unbeschnittenen dadurch beliebt zu machen suchte daß er mich anfeindete, ist zwar nicht der einzige dieser Art, und ich habe auf solche Weise schon manchmal dulden und achselzucken müssen. Aber Freunden nehme ich es übel wenn sie sich trotz meiner Bitten mit drgl Schurken abgeben. Dieser Kerl ist der Busenfreund von einem gewissen Köchy der sich ebenfalls auf die feindseeligste Weise gegen mich gezeigt aus Poetenneid. Ich sah unlängst die Elegante Welt u sah daraus daß dieser Köchy jetzt in Braunschweig lebt indem ich in dieser Zeitschrift Artikel über das Braunschweiger Theater las, woran ich die Feder dieses Menschen erkannte. Ich bin überzeugt dieser Kerl hat in Braunschweig entweder das Ausgepfiffenwerden des Almansors eingeleitet oder wenigstens angeregt. Ich weiß wie drgl Dinge gemacht werden, ich kenne die Niederträchtigkeit der Menschen, u jetzt wirst Du die Wichtigkeit der wenigen Maaßregeln die ich beym Erscheinen des Almansors nehmen mußte, genugsam einsehen. Ich höre das Stück sey ausgetrampelt worden; hast Du nichts spezielles gehört. Braunschweiger Meßjuden haben diese Nachricht in ganz Israel verbreitet, u in Hamburg bin ich ordentlich kondolirt worden. Die Geschichte ist mir sehr fatal, sie influenzirt schlecht auf meine Lage, u ich weiß nicht wie dieses zu repariren ist. Die Welt mit den dazu gehörigen Dummköpfen ist mir nicht so gleichgültig wie Du glaubst. – Ich kriege hier die »Elegante Welt« nicht zu sehen, u ich bitte Dich, wenn Du etwas über den Almansor darinn findest, es abzuschreiben u mir umgehend herzuschicken. – Vergiß nicht!!!

Ich sage Dir es ist eine wahre Kunst kleine Briefe zu schreiben. Ich nahm mir vor Dir heute nur zwey Seite zu schreiben u schon drey sind voll, ohne daß ich eine Hauptsache berührt. Dies ist Deine mir nach Hamburg geschickte Rezension. Ich bedürfte noch einiger Blätter wenn ich ausführlich darüber sprechen wollte. Es möge daher bloß bemerkt werden: daß sie mir ganz erstaunlich gefallen, daß die 2te Hälfte derselben auch stylistisch vortrefflich ist, u daß noch niemand mich so tief begriffen hat wie der Verfasser dieser Rezension. Ich sage diesem geliebten Verfasser meinen innigsten Dank. Es ist noch ein besonderer Grund hinzugetreten weßhalb ich wünsche daß derselbe unbekannt bleibe. Es hat doch niemand erfahren daß Du der liebe Vfr bist?. – Daß man mich am Rhein ignoriren will, ist begreiflich; ich bin den literarischen Lausangeln über den Kopf gewachsen, u obendrein sind sie erbittert auf den unchristlichen Almansor. Erhältst Du noch den westfäl Anzeiger u die Rheinischen Blätter? Wenn Du sie vielleicht gesammelt hast, so schicke sie mir her. Ich will endlich auch nach dem Rhein u Westfalen schreiben daß man sie mir herschicke. – Immerman scheint mir nicht ganz gewogen. Ich habe seinen Periander gelesen. Es ist dies Buch eine höchst merkwürdige Erscheinung. Ich kann es nicht beurtheilen; daß entzückend schöne Einzelheiten darinn enthalten sehe ich wohl; ob aber das Ganze eine geistreiche Zusammenschmelzung des Antiken mit dem Modernen, oder bloß eine verunglückte Zusammenknetung des Sophokles u des Shakespeares ist – das weiß ich nicht. Es sind rein antike u rein moderne Formen neben einander gestellt, wahrhaft antiker Geist bricht manchmal hervor – aber ich will erst mahl hören was Andere sagen. – Ich schreibe jetzt gar nichts Poetisches; doch drängts mich meine Tragödie zu schreiben. Es hängt Alles von meinem Kopfe ab. Wenigstens das weiß ich, daß ich so bald nichts drucken lasse. – Denk an die Notizen über Liebeszauber. – Die 6 Ex dr *Tragödien* habe ich ebenfals erhalten. –

Was macht der arme Markus? Hat Cohn etwas für ihn gethan? Er hatte es mir versprochen. Ich legte es ihm dringend an's Herz. Gegen mich hatte er, bey meiner ersten Anwesenheit in Hamburg, sich mahl sehr pekuniär-nobel geäußert als er in mich drang ob mich etwa Geldnoth ambarassire; er erboth sich mir in diesem Falle hülfreich zu seyn, und, wie ein Kaufmann immer alles bestimmt, ließ er mir merken daß ich bis zu der Summe von 150 Thl bey ihm Credit hätte. Ich dankte ihm, höchstens sey ich dann und wann um ein paar Ld'or verlegen u dann seyest D u es immer an den ich mich zu wenden pflege. Das gefiel mir aber von Cohn, ich nahm daher Gelegenheit über Markus mit ihm zu sprechen, u hatte gute Auspicien. – Ich bin höchst verdrießlich daß ich selbst jetzt zu arm bin um dem guten Menschen zu helfen. – Ich will suchen daß ich so reich werde wie die Hamburger Gaudiebe, Esel Schweinigel u übrige Ehrenmänner. – Wohlwill habe ich in Hamburg selten angetroffen. Er ist ein dicker Mann, folglich ein guter Mann, sagt Cervantes. Er ist sehr verstimmt, sentimental wie ein Pudel. Ich bin ihm herzlich gut. Er hat viel Gefühl; nur Schade in seinen Gefühlen sind keine Knochen. – Ich bitte Dich schreibe doch an Cohn daß er bey meinem Oheim nicht auf mich schimpfen soll. – Auch bitte ich Dich erkundige Dich mahl bey Dümmler wie es mit dem Absatze der Tragödien aussieht; zwar ist die Antwort vorauszusehen, Verleger klagen immer. – Auch bitte ich Dich sorge daß Gans mir nicht böse wird; ich werde ihm wohl bald schreiben. Ist sein Erbrecht erschienen? Grüße mir auch Zunz recht herzlich, so wie auch Lehmann. Glaube nicht daß ich so ganz u gar nicht an den Verein dächte; ich bin jetzt nur gar zu übel dran. Erkundige Dich auch bey dem Rendanten wann? u wie viel? ich zu bezahlen habe. – Hast Du bey Deinem Aufsatz für die Zeitschr. den Basnage nöthig? Der Deinige steht Dir jetzt wieder zu Diensten. Soll ich ihn Dir schon schicken?

Nun habe ich noch ein Anliegen. Mein Bruder, welcher mehrere Jahre die Landwirthschaft praktisch erlernt hat, u einem Inspektordienst vorstehen kann, hat jetzt keine Stelle. Theils läge die Schuld, sagt er, in dem Umstande daß er beschnitten sey, theils in dem Umstande daß jetzt alle Landwirthe en ambarras sind u ihre Leute abschaffen; am meisten sey ihm aber der Jude im Wege, wenn er eine Stelle nachsucht. Da ich von Berlin her weiß daß Jakobsohn Güter im Meklemburgischen hat, so glaube ich es ist möglich daß mein Bruder, der die allerbescheidensten Ansprüche macht, bey diesen Gütern auf irgend eine Weise beschäftigt werden kann, wenn man sich in Berlin bei Jacobsohn selbst für ihn verwendet. Sehe daher zu, lieber Moser, daß dieses, durch Dich oder durch jemand Anders, geschehe, u schreibe mir darüber so bald als möglich. Ueberhaupt wenn Du einen Andern Ausweg für meinen Bruder weißt theile mir ihn mit. Der arme Junge ist wirklich in Verlegenheit, u ist ein so guter Mensch daß ich mich für ihn verwenden würde, wenn er auch mein Bruder nicht wäre. – – Mein jüngster Bruder studirt fleißig die Alten u wird Medi-

ziner werden. Ich glaube daß er gedeihen wird als Gelehrter und –
Mensch. – Grüße mir Lüpke vielmahl; ich ließe ihm vielen Dank sagen,
sollst Du ihm sagen; ich bin dem Manne Dank schuldig. – Lebe wohl,
guter Moser, u bleibe mir gewogen, schreibe mir bald; es braucht ja
nicht viel zu seyn, u Du brauchst mich ja nicht weitläuftig philosophisch zu konstruiren, wie in Deinem vorigen Briefe. – Mit meiner Gesundheit sieht es seit drey Tagen viel besser aus, drey Tage ohne Kopfschmerzen – etwa Nachwirkung des Bades? Ich fange wieder an
Lebenskraft u Hoffnung zu empfinden. Bist Du nicht mit dem
Schlusse meines Briefes zufrieden?

H. Heine.

d 30 Sept. 1823.

28. *An Moses Moser, Lüneburg, 9. Januar 1824*

Noch immer Lüneburg d 9 Jan. 1824.

Lieber Moser! Deine Briefe vom 20 Dez u 3 Jan. habe ich erhalten. So
sehr ich auch das Bedürfniß fühle Dir einen großen Brief heute zu
schreiben, so kann ich Dir doch nur einige Zeilen, u zwar sehr flüchtige,
schreiben. Ich bin zu sehr kaput u mein Kopf dröhnt. Ich reise heute
über acht Tag ab nach Göttingen u denke daß mich die Reise, die ich
nicht gar zu schnell abzuthun gedenke, aufheitern u, durch die Lebens-
veränderung, auch stärken wird. Heute will ich Dir bloß für die Besor-
gung des Zeugnisses danken. Bey den heute anbey zurückkommenden
Büchern findest Du 1 ½ Louisd'or, wovon Du 4 Thl 20 Sgr für Deine
letzte Zeugnißauslage behältst u den Rest dem Rendanten des Vereins
zustellst. Ich weiß wirklich nicht wie viel mein Betrag, der jetzt gewiß
½ Jahr unbezahlt geblieben, beträgt. (– Ich habe mahl von Dir über
diese Anfrage keine Antwort erhalten) Ist es eine Kleinigkeit mehr, so
thue mir die Liebe lege solche bey. Du bist wahrlich der Markis Posa
und Creditor Deiner Freunde! Ich muß bey Dir sehr hoch in der Kreide
stehen, habe Dich schon mahl deßhalb gefragt, weiß nicht wie viel; u
ehrlich gesagt bin auch deßhalb ruhig, denn wegen der fatal vielen Aus-
lagen die ich jetzt habe, würde mich die Bezahlung dieser Schuld ge-

nieren in diesem Augenblick, aber es ist Dir nicht verloren; obschon Du einst mit einem köstlich drolligen Ausdrucke zu äußern pflegtest: Studenten bezahlen nie etwas zurück. Ich muß in diesem Augenblick herzlich lachen wenn ich an dem Tone denke womit Du dieses sagtest. Und wahrhaftig Du hast Recht. Ich verliere viel auf dieser Art; wenn jetzt ein Student einen Thaler von mir gepumpt haben will, so schenke ich ihm lieber 23 groschen u habe einen groschen reinen Profit. Ist es aber nicht dumm von mir daß ich Dir, meinem Creditor, dieses sage?

Verdrießlich hats mich gemacht daß Du meinen Wunsch k u r z e Briefe von Dir zu haben auf eine Art die fast eine Unart ist, auf eine grämliche pikirte Weise, glossirt. Um des lieben Himmels willen, ein Mensch der den Hegel u den Valmiki in original liest u versteht, kann eine meiner gewöhnlichsten Geistesabreviaturen nicht verstehn! Um Gottes willen, wie müssen mich erst die übrigen Menschen mißverstehen, wenn Moser, ein Schüler Friedländers u Zeitgenosse von Gans, Moser, Moses Moser, mein Erzfreund, der philosophische Theil meiner Selbst, die korrekte Prachtausgabe eines wirklichen Menschen, l'homme de la liberté et de la vertu, der Sekretär perpetüel des Vereins, der Epilog von Nathan dem Weisen, der Rezensent von Bernais, die eiserne Kiste von Cohn, der Normalhumanist, – wo halte ich? – ich will nur sagen wie schlimm es für mich aussieht wenn auch Moser mich mißversteht. Sogar die Beywörter gut u gelehrt mißfallen Dir; wollte Gott ich könnte sie bey mir selbst in so weitem Sinne anwenden!»Ich liebe Dich von ganzer Seele und bin kein Schuft« wenn Du diese Formel im Kopfe behällst werden Dir meine Ausdrücke nie mißfallen, sogar obige nicht. Ich will lieber kurze Briefe als lange die selten kommen. Oft will ich Brief von Dir haben wenn Du auch wenig zu schreiben hast. Gewiß ist es mir lieber wenn Du oft u viel schreibst.

O Menschen! Ihr pißt wie Freygeister u denkt wie Safianstiefel! Vom Verein schreibst Du mir wenig. Denkst Du etwa daß die Sache unserer Brüder mir nicht mehr so sehr am Herzen liege wie sonst? Du irrst Dich dann gewaltig. Wenn mich auch mein Kopfübel jetzt niederdrückt so hab ich es doch nicht aufgegeben zu wirken.»Verwelke meine Rechte wenn ich deiner vergesse Jeruscholayim« sind ungefähr die Worte des Psalmisten, u es sind auch noch immer die meinigen. – Ich wollte ich könnte mich eine einzige Stunde mit Dir unterhalten über das was ich, meist durch die eigene Lage angeregt, über Israel gedacht, u Du würdest sehen wie – die Eselzucht auf dem Steinweg gedeiht, u wie Heine immer Heine seyn wird und muß. Ich bin neugierig auf Deinen Aufsatz im 4ten Hefte, schicke mir es nur gleich nach Göttingen sobald es erscheint. Ich schreibe Dir sobald ich ankomme u schicke Dir meine Addresse. Wenn es mir möglich ist will ich gewiß einen guten Aufsatz für die Zeitsch liefern. Wenigstens liefere ich bald einen Auszug aus dem göttinger Reallexikon der Bibl*iothek* über die Juden betreffende Literatur, im Fall dieser Artikel der Mühe werth ist abzuschreiben. Grüße mir Zunz vielmahl; ich habe mich über seine Beförderung herzlich gefreut. Entschuldige mich daß ich ihm noch nicht geschrieben, ich will ihm bald von G. aus schreiben. Du darfst ihm versichern daß es nicht meine Faulheit ist, was mich am Schreiben hindert, sondern mein armer Kopf. Diese Zeilen schreibe ich sogar unter Schmerzen. Ich muß alle meine Freunde u Verhältnisse vernachläßigen. Darum habe ich auch dem Criminalrath Hitzig noch nicht geschrieben wie ich es längst gewollt. Gans hat Ursache mir zu grollen. Wohlwill in Hamb ist mir wirklich böse u legt mir mein Stillschweigen falsch aus. Du warst ja bey der Hohenhausen, wie ist sie auf mich zu sprechen? Es ist schändlich von mir daß ich der guten Frau keine Zeile geschrieben. A-pros-pos! wie ist der Paria aufgenommen worden? Gewiß gut, denn er ist auch nicht schlechter als die Tragödien der meisten anderen Dichter des Tages, und daß eine Tragödie nothwendig schlecht seyn muß wenn ein Jude sie geschrieben hat, dieses Axiom darf jetzt nicht mehr aufs Tapet gebracht werden. Dafür kann mir Michael Beer nicht genug danken. Ist aber der arme verworfene Paria wirklich verworfen worden von den bebrillten Braminen u epauletgeschmückten Schutras des Parterrs, so tröste ihn mit dem Schicksal des Ben Abdullah, u gebe dem armen Paria den Rath in den Armen einer Bayadere den Druck des Kastengeistes zu vergessen, u zwar durch die Ehe Gandarva. (Siehe Gans, Erbr. I........)

Jetzt habe ich auch den Zettel vom Almansor zu Gesicht bekommen. Er ist mir von Braunschweig zugeschickt worden. Schon das von Klingeman entworfene Personenverzeichniß hat mich mit Ekel erfüllt.

Grüße mir Robert wenn Du ihn siehst u sage mir was er macht, sowie auch dessen Schöne. – Ist Dein Freund Lessmann schon in Berlin,

so empfehle mich demselben. – Hat Michael Berr in Paris geantwortet?
und was? – Hörst Du nichts über Markus? – Von meiner neuen Tragödie ist noch keine Zeile geschrieben. – Ich bin gottlob von einem
ärgerlichen Ausschlag jetzt kurirt. Ich hatte mir denselben durch die
Boyisensche Uebers. des Corans zugezogen. An diesem Mahomet habe
ich g l a u b e n   m ü s s e n . Meine Bestialität findet ihres Gleichen nicht.
Oder ist es Ironie, daß ich mich im Gassenkoht wälze? – Mit Hamburg
stehe ich ziemlich gut. – Lebe wohl u bleibe mir gut. Schone mich nie,
wahrlich Dich schone ich auch nicht. Nur Schwächlinge muß man
schonen. Ich bleibe immer

H. Heine.

29. *An Charlotte Embden, Göttingen,*
31. *Januar 1824*

Endlich Göttingen d 31 Januar 1824.

Liebe süße Schwester! Ich hoffe daß Dich diese Zeilen in vollem Wohlseyn antreffen werden. Was mich betrifft so gehts mir besser als früher.
Ich glaube Lüneburg muß eine schlechte Luft haben; fast keine ganz
gesunde Stunde genoß ich dort. Die Leute dort haben zwar alles aufge-
bothen um mir das Nest angenehm zu machen; besonders zuletzt. – Ich
habe die Reise ohne besondere Vorfälle abgemacht. Die Lüneburger
Heide ist 1/3 von der Ewigkeit u hat mich hinlänglich gelangweilt, u
aus Langeweile machte ich Verse, auch Verse an Dich gerichtet, welche
ich Dir vielleicht mahl mittheile. Es sind nur ein paar Strophen. Aber
ich habe Dich lieb u denke beständig an Dich u wenn ich an Deine Kal-
bereymisere denke hab ich keine Ruh. – In Hanover brachte ich drey
Tage zu, und hab eine schöne Frau dort kennen gelert, u war liebenswürdig, nemlich Ich. Auf meiner Heerreise von Hanov hatte ich
schlechtes Wetter, es schneite als wenn die sämmtlichen Himmlischen
Heerschaaren ihre Federbetten auf mich herabschüttelten; u obendrein
saß ich auf halboffnem Beywagen neben dem Schirmmeister dessen
rother Purpurmantel allmählig zum Hermelin wurde. Und ich dachte
an Dich u ich ließ es in Gottesnamen fortschneien, und als – Trarah!

Trarah! der Junge auf dem Briefpostwägelchen vorbeyrollte, wurde mir das Herz bewegt, u ich dachte der hat gewiß Briefe die in 3 Tagen zu Hamburg sind u ich beneidete die Briefe. Schlafend bin ich in göttingen angelangt; Was bedeutet das? Als ich des andern Morgens im Wirthshaus am Fenster stehe, sah ich *<meinen>* alten Stiefelwichser vorbeygehn, u ich rufe ihn her*auf* und der drollige Kerl kommt, ohne Wort zu sprechen, und putzt meine Kleider u Stiefel, ohne Wort zu sprechen, und geht fort u zeigte nicht die mindeste Verwunderung daß ich 3 Jahr von Göttingen abwesend war u mein altes Verboth, nie in meiner Gegenwart zu sprechen u nie etwas zu fragen, hatte er noch nicht vergessen. – Hier habe ich nur wenige Bekannte und die Professoren sind mir auch nicht besonders hold, weil ich, als ich hier konsiliert worden, den Mitgliedern des akad. Senats auf mokante Weise Abschiedskarten zuschickte. – Bis am Hals stecke ich in meinen Juristischen Studien u es geht gut. Ich fand es so glücklich daß ich, obschon ich mitten im Cours gekommen, doch einiges hören kann wobey ich nichts versäumt habe. – Lebe wohl, schöne Frau, u behalte mich in gutem Andenken und schreibe mir oft. Meine Addresse ist: H. H. Candidatus Juris auf der Rothenstraße bey We Brandissen in Göttingen.

Grüße mir alle Bekannte, u schreibe mir wie es dort aussieht und ob die Torten dies Jahr in Hamb. gut gerathen sind. Wenn Du was gutes kochst oder bäckst so heb es mir auf, bis ich mahl wieder dort bin. Aber Du selbst bist mir doch lieber als alle Torten auf dieser Erde, die Zitronentorten mit inbegriffen. Ich möchte Dir gern mehr schreiben aber in meinem Kopfe ist es zu trübe u ich kann es ja doch nicht ausdrücken wie herzlich Dir ergeben ist

Dein Bruder
H. Heine.

30. *An Moses Moser, Göttingen, 24. Februar 1824*

Göttingen d 25 Febr 1824

Lieber Moser! Ich weiß nicht wie ich mir Dein Stillschweigen erklären soll. Je mehr ich drüber nachdenke, je mehr beängstigt fühle ich mich.

Ist der Freund oder die Freundschaft todt? Ich weiß nicht was von beidem mich am schmerzlichsten schmerzen würde. Todt bist Du gewiß nicht, dazu bist Du viel zu bescheiden u geduldig. Aber Deine Freundschaft für mich? O das wäre gar zu früh wenn diese schon gestorben seyn sollte! Alle meine übrigen Freundschaften haben länger gelebt, u wenn die eine nicht vom Schlag gerührt, die andre von der Verläumdung vergiftet, oder von der Schwindsucht der Lauheit vertroknet oder durch andre Krankheit fortgerafft worden wäre, so würden sie sämmtlich noch am Leben seyn.

Ich kann mit Recht von der Seeligkeit der Freundschaft sprechen, denn so manche seel Freundschaft ist mir geblieben. – Wie befindest Du Dich?

Jedoch ich will mir u andern Leuten kein Unrecht thun. Ich habe mich davon überzeugt – u leider überzeugt – alle Gefühle die mahl in meiner Brust aufgestiegen sind, bleiben ungeschwächt u unzerstört so lange die Brust selbst u alles was darin sich bewegt, unzerstört bleibt. Und was andre Leute betrift, so mag es wohl seyn daß ihre Gefühle nicht von so ganz unzerstörbaren Stoff sind wie die meinigen, doch merke ich daß ich diesen andern Leuten oft Unrecht thue wenn ich glaube daß ihre Gefühle von zu leichtem Stoffe bestehen, etwa von Postpapier, Charpie, Himbeergelee u. s. w. O ich habe manche angetroffen deren Gefühle wie Holz stark waren, u unzerreißbar wie Leder. Dennoch haben diese hölzernen und ledernen Gefühle »dem Gesetze der Zeit gehorchen müssen«. – Sogar dem armen Rousseau habe ich Unrecht gethan; ich erhielt diese Tage von ihm einen rührend freundschaftlichen Brief, worinn er sich beklagt daß ich ihn so ganz vergesse ihn, der mir so freundschaftlich zugethan geblieben. Ich habe ihm geantwortet daß ich es sey der so lange ohne Brief gelassen worden, der sogar durch seine Ausdrücke verletzt sey &c Ich ließ ihm wohl merken daß ich ihn von aller Duplizität nicht ganz frey glaube; dennoch habe ich ihm die zweite Auflage meiner Freundschaft angekündigt.

Ich lebe sehr still. Das Corpus Juris ist mein Kopfkissen. Dennoch treibe ich noch manches andre z.B. Chronikenlesen und Biertrinken. Die Bibliothek u der Rathskeller ruiniren mich. Auch die Liebe quält mich. Es ist nicht mehr die frühere, die einseitige Liebe zu einer Einzigen. Ich bin nicht mehr Monotheist in der Liebe, sondern wie ich mich zum Doppelbier hinneige, so neige ich mich auch zu einer Doppelliebe. Ich liebe die Medizäische Venus, die hier auf der Bibliothek steht, u die schöne Köchinn des Hofrath Bauer. Ach! und bei beyden liebe ich unglücklich! Die eine ist von Gyps und die andre ist venerisch. Oder ist letzteres etwa Verläumdung? Je le trouverai. Ich habe mir gestern Abend bey der neuen Putzhändlerinn ½ dutzend Gondons anmessen lassen, u zwar von veilchenblauer Seide, – Zu allem Glück, werde ich in diesem Augenblicke gestört.

Nicht wahr ich lege es darauf an Dich zu empören, u das letzte Fünkchen Freundschaft das noch für <mich> in Deiner Seele glimmen möchte, mit einem nassen Aufguß von Galle u Unflätigkeit zu verlöschen. Aber wahrhaftig je suis tres enrhumé, oder, um deutsch zu sprechen, ich habe sehr den Katharr. Und überdies bin ich noch verdrießlich, u mehr noch als ich verdrießlich bin, bin ich

Dein Freund
H. Heine

Bitte niemanden zu grüßen. Auch Gans nicht. Er hat mir ja sein Erbrecht nicht geschickt. Wenn er es mir aber schicken will so will ich ihm auch im Vertrauen sagen was Hugo davon gesagt. – Wie lange bleiben Roberts noch in Berlin. Wenn Du die schöne Schwäbinn mahl wiedersiehst so sag ihr ich habe die Bekanntschaft ihrer Cousine gemacht, nemlich die der Medizäischen Venus. – Der Gajus ist doch ein großer Mann! Fast so groß wie sein großer Commentator in Berlin, neue Friedrichstraße, Nr 48.

Herrn M. Moser / pr Addr. d Herrn M. Friedländer & C⁰ / Neue Friedrichstr. N⁰ 47. / in / Berlin.

31. *An Rudolf Christiani, Göttingen, 7. März 1824*

Verfluchtes Nest-Göttingen d 7 Merz 1824

Lieber Christiani!

Nebenstehender Brief vom 29 war im Begriff auf die Post zu spatzieren, als ich Ihren Brief v 26 Feb. erhielt, und mich ganz göttlich freute u nebenbey höllisch ärgerte daß ich Ihnen jetzt einen neuen Brief schreiben muß. Ich schicke Ihnen dennoch den Alten, weil er ergänzen mag was in dem jetzigen Brief nicht stehen möchte u besonders weil bey mir immer der Brief den ich schreibe ein Thermometer ist woraus man meine Gemüthsstimmung erkennen kann. Das ist doch am Ende die Hauptsache die man aus Briefen der Freunde ersehen will, u darum ist mir der Brief im Negligee-Gewand tausendmahl lieber als der Galla-Brief. Zwar kann ich die augenblickliche Stimmung der Freunde sehr gut errathen wenn sie im Briefe reflecktiren, u Stoff u Weise geben mir manchen Wink. Doch ist es mir lieber wenn ich individuelle Züge, unbedeutende Facta finde; u obzwar es mich hinreichend interessirt wie Dr Christiani über das Volksthümliche denkt, so würde es mich dennoch eben so stark, ja noch mehr interessiren wenn ich erfahre: ob er auf jener Redoute (abgeleitet von redoutable) in Lüneburg seine unästhetischen Trikothosen getragen, ob er noch oft nach Wienebüttel geht, u Gott weiß was noch mehr. Aber was ich hier sage ist eigentlich gegen einen Berliner Freund gerichtet, wovon ich gestern einen langen Brief erhielt, worinn nichts über den Freund selbst, da doch dieses mich mehr interessirte als seine ellenlangen Contemplazionen. Ja, ich habe eben Ihren lieben Brief wiedergelesen, das obige trifft Sie nur in gringem Maße, u es mag für die Folge stehen bleiben.

Mit meiner Gesundheit sieht es wieder schlecht aus; ich mag wohl des Nachts zu viel an der Mediäzischen Venus von der Bibliothek u an Hofrath Bauers Magd denken. Bey diesem höre ich diesen Sommer Criminalrecht u bey Meister Pandekten. Ich treibe immer Jus, aber, verflucht, ich kann nichts los kriegen. Noch immer kenne ich die Titel der skottschen Romane und die Novellen des Bockaz oder Tieks viel besser als die Titel und Novellen im Corpus Juris. O, heiliger Justinean, erbarme Dich meiner! So mancher Schöps hat Dich kapirt, u ich muß verzagen! O all Ihr römischen Imperatoren erbarmt Euch meiner! O Gajus, Paulus, Papinianus, Ihr verfluchten Heiden, Ihr müst in der Hölle dafür brennen daß Ihr das Jus so weitläuftig gemacht. Und welches jean paulische d.h. schwere Latein! Täglich verwünsche ich den Arminius und die Schlacht im Teutoburger Walde. Wäre diese nicht vorgefallen, so wären wir jetzt alle Römer, u sprächen Latein, und das Corpus Juris wäre uns so geläufig u leicht wie Claurens Mimili. –

Ich will nicht weiter schreiben, ein alt-Deutscher könnte mich überraschen, und mir den Dolch ins undeutsche Herz stoßen mit einem pathetischen: Stirb verfehmter Zwingherrnknecht und Vaterlandsverächter! Aber ich ergreife dann das neben mir liegende Nibelungenlied u halte es als Schild dem jenäischen Donquixote entgegen, u der Dolch entfält ihm, u er faltet betend die Hände: O sancta Chrimhilda, Brunhilda & Uhta ora pro nobis! – Edle schwarze Narren, ich kann nicht mit Euch harmonieren weil meine eigne Narrheit eine Kappe von anderer Farbe hat, wir stehen in diesem Leben ernsthaft geschieden, aber dort oben sitzen wir brüderlich vereint u singen:

> Was ist des Deutschen Vaterland,
> Mit Veilchenblauer Seide?
> Ists Preußenland ist's Schwabenland,
> Mit Lust u Liebesfreude?
> Chor: Schönes, grünes Vaterland &c &c &c

Sie sagen in Ihrem Briefe daß es mir so schwer werde mich des deutschen Wesens ganz zu entäußern. Obige Worte möchten Sie noch darin bestärken, daß dieses ein absichtliches Bestreben bey mir sey. Sie irren sich dennoch. Ich weiß daß ich eine der deutschesten Bestien bin, ich weiß nur zu gut daß mir das Deutsche das ist, was dem Fische das Wasser ist, daß ich aus diesem Lebenselement nicht heraus kann, u daß ich – um das Fischgleichniß beyzubehalten – zum Stockfisch vertrocknen muß wenn ich – um das wäßrige Gleichniß beyzubehalten – aus dem Wasser des deutschthümlichen herausspringe. Ich liebe sogar im Grunde das Deutsche mehr als alles auf der Welt, ich habe meine Lust u Freude dran, u meine Brust ist ein Archiv deutschen Gefühls, wie meine zwey Bücher ein Archiv deutschen Gesanges sind. Mein erstes Buch ist auch in seiner Äußerlichkeit ganz deutsch, damals war die Liebe zum Deutschen noch nicht in mir getrübt; mein 2tes Buch ist nur innerlich deutsch; doch fremdartiger ist seine Aeußerlichkeit. Daß aus Unmuth gegen das Deutsche meine Muse sich ihr deutsches Kleid etwas fremdartig zuschnitt, ist wahrscheinlich. Zu diesem Unmuth haben triftige Gründe, gerechter Ennui Anlaß gegeben. Und dann die Donquixoterie der Kerle! Ich sehe ich bin selbst in den Fehler verfallen, den ich gerügt, u bin in's aschgraue Raisoniren gerathen u sollte doch lieber kurz zusammenfassen was ich zu sagen habe. Hören Sie also: Ich reise nach Berlin, wenn ich mich Anfang nächsten Monaths wohlbefinde. Ich denke daß es der Fall seyn wird, widrigenfalls reise ich nicht. Es ist also bloß höchst wahrscheinlich. Wenn ich Ihnen also in Berlin etwas besorgen kann, etwa in Ihren Göthischen Umtrieben oder in Verlegerangelegenheiten, oder Erfragungen u drgl, so müssen Sie es mir bis zum 1ten April wissen lassen. – Drey u dreyzig Gedichte lasse ich im Gesellschafter drucken, meistens sind sie Ihnen bekannt. Denken Sie mein Unglück, das Paquetchen Seestücke habe ich durch Hin u Herpacken verloren, u ich habe nur drey Stück aus dem Gedächtnisse – u wie hielt das schwer! – erneuern können. Lachen Sie nicht, es ist ein großes Unglück. – Ich aber habe gelacht u herzlich gelacht. Hören Sie mahl, habe ich Ihnen nicht mahl mitgetheilt ein groß Gedicht, es fängt an

> Am Werfte zu Kuxhaven
> Da ist ein schöner Ort,
> Der heißt »Die alte Liebe«
> Die meinige ließ ich dort. &c &c &c

Nun stehe ich auf der »alten Liebe« u betrachte den Sturm, das Gewitter, die Schiffe u s. w. Es ist ein famoses Gedicht u ich kann, troz aller Anstrengung, mich nur noch der ersten Strophe erinnern. – Jetzt dürfen Sie lachen. – Diese Woche schicke ich die Gedichte an Gubitz, u wenn diese Gedichte durchfallen beim großen Publikum – u das werden sie sicher – so sind Sie Schuld, denn Sie haben mich verführt noch Gedichte zu machen. Es werden wohl die letzten seyn, die der Holzschneider u Theaterkritikmacher Gubitz in diesem Leben von mir erhalten wird. Was Sie mir in Betreff Gubitzens u Ihres Aufsatzes für dens sagen, sollte ich wohl in Stillschweigen übergehen, weil es sich schickt. Da dieses Schweigen aber etwas unnatürliches wäre, u ich meinen Freunden immer unbefangen heraussage was ich denke, so will ich Ihnen gestehn daß ich aus Ihrem Briefe gern ersah daß es Ihnen mit jenem Aufsatz noch immer Ernst ist. Dabey muß ich Ihnen eben so freymüthig sagen daß ich es lieber sehe daß Sie sich denselben ganz aus dem Kopf schlagen, oder seine Abfassung auf Sankt Nimmermehr aufschieben, wenn dieselbe Ihnen nur im mindesten gêne macht. Aus leichtbegreiflichen Gründen hätte ich ihn b e y m e i n e r A n k u n f t i n B e r l i n gern gedruckt vorgefunden. Da ich aber weiß daß dieses nicht geschehn wird, so mag er immerhin ganz ungedruckt bleiben, da in späterer Zeit sein Abdruck keine äußere wichtige Bedeutung für mich haben wird. Und überdies ist es mir immer lästig wenn ich mich meinem Freunde gar zu sehr verpflichte, und Sie, lieber Christiani haben mir bereits so viel Erfreuliches und Liebes erzeigt, daß ich nicht weiß wie ich mich je revangiren soll. Ich hoffe daß ich auch von Ihnen nächstens ein poetisches Opus gedruckt sehe, u dieses will ich mit Liebe u Fleiß lesen – u das ist ja das Verbindlichste u Liebreichste was man einem Poeten erzeigen kann. Ich danke Ihnen für den St. Johannis; ich habe meine Gründe Sie heute nicht zu loben; aber wahrscheinlich geschieht es nächstens. – Ob meine Trag. u Ged. dem Zwicker zugesagt, bezweifle ich sehr. Der Ton der darinn herrscht muß seinem ganzen Wesen zu wider seyn. Ich weiß nicht mehr ob er sich geäußert hat. Vielleicht irre ich mich aber. Ich bin wirklich kein eitler Poet, u es ist mir nicht unglaublich daß ich mißfallen kann. – Me Zwicker war sehr von meinen Versen erbaut. – O sie ist lieblich u liebreich!

Grüße Sie mir meine Freunde u Gönner in Lüneburg. Empfehlen Sie mich gelegentlich der schönen Sultanin zu Lüne. – Ich habe an August Meyer geschrieben. – Grüßen Sie den Hauptman Meyer recht herzlich. – Einliegenden Brief schicken Sie gleich an meine Eltern; ich schreibe denselben nicht viel, aber oft. Ich glaube nicht daß mich jemand in der pietas übertrifft. Still, still.

Leben Sie wohl, behalten Sie mich lieb u seyn Sie überzeugt daß ich Sie schätze u liebe.

H. Heine.

[Am linken Rand]
Ich bemerke nochmals daß Sie meinen Vorsatz nach Berlin zu reisen gegen niemand erwähnen sollen. – Den Cassanova (5ter Th) habe ich noch nicht gelesen. –

32. An Friedrich Wilhlem Gubitz, Göttingen; 9. März 1824

Göttingen, d 9. Mertz 1824.

Lieber Professor Gubitz, hochgeschätzter Herr Collegue! Ich wünsche, daß dieser Brief Sie in vollem Wohlseyn und in Ihrem gewöhnlichen Humor antreffe. Mit meiner Gesundheit sieht es jetzt etwas besser aus. Ça ira.

Anbey übersende ich Ihnen für den Gesellschafter die neusten Kinder meiner Muse, überschrieben »drey und dreyzig Gedichte von H. Heine«. Sie werden sich baß verwundern über das Befremdliche und Nonchalante in der Form einiger dieser Gedichte, vielleicht erwecken sie auch bey Ihnen und andren Leuten ein verdammendes Kopfschütteln, dennoch weiß ich, daß sie zum Eigenthümlichsten gehören, was ich bisher gegeben. Ich verlange daher, im Fall Sie sie überhaupt des Abdrucks würdigen, daß Sie sich alles Gubitzens – Sie wissen, was ich meine – dabey enthalten, daß Sie beym Abdruck kein Wort, keine Sylbe verändern; im Fall Ihnen dieses nicht möglich ist, lassen Sie diese Gedichte ganz ungedruckt, und ich werde sie von Ihnen durch einen Freund abholen lassen. Auch ist es durchaus nöthig, daß der Cyklus in einer Woche ganz erscheine, nemlich in den vier auf einmahl ausgegebenen Blättern. Mehrere Gedichte, die ich mit Bleyfederstrichen eingeklammert, sollten wohl auch auf demselben Blatte zusammengedruckt werden, wie Sie selbst einsehen werden, z. B. bey den Seestücken. – Auch glaube ich, daß mit dem Abdruck dieser Einsendung nicht lange gezögert werde, im Fall Sie kein Manuskript von Göthe oder Walter Scott liegen haben. Ich bedinge mir ausdrücklich a c h t Exemplare des Abdrucks der 33 Gedichte und werde dieselben bey Ihnen abholen lassen. Vergessen Sie daher nicht, die acht Exemplare in der Druckerey zu bestellen. Ich habe sie durchaus nöthig; muß sie an Freunde und V e r w a n d t e schicken.

Daß ich so selten was für den Gesellschafter einsende, liegt nicht an mir, sondern an meiner Gegenwärtigen Lage, wo ich von Krankheit und Jurisprudenz niedergedrückt werde. Das wird sich aber ändern, und seyn Sie überzeugt, daß ich mich immer für den Gesellschafter interessiren werde. Ich wünschte wohl, daß sich derselbe auch für mich interessire, und ich mache Ihnen den interessanten Vorschlag, ob Sie mir nicht meine heutige Einsendung und die künftigen mit ihrem gewöhnlichen Honorar sogleich honoriren wollten. Ich überlasse das Ihrem freundlichen Ermessen. Wenn ich nicht zufällig das Gegenteil von einem Millionair wäre, würde ich gewiß kein Honorar verlangen. – Ich lebe hier sehr still, arbeite viel und werde unausstehlich gelehrt. So kann der Mensch sinken! Halten Sie mich in gutem Andenken, loben Sie mich auch bey Gelegenheit; denn gestern habe ich Sie auch gelobt, und es war im Rathskeller, und eine Menge Studenten, wovon jeder seine 8 Krüge Doppelbier vertragen kann, waren gegenwärtig.

Wenn Sie mir etwas zu sagen haben, so schicken Sie Ihren Brief an den Ihnen wohl schon bekannten Herrn Moser, bey M. Friedländer & Co, neue Friedrichstr. No. 47. Dieser hat die Güte mir meine kl Angelegenheiten zu besorgen. Leben Sie wohl und seyn Sie überzeugt, daß ich nie aufhöre zu seyn

Ihr Freund

H. Heine.

33. *An Moses Moser, Göttingen, 25. Juni 1824*

Göttingen d 25' Juny 1824

Lieber Moser!

Heute morgen fällt mirs ein daß ich von Dir keinen Brief zu erwarten habe bis ich Dir Deinen Brief vom 31 May wirklich beantwortet habe, da Du bey Deiner großen Vielseitigkeit auch natürlicher Weise ein Philister bist. Das ist nun ärgerlich, im Grunde wird es mir sauer Dir heute zu schreiben, weil ich Dir nichts bestimmtes mitzutheilen habe und dennoch sich so manches von meinem Herzen in unbestimmten Tönen losreißen möchte. Aber hole der Teufel die Unbestimmtheit, wenn er nicht die Unbestimmtheit vielleicht selbst ist. Ich lebe hier im alten Gleise, das heißt ich habe 8 Tage in der Woche meine Kopfschmerzen, stehe des Morgens um ½ 5 auf und überlege was ich zuerst anfangen soll, unterdessen kommt langsam die 9te Stunde herangeschlichen wo ich mit meiner Mappe nach dem göttlichen Meister eile – ja der Kerl ist göttlich, er ist idealisch in seiner Hölzernheit, er ist der vollkommenste

Gegensatz von allem Poetischen und eben dadurch wird er wieder zur poetischen Figur, ja wenn die Materie die er vorträgt ganz besonders trocken und ledern ist, so kommt er ordentlich in Begeisterung. In der That, ich bin mit Meister vollkommen zufrieden, und werde die Pandekten mit seiner und Gottes Hülfe los kriegen.

Außerdem treibe ich viel Chronikenstudium und ganz besonders viel historia judaica. Letztere wegen Berührung mit dem Rabbi, und vielleicht auch wegen inneren Bedürfnisses. Ganz eigene Gefühle bewegen mich wenn ich jene traurige Analen durchblättre; eine Fülle der Belehrung und des Schmerzes. Der Geist der jüdischen Geschichte offenbart sich mir immer mehr und mehr, und diese geistige Rüstung wird mir gewiß in der Folge sehr zu statten kommen. An meinen Rabbi habe ich erst 1/3 geschrieben, meine Schmerzen haben mich auf schlimme Weise daran unterbrochen, und Gott weiß ob ich ihn bald und gut vollende. Bey dieser Gelegenheit merkte ich auch daß mir das Talent des Erzählens ganz fehlt; vielleicht thue ich mir auch Unrecht u es ist bloß die Sprödigkeit des Stoffes. Die Paschafeyer ist mir gelungen, ich bin Dir für die Mitheilung der Agode Dank schuldig, u bitte Dich noch außerdem mir das Caho lach Manga u die kleine Legende Maasse be Rabbi Leser – wörtlich übersetzt zukommen zu lassen. Auch die Psalmstelle im Nachtgebete: »Zehntausend Gewaffnete stehn vor Salomons Bette« mir wörtlich übersetzt zu schicken. Vielleicht gebe ich dem Rabbi einige Druckbogen Illusträtions auf englische Weise als Zugabe, und zwar origi*n*aler Ideenextrakt über Juden und ihre Geschichte. – Benjamin von Tudela, der jetzt auf meinem Tisch herumreist, läßt Dich herzlich grüßen. Er wünscht daß ihn Zunz mahl bearbeite und mit Uebersetzung herausgebe; die Uebers u Bearb. vom französischen Dr Witte, die ich vor mir habe, ist unter aller Critik schlecht, nichts als Schulknabenwitz. Ueber die Frankfurter Juden war mir der Schudt sehr nützlich; ich habe beide Quartbände ganz durchgelesen und weiß nicht ob ich mich mehr geärgert über das Rischess das über jedes Blatt ausgegossen, oder ob ich mich mehr amusirt habe über die Rindviehhaftigkeit womit das Rischeß vorgebracht wird. O wie haben wir Deutsche uns vervollkommt! Es fehlt mir jetzt nur noch Notizen über die Spanischen Juden im 15ten Jahrhundert u besonders über ihre Akademien in Spanien zu dieser Zeit, wo finde ich was? oder besser gesagt 50 Jahr vor ihrer Vertreibung. Interessant ist es daß dasselbe Jahr wo sie vertrieben worden, das neue Land der Glaubensfreyheit, nemlich Amerika entdeckt worden. – Wenig poetische Ausbeute wird dieses Jahr liefern, ich mache fast gar keine Gedichte, meine Zeit wird von meinen Kopfschmerzen und Studien in Beschlag genommen. Und gott weiß ob ich dies Jahr fertig werde! Und gott stehe mir bey wenn es nicht der Fall ist! Ich will auf keinen Fall meinen Oheim weiter angehn mit captationes benevolentiae, hab ihm auch seit 9 Monathen nicht geschrieben. – Wahrlich ich bin doch kein solcher Schweinhund wie die Hamburger glauben. – Deine Mittheilungen über die Verändrungen im Ministerium des Cultus haben mich sehr interessirt. Du kannst wohl denken in welcher Hinsicht. Es ist alles jetzt so verwirrt im preußischen Staat, daß man nicht weiß wer Koch oder Kellner ist. Ich möchte wohl wissen an wen ich mich mit Erfolg wenden könnte bey meinem Gesuch an das Ministerium. Ich habe schon in Berlin mit Dir darüber gesprochen, die Zeit rückt heran wo ich solche Vorsätze zur Ausübung bringen sollte, und ich kanns Dir nicht genug empfehlen diese Sache im Augenmerk zu behalten. Du weißt ja, ich selbst bin nicht im Stande dergl Demarschen selbst zu machen u zu überdenken; meine Freunde sind immer meine natürliche Vormünder. – Ja, säßen Weiber am Staatsruder, so wäre ich Mann genug bald ein gemachter Mann zu seyn. – Ich hätte es nie bey den Musen so weit gebracht, wenn sie keine Frauenzimmer wären. Freylich auch diese Damen lassen mir jetzt oft ihre Nücken merken, aber es sind auch ganz kuriose Geschöpfe. Es sind alte Jungfern, die in ihrer Jugend schön waren und das Athenische Bürgerrecht hatten, und des Sommers in Thessalien auf dem Lande wohnten, und die besten Parthien ausschlugen; als sie älter wurden, und als die ganze Welt das Athenische Connubium gewann, wollte niemand sie heurathen, weil sie auch bettelarm sind, und so treiben sie sich jetzt herum in aller Welt, und eine derselben hat jüngst aus Verzweiflung einen reichen Juden nehmen wollen, der es bloß der Ehre halber thut, und wie ich höre ist die Parthie wieder rückgängig. Was macht Dein vis a vis der Herr Normann? Mein Oheim Henry Heine ist diesen Sommer in Pyrmont. – Ist Michel Bäer von Paris zurück? ad vocem Michäel Bäer vergiß nicht demselben meine Freundlichsten Grüße zuzustellen, wenn er jetzt dort ist. Sage ihm ich würde ihm mahl unterdessen geschrieben haben wenn ich gewußt hätte wo ihn mein Brief treffe; ich hätte gern manches von ihm über Paris erfahren. z. B. ob er Börne kennen gelernt und wie dessen Addresse ist. – Roberts sind gewiß längst abgereist. Hast Du die Schöne nochmals gesprochen? – Mit Sehnsucht habe ich bis jetzt auf das Meistersche Heft gewartet, u ich bitte mir bald zu bedeuten ob ich es bekomme oder nicht. – Wie steht oder liegt der Verein? Vergiß nicht diesen Punkt. Mit Hamburg seyd Ihr wohl ganz zerfallen? Was giebt es dort Neues? – Ich habe mich hier 4 Wochen lang über Gans nachträglich geärgert; ich hatte ja in Berlin keine Zeit dazu. Und ist es denn nicht ärgerlich daß Einer der grösten Denker unserer Zeit so wenig nachdenkt über sich selbst und über seine äußere Erscheinung. Es ist zwar unrecht von mir daß ich ihn neckte, obzwar nichts weniger als verletzend und obzwar er unwillkürlich zur Neckerey auffordert; es wär besser ich hätte ihm jedes mahl streng die Wahrheit gesagt, wenn er seine Schwächen zur Schau trägt und dieselben zu aller Weltsfabel macht. Dies sollten seine Freunde immer thun. Noch diese Tage hörte ich dergl Gansische Anektoten, die nur denjenigen bekannt seyn sollten die es wissen wie sehr man ihn von Seiten seines Geistes schätzen und von Seiten seiner Persönlichkeit lieben muß. Die Welt aber sieht beim Cometen nur das accessorium.

Lehman wird Dir für mich Ex von Rousseaus Buch mittheilen; Du wirst sehen daß über Erwarten viel Gutes drin ist. Auch in seine Zeitschrift hat er manches Lobenswerthe geliefert, und im Ganzen läßt sich nicht läugnen daß er ein Dichter ist. Er scheint noch mit alten Enthousiasmus an mir zu hangen, u das ist auch sehr lobenswerth. – Gleichgültig ist es mir, höchstgleichgültig ob meine Poesien dem großen und dem kleinen Haufen g e f a l l e n . Nicht gleichgültig ist es mir aber in diesem Augenblick was man davon schreibt, und ich darf Dir Dein Versprechen in Hinsicht des Morgenblattes durchaus nicht erlassen. R. besorgt gern den Aufsatz. Byron ist jetzt todt und ein Wort über ihn ist jetzt passend. Vergiß es nicht; Du thust mir einen sehr großen Gefallen; es ist auch das einzige belletristische Blatt das hier gelesen wird. – Der Todesfall Byrons hat mich übrigens sehr bewegt. Es war der einzige Mensch mit dem ich mich verwandt fühlte, und wir mögen uns wohl in manchen Dingen geglichen haben; scherze nur darüber soviel Du willst. Ich las ihn selten seit einigen Jahren; man geht lieber um mit Menschen deren Charakter von dem unsrigen verschieden ist. Ich bin aber mit Byron immer behaglich umgegangen wie mit einem völlig gleichen Spießkameraden. Mit Shakespear kann ich gar nicht behaglich umgehen, ich fühle nur zu sehr daß ich nicht seines Gleichen bin, er ist der allgewaltige Minister und ich bin ein bloßer Hofrath, und es ist mir als ob er mich jeden Augenblick absetzen könnte.

H. Heine.

34. *An Johann Wolfgang von Goethe,* *Weimar, 1. Oktober 1824*

Ew. Excellenz

bitte ich, mir das Glück zu gewähren einige Minuten vor Ihnen zu stehen. Ich will gar nicht beschwerlich fallen, will nur Ihre Hand küssen und wieder fort gehen. Ich heiße H. Heine, bin Rheinländer, verweile seit kurzem in Göttingen, und lebte vorher einige Jahre in Berlin, wo ich mit mehreren Ihrer alten Bekannten und Verehrern (dem seel Wolf, Varnhagens &c) umging, und Sie täglich mehr lieben lernte. Ich bin auch ein Poet, und war so frey Ihnen vor Jahren meine »Gedichte« und vor anderthalb Jahren meine »Tragödien nebst einem lyrischen Intermezzo« (Ratkliff u Almansor) zuzusenden. Außerdem bin ich auch krank, machte deßhalb vor 3 Wochen eine Gesundheitsreise nach dem Harze, und auf dem Brocken ergriff mich das Verlangen zur Verehrung Göthes nach Weimar zu pilgern. Im wahren Sinne des Wortes bin ich nun hergepilgert, nemlich zu Fuße und in verwitterten Kleidern, und erwarte die Gewährung meiner Bitte, und verharre

mit Begeistrung und Ergebenheit
H. Heine.

Weimar d 1' Oktobr 1824.

An des Herrn Geheimrath von Göthe / Exellenz.

35. *An Moses Moser, Göttingen,*
11. Januar 1825

Göttingen d 11' Jan. 1825.

Theuerer Moser! Warum kannst Du mir nicht mahl schreiben ehe Du von mir Brief erhalten? Mußtest Du warten bis ich Deinen Brief vom 10 Nov. beantworte? Hierzu brauchtest Du weder ein Genie noch ein Esel zu seyn. Ich, der ich mich schmeichle beides nicht zu seyn, würde so handeln wenn ich der Moser wäre der Neue Friedrich Str. 48 par terre im Friedländerschen Comptoir sitzt u ein Freund jenes Heine ist, der Jüdenstraße No 21 im Hugoschen Collegium schmachtet. Wenn ich sage daß ich kein Esel u kein Genie bin, so will ich nicht damit renomiren. Wäre ich ersteres so wäre ich längst befördert, z. B. zum professor extraordinarius in Bonn. Und was das Genie betrifft – ach Gott, ich habe die Entdeckung gemacht: Alle Leute in Deutschland sind Genies, u ich, just ich, bin der einzige der k e i n Genie ist. Ich scherze nicht, es ist Ernst. Was die ordinärsten Menschen zu fassen vermögen, wird mir schwer. Ich bewundre wie die Menschen das Halbbegriffene, das aus dem Zusammenhang des Wissens gerissene, im Kopf behalten, und mit treuherziger Miene in ihren Büchern, oder von ihren Kathedern herab, wiedererzählen können. Wer dieses kann halte ich für ein Genie. Indessen, wegen der Rarität, wird jenen Menschen die es nicht können, der Name eines Genies beygelegt. Das ist die große Ironie. Das ist der letzte Grund meiner Genialität. Das ist auch der letzte Grund warum ich mich mit meiner Jurisprudenz zu Tode quäle, warum ich noch nicht damit fertig bin u erst Ostern fertig werde.

Mit der Genialität in der Poesie ist es auch so eine ganz zweideutige Sache. Das Talent ist mehr werth. Zu jeder Vollbringung gehört das Talent. Um ein poetisches Genie zu seyn muß man erst das Talent dazu haben. Das ist der letzte Grund der Göthischen Größe. Das ist der letzte Grund warum so viele Poeten zu Grunde gehen; z. B. Ich!

Freund meiner Seele! Seele meines Freundes! Freundliche Seele! Du siehst daß ich in der schlechtesten Laune von der Welt bin! Freundliche Seele – nein! dieser Ausdruck ist zu bitter. Gieb mir nie Gelegenheit ihn zu gebrauchen. Mit der Freundlichkeit haben mich meine meisten Freunde getödtet. Aergere Dich über mich, und lasse mir diesen Aerger fühlen. – Gott lob! ich sehe Du ärgerst Dich schon, indem ich statt Dir über meinen jetzigen Zustand etwas Bestimmtes zu sagen, lauter Unsinn schwatze. Aber lange ärgere ich nie meine Freunde, drum will ich kurz mich hier mittheilen.

Wie oben bemerkt ist, ich arbeite angestrengt an meinem Jus. Lebe übrigens ganz einsiedlerisch. Bin nicht geliebt hier, und weiß noch nicht ob es rathsam ist Ostern hier zu promoviren. Vor 3 Tagen habe ich an meinen Onkel Salomon Heine geschrieben daß ich noch ein halb Jahr hier zu bleiben wünsche. Ich schrieb ihm concis u ohne Umschweife. Ich bin gespannt auf seine Antwort. Du siehst also daß ich nicht mit Bestimmtheit sagen kann was ich nächstens thun werde. Das hat auch gar nichts zu bedeuten; das Schlimmste ist nur gar zu sehr bestimmt, nemlich daß ich auf eine unerträgliche u geisteshemmende Weise von meinen Kopfschmerzen gequält werde. Z.B. in diesem Augenblick. Ich schreibe wenig, lese viel. Immer noch Chroniken u Quellenschriftsteller. Ich bin, ehe ich mich dessen versah, in die Reformazionsgeschichte gerathen, u in diesem Augenblick liegt der 2te Folioband von von der Hardts Hist. liter. reformationis auf meinem Tische; ich habe gestern Abend darinn die Reuchlinsche Schrift gegen das Verbrennen der hebr. Bücher mit großem Interesse gelesen. Für Dein Studium der Religionsgeschichte kann ich Schröks Kirchgeschichte mit Enthousiasmus, wegen der gründlichen Zusammenstellung, Dir empfehlen. Seit den Ferien habe ich schon 2 Dutzend Bände davon verknopert. Doch Du hängst für die ersten Jahren noch in den Mythen des Orients. Außerdem lese ich französische Vaudevilles. – Meine Harzreise habe ich längst, seit Ende Nov fertig gemacht so weit es mir wegen meines Zeitmangels möglich war. Ich habe sie vorigen Monath an meinen Onkel Henry Heine geschickt, um ihm u den Weibern ein Privatvergnügen damit zu machen. Sie enthält viel Schönes, besonders eine neue Sorte Verse, wird, wenn ich sie von Hamburg zurückerhalte, gedruckt werden, wird sehr gefallen u ist im Grunde ein zusammengewürfeltes Lappenwerk. An die Fortsetzung meines armen Rabbi darf ich in diesem Augenbl nicht gehen. Nur dann u wann kann ich Stückchen meiner Memoiren schreiben die einst zusammengeflickt werden. O Flickwerk! Ferner schleppe ich mich mit den Ideen zu einer Menge poetischer u unpoetischer Meisterwerke. Unter andern will ich auch eine lateinische Abhandlung über die Todesstrafe schreiben. Versteht sich d a g e g e n. Beccaria ist todt, u kann mich nicht mehr des Diebstals anklagen. Ich werde Systematisch auf den Gedankendiebstahl ausgehen. – Grüße mir Gans recht brüderlich u herzlich. Mit Dondorf (ehemals hieß er Doctor) mit welchem ich hier oft zusammen komme, spreche ich oft über ihn. Wenn er noch, wie Du schreibst, so sehr oft zu Varnhagens kommt, so könnte er mir eine Gefälligkeit erzeigen, ich würde ihn nemlich alsdann ersuchen Herrn v. Varnhagen zu bitten mir die PrivatAddresse von Cotta zu geben. Vergiß das nicht, u, wo möglich, besorge es bald. – Grüße mir Leßmann rechtherzlich. – Daß Du mich in Hinsicht der indischen Rez in Stich läßt, ist sehr lieblos. Ich habe das Buch noch immer, u sehe voraus daß, da ich den Aufsatz in diesem Augenbl unmögl schreiben u liefern kann, mir das Buch nächstens zurück gefordert wird. Kannst Du mir nicht helfen? Wenn Du es jetzt noch thun wolltest, so würdest Du mich sehr verbinden. Es kommt hier auf trockne Gelehrsamkeit an. – Blätter bekomme ich gar nicht zu Gesicht. – Vom Verein sagst Du mir gar nichts. Grüße mir Zunz u seine Frau, so wie auch J. Lehman, wenn Du ihn siehst, u den guten Markus. Schreib mir bald u viel. Ich schmachte nach Brief von Dir. Du weißt ja wie ich hier lebe. – Wenn Du mir das Wohlwollen Hitzigs, den ich sehr schätze, erhalten kannst, so thu es. Grüße mir denselben wenn Du ihn siehst. – Endlich, bitte ich Dich, bleibe auch Du mir gewogen, u sey überzeugt daß ich von ganzer Seele bin

Dein Freund
H. Heine.

Eines Hrrn Weiß aus Posen erinnere ich mich nicht mehr. – Rousseau hat jetzt in Achen eine neue Zeitschrift, die Flora, angelegt. – Ich soll mich bey Dir erkundigen

[am linken Rand]
ob der Doktor Reinganum noch in Berlin ist?

36. An Moritz Embden, Göttingen, 11. Mai 1825

Göttingen d 11. May 1825.

Theurer Schwager!

Sie haben wirklich Ursache, sehr böse auf mich zu seyn, und ich weiß wirklich nicht, wie ich mein langes Stillschweigen entschuldigen soll. Das einzige, was ich vorbringen will, ist, daß ich weder aus Nachlässigkeit, noch aus Gleichgültigkeit nicht geschrieben. Ich denke beständig an meine Schwester, folglich auch an Allem, was mit ihr zusammenhängt, folglich auch an meinen Schwager. Aber ich liebe Euch zu sehr, als daß ich Euch eine Stunde verbittern sollte mit langen Schilderungen der peinlichen Situazionen eines kranken, mürrischen, von Gott und Welt geplagten Menschen. Euch leere Worte oder vielleicht gar Unwahrheiten zu schreiben, dazu seyd Ihr mir gewiß zu lieb. Möge mir daher der gute Schwager und seine kleine Frau mein langes Stillschweigen entschuldigen. Jetzt aber kann ich Euch schreiben, mit meiner Gesundheit geht es besser – es war sehr schlimm – und auch in meinem äußern Leben wird es lichter. Ich habe den ganzen verflossenen Winter anhaltend Jurisprudenz getrieben und war dadurch im Stande vorige Woche das juristische Doktorexamen zu machen, welches ich ganz vortrefflich bestand. Dieses ist im Betreff des Promovirens die Hauptsache, alles andre, z. B. das Disputiren ist leere Formel und kaum des Erwähnens werth. Ich bin also jetzt der Sache nach Doctor, und es macht keine ironische Wirkung mehr, wenn Sie mich in Ihren Briefen mit diesem Titel benennen. Ich werde indessen erst in 6 Wochen disputiren, denn erstens hat es keine Eil, da ich doch bis Michäly hierbleibe, zweytens will ich erst eine Dissertazion fertig schreiben.

Das ist die beste Nachricht, die ich Ihnen mittheilen kann – alles andre liegt noch im Trüben. Sie können es sich auch leicht erklären, warum ich Sie mit Nachrichten über meine äußere Lage, die, wie bey jedem, vom Oekonomischen bedingt ist, verschone. – Man mag mich immerhin der Narrheit und Unklugheit anklagen; aber ich weiß, ich denke und handle, wie es innerer Würde geziehmt. Ich habe, lieber Moriz, meine bestimmte Jüry, über alles, was ich thue, – aber diese Jüry ist jetzt noch nicht zum Richter über mich versammelt. – Es werden schwerlich Kaufleute darunter seyn. –

Ich hoffe, daß dieser Brief Sie gesund und heiter antreffe. Da ich höre, daß Lottchen im Begriff ist, nach Lüneburg zu reisen, so will ich der lieben kleinen Frau dorthin schreiben. – Klein Marichen zu küssen. Wie neugierig bin ich, es zu sehen! Ob ich mich in Hamburg fixiren werde? Das wissen die Götter, die den Hunger erschaffen. Ich werde mich dort nicht niederlassen, ohne auf ein paar Jahre mit Brod proviantirt zu seyn. Indessen von meiner Seite wird alles geschehen; g e t a u f t , als Dr. J u r i s , und hoffentlich auch g e s u n d werde ich nächstens nach Hamburg kommen. – Ich würde Ihnen dieses nicht schreiben, wenn Sie es nicht zu wissen oftmals verlangt.

Leben Sie wohl, behalten Sie mich lieb, und seyn Sie überzeugt, daß ich vom ganzen Herzen bin

Ihr ergebener Schwager
H. H e i n e .

37. An Rudolf Christiani, Göttingen, 26. Mai 1825

Göttingen d 26 May 1825.

Theurer Christiany!

Wenn es in der ganzen Christenheit irgend einen Menschen giebt der Ursache hat mit mir unzufrieden zu seyn, so ist es der Doktor Christiany in Lüneburg. Was wollen Sie mehr als dieses offne Geständniß? Nun schlagen Sie in der Carolina nach und bestimmen Sie meine Strafe. Doch diese wird nicht allzuhart ausfallen. Denn erstens weiß ich daß ich bey Ihnen noch in großer Gunst stehe, zweitens wissen Sie, oder besser gesagt Ihr Selbstbewußtseyn sagt Ihnen, daß ich oft genug an Sie denken muß, daß Briefschreiben überhaupt so eine ganz eigene Sache ist, und daß oft Halbfreunde oder sogar Scheinfreunde sich täglich schreiben und wahre Freunde nur selten, manchmal sogar nie. Ueber letzteres ließe sich wohl eine große, höchstschmerzliche Dissertazion schreiben.

Aber dieses Alles will ich nicht zur Entschuldigung gebrauchen, sondern bloß meinen physischen Zustand und dessen Einwirkung auf meine Gemüthsstimmg. Ich war nemlich den ganzen Winter krank, und jetzo leide ich an allmähliger Genesung.

Den vorigen Sommer sah es auch nicht sehr glänzend mit meiner Gesundheit aus, und obendrein lag auf mir die Centnerlast der Pandekten. Meine Erholung waren kalte Bäder, Chronikenstudium, Skandäler, Shakspear, Ulrichs Garten, so wie auch einige eigne Pfuschereyen ins Gebieth der Literatur. Letzteres war aber sehr unbedeutend, Ausarbeitung einer Memoirenparthie, Anfang eines Romans, und einige kleine Köter von maliziösen Gedichten. Den Herbst machte ich eine Fußreise nach dem Harz den ich die Kreuz und Quer durchstreifte, besuchte den Brocken, so wie auch Göthe auf meine Rückreise über Weimar. Ich reiste nemlich über Eisleben, Halle, Jena, Weimar, Erfurth, Gotha, Eisennacht und Kassel hierher wieder zurück. Viel Schönes habe ich auf dieser Reise gesehen, und unvergeßlich bleiben mir die Thäler der Bode und Selke. Wenn ich gut haushalte kann ich mein ganzes Leben lang meine Gedichte mit Harzbäumen ausstaffiren. –

Ueber Göthes Aussehen erschrak ich bis in tiefster Seele, das Gesicht gelb und mumienhaft, der zahnlose Mund in ängstlicher Bewegung, die ganze Gestalt ein Bild menschlicher Hinfälligkeit. Vielleicht Folge seiner Letzten Krankheit. Nur sein Auge war klar und glänzend. Dieses Auge ist die einzige Merkwürdigkeit die Weimar jetzt besitzt. Rührend war mir Göthes tiefmenschliche Besorgniß wegen meiner Gesundheit. Der seelige Wolf hatte ihm davon gesprochen. In vielen Zügen erkannte ich den Göthe, dem das Leben, die Verschönerung und Erhaltung desselben, so wie das eigentlich praktische überhaupt, das Höchste ist. Da fühlte ich erst ganz klar den Contrast dieser Natur mit der meinigen, welcher alles Praktische unerquiklich ist, die das Leben im Grunde gringschätzt und es trotzig hingeben möchte für die Idee. Das ist ja eben der Zwiespalt in mir daß meine Vernunft in beständigem Kampf steht mit meiner angeborenen Neigung zur Schwärmerey. Jetzt weiß ich es auch ganz genau warum die göthischen Schriften im Grund meiner Seele mich immer abstießen, so sehr ich sie in poetischer Hinsicht verehrte und so sehr auch meine gewöhnliche Lebensansicht mit der göthischen Denkweise übereinstimmte. Ich liege also in wahrhaftem Kriege mit Göthe und seinen Schriften, so wie meine Lebensansichten in Krieg liegen mit meinen angeborenen Neigungen und geheimen Gemüthsbewegungen. – Doch seyn Sie unbesorgt, guter Christiany, diese Kriege werden sich nie äußerlich zeigen, ich werde immer zum göthischen Freykorps gehören, und was ich schreibe wird aus der künstlerischen Besonnenheit und nie aus tollem Enthousiasmus entstehen.

So bist du denn der ganzen Welt empfohlen
Das übrige brauch ich nicht zu wiederholen.

Es ist aber spaßhaft wie ich immer und überall, und ging ich auch nach der Lüneburger Heide, zu Erzgöthianern komme. Zu diesen gehören auch Sartorius und seine Frau, vulgo geistreiches Wesen genannt, mit denen ich hier am meisten verkehre. Ich brachte ihnen Grüße von Göthe, und seitdem bin ich ihnen doppelt lieb. – Es giebt sogar unter den Studenten Göthianer. –

In Kassel war ich mehrmals, fand dort Straube, so wie auch Haxthausen. Letzteren aber nur vorigen Herbst, auf meiner Rückreise vom Harz.»Eine Eule saß und spann.« Wir haben von Ihnen und alter Wünschelruthzeit sehr viel gesprochen. Haxthausen ist ganz versauert, ein Landjunker, trägt jetzt sich sehr modern modisch, und wie mir scheint habe ich ihm nicht mißfallen. Er war mit seiner Schwester, oder besser gesagt Fräulein Schwester, zum Besuch in Cassel.

Straube ist dort kurfürstlich hessischer Prokurator und verheurathet und ebenfalls versauert. Wir haben uns seit vorigen Sommer mehrmals auf 24 Stunden gesehen und freuen uns sehr wenn wir uns wechselseitig betrachten und alter Zeiten gedenken und über gemeinschaftliche Freunde schwatzen. Er hält sehr viel auf Sie und von Ihnen, guter Christiany, und ich mußte ihm viel erzählen. Und dennoch ist er versauert, die Blüthen die einst so viel versprachen sind niedergedrückt unter Aktenstößen und Faulheit, und was sich etwa noch Hübsches in ihm regen mag zu hübschen Zeiten, das geht alles verloren in das große Weib, das er sich zugelegt hat, und das in ihrem weißen Kleide eher mit dem Schimmel der Apokalypse als mit den Musen des Helikons Aehnlichkeit hat. –

Mit mir und meinen poetischen Produkten ist Straube unbedingt zufrieden; ja – O Wunder – er ist jetzt enthousiasmirt vom Almansor. Meine Harzreise habe ich, wie Sie schon in Erfahrung gebracht haben, Anfangs diesen Winter geschrieben. Aber leider konnte ich kaum bis zur Hälfte damit zu Stande kommen, weil ich damals, wie den ganzen Winter hindurch, mich höchst elend befand. Wenn ich daher bedenke, zu welcher trübseeligen Zeit ich dieses Reisefragment geschrieben, so muß ich zweifeln ob etwas Gutes daraus geworden. Ich habe es jetzt nach Süddeutschland geschickt, und wenn es nicht zu spät anlangt, werden Sie es in den Rheinblüthen gedruckt sehen. Ich kann wahrlich nicht ohne Besorgniß Ihrem Urtheil darüber entgegen sehen, und ich wünschte im Grunde Sie bekämen das Opus nie zu Gesicht. Sie finden darinn viele alte Witze von mir, mit schlechten neuen Witzen bunt untermischt, nachläßige, unkünstlerische Prosa, unbeholfene Naturschilderungen, verunglückter Enthousiasmus; aber das bitt ich mir aus – die Verse darin sind göttlich.

Diesen Winter, theuerer Christiany, hab ich schrecklich gelitten. Ich war fürchterlich auf den Hund. Zum Verzweifeln. Ich lebte in Schmerzen und Medizin. Jetzt ist es besser, aber noch immer bin ich sehr leidend, höchst angegriffen von den Leiden dieses Winters, und dieses ist Ursache warum ich vor der Hand mich noch nicht von hier fortschieben kann. Lassen Sie dieses aber nicht meinen Eltern merken. Trotz solcher schlimmen Zeiten hab ich doch viel gethan, vornehmlich in juristischer Hinsicht so daß ich den 3 May, u n t e r H u g o s D e k a n a t, mein Examen zu machen wagen durfte. Es ging ganz vorzüglich, und jetzt habe ich eine Steinlast weniger auf dem Herzen. Diese Last, die mich zum beständigen Ochsen anspornte, so wie meine erwähnte Krankheit verhinderten mich Ihnen zu schreiben; und nun bin ich bey Ihnen entschuldigt.

In sechs Wochen will ich promoviren, dann aber will ich ernsthaft dran denken bald nach Lüneburg zu kommen. Es ist mir höchst schmerzlich daß ich die dortige Anwesenheit meiner Schwester nicht genießen kann. – Von Berlin her klingen mir viele lockende Töne entgegen. Werden mich doch wohl wieder anKötern.

Grüßen Sie mir Spitta, wenn er noch in Lüne ist. Es ist ein Mensch worin Poesie ist und ich achte ihn. Nur ist jetzt die Frage: was wird aus ihm werden? Jedoch, ich bin der Meinung es steckt etwas mehr in ihm als ein auf der grünen Jünglingspfeife gemüthlich hingepipstes Frühlingsliedchen. Was seinen naselosen Freund Peters betrifft:

so sollte ich Sie, lieber Christiany, recht ordentlich mystifiziren; aber dazu sind Sie mir zu lieb. Ich will Ihnen daher offen gestehen daß dieses eins der amüsantesten Rindviehs ist, die unsre Zeit hervorgebracht hat. Ich hab ihn mir seitdem gehalten zu meinem und meiner Freunde Vergnügen. Es ist das wahre Bild des Esels der die Laute schlägt; aber mit welchem Selbstgefühl und welcher Anmaßung! Das seine Liedchen, obzwar nicht von starkem, dauerndem Werthe, dennoch nicht ganz schlecht sind, giebt dem Spaße erst seine rechte Würze. Da er anmaßend im höchsten Grade ist, aufgeblasen von seinem Poetenwerth, ein Erzschwächling und dabey den polterndstarken Demagogen spielend, minnesam süßlich und dabey razionalistisch vernünftelnd, ewig in Blüthen und Blumen lebend und dabey stinkend wie der Pudel eines Courländers: so verdiente er daß ich ihn beständig mystifizirte, heute seine Gedichte lobte und ihn entzückte, und morgen wieder den deutschen Patrioten in ihm kränkte, und seine abgetragene eingeseichte Moralität auf alle mögliche Weise zauste –.

Es war ein Götterspaß als er vorigen Winter auf meiner Kneipe, vor einem Dutzend meist unbekannter Menschen, die ihn aber per renommée kannten, nur halb aufgefordert, seine Gedichte vorlas und durch ausbrechendes Gelächter, Critik von der tollsten Sorte und noch tollere Anmerkungen, auf die tollste Weise verhöhnt wurde. Versteht sich daß er dieses nicht merkte, zu sehr selbstvergnügt wenn er vorlesen kann, und zu sehr von sich selbst eingenommen wenn er überzeugt ist daß er seinen eignen Kunstansichten entspricht; ja diese Eitelkeit geht so weit daß er, wie er mir ernsthaft erzählte, im Traum bey Göthe war und das Vergnügen hatte seine Gedichte von Göthe enthusiastisch gelobt zu hören. – Was er im Gesellschafter über mich geschrieben hat mich sehr amüsirt, obzwar manche glauben es müsse mich tief verletzen. Indessen wenn ich die Wahrheit sagen soll, hat der Kerl dennoch Arschprügel verdient. Doch, ich will mich darüber nicht weiter äußern – wenn Männer wie Christiany von solchen Wischen nicht angewidert werden – was soll ich sagen? – Leben Sie wohl, alter Wünschelruthhäuptling, lassen Sie etwas von sich hören, lassen Sie doch bald etwas drucken, damit unsere Genetive von Peter in kritischer Thätigkeit kommen, und damit ich Sie von ganzer Seele auslachen kann. Wirklich, sagen Sie mir wird was von Ihnen gedruckt, oder kann ich zur Befördrg des Gedrucktwerdens etwas beytragen? Sie haben ganz über mich zu verfügen. – Das Papier geht zu Ende und ich kann Ihnen nur noch sagen daß ich Sie liebe.

H. Heine.

Sr Wohlgeboren d Herr / Doctor Rud. Christiany. / in / Lüneburg.

38. An Moses Moser, Göttingen, 1. Juli 1825

Göttingen d 1' July 1825.

Lieber Moser!

Deinen Brief v 11ten voriges M. habe ich richtig erhalten; und mit Freude habe ich aus dem Ton desselben ersehen daß Du guter Laune bist. Mit mir geht es so ziemlich. Mein Kopf gesundet allmählig, u <ich> thue alles was dazu förderlich ist. Ich habe mir eine Gartenwohnung gemiethet, gehe des Abens zwischen Rosenbüschen spatzieren, u werde Morgens ¾ auf 6 von den Nachtigallen aus dem Schlafe geweckt. Es ist doch besser daß dieses durch Nachtigallen als durch klopfende Stiefelputzer geschieht. Dann arbeite ich so angestrengt als möglich, Jurisprudenz, Geschichte u den Rabbi &c Letzterer schreitet nur langsam vorwärts, jede Zeile wird abgekämpft, doch drängts mich unverdrossen weiter indem ich das Bewußtseyn in mir trage daß nur Ich dieses Buch schreiben kann, und daß das Schreiben desselben eine nützliche, gottgefällige Handlung ist. Doch ich breche hiervon ab, indem dieses Thema mich leicht dazu bringen kann von der eignen Seelengröße selbstbespiegelnd zu renomiren. – Zunz hat mir zwar schon mahl durch Dich geschrieben wo im 15 Jahrh die vornehmste Schule der spanischen Juden war, neml in Toledo; aber ich möchte wissen ob dieses auch v o m E n d e des Jahrh zu verstehen ist? Er nannte mir auch Sevilla u Granada, aber ich glaube in Basnage gelesen zu haben daß sie früher schon mahl aus Granada vertrieben worden. Auch, wie ich Dir notirt möchte ich über die Abarbanells etwas erfahren was ich nicht aus kristlichen quellen schöpfen kann. Wolf hat diese alle in seiner Bibl angeführt. Basnage ist dürftig. Schudt hat ebenfalls etwas zusammen gerafft, Bartolocci hab ich noch nicht gelesen. Wenig, unbegreiflich wenig enthalten die span. Historiker von den Juden. Ueberhaupt hier ist egyptische Finsterniß. – Ende dieses Jahrs denke ich den Rabbi fertig zu haben. Es wird ein Buch seyn das von den Zunzen aller Jahrhunderte als Quelle genannt werden wird. – Nochmals wiederhole ich Dir daß Du auf die Lektüre meiner Harzreise nicht begierig zu seyn brauchst. Ich schrieb sie aus pekuniären und ähnlichen Gründen. Vielleicht amüsirt Dich der Nekrolog Saul Aschers den Du darinn finden wirst. Ich schreibe nächstens nach Carlsruhe daß man für meine Rech mehrere Ex der Rheinblüthen worin meine Harzreise und das Honorar dafür an Deine Addresse nach Berlin befördern solle. Ich bin in der größten Geldverlegenheit, und aus leicht durchschaulich politischen Gründen darf ich von meinem Oheim keine neue Gelder verlangen bis ich ihm meine Doktorpromozion anzeigen kann. Hast Du Lust mir in diesem Augenblick zehn Louisd'or zu leihen, lieber Moser, so erzeigtest Du mir einen höchst großen Freundschaftsdienst. Du kannst alsdann von den Geldern die Du für mich aus Carlsruhe erhälltst, u die fast doppelt so viel betragen, Dich binnen 2 bis 3 Monath wieder remboursiren; welches mir zugleich höchst bequem ist. Außerdem bürge ich Dir mit meinem Ehrenworte bey dieser Anpumperey, und ich würde noch mehr drgl hinzusetzen wenn ich nicht wüßte daß ich Dich verletze durch Mißtraun in Deinem Vertraun. Indessen, ich gestehe es, obgleich ich weiß Du kennst Dich u mich zu gut um nicht zu wissen daß Du sicher gehst wenn ich Dich anpumpe, und obgleich ich auch weiß daß Du mir gern hülfreich bist, so würde ich doch lieber von jedem andern borgen, wenn ich in diesem Augenblick weniger verstimmt, isolirt u bedrängt wäre. Aus letztem Grunde bäte ich Dich mir die 10 Ld'or so bald als möglich zu schicken, u die beste Gelegenheit scheint mir per Post in Tresorscheinen. – Wenn ich meinem Oheim schreibe, werde ich mir auch Gelder für eine Badereise erbitten, u wird diese Bitte erfüllt so komme ich früher nach Berlin als ich dachte. – Daß ich Dir von Göthe nichts geschrieben u wie ich ihn in Weimar gesprochen, u wie er mir recht viel Freundliches u Herablassendes gesagt, daran hast Du nichts verloren. Er ist nur noch das Gebäude worinn einst herrliches geblüht, und nur das wars was mich an ihm interessirte. Er hat ein wehmüthiges Gefühl in mir erregt, u er ist mir lieber geworden seit ich ihn bemitleide. Im Grunde aber sind Ich u Göthe zwey Naturen die sich in ihrer Heterogenität abstoßen müssen. Er ist von Haus aus ein leichter Lebemensch dem der Lebensgenuß das Höchste, u der das Leben für u in der Idee wohl zuweilen fühlt und ahnt u in Gedichten ausspricht, aber nie tief begriffen u noch weniger gelebt hat. Ich hingegen bin von Haus aus ein Schwärmer, d. h. bis zur Aufopfrung begeistert für die Idee, und immer gedrängt in dieselbe mich zu versenken, dagegen aber habe ich den Lebensgenuß begriffen u Gefallen dran gefunden, und nun ist in mir der große Kampf zwischen meiner klaren Vernünftigkeit die den Lebensgenuß billigt u alle aufopfrende Begeistrung als etwas Thörigtes ablehnt, u zwischen meiner schwärmerischen Neigung, die oft unversehens aufschießt, u mich gewaltsam ergreift, und mich vielleicht einst wieder in ihr uraltes Reich h i n a b z ieht, wenn es nicht besser ist zu sagen h i n a u f z i e h t; denn es ist noch die große Frage ob der Schwärmer, der selbst sein Leben für die Idee hingiebt, nicht in einem Momente mehr u glücklicher lebt als Hrr v. Göthe während seines ganzen 76 jährigen egoistisch behäglichen Lebens.

Doch ein ander mahl mehr hiervon; heut ist mir der Kopf ganz matt von unsäglichen Abmühungen. Wirst auch jenes Thema im Rabbi wiederfinden.

Der Saphir vom dem Du sprichst scheint noch sehr ungeschliffen zu seyn. Ich habe kürzlich eine bagatell von ihm im Gesellschafter gelesen. Witz in seiner Isolirung ist gar nichts werth. Nur dann ist mir der Witz erträglich wenn er auf einem ernsten Grunde ruht. Darum trifft so gewaltig der Witz Börnes, Jean Pauls u des Narren im Lear. Der gewöhnliche Witz ist bloß ein Niesen des Verstandes, ein Jagdhund der dem eignen Schatten nachläuft, ein rothjäckiger Affe der sich zwischen zwey Spiegeln begafft, ein Bastard den der Wahnsinn mit der Vernunft im Vorbeyrennen auf öffentlicher Straße gezeugt, – nein! ich würde mich noch bitterer ausdrücken, wenn ich mich nicht erinnerte daß wir beide selbst uns zu Zeiten herablassen einen Witz zu reißen. – Beyliegend erhältst Du ein Gedicht aus meiner Harzreise. Ich bitte Dich kei-

nem unserer Freunde es zu zeigen, nicht mahl meinem Bruder. Ich
habe gute Gründe Dir dieses Geboth aufzulegen. –

[am linken Rand]
Auf jeden Fall erwarte ich umgehend Brief von Dir. Meine Addresse
ist H. H. st. Jur. aus D. wohnt auf dem Garten der Rectorinn Seiffert
vor dem Albany Thore. –

Dein Freund
H. Heine

39. *An Moses Moser, Göttingen, 22. Juli 1825*

Göttingen d 22 July 1825
Lieber Moser!
Deinen Brief v. 5' dies M hätte ich längst beantwortet wenn mich nicht
meine Promozion, die, von einem Tag zum andern sich herumziehend,
erst vorgestern statt fand, daran verhindert hätte. Aber auch heute
kann ich Dir bloß den Empfang der 10 Ld'or melden u, wie gesagt, die
Nachricht der stattgefundenen Promozion. Ich habe disputirt wie ein
Kutschenpferd über die 4te und 5te Thesis, Eid und Confarreatio. Es
ging sehr gut, und der Decan (Hugo) machte mir bei dieser feyerlichen
Scene die grösten Elogen, indem er seine Bewunderung aussprach
daß ein großer Dichter auch ein großer Jurist sey. Wenn mich letztere
Worte nicht mißtrauisch gegen dieses Lob gemacht hätte, so würde ich
mir nicht wenig drauf einbilden daß man vom Kadether herab, in einer
langen lateinischen Rede, mich mit Göthe verglichen u auch geäußert
daß nach dem allgemeinen Urtheil meine Verse den göthischen an die
Seite zu setzen sind. Und dieses sagte der große Hugo aus der Fülle
seines Herzens, und privatim sagte er noch viel schönes denselben Tag,
als wir beide mit einander spazieren fuhren und ich von ihm auf ein
Abendessen gesetzt wurde. Ich finde also daß Gans Unrecht hat wenn
er in gringschätzendem Tone von Hugo spricht. Hugo ist einer der grösten Männer unseres Jahrhunderts.

Gestern habe ich den ganzen Tag mit Briefschreiben an meine
Familie und Gratulirt-werden vertrödelt; und heute bin ich todt. Er-

schrick nicht über letztere Worte, ich sprach bloß im figürlichen Sinn. Ich kann Dir also heute nicht schreiben, obschon ich unendlichen Stoff dazu habe, besonders wenn ich Dir ausführlich sagen wollte, wie sehr ich Dich liebe und wie sehr Du verdienst geliebt zu werden.

Im Ganzen geht es gut mit meiner Gesundheit. Ich werde wohl jetzt nicht lange mehr hier bleiben. In einem Briefe an meinem Onkel habe ich meinen Wunsch nach einem Seebade zu reisen durchschimmern lassen, u ich erwarte von seiner Sagacité und Gnade daß dieser Wunsch in Erfüllung gehen wird. Salomon Heine ist hier durchgereist, ließ mich gleich rufen, war über alle Maaßen freundlich, so daß wir vergnügte Stunden verbrachten. Doch da einige Fremden immer gegenwärtig waren, konnte ich nicht dazu kommen mit ihm über meine Privatverhältnisse zu sprechen; u als ich mit nach Cassel fahren sollte, war der Wagen so sehr bepackt daß Peter Schlemiehl zurückbleiben muste. – Doch bin ich gewitzigt genug um nicht zu glauben daß morgen schönes Wetter sey weil heute die Sonne schien.

Beiliegend erhälst Du ein Paquet Thesen, wovon Du ein Exemplar nach dem Hause von Varnhagen schickst. (Kannst Du mir nicht sagen ob derselbe vereist ist oder nicht?) Auch ein Ex schicke an den Criminalrath Hitzig, dessen lebhafte Theilnahme an meinen Schicksalen mich immer lebhaft erfreut. Grüße ihn auch. Die übrigen Exemplare vertheile an unsre Freunde u Bekannten, an Zunz (dem ich für s Notizen sehr danke) Rubo, Lehmann, Lessmann, den alten Friedländer, wenn Du willst auch an Hilmars oder Veits etc etc. etc. Wenn Du an Gans u Marcus ein Ex besorgen kannst wär es mir auch lieb.

Grüße mir Zunz recht herzlich, sage ihm daß ich ihm recht sehr danke für seine Notizen. In Granada haben 1492 wirklich Juden gewohnt, denn sie werden in der Capitulazion dieser Stadt ausdrücklich erwähnt. Ueber Abrabanel habe ich die Dissertation v Majus (Vita Abarbanelis) über ihn aufgetrieben, alle christliche Quellen zusammengestellt, aber sehr dürftig.

Lebe wohl u schreibe mir bald, sollte Dein Brief mich nicht mehr hier antreffen, so gebe ich Order daß er mir nachgeschickt wird. Hast Du aber nichts wichtiges mir mitzutheilen, so warte mit dem Schreiben bis ich Dir sage ob ich nach dem Bade reise.

Ich bin wie gesagt heute todt u in großer Verwirrung u weiß kaum was ich schreibe. Ich weiß aber sehr gut u klar daß Du mein liebster u wahrhaftster Freund bist u ich

der Deinige
H. Heine.

Schicke auch ein Ex der Thesen an Professor Gubitz und ein Exemplar an den Banquier Lüpke; sie können zwar beide kein Latein, aber sie haben mir Freundlichkeiten einst erzeigt.

IV

DER »REISEBILDER-HEINE«

(1825–1831)

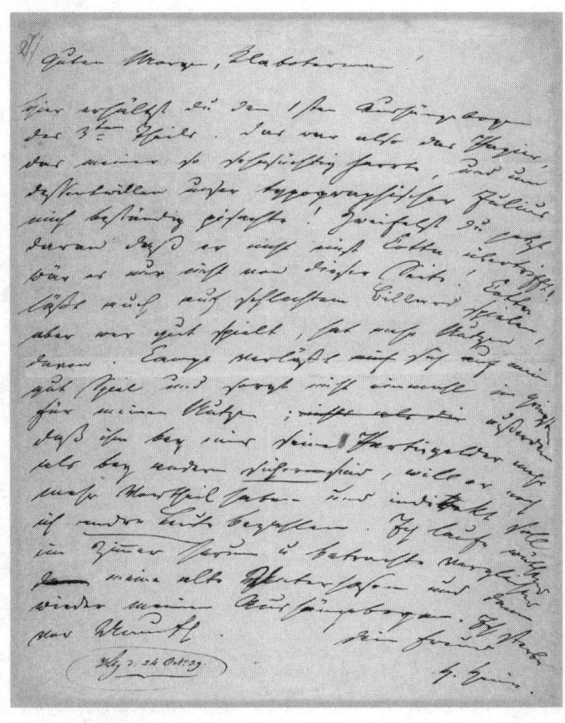

Abbildung Seite 147:

Heines Brief an Friedrich Merckel vom 24. Oktober 1829 (Nr. 60, s. S. 198), in dem er seinem Ärger über die schlechte Druckqualität des dritten Reisebilder-Bandes *Luft machte.*

»Ich laufe wüthend im Zimmer herum u betrachte vergleichend meine alten Unterhosen und dann wieder meinen Aushänge- bogen. Ich sterbe vor Unmuth.«

Iᴄʜ ʙɪɴ ᴊᴇᴛᴢᴛ ʙᴇʏ Cʜʀɪsᴛ ᴜ Jᴜᴅᴇ verhaßt. Ich bereue sehr daß ich
mich getauft hab; ich seh noch gar nicht ein daß es mir seitdem besser
gegangen sey, im Gegentheil, ich habe seitdem nichts als Unglück –
Doch still hiervon, Du bist zu sehr aufgeklärt um nicht hierüber zu lä-
cheln.« (HSA XX, 234) Als Heine diese Worte am 9. Januar 1826
an Moses Moser schrieb, hatte er unerfreuliche Monate hinter sich, in
denen ihm vieles mißglückt war.

Das war in mancher Hinsicht ein Vor-
geschmack auf die Jahre, die nun vor ihm lagen: eine bewegte Lebensphase, die ihm zwar den endgültigen Durchbruch als Dichter bringen
sollte, die aber vor allen Dingen geprägt war von dem vergeblichen Bemühen, durch eine feste berufliche Stellung endlich Sicherheit und
finanzielle Unabhängigkeit zu erlangen. Die Konsequenz daraus war
schließlich die Erkenntnis, daß es in Deutschland für ihn keinen sicheren Platz gab.

Dabei hatte es recht vielversprechend begonnen: Stolz hatte er
seine Promotionsthesen verschicken und den erfolgreichen Abschluß
seines Studiums melden können, mit der *Harzreise* hatte er nun auch in
der Prosa seinen ganz eigenen, originellen Ton gefunden, und selbst
Onkel Salomon war zufrieden mit ihm und hatte ihm großzügig eine
Erholungsreise nach Norderney spendiert. Dort fand Heine zudem
eine neue Liebe, der er fast sein ganzes Leben lang treu bleiben sollte
und die ihm auch neue dichterische Inspiration bescherte: die Liebe
zum Meer.

Ich liebe das Meer, wie meine Seele. Oft wird mir sogar zu Muthe, als
sey das Meer eigentlich meine Seele selbst [...]. Ganz besonders wunderbar wird mir zu Muthe, wenn ich allein in der Dämmerung am
Strande wandle, – hinter mir flache Dühnen, vor mir das wogende,
unermeßliche Meer, über mir der Himmel wie eine riesige Kristall-
kuppel – ich erscheine mir dann selbst sehr ameisenklein, und dennoch dehnt sich meine Seele so weltenweit. Die hohe Einfachheit der

Natur, wie sie mich hier umgiebt, zähmt und erhebt mich zu gleicher Zeit, und zwar in stärkerem Grade als jemals eine andere erhabene Umgebung. (DHA VI, 150ff.)

Mit seinem Gedichtzyklus *Die Nordsee*, an dem er auf Norderney zu arbeiten begann, betrat Heine in formaler Hinsicht eine neue Bahn, indem er erstmals freirhythmische Verse schrieb – »Unsre gewöhnliche Süßwasser-Leser kann schon allein das ungewohnt-schauklende Metrum einigermaßen seekrank machen« (HSA XX, 247), stellte er fest –, vor allem aber erschloß er der Literatur darin ein ganz neues Thema: Heine gilt als der erste deutsche Dichter, der das Meer besungen hat.

Nach der vorübergehenden Rückkehr zu den Eltern nach Lüneburg zog er schließlich nach Hamburg, um sich dort als Anwalt niederzulassen. Der bereits zwei Jahre zuvor gefaßte Plan scheiterte jedoch schon nach kurzer Zeit, alle Mühen des juristischen Examens drohten also fruchtlos zu bleiben. Auch die Hoffnung, statt dessen in Berlin an der Universität Geschichte lehren zu können, erwies sich als unrealistisch. Hinzu kamen nun auch literarische Schwierigkeiten. Die Arbeit an der Erzählung *Der Rabbi von Bacherach* stockte, zum erstenmal war Heine kurz davor, ein größeres dichterisches Vorhaben für gescheitert erklären zu müssen. Tatsächlich lag es aber wohl eher daran, daß er die konventionelle, an den historischen Romanen Walter Scotts orientierte Erzählform, die er für den *Rabbi* gewählt hatte, mit der modernen, offenen und montageartigen Struktur seiner *Harzreise* oder auch seines Prosastücks über Norderney (*Die Nordsee. Dritte Abteilung*) längst hinter sich gelassen hatte. Dennoch hat Heine mit kaum einem anderen Werk je so gerungen wie mit dem *Rabbi vom Bacherach*; fast scheint es, als habe er gerade nach der Taufe sich selbst und den Freunden aus dem »Verein für Cultur und Wissenschaft der Juden« gegenüber eine besondere Verpflichtung zur Vollendung dieses Projekts empfunden, die ihn nun belastete. Aber auch der *Harzreise* war zunächst kein glückliches Schicksal beschieden. Der geplante Abdruck in dem von Friederike Robert herausgegebenen Almanach *Rheinblüthen* kam nicht zustande, weil dieser eingestellt wurde, und als der Text dann mit Verspätung im Berliner *Gesellschafter* herauskam, war er durch zahlreiche abmildernde Eingriffe (durch die Zensur oder, wie Heine vermutete, durch den Herausgeber Gubitz selbst) entstellt. Heines Ärger über die »schändlich mißhandelte Harzreise« (HSA XX, 236) führte zum Abbruch der langjährigen Verbindung mit Gubitz, die sein wichtigstes publizistisches Standbein gewesen war.

Aber nicht alle Pfade, die Heine nach seiner Übersiedlung nach Hamburg betrat, endeten in einer Sackgasse: Im Januar 1826 begegnete er Julius Campe. Es war zwar vermutlich der Literatur- und Theaterkritiker Friedrich Gottlieb Zimmermann (1782–1835), der diese Bekanntschaft stiftete – er war schon lange mit Heine befreundet, und seine *Dramaturgischen Blätter für Hamburg* erschienen seit 1821 bei Hoffmann und Campe –, aber es wirkte trotzdem so, als hätten beide einander gesucht und gefunden. Der bedeutendste Schriftsteller der jungen Generation traf den fortschrittlichsten und wagemutigsten Verleger seiner Zeit, und eine dreißigjährige, außergewöhnlich erfolgreiche Zusammenarbeit begann. Sie wurden Freunde und Geschäftspartner, die ihre unterschiedlichen Interessen offen vertraten und den Konflikt miteinander nicht scheuten, »Kampfgenossen in der Eroberung des literarischen Markts, Komplizen gegenüber der Zensur und erbitterte Gegner im Streit um Geld und Termine«[1]. Das erste gemeinsame Projekt verhalf beiden zum Durchbruch: der erste Band der *Reisebilder*, der im Mai 1826 bei Hoffmann und Campe erschien. Wie Heines Brief an Moser vom 19. Dezember 1825 (Nr. 42) belegt, hatte er die *Reisebilder* schon vor der Bekanntschaft mit Campe konzipiert: als Sammelpublikation, die sowohl Lyrik als auch Prosa enthalten sollte, deren einzelne Teile durch die Reisethematik locker miteinander verbunden waren. Von Anfang hatte er dabei eine mehrbändige Fortsetzungsreihe im Sinn. Dümmler, der Verleger der *Tragödien, nebst einem lyrischen Intermezzo*, hatte abgelehnt, Campe nahm das Angebot sofort an. Im selben Brief an Moser skizziert Heine auch bereits den Plan einer gesonderten Sammlung seiner Gedichte: »das große Intermezzo« (S. 166), wie er sie zuerst nannte, wurde schließlich zum *Buch der Lieder* (1827), einem der erfolgreichsten Lyrikbände der Weltliteratur. Campe nahm ihn allerdings nur widerstrebend an, weil er dem Buch keinen guten Absatz zutraute – womit er zunächst auch recht behalten

---

[1] Edda Ziegler: *Julius Campe. Der Verleger Heinrich Heines.* Hamburg 1976, S. 162.

sollte, denn die erste Auflage hielt zehn Jahre vor. Berühmt wurde sein neuer Hausautor bei den Zeitgenossen zuerst als der sprichwörtliche »Reisebilder-Heine«[2].

Der »Reisebilder-Heine« – Chamisso hatte ihn so genannt – machte auch eine andere Größe der Verlagswelt auf sich aufmerksam: Der Zeitungsmagnat Cotta, der Verleger der deutschen Klassik, versuchte sich seine Dienste zu sichern, und Ende 1827 – nach der Rückkehr von seiner Englandreise – folgte Heine seinem Ruf und ging als Redakteur der *Neuen allgemeinen politischen Annalen* nach München. Campe warnte ihn, es sei schade, »wenn ein Genius, wie Sie, solcher Tagelöhner Arbeit geopfert würde, [...] wozu ein tüchtiger Pack-Gaul zureicht, der den Hafer beriecht und seinen Mit-Gäulen zur Speise reicht«, und unkte:

> O Sie Cottascher Musquetir! wie dauren Sie mich, daß Sie einen Ehren Posten bei *Hoffmann* & *Campe* – deren Marschall Sie waren gegen so schnödes weggeben Wie im Schach die Königin den König, der Bauer den Läufer, der Springer den Thurm und alles umgekehrt sich schützend im Auge hält, so, so wachten *Hoffmann* & *Campe* über Sie und nur so kam es, das schnell mir es gelang was andern unmöglich war. und nur Ein Musquetir? lieber der Erste in einem Dorf wie der Letzte in der Residenz. (HSA XXIV, 42)

Doch die Sorge Campes, der vor allem daran interessiert war, daß Heine genug Zeit blieb, den nächsten *Reisebilder*-Band fertigzustellen, war unbegründet. Heine teilte sich die Redaktionsarbeit mit dem routinierten Zeitungsmann Friedrich Ludwig Lindner, und trotz des guten Honorars wollte er sich auf keinen Fall so fest einbinden lassen, wie Cotta es sich wünschte. Er setzte seine Hoffnungen statt dessen darauf, in München eine außerordentliche Professur zu erhalten. Ludwig I., der seit 1825 regierte und die Künste und die Universität besonders förderte, galt zu dieser Zeit noch als verhältnismäßig liberal, und durch Cotta sowie seinen Bekannten und Dichterkollegen, den Ministerialrat Eduard von Schenk, der ein enger Vertrauter des Königs war, glaubte Heine über günstige persönliche Verbindungen zu ihm zu verfügen.

---

[2] Werner / Houben I, S. 207.

Beide bat Heine, sich für ihn zu verwenden. Schenk bemühte sich, er übergab Ludwig I. ein Empfehlungsschreiben zugunsten Heines, doch als sich in den einflußreichen klerikal-konservativen Kreisen München Widerspruch regte und in einer Zeitschrift ein antisemitischer Schmähartikel gegen Heine lanciert wurde, erwies sich Schenks Fürsprache als nicht ausreichend, und die Hoffnung zerschlug sich.

Im August 1828 war Heine zu seiner Italienreise aufgebrochen, vergeblich wartete er unterwegs auf positive Nachrichten von Schenk. Seine Reiseroute führte ihn u.a. nach Verona, Mailand, Genua, Lucca, Florenz, Bologna und Venedig. Auch Rom wollte er besuchen, doch als er erfuhr, daß es seinem Vater sehr schlechtging, änderte er seine Pläne und reiste nach Deutschland zurück. Im Januar 1829 traf er in Hamburg ein, aber er kam zu spät: Samson Heine war am 2. Dezember 1828 gestorben.

Der Tod des Vaters traf Heine schwer und belastete ihn während seiner Arbeit an den ersten »italienischen« Reisebildern (*Reise von München nach Genua*, *Die Bäder von Lucca*), die er in der Folgezeit in Berlin, Potsdam, auf Helgoland und in Hamburg niederschrieb. Dieser dritte Band der *Reisebilder* war noch stärker politisch geprägt als seine beiden Vorgänger, aber nicht wegen seiner meisterhaften Schilderungen des restaurativen Italien, der poetischen, geschichtsphilosophischen Reflexionen oder der Satiren auf die philiströsen Natur- und Kunstauffassungen der Zeit war das Buch schon bald in aller Munde, sondern einzig und allein wegen der ebenso virtuosen wie bösen Satire auf den Grafen Platen in den Schlußkapiteln der *Bäder von Lucca*. Heine erwiderte damit die gegen ihn und Immermann gerichteten Angriffe aus Platens Lustspiel *Der romantische Oedipus*.[3] Platen, der sich von einer spöttischen Xenie, die Immermann im zweiten Teil von Heines *Reisebildern* veröffentlicht hatte, getroffen fühlte, hatte die beiden in seinem Stück als latent homosexuelles Freundespaar dargestellt und antisemitische Ausfälle gegen Heine eingefügt. Dieser zahlte dem »frechen Freudenjungen der Aristokraten und Pfaffen« (HSA XX, 378) nun mit

---

3 Zum Hintergrund vgl. auch die Artikel über Immermann und Platen im Personenlexikon (S. 499f. und S. 512f.).

gleicher Münze zurück, und während die ursprünglichen Invektiven Platens sowie Immermanns Gegensatire *Der im Irrgarten der Metrik umhertaumelnde Cavalier*, die auch schon auf Platens Homosexualität angespielt hatte, keine besonderen Publikumsreaktionen hervorgerufen hatten, löste die Konterattacke Heines einen Sturm moralischer Entrüstung aus. Zu Heines Enttäuschung war Varnhagen der einzige seiner Freunde, der öffentlich für ihn Partei ergriff. Die anderen schwiegen oder pflichteten gar seinen Gegnern bei. Auch im bürgerlichen Lager hatte sich inzwischen eine feste Ablehnungsfront gegen ihn gebildet, und der Platen-Skandal machte ihm endgültig klar, wie isoliert seine Position in der deutschen Literaturlandschaft war.

> Der gallische Hahn hat jetzt zum zweitenmale gekräht, und auch in Deutschland wird es Tag. In entlegene Klöster, Schlösser, Hansestädte und dergleichen letzte Schlupfwinkel des Mittelalters flüchten sich die unheimlichen Schatten und Gespenster, die Sonnenstralen blitzen, wir reiben uns die Augen, das holde Licht dringt uns ins Herz, das wache Leben umrauscht uns, wir sind erstaunt, wir befragen einander: – Was thaten wir in der vergangenen Nacht? (DHA XI, 134)

In Frankreich war 1830 die Julirevolution ausgebrochen, und die Restauration, das System Metternich, das seit fünfzehn Jahren in ganz Europa herrschte, war erstmals wieder bedroht. Für Deutschland sah Heine dennoch keine solche Umwälzung voraus:

> Der Freyheitsmuth, der von dort herüberwehte nach Deutschland, hat freylich hie und da die Nachtlichter umgeworfen, so daß die rothen Gardinen an einigen Thronen in Brand geriethen und die goldnen Kronen heiß wurden unter den lodernden Schlafmützen; – aber die alten Häscher, denen die Reichspolizey anvertraut, schleppen schon die Löscheymer herbey und schnüffeln jetzt um so wachsamer und schmieden um so fester die heimlichen Ketten, und ich merke schon, unsichtbar wölbt sich eine noch dichtere Kerkermauer um das deutsche Volk. (DHA VII, 271)

Die Wachsamkeit der »Häscher« bekam Heine nun besonders zu spüren. Das preußische Oberzensurkollegium erklärte seine im Januar 1831 erschienenen *Nachträge zu den Reisebildern* zu einem »der verderblichsten Producte, welche in der jüngsten Zeit durch die Druck-

presse in das Publicum gebracht worden sind«4. Das Buch wurde verboten und überall konfisziert. Von vornherein chancenlos war Heine
deshalb, als er sich in Hamburg um eine Position als Ratssyndikus be-
warb, ein hohes politisches Amt. Auch Varnhagen, der erfahrene Diplomat, den Heine um Rat gefragt hatte, zeigte sich sehr skeptisch:

> Glauben Sie, man wird ein Geschäftsmann, ein Bürger in Amt und
> Zutrauen, gleich mit Einem Sprung, wie man etwa ein Dichter wird?
> Überhaupt haben Sie es durch Ihr ganzes bisheriges Leben und Dich-
> ten wohl am wenigsten darauf angelegt, im Staatsdienst Ihre Bahn zu
> finden. [...] In unsrer deutschen Lage ist schon für einen Walter Scott
> kein rechter Platz, geschweige denn für einen Byron [...]. Wegen des-
> sen, was Sie über Politik, über Adel und dergleichen verfängliche Ge-
> genstände schreiben, bin ich nicht ohne Sorgen; ich fürchte, daß Sie,
> indem Sie auf den noch unsichern Grund einer fernen Zukunft allzu
> fest auftreten wollen, allen jetzigen verlieren, ohne daß jener Sie schon
> tragen kann! (HSA XXIV, 72f.)

Dieses Gefühl, in Deutschland den Boden unter den Füßen zu verlieren, wurde bei Heine immer stärker, und darum entschloß er sich, dem
Rat Varnhagens zu folgen: Am 1. Mai 1831 verließ er Hamburg und
machte sich auf den Weg nach Paris.

---

4 Zit. nach DHA VII, 1461.

40. *An Friederike Robert, Lüneburg, 12. Oktober 1825*

Lüneburg d 12 Oktober 1825.

Schönste, beste, liebenswürdigste Frau!

Ich müßte lügen, wenn ich mit den gewöhnlichen, unter Freunden gebräuchlichen Hyperbeln, Ihnen schreiben wollte daß die Zeit, während welcher ich Sie nicht gesehen, mir ein Jahrtausend schiene u daß ich vor Ungeduld brenne Sie wiederzusehen. Im Gegentheil es ist mir zu Muthe als hätte ich Sie gestern erst verlassen, ja, ich will die Wahrheit sagen, ich vermisse Sie gar nicht, denn noch immer steht leibhaftig vor mir die wunderschöne, gemachte Türkinn in all Ihrer Anmuth u Lieblichkeit. Halten Sie diese Zufriedenheit mit der Erinnerung bey Leibe für keine Freundschaftsträgheit oder Mangel von Gefühl, ich bin nun mahl so – Gottlob!

Ich würde Ihnen auch nicht mahl schreiben, schöne Frau, geschähe es nicht wegen des leidigen Almanachs. Er bleibt so lange aus daß ich fast glauben muß er erscheint am Ende gar nicht. Dieses wäre mir nun jetzt recht fatal, indem meine Einsendung, die Harzreise, wegen ihres vielfältig die Gegenwart anspielenden Inhalts, eigentlich als Novität gedruckt werden muste, wie ich denn auch nur ungern, und bloß weil meiner Novelle noch der Schluß fehlte, mich dazu entschloß die Harzreise in einem erst zum Herbst erscheinenden Almanache abdrucken zu lassen. Dazu kommt noch ich schreibe so weniges was für die Gegenwart paßt, daß wenn ich mahl etwas der Art ausgeheckt habe, manches Familien- u Publikumsverhältniß mich bedrängt den Abdruck nicht zu ajourniren. Endlich, einige laxe Freunde (intime Feinde würde Robert sagen) welche das Mpt der Harzreise in Händen gehabt u Stücke draus abgeschrieben, können mir noch den Streich spielen solche korumpirt abdrucken zu lassen. Aber wahrhaftig, dieses erwähne ich nicht aus Unmuth, sondern weil ich dem Vorwurfe einer kleinlichen Besorgnißkrämerey entgehen will. Und bin ich in diesem Augenblick auch unmuthig so ist es gewiß nicht gegen die liebe, schöne Robert, sondern gegen mich selbst u gegen unsern Ludwig Robert, dessen Paradiesvogel ich endlich gelesen. Mein Freund der Dr Christiany hieselbst, der gebildetste Mann im ganzen Hanövrischen, hat mir denselben mit enthousiastischem Lobe mitgetheilt, und ich las ihn vorige Woche u bin wenig erbaut davon geworden. Ihnen u Roberten darf ich das sagen, aber ich werde mich wohl hüten es den Leuten merken zu lassen. Denn von dem was ich in dem Stücke vermisse haben die Leute doch keine Ahnung, und was mir daran mißfällt macht ihnen just den meisten Spaß. Ihnen aber – sehen Sie zu ob auch niemand außer Robert im Zimmer ist – Ihnen darf ich mich offenbaren: kurz vor der Lektüre des Paradiesvogels habe ich ganz andre Vögel kennen gelernt, nemlich die Vögel des Aristophanes. Vielleicht, schöne Frau, haben Sie noch nie von denselben etwas gehört, oder Sie haben wenig richtiges darüber gehört. Selbst mein nadelöhrfeiner Lehrer, A W v. Schlegel, hat in seinen dramaturgischen Vorlesungen unerträglich seicht und falsch darüber geurtheilt, indem er es für einen lustigen barocken Spaß erklärt daß in diesem Stücke die Vögel zusammenkommen und eine Stadt in der Luft gründen und den Göttern den Gehorsam aufkündigen etc etc. Es liegt aber ein tiefer, ernsterer Sinn in diesem Gedichte, und während es die Exoterischen Kächenäer (d. h. die atheniensischen Maulaufsperrer) durch phantastische Gestalten u Späße u Witze u Anspielungen z. B. auf das damalige Legazionswesen köstlich ergötzt, erblickt der Esoterische (d. h. Ich) in diesem Gedichte eine ungeheure Weltanschauung, ich sehe darinn den göttertrotzenden Wahnsinn der Menschen, eine ächte Tragödie, um so tragischer da jener Wahnsinn am Ende siegt, u glücklich beharrt in dem Wahne daß seine Luftstadt wirklich existire u daß er die Götter bezwungen u alles erlangt habe, selbst den Besitz der allgewaltig herrlichen Basilea.

Ich weiß sehr gut, schöne Frau, daß Sie noch immer nicht wissen was ich eigentlich will, und wenn Sie auch die plump-vossische Uebersetzung jener »Vögel« lesen, so merken Sie es dennoch nicht, denn kein Mensch vermag jene unendlich schmelzende und himmelstürmendkecke Vogelchöre zu übersetzen, jene Nachtigalljublende, berauschende Siegeslieder des Wahnsinns. Und dennoch hab ich das alles schreiben müssen damit Sie mir nicht gleich ins Gesicht lachen wenn ich tadle:»daß der Robertsche Paradiesvogel im Grunde keine Tragödie sey.« Unerhörtes Verlangen! Ein Lustspiel soll eine Tragödie seyn!

hör ich Sie dennoch befremdet ausrufen. Aber Robert ist ernst geworden, er weiß daß ich bey keinem leichten französischen Conversazionsstücke diese Fordrung machen würde, daß sie aber gar nicht ungerecht ist beim roman Potsdam tischen Lustspiele. Den unterscheidenden Charakter dieser beiden Arten des Lustspiels, nemlich daß das romantische Lustspiel sich ganz vom Boden ablöst und gleichsam in kecker Luft schwebt, das hat Robert sehr gut begriffen, und was die uralte Volkssage vom wirklichen Paradiesvogel erzählt, daß er nemlich keine Füße habe und nicht auf der Erde gehen könne, das läßt sich lobend auch auf den robertschen Paradiesvogel anwenden. Aber es fehlt darinn die großartige Weltanschauung, welche immer tragisch ist. Diese wird nicht ersetzt durch eine Anschauung der Bretterwelt, der Theatermisere u einiger Sittenmisere nebenbey – das war ein Stoff für das konvenzionelle Conversazionslustspiel, nicht für das romantische. Wie groß und gelungen steht dagegen der »Pavian«, dieses ächtaristophanische romantische Lustspiel. Dieses giebt ein größere Weltanschauung u ist im Grunde tragischer als der Paria selbst. Wie sehr man beim ersten Anblick lacht über den Pavian, der über Druck u Beleidigung von Seiten bevorrechteter Geschöpfe sich bitterlich beklagt, so wird man doch bey tieferer Beschauung unheimlich ergriffen von der grauenvollen Wahrheit daß diese Klage eigentlich gerecht ist. Das ist eben die Ironie, wie sie auch immer das Hauptelement der Tragödie ist. Das Ungeheurste, das Entsetzlichste, das Schaudervollste, wenn es nicht unpoetisch werden soll, kann man auch nur in dem buntscheckigen Gewande des Lächerlichen darstellen, gleichsam versöhnend – darum hat auch Schakspear das Gräßlichste im Lear durch den Narren sagen lassen, darum hat auch Göthe zu dem furchtbarsten Stoffe, zum Faust, die Puppenspielform gewählt, darum hat auch der noch größere Poet (der Urpoet sagt Friedrike) nemlich Unser – Herrgott allen Schreckensscenen dieses Lebens eine gute Dosis Spaßhaftigkeit beygemischt. – Doch ich schreibe hier mehr für den Mann als für die Frau. Thun Sie das Ihrige, machen Sie daß »der Pavian« bald gedruckt wird.

Es ist wahr, man sollte, wie oft geschieht, keinen Freund für einen Witz aufopfern. Aber für eine ganze Schiffsladung Witz ist es wohl erlaubt. – Was schreibt Robert jetzt?

Mit Vergnügen habe ich vernommen, schöne Frau, daß Sie meinen

Oheim Salomon Heine kennen gelernt. Wie hat er Ihnen gefallen? Sagen Sie, sagen Sie? Es ist ein bedeutender Mensch, der bey großen Gebrechen auch die grösten Vorzüge hat. Wir leben zwar in beständigen Differenzen, aber ich liebe ihn außerordentlich, fast mehr als ich selbst weiß. Wir haben auch in Wesen u Charakter viel Aehnlichkeit. Dieselbe störrige Keckheit, bodenlose Gemüthsweichheit und unberechenbare Verrücktheit – nur daß Fortuna ihn zum Millionär, und mich zum Gegentheil, d. h. zum Dichter gemacht, und uns dadurch äußerlich in Gesinnung und Lebensweise höchst verschieden ausgebildet hat. Ich bitte sagen Sie mir wie er Ihnen gefällt? Ich werde diesen Onkel nächste Woche wiedersehen, indem ich nach Hamburg gehe um mich dort als Advokat zu etabliren. – Mit meiner Gesundheit gehts immer besser. Hab diesen Sommer zu Nordeney das Seebad gebraucht. Die Beschreibung einiger Seefarthen die ich nebenbey gemacht will ich Ihnen zuschicken. Die Damen in Nordeney haben mich sehr ausgezeichnet, u das mit Recht. Ich war dort sehr vornehm u liebenswürdig.

Leben Sie wohl, schöne Frau, schreiben Sie mir wo möglich umgehend ob der Almanach dies Jahr erscheint, u ist es nicht der Fall so schicken Sie mir das Manuskript der Harzreise g l e i c h   p e r   f a h r e n d e   P o s t zurück unter Addresse: an den Dr. Jur. H. Heine bey Herold & Wahlstab in Lüneburg. Setzen Sie mich in keine Verlegenheit; rekommandiren Sie das Paquet, damit es nicht verloren geht u ich nicht nöthig habe mein Broullion wieder abzuschreiben. Vor allem aber bleiben Sie mir freundschaftlich gewogen. Vielleicht besuche ich Sie nächstes Jahr; ich will viel reisen u viel sehen. Dieses befördert auch meine Poeterey. Schreiben Sie an Varnhagens so unterlassen Sie nicht von mir zu grüßen. Roberten, der mir gewiß nicht böse wird wenn ich tadle, lasse ich mich herzlich empfehlen. Ich liebe ihn ja, u ich weiß er ist ein großer Mensch. Endlich verharre ich

der liebenswürdigsten Frau
ergebenster Diener
H. Heine.

An Madame Friedrike Robert, / Wohlgeboren / pr Addr. d. Herrn Ludwig / Robert, / Privatgelehrter / in / C a r l s r u h e . / Großherzogth. Baaden.

41. *An Friedrich Wilhelm Gubitz,*
Hamburg, 23. November 1825

Hamburg, den 23' Novemb. 1825.

Lieber Professor!

Sie hätten Unrecht, wenn Sie glaubten, daß mir der Gesellschafter, die Wiege meines Ruhms, ganz gleichgültig geworden sey. Ich war die letzte Zeit nur gar zu sehr beschäftigt, als daß ich lebhaften Antheil daran nehmen konnte. Jetzt aber bekomme ich mehr Muße, die Materialien, die ich auf der göttinger Bibliothek gesammelt, werden bearbeitet, und so manches Gute wird nach und nach zu Tage gefördert. Beyfolgendes Manuskript:»Harzreise von H. Heine, Geschrieben im Herbste 1824« schicke ich Ihnen für den Gesellschafter, und ich bin überzeugt, daß es Ihnen, besonders die 2te Hälfte, außerordentlich gefallen wird. Ich habe dasselbe mit großem Fleiße geschrieben, alsdann, wie sich bey guten Sachen gebührt, ein Jahr liegen lassen, jetzt wieder durch und durch gefeilt, und ich finde, daß es wegen des Stoffes und dessen leichte Behandlung ganz für unsre Zeitschrift geeignet ist; wie denn auch ein Seitenstück dazu, nemlich die Reise im untern Harze, sogar in einem Damenbüchlein, in den Rheinblüthen für 1827, erscheinen soll. Daß Sie, lieber Professor, mir nichts in meinem Opus ändern oder verbessern, ist eine alte Bedingung, die ich wieder erneuere. Es ist freylich manches Derbe darinn, indessen, da doch der Gesellschafter (zu unserer Aller Verwunderung) sich in der letzten Zeit vom Verdachte der Liberalität gereinigt hat und täglich zahmer und zahmer wird, so hoffe ich, daß die Censur deßhalb bey meiner Harzreise etwas durch die Finger sehen wird.

Vielfach, wie Sie wohl denken können, bin ich angegangen worden, an andre Blätter, namentlich am Morgenblatte zu arbeiten; aber meine Vorliebe für den Gesellschafter, die Loyalität des Redakteurs, und der Wunsch, meine Einsendungen immer bald abgedruckt zu sehen, bewegen mich, Ihnen die Harzreise zu schicken; und deßhalb darf ich wohl verlangen, lieber Professor, daß Sie bey der Censur etwas für mich thun. Ich weiß ja, daß Sie da viel vermögen. Sollte dennoch gestrichen werden, so bitte ich, an solchen Stellen die gebräuchlichen Querstriche nicht auszulassen. Am meisten fürchte ich für die Balletwitze

S. 56; werden diese gestrichen, so wünsche ich, daß auch das Vorhergehende wegfalle, welches nemlich S. 55 unten anfängt mit den Worten: »Ein junger Sachse, der kürzlich u. s. w.« Auch hoffe ich, daß Sie den ganzen Aufsatz nicht zu oft abbrechen, besonders nicht bey Naturschilderungen, und daß ich auf Weihnacht das Ganze gedruckt erhalte. Sie müssen mir auch den großen Gefallen erzeigen mir 25 Exemplare davon zukommen zu lassen. Was Ihnen dieses kostet berechnen Sie mir n u r am Honorar der Harzreise, dessen Betrag (12 Thaler per Bogen, wie Sie mir vorig Jahr geschrieben) ich seinerzeit von Ihnen abholen lasse. Das Honorar von den zuletzt eingesanndten Gedichten können Sie alsdann hinzufügen. Ich wollte dieser Kleinigkeit wegen nicht besonders schreiben. –

Kann ich Ihnen hier nützlich seyn, so dürfen Sie sicher auf mich rechnen. Ich gedenke nemlich gänzlich hier zu bleiben. So unliterarisch es hier aussieht, so findet ein Literator hier dennoch sehr schätzbare Hülfsmittel, z. b. eine Unmasse englischer Blätter &c. Auszüge daraus mögen wohl interessant seyn, und im Fall Sie mich auf solche Weise beschäftigen wollen, werde ich gern mit meinen Talenten z u I h r e n   D i e n s t e n stehen.

Anfangs August verließ ich Göttingen, reiste nach Nordeney, gebrauchte mit Erfolg das dortige Seebad, m a c h t e   m e h r e r e   S e e - f a h r t e n , besuchte die ostfriesischen Inseln und habe dieses in einer Reihe »Seestücke« allerliebst beschrieben. Nach der Harzreise sollen sie auch gedruckt werden. Nochmals bitte ich Sie, d a f ü r   z u   s o r - g e n , daß die Harzreise nicht von der Censur maltraitirt wird, daß sie bald gedruckt wird und daß ich 25 Exemplare davon erhalte. Letztere erwarte ich ganz bestimmt, weil ich sie, um alte Freunde anzuregen und neue Freunde zu gewinnen, bereits im Geiste hier vertheilt habe.

Leben Sie wohl und bleiben Sie schutzreich und gewogen

Ihrem Freunde
H. H e i n e .

Meine Addresse ist:
An den Dr. Juris H. Heine, bey
Moritz Embden auf dem Neuenwalle
in Hamburg.

42. An Moses Moser, Hamburg,
19. Dezember 1825

Verdammtes Hamburg d 14 Dec. 1825.

Theurer Moser! lieber, gebenedeiter Mensch!
Du begehst großes Unrecht an mir. Ich will ja keine große Briefe, nur
wenige Zeilen genügen mir, u auch diese erhalte ich nicht. Und nie war
ich derselben mehr bedürftig als eben jetzt, wo wieder der Bürgerkrieg
in meiner Brust ausgebrochen ist, alle Gefühle sich empören – für
mich, wider mich, wider die ganze Welt. Ich sage Dir, es ist ein schlechter Spaß. – Laß das gut seyn.

Da sitz ich nun auf der Abcstraße, müde vom zwecklosen Herumlaufen, Fühlen u Denken, u draußen Nacht u Nebel u höllischer Spektakel, u groß und klein läuft herum nach den Buden um Weihnachts-
geschenke einzukaufen. Im Grunde ist es hübsch daß die Hamburger
schon ½ Jahr im Voraus dran denken wie sie sich zu Weihnacht be-
schenken wollen. Auch Du lieber Moser sollst Dich über meine Knick-
rigkeit nicht beklagen können, u da ich just nicht bey Casse bin u Dir
auch kein ganz ordinäres Spielzeug kaufen will, so will ich Dir etwas
ganz apartes zum Weihnacht schenken, nemlich das Versprechen: daß
ich mich vor der Hand noch nicht todtschießen will.

Wenn Du wüßtest was jetzt in mir vorgeht, so würdest Du einsehen daß dieses Versprechen wirklich ein großes Geschenk ist, und Du
würdest nicht lachen, wie Du es jetzt thust, sondern Du würdest so
ernsthaft aussehen wie ich in diesem Augenblicke aussehe.

Vor kurzem hab ich den Werther gelesen. Das ist ein wahres Glück
für mich.

Vor Kurzem hab ich auch den Kohlhaas von Heinr v. Kleist gelesen, bin voller Bewundrung für den Verfasser, kann nicht genug bedau-
ern daß er sich todt geschossen, kann aber sehr gut begreifen warum er
es gethan.

Was mein äußeres Leben betrift, so ist es nicht der Mühe werth daß
ich davon spreche. Du siehst Cohn ja diese Tage u er kann Dir erzählen
wie ich nach Hamburg gekommen, dort Advokat werden wollte, u es
nicht wurde. Wahrscheinlich kann Cohn Dir die Ursache nicht angeben; ich aber auch nicht. Hab ganz andre Dinge im Kopfe, oder besser

gesagt im Herzen; und will mich nicht damit plagen zu meinen Handlungen die Gründe aufzufinden.

Ich will bis Frühjahr hierbleiben, beschäftigt mit mir selbst, u, wie ich glaube, auch mit Vorarbeiten zu den Vorlesungen die ich an der berliner Universität halten will. – Hat es Zeit daß ich Dir die 10 Frd'or in Berlin, bey meiner Zurückkunft, wieder bezahle? Sag mir es ausdrücklich. Ich ärgere mich gründlich daß ich Dir das Geld, länger als ich beabsichtigte, vorenthalte. Der Almanach, wodurch ich Dich rembursiren wollte ist nicht erschienen dieses Jahr, Ausgaben über Ausgaben, Vereitlung meiner Pläne zum Hierbleiben u drgl mehr, sind Schuld daß ich jetzt nicht weiß wo aus wo ein. – Wir sprechen hier viel von Dir, und Wohlwill hat kürzlich geäußert: daß Du, wenn Dich ein Freund bestielt, ihm doch Deine Freundschaft bewahren und bloß sagen würdest: er hat nun mahl diesen Fehler, u man muß das wegen seiner bessern Eigenschaften übersehen. – Der dicke Monasverehrer weiß selbst nicht wie treffend er Dich bezeichnet hat, Dich u jene Geisteshöhe, zu der man sich mit Kopf und Herz hinaufgeschwungen haben muß um jener Toleranz fähig zu seyn.

Ich hab es wohl zu einer ähnlichen Toleranz gebracht, nicht weil ich von oben hinab, sondern von unten hinauf sehe. –

Ich weiß nicht was ich sagen soll, Cohn versichert mich Gans predige das Christenthum, und suche die Kinder Israel zu bekehren. Thut er dieses aus Ueberzeugung so ist er ein Narr; thut er es aus Gleisnerey so ist er ein Lump. Ich werde zwar nicht aufhören Gans zu lieben, dennoch gestehe ich, weit lieber wärs mir gewesen wenn ich, statt obiger Nachricht, erfahren hätte Gans habe silberne Löffel gestolen.

Daß Du, lieber Moser, wie Gans denken sollst kann ich nicht glauben obschon es Cohn versichert u es sogar von Dir selber wissen will. – Es wär mir sehr leid wenn mein eignes Getauftseyn Dir in einem günstigen Lichte erscheinen könnte. Ich versichere Dich, wenn die Gesetze das Stehlen silberner Löffel erlaubt hätten, so würde ich mich nicht getauft haben. – Mündlich mehr hiervon.

Vorigen Sonnabend war ich im Tempel, und habe die Freude gehabt eigenohrig anzuhören wie Dr Salomon gegen die getaufte Juden loszog, u besonders stichelte »wie sie von der bloßen Hoffnung e i n e

Stelle (ipsissima verba) zu bekommen, sich verlocken lassen dem Glauben ihrer Väter untreu zu werden.«

Ich versichere Dir, die Predigt war gut u ich beabsichtige den Mann diese Tage zu besuchen. – Cohn zeigt sich groß gegen mich. Ich esse bey ihm am Schabbes, er sammelt glühende Kuggel auf mein Haupt, und mit Zerknirschung esse ich dieses heilige Nazionalgericht, das für die Erhaltung des Judenthums mehr gewirkt hat als alle drey Hefte der Zeitschrift. Indessen es hat auch größern Absatz gehabt.

Freytag. 1825.
Während ich gestern an Dich schrieb erhielt ich Deinen lieben Brief vom 13 Dec. Ich hätte Dir manches darüber zu sagen, muß mich aber auf das beschränken was mir in diesem Augenblick das Wichtigste scheint.

Ich habe nemlich Lust nächsten Ostern unter dem Titel »Wanderbuch, 1ter Theil« folgende Piezen drucken zu lassen:

1°. Ein neues Intermezzo, etwa 80 kleine Gedichte, meist Reisebilder, u wovon Du schon 33 kennst,

2°. Die Harzreise, die Du dieser Tage im Gesellschafter schon sehen wirst, aber nicht vollständig

3°. Das Dir bekannte Memoir über Polen, völlig umgearbeitet und bevorwortet.

4°. Die Seebilder, wovon Du einen Theil beykommend erhältst.

Will mir der Criminalrath Hitzig einen großen Gefallen erzeigen, so interessirt er sich für dieses Unternehmen. Ich würde ihn selbst drum schreiben, wenn es nicht gar zu häßlich aussähe bey Eröffnung einer Correspondenz gleich Gefälligkeiten zu erbitten. Die Aufgabe ist jetzt erstens das Buch Dümmlern zum Verlag anzubiethen, u zweitens so viel Honorar als möglich von ihm zu bedingen. Ich denke daß er mir 2 Louisd'or für den Bogen giebt. Ich bin ihm noch für Exemplare meiner Tragödien Geld schuldig, welches er mir abziehn kann, obgleich er mir versprach jene Exemplare mir um ein Billiges abzulassen, wie ich ihm denn auch bemerkt hatte daß ich sie, ledig und allein, um dem Buche Gönner u Posaunen zu schaffen, an liter Blättr u Charaktere versandt habe.

Zu besprechen wäre mit Dümler ob es nicht Rathsam wäre das lyrische Intermezzo, welches zwischen den Tragödien steht, nochmals abdrucken zu lassen, das neue Intermezzo (10) damit zu verbinden, u das Ganze als ein Büchlein von 10 bis 11 Bogen, unter dem Titel »das große Intermezzo« besonders erscheinen zu lassen. Dieses Büchlein würde ein höchstoriginelles Ganze bilden, u viele Gönner finden. Es wär ein Buch das nicht so leicht seines Gleichen fände. Die oben angeführten andre 3 Piezen (20, 30, 40) wären alsdann noch immer hinreichend ebenfalls ein Buch für sich zu bilden. – Du kannst allenfalls, lieber Moser, wenn Dümmler obigen Intermezzoplan aus begreiflichen Verlegeregoismus ablehnen wollte, ihm anbiethen daß ich für den neuen Abdruck des alten Intermezzos kein Honorar verlange, so daß er fast nur die hälfte Bogenzahl des Buches zu honoriren braucht. Ich glaube Hitzig vermag leicht Dümler zu bestimmen. – Die Censur wird die Harzreise im Gesellschafter, wo ich sie vorher abdrucken lasse, ziemlich maltraitiren. Indessen hoffe ich, wird sie im »Wanderbuch« ganz gedruckt werden können, an neuem Zuschmuck soll es auch nicht fehlen.

Das Memoir über Polen wird ganz umgearbeitet u vermehrt, Briefe aus Warschau u neue Zeitereignisse, regen mich an dieses Memoir jetzt erscheinen zu lassen; ich selbst zwar hab nie einen großen Werth darauf gelegt (Du gar keinen) abr andre versichern mich daß es seines Gehalts wegen wichtig sey (z.B. Sartorius) u daß ich drauf rechnen kann daß es die allg Aufmerksamkeit in Anspruch nimmt. Ich könnte viel über diesen Gegenstand sagen, wenn ich nicht wüßte daß Dir der Aufsatz nie gefallen hat.

Etwas besser, hoffe ich, gefallen Dir die »Seebilder« deren Mspt Du durch Cohn erhältst. Ich wünsche nicht daß Du sie jemanden anders mittheilst als dem Criminalrathe Hitzig, u daß Du auch diesen bittest sie niemanden mitzutheilen. Tiek u Robert haben die Form dsr Gedichte wenn nicht geschaffen, doch wenigstens bekannter gemacht; aber ihr Inhalt gehört zu dem Eigenthümlichsten was ich geschrieben habe. Du siehst jeden Sommer entpuppe ich mich u ein neuer Schmetterling flattert hervor. Ich bin also doch nicht auf eine bloß lyrisch maliziöse zweystrophige Manier beschränkt. –

Den 2ten u 3ten Theil des Wanderbuchs bilden wills Gott eine neue Sorte Reisebilder, Briefe über Hamburg, u der Rabbi, der leider jetzt wieder liegt.

Heute Morgen hab ich das neue July-August-September-Heft der Wiener Jahrbücher gelesen, mit innerem Mißbehagen. Es steht nemlich eine Rezension darin mehr über mich als über meine Tragödien. Du must sie lesen, denn sie trift Dich mit, erstens weil ich u Auerbach Dich representiren, zweitens weil Du ein Stück von mir selbst bist. – Ich sehe noch schlimmeren Ausfällen entgegen. Daß man den Dichter herunterreißt kann mich wenig rühren; daß man aber auf meine Privatverhältnisse so derbe anspielt oder, besser gesagt, anprügelt, das ist mir sehr verdrießlich. Ich habe christliche Glücksritter in meiner eignen Familie u. s. w.

Nie waren meine Verhältnisse kitzlicher als in diesem Augenblicke. – A propos, willst Du zu dem »großen Intermezzo« eine Vorrede schreiben? Das wär hübsch, u Du hättest da viel Interessantes zu sagen. Antworte mir hierüber.

Montag 1825.

Cohn, dem ich dsn Brief mitgeben wollte, ist einige Tage länger hiergeblieben, u ich kann Dir noch einige Zeilen schreiben.

Me Bella Veit hab ich besucht. Eine liebenswerthe Frau, die ich öfter besuchen will. Sie hat mich nicht in meiner rosenfarbigen Stimmung gesehen, u ich will ihr zeigen daß ich nicht immer ein ernsthaft langes Gesicht herumtrage. Ihre Unterhaltung ist angenehm, so recht wärmend, wie ich es wünsche in diesem feuchten Nebelwetter. Sie hat recht liebe Geistestournüren. Wir sprachen von Gans. Kann man denn in dieser Welt von etwas anderem sprechen? Jeder sieht ihn, jeder hört ihn. Hallaluja.

Grüß mir meinen Bruder, Zunz, J. Lehmann, Hilmars. Wenn ich Zeit hätte würde ich der Doctorinn Zunz einen hübschen jüdischen Brief schreiben.

Ich werde jetzt ein rechter Christ; ich schmarotze nemlich bey den reichen Juden.

Lebe wohl, schreib mir bald Antwort, und sey überzeugt daß ich Dich liebe u sehr verdrießlich bin.

Dein ganzer Freund
H. Heine.

43. *An Moses Moser, Hamburg, 23. April 1826*

Diese Nacht dachte ich mehre Stunden lang an Dich und unter andern machte ich die scharfsinnige Bemerkung: daß Du mehr Scharfsinn habest als ich. – Stimmst Du nun ein in dieses Urtheil, so mußt Du doch gestehen daß ich einigen Scharfsinn besitze, und meynst Du das Gentheil des ausgesprochenen Urtheils so hast Du mir eo ipso eine Dosis Scharfsinn zugesprochen.

Was soll ich thun, alles was ich in der Brust habe, alle Gefühle meines Herzens gelten nichts mehr bey Dir, und wenn ich mich wieder bey Dir in Credit setzen will, so muß ich irgend eine einseitige Verstandesfähigkeit für mich vindiziren, da ich weiß, daß Du auf drgl etwas zu geben pflegst. Was soll ich thun! ich muß sogar den Verdacht auf mich laden als hätte ich Verstand, alles aus ambirender Freundschaft zu Dir. Ich möchte die goldnen Hufen meines Pegasus bey einem Juden versetzen, nur um Verstand zu borgen. Gold versetzt um Münzgroschen zu borgen: – Genug des Unverstandes und der unverständlichen Reden über Verstand – ich wollte mir nur den Anschein geben als dächte ich etwas dabey.

Das war eine gute Zeit, als der Rattklif und Almansor bey Dümmler erschienen, und Du, lieber Moser, die schönen Stellen daraus bewundertest, und Dich, während wir pisten, in den Mantel hülltest, und pathetisch sprachest, wie der Marquis Posa. Es war damals noch Winter, und der Thermometer war bis auf Auerbach gefallen, und Dithmar fror trotz seiner Nanquinhosen – und doch ist es mir als ob es damals wärmer gewesen sey, als heute den 23 April, heute, wo die Hamburger schon mit Frühlingsgefühlen herumlaufen mit Veilchensträußern u. s. w. u. s. w. Es ist damals viel wärmer gewesen. Wenn ich nicht irre war Gans damals noch nicht getauft und schrieb lange Vereinsreden, und trug sich mit dem Wahlspruch: Victrix causa Diis placuit, sed victa Catoni.

Ich erinnere mich, der Psalm »wir saßen an den Flüssen Babels« war damals Deine Force, und Du rezitirtest ihn so schön, so herrlich, so rührend, daß ich jetzt noch weinen möchte, und nicht bloß über den Psalm. Du hattest damals auch einige sehr gute Gedanken über Judenthum, christliche Niederträchtigkeit der Prosilitenmacherey, Niederträchtigkeit der Juden, die durch die Taufe nicht zur Absicht haben

Schwierigkeiten fortzuräumen, sondern durch die Taufe etwas erlangen, etwas erschachern wollen u drgl gute Gedanken mehr, die Du gelegentlich einmahl aufschreiben solltest. Du bist ja selbstständig genug, als daß Du es wegen Gans nicht wagen dürftest; und was mich betrifft, so brauchst Du Dich wegen Meiner gar nicht zu geniren.

Wie Solon sagte, daß man Niemanden vor seinem Tode glücklich nennen könne; so kann man auch sagen daß niemand vor seinem Tode ein braver Mann genannt werden sollte.

Ich bin froh, der alte Friedländer und Ben-David sind alt, und werden bald sterben, und diese haben wir dann sicher, und man kann unserer Zeit nicht den Vorwurf machen daß sie keinen einzigen Untadelhaften aufzeigen könne.

Verzeih mir den Unmuth, er ist zumeist gegen mich selbst gerichtet. Ich steh oft auf des Nachts und stelle mich vor den Spiegel und schimpfe mich aus. Vielleicht seh ich des Freundes Seele jetzt für einen solchen Spiegel an; aber es kommt mir vor als sey er nicht mehr so klar wie sonst.

Sey nicht mürrisch weil ich es bin. Ich will Dir in Allem Recht geben. Nenne mich ungerecht und ich will Dir Recht geben. Ja was noch schlimmer ist als ungerecht, ich bin sogar subjektiv. Und in solcher ungerechten Subjektivität schmähe ich auf das schöne Wetter, auf Gans – – Nun, wenn ich das Aprilwetter mit dem gewöhnlichen Beyworte nenne wirst Du doch nicht böse seyn? – Aber, O wetterwendischer, inkonsequentester Monath April, verzeih mir daß ich Dir Unrecht that, und mit dem Dr. Gans Dich zusammenstellte. Das verdienst Du nicht! (ich meine den Monath) Es ist ein männlicher, konsequenter Monath, ein ordentlicher Monath u. s. w.

Grüß mir unsern »außerordentlichen« Freund, u sag ihm daß ich ihn liebe. Und dieses ist mein seelenvollster Ernst. Er ist mir noch immer ein liebes Bild, obschon kein Heiligenbild, noch vielweniger ein verehrliches, ein wunderthätiges. Ich denke oft an ihn, weil ich an mich selbst nicht denken will. So dachte ich diese Nacht: mit welchem Gesichte würde wohl Gans vor רַבֵּנוּ מֹשֶׁה treten, wenn dieser plötzlich auf Erden wieder erschiene. Und Moses ist doch der gröste Jurist der je gelebt hat, denn seine Gesetzgebung dauert noch bis auf heutigen Tag. Ich träumte auch, Gans u Mordechay Noa kamen in Strahlau zusammen, u Gans war, O Wunder! stumm wie ein Fisch. Zunz stand sarkastisch lächelnd dabey und sagte zu seiner Frau: siehst Du Mäuschen? Ich glaube Lehmann hielt eine lange Rede, im vollen Tone, und gespickt mit »Aufklärung« »Wechsel der Zeitverhältnisse« »Fortschritte des Weltgeistes« eine lange Rede, worüber ich nicht einschlief, sondern im Gegentheil, worüber ich erwachte. Und wachend, wie gesagt, dachte ich an Dich und machte die scharfsinnige Bemerkung: daß Du mehr Scharfsinn habest wie ich – quod erat demonstrandum. Hamburg d 23' des Monath Gans

1826.

Ich liebe Dich
H. Heine

44. *An Karl August Varnhagen von Ense,*
    Hamburg, 14. Mai 1826

Hamburg d 14 May 1826.

Lieber Varnhagen!
Und nun, nachdem ich es solange aufgeschoben, muß ich Ihnen plötzlich und ganz in der Hast schreiben. Doch ist dieses auch gar kein Brief, sondern bloß eine Bitte das beyfolgende Buch unserer lieben, guten, edlen Friedrike in meinem Namen zu überreichen und ihr recht viel Schönes dabei zu sagen. Der eigentliche Brief, den ich Ihnen zu schreiben habe, soll nächstens folgen, und ich will Ihnen darinn recht breit erzählen wie es mir geht, wie ich lebe, was ich schreibe und was ich nicht schreibe. Nur so viel vor der Hand: mit meiner Gesundheit bessert es sich immer mehr und die Luft hier ist mir besonders wohlthätig. Meine äußeren Verhältnisse sind noch immer dieselben, es hat mir noch immer nicht gelingen wollen mich irgendwo einzunisten, und dieses Talent, welches Insekten und einige hiesige Doctores juris in hohem Grade besitzen, fehlt mir ganz u gar. Mein Plan hier zu advoziren habe ich deßhalb aufgeben müssen – aber glauben Sie nur nicht daß ich sobald von hier weggehe; es gefällt mir hier ganz ausnehmend gut, es ist hier der klassische Boden meiner Liebe, alles sieht mich an wie verzau-

bert, viel eingeschlafenes Leben erwacht in meiner Brust; es frühlingt wieder in meinem Herzen, und wenn die alte Kopfkrankheit mich ganz verläßt, so dürfen Sie noch recht viel gute Bücher von mir erwarten. – Wenn auch meine äußere Lage peinlich ist, so schützt mich doch der Ruhm vor aller rohen Antastung. Leider, und ich gestehe es mir selber, wird dieser Ruhm durch das Erscheinen des 1sten Bandes der Reisebilder nicht sonderlich gefördert werden. Aber, was soll ich thun, i c h m u ß t e etwas herausgeben, und da dachte ich, wenn das Buch auch kein allgemeines Interesse anspricht und auch kein großes Werk ist, so ist doch alles was drinn ist auf keinen Fall schlecht zu nennen. Dann auch mißfiel mir die Harzreise im Gesellschafter so sehr daß es mich anreitzte sie umzuarbeiten und in anständigerer Gestalt erscheinen zu lassen. Sie ist völlig umgearbeitet. – Ich bitte, geben Sie mir doch Roberts Addresse in Paris damit ich ihn recht dringend angehe für mein Buch etwas zu thun. Ich habe mir viele hilfreiche Freunde verschlagen, theils mit, theils ohne Schuld und hab dafür an Widersacher reichlich gewonnen. Auch hab ich, wie gesagt, in Hinsicht des Buches kein gutes Gewissen, und bedarf dennoch des Ruhmes jetzt mehr als sonst. Nächste Woche, wenn das Buch hier ausgegeben wird (ich bitte Sie das beykommende Ex nicht früher den Leuten sehen zu lassen) will ich Ihnen noch einige Ex der Reisebilder schicken, damit Sie, für deren Besten, wie früher bey den Tragödien, darüber verfügen. Ich bin in dieser Hinsicht besorgt, nicht sowohl wegen der miserablen Wirthschaft in unserer Literatur wo man von dem Unbedeutenden so leicht im öffentlichen Urtheil überflügelt wird, sondern auch weil ich im 2ten Bande der Reisebilder über solche Misere rücksichtslos sprechen werde, die Geißel etwas schwinge und es mit den öffentlichen Stimmführern auf immer verderben werde. So etwas thut Noth, wenige haben den Muth alles zu sagen, ich habe keine zurückgehaltenen Aeußerungen mehr zu fürchten, u Sie sollen Ihr liebes Wunder sehen. Die Wiener Jahrbücher haben in dsr Hinsicht gut auf mich gewirkt. – Mit unendlichem Vergnügen, Hr. v. Varnhagen, sah ich im Gesellschafter wie Sie Immermanns Cardenio gewürdigt, und ich unterschreibe gern Ihr Urtheil daß Immerman alle gleichaltrigen Mitstrebende weit überragt. Dieses Stück ist jetzt meine Lieblingslektüre. Es ist mir als hätte ich es selbst geschrieben. – Das süßlich einhertänzelnde Barönchen v. Uechtritz hat ja wie ich von allen Seiten vernehme den märkischen Lorbeer errungen. Alexander hat endlich in ihm seinen Homer gefunden, und hat seinen Wunsch auf dem Grab des Achilles jetzt erfüllt u braucht diesen nicht mehr zu beneiden. Durch die Berliner Schnellpost vernehmen wir täglich von dem Unglück des Darius, wie er in Jamben zu Tode geschleift worden, und wie Krügers breites Untergestell sich wohl befunden auf dem Stuhl des Xerxes. – Doch still davon, ich komme sonst ins Medisiren, und außerdem drängt mich der Abgang der Post und ich wollte nur wenige Zeilen schreiben. Aber ich und Fr v. Varnhagen können nun ein für alle mahl keine kurzen Briefe schreiben – und daher wird meine liebe Freundinn wohl wissen warum ich gar nicht schreibe. Anfangs dacht ich ihr einen Dedikazionsbrief vor das Buch drucken zu lassen, doch dieser wurde zu warm und zu lang, ein zweiter Brief wurde zu kurz und zu kühl, und nach dreymaligem Umgedrucktwerden erscheint endlich das gegenwärtige Meisterstück dedizirender Beredsamkeit. Anbey auch die verunglückten und verworfenen Blätter. – Eine andre, größere Noth war der beängstigende Gedanke daß das Buch im Grunde zu schlecht sey um der geistreichsten Frau des Universums dedizirt zu werden. Doch mich tröstete der Gedanke, daß Fr v. Varnhagen nicht an mir irre wird, ich mag schreiben was ich will, Gutes oder Schlechtes. Bey Ihnen, Varnhagen, ist es etwas anders, Ihnen ist es nicht hinreichend daß ich zeige wie viel Töne ich auf meiner Leyer habe, sondern Sie wollen auch die Verbindung aller dieser Töne zu einem großen Conzert – und das soll der F a u s t werden den ich für Sie schreibe. Denn wer hätte größeres Recht an meinen poetischen Erzeugnissen als derjenige der all mein poetisches Dichten u Trachten geordnet und zum Besten geleitet hat! – Einige mahl hab ich mich in der letzten Zeit mit Ihnen broullirt, besonders vor 6 Monath; Sie sind nichts davon gewahr worden, da ich Ihnen nichts schrieb. Aber der letzte Nebel solcher Gedanken schwand auf immer aus meinem Gemüthe als ich vor 3 Wochen von der Mutter der Mamsell Schauspielerinn Bauer erfuhr daß Sie diesen Winter so krank gewesen sind. Bey solchen Anlässen fühlen wir erst was uns die Leute wirklich werth sind. Und jedesmal wenn ich mit Ihnen broullirt war, war ich es auch mit mir selbst. Lichtenberg sagt sehr treffend daß wir uns selbst in andern nicht so wohl lieben als auch hassen können. So broullirte ich mich unlängst mit unserem Gans. Sehen Sie ihn, so erzählen Sie es ihm, und grüßen Sie mir ihn recht freundschaftlich. Ich liebe ihn sehr, und dachte an ihn als ich in der Harzreise den göttingschen Anfang schrieb. – Grüßen Sie mir auch Chamisseau. Als er durch Göttingen reiste haben wir uns beide durch gleiche Schlemiehlität nicht auffinden können; ich hörte nur im Gasthof daß er in einem einspännigen Fuhrwerk nach Clausthal gereist sey. Und doch ist er dort zu Fuß angekommen! – Mit Ihrer Familie hier lebe ich in recht lieben Verständnisse. Sie befindet sich wohl. Harmlos wie ich bin, glaub ich auch Ihrer Schwester nichts weniger als zu mißfallen. – Ich verkehre hier mit wenigen Menschen. Mein Oheim, Zimmerman, Syndikus Sieveking, einige Winkelschriftsteller, ein paar Banquiers sind all meine Leute. Wegen Unapetitlichkeit meines Schwagers hab ich meine Schwester ganz aufgeben müssen. – Vorigen Sommer war ich auf Nordeney. Ein andermahl erzähl ich Ihnen, wie ich dort, nachdem ich mit der Fürstinn v. Solms-Lich einige Zeit bekannt war, auf eine höchst merkwürdige Weise an Sie erinnert wurde. Aber die Post geht ab, u ich bin

Ihr unbedingt ergebener
H. Heine.

Addresse: Dr. Heine, abzugeben bey Hoffmann & Campe in Hamburg.

45. *An Eduard Gans, Hamburg, Mai 1826*

Hamburg. May 1826.

Lieber Gans! theurer College!
Das Wort College bezieht sich auf die Jurisprudenz und nicht auf die Theologie. Das Wort »lieber« bezieht sich aber auf mein Herz, das Dich noch immer sehr liebt, u recht herzlich liebt – quand même – Vielleicht schriebe ich Dir gar nicht, wenn es kein quand même gäbe. Du verstehst mich nicht, ich will nemlich andeuten daß es mich im Grunde meiner Seele ärgert daß unsere Bücher keine Q u e l l e n mehr sind, daß ich Dir und mir selbst deßhalb grolle, und es mir, eben solchen Grolls wegen, zum Bedürfnisse wird Dir zu sagen daß ich Dich dennoch liebe, daß ich Dich liebe quand même –. Die Uebersendung des Buches ist bloß eine Ausrede um eine Gelegenheit zu haben Dir zu

schreiben. Das Buch selbst ist wahrhaftig nicht viel werth – ich habe in diesem Momente mehr Liebe in der Brust als in diesem ganzen Buche enthalten ist – es ist so müde, farblos, zahm, und das Beste dran ist der vorgesetzte Name der Varnhagen. Ich habe diesen Namen, der mir so lieb ist, an den Eingangspfosten meines Buches angeschlagen, und es ist mir dadurch wöhnlicher und gesicherter geworden. Auch Bücher müssen ihre Mesusse haben. – Leb wohl, behalte mich lieb, mich,

Deinen Freund
H. Heine.

46. An Leopold Zunz, Hamburg, Ende Mai 1826

Hamburg, im heil Maymond 1826.

An Dr. Zunz, designirter Richter über Israel, Vizepräsident des Vereins für Cultur u *Wissenschaft* dr Juden, Präsident des wissensch. Instituts, Redakteur der Zeitschrift für C. u W. dr J. Mitglied der Ackerbau-Commission, Bibliothekar –

Bey letzterem Titel werde ich stehen bleiben, indem ich Ihnen anbey ein Ex. meines neuesten Buches für die Vereinbibliothek überschicke, mit der Bitte, im Fall letztere schon nach Arrarath versetzt ist, das besagte Ex an die Frau Doctorinn Zunz, zum Verbrauch in der Küche, gefälligst zu übergeben.

Der gröste Theil dieses Buches ist Q u e l l e und ist daher nicht entbehrlich für die Geschichte unserer Juden. Ich aber bin

mit der alten Liebe u Freundschaft
Ihr Freund
H. Heine,

Dr. Jur. u Mitglied des Vereins für Cultur
u W. dr. J. im 18ten Jahrh.

P.S. Im 2ten Theil dr Reisebilder erscheint der Rabbi, und zwar sehr beschnitten – doch sollen in demselben Theile noch viele Curiosa enthalten seyn.

Sr Wohlgeboren d Herrn / Dr. L. Zunz, wohnt / Rosenstraße Nr. 12.

47. An Wilhelm Müller, Hamburg, 7. Juni 1826

Hamburg, 7. Juni 1826.

Ich ergreife die Gelegenheit, Ihnen bei Übersendung meiner Reisebilder einige Worte des Herzens zukommen zu lassen. Ich hätte Ihnen schon längst schreiben und Ihnen danken sollen für die liebevolle Aufnahme, welche meine Tragödien und Lieder bei Ihnen gefunden. Aber ich wollte warten, bis die trüben Nebel, die meine Seele umhüllten, in etwas zerronnen – ich war nämlich lange Zeit krank und elend. Jetzt bin ich es kaum noch zur Hälfte und ein solcher Zustand könnte auf dieser Erde vielleicht schon Glück genannt werden. Mit der Poesie geht es noch besser und ich hege viele freudige Hoffnungen für die Zukunft. »Die Nordsee« gehört zu meinen letzten Gedichten und Sie erkennen daraus, welche neue Töne ich anschlage und in welchen neuen Weisen ich mich ergehe. Ich bin groß genug, Ihnen offen zu bekennen, daß mein kleines Intermezzo-Metrum nicht blos zufällige Ähnlichkeit mit Ihrem gewöhnlichen Metrum hat, sondern daß es wahrscheinlich seinen geheimsten Tonfall Ihren Liedern verdankt, indem es die lieben Müller'schen Lieder waren, die ich zu eben der Zeit kennen lernte, als ich das Intermezzo schrieb. Ich habe sehr früh schon das deutsche Volkslied auf mich einwirken lassen, späterhin, als ich in Bonn studirte, hat mir August Schlegel viel metrische Geheimnisse aufgeschlossen, aber ich glaube erst in Ihren Liedern den reinen Klang und die wahre Einfachheit, wonach ich immer strebte, gefunden zu haben. Wie rein, wie klar sind Ihre Lieder und sämmtlich sind es Volkslieder. In meinen Gedichten hingegen ist nur die Form einigermaßen volksthümlich, der Inhalt gehört der conventionnellen Gesellschaft. Ja, ich bin groß genug, es sogar bestimmt zu wiederholen, und Sie werden es mal öffentlich ausgesprochen finden, daß mir durch die Lecture Ihrer 77 Gedichte zuerst klar geworden, wie man aus den alten, vorhandenen Volksliedformen neue Formen bilden kann, die ebenfalls volksthümlich sind, ohne daß man nöthig hat, die alten Sprachholperigkeiten und Unbeholfenheiten nachzuahmen. Im zweiten Theile Ihrer Gedichte fand ich die Form noch reiner, noch durchsichtig klarer – doch, was spreche ich viel von Formwesen, es drängt mich mehr, Ihnen zu sagen, daß ich keinen Liederdichter außer Goethe so sehr liebe wie Sie. Uhland's Ton ist nicht eigenthümlich genug und gehört eigentlich den alten Gedichten, woraus er seine Stoffe, Bilder und Wendungen nimmt. Unendlich reicher und origineller ist Rückert, aber ich habe an ihm zu tadeln Alles was ich an mir selbst tadle wir sind uns im Irrthum verwandt, und er wird mir oft so unleidlich, wie ich es mir selbst werde. Nur Sie, Wilhelm Müller, bleiben mir also rein genießbar übrig, mit Ihrer ewigen Frische und jugendlichen Ursprünglichkeit. Mit mit selbst, wie gesagt, steht es schlecht, und hat es als Liederdichter wol ein Ende, und das mögen Sie selbst fühlen. Die Prosa nimmt mich auf in ihre weiten Arme und Sie werden in den nächsten Bänden der Reisebilder viel prosaisch Tolles, Herbes, Verletzendes und Zürnendes lesen. Absonderlich Polemisches. Es ist eine gar zu schlechte Zeit, und wer die Kraft und den freien Muth besitzt, hat auch zugleich die Verpflichtung, ernsthaft in den Kampf zu gehen gegen das Schlechte, das sich so aufbläht, und gegen das Mittelmäßige, das sich so breit macht, so unerträglich breit.

Ich bitte, bleiben Sie mir gewogen, werden Sie nie irre an mir, und laßt uns in gemeinschaftlichem Streben alt zusammen werden. Ich bin eitel genug, zu glauben, daß mein Name einst, wenn wir Beide nicht mehr sind, mit dem Ihrigen zusammengenannt wird – darum laßt uns auch im Leben liebevoll verbunden sein. Ich will nicht überlesen, was ich an Sie geschrieben; ich habe nur der Feder raschen Lauf gelassen, während ich an Sie dachte, und ich liebe Sie zu sehr, um lange zu überdenken, ob ich Ihnen zu wenig oder zu viel sage.

Ihr sehr ergebener
H. Heine.

48. *An Friedrich Merckel, Norderney, 28. Juli 1826*

Den 28. July 1826.

Die Post ist noch nicht abgegangen, und ich kann noch einige Zeilen nachschicken. – Es ist hier sehr amüsant. Wellengeräusch, schöne Frauen, gutes Essen und göttliche Ruhe. Dennoch fühl' ich mich sehr niedergedrückt. Es ist Erschlaffung, die nach großen Stürmen eintritt. Gedanken von papier maché und käsige Gefühle. In diesem todten Zustande nehme ich dennoch viel Naturanschauungen in mich auf, und verarbeitet die Phantasie manches begonnene Gedicht. »Seebilder« und neue Scenen zu meinem »Faust«. – Ich werde wohl vier Wochen hier bleiben, und wenn ich meine Spielverluste – gestern hat sich Fortuna wieder von mir gewendet – wiedergewinne, werde ich wohl nach Holland gehn. Es liegt eine Süßigkeit eigener Art in dieser unbestimmten Lebensart, wo alles von der Laune des äußeren Glückes abhängt. Erzähl nur bey Leibe niemandem von dieser Thorheit. – Es macht mir Vergnügen, mich Dir in all meinen Schwächen zu zeigen. Wenn Du bald noch nicht abgeschreckt bist, werde ich Dich wohl für dieses ganze Leben in Liebe und Freundschaft behalten. – Gott! welche närrische Unterscheidungen haben wir Deutsche eingeführt! »Liebe und Freundschaft«, »Speck und Schweinefleisch«. –

In diesem Augenblick überfällt mich Sentimentalität – meine Seele ist traurig! – ich schließe um so schneller.

Meine Addresse ist H. H. Dr. jur. per Addresse Ruppersberg auf Norderney, Insel der Nordsee. Ich befinde mich ziemlich wohl. – Hier sind einige Berlinerinnen, die meine »Reisebilder« gelesen, und eine darunter ist nicht übel. – Ich bin übrigens in Cuxhaven, und noch bis heute, sehr stüpider Stimmung gewesen.

H. Heine.

49. *An Karl August Varnhagen von Ense,*
    Lüneburg, 24. Oktober 1826

Lüneburg d 24ten Oktober 1826.

Lieber Varnhagen!
Glauben Sie nur nicht daß ich Ihnen lange nicht geschrieben; im Gegentheil, und ich habe Ihnen viel geschrieben, aber ich habe den Brief wieder zerrissen, und zwar aus der ganz natürlichen Ursache weil er keinen bestimmten Inhalt hatte. Was hilfts wenn ich Ihnen Raisonnements schreibe, diese bleiben doch unvollständig und sind nur Aussprüche der augenblicklichen Stimmung, und diese ändert sich jeden Augenblick. Dagegen ist es für unser Einen so schwer bestimmt aus-

zusprechen was wir eigentlich wollen, wonach wir wirklich streben u. s. w. Wie selten wissen wir es selbst. – Doch so viel ich davon weiß will ich Ihnen sagen:

Als ich Ihr u Frau v. Varnhagens Brief erhielt war ich entzückt – doch, das wissen Sie auswendig – ich las die lieben Briefe drey, vier, dreyzig, vierzig mahl, so daß mir das Herz sehr heiter und der Kopf ganz klar wurde, und, wie ein Stern in der Nacht, der lichte Gedanken in mir aufstieg: ich will nach Paris reisen, Ja! Ja!

Sie haben in der Hauptsache recht, lieber Varnhagen, dieser Platz ist für mich geeignet.

Nun aber sind meine Verhältnisse so verwickelt daß sich die Sache nicht so schnell machen ließ. Zuerst meine Gesundheit. Sie ist noch immer nicht brillant u verlangt große Opfer. Ich reiste daher nochmals nach Nordeney ins Seebad, wo ich fast 2 Monath blieb. Es war mir gewiß sehr heilsam, doch habe ich eine radikale Wirkung noch nicht verspürt und befinde mich noch immer ein kopfschmerzengeplagter Mensch. Aus einer Reise nach Holland, die ich projektirte, ward nichts, wegen des dort herrschenden Fiebers. Um so mehr da ich mich anfänglich in Nordeney schlechter befand als gewöhnlich. Nur gegen das Ende meines Aufenthalts wurde ich mobil. Vielleicht interessirt es Sie daß ich dort den Fürsten Koslowski kennen lernte, der Ihr College war als Sie Minister in Carlsruh waren. Er sprach von Ihnen u besonders von Frau v. Varnhagen mit vieler Wärme. Wie wohl ward mir, als ich Frau v. Varnhagens Lob auf einer Sandinsel der Nordsee von einem Russen ausrufen hörte! Ich habe mich mit dem Russen sehr befreundet, nous étions inseparables, u sahen uns späterhin im Lindenhof zu Bremen wieder. Er weiß noch nicht ob er nach Rußland zurückkommen darf oder nicht. – Die Fürstinn Solms u eine ganze Portion des Gothaer Kalenders – den wir armen Deutschen füttern müssen – war ebenfals dort; doch ich hatte diesmahl nicht viel mit ihr zu schaffen.

Ich machte eine schöne Seereise mit Sturm, Noth, Sonnenaufgänge, Seekrankheit u allem Zubehör. Auch gar schöne Nächte genoß ich am Strand.

Seit 4 Wochen bin ich hier bey meinen Eltern, bleibe wohl noch 2 Monath u reise von hier wieder nach Hamburg um da den 2ten Theil meiner Reisebilder drucken zu lassen. Dort bleib ich bis Frühjahr, reise zur See nach Amsterdam, besehe Holland, und reise von da nach Paris. Ob ich den Rhein nochmals besuche ist unbestimmt. Niemand darf aber diesen Reiseplan wissen, wenigstens niemand der in irgend einem allzunahen Verhältniß zu mir steht, z.b. meine Familie in Hamburg und meine Freunde in Berlin, denen ich noch immer sage daß ich nach Berlin reise um dort zu lesen – wenn ich die große Reise wirklich antrete, so ist es noch immer Zeit daß die Leute es erfahren. Ohne solche Vorsicht machen sie einen mit ihrem Geschwätz irre.

In Paris will ich die Bibliothek benutzen, Menschen u Welt sehen, und Materialien zu einem Buche sammeln, das Europäisch werden soll.

Der 2te Theil der Reisebilder wird I° die 2te u 3te Abtheilung der Nordsee enthalten, die letztere in Prosa, die erste wieder in kolossalen Epigrammen, noch originaler u großartiger als die frühern; dann II° ein Fragment aus meinem Leben, im keksten Humor geschrieben, welches Ihnen gefallen soll, u III° das Ihnen bekannte Memoire über Polen. – Vielleicht, wenn der Raum des Buches es erlaubt, gebe ich IV° dem Publikum: Briefe aus Berlin, geschrieben im Jahre 1822. Aber mißverstehen Sie mich nicht, dies ist bloß eine Form um mit besserer Bequemlichkeit alles zu sagen was ich will, ich schreibe die Briefe eigentlich jetzt, u benutze dazu einen Theil des äußern Gerüstes der Briefe die ich wirklich im J. 1822 im westfälischen Anzeiger drucken ließ.

Auch die 3te Abtheilung der Nordsee besteht aus Briefen, worinn ich Alles sagen kann was ich will.

Und dieses Alles schreib ich Ihnen aus der ganz besondern Absicht, damit Sie sehen wie es mir ein Leichtes ist im 2ten Theil der Reiseb. Alles einzuweben, was ich will. Haben Sie daher in dieser Hinsicht irgend einen besondern Wunsch, wünschen Sie eine bestimmte Sache ausgesprochen zu sehen, oder irgend einen unserer Intimen gegeißelt zu sehen, so sagen Sie es mir, oder, was noch besser ist, schreiben Sie selber in meinem Styl die Lappen die ich in meinem Buche, einflicken soll u Sie können sich auf meine heiligste Discretion verlassen. Ich darf jetzt Alles sagen, u es kümmert mich wenig ob ich mir ein Dutzend Feinde mehr oder weniger aufsacke. Wollen Sie in meinen Reisebildern ganze

Stücke, die zeitgemäß sind, hineingeben, oder wollen Sie mir bloß die Proskripzionsliste schicken – ich stehe ganz zu Ihrem Befehl. Meine Addresse ist: H. Heine, Dr. Juris bey S. Heine, auf dem Markt in Lüneburg.

An Roberts in Paris hab ich noch gar nicht geschrieben. Ich wills aber bald thun u ihnen mittheilen daß ich dorthin zu kommen gedenke. Hätte ich früher schon an Robert geschrieben, so hätt ich es doch zumeist meines lumpen Buchs wegen gethan. Ich war im Anfang für das Schiksal desselben sehr besorgt; doch jetzt bin ich gefaßter. – Für das was Sie, lieber Varnh. zum Besten meiner Reiseb gethan, danke ich herzlich; möge es Gott Ihren eignen Geisteskindern vergelten. Ich hab Sie im Gesellschafter sehr gut erkannt. Die Ausdrücke »Katholik« u »stark mahomethanisch« haben mich königlich amüsirt. Ob Sie den ganzen Aufs geschrieben, konnte ich nicht mit Gewißheit herausdechiffriren. – Das Buch hat viel Spektakel gemacht u viel Absatz gefunden. Mein Verleger hat mir sicher versprochen daß bald eine 2te Auflage nöthig sey; alsdann schreib ich auch eine vernünftige Dedication, u schicke sie Ihnen erst ein zur Censur. Daß ich in der Dedication die 88 ausdrücklich angab, geschah noch in der Nebenabsicht, daß ich in der großen Sammlung meiner sämtlichen Gedichte, die ich doch bald ediren werde, die Heimkehr mit Frau v. Varnhagens Namen besonders verzieren kann. Meine ersten Flegeljahrgedichte, das Intermezzo, die Heimkehr, u zwey Abtheilungen von Seebilder werden einen hübschen Band ausmachen, der Anfang u Ende meines lyrischen Jugendlebens enthält. Auch dieses bleibt unter uns, damit Maurer u Dümler kein Einspruch thun. Diese zwingen mich dazu. Erstere thun gar nichts u haben gar nichts für meine Gedichte gethan. Und mein jetziger Verleger, Campe, mit dem ich sehr befreundet bin, hat Dümmlern vorgeschlagen ihm für billigen Preis den Rest der Tragödien Exemplare zu überlassen u nach langem Hin- u herschwatzen erhielt er von ihm einliegendes Ultimatum; welches, wie natürlich, nicht angenommen werden kann. Sie dürfen daher von jener beabsichtigten Sammlung meiner Gedichte nichts verlauten lasse. Sagen Sie mir aber ob ich auch das Recht dazu habe? Versteht sich viele Gedichte werden fortgelassen, viele verändert u viele hinzugefügt. Bey Ihrer Literatur-Erfahrung können Sie mir am besten darüber Auskunft geben, wie <ich> es da anzufangen habe. Wenn Dümler dem Campe die Tragödien überlassen hätte, so hätte ich doch jene große Gedichtesammlung bey Campe erscheinen lassen. Dieser ist sehr thätig, weiß ein Buch unter die Leute zu bringen – hat wohl über 500 Ex der Reisebilder allein in der Stadt Hamburg abgesetzt – und meine Tragödien wären bekannter geworden. Was denken Sie, sollte man wohl dem Dümmler noch immer bestimmen können? – Die öffentlichen Urtheile über meine Schriften haben den Campe sehr zu meinen Gunsten bestochen und er zahlt mir viel Geld. Und das ist gut u eine gute Beyhülfe in schwierigen Tagen. – Mit meiner Familie steh ich auf gutem Fuß, u meine Spießbürgerliche (Spieße heißen die Studenten Geld) Verhältnisse wären wohl leidlich zu nennen. – Aber Privatverdruß hab ich die Menge, vieles beklemmt mir das Herz – und folglich sehen Sie wohl ein daß es nicht räthlich wäre wenn ich einen Brief an Fr. v. Varnhagen anfinge – selbst wenn ich die Hoffnung hätte ihn fertig schreiben zu können. Anbey ein Fetzen von dem alten, zerrissenen Brief, der mir eben zur Hand kömmt. – Auch liegt einliegend ein Brief an Carl v. Raumer, von dem ich nicht weiß ob er jetzt in Berlin oder in Stettin ist. Ich bitte Sie daher beim Universitätspedellen oder beym Historiker den Professor Raumer (den Vetter des obigen) nachfragen zu lassen ob er in Berlin ist, u im Verneinungsfall den Brief auf die Post zu legen. Dieser Otto v. Raumer ist einer meiner liebsten Freunde, er war lange Zeit mein las Casas in Göttingen, u bin bey dieser Gelegenheit so frey ihm eine Empfehlungskarte an Sie zu geben. Er hat viel Geist, aber es dauert lange bis man ihn zum Sprechen bringt.

Und nun leben Sie wohl und behalten Sie mich lieb. Was soll ich der herrlichen Friedrike sagen? Wo ich bin denke ich an sie. Ich denke an Frau v. Varnhagen – Ergo sum. Sie sehn ich bin kein Idealist. – Den Oberhegellianer Gans bitte ich herzlich zu grüßen; ich freue mich daß Sie ihn oft sehn. Ich bin in den letzten 6 Wochen sehr viel mit ihm umgegangen u gewann ihn noch lieber. –

In Nordeney hab' ich Ihre Biographische Denkmahle gefunden, die ich früherhin nur flüchtig gelesen, u erst dort mit Muße studierte. Um Gott! wie kann man so ruhig schreiben. König Theodors Schildrung ist mir das liebste. Ich finde darinn Ihren pitoresken Styl. Die an-

dern Biograf. sind vielleicht besser, weil sie planer geschrieben, effect-
vermeidender. Ich las diese Schilderungen im Freyen, in schönen
Tagen.

Chamisseau zu grüßen. –

Ihr Freund
H. Heine.

Sr Hochwohlgeb d Herrn / Geh. Legazionsrathe Varnhagen / v. Ense /
in / Berlin.

50. An Friedrich Merckel, London, 23. April 1827

London, Craven Street No. 32, Strand, d 23 April 1827.

Lieber Merkel! Draußen schneit es und in meinem Kamin ist kein
Feuer, daher ein kühler Brief. Obendrein verdrießlich und krank.
Schon genug gesehen u gehört, aber noch keine einzige klare Anschau-
ung. London hat all meine Erwartung übertroffen, in Hinsicht seiner
Großartigkeit aber ich habe mich selbst verloren. Ich habe noch wenig
Besuche gemacht – Deine Freunde sah ich noch nicht – und das Theater war bis jetzt meine Hauptressource. – Ich erwarte mit Spannung
Brief von Dir; meine Addresse steht zwar hier oben, aber es ist zweifel-
haft ob ich hier länger als acht Tage wohnen bleibe, u ich wünsche daß
Du Deine Briefe an B. A. Goldschmidt u Co., St. Helens Passage No. 5,
adressirst. Sollten Briefe bey Campe für mich einlaufen, so sammle sie u
schicke sie mir per Gelegenheit unter besagter Addresse der Hrr Goldschmidt. Sollte sich keine Gelegenheit finden, so könntest Du auch, ab-
gesprochenermaßen, sie erbrechen u mir den Inhalt referiren. Nur
Briefe aus Düsseldorff aus Göttingen und aus Münster wünsche ich
daß Du unerbrochen läßt, und mir nur sagst, daß deren da sind. Ueberhaupt wirst Du leicht merken können, was literarische Briefe sind u
was Familien Briefe sind; und, wie sich von selbst versteht, ich habe
kein Recht über den Inhalt dieser letztern willkürlich zu verfügen. –
Ich friere u leide fürchterlich.

Grüße mir Campe recht herzlich. Ich erwarte ungeduldig von ihm
zu hören wie es mit dem Buche geht, und ob er seine Ruhe, seine phi-

losophische Ruhe in Hinsicht desselben beybehalten konnte. – Ich bin zu krank um etwas thun zu können, doch meine nächste Arbeit soll die Vorrede der Gedichte seyn. Hernach gehe ich an die Veränderung des Ratkliff. – Ich werde h ö c h s t e n s bis Mitte Juny in London bleiben; alsdann gehe ich auf 3 Monath nach einem englischen Seebad. Ich habe letzteres durchaus nöthig. – Fürchterlich kostspielig ist das hiesige Leben, bisher hab ich noch mehr als eine Guinee täglich gebraucht, 1½ Pfund hab ich für Beköstigung u Trinkgeld noch auf dem Dampfschiff zu bezahlen gehabt, für meine wenigen Bücher hatte ich fast ein Pfund Zoll zu bezahlen u. s. w. – Bücher selbst sind hier rasend theuer. – Nichts als Nebel, Kohlendampf, Porter und Canning. – Meine Freunde in der Westminsterabtey habe ich noch nicht besucht. – Grüß mir meinen Bruder; laß ihn oder Deinen Burschen in meinem alten Logis nachfragen, ob nicht etwas, den Tag meiner Abreise, für mich dort abgegeben worden. – Grüß mir Zimmerman recht herzlich ich vermisse ihn täglich – Ich glaube, lieber Merkel, wir werden uns alle nächsten Winter wieder vergnügt in Hamburg beysammen sehen. Das ist aber noch ein großes Staatsgeheimniß. – Schreib mir viel und bald. Sage mir, was die Welt sagt.

Den Dr. Lieber, einen Bekannten Campes u Bueks, den ich hier finden sollte, hab ich noch gesehen; ich höre aber er geht nächsten Sonnabend nach Amerika. – Die armen Deutschen! – Wie wird es mir noch gehn in dieser Welt! Ich werde es, trotz meiner bessern Einsicht, nimmermehr lassen können, dumme Streiche zu machen, d. h. freysinnig zu sprechen. Ich bin begierig von Dir zu erfahren ob keine Regierung mir mein Buch übel genommen. Am Ende will man doch ruhig am Heerde in der Heimath sitzen, und ruhig den deutschen Anzeiger oder die hallische Liter. Zeitung lesen und ein deutsches Butterbrod essen – Es ist hier so fürchterlich feucht u unbehaglich, und kein Mensch versteht einen, kein Mensch versteht deutsch. – Leb wohl

H. Heine.

to Friedrich Merkel, Esqur. / Catharinenstraße No. 118. / in / Hamburg.

51. *An Karl August Varnhagen von Ense,*
Hamburg, 19. Oktober 1827

Hamburg d 19' Oct. 1827

Theure Freunde!

Dank! lieben Dank! für die schnelle Beantwortung meiner bedenklich kurzen Frage. Ich bin noch in diesem Augenblick zu sehr gehetzt, als daß ich einen ordentlichen Brief schreiben könnte. In 14 Tagen aber werde ich schreiben. Pr Dirxen wird Ihnen, lieber Varnhagen, erzählt haben daß ich wieder in Nordeney war. Meine Frage wegen Berlin kam daher nicht aus Aengstlichkeit. Ich war, nachdem ich Fr. v. Varnhagens Responsum erhalten, schon im Begriff zu Ihnen zu reisen, alle Verfügungen dazu waren schon getroffen, als ich einen Brief aus München erhielt, der mich kurz bestimmte dorthin zu reisen. Schon längst hatte man mich hingewünscht. Jetzt verspricht man mir Holland u Braband. Auf jeden Fall finde ich dort Ruhe, das ist mir jetzt die Hauptsache. Januar 1828 erscheinen die p o l i t i s c h e n A n a l e n in München unter der Redakzion Ihres Freundes Heine u des Dr Lindner. Dieses wird den Leuten das erste Zeichen seyn was es bedeutet daß ich in München bin. Ueber diesen Punkt nächstens mehr. Ich habe diese Redakzion angenommen, weil ich überzeugt war Sie sind nicht bloß damit zufrieden, sondern auch darüber erfreut. Die Tendenz sehen Sie wohl voraus. – In einigen Tagen reise ich nach München; unterwegs schreibe ich Ihnen.

Sie, lieber Varnhagen, sind der einzige Mensch auf der Welt auf dessen Verschwiegenheit ich bauen kann. Daher sollen Sie mir sogar in meinen dürresten Privatnöthen behülflich seyn. Alle meine andren Freunde sind Schwätzer. Ich muß Sie belästigen. Sie werden nemlich nächstens von den Herrn Treutel & Würtz, Treutel Junr & Richter in London einen Brief erhalten, worinn diese Herrn Ihnen für mich eine Summe von circa achthundert Thalern überschicken. Diese Summe haben Sie die Güte für mich einzukassiren und bis zu näherer Verfügung mir aufzubewahren. Sie dürfen aber bey Leibe, niemanden sagen daß ich solchermaßen Geld erhalten habe und besitze. Ich habe mancherley Schulden in diesem irdischen Jammerthal und bis jetzt keine fixe Einnahme. Die Verfolgungen, die ich erleide sind bedenklich, und es ist nöthig daß ich zu jeder Zeit mit Reisegeld versehen sey. Was ich bey mir habe pflege ich gewöhnlich zu verschleudern; u so wäre es gut, denk ich, wenn Sie mir immer einen kleinen Zehrpfennig aufbewahrten. Nur Verschwiegenheit! –

Den 8' August, am Todestage Cannings hab ich London verlassen; große geistige Ausbeute. Das Leben dort ist zu groß und zu theur. Ich hatte mich bis an den Hals in Abentheuren versenkt, hatte, durch Malheur und Dummheit über 300 Guinneen eingebüßt, u bin froh, daß ich wieder heraus bin. Die Weiber sind dort schön u die Männer groß und großmüthig. –

Von meiner ersten Reisestazion aus will ich Ihnen schreiben u anzeigen wo mich Ihre Antwort treffen kann. Ich denke nemlich ganz gewiß, daß Sie mir über mein neues Redakzionsgeschäft manchen Verhaltungsbefehl geben werden. Sagen Sie mir an wen ich zum Mitarbeiten mich wenden soll. Wollen Sie selbst die Hand im Spiel haben, so soll es niemand erfahren. Ich will alles selbst vertreten. Was ich Ihnen, in Betreff unserer Intimen, vorschlug, als ich den 2ten Band der Reisebilder schrieb, gilt hier bey den Annalen in vollem Maße. Critik englischer und deutscher Literatur, aus dem Standpunkte der Politik, soll ein leading article werden. Wie viel das Honorar für Aufsätze in den Analen beträgt, weiß ich selbst in diesem Augenblick noch nicht bestimmt; doch ist es auf keinen Fall unbedeutend. – Das »Buch der Lieder« für Frau v. Varnhagen wird wohl richtig angelangt seyn. – Es ist nichts als eine tugendhafte Ausgabe meiner Gedichte. Die 2te Auflage der Reisebilder habe ich meinem Verleger schon verkauft, u ich denke daher sie wird bald erscheinen. Der 3 Band der *Reise Bilder* soll erscheinen – sobald ich ihn geschrieben habe. Noch bin ich jung, noch hab ich keine hungernde Frau u Kinder – ich werde daher noch frey sprechen. Frau v. Varnhagen soll zufrieden seyn. Ich möchte der lieben Freundinn einen langen Brief schreiben, lang wie die Welt, weitschweifig und unerträglich wie mein eignes Leben. Aber – Ich bin im Begriff diesen Morgen eine dicke Frau zu besuchen, die ich in 11 Jahren nicht gesehen habe, und der man nachsagt ich sey einst verliebt in sie gewesen. Sie heißt Me Friedländer aus Königsberg, so zu sagen eine Cousine von mir. Den Gatten ihrer Wahl hab ich schon gestern gesehen, zum Vorgeschmack. Die gute Frau hat sich sehr geeilt und ist gestern just an

dem Tage angelangt, wo auch die neue Ausgabe meiner »jungen Leiden« von Hoffman & Campe ausgegeben worden ist. – Die Welt ist
dum und fade und unerquicklich und riecht nach vertrockneten Veilchen. – Ich aber bin Herausgeber der politischen Annalen; außerdem bin
ich fest überzeugt daß die Esel, wenn sie unter sich sind und sich aus-
schimpfen wollen, so schimpfen sie sich »Mensch«.
Aergert dich dein Auge so reiß es aus, ärgert dich deine Hand so
hau sie ab, ärgert dich deine Zunge so schneide sie ab, und ärgert dich
deine Vernunft so werde katholisch.
Im neuen Bedlam in London habe ich einen wahnsinnigen Politiker gesprochen, der mir geheimnißvoll vertraut hat, der liebe Gott sey
eigentlich ein russischer Spion. – Der Kerl soll Mitarbeiter werden bey
meinen politischen Annalen.

Der Redakteur
H. Heine.

52. *An Karl August Varnhagen von Ense,* *München, 28. November 1827*

Endlich München, ungefähr den 28 Nov. 1827.

Lieber Herr v. Varnhagen!
Ihren gütigen Brief post rest. Cassel, habe ich dort richtig erhalten u
danke für schnelle Beantwortung meiner Anfrage. Ich muß dieselbe,
nemlich ob Treutel & Würz nichts geschickt haben, nochmals wiederholen und wieder um schleunige Antwort, und sey es auch nur durch
eine einzige Zeile, dringend bitten. Ach Gott! man kann sich so wenig
auf Menschen verlassen und die Saumseeligkeit jener londoner Herren
ist mir wieder ein Beweiß wie sehr man sich decken muß. – Hier bin
ich vor einige Tage angekommen. Cotta, der einen Tag länger hier geblieben ist, um mich zu erwarten, ist bereits nach Studtgart zurückge-
reist. Seine Frau ist eine liebenswürdige Dame, sie liest mit Vergnügen
meine Verse u ich gefalle ihr auch persönlich. In 6 Wochen indessen
werden Cottas wieder hier seyn. – Es sieht hier so aus wie ich es erwar-

tete, nemlich herzlich schlecht. Die Leute sind besorgt daß es mir nicht gefalle, u wissen nicht daß ich eigentlich nur ein stilles Zimmer in dieser Welt suche. Ich will mich in mich selbst zurückziehn u viel schreiben. Wenn das Clima mir nicht zusagt, so packe ich den Coffer. Drum will ich mich auch auf nichts festes einlassen. Cotta will mich an sein »Ausland« anspannen. Prosit! Die Annalen sollen mir auch wenig Mühe machen, u um Bewerbungsvisiten zu machen, bin ich zu sehr herz- u kopfkrank. Cotta hat mir 2000 Fl jährlich angeboten; aber ich habe die Sache anders gestellt. Ich will alles erst ruhig betrachten. – In Dr Lindner habe ich einen guten, zuthulichen Mann gefunden, mit dem ich gut umkomme. – Ich sehne mich nach einem Lande, das noch nicht entdeckt ist. Manchmal auch nach Berlin. Besonders wenn ich Brief von Ihnen erhalte u von Frau v Varnhagen sprechen höre. Mit Verwundrung höre ich daß wir ausgezogen sind; ich habe noch immer geglaubt mein Vaterland sey Französische Straße Nr 20. – Ich will an den König v Preußen schreiben, daß er mir, wenn Förster stirbt, die Hofdemagogenstelle geben soll. –

Der König v Bayern soll den Görres schlecht empfangen haben. Oken hat wieder fort wollen; da verstand man sich ihm einen fixen Gehalt zu geben. Der gröste Dichter der Welt ist Eduard Schenk. –

In Cassel war ich 8 Tage. Jakob Grim, dem ich zu gefallen scheine (mirabile!) arbeitet an der Geschichte des deutschen Rechts. Ludwig Grimm hat mich gezeichnet; ein langes deutsches Gesicht, die Augen sehnsuchtvoll gen Himmel gerichtet. – In Francfurt hab <ich> 3 Tage mit Börne zusammengelebt. Sprachen viel von Fr v. Varnh. Er ist beschäftigt seine einzelne Aufsätze in 3 Bände zu sammeln. Der 1ste enthält Theater. Ich hätte nie geglaubt daß Börne so viel von mir hielte; wir waren inseparable bis zum Augenblick wo er mich zur Post brachte. Hiernächst sah ich auf der ganzen Reise niemand außer Menzel in Studtgard. Die edlen Sänger dort hab ich nicht gesehn. Menzels Buch über Literatur hat viel Schönes. Die Stellen über Göthe habe ich nicht ohne Schmerzen lesen können. Ich möchte sie für keinen Preiß geschrieben haben. Wo denken Sie hin, lieber Varnhagen, Ich, Ich gegen Göthe schreiben! Wenn die Stern am Himmel mir feindlich werden, darf ich sie deßhalb schon für bloße Irrlichter erklären? Ueberhaupt ist es Dummheit gegen Männer zu sprechen, die w i r k l i c h groß sind,

selbst wenn man Wahres sagen könnte. Der jetzige Gegensatz der Göthischen Denkweise, nemlich die deutsche Nazionalbeschränktheit
und der seichte Pietismus sind mir ja am fatalsten. Deßhalb muß ich
bey dem großen Heiden aushalten, quand même – Wahrscheinlich
lasse ich im 3ten Theil der *Reise Bilder* wieder eine Batterie gegen das
Pustkuchenthum losfeuern.

Gehöre ich auch zu den Unzufriedenen, so werde ich doch nie zu
den Rebellen übergehen. –

Leben Sie wohl, a n t w o r t e n S i e m i r, s o b a l d a l s n u r
m ö g l i c h, leisten Sie mir etwas Nachschub bey den Annalen, und
wenn Sie mit Frau v. Varnhagen von mir sprechen, so sagen Sie nur
Gutes. – An Roberts viele Grüße. Danksagung für Ludw Roberts Rezension meiner *Reise* Bilder im *Literatur* Blatt. Es soll viel Ironie drin
seyn, sagt man. In Hamb. glaubte man steif u fest sie sey von mir
selbst. – Ich wußte vor Erstaunen mich nicht zu fassen als ich hörte daß
die Rez. der Uechtritzischen <*Tragödie im*> Literatur Blatt von Robert
sey. Was helfen meine Peitschenhiebe wenn die Freunde den freyherr-
lichen Rücken gleich mit heilender Wundsalbe einreiben.

In ergebener Freundschaft
H. Heine.

per Addresse der: Literarisch Artistischen Anstalt
der J. G. Cottaschen Buchhandlung in München.

Sr Hochwohlgeboren Herrn / Geh. Legazionsrath A. Varnhagen / von
Ense. / Mauerstraße N° 36 / in / Berlin

53. *An Julius Campe, München, 1. Dezember 1827*

München d 1 Dec 1827.

Lieber Campe! Um Gotteswillen, lieber Campe! wie konnten Sie
einem so unzuverlässigen Menschen wie Witt einen Brief für mich anvertrauen. Wusten Sie denn nicht daß ich, außer Wein u Theater, keine
Berührungspunkte mit Witt haben kann u will? Ich habe Ihren Brief
nicht erhalten. Sorgen Sie, daß er in keine unrechte Hände komme –.

Meine Addresse ist hier, H. H. Dr. Jur abzugeben in der Literarisch Artistischen Anstalt der J. G. Cottaschen Buchhandlung in München. Vor einigen Tagen bin ich hier angelangt, halb todt. Ich bin langsam gereist, überall, in Cassel, Ffurt, Heidelberg u Studtgart mich aufhaltend. Ich bin so krank, daß ich bis jetzt fast immer das Zimmer gehütet. Cotta, der mich hier erwartete u gleich nach Studtgart abreiste, so wie der Dr Lindner u andre, womit ich hier zusammenstehe, haben mir sehr gut gefallen. Alle Verhältnisse zu meiner Zufriedenheit regulirt. Ich mag nun ein Amt nehmen oder nicht nehmen, für mein Lebensbedürfniß ist gesorgt. Ich brauch nicht mahl zu schreiben wo ich nicht will. Die Annalen redigire ich mit Dr Lindner. So wie ich auch einige Hauptartikel des Auslands redigire. Seyn Sie ohne Sorge, Campe, der 3te *Reise Bilder* Band, leidet nicht darunter, u ihm sollen meine besten Stunden gewidmet seyn. Wären nicht dergl Rücksichten gewesen, so hätte ich mich vielleicht beschwätzen lassen das Morgenblatt, dessen Redaktr eben gestorben, oder die Hauptredakzion des Auslandes zu übernehmen u dabei sehr, sehr viel Geld zu verdienen. Aber ich will frey seyn, u wenn das Clima wirklich so fürchterlich ist wie man mir droht, will ich nicht gefesselt seyn; finde ich meine Gesundheit gefährdet so packe ich meinen Koffer u reise nach Italien.

Ich werde nirgens verhungern, an Ehrenbezeugungen &c liegt mir wenig, u ich will am Leben bleiben. Ueberall, auf meiner Reise, fand ich die Reisebilder en vogue, überall enthousiasmus, Klage u Staunen, u ich hätte wirklich nicht geglaubt schon so berühmt zu seyn. Das hab ich zwey Menschen zu verdanken: dem H. Heine u dem Julius Campe. Diese beiden sollen auch zusammen halten. Ich wenigstens werde so leicht nicht aus Verbesserungssucht u Gewinnsucht mich umändern. Ich denke wir werden alt zusammen werden u uns immer verstehn. Nehmen Sie jetzt, wo ich doch unabhängiger als früher situirt bin, meine Versicherung unwandelbarer Gesinnung. Ich bin jetzt mit Ihnen zufrieden – doch ich schreibe heut konfus, ich wollte eigentlich sagen daß ich eben jetzt wo ich berühmt geworden, das Schicksal deutscher Schriftsteller befürchte, nemlich frühes Hinsterben. Im Ernst, theurer Campe, ich bin sehr krank.

Mein Bruder, Gustav Heine, präsentirt Ihnen eine Anweisung auf 10 Louisd'or. Ich bitte Sie bezahlen Sie sie, obgleich ich erst Ostern von Ihnen Geld bekommen sollte. Ich bin kaum angekommen u will nicht gleich Geld nehmen (besonders nicht um nach Hamburg zu schicken) u doch hatte ich meinem Bruder mein Ehrenwort gegeben ihm 10 Louis, die er mir bey meiner Abreise lieh, gleich zurückzubesorgen. Es ist zwar eine kleine Bitte, aber ich hoffe daß Sie, obgleich es mein Bruder ist, mein Wort honoriren. Ich verlasse mich also darauf, u Sie sollen sich auch auf mich verlassen können. Sehe ich aber daß ich mich geirrt habe, so ist es billig daß ich auch [*Textverlust*] –, Doch das sind überflüssige Worte, Sie wissen wie ich denke, u ich weiß wie die Welt sich herum dreht. – Im Grunde weiß ich gar nichts. – Ich bin heut ein krank altes Weib u schwatze.

Meinen Brief! Meinen Brief suchen Sie doch von Witt zurück zu erhalten. Oder schicken ihm meine Addresse zum Befördern deßelben. – Ich höre von Merkeln daß einer von Ihren beiden Hunde mein Buch der Lieder angebellt habe. Den Pastor sollen Sie behalten, er kuscht. Aber den Magister, der den Lebrün immer anwedelt u an Gubitz apportirt, sollen Sie zum Teufel jagen u auf keinen Fall auf meinem Papier mehr plattdütsch pissen lassen. – Frank in Studtgart, ein unternehmendes Köpfchen, lobte Sie in Hinsicht der Auswahl Ihres Verlags. Ich seufzte u sagte ihm nicht, daß auch Sie einige niederträchtige Hunde <*halten, die*> Sie im Schranke verschlossen haben. Halten Sie <*sich*> deren so viel Sie wollen, aber lassen Sie sie nie heraus. Wirklich, Campe, ich lege auch einigen Werth auf g u t e G e s e l l s c h a f t. – Leben Sie wohl, behalten Sie mich lieb u seyn Sie meiner besten Gesinnungen versichert. Wenn ich kranker werde – ich scherze nicht – ordne ich meine Papiere u addressire sie an Sie für den Fall meines Absterbens. Dann geben Sie solche heraus, u das Honorar soll meine irdischen Schulden hienieden decken. Aber, theurer Freund, lassen Sie mich doch in meinem Erbbegräbnisse neben keinem todten Hunde ruhen.

H. Heine.

Herrn Hoffmann & Campe / in Hamburg.

54. *An Johann Friedrich von Cotta, München, 18. Juni 1828*

Herr Baron!

Nachdem was ich Ihnen gestern mitgetheilt, begreifen Sie leicht, daß mir viel dran gelegen ist, die beikommenden drey Bücher sobald als möglich in des Königs Hände zu befördern. Bitte, vergessen Sie nicht sie mitzunehmen wenn Sie zum Könige gehen; es käme mir auch sehr zu Gute wenn Sie Ihm andeuten wollten: der Verfasser selbst sey viel milder, besser und vielleicht jetzt auch ganz anders als seine früheren Werke. Ich denke der König ist weise genug die Klinge nur nach ihrer Schärfe zu schätzen, und nicht nach dem etwa guten oder schlimmen Gebrauch, der schon davon gemacht worden.

Entschuldigen Sie wenn ich Sie überbillig belästige; aber mein Hierbleiben hängt so sehr davon ab u ich bin ja ganz

Ihr gehorsamst ergebener
H. Heine.

München d 18 Juny 1828

55. *An Eduard von Schenk, Livorno, 1. September 1828*

Livorno den 1 September 1828.

Lieber Schenk! Jetzt erst schreib ich – denn jetzt erst komme ich einigermaßen zur Besinnung, und vermag mit Sicherheit Ihnen den Ort zu bestimmen, wohin Sie Ihren Brief adressieren können wenn Sie mir umgehend schreiben wollen. Ich bitte Sie, schreiben Sie mir, wenn es auch nur einige Zeilen sind, aber sobald als möglich, und zwar: an H. H. poste restante in Florenz; ich reise dahin in 14 Tagen, ich betrete endlich den Boden wo Dante, Machiavel, Lenardo da Vinci, Michel Angelo, Boccaccio gewandelt! Dort empfange ich also Ihre Zeilen. Ich weiß Sie stecken bis am Hals in Geschäften deßhalb sage ich Zeilen – Im Grund ist es auch nicht nöthig, daß Leute unserer Art sich einander viel schreiben. Unsre Bücher sind große Briefe, die zumeist doch an die Sippschaft selbst gerichtet sind.

Was ich über Italien denke, werden Sie daher spät oder früh gedruckt lesen. Der Mangel an Kenntniß der italienischen Sprache quält mich noch sehr. Ich versteh die Leute nicht und kann nicht mit ihnen sprechen. Ich sehe Italien, aber ich höre es nicht. Dennoch bin ich nicht ganz ohne Unterhaltung: Hier sprechen die Steine und ich verstehe ihre stumme Sprache. Sie scheinen ebenfalls recht tief zu fühlen was ich denke. So eine altgebrochene Säule aus der Römerzeit, so ein zerbrökkelter Langobardenthurm, so ein verwittert gothisches Pfeilerstück, dergleichen versteht mich recht gut, recht gut. Bin ich doch selbst eine Ruine, die unter Ruinen wandelt, eine Menschenruine. Gleich und gleich versteht sich schon. Manchmal zwar wollen mir die alten Paläste etwas besonders Heimliches zuflüstern, und ich kann sie nicht hören vor dem dumpfen Tagesgeräusch; dann komme ich des Nachts wieder, und der Mond ist ein guter Dollmetscher, der den ältesten Lapidarstyl versteht und in den Dialekt meines Herzens zu übersetzen weiß. Ja, des Nachts kann ich Italien ganz verstehn, dann schläft das junge Volk mit seiner jungen Opernsprache, und die Alten steigen aus ihren kühlen Betten und sprechen mit mir das schönste Latein. – Es hat, in der That, etwas Gespenstisches, wenn man nach einem Lande kömmt, wo man die lebende Sprache und das lebende Volk nicht versteht, und statt dessen ganz genau jene Sprache kennt, die dort vor einem Jahrtausend geblüht und jetzt, längst verstorben, nur noch von Geistern geredet wird, die todte Sprache.

Indessen, es giebt eine Sprache, womit man, von Lappland bis Japan, bey der Hälfte des menschlichen Geschlechts sich verständlich machen kann, und zwar bey der schöneren Hälfte, die man par excellence das schönere Geschlecht nennt. Diese Sprache, wie herrlich blüht sie in Italien! Wozu Worte, wo solche Augen mit ihrer schwarzen Beredsamkeit einem armen Tedesco ins Herz hinein glänzen! Augen, die besser sprechen als Demostenes; Ciceros und alle neuern Ciceronis, Augen – ich lüge nicht – die so groß sind wie Sterne in Lebensgröße!

Quand on parle du loup, il est dernièr nous. So eben kömmt meine schöne Wäscherinn – und ich muß aufhören mit meinem eignen Gewäsche. Adieu, Dichter des Belisars! Ich denke oft an Sie wenn ich Lorbeerbäume sehe, und je mehr ich an Sie denke, desto mehr muß ich Sie lieben. »Wir werden zusammen alt werden« hat mir Immerman mahl geschrieben.

Apropos! in Insbruck wollt ich Immermans Trauerspiel in Tyrol kaufen – und hörte mit lachender Verwundrung, daß es in Oestreich verboten ist. Schreiben Sie nächstens an Beer, so vergessen Sie nicht diese köstliche Notiz. Grüßen Sie mir alles Grüßbare in München und seyn Sie so gut dem Vorsteher der Cottaschen Buchhandlung, Herrn Wittmeyer, dort wissen zu lassen, daß er mir alle Briefe (n i c h t Paquete) die bis jetzt für mich angekommen, poste restante nach Florenz schicken soll. – Geht alles seinen bewußten Gang, so bin ich in einigen Monathen wieder in München, widrigenfalls bleibe ich noch geraume Zeit in Italien. Sie verstehen mich. Leben Sie wohl u behalten Sie lieb Ihren

Freund

H.

56. *An Eduard von Schenk, Florenz, 1. Oktober 1828*

F l o r e n z , den 1. October 1828.

Lieber Schenk! Diesen Morgen um 7 Uhr bin ich hier angelangt, und mein Erstes war, nach der Post zu eilen – und da finde ich keinen Brief von meinem lieben Schenk. Zum Glück ist die Post hier auf dem Markt, und der Markt von Florenz ist der herrlichste und interessanteste Anblick, den nur ein Mensch finden kann. Die Alterthümlichkeit, die bedeutungsvollen Statuen, die hohen Arkaden, die Großartigkeit, dabei dennoch überall der Hauch altflorentinischer Grazie, überall Blüthe des Medicäerthums, und gar oben im Palast Uffizi die griechischen Götterwohnungen! Ich will Ihnen freimüthig gestehen, im Boudoir der medicäischen Venus vergaß ich Schenk und seinen Brief. Es war aber doch nicht die uralte zusammengeflickte Göttin der Liebe, die mich so gewaltig erhob, vielmehr waren's die Augen einer Italiänerin, die gar andächtig an sie hinaufsah – ich glaube, die alten Götter werden in Italien noch immer angebetet.

Ach, Schenk! die Seele ist mir so voll, so überfließend, daß ich mir nicht anders zu helfen weiß, als indem ich einige enthusiastische Bücher schreibe. Im Bade zu Lucca, wo ich die längste und göttlichste Zeit verweilte, habe ich schon zur Hälfte ein Buch geschrieben, eine Art sentimentaler Reise. Sie und Immermann habe ich mir meistens als Le-

193

ser gedacht, und wenn ich die ersten Kapitel nächstens im Morgenblatt abdrucken lasse, so werden Sie sehen, wie ich Immermann a b z u f i n - d e n gewusst habe. Ich muß bei diesem Wort laut auflachen, um so mehr, da ich weiß, Sie verstehen es nicht. Doch wozu Ihnen Etwas verbergen, da es mir das größte Vergnügen macht, es Ihnen schon jetzt zu sagen! Ja, lieber Schenk, Sie werden wohl Ihren ehrlichen Namen zu diesem Buche hergeben müssen, ohne Pardon wird's Ihnen dedicirt. Doch sein Sie nicht in Angst, es wird Ihnen auch erst zum Lesen gegeben, und es wird viel Artiges und meist Sanftes enthalten. Ich muß Ihnen durchaus ein öffentliches Zeichen meiner Gesinnungen geben, Sie haben's um mich verdient, Sie gehören zu den Wenigen, die darauf bedacht waren, meine äußere Stellung zu sichern, und so wahr mir Gott helfe, ich hoffe, auch der König von Baiern wird es Ihnen einst danken. Ich fühle viel Kraft in mir und will sie gern zum Guten anwenden.

Und nun weiß ich, in eben diesem Moment macht Schenk ein verdrießliches Gesicht, und zwar über sich selbst – Nein, sein Sie außer Sorge, ich habe freundschaftliche Phantasie genug, um hundert Ursachen zu erdenken, weßhalb ich keinen Brief von Ihnen vorfand. Und vielleicht trage ich selbst die Schuld, Sie haben vielleicht zu der Zeit, wo ich Ihnen schrieb, daß ich hier sein würde, mir die Ausfertigung des königlichen Dekrets nicht anzeigen können, und glaubten, ich würde jetzt nicht mehr in Florenz sein. Die Erwartung Ihres Briefes hat mich nun freilich bestimmt, einige Zeit hier zu bleiben, nämlich bis ich Brief von Ihnen habe. Dies ist kein Unglück, Florenz wird mir unterdessen genug Unterhaltung geben. Lieber Schenk, ich weiß, ebenso wenig, wie ich, sind Sie Freund vom Briefschreiben, aber solange ich nicht la sureté de la sureté habe, wie sich Herr v. Savigny ausdrückt, solange ich nicht die Ausfertigung des Dekrets habe, lebe ich in einer gewissen Unbestimmtheit, die sehr unbequem ist. Ich habe z.B. bis jetzt noch nicht an Cotta geschrieben; erst wenn ich Ihren Brief erhalte, schreib' ich ihm meinen Entschluß, eine neue Zeitschrift unter meinem Namen statt der Annalen Januar vom Stapel laufen zu lassen, alsdann muß ich auch Januar wieder in München sein u. s. w. Sie sehen, es ist nicht bloß meine kindische Eitelkeit, sondern auch die Nothwendigkeit, weßhalb ich Sie um schleunige Antwort dränge. Schreiben Sie mir poste restante in Florenz. Ich weiß, Sie haben genug zu thun, deßhalb verlange ich nur

wenige Zeilen. Ihre Tragödien müssen jetzt gewiß schon aus der Presse
sein, und da ich sie von Ihnen selbst haben will und an die kleinklat-
schende Buchhandlung nicht deßhalb schreiben möchte, müssen Sie
mir das Buch per fahrende Post hierherschicken, ebenfalls poste restante. – Und ich würde noch mehr schreiben, wenn ich nicht von der
Nachtreise und von den neuen Eindrücken der Stadt Florenz allzu erschöpft wäre.

Leben Sie wohl und bleiben Sie gut

Ihrem ganz ergebenen
H. H e i n e.

57. An Friederike Robert, Potsdam, vor dem 30. Mai 1829

Sehr schöne Freundinn!
Ich dürste nach einem Tropfen Brief von Ihnen. Sie haben ja nichts zu
thun, das Schreiben wird Ihnen leicht, und im bewegten Berlin giebts
alle Tage was Neues. Ich hingegen hab genug zu thun, hab auch nichts
zu schreiben (außer daß ich Sie liebe) denn ich lebe hier wie Robinson
auf seiner Insel – mein Stiefelputzer ist mein Freytag, die Hausmägde
sind meine Lamas u. s. w.

Robert soll Frau v. Varnhagen sehr drängen Herrn v. V. zu drängen
das zu schreiben was ich wünsche. Sie aber müssen Robert drängen; er
soll an Varnhagen sagen: wenn er Bewußtes nicht schreibt so rebellire
ich wieder gegen Goethe u schiffe mich gleich ein nach Amerika. Ich
habe jetzt Goethe in Händen – denn ich lese jetzt seinen W. Meister. –
Ich leide jetzt noch mehr als früher, u Varnhagens, die mich Sonntag
zum Essen festhielten, sind Schuld daß ich die Stunde versäumte wo
ich Casper sprechen wollte.

Ich befinde mich in jeder Hinsicht schlecht. Bin ich krank?
dumm? verliebt? Wer kann das unterscheiden!

Leben Sie wohl u grüßen Sie mir die Welt.

Ihre getreue Freundinn
H. Heine

Potsdam den u den Datum 1829.

58. An Friederike Robert, Potsdam, 30. Mai 1829

Schöne generose Friedrike!

Wenn man seit 5 Uhr am Arbeitstisch gehockt u über einen Druckbogen geschrieben hat, darf man schon um Mittagzeit müd und dumm seyn; um so mehr wenn man kranken Kopfes ist.

Ich darf aber doch nicht länger zaudern Ihnen für Ihren letzten Brief zu danken, für diesen wunderbaren Frühlingsbrief, der mich vor Entzücken ins Freye trieb – freylich die alte Wehmuth kam auf ihren eisernen Krücken bald nachgehinkt. – Wir beiden sind doch die zwey besten Schriftstellerinnen Deutschlands! wir können die Herzen von Grund auf bewegen. Da Sie meine Gedanken kennen, so errathen Sie leicht was ich jetzt denke. Der Stolz bricht mir den Hals. – Kommen kann ich nicht, wenigstens noch nicht in den ersten Tagen, aus zwey Ursachen; die erste weiß ich selbst nicht, die zweite aber besteht darinn, daß ich July mit all meinen Arbeiten fertig seyn will – und dann gehts fort, weit, weit fort.

Ein ganz einsamer Robinson bin ich hier nicht mehr. Einige Offizire sind bey mir gelandet, Menschenfresser. Gestern Abend im Neuen Garten gerieth ich sogar in eine Damengesellschaft, und saß zwischen einigen dicken Potsdammerinnen, wie Apoll unter den Kühen des Admet.

Vorgestern war ich in Sanssouzi, wo alles glüht u blüht, aber wie! du heiliger Gott! das ist alles nur ein gewärmter, grünangestrichener Winter, und auf den Terrassen stehen Fichtenstämmchen, die sich in Orangenbäume maskirt haben. Ich spatzierte umher und sang im Kopfe:
Du moment qu'on aime, – l'on devient si doux!
Et je suis moi-même – aussi tremblant que vous.

Das singt nemlich das Ungeheur in Zemire und Azor. Ich armes Ungeheur, ich armer verwünschter Prinz, bin so kummerweich gestimmt, daß ich sterben möchte. Und ach! wer todt zu seyn wünscht, der ist es schon zur Hälfte. Mein großes humoristisches Werk habe ich wieder bey Seite gelegt, und mache mich jetzt aufs neue an die italienische Reise, die den 3ten Theil der Reisebilder füllen soll, und worin ich mit allen meinen Feinden Abrechnung halten will. Ich habe mir eine Liste gemacht von allen denen, die mich zu kränken gesucht, damit ich, bey meiner jetzigen weichen Stimmung keinen vergesse. Ach, krank und elend wie ich bin, wie zur Selbstverspottung, beschreibe ich jetzt die glänzendste Zeit meines Lebens, eine Zeit, wo ich, berauscht vor Uebermuth und Liebesglück, auf den Höhen der Appeninen umherjauchzte, und große, wilde Thaten träumte, wodurch mein Ruhm sich über die ganze Erde verbreite, bis zur fernsten Insel, wo der Schiffer des Abends am Herde von mir erzählen sollte; jetzt, wie bin ich zahm geworden, seit dem Tode meines Vaters! jetzt möchte ich auf so einer fernen Insel nur das Kätzchen seyn, das am warmen Heerde sitzt und zuhört, wenn von berühmten Thaten erzählt wird.

Ich bin so niedergeschlagen, so zusammengedrückt, so beengt – ach ich möchte ein Kätzchen seyn! Grüßen Sie mir Mimi – – – Auch Ihren Hauskater lasse ich herzlich grüßen; ebenfalls alle Nachbarschaftskatzen. Auch Varnhagens. Leben Sie wohl, u behalten Sie lieb

Ihre kleine Freundin
H. Heine.

Potsdam ohne Datum 1829.

An Ihre Wohlgeboren / Madame Friedrike Robert / Geborene Braun. / in / B e r l i n . / Leipziger Straße No 110. / 2te Etage

59. *An Moses Moser, Helgoland, 6. August 1829*

Helgoland den 6ten August 1829.

Lieber Moser! Da eben ein Schiff nach Hamburg abgeht, kann ich nicht unterlassen Dir einige freundliche Grüße nach dem Continente hinüberzuschicken. Ich habe mich, nach einem kleinen Seesturm, glücklich hierhergefunden, wo ich mich wohl u heiter auf dem rothen Felsen ergehe. Ich befinde mich, in der That, recht wohl u heiter. Das Meer ist mein wahlverwantes Ellement u schon sein Anblick ist mir heilsam. Ich bin, jetzt fühl ich es erst, unsäglich elend gewesen, als ich mich in Berlin befand; Du hast gewiß darunter leiden müssen. Ein melankolischer Freund ist eine Plage Gottes. Hoffentlich treffen Dich diese Zeilen in vollem Wohlseyn. Schreib mir hierher: an H. H. Dr. bey brodder Nikkels in Helgoland in der Nordsee.

Alle Okeaniden lassen Dich grüßen. – Ich wünschte Du sähest

mahl das Meer; vielleicht begriffest Du die Wollust die mir jede Welle einflößt. Ich bin ein Fisch mit heißem Blute u schwatzendem Maule; auf dem Lande befinde ich mich wie ein Fisch auf dem Lande. Auch die Seehunde lassen Dich grüßen. Eine weiße Möve, die ich gestern kennen lernte, läßt sich erkundigen ob Gans sein Buch fertig ist? Leb wohl, es giebt wenig Papier auf Helgoland.

Dein Freund
H. Heine.

Sr Wohlgeboren / d Herrn M. Moser, / pr Addr. M. Friedländer & C⁰ / Neue Friedrichstraße N⁰ 47. / in / Berlin.

60. *An Friedrich Merckel, Hamburg, 24. Oktober 1829*

Guten Morgen, Klabotermann!
Hier erhältst Du den 1sten Aushängebogen des 3ten Theils. Das war also das Papier, das meiner so sehnsüchtig harrte, und um dessentwillen unser typographischer Julius mich beständig pisachte! Zweifelst Du jetzt daran daß er nicht einst Cotta übertrifft! wär es nur nicht von dieser Seite! Cotta läßt auch auf schlechtem Billard spielen, aber wer gut spielt, hat mehr Nutzen davon. Campe verläßt sich auf mein gut Spiel und sorgt nicht einmahl im geringsten für meinen Nutzen; außerdem daß ihm bey mir seine Partiegelder mehr als bey andern s i c h e r sind, will er noch mehr Vortheil haben, und indirekt soll ich a n d r e L e u t e bezahlen. Ich laufe wüthend im Zimmer herum u betrachte vergleichend meine alte Unterhosen und dann wieder meinen Aushängebogen. Ich sterbe vor Unmuth.

Dein Freund
H. Heine.

61. *An Karl Immermann, Hamburg, 17. November 1829*

Guten Morgen, lieber Immermann!
Ich habe Ihnen nichts zu sagen als was die ganze Welt hier weiß, nemlich daß gestern Abend Ihr »Trauerspiel« bey gutbesetztem Hause und

gutem Spiel, mit dem würdigsten Beyfall aufgenommen wurde. Zum ersten mahl seit sechs Monathen war ich wieder im Theater, in Gesellschaft lieber Damen, deren Lippen allerliebst aussahen als sie das Lob Immermanns aussprachen.

Heute habe ich Kopfschmerzen, da das Theater und besonders wenn ich ein ganzes Stück ansehe, mich immer angreift. Aber dafür war ich gestern desto gesund glücklicher! Gestern Morgen habe ich den Grafen Platen ausgepeitscht und gestern Abend Carl Immerman applaudirt. Zu ersterem Geschäfte, das erst zur Hälfte gediehen, habe ich doch endlich gehen müssen, habs lang genug aufgeschoben, und ich selbst war eben so wie die Anderen sehr neugierig was i c h thun würde. Sie, Immerman, haben den Richter gespielt, ich will den Scharfrichter spielen, oder vielmehr recht ernsthaft darstellen. Der Oedyppus hat in Berlin nur Unwillen erregt; desto-mehr wird er hier von einer gewissen Clique, die mit dem Grafen steißlich einverstanden ist, sehr goutirt. Sein Leibfreund Rumohr, der große Koch, der die ganze Souppe eingerührt, ist gestern arrivirt und ich bin gefaßt auf die jämmerlichsten Machinazionen. Ich sprach ihn zuletzt in Italien, und erst von ihm erfuhr ich, daß Platen eben durch eine Xenie von Ihnen so sehr in Harnisch gekommen. Ich kann vor lauter Lachen nicht schreiben. Unglückliche *Xenie*, Sie hat mich ins Verderben gestürzt! Hätte ich Zeit, ich würde Ihnen die schrecklichsten Vorwürfe machen! Aus Rache soll Ihnen der 3te Theil der Reisebilder dedizirt werden, und ich denke Ihnen das Buch in 4 bis 5 Wochen zu schicken. Ich hatte Ihnen freylich ein besseres Buch zugedacht, aber ich darf diese Gelegenheit nicht vorübergehn lassen, Ihnen eben das Buch zu präsentiren worin die Spolia opima des großen Champion der Classizität enthalten sind. Ich spreche in Ernst, ich hatte Ihnen etwas Besseres zugedacht – aber das Z e i t g e m ä ß e hat auch seinen Werth.

Uebrigens ist das Buch zahm geschrieben, nicht im mindesten demagogisch, sogar gut russisch, was jetzt soviel ist wie ultrapreußisch. Wenn es mir möglich, besuche ich Sie nächstes Jahr. – Durch den Tod meines Vaters war ich lange trübsinnig, u erst jetzt komme ich a l l -m ä h l i g wieder in bessere Stimmung. Ich bleibe noch einige Monate hier. – Ihren Friedrich habe ich mit Entzücken gelesen. Er ist mir unendlich lieber als der Hofer, den ich, so hoch ich ihn verehre, dennoch am wenigsten, unter Ihren Stücken, liebe. Gestern Abend freylich gefiel er mir besser als bey der Lektüre; als ich ihn las kam es mir vor als sey er in gedrückt krankhafter Stimmung geschrieben. Köstlich machten sich gestern Abend die Tyrolerlieder während in der Ferne geschossen wurde. Lenz hat gut gespielt. Schön Elsi vortrefflich. Der letzte Akt, poetisch der schönste, war theatralisch der schwächste. Bis zum vorletzten Akt erhielt sich im Publikum die athemschöpfende Erwartung, die herzklopfende Spannung; aber der letzte Akt enthielt keinen Theatralischen Reitz, und einen wohlbekannten Ausgang. Er hat daher weniger zugesagt als die frühern Akte. Ich will jetzt das Stück nochmals lesen und nächstens sage ich Ihnen mehr darüber. – Meine Addresse ist: Hoffman u Campe. Es freut mich daß Campe Ihre sämmtliche Schriften herausgiebt. Je n'y ai pas nui. – Sämtliche Redaktoren cottascher Zeitschriften sind mir feindlich, im Morgenblatt verstümmeln sie meine Aufsätze, aufs schändlichste. Der alte Cotta selbst ist sehr brav. Einige Abende vor meiner Abreise von München, als ich ihm sagte, daß in seinem Verlage das Platensche Pasquil erscheine, sagte er mir, daß ich es mir von seinen Leuten geben lassen solle. Es hätte mir nur ein Wort gekostet und der Druck wäre unterblieben. Aber ich lehnte es ab, wie Sie wohl denken können.

Leben Sie wohl, herzinnig wohl. Ich liebe Sie sehr, denke täglich an Sie. Empfehlen Sie mich Gut- und Gleichgesinnten. Alle Damen, die Ihnen lieb sind, umarme ich; ich erlaube Ihnen – nemlich à distance – alle Damen, die ich liebe, ebenfalls zu umarmen.

Ihr Freund
H. Heine.

62. An Friederike Robert, Hamburg, 15. Januar 1830

Hamburg d 15 Jan. 1830.

Liebenswürdige und sehr Schöne! Sie schreiben mir nicht? Oder glauben Sie ich wäre schon todt? Fürchten Sie etwa, daß in solchem Fall Ihr Brief in fremde Hände gerathen könnte, so addressiren Sie ihn: an H. H. Dr. abzugeben bey der Witwe Heine, Geborn. v. Geldern auf dem Neuen Wall Nº 28 Lit. D. in Hamburg; stürbe ich auch unterdessen, so werde ich doch auf jeden Fall meiner Mutter als Geist erscheinen und bey dieser Gelegenheit Ihren Brief in Empfang nehmen. Wie gern würde ich jetzt meinen Freunden in Berlin als Körper erscheinen, aber Privatkrankheit hält mich in diesem Augenblick hier fest. Ich bin wirklich krank und hab dazu viel Verdrießlichkeit um die Ohren. Dazu kommt noch der 3te Theil der Reisebilder und das schlechte Wetter und Zahnschmerz. – Heute schrieb ich, um mich in Gedanken so weit als möglich von hier zu entfernen, an meinen Bruder Max, der in der Türkey ist – der Glückliche, er hat nur mit der Pest zu kämpfen! Auch Robert soll mir schreiben und zwar sobald als möglich. Er soll mir seine Gedanken über das 11te Kapitel meines Buchs nicht vorenthalten. Er soll bedenken, daß die Prügel abseiten des Platenschen Schönheitsfreundes, womit er im Morgenblatt bedroht worden, jetzt gewiß einen Ableiter gefunden. – Seine Tochter Jephtas wird jetzt hier einstudiert. An Varnhagen haben ich geschrieben und Brief für Moser eingelegt; von beiden keine Nachricht. Ist etwa Varnhagen verreist? – Leben Sie wohl und schreiben Sie mir ehe ich todt bin; denn meine Feinde (es regnet hier an Schmähaufsätz über mein Buch) sind zwar uneinig ob ich geköpft oder gespießt werden soll, aber in der Hauptsache sind sie sich einig, nemlich mich umzubringen.

Die untern Striche sollen Wasser bedeuten, und zwar Thränenwasser. Leben Sie wohl und wo möglich noch besser.

Ihr Freund
H. Heine.

A Madame Fred. Robert, / née Braun / pr Addr. Ludwig Robert, / Leipzigerstraß Nº 110. / in / Berlin.

63. *An Karl August Varnhagen von Ense, Hamburg, 4. Februar 1830*

Hamburg d 4 Januar 1830.

Heute, lieben Freunde, habe ich Ihnen Wichtiges zu schreiben, das Wichtigste was mich jetzt bewegt, nemlich ich muß Ihnen für Ihren letzten Brief danken. Ihr Stillschweigen hatte mir schon viel Sorge gemacht und ich fühlte daß Ihr Schweigen mir mehr Gram machen könnte als das Schreyen aller Feinde, die sich in diesem Augenblick gleichsam das Wort gegeben haben gegen mich loszubrechen. Ich lasse mich freylich von solchen Feinden und ihrer Wuth nicht irre machen – eben so wenig wie ich mich bey der Güte und Großmuth meiner Freunde selbst täuschen will. Ja, lieber Varnhagen, ich fühle es tief daß Sie aus Edelmuth mich jetzt nicht tadeln und nicht ebenfalls über mein letztes Buch den Stab brechen. Dafür danke ich; das will ich nie vergessen. Keiner fühlt es tiefer als ich selbst, daß ich mir durch das Platensche Kapitel unsäglich geschadet, daß ich die Sache anders angreifen sollte, daß ich das Publikum und zwar das bessere verletzt – aber ich fühle zugleich, daß ich mit all meinem Talente nichts besseres hervorbringen konnte und daß ich dennoch – coute que coute – ein Exempel statuiren m u ß t e . Der Nazionalservilismus und das Schlafmützenthum der Deutschen wird sich bey dieser Gelegenheit am Glänzendsten offenbaren. Ich zweifle ob es mir gelungen das Wort G r a f seines Zaubers zu entkleiden. Die Satisfakzionsfrage kommt schon aufs Tapet – Sie erinnern sich daß ich von Anfang an dran dachte – gleichviel ich hab es in solcher Vorsorge so toll gemacht, daß dem Grafen mehr dran liegen müste von mir Satisfakzion zu bekommen, als mir von ihm. Die Macht der Verhältnisse soll diesmal ein Lustspiel werden. Dann wieder die Klage: ich hätte gethan was in der deutschen Literatur unerhört sey – Als ob die Zeiten noch dieselben wären! Der Schiller-Göthesche Xenienkampf war doch nur ein Kartoffelkrieg, es war die Kunstperiode, es galt den Schein des Lebens, die Kunst, nicht das Leben selbst – jetzt gilt es die höchsten Interessen des Lebens selbst, die R e v o l u z i o n tritt ein in die Literatur, und der Krieg wird ernster. Vielleicht bin ich außer Voß der einzige Repräsentant dieser Revoluzion in der Literatur – aber die Erscheinung war nothwendig in jeder Hinsicht. Ich glaube nicht daß ich hier, wie bey meinen Liedchen, viel Nachfolger haben werde, denn der Deutsche ist von Natur servil, und die Sache des Volks ist nie die Populare Sache in Deutschland. Doch, hier läßt sich nichts vorausbestimmen – jeder thue das Seinige. Freylich glaubt jeder seine eigne Sache zu führen, während er doch nur das Allgemeine repräsentirt. – Ich sage das, weil ich in der Platenschen Geschichte auf keine Bürgerkrone Ansprüche machen will, ich sorgte zunächst für mich – aber die Ursachen dieser Sorge entstanden aus den allgemeinen Zeitkampf. Als mich die Pfaffen in München zuerst angriffen und mir den Juden zuerst aufs Tapet brachten, lachte ich – ich hielts für bloße Dummheit. Als ich aber System roch, als ich sah wie das lächerliche Spukbild allmählig ein bedrohliches Vampier wurde, als ich die Absicht der Platenschen Satyre durchschaute, als ich durch Buchhändler von der Existenz ähnlicher Produkte hörte die mit demselben Gift getränkt manuskriptlich herumkrochen – da gürtete ich meine Lende, und schlug so scharf als möglich, so schnell als möglich. Robert, Gans, Michel Beer und andre haben immer, wenn sie wie ich angegriffen wurden, christlich geduldet, klug geschwiegen – ich bin ein Andrer, und das ist gut. Es ist gut wenn die Schlechten den rechten Mann einmahl finden, der rücksichtslos und schonungslos für sich und für Andre Vergeltung übt. Genug davon. – Daß Sie und Fr. v. *Varnhagen* krank sind oder wenigstens leiden hat mich sehr betrübt; ich bin ebenfalls in schlechter Gesundheit und weiß noch nicht wann ich nach Berlin kommen kann. Für mein Buch wäre es vielleicht gut; hier, in allen Klatschblättern wird mein guter Namen zerfetzt, in außwärtigen Blättern ist nicht minder Unholdes zu erwarten, und da wären manche Freunde in Berlin, wenn ich sie persönlich drum anginge, vielleicht willig für meine Ehre etwas zu thun. Leider hängt die öffentliche Meinung, mehr als man glaubt, von den Journalen ab. Daß Sie etwas für mich thun wollen, ist mehr als ich erwarten konnte – ich weiß daß es Ihnen, auch bey bester Gesundheit, sauer ankommen würde in so trüber Sache zu schreiben. Gans hätte die heiligste Verpflichtung für mich ins Feld zu rücken; ich bitte Sie ihn dazu aufzufordern, nemlich in meinem Namen; sein Versprechen mein Buch in den Jahrbüchern gleich rezensiren zu lassen, soll er jetzt ernsthaft erfüllen, sonst schneide ich ihm die Ohren ab und er soll – die größte Strafe – sich selbst nicht mehr hören können. Aber er muß alles bald thun. Auch ersuche ich ihn den Herausgeber der Staatszeitung zu vermögen von der Erscheinung meines Buchs (qua Erscheinung) Notiz zu nehmen; die politische Tendenz desselben wird gewiß nicht mißfallen haben. Ich würde an Gans selbst schreiben, wenn ich seine Compromittirungstalente nicht kennte. Diese Tage erhielt ich ein Büchlein, betitelt: Erato von Franz Freyherrn v. Gaudy; Glogau bey Heyman. 1829. worinn hübsche Lieder in meiner kurzen Manier und der Vfr hat sie mir dedizirt. Besonders hat er einige niederländische und altfranzösische Gemälde in dieser Manier sehr gut geschildert. Auf meinen Reisen fand ich daß diese Manier noch mehr nachgeahmt wird als man glaubt, obgleich auch die gedruckten Spuren derselben, in vielen Gedichtesammlungen, sehr häufig sind. Madame votre épouse ist an all diesem Unheil Schuld, da sie mir, als ich die ersten Proben dieser Manier lieferte, nicht gleich durch strenges Verbot das Handwerk legte, ja, da sie mich zur ausbildung dieser Form ermunterte. Auch das Aufkommen dieser Gedichte Art war eine nothwendige Erscheinung u vielleicht nützlich – obgleich sie sich nicht lang halten kann.

Frau v. Varnhagen küsse ich die Hände, und ich kann Ihr versichern daß die Angst, die mir ihre Krankheit vorigen Winter einflößte, noch nicht aus meinen Gliedern ist. Ich hoffe Sie beide bald zu sehen. Auch Roberts lasse ich mich empfehlen. Madam Roberts letzter Brief hat mich mit Besorgniß erfüllt. Der Ton ist darin so from, gesangbuchfrom – Um Gottes Willen! sie ist doch bey diesem glatten Wetter nicht gefallen und hat doch nicht sonstig an ihrer Schönheit Schaden genommen? Wüßte ich genau, daß sie gesonnen sey sich dem lieben Gott in die Arme zu werfen, so würde ich schnell mit ihr zu brechen suchen; meine Renommee käme sonst schlecht weg. – Von Ihrer Schwester werden Sie wohl ein bischen Brief erhalten haben; sie läßt Ihnen durch mich einen sehr langen Brief prophezeyen. Ihre Kinder so wie auch Dr. Assing befinden sich ganz wohl. – Und nun leben Sie wohl und wenn es Zeit u Lust erlauben schreiben Sie mir b a l d u n d v i e l; Ihre Briefe haben immer etwas was mich stärkt und hebt und im Wollen befestigt. Ich bedarf solchen geistlichen Zuspruchs jetzt mehr als je. – Ich bin

mit Freundschafts Ergebenheit
H. Heine.

64. An Karl August Varnhagen von Ense, Hamburg, 1. April 1831

Hamburg d 1 April 1831.

Lieber Varnhagen! Ich will Ihnen nur sagen daß ich lebe, zwar just nicht zu meinem Vergnügen wie Fr. v. Varnhagen es gewiß wünscht, aber ich lebe dennoch. In dieser tollen Zeit ist es schwerer als je Briefe zu schreiben, wenn man nicht just bestimmtes sagen, melden, erbitten oder anzubieten hat. Des Weltallgemeinen ist zu viel um es brieflich zu besprechen, das persönlichst Wichtige ist wieder zu gringfügig in Vergleichung der großen Dinge die täglich ohne unser Zuthun passiren. Werden die Dinge von selbst gehen, ohne Zuthun der Einzelnen? Das ist die große Frage, die ich heute bejahe morgen wieder verneine, und von welcher Selbstbeantwortung immer meine besondere Thätigkeit influenzirt, ja, ganz bestimmt wird.

Als ich nach dem letzten July bemerkte wie der Liberalismus plötzlich so viel Mannschaft gewann, ja wie die ältesten Schweitzer des alten Regime plötzlich ihre rothen Rökke zerschnitten um Jakobinermützen davon zu machen, hatte ich nicht üble Neigung mich zurückzuziehen u Kunstnovellen zu schreiben. Als die Sache aber lauer wurde, u Schrekkensnachrichten wenn auch falsche, aus Polen anlangten und die Schreyer der Freyheit ihre Stimmen dämpften, schrieb ich eine Einleitung zu einer Adelschrift die Sie in 14 Tagen erhalten, und worin ich mich, bewegt von der Zeitnoth, vielleicht vergallopirt und – Sie werden der absichtlichen Unvorsichtigkeiten genug drin finden u diese so wie auch den angstschnellen schlechten Styl billigst entschuldigen. Unterdessen schrieb ich noch tolleres, welches ich in den Ofen warf, als es sich wieder erfreulicher gestaltete – Und jetzt? Jetzt glaube ich an neue Rückschritte, bin voller schlechten Profezeihungen – und träume jede Nacht ich packe meinen Koffer u reise nach Paris, um frische Luft zu schöpfen, ganz den heiligen Gefühlen meiner neuen Religion mich hinzugeben, und vielleicht als Priester derselben die letzten Weihen zu empfangen. – Für Ihre freundliche Beantwortung meines letzten Buches meinen nachträglichen Dank. Auch für das Conversazionsblatt. Ueber den Salondemagogen haben Andre noch mehr gelacht als ich. Der Witz ist gewiß richtig, aber er kann mir mal den Kopf kosten.

Hier lebe ich noch immer in trübster Bedrängniß. – Mit dem besten Willen, sehe ich wohl ein, kann ich die Weißheit der Regierungen nicht für mich benutzen, und es bleibt mir nichts übrig als mich vor ihren Thorheiten zu sichern. – In München geht es schlecht, wie ich höre. Hätte mein Freund Schenk mich nicht den Jesuiten sakrifizirt, so würde ich ihm jetzt vom großen Nutzen seyn können, ohne daß meine Prinzipien darunter zu leiden brauchten. Treulosigkeit und Wortbruch haben mich aber von dieser Seite so sehr irritirt, daß ich die deutschen Polignacs jetzt selbst hängen könnte. – Gegen Preußen bin ich ebenfalls bitter gestimmt, aber nur wegen der allgemeinen Lüge, deren Hauptstadt Berlin. Die liberalen Tartüffe dort ekeln mich an. Viel Indignazion wuchert in mir. – Genug davon. – Sie brauchen auf Briefe an mich nicht meinen Namen zu setzen, sondern nur die Addresse meiner Mutter, die Ihre zierliche Handschrift kennt, u mir die Briefe unerbrochen zukommen lassen wird. – Leben Sie wohl, u bitten Sie Fr. v. *Varnhagen* mir zu schreiben. Roberts grüße ich. So wie auch Gans gelegentlich. Der Fürst Pükler hat mir nicht geschrieben, das ist mir leid, sehr leid. Wie gehts ihm? – Mit voller Seele

Ihr ergebener
H. Heine.

Sr Hochwohlgeboren / des Herrn Geh. Legazionsrath / A. Varnhagen von Ense, / in / B e r l i n . / Mauerstraße

V

LA FORCE DES CHOSES!

(1831–1844)

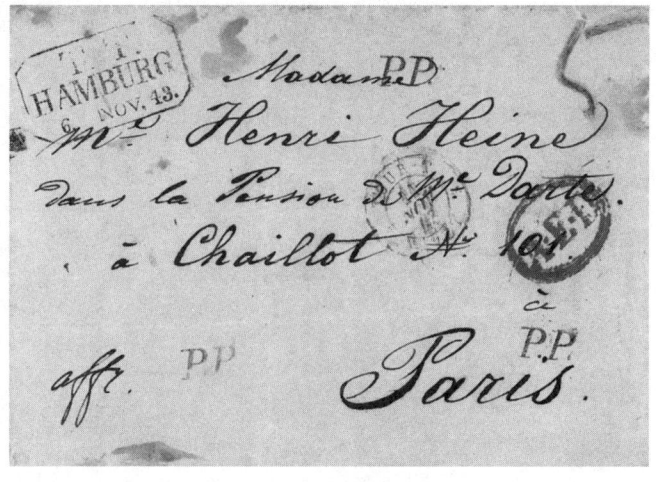

Abbildung Seite 207:

Umschlagseite von Heines Brief an Mathilde, Hamburg,
5. November 1843 (Nr. 117, s. S. 308ff.), in dem er ihr schrieb:
»Und ich bin so fern von Dir! Es ist ein wahres Exil!«

Paris ist das neue Jerusalem, und der Rhein ist der Jordan, der das geweihte Land der Freyheit trennt von dem Lande der Philister« (DHA VII, 269), hatte Heine 1830 unter dem Eindruck der Nachrichten über die Julirevolution geschrieben. Als er den Rhein im Mai 1831 überquerte und nach Frankreich einreiste, konnte er nicht ahnen, daß es dreizehn Jahre dauern sollte, bis er diese Grenze erneut passieren würde. Aber auch vieles andere entwickelte sich nicht so wie erwartet:

Schon die ersten Tage meiner Ankunft in der Hauptstadt der Revoluzion merkte ich, daß die Dinge in der Wirklichkeit ganz andre Farben trugen, als ihnen die Lichteffekte meiner Begeisterung in der Ferne geliehen hatten. Das Silberhaar, das ich um die Schulter Lafayettes, des Helden beider Welten, so majestätisch flattern sah, verwandelte sich bey näherer Betrachtung in eine braune Perücke, die einen engen Schädel kläglich bedeckte. [...] Es ist eine schon ältliche Geschichte. Nicht für sich, seit undenklicher Zeit, nicht für sich hat das Volk geblutet und gelitten, sondern für andre. Im Juli 1830 erfocht es den Sieg für jene Bourgeoisie, die eben so wenig taugt wie jene Noblesse, an deren Stelle sie trat, mit demselben Egoismus ... Das Volk hat nichts gewonnen durch seinen Sieg als Reue und größere Noth. Aber seyd überzeugt, wenn wieder die Sturmglocke geläutet wird und das Volk zur Flinte greift, diesmal kämpft es für sich selber und verlangt den wohlverdienten Lohn. (DHA XI, 56)

Daß die politischen wie gesellschaftlichen Zustände allem äußeren Anschein zum Trotz höchst instabil waren, gehörte zu seinen wichtigsten Beobachtungen während der ersten Zeit in Paris, und die Erkenntnis, »daß nicht bloß die französische Spezialrevoluzion noch nicht vollendet sey, sondern daß erst die weit umfassendere Universalrevoluzion ihren Anfang genommen habe« (DHA XII, 131), wurde zum Leitmotiv und inneren Spannungsmoment seiner Korrespondenzberichte, die er Ende 1831 für Cottas *Allgemeine Zeitung* zu schreiben begann. Die Unsicherheit der Verhältnisse, aber auch die Ungewißheit seiner persönlichen Lage spiegelt sich in dem berühmten Brief an Varnhagen vom 27. Juni 1831 (Nr. 65). Anfang und Schluß wirken durch die hyperbolischen Satzkonstruktionen, die sich selbst »auf die Spitze« treiben zu wollen scheinen, stark rhetorisch durchgeformt. In dieser Hinsicht ähnelt er den Hamburger Briefen des jugendlichen Heine an Christian Sethe, in denen es einst ebenfalls um eine Standortbestimmung in einer neugefundenen Rolle ging. »La force des choses«, die »Macht der Dinge«, hatte ihn in die prekäre Lage »auf die Spitze der Welt« (S. 221) in Paris gebracht, dennoch entstand schon bald der Eindruck, als befinde er sich dort genau am rechten Platz, und Varnhagen fragte beinahe triumphierend zurück: »Hab' ich Ihnen nicht immer gesagt, Sie müssen nach Paris, das ist der Ort für Sie?« (HSA XXIV, 108)

In seinem letzten in Deutschland entstandenen Text, der *Einleitung* zu *Kahldorf über den Adel* (einer von dem radikalen Burschenschafter Robert Wesselhöft verfaßten, adelskritischen Streitschrift), hatte Heine auf die Geistesverwandtschaft von Deutschen und Franzosen hingewiesen: »Man vergleiche nur die Geschichte der französischen Revoluzion mit der Geschichte der deutschen Philosophie, und man sollte glauben: die Franzosen, denen so viele wirkliche Geschäfte oblagen, wobey sie durchaus wach bleiben mußten, hätten uns Deutsche ersucht unterdessen für sie zu schlafen und zu träumen, und unsere deutsche Philosophie sey nichts anders als der Traum der französischen Revoluzion.« (DHA XI, 134) Dem entsprach die Aufgabe, die er sich vor allem zu Beginn seiner Pariser Zeit stellte, nämlich den Franzosen »das geistige Leben der Deutschen bekannt zu machen« (HSA XXI, 51), den Deutschen dagegen »das praktische Treiben unserer Nachbaren jenseits des Rheins« (DHA XI, 134) nahezubringen. In seinen politischen Korrespondenzen für die deutschen Leser (*Französische Zustände* in der *Allgemeinen Zeitung,* Ende 1832 gesammelt als Buch erschienen) und seinen geistesgeschichtlichen Essays für das französische Publikum (1833 und 1834 in den Zeitschriften *L'Europe littéraire* und *Revue des deux Mondes,* 1835 in dem Buch *De l'Allemagne* zusammengefaßt) kam er dieser Aufgabe nach, so daß Balzac ihm bescheinigte, er repräsentiere »in Paris den Geist und die Poesie Deutschlands« sowie »in Deutschland die lebendige und geistreiche französische Kritik« (HSA XXVI, 125). Seine deutschen Briefpartner hingegen beschwerten sich: »Warum krieg ich denn gar nichts von Ihnen zu hören? Auch kein Sterbenswörtchen!« (HSA XXIV, 108); »Es ist kein Wort von Ihnen zu lösen, Sie schlimmer Freund« (HSA XXV, 110); »Ist es denn gar nicht möglich von Ihnen eine Zeile herauszulocken? Als wenn Sie mir Geld schuldig wären, erkundige ich mich immer nach Ihnen« (HSA XXV, 179), lauteten ihre Klagen. Heine rechtfertigte sich dafür:

> Ich stehe mit niemanden in Briefwechsel, aus dem Grunde weil ich nur kurz antworte auf lange Briefen, die mir nie lang genug sind. Ihr aber, was Ihr nie bedenkt, seyd im geruhsamen Deutschland, wo jeder Tag 25 Stunden hat; ich aber bin an einem Ort, wo die Zeit selber sich kaum die Zeit nimmt zu verfließen. Ich habe hier gar keine Zeit. Sie können sich keinen Begriff davon machen, wie viel zerstreuende Erscheinungen mich umwogen, wie viel Noth, Unsinn, Lebenskampf, Liebe, Haß und † mir um die Ohren saust. (S. 243)

Wirklich ausführliche Schilderungen von Land und Leuten oder von politischen Entwicklungen sind in den Briefen, die Heine aus Paris nach Deutschland schickte, entsprechend selten. Fast scheint es, als sei er ganz ökonomisch verfahren, indem er sich solche Beobachtungen für seine literarische Arbeit aufhob und sie nicht schon in Briefen »verpulverte«. Dennoch arbeitete Heine auch als Briefschreiber durchaus im Sinne der Vermittlung zwischen Deutschland und Frankreich, etwa wenn er Laube ans Herz legte, seine deutsche Literaturgeschichte in französischer Übersetzung erscheinen zu lassen, wenn er sich um eine französische Version von Pücklers *Ansichten über Landschaftsgärtnerei* bemühte, Johann Hermann Detmold zu Berichten über die politischen und literarischen Vorgänge in Norddeutschland zu animieren versuchte, die er dann in Übersetzung und anonym in der *Revue des deux Mondes* publizieren wollte, oder Karl Immermann als Autor für eine Artikelserie über zeitgenössische deutsche Malerei in der neugegründeten Zeitschrift *L'Europe littéraire* gewann.

Heine verfolgte weiterhin die seit der Berliner Zeit erprobte Doppelstrategie von Zeitschriften- und Buchveröffentlichungen. Das galt auch für die französischen Übersetzungen seiner Werke. Verschiedene Zeitschriften brachten zunächst Auszüge aus den *Reisebildern*, bereits

1834/35 erschien seine erste französische Werkausgabe *Œuvres de Henri Heine*. Das Konzept der erfolgreichen *Reisebilder* versuchte er ebenfalls fortzuführen, indem er eine neue Buchreihe für den deutschen Markt begann, die in der gleichen Weise Texte verschiedener Gattungen vereinigte, ein Verfahren, das jedoch auch der Notwendigkeit geschuldet war, einen Umfang von zwanzig Druckbogen zu erreichen, da Bücher, die unter dieser Grenze blieben, der gesetzlichen Vorzensur unterlagen. Der erste Band erschien im Dezember 1833, und neben dem Prosafragment *Aus den Memoiren des Herren Schnabelewopski* präsentierte Heine darin seine neuen Gedichte, die wegen ihres erotischen Charakters heftige moralisierende Kritik auf sich zogen: für Arnold Ruge etwa waren sie schlicht »Bordelladressen«[1], Moritz Saphir attestierte Heine »revolutionäre Geilheit« und schrieb: »Seine Muse hat eine intermittirende Nymphomanie.«[2] Das Buch enthielt außerdem einen Neuabdruck des schon 1831 im *Morgenblatt* veröffentlichten Berichtes über die Gemälde des »Salon«, die regelmäßige Ausstellung zeitgenössischer Malerei im Louvre. Sie gab Heines neuer Buchreihe auch ihren Titel: *Der Salon*. Er war gleich doppelt passend, denn zum einen waren die Bände im übertragenen Sinn auch als eine solche Galerie von aktuellen Zeit-Bildern gedacht, zum anderen spielte Heine damit auf die Pariser Salons an, Stätten des geselligen Austauschs politischer, künstlerischer oder philosophischer Ideen, in denen intellektuelle Brillanz wichtiger war als sozialer Status, wo Angehörige aller Stände als Gleichgestellte miteinander diskutierten. Schon in den *Briefen aus Berlin* hatte Heine geschrieben: »Der französische Schriftsteller lebt beständig in der Gesellschaft, und zwar in der großen; mag er auch noch so dürftig und titellos seyn [...] im pariser Salon heißt der Minister *Monsieur* und die Herzogin *Madame*.« (DHA VI, 53)

Heine lebte nun tatsächlich »beständig in der Gesellschaft« und lernte die Großen aus Politik und Geistesleben kennen. Auch in Paris erwarb er sich einen Ruf als geistreicher Spötter, sein Konversationsta-

[1] Arnold Ruge: *Heinrich Heine, charakterisiert nach seinen Schriften* (1838). Zit. nach Galley / Estermann IV, S. 298.

[2] Moritz Gottlieb Saphir: *Dumme Briefe. Bilder und Chargen, Cypressen, Literatur- und Humoralbriefe* (1834). Zit. nach Galley / Estermann II, S. 570 und 572.

lent konnte sich in den Salons entfalten, obwohl sein Französisch nicht fehlerfrei war. Er bewegte sich in den verschiedensten Kreisen, saß an der Tafel Rothschilds, parlierte im Salon der Gräfin d'Agoult, traf sich mit Musikern und Schriftstellerkollegen oder nahm an den Versammlungen der Saint-Simonisten teil, zu deren Anführern Prosper Enfantin und Michel Chevalier er in freundschaftlicher Verbindung stand. Die Saint-Simonisten hatten aus dem vielseitigen ökonomischen, sozialreformerischen und religiösen Werk des Claude-Henri de Rouvroy, Comte de Saint-Simon (1760–1825), eine frühsozialistische Utopie geformt. Sie träumten von einer Vereinigung des technischen mit dem sozialen Fortschritt, einem staatlich gelenkten »Industrialismus« mit menschlichem Antlitz, ohne Ausbeutung und zum Wohle aller. Heine war ein kritischer Sympathisant der Bewegung, wenn er auch in geschichtsphilosophischer Hinsicht nicht mit ihnen übereinstimmte und ihm ihre sektiererischen Züge nicht entgingen. Vor allem in den Briefen an Laube und das Ehepaar Varnhagen äußerte er sich über sie, und Rahel, die von den saint-simonistischen Ideen fasziniert war, schrieb ihm: »Schade! Daß uns nicht eine halbe Stunde mündlichen Gesprächs über den St: Simonism geschenkt ist. Mich dünkt, wir sind über manches davon nicht einer Meinung. Er ist das neue, großerfundene Instrument, welches die große alte Wunde, die Geschichte der Menschen auf der Erde, endlich berührt.« (HSA XXIV, 128) Der religiöse Aspekt der saint-simonistischen Doktrin interessierte Heine besonders. Sie vertrat eine Diesseitsreligion ohne außerweltlichen Gott und ohne die Verteufelung materieller und sinnlicher Genüsse. Heine fand hier Parallelen zur pantheistischen Philosophie des großen jüdischen Denkers Spinoza, mit der er sich schon früher beschäftigt hatte, und Übereinstimmung mit seiner eigenen Kritik am christlichen Spiritualismus. Die Forderung nach einer »Rehabilitazion des Fleisches« (DHA VIII, 160) wurde zu einem zentralen Element seiner eigenen revolutionären Utopie, wie er sie zu Beginn der dreißiger Jahre in den beiden programmatischen Schriften *Die romantische Schule* und *Zur Geschichte der Religion und Philosophie in Deutschland* sowie später in der Denkschrift *Ludwig Börne* entfaltete. Sie gab auch seinen erotischen Gedichten einen revolutionären Gehalt, und die heftige Kritik, die liberale Oppositionsschriftsteller wie Gutzkow, Republikaner wie Börne oder Linkshegelianer wie Ruge an ihrer »Frivolität« übten, machen deutlich, wie weit Heines Emanzipationsbegriff über den seiner deutschen Kollegen hinausging.

Paris war auch deswegen die »Hauptstadt der Revoluzion« (DHA XI, 56), weil hier die Oppositionellen aus ganz Europa zusammenkamen. Rund 7000 deutsche Emigranten lebten 1830 in Paris, zehn Jahre später war ihre Zahl bereits auf 30000 angewachsen, hinzu kamen die vielen zeitweiligen Besucher. Diese deutsche Kolonie bildete einen Mikrokosmos der politischen Verhältnisse in der Heimat, wobei die Exilsituation manch eigenartige Allianz hervorbrachte, aber auch manche Gegensätze zwischen Gruppierungen oder Personen künstlich zuspitzte. Das galt auch für den Gegensatz zwischen den beiden führenden deutschen Schriftstellern in Paris, Heine und Börne. Der Verfasser der brisanten *Briefe aus Paris*, die seit 1832 bei Hoffmann und Campe erschienen und den Verleger in arge Zensurnöte brachten, galt als Anführer der deutschen Republikaner in Paris und hatte auch unter den zahlreichen deutschen Handwerkern, die hier lebten, viele Anhänger. Parteibildung lag dem Individualisten Heine stets fern, vor allem aber verstand er sich im Unterschied zu Börne als Kosmopolit, und die Frage der Staatsform erschien ihm, wie er in einem Brief an Laube (Nr. 71) erklärte, nicht als der wichtigste Aspekt der Revolution.

Mit Blick auf das Publikum in Deutschland war es für Heine sehr wichtig, sich politisch von der republikanischen Richtung abzugrenzen, die von Börne repräsentiert wurde, andererseits wollte er aber auch unmißverständlich deutlich machen, daß er deswegen noch lange kein »Vaterlandsretter« (S. 228) oder gar ein von der preußischen Regierung oder von Metternich »bezahlter Schuft« (ebd.) sei, wie zu dieser Zeit ein von Börne und anderen lanciertes Gerücht lautete. Darum lag ihm daran, mit dem ersten Buch, das nach seiner Übersiedlung nach Paris in Deutschland erschien (der Buchfassung der *Französischen Zustände*), auch eine klare politische Standortbestimmung in Form einer programmatischen Vorrede zu verbinden. Mit dieser Vorrede, die Preußens König Friedrich Wilhelm III. in schärfster Form wegen des gebrochenen Verfassungsversprechens angriff, schuf Heine ein Meisterwerk der politischen Rhetorik. An ihr entzündete sich auch der erste große durch die Zensurverhältnisse bedingte Konflikt mit Campe,

dem weitere, stets ähnlich gelagerte folgen sollten. Die Bundestags-
beschlüsse von 1832 hatten die Zensur soeben noch einmal verschärft,
Verleger, Drucker und Buchhändler waren von immer drastischeren
Haftstrafen bedroht, und Campe, der ohnehin gerade mit einem Straf-
verfahren wegen der *Briefe aus Paris* zu kämpfen hatte, fragte Heine,
nachdem er dessen Manuskript erhalten hatte, ob die Vorrede

> [...] mich in des Teufels Küche liefern soll? – Sind Sie denn so ganz
> fremd mit der Sachlage, um nicht im Voraus zu wissen, was für m i c h
> darauf sitzen würde: druckte ich diese so? – Konnte man mich der
> Börneschen Briefe wegen peinlich anklagen, die sich in allgemeinen
> Dingen bewegten: was würde hier geschehen?, wo Sie trifftig genug
> bemerken »i c h s i t z e h i e r i n s i c h e r e r F e r n e « – I c h soll in
> u n s i c h e r e r N ä h e das Bad bezahlen? (HSA XXIV, 147)

Campe ließ die Vorrede vor dem Druck gegen Heines Willen der Zensur vorlegen, um das ökonomische Risiko des nachträglichen Verbots
einer bereits gedruckten Auflage zu vermeiden. Heine reagierte darauf
nicht nur mit einem Protestbrief an Campe (Nr. 69), sondern auch mit
einer öffentlichen Erklärung in einer Zeitung, die das Vorgehen seines
Verlegers anprangerte. Die französische Version *De la France* konnte
mit vollständiger Vorrede erscheinen, und in Paris ließ Heine dann
auch eine unzensierte deutsche Version der Vorrede drucken. Als Raubdruck getarnt und mit fingiertem Druckort erschien sie beim Verlag
Heideloff und Campe, der in Paris von Friedrich Napoleon Campe,
einem Neffen Julius Campes, geführt wurde. Julius Campe bekam es
dafür trotzdem mit der Polizei zu tun und mußte nachweisen, daß er
nichts mit diesem Druck zu tun hatte.

Diese komplizierte Druckgeschichte macht deutlich, daß Autoren
und Verleger in dieser Situation zwar einerseits unter gemeinsamen
Schwierigkeiten litten, andererseits aber auch durchaus unterschied-
liche Interessen hatten. Oft führten diese Gegensätze dazu, daß Campe
und Heine jeweils mit Erklärungen und Gegenerklärungen in der
Presse gegeneinander auftraten, etwa 1835 nach dem Erscheinen des
zweiten *Salon*-Bandes, als Heine in der *Allgemeinen Zeitung* mitteilte,
»daß dieses Buch, von der Verlagshandlung eigenmächtig abgekürzt
und zugestuzt, in einer verstümmelten Gestalt gedruckt worden ist«

(HSA XXI, 98), und Campe den Vorwurf in einem anderen Journal zurückwies:

Es kann aber dem Hrn. Dr. Heine schwerlich unbekannt seyn, daß in Deutschland der Buchhändler sich mit der Censur nicht zu befassen braucht, sondern daß dafür von oben herab durch besonders angestellte Censoren gesorgt ist. – Was also im 2ten Theile wirklich abgekürzt und zugestutzt ist, fällt nur der gesetzmäßigen Censur zur Last, unter welcher und nicht über welcher der deutsche Buchhändler steht! (HSA XXIV K, 237)

Parallel zu diesem öffentlichen Geplänkel lief jedoch der »private« Briefwechsel zwischen ihnen unbeeinträchtigt weiter, und Campe berichtete Heine anschließend sogar,»daß die Leute glauben, diese Rüge sey eine abgekartete Sache zwischen uns gewesen: um der Censur einen öffentlichen und legitimen Hieb zu geben« (HSA XXIV, 307). Der bemerkenswerte Umstand, daß Autor und Verleger öffentlich als Gegner auftraten, nützte aber zugleich durchaus ihren gemeinsamen Interessen, denn so etwas hatte zum einen einen gewissen Werbeeffekt, zum anderen wurde das Lesepublikum dadurch auf die Zensurmaßnahmen aufmerksam gemacht und wußte Gestalt und Tendenz des jeweiligen Buches besser zu beurteilen.

Doch auch die geschicktesten Strategien nützten nichts, als der deutsche Bundestag3 Ende 1835 sämtliche Schriften des Jungen Deutschland verbot und dabei neben den Autoren Gutzkow, Heine, Laube, Mundt und Wienbarg auch ausdrücklich den Verlag Hoffmann und Campe mit einer strengen Warnung bedachte, dessen Inhaber zur Verkündung des Beschlusses eigens von der Polizei vorgeladen wurde. Zunächst schien es, als würde der Beschluß Autor und Verleger noch fester zusammenschweißen, aber auf lange Sicht führte die schwierige Lage doch zu immer heftigeren Mißhelligkeiten, die 1838/39 einen vorläufigen Höhepunkt erreichten, als Heines zweiter, als Fortsetzung des *Buchs der Lieder* geplanter Gedichtband nicht erscheinen konnte, der *Schwabenspiegel* verstümmelt abgedruckt wurde und Heine seinen Unmut schließlich in dem großen, an Campe gerichteten offenen Brief

---

3 Vgl. die Erläuterungen im Personenlexikon, S. 472.

Schriftstellernöthen äußerte.[4] Das Verlagsverhältnis stand kurz vor dem Ende, zerbrach aber nicht – auch nicht, als kurz darauf die nächste Belastungsprobe folgte: *Ludwig Börne*. *Eine Denkschrift* lautete der Titel, den Heine 1840 seiner großen, kritischen Bilanz der deutschen Politik und Literatur in den Jahren nach der Julirevolution geben wollte, doch Campe setzte eigenmächtig auf das Titelblatt: *Heinrich Heine über Ludwig Börne*. Durch diesen Titel, der Heine sehr verärgerte, wurde die beim deutschen Publikum ohnehin schon vorhandene Tendenz, das Buch vorrangig als eine persönliche Abrechnung Heines mit seinem inzwischen verstorbenen Antipoden zu betrachten, noch verstärkt. Die Ablehnung und Skandalisierung war noch heftiger als beim dritten Band der *Reisebilder*, und Heine hatte es schwer, seinen Standpunkt in der deutschen Öffentlichkeit deutlich zu machen. Er fand sich zunehmend isoliert und erreichte sein Publikum nicht mehr in dem Maße wie vor seiner Übersiedlung nach Paris. Schon vor dem Bundestagsbeschluß hatte Campe ihm geschrieben:

> Ich denke mir Ihre Bücher, wie die Glieder einer Famielie; da sind nun die ältesten Kinder, die Reisebilder, 2 Mädchen und 2 Knaben, die mit edlem Selbstbewußtseyn etwas patzig vor aller Welt sich hinstellen und sich geltend Machen; das Buch der Lieder, ist ein Bursch, der froh und Sanglustig, heiter sich an das Paar Geschwister reiht. Ein ernster Bruder sind die franz. Zustände und der Eltern-lose adoptierte Neffe »vom Adel« drängt sich diesen auf und geht überall mithin; wo er geduldet, aber nur geduldet wird! Das Zwillings Paar, der Salon, leidet an Skrofel; kann daher nicht so lebendig wie die andern Geschwister einherschreiten; diese haben zuviel studiert und haben darüber das lebensfrohe, das heitere, der übrigen eingebüßt und wollen sich durch Wißen geltend machen, und werden dadurch von den Freunden der ältern Geschwister zurückgesetzt. Sie müßen sich andere Freunde suchen, das ist nicht so leicht, wenn sie auch von guter Familie sind! (HSA XXIV, 353)

Nach der Publikation des *Ludwig Börne* stagnierte nun zum Ärger Campes auch der Absatz seiner anderen Bücher.

---

4   Vgl. dazu auch die Erläuterungen im Personenlexikon in den Artikeln über Campe (dort S. 474) und Gutzkow (dort S. 487 f.).

Mit *Ludwig Börne* hängt auch die pittoreske und dramatische »Ohrfeigen-Affäre« zusammen. Heine hatte in einer polemischen, beleidigenden Passage des Buches auf das vermeintliche Dreiecksverhältnis zwischen Börne, seiner Vertrauten Jeanette Wohl und deren Ehemann Salomon Strauß angespielt. Dieser ließ nun in der deutschen Presse verbreiten, er habe Heine deswegen in Paris auf offener Straße zur Rede gestellt und geohrfeigt, woraufhin Heine die Stadt verlassen habe. Das klang nach einer feigen Flucht Heines, für den es nach einem solchen Zwischenfall nur eine ehrbare Konsequenz gegeben hätte, nämlich Strauß zum Duell zu fordern. Die scheinbare Flucht Heines war jedoch in Wirklichkeit ein längst geplanter Sommerurlaub in den Pyrenäen. Dort erst erfuhr Heine von der Meldung und verfaßte sogleich eine Gegenerklärung (Nr. 104/105). Es ging weniger um beleidigte Ehre als um seine Stellung in der öffentlichen Meinung, seine Rolle als politischer Schriftsteller. Wie sich schnell herausstellte, waren die Augenzeugen, die Strauß genannt hatte, gar nicht zugegen gewesen, die Ohrfeige war erlogen – und um Strauß in jeder Hinsicht Lügen zu strafen, forderte Heine ihn nun tatsächlich zum Duell, das am 7. September stattfand. Heine wurde dabei durch einen Streifschuß leicht verletzt, und der Ehre war Genüge getan, was auch den um das öffentliche Ansehen seines Autors besorgten Campe zufriedenstellte. Kurioserweise war Heine wegen dieses Duells nun auch Ehemann, denn um Augustine Crescence Mirat (genannt Mathilde), die seit 1835 seine Lebensgefährtin war, für den Fall eines tödlichen Ausgangs des Treffens materiell abzusichern, hatte er sie zuvor geheiratet.

Die unglückliche Aufnahme des *Ludwig Börne* hatte gezeigt, daß sich in der deutschen Öffentlichkeit die nationalliberale Haltung durchzusetzen begann. Campe verzeichnete zu Beginn der vierziger Jahre entsprechend große Verkaufserfolge durch die Protagonisten der neu aufgekommenen patriotisch-zeitkritischen »Tendenzpoesie« wie Dingelstedt und Hoffmann von Fallersleben, über dessen Gedichte er selbst sagte: »ich kann es nicht über mich gewinnen, sie consequent zu lesen, ich kann es nicht aushalten. Aber sie g e h e n .« (HSA XXVI, 24) Er hielt Heine vor, daß seine Stellung sowohl auf dem Markt als auch in der öffentlichen Meinung seit *Ludwig Börne* enorm geschwächt sei und legte ihm immer öfter nahe, es sei »für Sie, als deutscher Schriftsteller und Publicist von der höchsten Nothwendigkeit, einmal nach fast 11 jähriger Abwesenheit vom Vaterlande, für das Sie arbeiten, Sich mit Eigenen Augen zu überzeugen, zu sehen, was sich geändert hat, was Wurzel geschlagen – keimt und i e t z t Noth thut. Sie werden Vieles verändert finden.« (HSA XV, 342) Auch Heinrich Laube, in dessen *Zeitung für die elegante Welt* Heine Anfang 1843 das satirische Versepos *Atta Troll* veröffentlichte – Heines Antwort auf die »Tendenzpoesie« –, riet ihm zu der Reise, die Heine im Oktober 1843 schließlich antrat.

Am 29. Oktober traf Heine in Hamburg ein, das noch immer unter den Folgen des großen Brandes litt, der im Mai 1842 fast die gesamte Innenstadt zerstört hatte. Er feierte Wiedersehen mit seiner Familie und schloß einen neuen Vertrag, der Campe gegen eine jährliche Rente die Rechte an all seinen Werken übertrug. Stolz berichtete er seiner Frau über die Details (Nr. 120). Zu einem Wiedersehen mit Laube oder dem alten Freund Varnhagen, der 1833 den Tod seiner Frau Rahel und 1840 den Verlust seiner Schwester Rosa Maria Assing zu beklagen hatte, kam es nicht, zu bedenklich schien die Reise durch preußisches Gebiet. Dafür brachte die Fahrt eine wichtige poetische Ausbeute: Unmittelbar nach der Rückkehr begann Heine mit der Arbeit an seinem Versepos *Deutschland. Ein Wintermärchen.*

Nicht zuletzt, um den Druck des neuen Werkes zu überwachen, das er selbst für eines seiner wichtigsten hielt, kam Heine im nächsten Jahr erneut nach Hamburg, und diesmal nahm er Mathilde mit, um sie der Familie vorzustellen. War er 1843 noch auf dem Landweg gereist, so wählte er diesmal das Dampfboot von Le Havre – auch weil sein Name inzwischen auf einem preußischen Grenzhaftbefehl stand, der den Mitarbeitern des *Vorwärts!* galt, einer in Paris erscheinenden deutschen Oppositionszeitschrift. Heine hatte darin einige der politischen Gedichte veröffentlicht, die wegen Bedenken Campes nicht in die *Neuen Gedichte* (1844) aufgenommen worden waren, darunter eines seiner berühmtesten Werke überhaupt, *Die schlesischen Weber.* Die Mitarbeiter des *Vorwärts!* sowie der *Deutsch-Französischen Jahrbücher* – dort erschienen Heines satirische *Lobgesänge auf König Ludwig* – gehörten zu dem Kreis von Linkshegelianern um Arnold Ruge. Mitglied dieser Gruppe war auch der junge Karl Marx, dem Heine noch von Hamburg aus die Korrekturbögen von *Deutschland. Ein Wintermär-*

chen zuschickte, damit es im *Vorwärts!* nachgedruckt werden konnte (Nr. 125). Zusammen mit den *Neuen Gedichten* hat das große Epos, das in gewisser Weise auch eine Synthese seines gesamten bisherigen Werkes darstellte, tatsächlich seine Popularität neu begründet. Varnhagen hatte 1843 an Heine geschrieben:»Eigentlich freut es mich doch, daß Sie nach Paris zurückkehren; so lange ich nicht den schönsten Aufenthalt im Vaterlande für Sie weiß, dünkt mich jener Wohnort für Sie der angemessenste; er ist ein Weltschauplatz; in der Enge und Zersplitterung würden Sie jetzt nicht leicht ausdauern.« (HSA XXVI, 81) Nachdem Heine Deutschland im Oktober 1844 schließlich wieder verlassen hatte, sollte er nicht mehr dorthin zurückkehren.

65. *An Karl August Varnhagen von Ense,*
    Paris, 27. Juni 1831

Lieben Freunde!

La force des choses! Die Macht der Dinge! Ich habe wahrhaftig nicht die Dinge auf die Spitze gestellt, sondern die Dinge haben mich auf die Spitze gestellt, auf die Spitze der Welt, auf Paris – ja, gestern Morgen stand ich sogar auf die Spitze dieser Spitze, auf das Pantheon. »Aux grands hommes la patrie reconnoissante!« so, glaube ich, lautet wieder die goldne Inschrift. – welcher Hohn! Die kleinen Menschen errichten solche Tempel für die großen Menschen, nach ihrem Tode – man sollte solche Inschriften lieber auf Verys Restauration setzen, und die großen Männer bey Lebzeit gut füttern statt sie nach ihrem Hungertode oder sonstigem Qualtode zu verehren. Aber Very ist das Pantheon der lebenden kleinen Menschen und da sitzen sie und essen und trinken und erfinden ironische Inschriften.

Der arme Lafontaine hat in Chateaux Thierry, seiner Vaterstad, eine Marmorsäule, die 40,000 fr. gekostet. Ich lachte herzlich als ich sie im Vorbeyfahren sah. Der arme Schelm verlangte bey Lebzeiten ein Stück Brod und nach dem Tode giebt man ihm für fr 40000 Marmor. Jean Jaques Rousseau und ähnliche Menschen die in Ihrem Leben kaum ein Dachstübchen erlangen konnten, denen dedizirt man jetzt ganze Straßen. – Ich will Ihnen heute nur Unsinn schreiben; denn schriebe ich Ihnen etwas Sinniges und der Brief käme in unrechte dumme Hände, könnte er Sie kompromittiren. Ich will Ihnen überhaupt deßhalb nicht mehr schreiben; haben Sie mir mahl was zu sagen, so lassen Sie mirs wissen unter Madam Valentins oder Maurice Schlesingers Addresse. Oder schreiben Sie mir per Addresse des: Dr. Donndorff, à l'Hôtel d'Hollande, rue neuve des bons enfants à Paris. Ja, diese letztere, ist meine Hauptadresse und die sicherste, wenn man sonst keine königl Preuß. Postamtsindiskrezion zu fürchten hat. Ich bin umgeben von Preußischen Spionen; obgleich ich mich den politischen Intriguen fern halte, fürchten sie mich doch am meisten. Freylich, da man mir den Krieg macht; so wissen sie, daß ich losschlage und zwar nach besten Kräften.

Ach, vor 6 Monathen sah ich alles voraus und hätte mich gern in die Poesie zurückgezogen und anderen Leuten das Schlächterhandwerk überlassen – aber, es ging nicht, la force des choses, wir werden auf die Spitze getrieben! In Francfort, wo ich 8 Tage mich aufhielt und mehrere Congregazionisten sprach, entdeckte ich die Quellen mancher eigner Uebel, die mir unerklärlich waren. Ich habe zuletzt in Hamburg ein unerquickliches Leben geführt, ich fühlte mich nicht sicher, und da mir eine Reise nach Paris schon längst im Gemüthe dämmerte, so war ich leicht beredet als mir eine große Hand gar besorglich winkte. Indessen: Fliehen wäre leicht, wenn man n i c h t das Vaterland an den Schuhsolen mit sich schleppte! Ich parodire Danton mit Schmerzen. Es ist schmerzlich, im Luxenburg spatzieren zu gehen und überall ein Stück Hamburg oder ein Stück Preußen oder Bayern an den Schuhsolen mit sich herum zu schleppen!

Ich bleibe wahrscheinlich noch 4 Wochen hier dann geh ich nach Bologne ins Bad, und <hernach> hierher zurück –. auf wie lang? Es kann mir hier nicht schlechter gehn wie in der Heimath, wo ich nichts als Kampf u Noth wo ich nicht sicher schlafen kann, wo man mir alle Lebensquellen vergiftet. Hier freylich ertrinke ich im Strudel der Begebenheiten, der Tageswellen, der brausenden Revoluzion; – obendrein bestehe ich jetzt ganz aus Phosphor, und während ich in einem wilden Menschenmeere ertrinke – verbrenne ich auch durch meine eigne Natur. – Leben Sie und Fr. v. *Varnhagen* recht lieb u wohl, vergessen Sie mich n i c h t. Trübe Ahnungen beklemmen mich

H. Heine.

Paris den 27 Juny 1831.

66. *An Johann Friedrich von Cotta,*
     Paris, 1. März 1832

Paris den 1' Merz 1832.

Herr Baron!

Zuerst meinen freundlichsten Dank für die Annahme meiner kleinen Tratte, Ordre v. Haber. Daß ich seiner Zeit, vorigen Dec von Kolb fünfzehn Napoleond'or für Ihre Rechnung erhalten, habe ich vielleicht bis jetzt vergessen zu erwähnen, und es geschieht hiermit nachträglich. – Kolbs Abreise hat mir sehr leid gethan, er wird wohl bereits dort angelangt seyn und meine freundlichsten Grüße überliefert haben. Er wird Ihnen, Herr Baron, auch von den Unbequemlichkeiten meiner hiesigen Stellung unter den Patrioten erzählt haben, und Sie werden dadurch einsehen daß bey meinen Aufsätzen, deren Vertretung nach unten weit schwieriger ist als nach oben, eine ungewöhnlich genädige Censur statt finden muß. – Der beyliegende Aufsatz, den ich selber schon hinlänglich censirt und worinn keine einzige Aeußerungen über deutsche Interessen vorhanden, hoffe ich unverändert gedruckt zu sehen. Ich hoffe er gefällt, er ist auf jeden Fall besser als der vorhergehende, und entspricht den Wünschen Colbs, der in dem Tone der Allg. Z. mehr Leben bringen will. Dies thut wahrlich Noth. Die Staatszeitung in Preußen hat schon gefühlt, daß sie wenigstens den ästhetischen Neigungen ihres Publikums nachgeben muß und sie sucht es durch Literaturartikel zu kirren. Die Blätter der freyen Presse bedürfen kaum des guten Styls, da sie die Menge durch das Leben selbst hinreißen. – Mit einem Abgeordneten der Zweybrücker freyen Preßhaften hat Kolb eine Entrevue gehabt, wovon er Ihnen, in Betreff der Allg. Ztg. wohl gesprochen. Hier hat sich unterdessen eine Assoziation für freye Preßblätter gebildet, die schon viele hundert Glieder zählt, und wobey mein Name, als Lockvogel, mehr als mir lieb ist, gebraucht worden. Der Republikanismus der Tribünenleute ist mir fatal, und ich sehe schon die Zeit herannahen, wo sie mich als Vertheidiger der Instituzion des Königthums noch bitterer befehden werden als Andre. Aber es geschieht den Königen ganz Recht, sie haben die Liberalen, die nur gegen Adel u Pfaffenherrschaft eiferten, nicht hören wollen, und jetzt bekommen sie den blutigsten Jakobinismus auf den Hals. Es bleibt ihnen am Ende nichts übrig als sich in ihre Purpurmäntel zu hüllen und wenigstens mit Anstand unterzugehen. – Wir Gemäßigten gehen mit zu Grunde, und damit büßen wir vielleicht ab, was in unserem Opposizionsstreben zuweilen nicht aus den reinsten Absichten entsproß. – Ueber lang oder kurz wird in Deutschland die Revoluzion beginnen, sie ist da in der Idee, und die Deutschen haben nie eine Idee aufgegeben, nicht einmahl eine Lesart; in diesem Lande der Gründlichkeit wird Alles, und daure es noch solange, zu Ende geführt. – Hier ist es still. Zwiespalt zwischen den Kammern, woran das Volk keinen Antheil nimmt. – Leben Sie wohl, Herr Baron, grüßen Sie mir allerbestens Frau v. Cotta, die geistreich edle Dame. – Passirte nur etwas wichtiges, so sollten Sie öfter Brief von mir haben. Hochachtungsvoll verbleibe ich unterdessen,

Ihr ergebener
H. Heine.

67. An Karl August Varnhagen von Ense, Paris, Mitte Mai 1832

Lieber Varnhagen!
Schon an die zwey Monath schleppe ich mich mit dem Gedanken Ihnen zu schreiben. Aber da kam unterdessen die vermaladeite Cholera und jetzt leide ich, ungewöhnlich heftig, seit 14 Tagen an meinem Kopfe. Wie wohl ich, auf innigstes Verständniß rechnend, keineswegs glaube, daß Sie mein langes Stillschweigen mißdeuten könnten, ist es mir doch drückend Ihren letzten lieben Brief ohne danksagende Beantwortung zu lassen, und diese Zeilen haben nur die flüchtige Absicht Sie freundlich zu grüßen. Ich bedarf des Bewußtseyns Ihrer und Fr. v. Varnhagens Theilnahme jetzt noch eben so sehr wie in Beginne meiner Laufbahn; denn ich stehe jetzt eben so einsam in der Welt wie damals. Nur daß ich jetzt mehr Feinde habe, welches zwar immer ein Trost, aber doch kein genügender ist. – Sie können mir, wenn Sie wollen, jetzt auch öfter schreiben, ohne Furcht vor compromittirende Interzeptionen; ich stehe jetzt auf Friedensfuß mit allem Bestehenden und wenn ich auch noch nicht desarmire, so geschieht es nur der Demagogen wegen, gegen welche ich einen schweren Stand hatte und noch habe.

Diese Leute, aller Mäßigung feind, wollten als ich mich zu keinem Mitwahnsinn verstand, mich durchaus zwingen als Tribun abzudanken. Dazu hatte ich aber keine Lust. – Jetzt hat mich Gottlob die Cholera von manchen überlästigen Gesellen befreyt, nemlich die Furcht vor derselben. – Es war nicht eigentlicher Muth daß ich nicht ebenfalls von Paris entfloh, als der panische Schrecken einriß; ehrlich gesagt, ich war zu faul. – Börne hatte längst reisen wollen, u man thut ihm Unrecht wenn man seine Abreise der Furcht beymaß. Indessen, ich hatte ihn 14 Tage vorher nicht gesehen; wir stehen sehr schlecht, er hatte einige jakobinische Ränke gegen mich losgelassen, die mir sehr mißfielen. Ich betrachte ihn als einen Verrückten. – Wenn meine Artikel in der Allg. Zeitg Ihnen gefallen, ist es für mich tröstlich. Denn ich traue ihrem Werthe nicht; ich schrieb sie, theils um mich auch auf diese Weise geltend zu machen, theils des baaren Vortheils wegen. Halten Sie es der Mühe werth ein Dutzend solcher Artikel als Buch späterhin in die Welt zu jagen? Es ist eine wenig gebrauchte Form. – Ich beschäftige mich jetzt viel mit der französischen Revoluzionsgeschichte u dem Saintsimonismus. Ueber beide werde ich Bücher schreiben. Ich muß aber noch viel studicren. Habe jedoch im letzten Jahre durch die Anschauung des Partheytreibens u der saintsimonistischen Erscheinungen sehr vieles verstehen gelernt: z.B. den Moniteur von 1793 und die Bibel. Mir fehlt jetzt nur Gesundheit, und eine sorglose Existenz. Hatte unterdessen manchmal Gelegenheit mir eine solche zu erwerben, aber es sollte unter Bedingungen geschehen, wogegen ich, nicht als Patriot, sondern als vornehmer Mann, eine bestimmte Repügnanz hatte. – Was Sie mir in Betreff des St. Simonismus schreiben ist ganz meine Ansicht. Michel Chevallier ist mein sehr lieber Freund, einer der edelsten Menschen die ich kenne. Daß sich die St. Simonisten zurückgezogen ist vielleicht der Doktrin selbst sehr nützlich; sie kommt in klügere Hände. Besonders der politische Theil, die Eigenthumslehre, wird besser verarbeitet werden. Was mich betrifft, ich interessire mich eigentlich nur für die religiösen Ideen, die nur ausgesprochen zu werden brauchten, um früh oder spät ins Leben zu treten. Deutschland wird am kräftigsten für seinen Spiritualismus kämpfen; mais l'avenir est à nous. – Meine Addresse ist H. H. par Addresse du Dr. Donndorf, rue neuve des bons Enfant, hôtel de Hollande. – Fürst Pücklers neuere 2 Bände hab ich noch nicht gesehen. – Humboldt wird jetzt dort seyn; da ich nicht zu seinen Freunden gehöre (ich wich ihm überall aus) so wird er hoffentlich nicht schlecht von mir sprechen. – Grüßen Sie mir Chamisseau, ich werde ihm nichts schicken, aber ihm schreiben. – Fr. v. Varnhagen brauchen Sie gar nichts zu sagen. Sie weiß was ich fühle, d. h. leide. – Leben Sie wohl und behalten Sie lieb

Ihren ergebenen
H. Heine.

68. *An Karl Immermann, Paris, 19. Dezember 1832*

Paris den 19 Dec. 1832.

Theuerster Immerman!

Seit Jahr und Tag schieb ich es auf Ihnen zu schreiben, und nun muß ich plötzlich Ihnen schnell vor Abgang der Post einen Geschäftsbrief schreiben. Es betrifft ein französisches Journal die Europe literaire, deren Redactoren Ihnen noch besonders schreiben und einen Prospekt schicken werden. Dieses Journal welches in Folioformat drey mahl die Woche herauskommen wird, durchaus der Politik Fremd bleibt und sich nur mit Wissenschaft u schönen Künsten beschäftigen soll, ist eine bedeutende Erscheinung. Die beteudendsten Schriftsteller Europas werden dran Theil nehmen und ich namentlich werde großen Antheil dran nehmen. In diesem Augenblick schreibe ich schon dafür eine Reihe Artikel über die deutschen Literatur w ä h r e n d U n s e r e r Z e i t, u ich hoffe, daß dieses Tableau auch für Deutschland wichtig seyn wird. Der Süddeutschen Mauvaise Foi muß, unter uns gesagt, entgegengearbeitet werden und Paris ist eine gute Tribüne zu diesem Zweck. Ich bin hier sehr thätig und hoffe auch Sie bald den Franzosen bekannt zu machen und auf Ihre Lorbeern von hier aus ein Licht zu streuen, wobey Ihren Feinden die Augen übergehen sollen. Das planmäßige Intriguiren gegen Sie, das perfide Herablästern, hat mich in der letzten Zeit auf widerwärtigste berührt. In dieser Absicht müssen Sie mir auch helfen. Ich habe nemlich, außer dem Trauerspiel in Tyrol und den Friedrich, hier nichts von Ihnen, und dennoch bedürfte ich der

3 Trauerspiele die bey Schulz in Ham erschienen, ferner des Cardenios u Celinde und des Periander. Diese drey Piecen muß ich bald haben, Sie müssen sie mir anschaffen und ich kann sie Ihnen auch zurückbesorgen. – Aber das ist heute nicht was mich zum Schreiben zunächst drängt. Ich wünsche, daß Sie für die Europe literaire einen Aufsatz über den Zustand der Malerey in Deutschland gäben. Da ich Ihre Verbindung mit Schadow kenne, so dachte ich daß es Ihnen nicht gleichgültig sey in welche Hände der Bericht über die deutsche Malerey komme, und daß Sie hinlänglich im Stande sind die jetzigen Maler Schulen zu charakterisiren.

Hierüber folgende Bestimmungen:

1º Der Aufsatz muß in zwey Artikeln getheilt seyn, wovon jeder fast 2 Bogen wie die meiner Reisebilder beträgt; diese Bogen sind so weitläuftig gedrukt daß zwey kaum einen Bogen wie die der französischen Revues etwa das Revue de Paris, betragen; da nun die Herausgeber für einen gewöhnlichen solchen Bogen 250 Francs zahlen wollen so bemerke ich daß Ihnen also die Hälfte dieser Summe für einen Bogen der ungefähr wie meine Reisebilder ist honorirt wird.

2º muß ich den Aufsatz bestimmt den 20ten Januar hier haben.

3º muß ich umgehend Antwort haben ob Sie diesen Vorschlag eingehn, ob ich bestimmt darauf Rechnen kann.

Die Sache ist sehr pressant. Dazu bedarf es auch der Zeit, wo ich den Aufsatz ins französische übersetzen lasse, und dies soll so gut als möglich geschehen. – Also, auf jeden Fall, habe ich umgehend Antwort von Ihnen und zwar addressirt an H. H. par Addresse du Docteur Donndorff, rue neuve des bons Enfants, Hôtel d'Hollande à Paris.

Es wird Ihnen in Düsseldorf nicht an Notizen fehlen über das was jetzt in Berlin u München gemalt wird. Ich bitte, wenn Sie etwa ebenfalls wie ich die Münchener Tendenzen verdammen, sie scharf zu geißeln. Dort wird wie in der Wissenschaft so in der Kunst alles Schlimme gebraut. Schelling hat die Philosophie an die kath. Kirche verrathen. Der dortige Parnaß unser Ami Beer dabey – – nur mündlich will ich über letztern Sie sprechen, wenn so unbedeutende Wesen der Besprechung überhaupt werth sind. – Sehen Sie zu, daß ich Ihre erwähnten Tragödien bald erhalte. Auch den Alexis hab ich noch nicht zu Gesicht bekommen. Deutsche Journale sehe ich hier gar nicht. Wenn Sie mir schreiben, so lassen Sie mir zugleich wissen was in Deutschland irgend Geschwatztes mich etwa interessiren könnte. – Von der Politik stehe ich jetzt ferne. Ich werde von den Demagogen gehaßt. Durch die Vorrede zu den Zuständen, die Sie wohl nächstens sehen, habe ich nur zeigen wollen daß ich kein bezahlter Schuft bin. Halten Sie mich doch bey Leibe für keinen Vaterlandsretter.

Ich umarme Sie Ihr H. Heine.

[Am linken Rand]
Sie können in dem Aufsatz der neudeutschen Malerey auch so viel Sie wollen über neudeutsche Literatur sprechen. Sie verstehen mich. Die Literatur das sind wir und unsre Feinde.

69. *An Julius Campe, Paris, 28. Dezember 1832*

Paris den 28 Dec. 1832.

Verheuratheter Campe! Eben erhalte ich die Vorrede, worin ich vor den Augen von ganz Deutschland als ein trübseliger Schmeichler des Königs von Preußen erscheine – stände nicht auch darin daß Pr Raumer der beste unter den Schriftstellern sey, es wäre nicht zu ertragen. (NB. im Mspt stand: er ist von allen schlechten Schriftstellern noch der beste.) – Ich bin betäubt vor Kummer, und erst mit nächster Post erhalten Sie die Ihnen gebührende Scheltworte. Die Post geht ab.

Eben weil es jetzt so schlecht geht mit der Sache des Liberalismus muß jetzt alles gethan <*werden*> Ich weiß, daß ich mir Deutschland auf Lebenszeit versperre wenn die Vorrede erscheint, aber sie soll ganz so erscheinen, wie das Mspt ist und nebst der Vorrede zur Vorrede, die Sie vor mehreren Wochen schon erhalten. Der Titel der Broschüre ist »Vorrede.« Sie hätte mit dem Buch zugleicher Zeit erscheinen müssen – das ist ein großer Kummer. Sie darf auch wenig kosten. Nur schnell. Das Mspt von *Gathy* erwarte ich jetzt mit jedem Posttag. Nur schnell. Unter Addresse Dr Donndorff Hôtel de Hollande rue neuve des bons enfants. Mein Name braucht gar nicht auf dem Brief zu stehen. – Zugleich schicken Sie doch an Heideloff einige Dutzend Ex meines Buchs mit der fahrende Post und fügen dazu 12 Exemplare für mich. Ich muß so schnell als möglich Exemplare habe da über das Buch in den hiesigen besten Journalen Artikel gemacht werden sollen, welches günstig nach Deutschland zurückwirkt. – Bey Leibe lassen Sie sich nicht durch Ihre merkantilischen Nücken davon abhalten mir gleich die Ex mit der Post zu schicken. – Ich kann nicht eher honett schlafen bis die »Vorrede« in der Welt ist. Merken Sie sich das. – Suchen Sie daß trotz der unterdrückten Presse nicht bloß die Obscuranten mein Buch rezenisiren. – So wie Ihre Neujahrsgeschäfte vorbey, muß ich meine Rechnung haben, ich brauche enorme Gelder, muß mit meinen Finanzen geregelt seyn, mein Budget für nächstes Jahr wo bedeutende Bücher von mir erscheinen können, muß bestimmt seyn. Umgehend geben Sie mir den Betrag an, wofür ich auf Sie trassiren kann. – Merkel ist schadenfroh; sagen Sie ihm ich sey begeistert wie ein Mensch, welcher weiß, daß er den Sieg dessen, wofür er sich in alle möglichen Miseren hineinschreibt, nicht erlebt. Es kann jetzt 30 Jahr still bleiben. Aber meine »Vorrede« muß doch schnell, schnell gedruckt werden. Ich glaube nicht daß die Briefe aufgemacht werden. Unsere Despoten haben noch gar nicht nöthig so pfiffig zu seyn. Schreiben Sie mir daher direkt oder indirekt. Wir leben jetzt wieder im Schoß der Ruhe. – Schreiben Sie mir nur gleich – ich bin wüthend auf Sie – Die erwähnte Geldangabe nicht zu vergessen, sind viel Rechnungen bezahlt worden, so können Sie mir auch das Geld unmittelbar durch Heideloff schicken. – *Gathy* wird meinen Brief erhalten u Ihnen vielleicht von meinen jet<*zigen*> Arbeiten etwas gesagt haben. –

Leben Sie wohl und hole Sie der Teufel. Ich kann gewiß nicht schlafen ehe die V. gedruckt ist. Es wär besser gewesen es wäre noch mehr davon unterdrückt worden. Wie viel Schererey um diese Bagatell, wofür ich nur Noth u Verfolgung einärnte! Ich habe in Weniger Zeit als mir die V. kostete fast ein halbes Buch geschrieben, nemlich eine Geschichte der deutschen Literatur seit dem Verfall der Schlegel. – Der Teufel hole Sie.

Ihr Freund
H. H.

Messieurs, / Mrs Hoffmann & Campe, / Libraires éditeurs, / Bohnenstraße. / à / H a m b o u r g. / ville anséatique.

Paris den 28 Merz

Ich kann Ihnen noch immer nicht schreiben. So wie ich die Feder ergreife um Ihnen ein Wort zu sagen ist mir der Kopf wie betäubt und die Brust in der schmerzlichsten Bewegung. Und ich bin sonst so ruhig und die Selbstbeherrschung selbst.

Aber es fallen auch in diesem Augenblick Dinge vor in meinem Leben, die auch einen Stein erschüttern könnten. Diesen Morgen erhalte ich die Todesnachricht meines Oheims v. Geldern in Düsseldorf, der zu einer Zeit starb wo ich dieses Unglück tiefer als je empfinden mußte. Ach, lieber Varnhagen, ich fühle jetzt die Bedeutung jener römischen Worte: Leben ist Kriegführen. So stehe ich nun auf der Bresche und sehe wie die Freunde rings um mich her fallen. Unsere Freundinn hat immer wacker gestritten und hat wohl einen Lorbeer verdient. Ich kann in diesem Augenblick vor Weinen nicht schreiben – ach! wir armen Menschen, mit Thränen in den Augen, müssen wir kämpfen. Welch ein Schlachtfeld diese Erde!

Heute morgen ist bey Heideloff allhier ein Buch von mir ausgegeben worden, nemlich meine Artikel über Literatur (die ich für die Europe litteraire geschrieben) in deutscher Sprache. Ich will Ihnen beide Versionen schicken; es sind gute Schwertschläge drin und ich habe meine Soldatenpflicht streng ausgeübt.

Ich weiß ich tröste Sie schlecht, lieber Varnhagen. Aber trösten kann kein Mensch, sondern nur die Zeit. Die Zeit, der schlaue Saturn, er heilt uns von jeder Wunde, um uns mit seiner Sense bald wieder eine neue Wunde ins Herz hinein zu schneiden.

Warum ich bey Roberts Erlöschen und bey dem Nachsterben seiner Frau Ihnen nicht schrieb, werden Sie wohl begriffen haben.

Leben Sie wohl und schreiben Sie mir bald: rue des Petits-Augustins N⁰ 4. Hôtel d'Espagne. – Ich leide noch immer an einer paralisirten Hand. Koreff ist mein Arzt. War sehr krank. Dennoch bleib ich thätig. Ich gebe das Schwert nicht aus Händen, bis ich hinsinke. Solange bleib ich auch

Ihr Freund
H. Heine

71. *An Heinrich Laube, Paris, 10. Juli 1833*

Alter Freund!

Ich habe Sie nemlich wirklich schon wie einen alten Freund behandelt, indem ich Sie ohne Antwort bis jetzt gelassen und doch mich gegen jedes Mißverständniß von Ihrer Seite gesichert dünkte. Haben Sie nur Geduld mit mir; mit Ihnen bin ich vollauf zufrieden. In dieser schlimmen Zeit war mir Ihr plötzliches Beytreten ein höchst erfreuliches Ereigniß.

Sie haben keinen Begriff davon wie es in diesem Augenblick um mich her tost und stürmt. Ich habe hier das Juste-milieu, die heuchlerisch katholische Karlistenparthey und die preussischen Spione auf den Hals. Meine französischen Zustände sind nemlich in französischer Sprache erschienen, begleitet mit meiner ganzen, unverstümmelten Vorrede. Diese ist jetzt auch bey Heideloff in deutscher Sprache erschienen und kann jetzt ungefähr schon in Leipzig seyn, wo Sie sie sehen. Ich würde sie Ihnen schicken, wenn ich nicht fürchtete, daß Sie dadurch kompromitirt werden könnten. Nehmen Sie sich in Acht. Hier nicht einmahl ist man sicher. Vorigen Samstag sind hier mehre Deutschen arretirt und auch ich fürchte jeden Augenblick arretirt zu werden.

Vielleicht ist mein nächster Brief aus London datirt. Ich bedeute Ihnen das alles, um Sie zur Vorsicht und Mäßigung zu bewegen. Halten Sie sich in diesem Augenblick so ruhig als möglich. Bewahren Sie uns die wichtige Festung, die Elegante Welt, für die Folge. Dissimuliren Sie. Fürchten Sie nicht verkannt zu werden. Auch ich habe dies nie gefürchtet. Die Herausgabe der Vorrede eben jetzt, in der allgemeinen Angst, wird wohl das Publikum belehren daß es künftig mir vertraut, wenn ich auch etwas allzu gelinde flöte. – Ich werde seiner Zeit schon die große Trompete blasen, und bin diesen Augenblick mit der Abfassung einiger tüchtigen Trompeterstückchen beschäftigt. – Mit der Kopie meines Kopfes und versprochenen poetischen Schnurpfeifereyen, werde ich wohl Sie unverzeihlichst dahinhalten; aber wollen Sie das Ganze nicht auf nächstes Jahr verschieben? Nächstes Jahr kann man ruhiger sich zeigen. – Leider in diesem Augenblick, wo ich von

den öffentlich und persönlich wichtigsten Dingen umlermt bin, habe
ich noch den ästhetischen Kram auf den Hals, muß für Campe ein
Buch zusamenkneten, auch über deutsche Literatur schreiben &c &c
&c. Der 2te Theil meiner »Zur deutschen schönen Literatur« erscheint
diese Woche bey Heideloff hieselbst; werde Ihnen das Büchlein gleich
zuschicken.

Für Alles was Sie mir freundliches geschrieben und über mich gedruckt haben, danke ich mit ganzer Seele. Seyn Sie überzeugt, daß ich
Sie verstehe und also wahrhaft schätze und ehre. Sie stehen höher als
alle die Anderen, die nur das Aeußerliche der Revoluzion, und nicht
die tieferen Fragen derselben verstehen. Diese Fragen betreffen weder
Formen noch Personen, weder die Einführung einer Republik, noch
die Beschränkung einer Monarchie: sondern sie betreffen das materielle Wohlseyn des Volkes. Die bisherige spiritualistische Religion war
heilsam und nothwendig, solang<e> der größte Theil der Menschen
im Elend lebten und sich mit der himmlischen Seeligkeit vertrösten
mußten. Seit aber, durch die Fortschritte der Industrie und der Oeco-
nomie, es möglich geworden die Menschen aus ihrem materiellen
Elende herauszuziehen und auf Erden zu beseligen, seitdem – Sie verstehen mich. Und die Leute werden uns schon verstehen, wenn wir ihnen sagen, daß sie in der Folge alle Tage Rindfleisch statt Kartoffel essen sollen, und weniger arbeiten und mehr tanzen werden. – Verlassen
Sie sich darauf, die Menschen sind keine Esel. –

Ich schreibe diese Zeilen im Bette meiner schönhüftigen Freundinn, die mich diese Nacht nicht fortließ, aus Furcht daß ich zu Hause
arretirt würde.

Ihr
H. Heine.

Monsieur / Mr Heinrich Laube, / Redacteur der Eleganten Welt. / à /
Leipzig.

72. An Hans Christian Andersen, Paris, 10. August 1833

Ich möchte Ihnen gern, werthester College, einige Verse hier aufs Papier kritzeln, aber ich kann heute kaum leidlich in Prosa schreiben. Leben Sie wohl und heiter. Amüsiren Sie sich recht hübsch in Italien, lernen Sie recht gut Deutsch in Deutschland, und schreiben Sie dann in Dänemark auf Deutsch was Sie in Italien gefühlt haben. Das wäre mir das Erfreulichste.

H. Heine.

Paris d 10 August 1833.

73. An Betty Heine, Paris, 25. Oktober 1833

Paris, den 25. October 1833.

Liebe gute Mutter!

Seit 8 Tagen bin ich hier zurück von Bologne, wo ich mich in den letzten 6 Wochen, sehr behaglich, gesund und heiter befunden. Das Bad hat nun freylich mir nicht übel gethan, aber auch nicht so gut wie sonst. Ich fühle mich nicht wie sonst gestärkt dadurch an Leib und Geist, muß also ein anderes Heilmittel suchen.

Dir, liebes Lottchen, sage ich für die Briefe Deiner Putchen den herzlichsten Dank, sage an Marie und Ludwig, daß ich, sobald ich Zeit, Ihnen selber antworten werde. Dein Jüngstes zu küssen. Hoffentlich bist Du wohl; denke beständig an <Dich> und glaubst kaum, wie ich Dich liebe, liebes Lottchen. – Gestern sah ich ein junges Frauenzimmer, das ganz aussah wie Du, als Du noch unverheurathet. – Christiani und Gattin sind noch nicht zurück von Bordeau.

Dein Jammern, liebe Mutter, über das außerordentliche Malheur, mich nicht zu sehen, mußt Du einstellen. Von Hierherkommen nach Frankreich ist kein Gedanken; laß das nur fahren, oder sey überzeugt, ich reise nach Egypten, wohin <ich> längst große Lust zu reisen habe. Ist es Dir nicht möglich, meines holden Anblicks länger zu entbehren, so weißt Du, daß ich kein ungehorsamer Sohn bin, und daß ich jeden Deiner Wünsche erfülle, wenn er nicht mit Deiner eignen Wohlfahrt unverträglich ist. Uebers Meer kann ich und will ich Dich nicht reisen lassen, durchaus nicht, ich gehe sonst nach Egypten. Aber ich will, wenn Du es durchaus verlangst, diesen Sommer auf acht Tage nach Hamburg kommen, nach dem schändlichen Neste, wo ich meinen Feinden den Triumph gönnen soll, mich wieder zu sehen und mit Beleidigungen überhäufen zu können. Daß ich mich, wegen meiner politischen Stellung, irgend einer Gefahr aussetze, glaub ich eigentlich nicht. Aber Vorsicht ist in allen Dingen rathsam, Du darfst keiner Seele, außer Lottchen, ahnen lassen, daß ich nur den Gedanken hege, nach Hamburg zu kommen; sonst legen sich dort meine Feinde schon jetzt auf die Lauer. Komme ich aber unvermuthet, so haben sie keine Zeit zu überlegen und nach Hamburg zu kommen. Du wirst nächstens erfahren, wie aufsässig mir die Preußen sind; unter uns gesagt, ich übertreibe die Sache, aber vorsichtig bin ich doch, und eben meiner großen Vorsicht wegen kannst Du immer wegen meiner außer Sorge seyn, ich bin in Sicherheit überall, bin leidenschaftslos, ruhig, – und bekomme einen dicken Bauch wie der Burgmüller. –

Kommt Zeit, kommt Rath! Jetzt sind meine Verhältnisse so unklar, daß ich nicht bestimmen kann, was ich in 6 Monath thun will. Bis dahin aber hat sich manches vielleicht in der Welt verändert, und ich selber hatte unterdessen wenigstens Zeit und Gelegenheit, etwas wie eine Reise zu Dir mit Ruhe vornehmen zu können. Warte daher, mach mir den Kopf nicht wirre. Hab viel im Kopf.

Meine Wohnung in der Stadt, wo ich ein Jahr die völligste Ruhe genossen, hatte ich behalten, und Unglücklicher Mensch bey meiner Rückkehr ist eine Familie mit entsetzlichem Spektakel und Kindergeschrey grad unter mir eingezogen. – Leb wohl, melde mir, was Max schreibt. Hab große Arbeiten im Kopfe. Hätte ich nur Ruhe! – Gott weiß, ich würde wenig Spektakel machen, wenn ich nicht immer dazu gezwungen wär. – Schreib mir, liebes Lottchen. Sprich der Mutter Vernunft ein. Schreib mir nur immer genau, wie Mutter, Du und die Kinder Euch befindet.

H. Heine.

74. An Jules Michelet, Paris, 20. Januar 1834

Monsieur!

Si, par hazard, je n'avais pas lu dans le National d'aujourdhui que vous êtes barricadé contre les visites des importuns, je serais venu en personne vous remercier pour votre précieux présent, qui me vient si inattendu, si merveilleusement inattendu, si tombé du ciel, que j'en suis d'autant plus enchanté.

J'ai lu votre article dans la Revue d. d. M. et j'ai déjà commencé votre livre – il est si parfumé de poésie qu'il ressemble à un bouquet. Est-ce qu'on permettera déjà en France de comparer des Idées à des roses? Dans ce cas je dirais, que tous les rossignols seront enivrés et enflammés de vos Idées. Elles sont vastes et genereuses. Vous êtes le vrai historien, car vous êtes en même temps philosophe et grand artiste. Vous êtes un Herodothe qui n'est pas crédule, vous êtes un Tacite qui ne désespère pas. Vous croyez au progrès et à la providence. Nous nous rencontrons dans cette croyance. Je ne dissimule pas que je suis assez vaniteux de me croire moi-même un homme providentiel.

Je n'ose pas parler de votre style, moi qui vous écris dans un jargon allemand.

Votre dévoué
Henri Heine.

Monsieur!

Wenn ich nicht zufällig in dem heutigen »National« gelesen hätte, daß Sie sich gegen ungebetenen Besuch verschanzt haben, wäre ich persönlich gekommen, um mich bei Ihnen für das wertvolle Geschenk zu bedanken, das ich so unerwartet erhalten habe, so wunderbar unerwartet, als ob es vom Himmel gefallen wäre, und deshalb bin ich darüber um so erfreuter.

Ich habe Ihren Artikel in der »Revue des deux Mondes« gelesen und bereits mit der Lektüre Ihres Buches begonnen – es duftet so sehr nach Poesie, daß es einem Blumenstrauß ähnelt. Falls es in Frankreich schon erlaubt sein sollte, Ideen mit Rosen zu vergleichen, würde ich sagen, daß sich alle Nachtigallen an Ihren Ideen berauschen und für sie entbrennen werden, da sie allumfassend und edel sind. Sie sind der wahre Historiker, denn Sie sind zugleich ein Philosoph und ein großer Künstler.

Sie sind ein Herodot, der nicht leichtgläubig ist; Sie sind ein Tacitus, der die Hoffnung nicht aufgibt. Sie glauben an den Fortschritt und die Vorsehung, und in diesem Glauben treffen wir uns. Ich verhehle nicht, daß ich eitel genug bin, um mich selbst für einen von der Vorsehung bestimmten Menschen zu halten. Ich, der ich Ihnen in einem französischen Kauderwelsch schreibe, wage nicht, mich über Ihren Stil zu äußern.

Ihr ergebener
Henri Heine.

75. *An Edouard de la Grange, Paris, 7. Februar 1834*

Depuis que je ne vous ai pas vu, Monsieur, je suis devenu tout à fait malade et morose. De douloureuses phantaisies m'obsèdent jour et nuit. Je suis accablé d'une tristesse plus qu'allemande. Je ne lis rien, je n'écris rien, je ne fais rien, sinon de regarder les rues de Paris, la seule chose qui me donne quelque plaisir. J'aime cette ville de Paris, comme un enfant malade aime sa mère, et rien que de la regarder me fait déjà du bien.

Je viens de recevoir un nouveau livre de l'Allemagne et j'ai l'honneur de vous en faire présent. Ma foi, ce livre ne vaut pas grande chose. Je vous renvoie aussi votre Jean Paul, qui ne vaut pas mieux. Présentez mes respects à Madame delagrange.

Votre tout dévoué
Henri Heine.

Monsieur / M^r le Marquis Eduard de Lagrange. / rue Grenelle N° 106. / St.Germain

[Übersetzung]
Seitdem ich Sie, Monsieur, nicht mehr gesehen habe, bin ich ganz krank und trübselig geworden. Quälende Phantasien verfolgen mich Tag und Nacht. Ich werde von einer sehr deutschen Schwermut niedergedrückt. Ich lese nichts, ich schreibe nichts, ich tue nichts außer die Pariser Straßen zu betrachten, das Einzige, das mir etwas Freude bereitet. Ich liebe Paris, wie ein krankes Kind seine Mutter liebt, und allein die Stadt zu betrachten, tut mir schon gut.

Ich erhielt soeben ein neues Buch aus Deutschland und habe die Ehre, es Ihnen zu schenken. Wahrlich, dieses Buch ist nicht viel Wert. Ich schicke Ihnen auch Ihren »Jean Paul« zurück, der nicht mehr Wert ist. Entbieten Sie Madame de La Grange meine Hochachtung.

Ihr sehr ergebener
Henri Heine.

76. An Betty Heine, Paris, 4. März 1834

Paris d 4 März 1834.

Ich muß mich bitterlich beklagen, liebe Mutter, daß ich, seitdem Ihr mir Lottchens Niederkunft gemeldet, ganz ohne alle Nachricht von Euch bin. Ein Wochenbett ist doch kein gewöhnlicher Zustand, und da gebührte es sich wohl, daß ich etwas von dem Wohlseyn meiner Schwester erfahre. Aija! – Ich merke, daß Euch nicht viel an mir gelegen ist, und daß ich ein Narr bin Euch zu schreiben. Ihr habt nichts zu thun, und muß doch um jede Zeile betteln. Aijah! – Ich befinde mich wohl und gesund, welches mir im Grunde leid ist; denn wäre ich krank, liebe Mutter, so würde ich es Dir heute schreiben, bloß um Dich zu ängstigen. – Wenn Ihr mich, bey so wichtigen Umständen, öfters ohne Brief läßt, kann ich wirklich krank werden. Ich habe mir fest u steif vorgenommen recht wirklich krank zu werden, um mich an Dir wegen Deines langen Stillschweigens zu rächen. Ich fühle wirklich schon einige Diärhöe; seit zwey Minuten kullert es mir sehr stark im Bauch. Ist das vielleicht die Cholera? Mein theurer Herr Mäxchen schreibt mir auch nichts. Aijah! Warum erhalte ich keinen ordentlichen Brief von Ew. Wohlgeboren, Herr kaiserl. königl russischer Klystiersetzer? Wie lebst Du, wie gehts Dir, wo bist Du, wo wirst Du seyn? Du könntest mir auch über deutsche Literatur schreiben, denn außer den brockhausischen Blättern erhalte ich hier kein einzig deutsches Journal. – Den Salon habe ich endlich erhalten; es sind sehr ekelhafte Druckfehler drin. Viel Zoten. Dieses war politische Absicht. Ich wollte der öffentlichen Meinung eine gewisse Wendung geben. Besser man sagt ich sey ein Gassenjunge, als daß man mich für einen allzuernsthaften Vaterlandsretter hält. Letzteres ist in diesem Augenblick kein rathsam Renommee. – Die Demagogen sind wüthend über mich; sie sagen, ich werde bald öffentlich als Aristokrat auftreten. Ich glaube, sie irren sich. – Ich zieh mich aus der Politik zurück. Das Vaterland mag sich einen anderen Narren suchen. Hier geht es mir vortrefflich. – Lottchen u die Kinder zu küssen. – Lebt wohl.

H. H.

[Am linken Rand]
Wie ist jetzt Mutters Addresse?

Madame / Mᶜ Betty Heine, nèe de Geldern / pʳ Addr. de Mʳ Moritz Embden / Praetzmanns Hof / à / H

77. *An Cristina di Belgijoso, Paris, 18. April 1834*

Paris ce 18 Avril 1834.

Je vous envoie ci-joint, Madame, le livre du Prince Pükler dont j'ai parlé l'autre jour.

En six semaines paraitra la traduction française de mes Reisebilder. Le premier volume qui parle de l'Italie est deja tout-à fait imprimé, jusqu'a la preface. Voulez vous lire les epreuves de ce volume? En ce cas je vous les enverrai, sous condition que vous soyez discrete, que vous ne les montrez à personne, ni aux Republicains, ni au Juste-milieu.

Soyez sûr, Madame, que j'ai beaucoup pensé à vous depuis la soirée d'avant-hier, que je voudrais plutot nommer une journée. En effet vous avez livré une bataille, qui vallait bien celle du juste-milieu; vous avez mitraillé le peuple, c'était un feu terrible, et peu s'en fallut que mon coeur, qui est une republique, ne soit devenue une monarchie. Cependant aujourd'hui je commence de reprendre courage; le bon sens, ce poltron qui avait prit la fuite à 11 ½ heures lorseque le voile noire tomba, revient tout doucement, et j'ai déjà l'audace de penser à vous sans trembler. Seulement je n'oserais pas encore vous regarder en face. Mais je pense demain ou après-demain j'aurais regagné tout mon sangfroid tudesque et je pourrai vous entretenir avec une assez judicieuse analyse de la coëffure, que je vous ai vue pendant cette memorable journèe du 16 avril. Je n'ai jamais rien vu de si fabuleux, de si poetique, de si féerique que cette noire chevelure qui se dessinait en sauvages ondulations sur la transparente paleur de votre figure. Et cette figure vous l'avez volé à quelque tableau du VI^{iem} siecle, à qu*<elque>* vieux fresque de l'ecole lombarde, peut-être de votre Luini, ou même aux poesies de l'Arioste, que sais-je moi! Mais cette figure me poursuit, jour et nuit, comme une enigme que je voudrais resoudre. Pour votre coeur, qui est sans doute assez beau, je m'en souçie très peu. Toutes les femmes ont des coeurs, et il-y-en-a qui ont très coeurs très magnifiques. Par exemple ma grande-mère. Mais aucune n'a votre figure.

En effet, Madame, je ne plaisante pas. Jour et nuit, je me tourmente la tête pour deviner la signification de cette figure, des ces symboles, de ces yeux inouis, de cette bouche mysterieuse, de tous ces traits que ne semblent pas exister en realité, qui semblent être plutôt le produit d'un rève, de sorte que je crains toujours que tout ça ne s'evapore un beau matin.

Je vous prie, Madame, de ne pas vous évaporer et d'agréer les assurances du parfait respect et dévouement avec lesquels je suis

Votre très humble et tres obeissant
Henri Heine.

P. S. Je veux vous epargner la peine d'une reponse, et je vous envoie deja ci-joint le volume des Reisebilder, dont je viens de parler. Ce sont des épreuves brochées en toute hâte. De graçe, ne les montrez à personne, ni aux republicains, ni au j u s t e - m i l i e u .

[Übersetzung]
Beiliegend sende ich Ihnen, Madame, das Buch des Fürsten Pückler zu, von dem ich kürzlich gesprochen habe.

In sechs Wochen wird die französische Übersetzung meiner »Reisebilder« erscheinen. Der erste Band, der von Italien handelt, ist schon vollständig gedruckt, bis auf das Vorwort. Möchten Sie die Druckfahnen dieses Bandes lesen? In diesem Fall würde ich Sie Ihnen zuschicken, unter der Bedingung, daß Sie verschwiegen sind, daß Sie sie niemandem zeigen, weder den Republikanern noch dem Justemilieu.

Sie können sicher sein, Madame, daß ich sehr viel an Sie gedacht habe seit dem vorgestrigen Abend, den ich eher als einen Tag der Schlacht bezeichnen würde, denn Sie haben eine Schlacht geliefert, die genauso viel wert war wie die des Justemilieu. Sie haben auf das Volk geschossen. Es war ein schreckliches Feuer, und beinah wäre mein republikanisches Herz ein monarchistisches geworden. Heute jedoch schöpfe ich wieder Mut. Der gesunde Menschenverstand, dieser Feigling, der um halb zwölf, als der schwarze Schleier fiel, die Flucht ergriffen hatte, kehrt allmählich zurück, und ich besitze nun schon den Mut, an Sie zu denken, ohne zu zittern. Ich würde es nur noch nicht wagen, Ihnen direkt ins Gesicht zu schauen. Jedoch gehe ich davon aus, daß ich morgen oder übermorgen meine typisch deutsche Nüchternheit wiedergewinne, und daß ich Sie mit einer recht klugen Analyse der Frisur, mit der ich Sie an jenem denkwürdigen Tag des 16. April gesehen habe, unterhalten kann. Ich habe niemals etwas so Märchenhaftes, so Poetisches, so Feenhaftes gesehen wie diese schwarzen Haare, die sich in wilden Wellen von der durchsichtigen Blässe Ihres Gesichtes abhoben. Dieses Gesicht haben Sie irgendeinem Gemälde aus dem sechzehnten Jahrhundert gestohlen, <*irgendeinem*> alten Fresko der lombardischen Schule, vielleicht Ihrem Luini, oder sogar den Dichtungen des Ariosto – ich weiß es einfach nicht! Aber dieses Gesicht verfolgt mich, Tag und Nacht, wie ein Rätsel, das ich entschlüsseln möchte. Über Ihr zweifellos recht schönes Herz mache ich mir sehr wenige Gedanken. Jede Frau hat ein Herz, aber es gibt Frauen, wie meine Großmutter, mit einem ganz wunderbaren Herzen. Keine Frau jedoch hat Ihr Antlitz.

Madame, ich scherze keineswegs! Tag und Nacht zermartere ich mir den Kopf, um zu erraten, was sich hinter diesem Antlitz verbirgt, hinter diesen Symbolen, diesen einzigartigen Augen, diesem geheimnisvollen Mund, hinter all diesen Gesichtszügen, die es in der Wirklichkeit nicht zu geben scheint, die vielmehr ein Traumprodukt zu sein scheinen, so daß ich immer befürchte, daß sich dies alles eines schönen Morgens in nichts auflösen wird.

Ich bitte Sie, Madame, sich nicht in nichts aufzulösen, und die Beteuerungen meiner vollkommenen Hochachtung und Ergebenheit zu gestatten, mit denen ich bin

Ihr sehr untertäniger und sehr gehorsamer
Henri Heine.

P. S. Ich möchte Ihnen die Mühe einer Antwort ersparen und schicke Ihnen bereits beiliegend den Band der»Reisebilder« zu, von dem ich soeben gesprochen habe. Es handelt sich um in aller Eile broschierte Druckfahnen. Zeigen Sie sie um Gottes willen niemandem, weder den Republikanern noch dem Justemilieu.

78. *An Hermann von Pückler-Muskau, Paris,*
September 1834

Monsieur!

Dans ce moment j'apprends que vous êtes de retour à Paris (ich will lieber deutsch schreiben) und ich eile nach Ihrem Hôtel um Sie zu sehen – aber vergebens. Leider bin ich selber im Begriff wieder abzureisen und ich muß Sie schriftlich grüßen – Wahrlich, ich hätte gern gewünscht Sie von Angesicht zu Angesicht zu sehen, leiblich, nicht bloß als Geist, als Verstorbener! Für Ihr Buch und Ihren liebenswürdigen Brief danke ich noch nachträglich, letzterer war weder mit N a m e n noch Addresse versehen; – – – Ich komme von Boulogne und Dieppe wo ich Me Austin zu finden dachte, aber nicht fand. Können Sie mir nicht sagen wo sie jetzt ist? w a n n sie nach London zurückkehrt, u wie dort ihre Addresse ist? Ich bin im Begriff nach Versailles zu gehen, wo ich meine Addresse noch nicht weiß. Meine Addresse in Paris ist: rue des p e t i t s A u g u s t i n s N° 4. Hôtel d'Espagne. Lassen Sie doch da ein Lebenswörtchen von Ihnen zukommen. Sagen Sie mir ob Sie nicht länger in Paris bleiben u ob ich nicht Hoffnung habe Sie bald zu sehen. Ich bin Ihnen wahrlich recht herzlich zugethan, recht menschlich, nicht schriftstellerlich! Wenn man so schön wie Sie schreibt und so liebenswürdig ist, sollte man gar kein Schriftsteller seyn. Wenn ich es könnte, würde ich die Schriftstellerey je eher je lieber an den Nagel hängen. In welche schlechte Gesellschaft bringt sie den Menschen! Welchem Pöbel bringt sie uns nahe! Und trifft man mahl unter den Collegen einen ordentlichen Menschen – dann ist er nicht zu Hause und man muß abreisen – leben Sie wohl – wie Sie mit Ihren Federn so gut schreiben können, ist mir unbegreiflich! Ihre Feder taugt nichts – ich kann nicht weiter schreiben –

Ihr Mitgefessellter
Heinrich Heine.

79. *An George Sand, Paris, 8. Januar 1835*

Je regrette infiniment qu'il m'est impossible aujourd'hui de vous voir et de diner avec vous. Je suis dans une grande tourmente pendant cette semaine. Je vous remercie de votre aimable billet. Vous êtes l'aimabilité même. Soyez persuadé qu'il est impossible d'exprimer combien vous êtes aimable, adorable, divine. Ecrivez comme vous voulez, vous ferez toujours mieux que les autres. Pardonnez à la fatuité de ceux qui croient vous comprendre; priez pour l'âme de ceux qui osent vous juger. Vous blamer c'est un blasphème.

Votre cousin
Henri Heine

J. 8 Janv.

Madame / Mᶜ Dudevant / Quai Malaquais No 19.

[Übersetzung]
Ich bedaure unendlich, daß es mir heute unmöglich ist, Sie zu besuchen und mit Ihnen Abend zu essen. Ich bin in dieser Woche in tiefer Besorgnis. Ich danke Ihnen für Ihr liebenswürdiges Billet. Sie sind die Liebenswürdigkeit selbst. Seien Sie davon überzeugt, daß es unmöglich ist, auszudrükken, wie liebenswürdig, anbetungswürdig, göttlich Sie sind. Schreiben Sie wie Sie wollen, da Sie es immer besser als die anderen machen werden. Verzeihen Sie die Überheblichkeit derjenigen, die Sie zu verstehen glauben; beten Sie für die Seele derjenigen, die es wagen, über Sie ein Urteil zu fällen. Sie zu tadeln ist Blasphemie.

Ihr Cousin
Henri Heine

80. *An Johann Hermann Detmold, Paris, 22. März 1835*

Paris den 22 Merz 1835.

Lieber Detmoldt.

Dieser Brief ist nur die Taube die Ihnen aus meiner Arche zufliegt mit einem Blatt im Munde; wenn Sie dieses Blatt richtig erhalten und mir wieder schreiben, mag eine regelmäßigere sicherere Verbindung zwischen uns statt finden. Ich stehe mit niemanden in Briefwechsel, aus dem Grunde weil ich nur kurz antworte auf langen Briefen, die mir nie lang genug sind. Ihr aber, was Ihr nie bedenkt, seyd im geruhsamen Deutschland, wo jeder Tag 25 Stunden hat; ich aber bin an einem Ort, wo die Zeit selber sich kaum die Zeit nimmt zu verfließen. Ich habe hier gar keine Zeit. Sie können sich keinen Begriff davon machen, wie viel zerstreuende Erscheinungen mich umwogen, wie viel Noth, Unsinn, Lebenskampf, Liebe, Haß und † mir um die Ohren saust. Was Sie in Deutschland etwa von mir hören, ist nur ein gelindes Echo hiesiger Schwertschläge. Ich bitte schreiben Sie mir viel und oft; in späteren, ruhigeren Tagen verspreche ich Gleiches mit Gleichem zu vergelten. Wie wär es, wenn Sie mir alle sechs Wochen einen sehr großen Brief über die politischen und literärischen Vorgänge in Norddeutschland schrieben, den ich, in fortlaufender Reihe, auf französisch übersetze und in die Revüe des deux mondes abdrucken lasse? Auf Verschwiegenheit von meiner Seite dürfen Sie rechnen, Sie dürfen sich in dieser Correspondenz ohne Gefahr Ihrer ganzen Laune überlassen, und da Sie diese Mittheilungen ganz f a k t i s c h halten würden wie es nöthig ist, so dürfen wir uns viel freudigen Spektakel dadurch versprechen. Ja, ich bitte Sie, beginnen Sie gleich, und machen Sie daß ich bald den ersten Brief erhalte. Aus Vorsicht werde ich Ihnen meine Briefe immer über Hamburg schicken, und Sie addressiren die Ihrigen an Mr Specht, employé de la poste, rue Saint-Lazarre N° 106 à Paris. Versteht sich, Sie unterschreiben nie Ihren Namen, – schreiben aber desto deutlicher das Uebrige.

Für die Mittheilung Ihrer Kunstkennerkunst danke herzlich; das Büchlein ist vortrefflich geschrieben. In stylistischer Hinsicht gebe ich Ihnen das unbedingteste Lob, auch die Ironie ist vortrefflich, aber sie ist nicht immer swiftisch genug durchgeführt; der Ernst hat Sie manchmal überrumpelt. Daß Sie sich als einen bedeutenden Schriftsteller plötzlich gezeigt, hat gewiß das Publikum sehr überrascht; für mich, liebster, hatte <die> Erscheinung nichts überraschendes. Ich wunderte mich vielmehr, daß Sie nicht früher aufgetreten sind. – Ich habe sehr oft an Sie gedacht, und ich habe Sie immer zu den sehr wenigen Personen gezählt, denen mein Wirken und Schreiben immer klar war, und die den letzten Gedanken alles dessen was ich treibe und schaffe, immer genau kennen und begreifen. In dieser Voraussetzung, oder vielmehr in dieser Ueberzeugung, schreibe ich Ihnen heute und verlange thätige Hülfleistung.

Ihr Freund
H. Heine.

Mr Wohlgeboren / d Herren Advokaten / J. H. Detmold / p^r Addr. d Herren Medizinalrath / Detmold / in / Hannover.

81. *An Victor Hugo, Paris, 2. April 1835*

Paris, ce 2 Avril 1835.

Mon chèr Monsieur Hugo!
J'ai le plaisir de vous envoyer ces lignes par Mr. Wolf, Professeur de Jena, qui dans son histoire litteraire a montré qu'il sait aprecier le genie de Victor Hugo. Il vous a consacré la plus grande partie de son ouvrage et il s'occupe apresent d'une traduction complête de vos oeuvres. Mr. Wolf, un de mes plus anciens ami a tant de merite et tant d'esprit, qu'il pourrait bien se passer d'une lettre de recommandation; mais comme je sais que vous êtes très occupé, je l'ai invité de vous presenter quelques lignes de moi.

S'il m'est possible je prends la liberté de vous voir la semaine prochaine et de vous dire que ne cesse pas de vous aimer et de vous admirer.

Henri Heine.

[Übersetzung]
Mein lieber Monsieur Hugo!
Es ist mir eine Freude, Ihnen diese Zeilen durch Monsieur Wolf überbringen zu lassen, einem Professor aus Jena, der in seiner Literaturgeschichte bewiesen hat, daß er das Genie Victor Hugos zu schätzen weiß. Er hat Ihnen den größten Teil seines Werkes gewidmet und beschäftigt sich gegenwärtig mit einer vollständigen Übersetzung Ihrer Werke. Monsieur Wolf, einer meiner ältesten Freunde, hat so viele Verdienste und so viel Geist, daß er sehr wohl auf ein Empfehlungsschreiben verzichten könnte. Da ich jedoch weiß, daß Sie sehr beschäftigt sind, habe ich ihm vorgeschlagen, Ihnen einige Zeilen von mir zu überreichen.

Falls es mir möglich sein sollte, werde ich so frei sein, Sie in der nächsten Woche zu besuchen und Ihnen zu sagen, daß ich nicht aufhören werde, Sie zu lieben und zu bewundern.

Henri Heine.

82. *An Julius Campe, Paris, 7. April 1835*

Paris den 7 April 1835

Lieber Campe! Ich eile Ihren Brief v 1sten April so schnell als möglich zu beantworten. Hauptsächlich drängt mich dazu der Wunsch Ihnen zu versichern, daß ich bey mißhelligkeiten in meinen Autorgeschäften immer die Verlagshandlung Hoffmann u Campe sehr scharf von der Person meines alten Freundes Julius Campe unterscheide. Aber in Betreff der besagten Verlagshandlung war ich vollauf berechtigt die Geduld zu verlieren. Ich hatte an Hoffmann u Campe geschrieben daß man mir mit der Post eine gewisse Anzahl Ex meines 2ten Salons gleich hierher schicke. Zwey Monath war das Buch heraus und ich erhielt keine Exemplare. Ja, ich habe bis auf dieser Stunde sie nicht erhalten und mußte Absicht, wo nicht gar böse Absicht in dieser Nichtsendung erkennen, als mir hier in dem Laden von Heideloff u Campe der gedrukte Salon zu Gesicht kam. Beim flüchtigsten Durchblättern sah ich überall Lücken und Auslassungen, und ich hatte nichts Eiligeres zu thun als in der Allg. Zeitung dagegen zu protestiren, wie es meine Pflicht als Schriftsteller erforderte. Ich mußte glauben daß man mir das Buch absichtlich nicht hergeschickt, damit ich diesen Frevel nur spät erführe, und alsdann aus Trägheit jede Reklamazion unterließe. Es waren keine Censurstriche zu sehen und die unterdrückten Stellen waren mir eben die wichtigsten, sie hatten durchaus keine politische Gefährlichkeit und der Verleger von Börneschen Briefen durfte wahrlich nicht davor erschrecken. Ich bin überhaupt keineswegs als Demagoge verrufen, habe den Regierungen beweise meiner Mäßigung gegeben, und in einem philosophischen Buche durfte man wohl einige revoluzionäre Boutaden durchlaufen lassen. Einen Tag später nach der Absendung meiner Erklärung, erhielt ich Ihren Brief worin Sie mir meldeten daß die Censur so viel gestrichen. Und warum meldeten Sie dieses zwey Monath nach dem Erscheinen des Buches? Dieses ist um so tadelnswerther, da ich in der Meinung stehen mußte daß Bücher über 20 Bogen keiner Censur unterworfen seyen. Ich hatte, für den Fall daß mein Mspt nicht bis zu 20 Bogen ausreiche Sie ersucht den »neuen Frühling« mit Ausnahme des letzten Gedichtes beyzudrucken und eine Verlegernotiz über diesen schon gedrukten Cyklus mitzutheilen. Statt dessen sehe ich daß kein Wort diesen erneuten Abdruk justifizirt und dabey fehlen noch 6 Gedichte von diesem Cyklus ... ja, es fehlt die Dedikazion sogar ... ich will dieses Alles noch hingehen lassen ... Aber, es stoßen mir bey dieser Erscheinung gar viele widerwärtige Gedanken auf. Ich lasse mich nicht wie ein Junge, der schweigen muß, behandeln. Ich war vielleicht ein kleiner Junge als Sie mich zuerst sahen, aber das sind jetzt 10 Jahre, und ich bin seitdem ganz erschrecklich gewachsen. Und gar in den letzten 4 Jahren; Sie haben keinen Begriff davon wie ich groß geworden bin. Ich überrage einen ganzen Kopf hoch eine Menge Schriftsteller, denen ihre Verleger, mit welchen sie nicht einmal in Freundschaft stehen, doppelt so viel Honorar zahlen wie Sie mir zahlen. Es ist wahr, ganz kleine Jungen von Schriftsteller erhalten jetzt so viel Honorar wie ich; aber das sollte Sie doch nicht verleiten, meine reelle Größe in Anschlag zu bringen, wenn es die Behandlung gilt; denn wahrlich, eben wie eine honette Köchinn, habe ich immer weniger auf Gehalt, als vielmehr auf gute Behandlung gesehen.

Und noch auf diese Stunde habe ich meine Ex vom 2ten Salon nicht erhalten und mußte für mein armes Geld bey Heideloff ein Exemplar kaufen!

Genug ich war zur Annonze in der Allgemeinen Zeitung hinreichend befugt. Die Verlagshandlung Hoff & Campe kann erwiedern was sie will. Ich lasse nichts darüber mehr in der Allg. Z. druken. Alles was ich thun kann, ist daß ich die Erwiedrung dieser Verlagshandlung in meinem nächsten Buche berücksichtige und sie, ehrlich und offen, jeder Rüge entlaste, die sie nicht verdient. Daß Ihnen diese Geschichte verdrießlich, daß Sie über mich ungehalten sind, verdenke ich Ihnen nicht; es macht Ihnen vielmehr Ehre und es zeigt daß Sie auf Carakter halten. Das habe ich immer an Ihnen zu schätzen gewußt. Ehrlich gesagt, die freundlichen Stellen Ihres vorletzten Briefes, Ihr Wunsch daß wir in freundschaftlicher Verbindung bleiben, Ihre heitere Hoffnung der Gevatterschaft, hat mir, der ich Tags zuvor meine Erklärung an die Allg. geschickt, sehr wehmüthig die Seele bewegt. Sie dürfen mir es auf meine Ehre glauben, die glänzendsten Anerbietungen Ihrer Collegen habe ich b i s h e u t e unbeantwortet gelassen. Wär die verdammte Geschichte des Wartens auf Ex und der Aerger über die Verstümmelung meines Buchs nicht dazwischen gekommen, so hätte ich Ihnen bereits meine neuen Anträge gemacht und Ihnen offen wie immer meine Hoffnungen und Wünsche mitgetheilt und Ihnen bestimmt gesagt was ich im Laufe dieses Sommers und Herbstes bringen kann und was ich bringen möchte. Ich würde heute schon Bestimtes drüber schreiben, aber mir summen eine Menge Widerwärtigkeiten um die Ohren. Jedenfalls binnen 8 Tagen erhalten Sie die versprochenen Erläuterungen. – Ich denke, wenn Sie bald ein neues Buch von mir dem Publikum bringen, so ist dieses eine hinlängliche Reparazion in den Augen desselben. – Leben Sie wohl und thun Sie was Sie wollen. Mein Aerger ist verraucht und eigentlich mißbilligen kann ich nicht was ich gethan. Verlassen Sie sich immer auf meine Loyalität und somit Punktum. Unverändert Ihr

H. Heine.

83. *An August Lewald, Paris, 11. April 1835*

Paris 11. April 1835.

Wie soll ich mein Stillschweigen gegen Sie entschuldigen! Und Sie haben noch obendrein die Freundschaft mir die gute Ausrede zu insinuiren, daß Ihr Brief verloren gegangen! Nein, ich will Ihnen die ganze Wahrheit gestehen, ich habe ihn richtig erhalten, aber zu einer Periode, wo ich bis an den Hals in einer Liebesgeschichte saß, aus der ich mich noch nicht herausgezogen. Seit October hat nichts für mich die geringste Wichtigkeit, was nicht hierauf unmittelbar Beziehung hatte. Alles vernachlässige ich seitdem, Niemand sehe ich und höchstens entfährt mir ein Säufzer, wenn ich an die Freunde denke … und so hab ich oft darüber gesäufzt, daß Sie mein Stillschweigen mißverstehen dürften, aber zum wirklichen Schreiben konnte ich doch nicht gelangen. Und das ist Alles was ich Ihnen heute sagen kann; denn die rosigen Wogen umbrausen mich noch immer so gewaltig, mein Hirn ist noch immer so sehr von wüthendem Blumenduft betäubt, daß ich nicht im Stande bin mich vernünftig mit Ihnen zu unterhalten.

Haben Sie das Hohe Lied des König Salomo gelesen? Nun, so lesen Sie es nochmals und Sie finden darin Alles, was ich Ihnen heute sagen könnte. Warten Sie nur, in Kurzem geht eine Veränderung mit mir vor und dann will ich auch, wie Sie es wünschen, für die Commödianten schreiben, und die Stücke werden gewiß aufgeführt werden können, wenn man nur die Vorsicht braucht meine Tragödien als Commödien und meine Commödien als Tragödien auf den Zettel anzukündigen.

Lesen Sie das hohe Lied von König Salomo; ich mache Sie aufmerksam auf diesen Mann.

H. Heine.

84. *An Rosa Maria Assing, Paris, 30. Juni 1835*

Jonchere den 30 Junius 1835.

So eben, werthe Freundinn, empfange ich Ihren Brief der mir Ihre Ankunft in Paris meldet. Seit einigen Wochen habe ich diese Stadt verlassen und lebe in der Nähe von Saint-Germain, auf dem Schlosse einer schönen Freundinn, wo ich noch 8 Tage zubringe ehe ich nach Boulogne sur mer reise. Ich kann unterdessen nur noch ein mal nach Paris kommen, weiß aber weder Tag noch Stunde; hoffentlich aber finde ich Sie noch dort. Sie zu verfehlen wäre mir höchst schmerzlich. Wahrscheinlich komme ich Donnerstag; wenn Sie mich für diesen Fall um 1 Uhr erwarten wollten, wäre sehr hübsch.

Ich bin höchst begierig Sie zu sehen und zu sprechen. Ich bin seit Jahr und Tag ganz ohne unmittelbare Nachricht von Ihrem Bruder, meinem lieben, lieben Freunde. Ich schrieb ihm nie, aus Furcht daß meine Briefe ihn kompromittiren könnten; denn man hat mich in dieser Hinsicht gewarnt. Die tolle Zeit hatte alle Verhältnisse und Beziehungen so verdrießlich und unbequem verschoben. – Ich bin ganz

Ihr
H. Heine.

[Auf besonderem Zettel]
Ich bin in Verzweiflung erst um 4 Uhr in Paris angelangt zu seyn und Sie verfehlt zu haben. Wo möglich mache ich noch einen Versuch Sie zu finden. Ja, ich hoffe Sie bald zu sehen
H. Heine.

Madame / Mc Marie Assing. / Hotel de Portugal / Rue du Mail N° 8. / Paris.

85. *An Julius Campe, Paris, 22. Juli 1835*

»Eh er singt und eh er aufhört,
Muß der Dichter leben! –«

dieser Worte, liebster Freund, brauche ich heute zu meiner Justifikazion in jeder Hinsicht. Seit 4 Monathen ist mein Leben so stürmisch bewegt, namentlich in den drey letzten Monathen schlagen mir die Wogen des Lebens so gewaltig über den Kopf, daß ich kaum an Sie denken, viel weniger Ihnen schreiben konnte. Ich, Thor, glaubte die Zeit der Leidenschaft sey für mich vorüber, ich könnte niemals wieder in den Strudel rasender Menschlichkeit hineingerissen werden, ich sey den ewigen Göttern gleichgestellt in Ruhe, Besonnenheit und Mäßigung – und siehe! ich tobte wieder wie ein Mensch, und zwar wie ein junger Mensch. Jetzt, Dank meiner unverwüstlichen Gemüthskraft ist die Seele wieder beschwichtigt, die aufgeregten Sinne sind wieder gezähmt, und ich lebe heiter und gelassen auf dem Schlosse einer schönen Freundinn in der Nähe von Saint-Germain, im lieblichen Kreise vornehmer Personen und vornehmer Persönlichkeiten.

Ich glaube mein Geist ist von aller Schlacke jetzt endlich gereinigt; meine Verse werden schöner werden, meine Bücher harmonischer. Das weiß ich, vor allem Unklaren und Unedlen, vor allem, was gemein und müffig ist, habe ich in diesem Augenblick einen wahren Abscheu.

Bey solcher Stimmung mögen Sie es gewiß natürlich finden, daß manche unterbrochene Arbeit unvollendet bleibt, wenigstens für jetzt. Indessen hoffe ich dennoch in diesem Jahre manches Gute, auf jeden Fall Besseres als meine frühern Arbeiten, zu dichten und zu schaffen. Von hier, in kürzester Frist, reise ich nach Boulogne s/mer, welches liebliche Meerstädtchen mir, wie Sie wissen, als beste Arbeitsstube dient. Ein kostbares, welterfreuliches Buch will ich dort schreiben. Ich habe mir vor journalistischen Andringlichkeiten Ruhe geschafft, und troz der enormen Ausgaben, die ich in diesem Jahr schon bestanden, hoffe ich daß diese Ruhe nicht durch Finanznöthen gestört wird. Zu diesem Behufe will ich heute mit Ihnen überlegen und Ihnen, wie Sie es dringend immer verlangen, bestimmt melden was Sie für die nächste Zeit von mir zu erwarten haben, was ich von Ihnen wünsche, worauf ich rechne, worauf Sie zählen können, ehrlich und unverholen, wie Sie es bey mir gewöhnt sind. Ich habe Ihnen die Ursache meines langen Stillschweigens gemeldet, damit Sie solches keinen falschen Gründen beymessen. Weder hiesige Buchhändler, wie Sie irrig wähnen, noch fremde, die mich in der letzten Zeit, wo mein Namen europäisch geworden, mit Anträgen quälen, haben mich in dem Vorsatz manche Ihrer beschwerlichsten Kitzeleyen zu ertragen, nicht wankend gemacht. Ich mache mir über den Charakter Ihrer Herren Collegen keine Illusion, bey einer Verlagsveränderung kann ich höchstens ein oder zwey Louisdor mehr gewinnen, der übliche Aerger wird mir bey keinem erspart werden, ja ich würde auf ganz neue Unerträglichkeiten stoßen. Bey Ihnen, glaub' ich, habe ich das drückendste überstanden, die Pfeffernüsse, die angeklebten Verlagsanzeigen mit Kothrenommeen, die Schadenfreude bey schlechten Rezensionen, die ewigen Klagen, die großen Auflagen, die kleinen Foppereyen, kurz die Julius-Campejaden. Können Sie Ihre Natur etwas für die Zukunft bezwingen, so thun es doch, bitte! Von den großen Honorarserhöhungen die Sie zu befürchten standen, sollen Ihnen auch die Haare nicht grau werden. Ich habe nie dran gedacht, mir ein Vermögen zu erschreiben; wenn ich eben habe was ich brauche bin ich zu frieden. Knauserey von Ihrer Seite führte immer dahin daß ich mich lükrativeren Beschäftigungen hingeben mußte. Sie handelten in dieser Hinsicht immer unpolitisch. Ich brauche dies Jahr noch 2000 Mark Banko, ich will Sie von Ihnen haben, und auf folgende Weise.

Ich denke 20 Bogen werde ich in Boulogne schreiben und für diese zahlen Sie 1000 Mark banko; ist das Buch stärker als zwanzig Bogen, ist es gringer, so berechnen wir die Differenz. Es ist ein Buch amüsanten Inhalts und kein Censor in der ganzen Welt wird etwas dran auszusetzen haben. Auf Termin der Beendigung kann ich mich nicht bestimmt einlassen. Will aber auch über das Honorar nicht früher verfügen als bis Ihnen das Mspt schicke.

Dann offerire ich Ihnen meine Geschichte der romantischen Poesie, bestehend aus den beiden Bändchen die bey Heidloff & Campe herausgekommen, vermehrt von c^a 6 bis 7 Bogen. Sie wissen ich hatte diesen Herren beide Bändchen nur auf ½ Jahr verkauft jedes für 400 francs. Juli vorigen Jahrs hatte ich schon seit 1 ½ Jahr das Recht zum Wiederabdruck zu schreiten, welchen ich diesen Herren, wenn ich mich nicht irre, zu einem Honorar von 100 Louisd'or antrug. Freund Heidloff konnte sich nicht entscheiden, wegen Abwesenheit des großen Napoleon, und dieser schrieb endlich, daß wegen der damaligen Verfolgungen abseiten der deutschen Regierungen er nichts von mir drucken könne, und daß er mir eher rathe bey I h n e n das Buch erscheinen zu lassen. Vom ersten Bändchen war alles vergriffen, vom zweiten war noch einiger Vorrath, trotz der schlechten Versendungsart, ein Andrer hätte von seinem Recht der erneuten Auflage schon längst seit Jahr und Tag Gebrauch gemacht, aber theils weil ich nicht sehr geldbenöthigt war, theils auch weil ich später mit Ihnen in zufälligen Confusionen war, wartete ich bis heute Ihnen dieses Buch anzutragen und auch für dieses sollen Sie mir 1000 Mark Banko Honorar geben. Ich gestehe, daß mir Ihr Vetter eben Sie zum Verlag vorschlug, hat in mir die widersprechendsten Ideen erregt. So viel seyn Sie gewiß, das Buch in seiner erneuten Gestalt ist wie ein Handbuch, jeder nimmt es zu dem bezeichneten Honorar, und sey es auch nur um mit mir in Verbindung zu treten. Ich bitte, ich bitte, bey Leibe, lassen Sie mir auch nicht den gringsten Klagelaut hören, als fordere ich zu viel, da das Buch schon einen früheren Abdruck erlebt. Dieser bestand nur aus 1000 Ex, 6 wie gesagt bis 7 Bogen vermehren das Buch, und wäre es auch nur honoris causa, darf es nicht fehlen bey dem Verleger der alles andre von mir verlegt. Seyn Sie überzeugt, ich werde nie Unbilliges von Ihnen verlangen, und wenn Sie manchmal nicht im Stande sind meine Ansprüche zu präzisiren, so bedenken Sie daß wenn Sie sich bey einem Buche wenig, Sie sich bey dem anderen Buche von mir desto mehr Nutzen versprechen können. Genug, ich glaube mit Gewißheit, bey meinem nächsten Buche eine Vogue der außerordentlichsten Art prophezeyen zu können – wenn Sie keine Plapperlotte wären, würde ich Ihnen den Titel nennen. Und nun Lebewohl – ich habe Ihnen meine jüngsten Mißgeschicke, meine erneute Arbeitslust hinlänglich angedeutet – und ich hoffe daß Sie mich, der Ihnen Wunsch und Verlangen, offen ausgesprochen, mit liebreicher Antwort unterstützen und bey Leibe durch keine Knickerey unmuthig machen und zu widerwärtigen Anknüpfungen mit fremdem Volke nöthigen. Ich verlasse mich auch ein gut Stück auf alte Freundschaft.

Ihr treu ergebener
H. Heine.

Schreiben Sie mir unter Addresse du Comte de Breza, Rue Traversière, Saint-Honnoré, Hôtel de Bristol à Paris. Dieser schickt mir die Briefe nach *Boulogne*.

Wenn Sie mir gleich Antwort schreiben, trifft mich Ihr Brief vielleicht noch hier.

86. *An Julius Campe, Paris, 26. Juli 1835*

Paris den 26 Juli 1835.

Mein hochzuverehrender Freund insonders werthgeschätzter Verleger und Gönner, Herr und Gebiether – liebster Campe!

Entschuldigen Sie daß ich auf Ihren Brief vom 9 July erst heute antworte. Sie sind es selber schuld Sie wissen es ist mir nichts widerwärtiger als weitläufiges Wiederholen des Einmalgesagten und ich zögere dann von einem Tag zum Andern mit Antworten. Und dennoch muß ich heute endlich schreiben, denn Ihr Brief giebt mir nicht hinlänglichen Bescheid auf meine Anfrage, und doch wünsche ich Ihnen nie Gelegenheit zu geben über voreiliges Verlassen von meiner Seite zu klagen. Ich will mich nochmals mit Geduld fassen und Ihnen so klar, so deutlich als möglich meine Anfrage wiederholen und Ihnen die geheimste Nüanze meiner Gedanken in dieser Beziehung enthüllen.

Ich schrieb Ihnen daß ich 2000 Mark Banko nöthig habe und daß ich Ihnen dafür zwey Sachen anbiethe: erstens die Geschichte der romantischen Schule (nemlich das schon gedruckte) vermehrt von 6 bis 7 neuen ungedruckten Bogen und 2° ein neues Buch von 20 Bogen; jedes von beiden hatte ich also 1000 M b° angeschlagen, ein Spottpreis in meiner jetzigen Conjunktur Jeder würde mir gern 1000 M b° für die Literatur geben, aber auch verlangen daß ich alsdann ihm nachher etwas ganz neues in Verlag gebe, ja ich kann drauf rechnen alsdann das ganz neue Buch 6 Louisd'or honorirt zu erhalten. Begreifen Sie jetzt warum ich Ihnen die Literatur zugleich mit einem neuen Buche antrug? dieses lag in der Natur der Sache. Zugleich begreifen Sie daß ich über beide Artikel nicht separirt unterhandeln kann. Können Sie die Literatur nicht gebrauchen, so muß ich sie, wie sich von selbst versteht, einem Andern geben und dieser, wie vorauszusehen, verlangt dann auch das nächste neue Buch von mir. Ich wollte mir dieses Dilemma ersparen, mir die Negoziazion abkürzen, indem ich Ihnen die beiden Artikel zugleich antrug. Die Literatur hätte ich Ihnen schon längst geben können, aber ich wartete bis ich Ihnen auch zugleich etwas ganz neues offeriren konnte, bis ich Ihnen solches ganz bestimmt antragen konnte, und Sie also eine Garantie hätten in dem neuen Buche jenen größeren Nutzen zu finden den Sie bey der Literatur vielleicht nicht erwarten. Die Literatur wird indessen eins meiner besten Bücher seyn und sie wird in der neuen Gestalt und durch I h r e Betriebsamkeit sich eines neuen Schwungs erfreuen. Sie sind gewöhnt, lieber Campe, Novitäten zu verlegen und berechnen den Erfolg eines Buches immer nach dem ersten Jahre. Ich bin Ihr einziger Classiker, ich bin der einzige der ein stehender auflegbarer Literaturartikel geworden – doch wozu ein altes Lied Ihnen wieder vorleyern, das sie kennen! Sie wissen so gut wie ich, daß meine Bücher, gleichviel welche, noch oft aufgelegt werden müssen – und ich widerhole meine Bitte, handeln Sie kristlich in der Exemplar-Zahl der Auflage. O, liebster Campe, ich gäbe was drum, wenn Sie mehr Religion hätten! Aber das Lesen meiner eignen Schriften hat Ihrem Gemüthe viel geschadet, jenes zarte gläubige Gefühl, das Sie sonst besaßen, ist verloren gegangen. Sie glauben nicht mehr durch gute Werke selig zu werden, nur der Schund ist Ihnen angenehm, Sie sind ein Pharisäer geworden, der in den Büchern nur den Buchstaben sieht und nicht den Geist, ein Saduzäer, der an keine Auferstehung der Bücher, an keine Auflagen glaubt, ein Atheist der im Geheim meinen heiligen Namen lästert – o thun Sie Buße, bessern Sie sich!

wie Sie sehen, bin ich noch nicht abgereist. Rein sachliche Geschäfte, meine Finanzen betreffend, haben mich bis jetzt hiergehalten; ich habe enorm viel dies Jahr gebraucht, und wahrlich trotz all meiner deutschen Renomen, müßte ich vermodern wenn ich nur Hoffmann und Campe zu Zahlmeistern hätte. Aber auf die 2000 M b⁰ zähle ich, und deßhalb bitte ich mir umgehend zu antworten, mit Ja oder Nein ob Sie meinen Antrag annehmen; im ersteren Falle werde ich vielleicht in Boulogne 5 bis 700 M auf Sie trassiren, wenn es mir paßt. Das Manuskript der Literatur werde ich von dort aus gleich schicken; denn ich habs nur abzuschreiben. Das neue Manuskript kann wohl über 7, wohl 8 Bogen betragen. Ich bin im Begriff nach Boulogne zu reisen wo ich bis zum Winter (um alle meine Arbeiten zu fördern) zu bleiben gedenke; ich bitte Sie also Ihren Brief an mich, p o s t e r e s t a n t e nach Boulogne sur mer zu addressiren.

Ich hab heut nicht viel Zeit, sonst würde ich Ihnen eine häßliche Geschichte erzählen, nemlich wie ich durch das Ablehnen eines Verlegerantrags mir eine Widerwärtigkeit schnödester Art zugezogen. Die Sache ist zu merkwürdig; vielleicht schreibe ich sie Ihnen diese Tage; denn ich weiß, daß Sie im Grunde so viel Freundschaft für mich übrig haben und zu honett sind um nicht tief empört zu werden über jene Geschichte. Ganz

Ihr H. Heine.

87. *An Heinrich Laube, Boulogne, 23. November 1835*

Boulogne sur mer den 23 Nov.

Liebster Laube! Ihr Brief, den ich zu beantworten eile, hat mir eine peinliche Stimmung verursacht. Ich ersah daraus die Unerquicklichkeit dortiger Zustände und Ihre eignen, beängstigenden Wirrnisse. Seit etwa 3 ½ Monath, wo ich von Paris entfernt, habe ich kein deutsches Journal zu Gesicht bekommen und außer einigen Andeutungen im Briefe meines Verlegers vor 4 Wochen habe ich von dem literarischen Greul, der losgebrochen ist, nichts erfahren. – Ich beschwöre Sie bey allem was Sie lieben in dem Kriege den das junge Deutschland jetzt führt, wo nicht Parthey zu fassen, doch wenigstens eine sehr s c h ü t z e n d e Neutralität zu behaupten, auch mit keinem Worte diese Jugend anzutasten. Machen Sie eine genaue Scheidung zwischen politischen und religiösen Fragen. In den politischen Fragen können Sie so viel Concessionen machen, als Sie nur immer wollen, denn die politischen Staatsformen und Regierungen sind nur Mittel; Monarchie oder Republik, Demokratische oder Aristokratische Instituzionen sind gleichgültige Dinge solange der Kampf um erste Lebensprinzipien, um die Idee des Lebens selbst, noch nicht entschieden ist. Erst später kommt die Frage durch welche Mittel diese Idee im Leben realisirt werden kann, ob durch Monarchie oder Republik oder durch Aristokrazie, oder gar durch Absolutismus ... für welchen letzteren ich gar keine große Abneigung habe. Durch solche Trennung der Frage kann man auch die Bedenklichkeiten der Censur beschwichtigen; denn Diskussion über das religiöse Prinzip und Moral kann nicht verweigert werden ohne die ganze p r o t e s t a n t i s c h e Denkfreyheit und Beurtheilungsfreyheit zu anulliren; hier bekömmt man die Zustimmung der Philister ... Sie verstehen mich: Ich sage das religiöse Prinzip und Moral, obgleich beides Spek und Schweinefleisch ist, eins und dasselbe. Die Moral ist nur eine in die Sitten übergegangene Religion (Sittlichkeit) Ist aber die Religion der Vergangenheit verfault, so wird auch die Moral stinkisch. Wir wollen eine gesunde Religion, damit die Sitten wieder gesunden, damit sie besser basirt werden als jetzt, wo sie nur Unglauben und abgestandene Heucheley zur Basis haben.

Vielleicht ohne diese Andeutungen werden Sie begriffen haben, warum ich mich immer in der protestantischen Befugniß verschanzt, so wie Sie auch leicht die pöbelhafte List der Gegner begriffen, die mich gern in die Synagoge verwiesen, mich den geborenen Antagonisten des jüdisch-mahometanischkristlichen Deismus. Mit welchem Mitleiden ich auf die Würmer herabsehe, davon haben Sie keinen Begriff. Wer das Losungswort der Zukunft kennt, gegen den vermögen die Schächer der Gegenwart sehr wenig. Ich weiß wer ich bin. Jüngsthin hat einer meiner saint-simonistischen Freunde in Egypten ein Wort gesagt welches mich Lachen machte aber doch sehr ernsthaften Sinn hatte, er sagte, ich sey der erste Kirchenvater der Deutschen.

Dieser Kirchenvater hat in diesem Augenblick sehr viele Dinge um die Ohren, die ihn in Frankreich sehr andrängend beschäftigen, und es ihm unmöglich machen in Deutschland das neue Evangelium zu vertreten. Wird die Noth groß, so werde ich doch ins Geschirr gehn. Daß man mit Herrn Menzel just zu schaffen hat, ist ekelhaft. Es ist ein schäbiger Bursche, an dem man sich nur besudeln kann. Er ist durch und durch ein heuchlerischer Schurke. Wenn man Stricke schreiben könnte, so hinge er längst. Es ist eine gemeine Natur, ein gemeiner Mensch, dem man Tritte in den Hintern geben sollte, daß ihm unsre Fußspitze zum Halse herauskäme.

Uns jetzt anzugreifen! jetzt wo die Gegenparthey den Fuß auf unseren Nacken hat, das konnte nur ein Menzel, dem es nie mit unserer Sache ernst war, der sich nur nach der Juliusrevoluzion uns anschloß, als sich im Hintergrunde positive Vortheile darboten ... und so sind wieder allerley Bübereygedanken im Hintergrunde jetzt, wo er der antiliberalen Parthey auf unsere Kosten ein moralisches Vergnügen bereitet. Ziehen Sie Handschuhe an, mein Theuerster, und nehmen Sie einen guten Stock, und züchtigen Sie diesen schmutzigen Wicht, wie er es verdient, persönlich, d.h. in seiner persönlichen Geschichte, die so viel Blößen bietet. Das ist Ihre Sache; lassen Sie sich aus Breslau und der Schweitz, wo er gestänkert, die nöthigen Detail geben zu einer Biographie. – Er kriegt gewiß von der Jugend der deutschen Universitäten seine thatsächlichsten Schläge ...

Ich befinde mich in diesem Augenblick in mancherley Verdrießlichkeiten, deren Schauplatz Paris, und die mich wohl bis zum Frühjahr in Anspruch nehmen. Dem Journal, das Sie jetzt zur Auferstehung bringen, kann ich also nicht viel versprechen; gern jedoch will ich meinen Namen daran knüpfen und die Gedichte, die Sie von mir haben können Sie drucken. Anbey noch zwey Schnitzel, die ebenfalls nicht viel werth sind. Das Gedicht jedoch welches anfängt »ich bin nun drey und dreyzig Jahr alt, und du bist fünfzehnjährig kaum« können Sie immerhin abdrucken, aber ich bitte Sie meinen Namen n i c h t darunter zu setzen; die Natürlichkeit ist hier bis zur Karikatur gesteigert, das fühl ich; es war ein Versuch Jahrzahlen und Datum im Gedichte einzuführen. – Mit dem übrigen jungen Deutschland steh ich nicht in der mindesten Verbindung; wie ich höre haben sie meinen Namen unter die Mitarbeiter ihrer neuen Revüe gesetzt, wozu ich ihnen nie Erlaubniß gegeben habe. – Einen guten Rückhalt sollen diese jungen Leute dennoch an mir haben, und es wäre mir höchstverdrießlich, wenn es zwischen letzteren und Ihnen zu Reibungen käme. Ich bitte Sie, durch gemeinschaftliche Freunde, diese jungen Leute von den Bedingnissen Ihrer Stellung zu unterrichten damit nicht Mißverstand ein Unheil anrichte. Vergessen Sie das nicht. – In allen Fällen rechnen Sie auf die gefühlteste Theilnahme bey allem was Sie persönlich betrifft. Daß Sie mit einigen meiner berliner Freunde in gutes Verständniß getreten, ist mir lieb. Varnhagen ist einer der außerordentlichsten Menschen und klar und sicher; wir sind so einverständig, daß wir gar nicht einmal eines Briefwechsels bedürfen. – Ihre Frage in Betreff einer Rückkehr nach Deutschland hat mir sehr weh gethan; denn ungern gestehe ich daß dieses freywillige Exil eins der größten Opfer ist die ich d e m G e d a n k e n bringen muß. Ich würde bey meiner Rückkehr eine Stellung annehmen müssen, die mich allen möglichen Mißdeutungen aussetzen könnte. Ich will auch den S c h e i n des Unwürdigen vermeiden. – So viel ich weiß, kann keine Regierung mir etwas anhaben, ich bin von allen Umtrieben des Jakobinismus entfernt geblieben; die famose Vorrede, die ich bey Campe als sie schon gedruckt war zu zernichten gewußt, ist später nur durch den preußischen Spion Klaproth in die Welt gekommen, das wußte die Gesandtschaft, so daß mir auch nicht einmal ein Preßvergehen stark aufgebürdet werden kann; von allen Seiten kommen mir freundliche Stimmen ans Ohr durch die Diplomaten, mit denen ich in Paris sehr gut stehe … aber alles dieses sind Gründe, die mich von einer Heimkehr viel abhalten, als dazu anreitzen. – Hierzu kommt noch die Erbitterung der deutschen Jakobiner in Paris, die, wenn ich nach Hause ginge um wieder deutsches Sauerkraut zu essen, hierin den Beweiß des Vaterlandsverrathes sehen würde Bis jetzt können sie mich doch nur durch Muthmaßungen verläumden; bis jetzt habe ich doch der Verläumdung noch keine Fakta in die Küche geliefert. Meine Reise nach Wien, wie Sie sehen, muß daher auf sehr lange Zeit hinausgeschoben werden. – In einigen Wochen werde ich nach Paris zurückkehren. Haben Sie mir noch vorher etwas wissen zu lassen, so schreiben Sie nur hierher. Selbst wenn ich auch nach Paris schon gegangen wäre, würde mir Ihr Brief von hieraus richtig zugeschickt werden. Sie können daher unter der schon aufgegebenen Addresse Ihre Briefe hierher nach Boulogne sur mer addressiren. – Leben Sie wohl u heiter

Ihr Freund
H. Heine.

[Am linken Rand der ersten Seite]
(Lassen Sie diesen Brief bey Leibe niemanden sehen.)

Monsieur / Mr Heinrich Laube, / à / Naumbourg / an der Saale / en Prusse.

88. *An die Hohe Bundesversammlung, Paris, 28. Januar 1836*

An eine hohe Bundesversammlung.

Mit tiefer Betrübniß erfüllt mich der Beschluß, den Sie in Ihrer 31ten Sitzung von 1835 gefaßt haben.

Ich gestehe Ihnen, meine Herren, zu dieser Betrübniß gesellt sich auch die höchste Verwunderung. Sie haben mich angeklagt, gerichtet, verurtheilt, ohne daß Sie mich weder schriftlich noch mündlich vernommen, ohne daß jemand meine Vertheidigung geführt, ohne daß irgend eine Ladung an mich ergangen. So handelte nicht bey ähnlichen Fällen das heilige römische Reich, an dessen Stelle der deutsche Bund getreten; Doktor Martin Luther, glorreichen Andenkens, durfte, versehen mit freyem Geleite, vor dem Reichstage erscheinen und sich frey und öffentlich gegen alle Anklagen vertheidigen. Fern ist von mir die Anmaßung, mich mit dem hochtheuern Manne zu vergleichen, der uns die Denkfreyheit in religiösen Dingen erkämpft hat; aber der Schüler beruft sich gern auf das Beyspiel des Meisters. Wenn Sie, meine Herren, mir nicht freyes Geleit bewilligen wollen, mich vor Ihnen in Person zu vertheidigen, so bewilligen Sie mir wenigstens freyes Wort in der deutschen Druckwelt, und nehmen Sie das Interdikt zurück, das Sie über Alles was ich schreibe verhängt haben. Diese Worte sind keine Protestazion, sondern nur eine Bitte. Wenn ich mich gegen etwas verwahre, so ist es allenfalls gegen die Meinung des Publikums, welches mein erzwungenes Stillschweigen für ein Eingeständniß strafwürdiger Tendenzen oder gar für ein Verläugnen meiner Schriften ansehen könnte. Sobald mir das freye Wort vergönnt ist, hoffe ich bündigst zu erweisen, daß meine Schriften nicht aus immoralischer und irreligiöser Laune, sondern aus einer wahrhaft religiösen und moralischen Synthese hervorgegangen sind, einer Synthese, welcher nicht bloß eine neue literarische Schule, betitelt d a s j u n g e D e u t s c h l a n d , sondern unsere gefeyertesten Schriftsteller, sowohl Dichter als Philosophen, gehuldigt haben, und zwar seit langer Zeit.

Wie aber auch, meine Herren, Ihre Entscheidung über meine Bitte ausfalle, so seyen Sie doch überzeugt, daß ich den Gesetzen meines Vaterlandes immer gehorchen werde.

Der Zufall, daß ich mich außer dem Bereiche Ihrer Macht befinde, wird mich nie verleiten die Sprache des Haders zu führen; ich ehre in Ihnen die höchsten Autoritäten einer geliebten Heimath. Die persönliche Sicherheit, die mir der Auffenthalt in der Fremde gewährt, erlaubt mir glücklicherweise, ohne Besorgniß vor Mißdeutung, Ihnen, meine Herren, in geziemender Unterthänigkeit, die Versicherungen meiner tiefsten Ehrfurcht darzubringen.

Paris, den 28ten
Januar 1836.

Heinrich Heine.
Beider Rechte Doktor.
Cité Bergère N° 3.

89. *An Julius Campe, Paris, 4. Februar 1836*

Paris den 4ten Febr 1836.

Liebster Campe!

Ihren letzten Brief, worin Sie mir die Bundestagsbravaden mittheilten, habe ich richtig erhalten und bin sehr froh daß Sie dergleichen mit unverblüffter Stirn entgegen genomen. Das Ganze dünkt mir ein Schreckschuß zu seyn. Auf jeden Fall aber habe ich es für nöthig gehalten, die alten Perücken ein bischen zu streicheln und mein kindlich syroblich submisser Brief wird wohl eine gute Wirkung hervorgebracht haben. Der Bundestag wird gerührt seyn. Jeder behandelt ihn wie einen Hund und da wird ihm meine Höflichkeit, meine feine Behandlung um so wohler thun. Messeigneurs! Vos Seigneuries! Das ist ihm noch nicht geboten worden. Seht, wird er sagen, da ist einmal ein Mensch welcher menschlich fühlt! welcher uns nicht wie einen Hund behandelt! Und diesen edlen Menschen haben wir verfolgen wollen! haben wir für irreligiös, für unmoralisch erklärt! – Und sechs und dreyzig Taschentücher werden von bundestäglichen Thränen benetzt werden.

Preußen scheint ebenfalls zur Besinnung zu kommen und der Repräsentant der Intelligenz sieht wohl schon ein wie das Verbieten zukünftiger Bücher aufs lächerlichste blamirt. Aber auch hier soll mildest nachgewirkt werden und ich hoffe zwar keinen Adlerorden aber doch vernünftige Einsicht von Berlin zu erlangen.

Es bleibt nun übrig ein Buch herauszugeben welches höchst interessant und liebenswürdig sey ohne weder die Politik noch die Religion zu berühren. Dieses Buch ist im Mspt bereit, wenigstens bis auf eine kleine Abschreiberey und ich hatte die Absicht dasselbe unter dem Titel: Salon 3ter Theil herauszugeben, um die vorgehende Bände etwas zu pussiren. Werden Sie dieses Buch j e t z t drucken können, m i t m e i n e m N a m e n drucken können? Sind Sie der Meinung, daß der harmlose Inhalt das Buch schützt vor die Ausführung des bundestäglichen Interdikts und der Preußischen Polizeyordonanz? oder, wagen Sie es nicht, meinen Namen auf das Titelblatt zu setzen? wollen Sie das Buch kurzweg Salon 3ter Band nennen?

Ich glaube, es <*wäre*> sogar sehr klug, für folgende Publikazionen dem Publiko zu zeigen daß die Drohnisse nicht in Anwendung kommen, und dann kann man später auch etwas Gepfeffertes unter eignem Autornamen drucken. Thut man es j e t z t nicht, so ist es später vielleicht unmöglich. Einen neuen Namen annehmen hat auch sein Mißliches, ist eine dehmüthigende Conzession; für diesen Fall müßte ich den Namen meiner Mutter annehmen, und da derselbe etwas vornehmer klingt, könnte man mich bitter mißverstehen. Hierüber erwarte ich umgehend Antwort. Ich glaube Julius Campe giebt der Welt das Schauspiel ein Buch mit meinem Namen herauszugeben als ob gar nichts passirt sey. Aufschieben die Herausgabe ist auch nicht räthlich; ich glaube, das Publikum erwartet eben jetzt ein Buch von mir und freut sich, wenn wir uns nicht banghosig ducken. – Ich bin mit meinem Buche zufrieden, obgleich durch das Ausmerzen des Politischen und Religiösen viel verloren ging.

Ihr Freund
H. Heine.
N° 3. cité Bergère

90. *An Julius Campe, Paris, 8. März 1836*

Paris den 8 Merz 1836.

Eine Sündfluth von Beschäftigungen, liebster Campe, verhindert mich Ihren Brief vom 14 Februar umständlich zu beantworten. Daher für heute das Nöthigste.

Ich habe Ihnen ein Paquet geschickt, dessen Inhalt Sie jetzt gewiß schon gelesen haben. Es ist das Manuscript des Buchs welches jetzt erscheinen soll. Ich will, Ihrem Verlangen gemäß, diesem Buche einen besonderen Titel geben. Wie gefällt Ihnen der Titel: »Das stille Buch«? Gefällt Ihnen dieser Titel nicht, so könnten Sie das Buch »Mährchen« tituliren. Es besteht aus drey Partien:

1° Elementargeister, welches eine freye Bearbeitung eines Stückes meiner »Allemagne«; alles Politische und Antireligiöse ist ausgemerzt, und das Ganze nimmt stoffartiges Interesse in Anspruch.

2° Erste Nacht (der florentinischen Nächte), worin Sie sehen daß ich die drey Thürme nicht vergesse.

30 Zweyte florentinische Nacht, welches Stück ich keine Zeit hatte nachzulesen, und in dieser Beziehung schicke ich Ihnen heute eine Notiz, die Sie bey Leibe nicht vergessen dem Setzer mitzutheilen.

Das Buch muß so reichlich als möglich gedruckt werden damit es über 20 Bogen giebt; glauben Sie nicht daß das Manuscript über 20 Bogen giebt, so sagen Sie mir dieses umgehend, und ich füge noch etwas hinzu zu einer Vorrede, welche ich Ihnen gleich überschicke sobald ich Ihre Antwort habe.

Die Hauptsache aber ist, daß dieses Buch gar keiner Censur, und am allerwenigsten einer p r e u ß i s c h e n   C e n s u r unterworfen wird. Nie werde ich mich der preußischen Censur unterwerfen um ein Buch erscheinen lassen zu dürfen; dieses ist indirecter Verkauf, diese filzige Regierung will mich für mein eignes, wohlerworbenes Geld, für das Honorar meines Verlegers k a u f e n . Hier ist ein Ehrenpunkt. Können Sie also das Buch nicht ohne Censur drucken, so möge es ungedruckt bleiben; sind Sie aber überzeugt daß es keiner ignobeln Censur bedarf, und wollen Sie es ohne dergleichen drucken, so schikken Sie es gleich in die Presse. Es kann alsdann in fünf bis sechs Wochen erscheinen.

Leider muß ich jetzt meine wichtigsten Arbeiten im Pulte liegen lassen, und hätte doch das Geld nöthig. Ist das nicht Opfer genug? Sie sehen, mein Servilismus ist nicht bedenklicher Art.

Ihr Freund
H. Heine.

91. *An Franz Liszt, Marseille, 12. Oktober 1836*

Marseille den 12 oct. 1836.

Mein theurer Lißt! Für den lieben Brief den Sie mir vor geraumer Zeit nach Paris geschrieben sage ich meinen nachträglichen Dank. Ihr schönes Herz hat sich in jenen wenigen Worten aufs liebenswürdigste ausgesprochen. Sie haben mir wohlgethan und ich bedurfte eben der freundschaftlichen Theilname. Seitdem habe ich grauenhaft stürmische Tage verlebt, auch krank bin ich gewesen; ich litt an der Gelbsucht, einer Krankheit wovon gewöhnliche Schafsnaturen niemals betroffen werden. Vor 14 Tagen ist es mir endlich gelungen aus Paris zu entschlüpfen und seitdem reise ich in der schönen Provence; aber was hilft es, meine Schmerzen reisen überall mit, das sanfte Clima bildet einen peinigenden Contrast mit meinen Gefühlen, und der klar blaue Himmel von Marseille, der immer klar und blau ist, mahnt mich an jene blauen Augen der Heimat, deren ungetrübte Ruhe mich so oft in Verzweiflung brachte.

Vor meiner Abreise von Paris hat man mir gesagt, lieber Lißt, daß Sie sich noch immer in Genf befänden und erst spät nach Italien reisen würden. Ich schreib Ihnen heute in der Absicht um etwas genaueres über Ihren Auffenthalt und Reiseplan zu erfahren. Es würde mich unsäglich erfreuen wenn ich mit Ihnen irgendwo zusammentreffen könnte. Ich bin jetzt so ganz allein, in Marseille kenne ich keine einzige Seele, und diese ungestörte Einsamkeit ist für mich um so unerquicklicher, da ich dieses ganze Jahr in der bewegtesten Zweysamkeit gelebt habe. Ich fühle eine Lücke im Herzen die ich hier nur mit Stroh füllen kann – denken Sie sich also, wie erfreut ich seyn würde mit einem Freunde wie Sie sind zusammen zu treffen. – In Paris ist alles beym Alten. Der klingende Baum der Musik blüht, obgleich Herr Schlesinger alle Woche daran pißt. Hiller wird, wie ich höre erst Frühjahr ins Land der Lorbeeren reisen; als der Berg nicht zu dem Propheten kam, da ging der Prophet zum Berge. Chopin ist die Liebenswürdigkeit selbst, ich habe ihn heiter u wohl in Paris verlassen. Von Ihnen, theurer Lißt, sind noch alle Menschen des entzücktesten Lobes voll. Mit Freuden hört ich daß Sie sich während Ihrer Abwesenheit aufs Erstaunlichste vervollkommnet haben. Diese Abwesenheit war gewiß heilsam, Sie bedurften dieser Ruhe mehr als jemand; ich fürchtete immer daß Ihr Leben zu Paris, bey der äußeren und inneren Bewegung worin ich Sie immer sah, Sie zu grunde richten würde; Sie sind ein außerordentlicher edler Mensch, und ich liebe Sie wie einen Bruder.

Du sublime au ridicule il n'y a qu'un pas – Kalkbrenner nemlich befindet sich wohl und gesund. Wir reisten jüngst mit einander auf einem Dampfboote die Seine hinauf, von Paris nach Corbeil; diese Reise dauert gewöhnlich fünf Stunden, wenn man aber mit Kalkbrenner fährt, fährt man von Paris nach Corbeil in zehn Stunden. Gegen diese Windstille des Geistes hilft keine Dampfmaschine. Wir sprachen von der Kunst im Allgemeinen und von der Musik ins Besondere. Diese Tage war hier Michel de Bourges; ich konnt ihn aber nicht auftreiben; ich hätte gern Nachrichten von ihm über Georg eingeholt. Leben Sie wohl und schreiben Sie mir p o s t e r e s t a n t à Marseille.

Einige Tage vor meiner Abreise habe ich Mc Belgiojoso gesehen; ich habe ihr nicht gesagt, daß ich nach Marseille reise, ich hatte nemlich die Absicht nach Boulogne s/mer zu reisen und änderte meinen Plan am Tage der Abreise. Die Prinzessin war noch sehr leidend; der Tod ihrer Mutter hat sie sehr angegriffen. Wir haben uns in der letzten Zeit wieder traulich genähert; aber eine gewisse Verstimmung will, wenigstens in meiner Brust, nicht weichen. Ich hatte für diese Frau eine unbegrenzte Zuneigung und wurde auf einmal mißtrauisch. Sie ist aber die Liebenswürdigkeit selbst. Die Marquise hat kurz vor ihrem Tode mit mir von Ihnen gesprochen, und zwar mit einem ächt flammend italienischen Enthousiasmus.

Ich kann nicht weiter schreiben; man trampelt beständig über meinem Kopfe.

tout à vous!
Heinrich Heine.

Monsieur / Mr Franz Liszt. / Recommandé aux soins du / Conservatoire de musique / à / G e n è v e / Suisse

92. An Cristina Principessa di Belgiojoso, Aix-en-Provence, 30. Oktober 1836

Aix ce 30 Octobre 1836.

Madame la Princesse!
Il-y-a qinze jours que j'avais envie de vous écrire pour vous demander un service. J'étais sur le point d'aller à Naples, et je pensais vous demander quelque lettre de recommandation pour cette ville. Mais la veille de mon depart j'appris que le cholera venait aussi d'éclater à Naples et d'y

faire des ravages. Ce ne sont que les sots qui vont à la rencontre de dangers inutiles, et par consequant je suis très sagement resté en Provence. Je ne veux pas Veder Napoli et poi morir.

Cependant je regrette d'avoir perdu une occasion pour demander de vous un service; ce sera donc pour une autre fois. J'ai l'idée que plus on oblige quelqu'un, plus on lui portera de l'interet. Ne m'oubliez pas!

Depuis deux semaines j'habite la ville d'Aix, où je vis tout-à-fait dans la solitude. Savez vous bien, Madame, que ce pays des Troubadours n'est pas si chaud, qu'on s'imagine chez nous dans le Nord. Il fait déjà très froid dans le midi de la France. Tous les toits de la ville d'Aix sont aujourd'hui couverts de neige, pendant qu'un vent sec et vilain, qu'on nomme Mistral, parcourt les rues enveloppé dans son grand manteau de poussière. Aprésent je comprends pourquoi ce Bedouin africain, que j'ai parlé à Marseille souriait si ironiquement, lorsque je lui disais que j'ai quitté l'air froid de Paris, pour restaurer ma santé sous le beau soleil de la Provence. L'Africain souriait à peu près comme nous autres avons souri acause de la naïvité de ces pauvres Lapons, qui, quand ils sont poitrinaires, quittent la Laponie et viennent à St-Petersbourg pour y jouir des douceurs du Clima.

C'est aujourd'hui le 30' octobre et la neige couvre tous les toits de la ville d'Aix et même la statue de ce bon roi René, que je peux voir de ma fenetre. Elle est placée au bout de la grande rue, tenant dans la main une couronne de pampre, comme chez nous les enseignes des marchands de vin. quel grand monarque que ce roi René! J'ai vu à la Bibliotheque son livre de prières, dont il a coloré lui même les initiales. Vous voyez que je m'instruis en voyageant. J'ai aussi visité les thermes, où les romains se sont baignés. J'ai vu la delicieuse Madonne de Chastel, grand sculpteur qui est mort à l'hôpital. Non loin de l'église qui contient ce chef-d'oeuvre est la rue Belgarde; là, près de la porte Belgarde, à gauche, se trouve l'humble crèche dans laquelle un des plus nobles fils de la revolution a vu le jour. J'ai aussi vu la Cathedrale et les curiosités qu'on y montre, par exemple les quatre colonnes romaines, qui ont appartenu à un temple d'Apollon, et qui soutiennent apresent la toiture d'un baptistaire chretien. Voyez, que même les pierres se soumettent à la necessité de servir le parti vainqueur, elles qui n'ont pas même l'excuse de nos besoins humains, qui ne sont pas tourmentées ni par la faim, ni par la soif, ni par la vanité … Est-ce-que, Madame, je ferai bientot ma paix, paix ignoble, avec les autorités d'outre-Rhin, pour pouvoir sortir des ennuies de l'Exil et de cette gène fastidieuse qui est pire qu'une pauverté complète? Helas! les tentations deviennent grandes depuis quelque temps … N'est-ce-pas, j'ai plus de franchise que les autres, qui se disent des Brutus, des Regulus! Non, je ne suis pas un Regulus, je n'aimerais nullement être bercé dans un tonneau lardé de clous. Je ne suis non plus un Brutus; je n'enfoncerai jamais un poignard dans mon pauvre ventre, pour ne pas servir les Prussiens – Non, dans une telle alternative je ne me tuerais pas, mais je deviendrai bête … Mais qu'est-ce-que signifient toutes ces paroles oïseuses et qui pourraient vous faire croire que l'homme qui les écrits succombe au plus grand malheur – au malheur d'être indigne de votre amitié, Princesse!

Non, tres belle et tres compatissante Princesse, je ne suis que malade dans ce moment, malade d'âme encore plus que de corps; la jaunise est apresent dans mon coeur et tous mes sentiments et mes pensées sont colorés de ce jaune noiratre que vous avez vu sur ma figure la veille de mon depart, lorsque je vous faisais mes adieux à la Jonchère.

Vous auriez une juste idée du triste état de ma santé morale, si vous saviez quelle reaction se fait depuis peu dans mon esprit, par rapport aux doctrines religieuses dont on me connait l'adversaire. Mes opinions sont en contradiction d'avec mes sentiments; je porte un chapelet de roses sur la tête et la douleur dans mon coeur. J'ai soif d'unité morale, de faire harmoniser mes opinions avec mes sentiments; il faut que j'arrache toutes les feulles roses de mon chapelet, affin qu'il ne reste qu'une couronne d'épines, ou que j'aneantisse toutes les souffrances de mon coeur et que je les remplace par de nouvelles joies. Mais, helas! je les combats en vain ces douleurs, elles sont curassées, et les armes les plus acérées de la raison s'émoussent contre elles.

Et qu'est-ce-que vous faites à Aix? Mais mon Dieu, madame, il faut que je sois quelque part; Je n'y suis que de corps, mes pensées sont ailleurs; le plus souvent elles rodent autour d'un chateau situé sur une montagne entre Rueil et Bougival …

J'embrasse votre belle main.

Vous êtes la personne la plus complète que j'ai trouvé sur la terre. Oui, avant de vous connaitre je me suis imaginé que des personnes comme vous, douées de toutes les perfections corporelles et spirituelles, n'existaient que dans les contes de fées, dans les rêves du poëte. Apresent je sais que l'ideale n'est pas une vaine chimère, qu'une realité correspond à nos idées les plus sublimes, et en pensant à vous, Princesse, je cesse quelque fois de douter d'une autre divinité que j'avais aussi l'habitude de releguer dans l'empire des rêves.

Adieu! Je ne vous dis pas mon addresse. Je vous épargne la peine de m'ecrire – il suffit que vous n'oubliez pas

votre pauvre ami
Henri Heine.

A Madame la Princesse / Christine de Belgiojoso, / au chateau de la Jonchère, / près de Rueil, aux environs de / Paris.

[Übersetzung]
Prinzessin!
Vor vierzehn Tagen wollte ich Ihnen gerne schreiben, um Sie um einen Gefallen zu bitten. Ich war gerade dabei, nach Neapel aufzubrechen, und dachte daran, Sie um ein Empfehlungsschreiben für diese Stadt zu bitten. Jedoch habe ich am Tag vor meiner Abreise erfahren, daß die Cholera vor kurzem auch in Neapel ausgebrochen ist und dort wütet. Nur Narren begeben sich in unnütze Gefahren, und daher bin ich ganz brav in der Provence geblieben. Ich will nicht Neapel sehen und sterben.

Ich bedaure jedoch, daß mir nun ein Anlaß fehlt, Sie um einen Gefallen zu bitten. Aber es wird sich eine andere Gelegenheit bieten. Ich vertrete die Ansicht, daß man jemandem ein um so größeres Interesse entgegenbringt, je mehr man ihn in die Pflicht nimmt. Vergessen Sie mich nicht!

Seit zwei Wochen wohne ich in Aix, wo ich in vollkommener Einsamkeit lebe. Sie sollen wissen, Madame, daß das Land der Troubadoure nicht so warm ist, wie man es sich bei uns im Norden vorstellt. In Südfrankreich ist es schon sehr kalt. Alle Dächer von Aix sind heute mit Schnee bedeckt, während ein trockener und scheußlicher Wind, Mistral genannt, eingehüllt in seinen großen Staubmantel, die Straßen durchzieht. Jetzt verstehe ich, warum dieser afrikanische Beduine, mit dem ich in Marseille sprach, so ironisch lächelte, als ich ihm sagte, daß ich die kalte Pariser Luft verlassen habe, um meine Gesundheit unter der schönen provenzalischen Sonne wieder herzustellen. Der Afrikaner lächelte ungefähr so wie wir über die Naivität der armen Lappländer, die, wenn sie schwindsüchtig sind, Lappland verlassen und nach Sankt Petersburg gehen, um dort das milde Klima zu genießen.

Heute ist der 30. Oktober, und der Schnee bedeckt alle Dächer von Aix, sogar die Statue des guten Königs René, die ich von meinem Fenster aus sehen kann. Sie steht am Ende der Hauptstraße und hält einen Kranz aus Weinreben in der Hand, wie bei uns die Schilder der Weinhändler. Welch großer Monarch war dieser König René! Ich habe in der Bibliothek sein Gebetbuch gesehen, dessen Initialen er selbst ausgemalt hat. Sie sehen, daß ich mich auf Reisen bilde. Ich habe auch die Thermen besichtigt, in denen die Römer gebadet haben. Ich habe die liebliche Madonna Chastels, des großen Bildhauers, der verarmt im Krankenhaus gestorben ist, gesehen. Nicht weit entfernt von der Kirche, die dieses Meisterwerk enthält, verläuft die Rue Belgarde; dort, unweit des Tores Belgarde, findet sich zur Linken die bescheidene Krippe, in der einer der edelsten Söhne der Revolution das Licht der Welt erblickt hat. Ich habe auch die Kathedrale gesehen und die Sehenswürdigkeit, die dort gezeigt werden, z.B. die vier römischen Säulen, die zu einem Apollo-Tempel gehört haben und jetzt das Dach einer christlichen Taufkapelle stützen. Sie sehen, daß sich sogar die Steine der Notwendigkeit unterwerfen, der Partei der Sieger zu dienen, Steine, die noch nicht einmal die Ausrede unserer menschlichen Bedürfnisse haben, die weder von Hunger, Durst oder Eitelkeit gequält werden … Madame, werde ich bald meinen Frieden, einen unehrenhaften Frieden, mit den Behörden jenseits des Rheins schließen, um den Leiden des Exils und der ermüdenden Qual, die schlimmer als vollkommene Armut ist, entkommen zu können? Ach! Die Versuchungen werden seit einiger Zeit groß … Ich bin aufrichtiger als die anderen, die sich Brutus und Regulus nennen, nicht wahr? Nein, ich bin kein Regulus, denn ich möchte keinesfalls in einem mit Nägeln gespickten Faß gewiegt werden, genauso wenig wie ich kein Brutus bin, denn ich werde niemals einen Dolch in meinen armen Bauch stoßen, um nicht den Preußen dienen zu müssen … Nein, bei einer solchen Wahl würde ich mich nicht töten, sondern zum Dummkopf werden. Aber was bedeuten alle diese unnützen Worte, die Sie veranlassen könnten, zu glauben, daß der Mann, der sie schreibt, das größte Unglück erleidet, nämlich das Unglück Ihrer Freundschaft, Prinzessin, unwürdig zu sein!

Nein, sehr schöne und sehr mitfühlende Prinzessin, ich bin zur Zeit wirklich krank, seelisch noch mehr als körperlich. Die Gelbsucht ist gegenwärtig in meinem Herzen, und alle meine Gefühle und Gedanken sind mit diesem schwärzlichen Gelb gefärbt, das Sie an dem Tag vor meiner

Abreise auf meinem Gesicht gesehen haben, als ich mich von Ihnen in La Jonchère verabschiedet habe.

Sie könnten sich sehr gut eine Vorstellung von meiner geistigen Verfassung machen, wenn Sie wüßten, was sich hinsichtlich der religiösen Lehren, als deren Gegner ich bekannt bin, seit einiger Zeit in meinen Gedanken abspielt. Meine Überzeugungen stehen im Widerspruch zu meinen Gefühlen. Ich trage einen Kranz aus Rosen auf dem Kopf und den Schmerz in meinem Herzen. Es dürstet mich nach einer geistigen Einheit, nach der Harmonisierung meiner Überzeugungen mit meinen Gefühlen. Ich muß alle Rosenblätter aus meinem Kranz reißen, damit nur eine Dornenkrone übrig bleibt, oder alle Leiden aus meinem Herzen verbannen und sie durch neue Freuden ersetzen. Aber ach, ich bekämpfe diese Schmerzen vergeblich, da sie gepanzert sind, und die schärfsten Waffen der Vernunft gegen sie abstumpfen.

Sie fragen, was ich eigentlich in Aix mache? Aber mein Gott, Madame, ich muß doch irgendwo sein. Ich bin nur physisch hier, meine Gedanken sind woanders. Am häufigsten treiben sie sich bei einem Schloß herum, auf einem Berg zwischen Rueil und Bougival gelegen.

Ich küsse Ihre schöne Hand.

Sie sind die vollkommenste Person, die ich auf der Erde gefunden habe. Ja, bevor ich Sie kennengelernt habe, dachte ich, daß Erscheinungen wie Sie, ausgestattet mit allen körperlichen und geistigen Vollkommenheiten, nur in den Märchen und in den Träumen des Dichters existierten. Jetzt weiß ich, daß das Ideal keine unnütze Schimäre ist, daß es eine Wirklichkeit gibt, die unseren erhabensten Gedanken entspricht, und wenn ich an Sie, Prinzessin, denke, höre ich manchmal auf, an einer anderen Gottheit, die ich gewöhnlich ebenfalls in das Reich der Träume verbannt habe, zu zweifeln.

Leben Sie wohl! Ich teile Ihnen meine Adresse nicht mit, da ich Ihnen die Mühe, mir zu schreiben, ersparen möchte. Es reicht, daß Sie nicht vergessen

Ihren armen Freund
Henri Heine.

93. *An Ferdinand Hiller, Lyon, 18. November 1836*

Lyon den 19' Novemb. 1836.

Liebster Hiller! Ich komme dieser Tage von Marseille, wo ich im Hafen Schiffbruch gelitten, als ich mich nach Neapel eingeschifft ... Da ich abergläubisch bin hielt ich das für ein schlechtes Omen und beschloß nach Paris zurückzukehren. Die Cholera mag unterdessen Neapel dafür entschädigen, daß ich diesen Winter nicht dort bin. Im Frühjahr werde ich aber versuchen hinzukommen und da, wie ich weiß, Sie mit ähnlichen Reiseplanen schwanger sind, möchte ich von Ihnen erfahren: ob Sie etwa diesen Winter nach der Schweitz kommen und Sie das Frühjahr in Mayland seyn werden? Ein Zusammentreffen mit Ihnen wäre mir eben nicht unangenehm, um so mehr da ich, wie ich seit einiger Zeit an mir bemerke, mich zuweilen nach Ihnen sehne. Ich lebe nemlich a l l e i n seit zwey Monath und habe deßhalb Muße genug a<*n meine Freunde zu denken.*>

Lizst hatte mir aus Genef geschrieben, daß er nach Italien reise; ich schrieb ihm von Marseille aus um über seinen Reiseweg nähre Auskunft zu haben, erhielt aber keine Antwort. Sagen Sie mir doch, ist er in Genf? Schreiben Sie mir unter Addresse meiner alten Wohnung: Cité Bergère N⁰ 4. Ende nächster Woche bin ich in Paris. Hier ennuyire ich mich schrecklich. Das Theater ist meine einzige Ressource. Gestern Abend wurde Robert le diable gegeben. Mein Nachbar in Theater sagte mir: Meyerbeer ist kein Musiker sondern ein Gott. Ich antwortete ihm, daß ich ihn persönlich kenne; worauf er mich auf heute Mittag zu Tische lud. Sie sehen also wie nützlich es mir ist, wenn meine Freunde große Opern machen und große Musiker werden oder sogar Götter. Geben Sie sich also ein bischen Mühe, schon aus Liebe zu <*Ihre*>m Freunde

Heinrich Heine.

Monsieur / Mᵣ Ferdinand Hiller, / musicien. Im grünen Frosch, / Saalgasse. / F r a n c f o r t ˢ / m a y n e / Allemagne.

Granville, wahrscheinlich d 26
des Wonnemonds 1837.

Liebster Detmoldt.

Seit drey Tagen bin ich hier und weiß noch nicht ob ich hier bleibe. Das hängt davon ab, ob ich ein wöhnliches Appartement finde. Manche Annehmlichkeit bietet der Ort und was die Hauptsache, der Strand ist gut zum Baden. Meine Atra cura (sie sitzt aber nicht h i n t e r dem Reuter, sondern der Reuter sitzt gewöhnlich a u f ihr) befindet sich wohl, vergnügt und führt sich gut auf, über Erwarten gut. Kindisch amüsirt es sie am Strande die hübschen Muscheln zu suchen. Erst morgen oder übermorgen kann ich Ihnen sagen ob ich hier bleibe. Beständig sprechen wir von Ihnen.

nous parlons toujours de vous, et je vous salue avec beaucoup d'amitié, si nous restons ici il faut que vous venez nous rejoindre

mathilde

d 28 May

Liebster Detmoldt! Ich habe mich endlich entschlossen hier zu bleiben, obgleich ich noch kein passendes Appartement gefunden. Es ist aber alles hier sehr gut. Das Leben ist hier spottwohlfeil und mein Hauskreuz gefällt sich hier außerordentlich und ich glaube es aushalten zu können. Ich kann Sie heute mit sehr gutem Gewissen einladen hierherzukommen. Wenn Sie dieses nemlich ausführen wollen und über Haver reisen, so bringt Sie in Caen ein Dampfboth binnen 3 ½ Stunden nach dem Havre. – Den Brief für Cotta werde ich in keinem Falle vergessen. – Ich bitte Sie zu meinem Portier zu gehn und ihm zu sagen daß er alle einlaufende Briefe an mich hierherschicken soll nemlich à Mr Heine, poste restante, à G r a n v i l l e (Departement de la Manche). Da weder er noch die Portière schreiben können, so bitte ich Sie auf meine Briefe, die etwa für mich dort liegen, diese Addresse zu schreiben und sie auf die Post zu legen. – Zugleich bitte ich Sie mir zu sagen ob Sie etwas, das mich interessiren möchte, in französischen oder deutschen Jurnalen gelesen; denn hier sehe ich auch nicht einmal französische Blätter. – Ich befinde mich ganz wohl und arbeite. Kommen Sie nur her und ich verspreche Ihnen, daß auch Sie viel arbeiten und wenig ausgeben werden. – Fragen sie Cohn ob meine Wechsel acceptirt worden sind, und grüßen Sie ihn mir recht freundschaftlich. – Ins Theater brauche ich nicht mehr zu gehn, dafür muß ich aber ins Frühlingswetter spazieren gehn. Grüne Bäume, enuyiren eben so gut wie Vaudeville. Nächst der Kunst giebt es nichts Schrecklicheres als die Natur!

Ihr Freund Heine.

Wichtiges Post Scriptum.

Ich bitte Sie, lieber Detmoldt, gehen Sie zu der Marchande de Mode rue Faubourg Montmartre wo meine Kleine ihre Mützen zu kaufen pflegt und wo ich einst ihre Eifersucht erregte. Der Modistinn sagen Sie, daß Sie zwey Mützen (bonnets) verlangten für die Dame rue Cadet N⁰ 18, welche Sie ihr in die Provinz nachschicken müßten. Eine Mütze rose avec des fleurs couleur de rose et un bonnet jaune paille avec des fleurs de la méme couleur. Band und Blumen nicht ausgespreitzt, sondern vielmehr eng anliegend, damit das Gesicht nicht sein Oval verliert. Die Modistinn wird Ihnen diese Mützen auswählen helfen oder auf Bestellung anfertigen und gehörig einpacken, daß Sie sie auf die Post geben können, an die Addresse: Mʳ Heine, à Granville, Departement de la Manche. l o g e a n t d a n s l e s t r o i s c o u r o n n e s. Das ausgelegte Geld werde ich, im Fall Sie hierherkommen, Ihnen hier zurückgeben, oder, wenn Sie nicht kommen wollen, lassen Sie es sich für meine Rechnung von Cohn geben. – Aber kommen Sie hierher, das wär am hübschesten.

Ihr Freund
H. H.

Ist ein Paquet (wahrscheinlich einige Bogen meines Buches) bei der Portière angekommen, so können Sie es den Mützen beypacken.

Monsieur / Mʳ Herman Dettmoldt / aux soins de Mʳ Jules Cohen, / rue Faubourg Poissonnière N⁰ 15. / à / Paris.

95. *An Maximilian Heine, Le Havre, 29. August 1837*

Havre de Grace d 29 Aug 1837.

Mein theurer Bruder! Da ich doch einmahl verurtheilt bin, statt D i r zu dienen, Dienste von Dir zu empfangen, so sollst Du auch heute eine Commission von mir empfangen. Ich bitte Dich nemlich, suche mir meine frühesten Gedichte, nemlich das Bändchen das bey Maurer in Berlin erschienen, so wie auch meine Tragödien zu verschaffen, und schick sie hierher mir per Dampfschiff unter der Addresse von: Wanner, Langer & Cᵒ. Sag aber nicht an Campe daß Du mir diese zwey Bücher geschickt hast; ich habe meine Ursachen. Giebt es dort etwas Neues, irgend eine Novität die mich direkt interessiren könnte, so pack sie bey. – Kannst Du mir über die Wirkung meiner Menzeliade etwas sagen? Hier in Frank*reich* seh ich und hör ich nichts. Die Nothwendigkeit daß ich Menzel endlich züchtigte wirst Du wohl begriffen haben. Mein größter Wunsch wäre er schlüge sich. Acht Jahre lang ließ ich mich ruhig insultiren und wartete bis er reif war. – Hier in Havre bleibe ich nur noch einige Tage, weiß aber nicht ob ich dann direkt nach Paris zurückkehre. Meine Badekur ist wieder verpfuscht. Vorig Jahr konnt ich nicht baden, weil ich die Gelbsucht hatte. Dies Jahr, vielleicht weil mich während der Letzten Zeit so viel Quälereyen heimsuchen, bekommen mir die 15 Bäder die ich bis jetzt genommen habe, sehr schlecht; wieder leide ich an Migränen, die 3 Tage mich quälen und zur Arbeit unfähig machen. Sogar neue Uebel melden sich. Aber ich bin ja seit wir uns nicht gesehen, acht Jahr älter geworden, und, bey dem gehetzten Leben, das ich führe, bey den geistigen und leiblichen Aufregungen der letzten Jahren, hat sich gewiß die Avantgarde der Decrepitude schon eingestellt. Auch Du bist gewiß der alte Max nicht mehr – oder besser gesagt, Du fängst gewiß jetzt an der alte Max zu seyn. Die Jugend ist dahin, und nach großen Feldzügen hat man das Recht müde zu seyn. – Wie es mir im Alter gehen wird? Ehrlich gesagt, ich wage nicht daran zu denken! Ich werde wahrscheinlich die Zahl jener edelsten und größten Männer Deutschlands vermehren, die mit gebrochenem Herzen und zerrissenem Rock ins Grab steigen. In Düsseldorf wird mir dann wohl ein Monument gesetzt werden. – An Onkel Heine werde ich mit dem zunächst abgehenden Dampfboote schreiben. Der Gedanke schon an diesem Brief erregt allen Mißmuth meiner Seele. Bey Gott, nicht Onkel, sondern ich habe Grund zur Klage, ich bin wie geschunden von den schneidendsten Beleidigungen – und i c h soll um verzeihung bitten. Es giebt keine Opfer, welche ich für diesen Mann zu bringen nicht bereit wäre, und hätte er mir noch zehnmal mehr Kummer verursacht, ich hätte es gewiß längst verziehn, aber es ist grausam hart, daß ich das himmelschreyende Unrecht, das er an mir begeht, verschweigen soll. Ich bin kein falscher Mensch, sagt mein seliger Vater, und kann nur reden wie ich es wirklich fühle. Was kann er mir vorwerfen, als Irrespektuosität in W o r t e n , nicht in Handlungen, und das nur einmal während meines ganzen Lebens – während er doch wissen sollte, daß wir alle in unserer Familie von aufbrausender Natur sind, und daß wir in der nächsten Stunde es bereuen, was wir Verletzendes gesagt haben. – Aber die Sache hat weit tiefere Bewanndniß, er ist froh einen Schein-Grund zur Unzufriedenheit gefunden zu haben. Ich hege daher keine große Hoffnung von dieser Seite. Da ist chronische Verhärtung. Ich weiß nicht, ist es Blindheit oder Wahnsinn. Ich habe wahrhaftig um zu dem Ansehen, das ich in der Welt erlangt, der Beyhülfe meiner Familie nicht bedurft; daß aber die Familie nie das Bedürfniß fühlte dieses Ansehen, und sey es auch in den kleinsten Dingen, zu befördern, ist unbegreiflich. Ja, im Gegentheil, im Hause meines Oheims fanden diejenigen Menschen eine gute Aufnahme, die notorisch als Gegner meiner Renommeen bekannt waren. Ein miserabler Wurm, der Dr, der mich aufs gemeinste, nemlich von Seiten der Geburt, angriff ward, wie man mir jüngst erzählt, bey meinem eignen Onkel zu Tische geladen und von meinem eignen Onkel bekam die alte Mamsel Spekter die er heuraten wollte, eine Ausstattung. Dieses Gewürm paßte zusammen, denn in keinem Hause, wie ich durch Campe wußte, hat man während meiner Anwesenheit in Hamburg schändlicher gegen mich als Schriftsteller raisonnirt, als im Specterschen Hause. Das ist nur e i n Beyspiel. – Wir wollen sehen ob i c h Recht habe oder Du.

Schreib mir doch viel, während Deiner Abwesenheit aus Rußland, besonders gieb mir detaillirte Nachrichten über Mutter. – Ich werde Euch wohl nie wiedersehen! – Wie ich mit Campe mich arrangirt wirst Du wohl wissen. Ich habe in der schlimmsten Zeit ihm meine bisherigen Omnia auf 11 Jahre für 20,000 frcs verkauft – womit ich mich wenigstens vor Saint-Pelagie geschützt habe. Durch beyspiellose Niederträchtigkeit eines Freundes, für den ich mich garantirt und bey dem ich Gelder deponirt, ward ich damals in eine heillose Lage versetzt. Nur durch die größten Anstregungen gelang es mir, jede Anforderung zu genügen – und meinen Feinden keine Blöße zu geben. Das war die Hauptsache. Lebe wohl, handle für Deinen armen Bruder der Dich unaussprechlich liebt.

H. Heine.

[Am linken Rand der letzten Seite]
P. S. Dieser Brief ist nicht abgegangen und ich schick Dir ihn mitsamt dem Briefe an Onkel, den Du ihm ihm bey guter Gelegenheit mittheilen sollst.

96. An Salomon Heine, Le Havre, 29. August 1837

Hâvre de Grace d 1 Sep. 1837.

Lieber Onkel!

Mit Verwunderung und großem Kummer ersehe ich aus den Briefen meines Bruder Max, daß Sie noch immer Beschwerde gegen mich führen, sich noch immer zu bitteren Klagen berechtigt glauben; und mein Bruder, in seinem Enthusiasmus für Sie, ermahnt mich aufs dringendste Ihnen mit Liebe und Gehorsam zu schreiben und ein Mißverhältniß, welches der Welt so viel Stoff zum Skandal bietet, auf immer zu beseitigen. Der Skandal kümmerte mich nun wenig, es liegt mir nichts daran ob die Welt mich ungerechterweise der Lieblosigkeit oder gar der Undankbarkeit anklage, mein Gewissen ist ruhig, und ich habe außerdem dafür gesorgt, daß, wenn wir alle längst im Grabe liegen, mein ganzes Leben, mein ganzes reines, unbeflecktes obgleich unglückliches Leben, seine gerechte Anerkennung findet. Aber, theurer Onkel, es liegt mir sehr viel daran, die Unliebe, womit jetzt Ihr Herz wider mich erfüllt ist, zu verscheuchen und mir Ihre frühere Zuneigung aufs neue zu erwerben. Dieses ist jetzt das schmerzlichste Bedürfniß meiner Seele, und um diese Wohlthat bitte ich, bettle ich und flehe ich mit der

Unterwürfigkeit, die ich immer Ihnen gegenüber empfunden und deren ich mich nur ein mahl im Leben entäußert habe, nur einmal und zwar zu einer Zeit, als die unverdientesten Unglücksfälle mich grauenhaft erbitterten, als die widerwärtigste Krankheit, die Gelbsucht, mein ganzes Wesen verkehrte, und Schrecknisse in mein Gemüth traten, wovon Sie keine Ahnung haben. Und dann habe ich Sie nie anders beleidigt als mit Worten, und Sie wissen daß in unserer Familie, bey unserem aufbrausenden und offenen Charakter, die bösen Worte nicht viel bedeuten und in der nächsten Stunde, wo nicht gar vergessen, doch gewiß bereut sind. Wer kann das besser wissen als Sie, lieber Onkel, an dessen bösen Worten man manchmal sterben könnte, wenn man nicht wüßte, daß sie nicht aus dem Herzen kommen, und daß Ihr Herz voll Güte ist, voll Liebenswürdigkeit und Großmuth. Um Ihre Worte, und wären sie noch so böse, würde ich mich nicht lange grämen – aber es quält mich aufs gramvollste, es schmerzt mich, es peinigt mich die unbegreifliche, unnatürliche Härte, die sich jetzt in Ihrem Herzen selbst zeigt. Ich sage unnatürliche Härte, denn sie ist gegen Ihre Natur, hier müssen unselige Zuflüsterungen im Spiel seyn, hier ist ein geheimer Einfluß wirksam, den wir beide vielleicht nie errathen, was um so verdrießlicher ist, da mein Argwohn jeden in Ihrer Umgebung, die besten Freunde und Verwandte, verdächtigen könnte – mir kann dabei nicht wohl werden, mehr als alle andern Unglücke muß mich dieses Familienunglück bedrücken, und Sie begreifen wie nothwendig es ist, daß ich davon erlöst werde.

Vor drey Monath habe ich bereits, von Granville aus, Sie um Verzeihung gebeten, für den Fall, daß Ihr Unmuth gegen mich noch nicht erloschen wäre. Auch schon diesen Winter, als die ganze Familie wieder von der trauervollsten Heimsuchung betroffen ward, schrieb ich an Carl, mit vollem Herzen, den flehendlichsten Brief, daß er Sie, theurer Onkel, meiner unbedingtesten Ergebenheit versichern möchte; ich weiß nicht, ob er es gethan hat, denn auch Carl, ohne es zu ahnen, wird von bösem Gezischel influenzirt. Ich würde damals gewiß selbst nach Hamburg zu Ihnen gereist seyn, wenn nicht eines Theils in Deutschland meine persönliche Sicherheit gefährdet, und anderen Theils meine Abreise von Frankreich hier zu Lande mißdeutet werden konnte. Aber ich wiederhole heute dieselben Bitten, und beschwöre Sie mir wieder Ihr großmüthiges Herz zu öffnen; ich beschwöre Sie darum mit Thränen. Das Unglück hat mich so sehr niedergebeugt, daß ich schaudre wenn ich an die heillosen Wirkungen einer Fehlbitte zu denken wage.

Sie haben keine Vorstellung davon, wie sehr ich jetzt unglücklich bin, unglücklich ohne meine Schuld; ja, meinen besseren Eigenschaften verdanke ich die Kümmernisse die mich zernagen und vielleicht zerstören. Ich habe tagtäglich mit den unerhörtesten Verfolgungen zu kämpfen, damit ich nur den Boden unter meinen Füßen behalten kann; Sie kennen nicht die schleichenden Intriguen, die nach den wilden Aufregungen des Partheykampfs zurückbleiben und mir alle Lebensquellen vergiften. Was mich noch aufrecht hält, ist der Stolz der geistigen Obermacht, die mir angeboren ist, und das Bewußtseyn, daß kein Mensch in der Welt, mit wenigen Federstrichen, sich gewaltiger rächen könnte als ich, für alle offene und geheime Unbill, die man mir zufügt –

Aber sagen Sie mir, was ist der letzte Grund jenes Fluches, der auf allen Männern von großem Genius lastet: warum trifft der Blitz des Unglücks die hohen Geister, die Thürme der Menschheit, am öftesten, während er die niedrigen Strohkopfdächer der Mittelmäßigkeit so liebreich verschont? Sagen Sie mir, warum ärndtet man Kummer, wenn man Liebe säet? Sagen Sie mir, warum der Mann der so weichfühlend, so mitleidig, so barmherzig ist gegen fremde Menschen, sich jetzt so hart zeigt gegen seinen armen Neffen?

H. Heine.

97. *An George Sand, Granville, 17. August 1838*

Ma tres belle et tres bonne cousine!

Je ne saurais exprimer avec des paroles combien je suis chagrin de ce que je ne vous ai pas vue à Paris. La veille de mon depart j'ai reçu par Choppin votre aimable billet et je vous remercie de l'interet que vous me temoignez. Mille merci! J'aurais bien voulu vous voir! Les rayons de vos yeux m'auraient fait du bien. Le son de votre voix m'aurait fait du bien. Je suis très triste. Vous ne savez pas tous mes malheurs. A l'heure qu'il est je suis atteint d'une cecité physique qui est aussi affligeante que cet aveuglement moral dont je jouis depuis quatre ans et que vous connaissez.

Vous m'effrayez en disant que vous quittez bientôt le pays; j'espère que je vous trouverai encore à Paris au mois d'octobre; si vous pouvez me donner cet espoir, ecrivez moi d e u x lignes, addressées à Henri Heine à Granville, Departement de la Manche. Je vous aime beaucoup, de tout mon coeur, de tous les lambeaux de mon coeur. Si vous êtes libre rejouissez vous de votre liberté. Moi je suis encore dans les terribles fers, et c'est parcequ'on m'enchaine le soir avec un soin tout particulier que je n'ai pas reussi de vous voir à Paris. Mais quand j'aurai fait mon temps, j'yrai vous rejoindre, et fut-çe au bout du monde … pourvu qu'en attendant on ne vous a pas empoignée de nouveau et ramené au bagne, mon beau forçat liberé de l'amour!

Adieu. Rejouissez vous de votre liberté. Ne pleurez jamais, les larmes affaiblissent la vue. Que vous avez de beaux yeux! Ne vous tourmentez pas de l'avenir; ça fait grisonner. Et votre chevelure est la plus belle que j'ai jamais vue.

Henri Heine.
Granville ce 17 Aout 1838.

A / Madame la Marquise Dudevant, / aux soins de Madame Marliani, / rue Grange Batelière Nᵒ 15 / à / Paris

[Übersetzung]
Meine sehr schöne und sehr gute Cousine!
Ich kann nicht in Worte fassen, wie groß mein Kummer darüber ist, daß ich Sie nicht mehr in Paris gesehen habe. Am Tag vor meiner Abreise habe ich durch Chopin Ihr liebenswürdiges Billet erhalten und danke Ihnen für die Anteilnahme, die Sie mir gegenüber bekunden. Tausend Dank! Ich hätte Sie sehr gerne gesehen! Das Strahlen Ihrer Augen hätte mir wohl getan. Der Ton Ihrer Stimme hätte mir wohl getan. Ich bin sehr traurig. Sie kennen nicht mein ganzes Unglück. Zur Zeit bin ich von einer Blindheit befallen, die genauso betrüblich ist wie die Verblendung, an der ich mich seit vier Jahren erfreue, und die Sie kennen.

Ihre Ankündigung, das Land bald zu verlassen, hat mich erschreckt. Ich hoffe, Sie im Oktober noch in Paris anzutreffen. Wenn Sie mir diese

Hoffnung geben können, schreiben Sie mir zwei Zeilen, adressiert an Henri Heine in Granville, Département de la Manche. Ich liebe Sie sehr, von ganzem Herzen, mit allen Fasern meines Herzens. Wenn Sie frei sind, erfreuen Sie sich Ihrer Freiheit. Ich, meinerseits, befinde mich noch in schrecklichen Ketten, und da man mich abends mit besonderer Sorgfalt ankettet, ist es mir nicht gelungen, Sie in Paris zu sehen. Aber wenn ich meine Strafe abgesessen habe, werde ich Sie wieder treffen, und sei es am Ende der Welt ... sofern man Sie, mein schöner, von der Liebe befreiter Galeerensklave, in der Zwischenzeit nicht erneut ergriffen und ins Bagno zurückgebracht haben wird!

Leben Sie wohl. Erfreuen Sie sich Ihrer Freiheit. Weinen Sie niemals, denn Tränen schwächen den Blick. Welch schöne Augen Sie haben! Quälen Sie sich nicht mit Gedanken an die Zukunft. Das führt zum Ergrauen der Haare, und Ihre Haare sind doch die schönsten, die ich jemals gesehen habe.

Henri Heine.

Granville, den 17. August 1838

98. *An Karl Gutzkow, Granville, 23. August 1838*

Granville (in der Basse Normandie),
d 23. August 1838.

Ich habe, werthester Freund, Ihnen für Ihren Brief vom 6. dieses meinen aufrichtigsten Dank zu sagen. Ich habe gleich nach Empfang desselben an Campe geschrieben und ihn ersucht, den zweyten Band des Buchs der Lieder, nemlich den Nachtrag, noch nicht in die Presse zu geben. Ich werde ihn erst späterhin erscheinen lassen, wenn ich ihn nochmals gesichtet und mit einer zweckmäßigen Zugabe ausgestattet habe. Sie mögen gewiß recht haben, daß einige Gedichte darin von Gegnern benutzt werden können; diese sind aber so heuchlerisch wie feige. Soviel ich weiß, ist aber unter den anstößigen Gedichten kein einziges, das noch nicht im ersten Theile des Salons gedruckt wäre; die neue Zugabe ist, wie ich mich zu erinnern glaube, ganz harmloser Natur. Ich glaube überhaupt, bey späterer Herausgabe, kein einziges dieser Gedichte verwerfen zu müssen, und ich werde sie mit gutem Gewissen drucken, wie ich auch den Satirikon des Petron und die römischen Elegien des Goethe drucken würde, wenn ich diese Meisterwerke geschrieben hätte. Wie letztere sind auch meine angefochtenen Gedichte kein Futter für die rohe Menge. Sie sind in dieser Beziehung auf dem Holzwege. Nur vornehme Geister, denen die künstlerische Behandlung eines frevelhaften oder allzu natürlichen Stoffes ein geistreiches Vergnügen gewährt, können an jenen Gedichten Gefallen finden. Ein eigentliches Urtheil können nur wenige Deutsche über diese Gedichte aussprechen, da ihnen der Stoff selbst, die abnormen Amouren in einem Welttollhaus, wie Paris ist, unbekannt sind. Nicht die Moralbedürfnisse irgend eines verheuratheten Bürgers in einem Winkel Deutschlands, sondern die Autonomie der Kunst kommt hier in Frage. Mein Wahlspruch bleibt: Kunst ist der Zweck der Kunst, wie Liebe der Zweck der Liebe, und gar das Leben selbst der Zweck des Lebens ist.

Was Sie mir in Betreff des jüngeren Nachwuchses unserer Literatur schreiben, ist sehr interessant. Indessen ich fürchte nicht die Kritik dieser Leute. Sind sie intelligent, so wissen sie, daß ich ihre beste Stütze bin und sie mich als den ihrigen emporrühmen müssen, in ihrem Ankampf gegen die Alten. Sind sie nicht intelligent – dann sind sie gewiß nicht gefährlich! Ich bin übrigens gar nicht so sorglos, wie Sie glauben – Ich suche meinen Geist für die Zukunft zu befruchten, unlängst las ich den ganzen Shakspear, und jetzt, hier am Meere, lese ich die Bibel – was die öffentliche Meinung über meine früheren Schriften betrifft, so ist diese sehr abhängig von einem Lauf und Umschwung der Dinge, wobei ich selbst wenig selbstthätig seyn kann. Ehrlich gestanden, die großen Interessen des europäischen Lebens interessiren mich noch immer weit mehr als meine Bücher – – – que Dieu les prenne en sa sainte et digne garde!

Leben Sie wohl. Ich danke Ihnen nochmals für das Wohlwollen, mit welchem Sie mich auf den Splitter, den Sie in meinem Auge bemerkt haben, aufmerksam machten. Ich wünsche herzlich, Sie kämen mahl nach Paris. Ueber Ihre projektirten Jahrbücher der Literatur schreibe ich nächstens an Campe. Ich hoffe, Sie gewinnen dazu auch Laube, mit welchem Sie es noch nicht so ganz verdorben haben wie mit Mundt u. s. w. Daß Sie es auch mit mir noch nicht ganz verdorben haben, ist wahrhaftig nicht I h r e Schuld!

Ich habe sehr viel an Ihnen auszusetzen, weit weniger an Ihrer »Seraphine«, die zu den oben erwähnten v o r n e h m e n Kunstwerken gehört.

Ihr Freund

H. H e i n e .

99. An Heinrich Laube, Paris, 7. Januar 1839

Paris den 7ten Januar 1839

Liebster Laube!

Ich schreibe Ihnen heute unter den verdrießlichsten aeußern Verhinderungen: draußen schneekaltes Sturmwetter, in meinem Zimmer mehr Rauch als Feuer, neben mir ein Papagey der beständig schreit und ein schönes Weib welches mit einer alten tauben Magd zankt – Und wie sieht's erst im Innern aus, in der Seele – wie in einem alten Schornstein worin Heerige getrocknet werden und die Hexen auf ihren Besenstielen auf und ab steigen!

Aber ich darf es doch nicht länger aufschieben, ich muß Ihnen heute antworten, damit Sie wenigstens erfahren, daß die verzögerte Rücksendung des Püklerschen Mspts nicht meiner Schuld bey zu messen – ein Franzose, dem ich es anvertraut, hat mich bis heute an der Nase herumgeführt und ich muß es endlich ihm abnehmen und einem andern zur Durcharbeitung anvertrauen. Dann habe ich Ihnen auch zu bedeuten: daß ich sehr bald eine Reise antrete, die mich auf geraume Zeit von Paris entfernt halten möchte und daß ich daher wünsche das Mspt Ihrer Literaturgeschichte recht bald zu erhalten. Schicken Sie mir alles was davon abgeschrieben ist sobald als möglich, und zwar durch die fahrende Post – Buchhändlergelegenheiten sind verdammt langschleppig, und so habe ich Z. B. Ihren vorletzten Brief sehr spät erhalten. Addressiren Sie das Paquet: an H. Heine, aux soins de Mr Jules Cohen, Fauxbourg Poissonnière N° 15 à Paris.

Seyn Sie nicht ungehalten – auch heute noch nicht, auch heute schicke ich Ihnen die verlangten biografischen Notizen noch immer nicht – aber Sie sollen sie doch binnen 14 Tagen erhalten.

Ich gratulire Ihnen, daß Sie jetzt Ihre völlige Freyheit erlangt haben – was Sie auch jetzt beginnen mögen, meine Theilnahme bleibt Ihnen gewiß; auch in literarischen Unternehmungen, – obgleich ich mich aus dem Zeitgezänke gern fern hielte – Aber, ich habe es Ihnen oft genug gesagt, und Sie wissens auch von selbst! daß Sie der einzige sind mit dem ich, im tiefsten Sinne des Wortes, harmonire. Ich gebe Ihnen carte blanche, wo Sie es nur wollen, und wozu Sie es nur wollen, meinen Namen zu gebrauchen. Sie können in meinem Namen sagen und thun was Sie nur wollen – so viel Zutrauen setze ich in Sie!

Ich befinde mich wohl und muthig und baue mir täglich neue Luftschlösser. Mit meinen Augen geht es besser.

Ich lebe viel, schreibe wenig und gebe gar nichts heraus. Letzteres hat ganz andre Gründe, als Sie wohl vermuthen dürften. Campe nemlich ist es welcher mir alle Lust dazu, wonicht gar die Freude am Schreiben selbst, verleidet. Daß er früherhin, wo er in Angst vor Verantwortlichkeit schwebte, meine Bücher mit gräßlichen Verstümmelungen drucken ließ, das verzieh ich ihm, obgleich er mich dadurch den peinlichsten Mißverständnissen preiß gab. Aber jetzt, denken Sie was mir geschieht! denken Sie:

Vor länger als 12 Monathen schicke ich ihm eine Nachrede zum 2ten Bande meiner Gedichte, wovon er mir versicherte daß sie im Begriffe ständen die Presse zu verlassen. Kein Wort Politik darinn, kein Wort das mir der stockigste Zensor nicht hingehen lassen konnte – ich ließ das Mspt einem Oestreicher lesen, der mir versicherte es könne in Wien das Imprimatur erlangen – Nur Durchhechelung der Schwaben und Zurechtweisung des kläglichen Pfitzers enthielt mein Mspt – Ich bekümmerte mich schon nicht mehr darum, – als ich im Herbst Brief von Campe erhielt, worinn er versicherte, daß meine Gedichte nicht die Censur passirt hätten, daß also meine Nachrede ebenfalls nicht gedruckt worden, und daß er mir vorschlüge diese Nachrede in einer Zeitschrift, welche er unter dem Namen Literarische Jahrbücher unter der Presse habe, gleich abdrucken zu lassen – Nur abdrucken, Nur schnelles Abdrucken, antwortete ich ihm auf der Stelle, nur Abdrukken, gleichviel wo, aber schnell –

Und nun vor 14 Tagen erhalte ich die Aushängebogen und finde daß der Aufsatz ganz verstümmelt ist, und zwar boßhaft verstümmelt, in den wichtigsten Uebergängen, wie es keine Censur thut, sondern nur eine freche Privathand es thun konnte. Ich habe Campen sogleich meinen ganzen Unwillen, meine ganze Entrüstung, meinen ganzen Eckel geschrieben und ihm angezeigt daß ich meine Nachrede in ihrer Originalgestalt drucken lasse. Er hat mir kläglich geantwortet und mir fast eingestanden, daß es nicht der Censor war, der mich verstümmelte. Sie sehen ich bin verrathen und verkauft von Campe, der freylich sehr bald dafür büßen muß, daß er mit Gutzkows Helfershelfern, dem miserablen Wihl, dem elenden Beuerman, und ähnlichem Gesindel fraternisirt – da mir der Karakter Gutzkows ganz klar ist, so bin ich überzeugt, daß Campe eben von Gutzkow am Ende abgestraft wird, und daß er wie Menzel am Ende den Bodensatz der Gutzkowschen Freundschaft kosten wird. Ja, Gutzkows ganzes Wesen ist mir klar – und ich bedauere ihn sehr. Er ist besessen von einem Dämon, der mir wohl bekannt ist. Ich erinnere mich daß ich vor diesem Dämon immer Angst hatte. Es ist vielleicht ein Galgenmännlein – Zuerst hatte ihn Kotzebue, der überlieferte ihn dem Müllner, dieser dem Menzel, dieser wieder dem Gutzkow – der hat ihn vielleicht am wohlfeilsten erstanden und kann ihn nicht los werden, und wir sehen ihn bald als wahnsinnigen Halbheller im Lande herumlaufen, wenn nicht gar ihm der Teufel den Hals umdreht. Ich scherze nicht ganz, das Böse was in ihm sitzt, erscheint mir wie Ueberlieferung. Er wirft mit Koth wider seinen Willen. Mich z. B. will er loben, und weiß doch nichts Besseres zu thun, als daß er die Triumphforte die er mir baut, mit dem alten Menzelschen Koth beklekst, von meinem Judenthume spricht, ganz à la Menzel, der mit dieser Losung zuerst den Pöbel gegen mich zur Bundgenossenschaft aufrief und sein eignes Originaldeutschthum dokumentiren wollte – Oder sollte wirklich Gutzkow so wenig Bildung, so wenig Takt besitzen, daß er von Dingen redet, woran man weder mich noch den Pöbel erinnern sollte, Dinge, die jeder der meine Achtung genießen will, nicht einmal denken sollte, so kläglich, so miserabel sind sie – Sie begreifen, eben Sie, Laube, der Sie nächst Varnhagen der taktbegabteste Schriftsteller sind, Sie begreifen, daß ich hier nicht aus Unmuth spreche; jener gedrukte Koth hat für mich nichts Verletzendes, ich bin sogar zufrieden wenn meine Feinde keinen neuen Koth ersinnen, mit der Mistgabel mich bedrohen statt mit feinen Stiletten, und ich habe lieber, daß sie damit nach der längstverlassenen Wiege

hinstechen, als daß sie nach meinem jetzigen Bette oder Ruhestätte hin-
zielen – Sie verstehen mich – aber jede Erwähnung, in der angedeuteten
Weise, ist mir immer ein Criterium für den Charakter und das innere
Wesen, dessen der sich derselben bediente.

Das Jahrbuch selbst wo Gutzkow mich gelobt und Laube und
Mundt getadelt, ist mir erst vor einigen Tagen zu Gesicht gekommen –
und was ich oben erwähnt, werden Sie zu deuten wissen. Die Angriffe
gegen Sie und Mundt erregen bey mir nur Ekel – Wie wird das enden!
An Geist und Talent fehlt es dem Manne nicht, aber beidem fehlt jener
Halt, ohne welchen Alles verpuff und verknistert. Kleinere Sterne werden länger glänzen als dieser stralende Komet, der mit seinem Flam-
menschweife am Himmel der Literatur, ohne Schonung und Gesetz,
dahinläuft. Was bedeutet dieser Comet? Oder ist dieser Comet zugleich selber das Unglück welches er bedeutet? Ich glaube es fast, denn
dieses literarische Unglück, welches Gutzkow heißt, ist groß genug
und hinlänglich betrübsam. – Leben Sie wohl und heiter. Ihrer Frau
und der Fürstinn Pükler meine gehorsamsten Grüße.

Ihr Freund
H. Heine

Monsieur Heinrich / Laube. / à / M ü s k a u / en Silesie. (Allemagne)

100. *An Karl August Varnhagen von Ense,*
     Paris, 5. Februar 1840

Paris den 5ten Februar 1840.

Liebster Varnhagen!

So eben erfahre ich von dem neuen Verluste der Sie betroffen, und obgleich betäubt und nicht wissend was ich sagen soll, eile ich Ihnen zu
schreiben. Lieber Himmel! hier hört ja alle Macht des Wortes auf, und
das Beste wäre ein stummer Händedruck. Ich fühle ganz was Sie jetzt
leiden werden, armer Freund, nachdem kaum die früheren Heimsu-
chungen überstanden! Ich habe die Hingeschiedene sehr gut gekannt,
sie zeigte mir immer die liebreichste Theilnahme, war Ihnen so ähnlich
in der Besonnenheit und Milde, und obgleich ich sie nicht allzu oft sah,

so zählte ich sie doch zu den Vertrauten, zu dem heimlichen Kreise, wo man sich versteht ohne zu sprechen – Heilger Gott, wie ist dieser Kreis, diese stille Gemeinde, allmählig geschmolzen, seit den letzten zehn Jahren! Einer nach dem anderen geht heim – Unfruchtbare Thränen weinen wir ihnen nach – bis auch wir abgehn – Die Thränen die alsdann für uns fließen, werden nicht so heiß seyn, denn die neue Generazion weiß weder was wir gewollt, noch was wir gelitten!

Und wie sollten sie uns gekannt haben? Unser eigentliches Geheimniß haben wir nie ausgesprochen, und werden es auch nie aussprechen, und wir steigen ins Grab mit verschlossenen Lippen! Wir, wir verstanden einander durch bloße Blicke, wir sahen uns an und wußten, was in uns vorging – diese Augensprache wird bald verloren sein, und unsere hinterlassenen Schriftmähler, z. B. Rahels Briefe, werden für die Spätergeborenen doch nur unenträthselbare Hieroglifen seyn – das weiß ich, und daran denk ich bey jedem neuen Abgang und Heimgang. – –
Ich kann Ihnen heute nichts Vernünftiges schreiben, lieber Varnhagen; in Kurzem, in beruhigter Stunde, werde ich Ihnen erzählen, wie es mir geht. Laube und Frau ist diese Tage abgereist; täglich sprachen wir von Ihnen, und nur Gutes. – Wenn Sie mir mahl was zu sagen haben, so findet mich Ihr Brief immer rue des Martyrs No. 23. – Wenn Sie wissen, wer die Briefschaften von Gans und Moser, namentlich die des letztern besitzt, so schützen Sie mich doch gefälligst vor Indiskrezionen; verlangen Sie für mich die Briefe von mir, die sich bey Moser finden konnten. – Leben Sie wohl und erhalten Sie Ihre Gesundheit.

Ihr Freund
H. Heine.

101. *An Johann Georg von Cotta, Paris, 3. März 1841*

Paris den 3ten Merz 1841.

Hochgeehrter Herr Baron!
Einliegenden Brief an Kolb überschicke ich Ihnen offen, damit, im Fall dieser Freund nicht in Augsburg anwesend, meine Bitte nicht länger unerfüllt bleibe. Ich kann mir in der That das Stillschweigen Kolbs

nicht erklären. Ich bin sein Freund und außerdem glaube ich von der Redakzion der Allg. Ztg nicht als einen gewöhnlichen Notizenschreiber betrachtet zu werden, dem man hinlänglich zu genügen glaubt wenn man seine Artikel druckt und bezahlt. Ehrlich gestanden, Herr Baron, diese beiden Punkte, so beachtenswerth sie auch seyn mögen, sind mir nicht die Hauptsache. Was das Gedrucktwerden betrifft so treibt mich wahrlich nicht die Eitelkeit in der Allg. Ztg zu figuriren, statt in einem minder angesehenen Blatte; dort lockt mich vielmehr der Umstand, daß die Redakzion in befreundeten Händen und daß die Allg Ztg das Lieblingsinstitut Ihres seeligen Vaters – eines Mannes den ich liebte und der mich zu den wenigen rechnete, die nie sein Zutrauen mißbrauchten! Was das Bezahltwerden betrifft, so bin ich wie eine Köchinn, die sehr zartfühlend die Bemerkung macht, daß sie in ihrem Dienste weniger auf Geld sähe als auf gute Behandlung.

In der That, schon das bloße Besprechen von pekuniären Interessen ist mir fatal, und so geschieht es, daß ich schon seit manchem Monathe vor hatte Ihnen über Honorarangelegenheiten zu schreiben, und nie dazu gelangte. Heute aber will ich mich auch dieses verdrießlichen Geschäftes entledigen. Ich habe nemlich darüber nachgedacht in welcher Weise ich mir meine Arbeiten für die Allg. Ztg honoriren lassen soll, und es war mir unmöglich in dieser Beziehung eine Norm zu finden, wonach ich etwas v o r a u s b e s t i m m e n könnte. Hier hängt ja alles von Zeit und Umständen ab. Herrscht politische Meeresstille, so schreib ich wenig, manchen Monath gar nicht; sobald es aber wieder fluthet oder losstürmt, dürfen Sie auf die gewissenhafteste Tagesberichtung rechnen. Ich bin jetzt zehn Jahr in Paris und verstehe mich auf die Witterung. Im Anfang des vorigen Jahrs eilte ich die abgebrochene Correspondenz wieder anzuknüpfen, als ich die große Bewegung heranwogen sah – in diesem Jahre dürfen sich die Gewässer wieder etwas verlaufen, aber ich bleibe immer auf meinem Posten und werde meine Correspondenz periodisch unterhalten.

Als ich vor 9 Jahren an der Allg. Ztg zu arbeiten begann, erbat ich mir als Honorar für große fortlaufende Aufsätze 10 Karolin per Druckbogen und 50 F r a n k s für jeden einzelnen Brief, für eigentliche Tageskorrespondenz. In wie weit Sie nach dieser Basis mir meine wieder angeknüpfte Mitarbeitung berechnen lassen wollen, stelle ich völlig Ihrem Gutdünken anheim. Ich habe nemlich seit dem Anfang des vorigen Jahrs fast gar keine größere Aufsätze liefern können und die stürmische Zeit erpreßte mir nur eigentliche Tagesbriefe, worunter vielleicht einige sind die Ihnen für das Honorar von 50 Franks nicht lang genug scheinen. – Ich bin in der That unfähig für die Folge meine Honorraransprüche bestimmt zu formuliren, und am liebsten wär es mir,

Sie ließen mich immer ein ganzes Jahr lang für die Allg. Ztg thätig seyn, ganz nach eigner Laune und Zeitbedürfniß, und nach Ablauf des Jahres bestimmten Sie mir selber über welche Summe ich, als Honorar, bey Ihnen verfügen könne. Oder wollen Sie es meinem billigen Ermessen überlassen, nach Ablauf eines ganzen Jahrs das Honorar meiner Arbeiten abzuschätzen? – in diesem Falle sollen Sie nie über unbescheidene Zumuthung zu klagen haben. Ich sehe, wie gesagt, weniger auf Geld als auf gute Behandlung.

Vor einiger Zeit, Herr Baron, hieß es, Sie kämen nach Paris. In dieser angenehmen Erwartung verharre ich

Ihr hochachtungsvoll ergebener
Heinrich Heine.

(Addresse: rue Bleue 25.)

Monsieur / le Baron George Cotta de / Cottendorf / S t u t t g a r d t / en Wurtemberg.

102. *An Frédéric Chopin, Paris, 26. April 1841*

Mon cher Chop!
Je vous prie de remettre les billets à ma bonne, mais au lieux de deux billets je vous prie de me donner t r o i s. Je vous expliquerai plus tard cette demande.

J'espère que vous vous portez bien aujourd'hui.

Tout à vous
Henri Heiné
Lundi

Monsieur Mr. Chopin / 16 rue Pigalle.

Mein lieber Chop!
Ich bitte Sie, meinem Dienstmädchen die Billets zu übergeben. Aber statt zwei Billets bitte ich Sie, mir d r e i zu geben. Ich werde ich Ihnen später diese Bitte erklären.

Ich hoffe, daß es Ihnen heute gut geht.

Ganz der Ihre
Henri Heiné
Montag

103. *An Cécile Heine, Cauterets, 28. Juni 1841*

Cauteretz den 28 Juny 1841

Ma chère cousine!
Seit vorgestern Abend bin ich hier angelangt, und da ich während der ganzen Reise mir Vorwürfe machte Ihnen so lange nicht geschrieben zu haben, so nahm ich mir vor Ihnen gleich nach meiner Ankunft einige Zeilen zu widmen. Ich weiß wirklich nicht wie ich mein langes Stillschweigen entschuldigen soll! Ich bin aber Ihrer gütigen Nachsicht so sicher, daß ich Ihnen auch heute noch nicht schriebe, wenn mich nicht inneres Bedürfniß dazu drängte! Ich glaube Sie werden mit Vergnügen erfahren daß ich wohl und heiter bin, weit wohler als zu Paris obgleich meine Augen durch die Reisehitze sehr gelitten; mein Geist, vertrübt durch Krankheit, erfreut sich der Aussicht des Genesens, wozu mir der hiesige Arzt Hoffnung macht. Es war ein heroischer Entschluß von mir, daß ich diese große Reise, deren Kostspieligkeit unbegreiflich, unternahm, und zwar mit Mathilden unternahm, die unterwegs krank geworden – aber ich hoffe dafür das beste Resultat. Ich denke 5 bis 6 Wochen hier zu bleiben, und (wenn es meine Casse erlaubt) bade ich noch einige Wochen in Barèges, welches nur einige Stunden von hier entfernt ist. Wenn Sie mir daher bald schreiben wollen und Ihren Brief poste restante à Cauteretz (Hautes Pyrénées) addressiren, so trifft er mich noch hier und gewährt mir gewiß eine Seelenerquickung. Ich befinde mich wie gesagt sehr wohl; nur ist es fürchterlich kalt, was ich um so mehr empfinde, da ich leichtsinniger-

weise nur leichte Sommerkleider mitgebracht. Die Glut im Herzen ist nicht hinreichend in den Gebirgen der Pyreneen, wo noch die bitterste Winterkälte herabweht. Neben meinem Schlafzimmer, wo ich Ihnen diese Zeilen schreibe, fließt oder vielmehr stürzt sich ein wilder Bergbach, genannt le Gave, und der Schaum dieses Wasserfalls spritzt bis an mein Fenster; das Geräusch desselben ist aber über alle Begriffe angenehm und lieblich: alle Gedanken werden davon in den Schlaf gelullt und zugleich werden davon alle Gefühle geweckt – kaum weiß ich was ich schreibe, mir ist alles wie ein Traum.

Ich hoffe dieser Brief findet Sie und Carl im besten Wohlseyn; wenn das hiesige Bad mir die Gesundheit zurückgiebt, oder vielmehr mein Hauptübel heilt, so ruhe ich nicht bis Carl ebenfalls ein mahl hier badet; denn unter den Curen die hier gerühmt werden gehören einige die mich an das Vollblutleiden erinnern, wovon Carl zuweilen heimgesucht wird und welches in der Familie herrschend zu seyn scheint. Ich glaube auch Theresen wären die Pyreneenbäder heilsam; die kleine Frau und ihren Gemahl bitte ich zu grüßen, so wie auch Onkel. Auf dem Dampfboot, welches mich von Lyon nach Avignon brachte (ich machte eine große Umreise, um mit weniger Staub und Hitze meine armen Augen zu regaliren) sprach ich einen Kaufmann aus Bremen, der mir von den Feyerlichkeiten sprach womit den letzten Donnerstag oder Dienstag das Hospital, das Onkel errichtet eingeweiht werde; erzählen Sie mir etwas von dieser Feyerlichkeit; wie gesagt wenn Sie mir bald schreiben, findet mich Ihr Brief noch hier; wo ich, wenn es mir möglich ist, lange verweile. Und nun leben Sie wohl, bleiben Sie hübsch und gut – ich küsse Ihr Herz. Lassen Sie meiner Mutter wissen daß ich gesund hier angelangt.

H. Heine.

Madame / Me Charles Heine. / aux soins de Mr Salomon Heine / Hambourg / Ville anséatique en Allemagne

Cauterets, Hautes Pyrenées, den 3ten Juli

Ich schreibe Ihnen heute und zwar eigenhändig, um Ihnen zunächst zu beweisen, daß ich weder blind noch sterbenskrank und am allerwenigsten todt bin, wie die französischen Journale behaupten. Ich bin aber sehr abgemattet, in Folge der Bäder die ich hier gebrauche, sehr abgemattet, und es kostet mir Mühe die Feder in der Hand zu halten. Cauterets ist eine der wüstesten Schluchten der Pyrenäen, doch nicht so unzugänglich wie manche ehrliche Leute glauben, die sich wohl einbildeten ich erführe gar nichts von den Lügen, die sie gegen meinen guten Leumund ausheckten: wenigstens dachten sie, würde ein etwaniger Widerspruch von meiner Seite erst bey meiner Rückkehr in Paris zu erwarten seyn, wenn sie nicht gar auf mein gewöhnliches Stillschweigen rechneten. Durch Zufall jedoch kam mir bereits heute eine Nummer der Mainzer Zeitung zu Händen, worin das schnöde Mährchen, das Sie gewiß mit Verwundrung gelesen. Ich kann kaum meinen Augen trauen! Auch keine Silbe daran ist wahr. Ich, ich bin wahrlich nicht das schwache Lamm das sich auf der Straße, mitten in Paris, ruhig insultiren ließe, und das Individuum das sich dessen rühmte ist gewiß von allen Löwen der letzte, der dieses wagen dürfte! Das ganze Begegniß reduzirt sich auf einige hingestotterte Worte, womit jenes Individuum krampfhaft zitternd sich mir nahte, und denen ich lachend ein Ende machte, indem ich ihm ruhig die Addresse meiner Wohnung gab, mit dem Bescheid, daß ich im Begriff sey nach den Pyrenäen zu reisen, und daß wenn »man mir zu sprechen habe« man wohl noch einige Wochen bis zu meiner Rückkehr warten könne, indem »man schon zwölf Monath mir nichts geschenkt.« – Dieses ist das ganze Begegniß, dem freylich kein Zeuge beywohnte, und ich gebe Ihnen mein Ehrenwort, in dem Strudel der Geschäfte, womit einem der Tag vor der Abreise belastet ist, entschlüpfte es fast meiner besondern Beachtung. Aber wie ich jetzt merke, eben die Umstände, daß ihn kein Augenzeuge zurechtweisen könne, daß nach meiner Abreise seine alleinige Aussage auf dem Platze bliebe, und daß meine Feinde seine Glaubwürdigkeit nicht allzugenau untersuchen würden, ermuthigten das erwähnte Individuum, wahrscheinlich mit Hülfe seiner erfindungsreichen Penelope, jenen Schmähartikel zu schmieden, den die Mainzer Zeitung abgedruckt hat, wie sie bereits öfter die abgefeimtesten Schmähartikel aus derselben Fabrik mitgetheilt hat. Ich habe es hier mit der Blüthe des Frankfurter Ghettos und einem rachsüchtigen Weibe zu thun, Leuten denen kein Mittel zu schmutzig ist und denen alle Kloaken der anonymen Tagespresse für Geld und gute Worte zu Gebote stehen – ich brauch mich eigentlich nicht zu wundern. Aber was soll ich von Zeitungsredakzionen und Correspondenten sagen, die aus Leichtsinn oder Partheywuth, dergleichen Unwesen unterstützen? In dieser Beziehung fände ich mich wohl geneigt eine öffentliche Rüge zu erlassen. Vielleicht schicke ich sie Ihnen schon nächste Woche für die Allg. Ztg und ich denke dadurch weniger meine eigenen Partikularinteressen als vielmehr die allgemeinen Interessen des Publikums zu fördern. Bis dahin bitte ich Sie um vorläufiges Dementiren der Lügen welche gegen mich in Umlauf gebracht worden. – Ich werde in acht, höchstens zehn Wochen von meiner Reise, oder wie meine muthigen Feinde behaupten, von meiner Flucht wieder in Paris zurückgekehrt seyn, und ich denke, mit der heitersten Ausbeute. Nächste Woche schreibe ich Ihnen mehr, heute bin ich zu sehr erschöpft und kopfbetäubt. Vor meinem Fenster stürzt sich über Felsblöcke ein wildes Bergwasser, genannt le gave, dessen beständiges Geräusch alle Gedanken einschläfert und alle sanften Gefühle weckt. Die Natur ist hier wunderschön und erhaben. Diese himmelhohen Berge, die mich umgeben, sind so ruhig, so leidenschaftslos, so glücklich! Sie nehmen nicht im mindesten Theil an unseren Tagesnöthen und Partheykämpfen; fast beleidigen sie uns durch ihre schauerliche Unempfindlichkeit – Aber das ist vielleicht nur ihre starre Außenseite. Im Innern hegen sie vielleicht Mitleid mit den Schmerzen und Gebrechen der Menschen, und wenn wir krank und elend sind, öffnen sich die steinernen Adern, woraus uns die warmen Heilkräfte entgegenrieseln. Die hiesigen Bergquellen üben täglich Wunderkuren und auch ich hoffe zu genesen. – Von der Politik erfährt man hier wenig. Das Volk lebt hier ein stilles, umfriedetes Leben, und man sollte kaum glauben, daß Revoluzion und Kriegsstürme, die wilde Jagd unserer Zeit, ebenfals über die Pyrenäen gezogen. In ihren hergebrachten Verhältnissen wurzeln diese Leute so fest, so sicher wie die

Bäume in dem Boden ihrer Berge; nur die Wipfel bewegt manchmal ein politischer Windzug oder es flattert darin ein pfeifender Gedankenzeisig. –

Ihr Freund
Heinrich Heine.

105. *Vorläufige Erklärung, Cauterets, 7. Juli 1841*
Augsburger Allgemeine Zeitung, Nr. 200 vom 19. Juli 1841,
S. 1598

Vorläufige Erklärung.

Verletzte Eitelkeit, kleiner Handwerksneid, literarische Schelsucht, politische Partheiwuth, Misère jeder Art haben nicht selten die Tagespresse benutzt, um über mein Privatleben die gehässigsten Mährchen zu verbreiten, und ich habe es immer der Zeit überlassen, die Absurdität derselben zu Tage zu fördern. Bei meiner Abwesenheit von der Heimath wäre es mir auch unmöglich gewesen, die dortigen Blätter, die mir nur in geringer Anzahl und immer sehr spät zu Gesichte kamen, gehörig zu controliren, allen anonymen Lügen darin hastig nachzulaufen, und mich mit diesen verkappten Flöhen öffentlich herumzuhetzen. Wenn ich heute dem Publicum das ergötzliche Schauspiel einer solchen Jagd gewähre, so verleitet mich dazu minder die Mißstimmung des eigenen Gemüthes, als vielmehr der fromme Wunsch, bei dieser Gelegenheit auch die Interessen der deutschen Journalistik zu fördern. Ich will mich nämlich heute dahin aussprechen, daß die französische Sitte, die dem persönlichen Muthe gegen schnöde Preßbengelei eine nach Ehrengesetzen geregelte Intervention gestattet, auch bei uns eingeführt werden müsse. Früh oder spät werden alle anständigen Geister in Deutschland diese Nothwendigkeit einsehen und Anstalt treffen, in dieser Weise die löschpapierne Rohheit und Gemeinheit zu zügeln. Was mich betrifft, so wünsche ich herzlich, daß mir die Götter mal vergönnen möchten, mit gutem Beispiele hier voranzugehn! – Zugleich aber auch bemerke ich ausdrücklich, daß die Vornehmheit der literarischen Kunstperiode mit dieser selbst jetzt ein Ende hat, und daß der königlichste Genius gehalten seyn muß, dem schäbigsten Lumpacio Satisfaction zu geben, wenn er etwa über den Weichselzopf desselben nicht mit dem gehörigen Respect gesprochen. Wir sind jetzt, Gott erbarm' sich unser, alle gleich! Das ist die Consequenz jener demokratischen Principien, die ich selber all mein Lebtag verfochten. Ich habe dieses längst eingesehen, und für jede Provocation hielt ich immer die gehörige Genugthuung in Bereitschaft. Wer dieses bezweifelte, hätte sich leicht davon überzeugen können. Es sind aber nie dahinlautende Ansprüche in bestimmter Form an mich ergangen. Was in dieser Beziehung in einem anonymen Artikel der Mainzer Zeitung behauptet wird, ist eben so wie die dabei mitgetheilte Erzählung von einer Insultirung meiner Person, eine reine oder vielmehr schmutzige Lüge. Auch nicht ein wahres Wort! Meine Person ist nicht im entferntesten von irgend Jemand auf den Straßen von Paris insultirt worden, und der Held ... der sich rühmt, mich auf öffentlicher Straße niedergerannt zu haben und die Wahrhaftigkeit seiner Aussage durch sein eigenes alleiniges Zeugniß, durch seine erprobte Glaubwürdigkeit, wahrscheinlich auch durch Autorität seines Ehrenworts bekräftigt, ist ein bekannter armer Schlucker, ein Ritter von der traurigsten Gestalt ... bereits vor einem Jahre mit derselben Schamlosigkeit, dieselben Prahlereien gegen mich vorbrachte. Dießmal suchte er die aufgefrischte Erfindung durch die Presse in Umlauf zu bringen, er schmiedete den erwähnten Artikel der Mainzer Zeitung, und die Lüge gewann wenigstens einen mehrwöchentlichen Vorsprung, da ich nur spät und durch Zufall, hier in den Pyrenäen, an der spanischen Gränze, von dem saubern Gewebe etwas erfahren und widersprechen konnte. Vielleicht rechnete man darauf, daß ich auch dießmal dem ausgeheckten Lug nur schweigende Verachtung entgegensetzen würde. Da wir unsere Leute kennen, so wundern wir uns nicht über ihre edlen Rechenkünste. – Was soll ich aber von einem Correspondenten der Leipziger Allg. Zeitung sagen, der jeder fremden Arglist so gläubig Vorschub leistete, und dem auch der miserabelste Gewährsmann genügte, wo es galt, meinem Leumund zu schaden? – An einem geeignetern Orte werden wir ein gerechtes Urtheil fällen. – Die hochlöblichen Redactionen deutscher Blätter, die den oberwähnten Lügen eine so schnelle Publicität angedeihen ließen,

wollen wir unterdessen höflichst bitten, die nachhinkende Wahrheit
eben so bereitwillig zu fördern.

Heinrich Heine.

Cauterets, den 7 Julius 1841.

106. *An Salomon Strauss, Paris, 16. August 1841*

Paris den 14ten August 1841.

Mein Herr!

Nachdem ich Ihnen ein Cartel geschickt und Sie es angenommen,
wollte ich Ihr Ohr nur noch durch Pistolenschüsse, keineswegs aber
durch Worte verletzen, weder schrieb noch sprach ich eine Sylbe gegen
Sie, und ich enthielt mich sogar einer Beantwortung Ihres impertinen-
ten Briefes, den Sie mir direkt addressirten, obgleich Sie, unter den vor-
waltenden Umständen, mir nur durch meine Sekundanten irgend eine
Mittheilung machen lassen konnten. Aber heute, in dem Augenblick
wo diese abtreten, gewinne ich wieder meine Sprechfreyheit und ich
muß leider zu den herbsten Ausdrücken meine Zuflucht nehmen:

Im Fall Sie sich nicht auf Pistolen mit mir schlagen wollen, erkläre
ich Sie nicht bloß für einen elenden Lügner, sondern auch für eine feige
Memme.

Um ein Duell auf Pistolen auszuweichen, flüchten Sie sich in Ar-
gütien die nie gelöst werden können und Sie wählen den Säbel oder Degen. Ich behaupte, daß mir die Wahl der Waffen zusteht und wähle Pistolen und zwar, wie meine Sekundanten den Ihrigen anzeigten, auf
eine Distanz von zwanzig Schritten, der erste Schuß nach dem Loos.
Auf den Degen, wie Sie wohl wissen, kann ich mich nicht schlagen, es ist
eine in unserer Heimath ungebräuchliche, eine fast undeutsche Waffe,
ich habe sie nie geführt, und bey meinem jetzigen Augenübel, wie Sie
wohl wissen, bedürfte ich geraumer Zeit zur gehörigen Einübung. Die
Waffe des Säbels kann ich nicht mit gleichem Grunde ablehnen, da
ein langer Auffenthalt auf deutschen Universitäten mir hinlängliche
Uebung gab; aber der Zweykampf mit einer solchen Waffe wird eben in
Deutschland als eine unschuldige Studentenbalgerey betrachtet und es

liegt mir nicht so sehr ob, Satisfakzion zu nehmen, als vielmehr meinen Landsleuten durch die That zu zeigen, daß die schmähligen Verläumdungen die Sie durch deutsche Blätter verbreiten ließen jeder Wahrscheinlichkeit entbehren. Ich wollte Sie züchtigen für die Unverschämtheit, womit Sie in meiner Abwesenheit die Lüge herumbrachten, Sie hätten mich am hellen Tage mit Prügel, Schlägen, Ohrfeigen, kurz mit den idealsten Insulten maltraitirt, auf der rue Richelieu, in Gegenwart unzähliger Augenzeugen, die sich an diesem Schauspiel ergötzt hätten, während ich, das arme Lamm, mich ruhig schlagen ließ, mich nicht im mindesten zur Wehr setzte und aus Furcht vor Ihrem Heldenzorn und Ihren deutschen Myrmidonen unverzüglich Paris verließ! Die Lüge war so plump so absurd, daß ich mich damit begnügte Ihnen in deutschen Blättern, mit den Ausdrücken der höchsten Verachtung, ein Dementi zu geben und Sie als den einzigen Autor jenes Mährchens zu bezeichnen. Hierauf schwiegen Sie und verschanzten sich hinter den drey Refügiès, durch welche Sie die Lüge in deutschen Blättern eingeschwärzt, hinter den Herrn Colloff, Schuster und Hamberger, und diese Herren erließen eine Erklärung worin sie auf ihre Ehre versicherten, daß das Faktum, wie sie es in deutschen Blättern publizirt hätten, völlig wahr sey. Ich eilte hierher nach Paris in der Absicht diesem edlen Triumvirat den Prozeß der Calomnie zu machen und somit das Lügengewebe öffentlich zu enthüllen; denn sie gaben sich das Ansehen von Augenzeugen und die rohe Menge in Deutschland glaubt gewiß wirklich, daß Sie, der zornige Achilles, Ihre drey Homeren überall in Paris mit sich herumführten, um Ihre Großthaten unverzüglich zu besingen und solche Rapsodien an die respektiven Zeitungsredakzionen in Deutschland einzusenden. Jene Herren gaben sich treuloserweise diesen Schein von Augenzeugen – aber sie können, das sag ich Ihnen, den Trug nicht länger behaupten: Einer der ausgezeichnetsten Landsleute, Herr v. Rochau hat mir schriftlich gegeben, Ihr Herr Kolloff habe ihm gleich im Anfang gesagt, daß er die ganze Geschichte nur aus I h r e m Munde vernommen, und gestern erfahre ich von Dr. Sichel, der es mir ebenfalls bezeugt, daß Herr Schuster gestanden, die Geschichte ebenfalls nur aus I h r e m Munde erfahren zu haben. Meine Landsleute beschwören mich die Sache nicht vor die Tribunäle zu bringen, und den Franzosen dieses Schauspiel nicht zu geben, zumal in diesem Augenblicke, wo man sich freuen würde die deutsche Ehrlichkeit so stark kompromittirt zu sehen. In der That unsre Deutschen haben große Fortschritte gemacht in der Treulosigkeit, und Sie zumal handhaben dieselbe mit einer gewissen sentimentalen Hypochrisie, die schon alle Lobsprüche verdient. In Ihrem Briefe behaupten Sie die Zeitungen hätten ohne Ihr Zuthun die Geschichte gemeldet. Auch hätten Sie Augenzeugen zu stellen, und nur aus frommer Schonung scheinen Sie keinen einzigen Namen nennen zu wollen! Sie gehen von Haus zu Haus und versichern Sie seyen ein ehrlicher Mann. Dabey haben Sie eine ganze Propaganda von Verläumdung gegen mich etablirt und zumal den politischen Fanatismus wissen Sie zu benutzen. Sie exploitiren jetzt zunächst die Beschränktheit der sogenannten deutschen Patrioten, die, dank den schnödesten Verläumdungen und weil ich immer den Völkerfrieden predige, mich des Verraths am deutschen Vaterlande zeihen und mich zu Grunde richten wollen. – Wer in revoluzionärer Zeit sich wie ich gestellt hat, sollte eigentlich jede Verläumdung ruhig ertragen und ich hätte wahrlich, nach meinem Dementi in deutschen Blättern Sie nicht länger inkomodirt, wenn mich nicht gelüstete ein großes Exempel zu statuiren. Dieses kann ich nur erreichen durch ein Duell, wo ein Mensch auf dem Wahlplatze bleibt, oder ein zerschmettertes Bein; am liebsten schösse ich nach Ihrem Bauche. – Man sagt mir Sie hätten Ihrer Frau Gemalin Ihr Wort gegeben sich nicht zu schießen; sagen Sie der würdigen Dame, es handle sich um beleidigte Gattenehre und in solchen Fällen dürfe man nicht genau mäkeln bey der Wahl der Waffen.

Grüßen Sie mir Ihre Frau Gemalin, die ich wahrhaftig nicht so stark beleidigt haben kann wie Sie behaupten. Ich habe nemlich nie gesagt daß sie dem Greisenalter nahe stehe, wie jüngst einer ihrer ungeschickten Vertheidiger sagte, mit welchem Sie sich auf Säbeln schlagen sollten!

Nein, nicht Ihre Frau, sondern Sie habe ich zunächst beleidigen wollen. Ich wiederhole alle diese Beleidigungen. Stünden mir die Schimpfwörter deutscher Grobheit so reichlich zu Gebot wie Ihren Freunden, ich würde Ihnen ganze Mistkarren davon auf den Hals schütten, bis Sie sich mit mir schießen.

Heinrich Heine
25. rue Bleue.

107. An Julius Campe, Paris, 5. September 1841

Paris den 5ten Septembr 1841.

Liebster Campe!

Heute melde ich Ihnen ein Begebniß, welches ich Ihnen bereits mehre Tage vorenthielt – nemlich meine Vermählung mit dem schönen und reinen Wesen, das bereits seit Jahren unter dem Namen Mathilde Heine an meiner Seite weilte, immer als meine Gattinn geehrt und betrachtet ward und nur von einigen klatschsüchtigen Deutschen aus der Frankfurter Clique mit schnöden Epitheten eklabussirt ward. Diese Ehrenrettung durch gesetzliche und kirchliche Autorität betrieb ich gleichzeitig mit der Angelegenheit meiner eignen Ehre, die, wenig gefährdet durch die alleinige Aussage eines Lumps wie Strauß, durch das infame Dreymännerzeugniß sehr in Noth gerieth – ich muß es gestehen, nie war mein Gemüth so niedergeschlagen als an dem Tage wo ich jene infame Erklärung las, und wär es mir nicht gelungen diese Hundsvötter zu entlarven und zu entkräften, so hätte ich zu den furchtbarsten Mitteln, zu den entsetzlichsten, meine Zuflucht genommen. Jetzt laufen sie wie tolle Hunde ohne Ehre herum, und wollen mich durchaus zu Manifestazionen verleiten, wodurch sie sich an die Stelle des Strauß placiren könnten – Aber ich lasse mich nicht vom rechten Wege ablenken, d i e s e n will ich aufs Terrain haben, und obgleich er alle möglichen Ausflüchte sucht, so hoffe ich doch noch meinen Zweck zu erreichen. Vor einigen Tagen war ich schon im Begriff, mich zu schlagen, als in der Nacht mir mein Sekundant meldet, daß einer der Straußschen Sekundanten nicht erscheinen könne, und daß das Duell, welches am Morgen in der Frühe statt finden sollte, wieder aufgeschoben sey. Jetzt behauptet Strauß, die Polizey wolle sein theures Haupt schützen und man beobachte ihn – aber das ist nur eine Galgenfrist, er muß mir aufs Terrain und müßte ich ihn dahinschleppen bis an die chinesische Mauer. Wer sich schlagen will, kann alle Hindernisse überwinden. Man will mich ermüden, aber es wird nicht gelingen

Leben Sie wohl
Ihr Freund
H. Heine.

108. *An Julius Campe, Paris,*
   9. September 1841

Paris den 9ten Sept. 1840.

Liebster Campe!
Ich melde Ihnen in der Kürze den Abschluß der falschen Ohrfeigenge-schichte, wie man sie zu nennen pflegt. Vorgestern um 7 Uhr hatte ich endlich die Genugthuung den Herrn Strauß auf dem Terrain zu sehen. Er zeigte mehr Muth, als ich ihm zutraute, und der Zufall begünstigte ihn über alle Maaßen. Seine Kugel streifte meine Hüfte, die in diesem Augenblick noch sehr angeschwollen und kohlenschwarz; ich muß noch zu Bette liegen und werde sobald nicht gut gehen können. Der Knochen hat wahrscheinlich nicht gelitten, sondern nur einen erschüt-ternden Druck genossen, den ich noch immer empfinde. Ganz glück-lich ist die Sache also nicht für mich abgelaufen – in physischer Bezie-hung, nicht in moralischer.
Leben Sie wohl.

Ihr Freund
H. Heine.

109. *An Charlotte Embden (geb. Heine),*
   Paris, 13. September 1841

Paris den 13 Sept 41.

Theure vielgeliebte Schwester!
Erst heute bin ich im Stande Dir offiziell meine Vermählung an-zuzeigen. Den 31 August heurathete ich Mathilde Creszentia Mirat, eine hübsche junge Person mit der ich mich schon länger als sechs Jahr tagtäglich zanke. Sie ist jedoch vom edelsten und reinsten Her-zen, gut wie ein Engel, und ihre Aufführung war während den vielen Jahren unseres Zusammenlebens so untadelhaft, daß sie von allen Freunden und Bekannten als ein Muster der Sittsamkeit gerühmt wurde.

Grüß mir meinen Schwager, dem ich ebenfalls von diesem häuß-
lichen Ereignisse Anzeige mache. Küß mir die lieben Kinder und sey
überzeugt, dass ich Euch herzlich zugethan bin. Dein getreuer

Bruder
H. Heine

Madame Charlotte Embden née Heine.

110. *An Betty Heine, Paris, 8. März 1842*

Paris den 8 Merz 1842

Liebe gute Mutter!

Ich hoffe daß Dich diese Zeilen im besten Wohlseyn antreffen; ich erwarte in großer Ungeduld Nachricht von Dir, wie Du Dich befindest,
wie es Lottchen geht, und wie es überhaupt in der Familie aussieht. Mit
mir geht es seitdem etwas besser, meine Augen sind wieder ganz gut,
und nur meine Gesichtslähmung, die aber durchaus nicht schmerzhaft,
ist übrig. Leider war meine Frau seit 10 Tagen krank und erst in diesem
Augenblick wagt sie es wieder auszugehen. Auch herrschte hier seitdem eine furchtbare Kälte, die noch nicht ganz verschwunden. Ich lebe
ruhig, besonnen und hoffend. Neues fällt nicht vor – Gott lob! Ich gehöre schon zu den Menschen die zufrieden sind wenn die Sachen beim
Alten bleiben. Jede Veränderung und der Spektakel ist mir zuwieder –
daran siehst Du daß ich alt geworden bin. Seit etwa sechs Monath fühle
ich eine ungeheure Müdigkeit des Geistes, und wie Altfratje sagt: Die
Chuschem nehmen ab!

Dieses aber ist ein vorübergehender Zustand, ich weiß es wohl:
eine Folge großer Aufregungen, wie ich denn leider seit acht Jahren in
einer passionirten Gemüthsstimmung verbracht.

Meine Frau führt sich gottlob sehr gut auf. Sie ist ein kreuzbraves,
ehrliches, gutes Geschöpf, ohne Falsch und Böswilligkeit. Leider aber
ist ihr Temperament sehr ungestüm, ihre Laune nicht gleich, und sie
irritirt mich manchmal mehr als mir heilsam ist. Ich bin ihr noch immer mit tiefster Seele zugethan, sie ist noch immer mein innigstes Lebensbedürfniß – aber das wird doch einmal aufhören, wie alle mensch-

liche Empfindungen mit der Zeit aufhören, und diesem Zeitpunkt sehe ich mit Grauen entgegen. Ich werde alsdann nur die Launenlast empfinden ohne die erleichternde Sympathie. – Zu andern Stunden quält mich die Angst vor der Hülflosigkeit u Rathlosigkeit meiner Frau im Fall ich stürbe; denn sie ist unerfahren und rathlos wie ein dreyjähriges Kind! Du siehst, liebe Mutter, wie meine Nöthen im Grunde nur hypochondrische Grillen sind, zum größten Theil! – Für das Frühjahr habe ich bereits meinen Entschluß gefaßt; ich gehe aufs Land in der Nähe von Paris und nicht ins Bad. Obgleich meine Finanzen ziemlich geordnet, so ist dieses ihnen dennoch zuträglicher als das Reisen; die Pyrenäenreise und die gleichzeitig eingetretenen Fatalitäten hatten mich für eine geraume Zeit ruinirt und ich hatte Mühe wieder einigermaßen ins Gleise zu kommen. Und nun, alte Katz, lebe wohl und grüß mir Lottchen und seine Kätzchen. Schreib mir auch welche Nachrichten Du von Max hast; es ist schauderhaft schändlich, daß ich diesem Bruder nie schreibe, den ich doch so unendlich liebe. Täglich spreche ich von ihm mit meiner Frau, die ihn so gern, wie Euch alle, einmal sehen möchte. – Das Brautpaar lasse ich grüßen; auf wann ist die Hochzeit bestimmt?

Dein gehorsamer Sohn
H. Heine

Mein Haarseil im Nacken thut mir gut und schmerzt fast gar nicht.

Madame / Me Betty Heine, neè de Geldern / No 20 Dammthorstraße / à Hambourg.

III. *An Henry Heine, Paris, 16. Mai 1842*

Paris, den 16. May 1842.

Mein theurer Onkel!

Ich hoffe, daß die Schrecknisse des entsetzlichen Unglücks, welches Hamburg betraf, Sie nicht krank gemacht haben. Wie groß die Gemüthserschütterung seyn mußte, kann ich mir leicht vorstellen, da ich sie sogar in der Ferne verspürte; ich habe bis auf diese Stunde noch im

Kopf eine sonderbare Betäubung behalten. 24 Stunden lang war ich ohne alle Nachrichten von Euch, als ich endlich von meiner lieben Mutter und Schwester Brief erhielt. Lottchen schrieb mit einer Besonnenheit und Ruhe, die eines Feldherrn würdig. – Hier in Paris hat das Unglück große Sensazion gemacht und eine Theilnahme gefunden, die wahrhaft beschämend für diejenigen Hamburger, die vom Franzosenhaß noch nicht geheilt sind, und ihn noch bis jetzt zur Schau trugen. Die Franzosen sind das bravste Volk.

Also trotz der vortrefflichen Löschanstalten, womit Ihr immer gepralt, seid Ihr zur Hälfte abgebrannt! welche Strecke von der Deichstraße bis zu Onkel Heines Haus auf dem Jungfernstieg! – Der Jungfernstieg abgebrannt mitsammt den Pavillons! – Ich bin sehr begierig zu erfahren, wie weit die Assekuranzcompagnien ihre Verpflichtungen erfüllen werden. –

Leben Sie wohl, theurer Onkel, und grüßen Sie mir herzlichst Tante Jette, die nicht wenig sich geängstigt haben wird, sowie auch Hermann und die jungen Damen. – Meine Frau, welche in diesem Augenblick auf dem Lande ihrer Gesundheit wegen, ist weinend hereingelaufen kommen, als sie das Unglück vernahm; sie befindet sich übrigens ziemlich wohl. – Die Katastrophe von der Versailler Eisenbahn hat auch uns tief erschüttert, da manche Freunde von uns dadurch zu Grunde gingen. – Welches Elend! –

Ihr getreuer Neffe
H. H e i n e .

Monsieur Mr. / Henri Heine agent de change à / Hambourg

112. *An Betty Heine und Charlotte Embden (geb. Heine), Paris, 17. Mai 1842*

Paris den 17 May 1842.

Liebste Mutter und liebe Schwester!
Euren Brief vom 9ten habe ich richtig erhalten und danke Gott, daß wir so mit einem blauen Auge davon gekommen sind. Daß die liebe Mutter abgebrannt, ist freilich sehr betrübend; aber die Hauptsache

war für uns doch, daß Dein Haus, liebes Lottchen, unversehrt blieb. Hoffentlich wirst Du durch das Unglück auf andrem Wege ebenfalls nicht viel verloren haben; beruhige mich hierüber, welches von anfang an meine Hauptsorge war. Dein Mann ist eine praktische und thätige Natur, u kleine Verluste wird er durch neu gestachelte Arbeitsamkeit wieder bald ersetzen. Hatte die Mutter ihre Sache verassekurirt und wird da gezahlt werden. Auch hierüber sagt mir ein Wort. – Ich bin noch ganz wie betäubt von der verfluchten Geschichte; meine Kopfnerven wurden plötzlich erschüttert und vielleicht erst morgen oder übermorgen werde ich wieder geistesklar seyn.

Als man mich vorigen Freytag von allen Seiten um Nachricht aus Hamburg befragte, zeigte ich einem Freunde Euren Brief vom 7ten und der fand es höchst rührend und zugleich komisch daß meine arme Mutter, während alles brennt, noch dran dachte mir den Brief zu frankiren. Wahrlich, es ist nicht meine Schuld, daß dieser Zug, wie Ihr aus dem einliegenden Stück Nazional ersehen werdet, zur Publizität kam und schon mehre Hauptblätter ihn mittheilten! Meine arme gute Mutter, die mir einige Sous Ausgabe ersparen will, während der Brand vor Eurer Thüre – Wenigstens wird sie jetzt aus Depit ihre Briefe nicht mehr frankiren! –

Und nun lebt wohl, und behaltet mich lieb. Die Kinder zu küssen. Schreibt mir bald und viel. Meine Frau läßt herzlichst grüßen. Sie war sehr bestürzt als sie die hamburger Nachrichten empfing; sie hat einen sehr schwachen Kopf, aber ein ganz vortreffliches Herz. – Daß Campe versichert war u bezahlt bekommen wird, ist mir sehr wichtig. Hab ihm heute geschrieben.

Eur getreuer
H. Heine.

Monsieur / Mr Moritz Embden, / (Pour Madame Embden) / rue Große Theaterstraße / Hambourg.

113. *An Heinrich Laube, Paris, 7. November 1842*

Liebster Laube!

Ihr Brief hat mir viel Vergnügen gemacht. Daß Sie wieder die Elegante eingenommen, ist gewiß für uns alle sehr erfreulich, ich sage u n s , und verstehe darunter den hohen Adel der Literatur, die letzten vornehmen Köpfe, die noch nicht guillotinirt sind. Aber wird der herrschende Plebs sich jetzt nicht noch einiger zusammenrotten und gegen uns losschimpfen? Ich sehe die Sachen aus der Ferne besser ein und wenigstens für mich sehe ich ein schlimmeres Schicksal voraus als die Vergessenheit, wenn ich mit Euch jetzt Opposizion bilde gegen den phrasenpatriotismus u Zeitgeschmack. Es ist der feigen Lüge eines Gutzkow und Consorten bereits gelungen meine politischen Ueberzeugungen zu verdächtigen, und ich, der ich vielleicht der entschiedenste aller Revoluzionäre bin, der ich auch keinen Fingerbreit von der graden Linie des Fortschrittes gewichen, der ich alle großen Opfer gebracht der großen Sache – ich gelte jetzt für einen Abtrünnigen, für einen Servilen! Was wird das erst geben, wenn ich in direktem Gegensatz gegen die Scheinhelden und Maulpatrioten und sonstigen Vaterlandsretter auftrete? – Doch ich wollte Ihnen nur zeigen, daß ich voraussehe, welchen Rückzug meine Popularität nehmen wird, bey Euch, in der großen Retirade!

Ich weiß aber nicht, ob meine Besorgnisse in so fern begründet sind, daß Sie nicht mit Entschiedenheit auftreten. Kann ich auf letztere zählen, so will ich den Muth nicht sinken lassen. Jedenfalls aber werde ich die Ellegante, weil sie Ihr Blatt, mit treuester Liebe unterstützen und fördern. So viel es mir mein leidender Kopf gestattet (ich bin wirklich oft nicht im Stande zu arbeiten, wegen dieses Uebels) – werde ich für die Ellg. schreiben. Auch meine Freunde fordere ich dazu auf. Namentlich den Dr Seuffert, der in der Allgemeinen Zeitung unter dem ♂ Zeichen schreibt, habe ich bereits für Sie gewonnen und er wird für die Ellegante eine laufende Correspondenz über die hiesigen Zustände liefern. Er wird das ganz vorzüglich ausführen. Ob ich ebenfalls dergl unternehme, kann ich noch nicht ganz bestimmt zusagen; ich glaube aber daß ich diesen Winter mich besser befinden werde und dann will ich gern eine reiche u wills Gott! interessante Correspondenz regelmäßig schicken. Liebster Freund! Wir dürfen nicht die preuß Doktrinäre spielen, wir müssen mit den hall*ischen* Jahrbüchern und mit der Rheinischen Zeitung harmoniren, wir müssen unsre politischen Sympathien und socialen Antipathien nirgens verhehlen, wir müssen das Schlechte beim rechten Namen nennen und das Gute ohne Weltrücksicht vertheidigen, wir müssen das wahrhaft seyn was Herr Gutzkow nur scheinen will – Anders geht es uns noch schlimmer – schlecht geht es uns auf jeden Fall.

Ad Vocem Gutzkow bemerke ich Ihnen daß, wie Sie richtig vorausgedacht, sein ganzes Buch eine Intrigue und Lüge ist. – Weil, nemlich der A. Weil, war in der jüngsten Zeit sein Lohnlakey, und schreibt mir aus Deutschland wie sehr sein Gutzkow es bereue mich angegriffen zu haben, wie sehr er mich jetzt liebe u wie er gewiß einst mein bester Freund seyn werde. So niederträchtig denkt dieser Pöbel von mir! Ich bemerke Ihnen dieses, damit Sie in Betreff der Elleganten wissen woran Sie mit Weil sind und daß er nur eine Creatur jenes Intriganten, der die Anarchie unserer Tagespresse so hundsvöttisch arglistig gegen uns ausgebeutet. Ich, gemeinschaftliche Sache machen und der beste Freund werden von C. Gutzkow!

Wie gesagt, ich werde die Elegante so viel es mir nur irgend möglich unterstützen. Ich hoffe in dieser Beziehung mehr zu leisten als ich heute verspreche. Der Zufall will es, daß ich bereits etwas außerordentliches thun kann, wodurch den Blättern des ersten Monaths sogleich ein sehr großer Schwung gegeben werden dürfte. Ich habe nemlich ein kleines humoristisches Epos geschrieben, das großen Lerm machen wird. Es sind etwa 400 vierzeilige Strophen in 20 Abtheilungen, indem ich auf das Morgenblatt Rücksicht nahm, welche ich die Arbeit bestimmte. Leider – und das macht mich sehr verdrießlich – habe ich bereits mit Cotta darüber referirt, hab's ihm versprochen und er hat mir viel Freundliches geantwortet. Nichtsdesto weniger entschließe ich mich diese Arbeit in der Eleganten drucken zu lassen, und Sie haben keinen Begriff davon welche wichtige Interessen ich hier sacrifizire. Wichtige Interessen in pekuniärer Beziehung, da ich Cotta gern mir gewogen erhalte – an dem morgenblattesruhm selbst liegt mir nichts. Ich bin bereits seit 14 Tagen mit dem durchfeilen des Gedichtes beschäftigt und in 8 Tagen ist es fix und fertig und eigenhändig abgeschrieben. Ich will jetzt noch unablässiger mich diesem Geschäfte unterziehen. Da es aber eine sehr große Arbeit ist, die bereits auf meinem diesjährigen Büdget steht, müssen Sie Sorge tragen, daß der Verleger der Eleganten mir wenigstens in Beziehung des Honorars dasselbe zahlt, was ich von Cotta für das Morgenblatt erhalten hätte. Ich hatte ganz besonders deßhalb bey ihm angefragt. Es ist zehn Louisd'or per Druckbogen. Ich glaube sie wird ihm gewiß das Geld werth seyn, da diese Arbeit in 20 Nummern der Eleganten durchlaufen und derselben als eine kolossale Anonçe dienen wird; es ist nemlich unter uns gesagt, das Bedeutendste was ich in Versen geschrieben habe, Zeitbeziehungen in Fülle, kecker Humor, obgleich in morgenblättlicher Mäßigung und es wird für das Publikum gewiß ein Evenement seyn. Ich bin ungemein neugierig was Sie dazu sagen werden. Sie sehen, ich habe wohl dran gedacht etwas ganz Neues zu liefern und durch neues Geschrey die Vergangenheit zu vertuschen. – Der Held meines kleinen Epos ist ein Bär, der einzige der zeitgenößenschen Helden, den ich des Besingens werth hielt. Ein toller Sommernachtstraum. – Meine Addresse ist: Faubourg Poissonnière, No 46. Ich wohne jetzt besser, ja sogar ziemlich elegant, seitdem ich legitim verheuratet bin. Ja, liebster Freund, ich lebe jetzt im ernsthaftesten Ehestand. Ich treibe Monogamie: Sonst lebe ich ziemlich zurückgezogen. Meine Frau läßt sich Me Laube recht artig empfehlen und auch ich lasse ihr meine freundlichsten Grüße nachflattern. Me Laube hat hier bey meinen kleinen Französinnen eine ungewöhnliche Erinnerung zurückgelassen und ich habe noch oft von ihrer Grazie sprechen hören, die eine Französin nicht so leicht einer Deutschen zugesteht. – Ueber die Vorfälle des vorigen Jahrs, wo ich mit dem schäbigsten Gesindel mich herumschlagen mußte, um Zeitungslügen nicht bloß durch das Wort sondern auch durch die That zu begegnen, schreibe ich Ihnen ein andermal. – Antworten Sie mir nur umgehend in Bezug auf Herrn Voß, den Verleger Ihrer Zeitung, ob er mit meiner Honorarforderung einverstanden. Auch sagen Sie mir ob ich das Manuskript alsdann per Postwagen schicken soll oder per Briefpost; es wird nemlich etwa 23 bis 24 Bogen, wie das Papier worauf ich diesen Brief schreibe, betragen. Ich bin wie gesagt unermüdlich damit beschäftigt und werde es sogleich abschicken, nachdem ich Ihre Antw. erhalten. – Sie sprechen mir von Modeblättern.

Werden Sie auch Musikbeylagen geben? Für diesen Fall kann ich von Meyerbeer sehr hübsche Liedermelodien gratis erhalten.

Und nun, leben Sie wohl, theurer Freund, u bewahren Sie mir die liebreiche Gesinnung und das schöne Vertrauen, das Sie mir so frey gewidmet und das ich immer als eine meiner kostbarsten Errungenschaften in diesem Leben betrachtete.

Heinrich Heine.

Für den Fall daß Sie mein humoristisches Epos bereits anzeigen wollen, bemerke ich Ihnen, der Titel ist: Atta Troll von H. Heine.

Monsieur / le Docteur Henri Laube, / aux soins de la Librairie de / Mrs Voß. / à Leipzig

114. *An Honoré de Balzac, Paris, 10. Januar 1843*

Mon cher Balzac!

J'ai remis à s a m e d i le diner dont je vous ai ecrit hier. J'ai hâte de vous en avertir et de repeter avec empressement que je compte sur vous.

Accusez-moi avec deux mots la reception de ces lignes affin que je sois sûr que vous les ayez reçues.

N'oubliez pas de venir Samedi, 14 Janvier, chez

votre tout devoué
Henri Heine

ce 10 Jan.

46. Faub. Poissonière

[Übersetzung]
Mein lieber Balzac!
Ich habe das Abendessen, von dem ich Ihnen gestern geschrieben habe, auf S a m s t a g verschoben. Hiermit setze ich Sie umgehend davon in Kenntnis und wiederhole mit Nachdruck, daß ich auf Sie zähle.

Bestätigen Sie mir ganz kurz den Empfang dieser Zeilen, damit ich sicher sein kann, daß Sie sie erhalten haben.

Vergessen Sie nicht, Samstag, den 14. Januar, zu kommen zu

Ihrem ganz ergebenen
Henri Heine

115. *An Betty Heine, Paris, 21. Oktober 1843*

Paris den 21 Octobre 1843.

Liebe gute Mutter!

Ich hoffe Dich in gutem Wohlseyn anzutreffen und will Dir heute wenig schreiben, da ich Dich ja doch in 10 bis 14 Tagen sehe und Dir mündlich alles mögliche Liebe und Gute sagen kann. Ich bin im Begriff, von hier abzureisen, vorerst nach Brüssel, von da gehe ich wahrscheinlich nach Amsterdam und von dort über Bremen nach Hamburg, wo ich bey Dir der besten Aufnahme mit Sicherheit entgegensehe. Ich hab mich zu dieser Reise schnell entschlossen; solche Dinge muß man nicht lange aufschieben. Das ist eben so schmerzlich wie unklug. Und so sehe ich Dich bald wieder, theure Mutter! Erschrick nicht über mein verändertes Aussehn! Von Unterwegs werde ich Dir noch schreiben. Küß mir Lottchen u die Kinder – werde Euch alle bald mündlich küssen.

H. Heine.

Madame / Betty Heine, nèe de Geldern. / 20. rue Dammthorstraße, / Hambourg.

116. *An Mathilde Heine, Bremen, 28. Oktober 1843*

Brême ce 28 Octobre 1843. Sonnabend

Mon trésor!

Je viens d'arriver ici après avoir passé deux jours et deux nuits en voiture; il est huit heures du matin et je me remettrai encore ce soir en route, de sorte que j'arrive demain à Hambourg. Oui, demain je suis au bout de mon pèlerinage qui était assez fastidieux et fatiguant. Je n'en peuxplus. J'ai eu beaucoup de mésaventure et du mauvais temps. Tout le monde voyage ici en manteau, moi avec un pauvre paletot qui ne descend que jusqu'aux genoux qui sont gélés de froid. Avec tout cela j'ai le coeur plein de soucis; j'ai laissé ma pauvre brebis à Paris, où il y a tant de loups. Je suis une pauvre moitié de coq. J'ai déjà dépensé plus de cent écus. Adieu, je t'embrasse. Je t'écris dans une chambre qui est pleine de monde; on crie autour de moi à tue-tête. – Mille compliments de ma part à Me Darte et notre très bonne et très fantasque Aurécia.

Tout à toi
ton pauvre mari
Henri Heiné.

Me Henri Heine / chez Me Darte / à Chaillot No 101

[Übersetzung]
Mein Schatz!

Ich bin soeben hier angelangt, nachdem ich zwei Tage und zwei Nächte durch gefahren; es ist acht Uhr Morgens, und ich werde noch heute Abend weiter reisen, so daß ich morgen in Hamburg eintreffe. Ja, morgen bin ich am Ziel meiner Pilgerfahrt, welche höchst langweilig und ermüdend war. Ich bin ganz erschöpft. Ich hatte viel Ungemach und schlechtes Wetter. Alle Welt reist hier im Mantel, ich in einem elenden Paletot, der mir nur bis an die Kniee reicht, welche steif vor Kälte sind. Bei alledem ist mein Herz voller Sorgen: ich habe mein armes Lamm in Paris gelassen, wo es so viel Wölfe gibt. Ich bin die arme Hälfte eines Hahns. Ich habe schon über hundert Taler verbraucht. – Adieu, ich umarme Dich! – Ich schreibe Dir in einem Zimmer, das voller Leute ist; das Geschrei um mich her verursacht mir die entsetzlichsten Kopfschmerzen. – Tausend Grüße von mir an Madame Darte und unsere vortreffliche, phantastische Aurecia! Von Herzen

Dein armer Mann
Henri Heiné.

117. *An Mathilde Heine, Hamburg, 5. November 1843*

Hamburg ce 5 Novembre 1843.

Ma nonotte cherie!

Je n'ai pas encore reçu de tes nouvelles et je commençe déjà joliment à m'inquieter. Je te supplie de m'écrire aussitot possible, sous l'addresse de Mrs Hoffman & Campé à Hamburg, que je t'ai déjà indiquée. Je resterai içi probablement encore une quinzaine, et en partant je prendrai mes precautions affin que tes lettres soyent renvoyées à Paris si elles arrivent trop tard. Je suis ici cajolé de tout le monde. Ma mère est heureuse; ma soeur est dans le delire de joie, et mon oncle me trouve toutes les qualités possibles. Aussi je suis très aimable. Qu'elle rude besogne! il faut que je plaise aux gens les moins amusables! A mon retour je serai aussi maussade que possible pour me remettre des fatigues de mon aimabilité.

Je pense continuellement à toi et je ne peux pas être tranquille. Des souçies vagues et tristes m'obsèdent jour et nuit. Tu es la seule joie de ma vie – ne me fais pas malheureux! Tous mes parents me font des reproches de ce que je ne t'aie pas enmènée à Hambourg. Cependant j'ai bien fait d'étudier un peu le terrain avant de venir avec toi. Probablement que nous passerons ici le printemps et l'été. J'éspère que tu seras assez recompensée pour tes ennuies actuels. Je ferai le possible pour te dedommager. – Adieu, mon ange, ma bien aimée, ma pauvre enfant, ma bonne épouse.

N'oublie pas de dire mille belles choses de ma part à Me Darte. J'éspère que tu vis en bonne intelligence avec la bonne Aurèçe. – Je te supplie de ne pas voir des gens avec qui je suis mal et qui te trahiraient un jour quand tu sera brouillée avec eux. – Demain, ou après demain je t'enverrai les papiers neçessaires pour toucher ma pension chez les Fould.

Mon Dieu! mon Dieu! Depuis une quinzaine je ne t'ai pas entendue gazouiller. Et je suis si loin de toi! C'est un veritable exil! – Je t'embrasse sur la petite fossette de ta joue droite.

Henri Heine.

Madame / Me Henri Heine / dans la Pension de Me Darte / à Chaillot No 101 / à / Paris.

[Übersetzung]
Meine Nonotte!
Ich habe noch keine Nachricht von Dir erhalten, und ich fange schon an, mich darüber recht zu beunruhigen. Ich bitte Dich dringend, mir so bald als möglich zu schreiben, unter der Adresse der Herren Hoffmann und Campe in Hamburg, welche ich Dir schon angegeben. Ich werde hier wahrscheinlich noch vierzehn Tage bleiben, und bei meiner Abreise werde ich meine Vorsichtsmaßregeln treffen, damit Deine Briefe nach Paris zurückgesandt werden, falls sie zu spät anlangen sollten. Ich werde hier von

aller Welt gehätschelt. Meine Mutter ist glücklich; meine Schwester ist außer sich vor Entzücken, und mein Oheim findet an mir alle erdenklichen guten Eigenschaften. Auch bin ich sehr liebenswürdig. Welch saure Arbeit! ich muß den uninteressantesten Leute gefallen! Bei meiner Rückkehr werde ich so sauertöpfisch wie möglich sein, um mich von den Anstrengungen meiner Liebenswürdigkeit zu erholen. Ich denke beständig an Dich, und ich vermag nicht ruhig zu sein. Unbestimmte und trübe Sorgen quälen mich Tag und Nacht. Du bist die einzige Freude meines Lebens – mache mich nicht unglücklich! All meine Verwandten machen mir Vorwürfe, daß ich Dich nicht nach Hamburg mitgebracht. Ich habe jedoch wohlgetan, das Terrain ein wenig zu studieren, bevor ich in Deiner Begleitung käme. Wahrscheinlich werden wir den Frühling und Sommer hier verbringen. Ich hoffe, daß Du für Deine jetzige Langeweile hinreichend belohnt werden wirst. Ich werde das Mögliche tun, Dich dafür schadlos zu halten. – Adieu, mein Engel, meine Liebste, mein armes Kind, mein gutes Weib!

Vergiß nicht, Madame Darte tausend Artigkeiten von mir zu sagen. Ich hoffe, daß Du mit der guten Aurecia auf bestem Fuße stehst. – Ich beschwöre Dich, keine Leute zu besuchen, mit welchen ich schlecht stehe, und welche Dich eines Tages verraten würden, wenn Du Dich mit ihnen überworfen hast. – Morgen oder übermorgen werde ich Dir die nötigen Papiere senden, um meine Pension bei Fould zu erheben.

Mein Gott! mein Gott! seit vierzehn Tagen hab' ich Dich nicht zwitschern hören. Und ich bin so fern von Dir! Es ist ein wahres Exil! – Ich küsse Dich auf das kleine Grübchen Deiner rechten Wange.

Henri Heiné.

118. *An Karl August Varnhagen von Ense,*
Hamburg, 9. November 1843

Hamburg den 9 Nov. 1843

Mein theurer Varnhagen!

Für Ihren lieben, herzlichen Brief vom 6ten meinen vorläufigen Dank; beantworten aber kann ich ihn noch nicht. Nur soviel: wenn es nur irgend möglich ist, will ich Sie zu sehen suchen. – Ich reise hierher in der Absicht nur meine Verwandten zu besuchen, durcheilte Deutschland so rasch als möglich und wollte eben so rasch und direkt wieder nach Paris zurückkehren, wo mir meine Frau nur auf einen Monath Urlaub gab. Deßhalb hatte ich in Bezug der resp. deutschen Regierungen gar keine Vorkehrungen genommen und besitze gar keine Sicherheitsgarantien. Wozu auch Anfragen? Eine solche ist bereits eine Concession, und ich werde wahrhaftig keine machen. Nicht die pr. Regierung sondern i c h bin der Gekränkte, der in seinem Privatvermögensinteresse – widerrechtlich Gekränkte – und ich sollte eine demüthige Anfrage machen ob ich auch sicher sey keine persönliche Beleidigung zu erleiden wenn ich nach Berlin käme?

Sie rathen mir, mich an Herrn v. Humboldt zu wenden. Er hat sich in der That immer liebreich für mich erwiesen. Aber ehrlich gestanden, wie viel ich auch von seiner Macht halte, so wenig halte ich von seinem Willen mir zu nutzen. Er hat vielleicht auch nicht mehr die nöthige Energie gegen allerhöchste Präventionen ein Wort zu sprechen.

Ich will reiflich drüber nachdenken, ob ich es wagen soll auf einen Tag nach Berlin zu kommen, wo ich alsdann nur Sie sehen würde. Dieser Gedanke führt mich auf die Idee von hier zuvörderst nach Leipzig zu gehen, von wo die Eisenbahn mich entweder rasch zu Ihnen führt, oder Ihnen, wenn Sie nicht eben unpäßlich sind, es möglich macht, mit Bequemlichkeit mir eine kleine Strecke entgegen zu kommen. Gott bewahre, daß ich Ihnen eine große Fatigue zumuthen möchte!

Vierzehn Tage bleibe ich noch hier, und gegen Ablauf derselben schreibe ich Ihnen meine bestimmte Resoluzion. Bis dahin verharre ich mit ganzer Seele

Ihr Freund
H. Heine.

(Meine Addresse ist immer richtig wenn Sie den Brief an Salomon Heine addresiren oder an Hoffmann & Campe hieselbst.

S^r hochwohlgeboren d Herrn / Geh. Legationsrath Varnhagen / von Ense / 36. Mauerstraße, / Berlin.

Hambourg le 20 Novembre 1843.

Ma femme chérie! Je t'ai écrit hier d'acheter chez ta modiste deux chapeaux, un pour ma soeur, l'autre pour ma nièce. Mais ma nièce vient de me faire dire qu'elle ne veut pas de chapeau dans ce moment, vu qu'elle a encore deux chapeaux magnifiques, et qu'elle accouchera à la fin du mois prochain, ce qui l'empêchera de faire usage d'un nouveau chapeau de sitôt. Pour cette raison, tu n'as besoin d'acheter que le chapeau de ma soeur, qui doit être conditionné comme je te l'ai dit hier. Elle a la figure mince, mais ce n'est pas une grande femme; elle est à peu près de la grandeur d'Elisa. Si le velours simple ou le velours crêpé est le plus à la mode, tu prendras un chapeau de cette étoffe; mais, je le repète, il ne doit pas être trop cher; la caisse doit être adressée comme je l'ai dit dans ma lettre d'hier. – Adieu, je t'embrasse. Mes affaires vont très bien, et je suis sur le point de régler mes intérêts avec mon libraire d'une manière très avantageuse. Il etait bien nécessaire que je vinsse à Hambourg. – Je ne perds pas mon temps. Tu trouveras ici tout bien préparé.

Adieu! Je ne pense qu'à toi, et je t'aime comme un fou que je suis.

Henri Heiné.

Me Henri Heine / chez Me Darte / à Chaillot N° 101 / Paris.

[Übersetzung]
Meine geliebte Frau!
Ich habe Dich gestern beauftragt bei der Modistin zwei Hüte zu kaufen, einen für meine Schwester, den andern für meine Nichte. Aber meine Nichte sagte mir so eben, daß sie augenblicklich keinen Hut will, weil sie noch zwei prachtvolle Hüte hat und zu Ende des nächsten Monats ihre Niederkunft erwartet, was sie verhindern wird, so bald einen neuen Hut zu gebrauchen. Aus diesem Grunde brauchst Du nur den Hut für meine Schwester zu kaufen, welcher beschaffen sein muß, wie ich Dir gestern schrieb. Sie ist von schmächtiger Figur, aber keine große Frau; sie ist ungefähr von derselben Größe wie Elisa. Wenn der schlichte Sammt oder der krause Sammt am modischsten ist, so nimm einen Hut von diesem Stoffe;

aber ich wiederhole, er darf nicht zu teuer sein. Die Schachtel muß adressiert sein, wie ich es in meinem gestrigen Briefe beorderte. – Adieu, ich umarme Dich. Meine Angelegenheiten stehen sehr gut und ich bin im Begriffe, meine Interessen mit meinem Buchhändler auf sehr günstige Art zu ordnen. Es war sehr notwendig, daß ich herkam – ich verliere nicht meine Zeit. Du wirst hier alles wohlvorbereitet finden.

Leb wohl! Ich denke nur an Dich, und ich liebe Dich wie ein Toller, der ich auch bin.

Henri Heiné.

120. *An Mathilde Heine, Hamburg, 25. November 1843*

Hambourg ce 25 Novembre 1843.

Ma pauvre chérie!
Sans nouvelles de toi depuis si longtemps! Mon Dieu! Je t'assure que c'est terrible! Cependant il faut que je reste encore ici jusqu'à la fin de la semaine prochaine (aujourd'hui est samedi). Je reviendrai directement à Paris, sans m'arrêter quelque part, de sorte que dans une quinzaine de jours je te revois, mon trésor. En attendant sois tranquille, laborieuse et prudente. – J'ai bien employé mon temps ici. Mes affaires avec mon libraire sont débrouillées. Tout est arrangé, même pour l'avenir. Je lui cède le droit d'exploiter mes oeuvres pour toujours, au lieu du terme qui finissait en quatre ans. Lui de son côté il me fait une rente viagère de 1200 Marks de Banque (c'est à peu près 2400 Frcs). Si je meurs avant toi cette rente passera à toi et mon libraire doit payer à toi la même somme chaque année. Cette rente ne commence qu'en 1848 (après 4 ans) mais si je meurs pendant les quatre ans mon libraire s'engage déjà dès lors à te payer tes 2400 Francs par an; de sorte que dès aujourd'hui tu as cette somme assurée pour toute ta vie. Voilà la base de notre contrat. C'est un grand secret que je ne dis à personne; mais comme tu me demandes des détails je ne saurais te cacher ce nouvel arrangement qui dans 4 ans me donne 200 francs par mois de plus à faire bouillir la marmite. En même temps c'est un commencement de fixer tes revenus après ma mort qui n'arrivera pas de sitôt, car je me porte à merveille. – C'est le devoir de tout mari de pourvoir au sort de sa femme en cas de mort et de ne pas lais-

ser sa veuve en butte à des contestations. Ce n'est pas une mérite, mais un devoir. – Malheureusement mon ami Christiani n'a pas pensé comme cela et ce malheureux a mangé toute la fortune que ma pauvre cousine lui a apporté en dote, 140000 Francs que mon oncle lui avait donnés et il a pris, sous des prétextes mensongères, une autre somme énorme à mon oncle, qui ne veut plus entendre parler de lui. Il a perdu tout cela au jeu et on a vendu chez lui jusqu'aux nippes de sa femme. Quel malheur! Cet accident a attristé toute la famille et moi j'en suis navré de chagrin. – Mon oncle va mieux. Toute notre famille se porte bien. Je ne cesse de parler de toi à mes nièces qui brûlent de curiosité de voir leur tante Mathilde.

Hier il y avait une soirée dansante chez mon oncle Henri. Mon Dieu, que j'aurais été heureux de t'y voir tournoyer avec ton gros derrière! – Il faut que je me hâte de partir, car j'ai trop de chagrin de ne pas t'avoir avec moi ici – adieu, mon trésor! Travaille bien ton écriture. Quant aux leçons d'allemand, je pense que tu ne les prendras qu'à mon retour. Je suis accablé d'affaires dans ce moment. – Fais mes compliments bien amicals à Me Darte que je ne saurais assez remercier des soins qu'elle veut bien prendre de toi. Elle a tant d'esprit et de patience et elle comprend assez le fond d'inépuisable bonté que tu portes dans le coeur, pour te pardonner volontiers cette impétuosité, qui passe si vite. Quant à Aurèce tu lui diras que je pense assez souvent à elle et que je compte aussi sur son bon coeur. J'espère la revoir gaie et en bonne santé. – Pardonne-moi si je ne t'écris pas assez souvent. J'ai tant de choses dans la tête. Je t'écrirai encore avant mon départ. Je t'aime de tout mon coeur et je pense qu'à mon retour tu m'embrasseras avec plaisir.

Ton mari
Henri Heiné.

Me Henri Heine / chez Me Darte / à Chaillot Nº 101 / Paris.

[Übersetzung]
Mein armes Lieb!
Ohne Nachrichten von Dir seit so langer Zeit! Mein Gott! Ich versichere Dir, es ist schrecklich! Dennoch muß ich noch bis Ende der nächsten Woche hier bleiben (heute ist Sonnabend). Ich werde direkt nach Paris zurückkehren, ohne mich irgendwo aufzuhalten, so daß ich in vierzehn Tagen

Dich, mein Schatz, wiedersehen werde. Inzwischen sei ruhig, fleißig und verständig. – Ich habe meine Zeit hier gut angewandt. Meine Angelegenheiten mit meinem Buchhändler sind ins Reine gebracht. Alles ist geordnet, selbst für die Zukunft. Ich übertrage ihm das Recht, meine Werke für alle Zeit auszubeuten, statt des Termines, welcher in vier Jahren ablief. Er zahlt mir dafür seinerseits eine lebenslängliche Rente von 1200 Mark Banco (das sind ungefähr 2400 Franks). Wenn ich vor Dir sterbe, so wird diese Rente auf Dich übergehen, und mein Buchhändler muß Dir alljährlich dieselbe Summe auszahlen. Diese Rente beginnt erst mit dem Jahre 1848 (nach vier Jahren); aber wenn ich in diesen vier Jahren sterbe, verpflichtet sich mein Buchhändler, schon von da ab Dir Deine 2400 Franks per Jahr zu bezahlen; so daß Dir von heute an diese Summe für Dein ganzes Leben gesichert ist. Das ist die Basis unsres Kontraktes. Es ist ein großes Geheimnis, das ich niemandem mitteile; aber da Du Details von mir zu hören wünschest, vermag ich Dir dies neue Arrangement nicht zu verschweigen, das mir in vier Jahren 200 Franks monatlich mehr verschafft, um unseren Lebensunterhalt zu bestreiten. Zugleich ist es ein Anfang, Deine Einnahmen nach meinem Tode zu fixieren, der übrigens nicht so bald eintreten wird, denn ich befinde mich vortrefflich. – Es ist die Pflicht jedes Mannes für das Schicksal seiner Frau in seinem Todesfalle zu sorgen und seine Witwe nicht Streitigkeiten ausgesetzt zu lassen. Das ist kein Verdienst, sondern eine Pflicht. – Leider hat mein Freund Christiani nicht so gedacht, und der Wicht hat das ganze Vermögen verplempert, welches meine arme Cousine ihm als Mitgift zugebracht, 140000 Franks, die mein Oheim ihr geschenkt hatte, und er hat unter lügnerischen Vorwänden eine andere enorme Summe meinem Oheim abgepreßt, der nichts mehr von ihm wissen will. Er hat das alles im Spiel verloren, und man hat alles bei ihm versteigert, bis auf die Nippsachen seiner Frau herab. Welch ein Unglück! Dieser Vorfall hat die ganze Familie betrübt, und ich habe mir die Sache tief zu Herzen genommen. – Meinem Oheim geht es besser. Unsre ganze Familie befindet sich wohl. Ich höre nicht auf, von Dir mit meinen Nichten zu sprechen, die vor Begierde brennen, ihre Tante Mathilde zu sehen.

Gestern war eine Tanzgesellschaft bei meinem Onkel Henry. Lieber Gott, wie glücklich hätte es mich gemacht, Dich dort mit deinem dicken Popo herumwirbeln zu sehen! Ich muß meine Abreise beschleunigen, denn es grämt mich zu sehr, daß Du nicht bei mir bist. – Adieu, mein Schatz! Übe fleißig Deine Handschrift. Was die Stunden im Deutschen betrifft, so denke ich, daß Du sie erst bei meiner Rückkehr nehmen wirst. – Ich bin in diesem Augenblick mit Geschäften überhäuft. – Meine freundschaftlichsten

Grüße an Madame Darte, der ich nicht genug danken kann für die Sorge, welche sie Dir widmen wird. Sie hat so viel Geist und Geduld, und sie weiß den Schatz unerschöpflicher Güte, den Du im Herzen trägst, hinlänglich zu würdigen, um Dir gern jenen Ungestüm zu verzeihen, welcher so schnell verfliegt. Was Aurèce betrifft, so sage ihr, daß ich recht oft an sie denke, und daß ich auch auf ihr gutes Herz rechne. Ich hoffe, sie gesund und munter wiederzusehen. – Verzeihe mir, wenn ich nicht oft genug an Dich schreibe. Ich habe so vielerlei im Kopfe. Vor meiner Abreise werde ich Dir noch schreiben. Ich liebe Dich von ganzem Herzen, und ich denke, daß Du mich bei meiner Rückkehr mit Freuden umarmen wirst.

Dein Mann
Henri Heine.

121. *An Julius Campe, Paris, 17. April 1844*

Paris den 17 April 1844.

Liebster Campe! Seit 4 Wochen bin ich wieder von meinem Augenübel hergestellt. Vorher war ich fast blind – Nicht Schreiben können, und was noch schrecklicher ist, nicht lesen können – Sie haben keinen Begriff von dem Unmuth der mich verzehrte. Zum Glück war mein großes Gedicht fast vollendet. Nur der Schluß fehlte, und ich habe ihn vielleicht sehr nothdürftig ersetzt. Seitdem beschäftigte ich mich mit dem Abschreiben dieser Arbeit und das schöne, reinliche Mspt liegt jetzt vor mir. Ich will es nur noch mahl durchgehen, mit der Lupe, und dann schicke ich es Ihnen direkt zu über Havre. Es ist ein gereimtes Gedicht, welches, vier Strophen die Seite berechnet, über 10 Druckbogen betragen mag und die ganze Gährung unserer deutschen Gegenwart, in der keksten, persönlichsten Weise ausspricht. Es ist politisch romantisch und wird der prosaisch bombastischen Tendenzpoesie hoffentlich den Todesstoß geben. Sie wissen ich prahle nicht, aber ich bin diesmal sicher daß ich ein Werkchen gegeben habe, das mehr furore machen wird als die populärste Broschüre und das dennoch den bleibenden Werth einer klassischen Dichtung haben wird.

Ich hatte anfangs die Absicht noch 10 bis 12 Bogen Prosa hinzuschreiben und hier die merkwürdigen Veränderungen zu besprechen, die ich in Deutschland vorgefunden. Aber während meiner Blindheit verarbeitete sich dieser Stoff in meinem Kopfe weitläuftiger aus und jetzt sehe ich ein daß dieser Stoff, wenn ich noch durch eine zweite Reise nach Deutschland das mangelnde Material sammle, eins meiner bedeutendsten Werke hervorbringen kann. Schon allein die Personenschilderungen der seit 13 Jahren verstorbenen Freunde und Bekannte in der Literatur könnte einen großen interessanten Band liefern: Hegel, Gans, Cotta, Immermann, M. Beer, Schenk, Arnim, Chamisso, Fouquè, Frau v. Varnhagen, Roberts, Maltiz, u noch eine Menge kleiner und großer Köter – nicht zu vergessen Grabbe, den wichtigsten – kurz ein Buch von lauter Personen die mir plastisch vor Augen stehen. Deßhalb schicke ich Ihnen nur mein metrisches Gedicht und wenn ich noch etwas hinzuschreibe in Prosa, so sind es etwa 2 bis 3 oder 4 Bogen.

Aber jetzt stellt sich nun die Hauptfrage hervor: wie können Sie das Buch drucken?

Damit Sie genau wissen w i e u w a s es ist, schicke ich es Ihnen unverzüglich, mit vollem Vertrauen.

Sobald Sie es gelesen, werden Sie leicht einsehen, daß wenn es als kleines Büchlein von 10 oder 12 Bogen erscheint, die Vogue ungeheur seyn wird, daß es ein großes Geschäft ist, daß der enormste Absatz in diesem Momente sicher ist. Aber zugleich werden Sie sehen, daß dieses Büchlein durch keine Censur gehen und wahrlich, ich habe bey der Abfassung auf alle Censur verzichtet und mir für den schlimmsten Fall einen Abdruck in Paris gedacht. – Also von Censur kann gar nicht die Rede seyn. Ob Sie Ihre Firma auf den Titel setzen sollen, mögen Sie selbst beurtheilen; ich glaube Sie können's. Nun stellt sich also die Frage: können Sie ein Buch unter 20 Bogen dort ohne Censur gedruckt bekommen? Ist dieses nicht der Fall, so muß ich das Buch durch Zufügung von Alotria zu 20 Bogen anschwellen, und in diesem Falle schlüge ich Ihnen vor den Atta Troll hinzu zu thun, nemlich in der Gestalt wie er jetzt noch ist, und in der neuen Gedichtsamlung würde ich ihn mit Zuthaten vollständiger geben. Doch ungern entschlöß ich mich dazu. Prosaische Aufsätze hinzuzugeben würde dem Buche seinen poetischen Charakter rauben – Schreiben Sie mir u m g e h e n d über diesen Punkt, welcher der wichtigste. Unterdessen schicke ich Ihnen

das Mspt, zunächst auf höchste Verschwiegenheit rechnend, und dann meine Intressen Ihnen unbedingt ans Herz legend. Ich muß ganz sicher auf Sie zählen können, dann kann ich auch Großes thun. Dann habe ich Muth und sogar Talent. Ueber Honorar habe ich, ich schwör es Ihnen, noch nicht nachgedacht, und als die wichtigste Frage lag mir der unverstümmelte Druck meines Gedichtes im Sinn. In dieser Beziehung kann ich nicht umhin Ihnen zu gestehen, daß Personen, die keine Zeile von meinem Gedichte kennen, aber den Zeitinhalt ahnden, mir die glänzensten Proposizionen gemacht es hier in Paris drucken zu lassen. – Ich habe wie gesagt, niemandem eine Zeile von meinem Gedichte gezeigt, lasse auch keine Zeile (obgleich manche hochpoetisch unverfängliche Stücke drin sind) bey Laube drucken oder anderswo. Kurz ich will überraschen, einen Schlag machen – und rechne auf Ihre Klugheit und Freundschaft. Auch Hamburg habe ich (zu Ihrem E r - g ö t z e n und N u t z e n) mit harmlosem Humor bedacht. – Liebster Campe! nur stumm wie ein Fisch. – Der Titel des Buches ist:
»Deutschland, ein Wintermährchen.«

Ich habe Ihnen über Rothschild nicht weiter geschrieben, nicht sowohl wegen meines Augenübels, als auch weil ich durch eine seltsame Fatalität ihn nie recht treffen konnte und nicht mit ihm ordentlich gesprochen. Jetzt aber, wo ich freyer bin, will ich ihn doch sprechen und ich denke unterdessen ist dort nichts gegen ihn geschehen. Mitte nächster Woche schreibe ich Ihnen hierüber. – Unsre ehemaligen Revoluzionäre sind fast zu Mouchards der hiesigen Ambassaden herabgesunken; das hat sich bey Gelegenheit der Rugeschen Revüe gezeigt. Letztere wird in andrer Form fortgesetzt; das Mißgeschick entstand durch die Uneinigkeit, nicht durch Geldmangel, noch weniger durch Mangel an gutem Mspt (noch gestern erbot sich jemand 40,000 fs herzugeben wenn i c h mich als Redakteur nennen wollte, was ich aber bleiben lasse. Ich habe mich genug pro patria bloßgestellt). Leske in Darmstadt proponirt sie in *Deutsch*land als Bücher von 21 Bogen zu drucken. Aus Cöln bieten sogar Philister große Summen, damit die Revüe fortgesetzt werde. Aus Deutschland sind anonyme aber vortreffliche Aufsätze eingeschickt – Sie sehen durch welche Lügen das Aufhören der Revue in deutschen Blättern als ein Zeichen des Mißfallens verläumdet wird. An Ruge ist übrigens nicht viel, und die Parthey hat ihn abgesetzt. Wir werden bald mündlich, hoffe ich, über Alles uns aussprechen.

Ihr Freund
H. Heine.

122. *An Julius Campe, Paris, 5. Juni 1844*

Paris den 5 Juni 1844.

Liebster Campe!

Sobald ich Ihren Brief erhielt, nemlich den vom 20 May, ging ich das Mspt meines Gedichtes noch einmahl gewissenhaft durch, schrieb ganze Capitel um, änderte was nur zu ändern möglich war, und noch zum zweitenmahl machte ich Ausmerzungen, deren Spur Ihnen nicht entgehen wird. Aber in dieser Gestalt kann ich nichts mehr ändern und Sie werden durch die Lektüre sich überzeugen, daß das Gedicht jetzt zahm ist und für Sie nichts mehr von o b e n h e r a b riskirt wird. Ich aber riskire wieder von u n t e n h e r a u f mißverstanden zu werden, wie bey früheren Publikazionen, wo ich leider mich von Ihnen zu allzu ängstlicher Zahmheit bereden ließ. Ich habe Ihnen das Mspt durch das Dampfschiff von vorigem Sonnabend zugeschickt, nebst dem nöthigen Mspt um das Gedicht dem neuen Gedichteband einverleiben zu können; denn aus Ihrem Briefe glaubte ich schließen zu können, daß Sie meinen Vorschlag gebilligt und um 21 Bogen geben zu können, das neue Gedicht anstatt des Atta Troll in jenem Bande aufnehmen wollen. Ich habe alles ordentlich zusammengestellt, daß Sie das Buch gleich in die Presse geben können, wenn Sie das neue Gedicht ohne Censur zu drucken wagen. Auf Censur, wie ich Ihnen von vorn herein gesagt, kann und werde ich mich nicht einlassen und im Fall Sie es nicht ohne solche drucken lassen können, nehme ich es zurück und schicke Ihnen zu dem Gedichteband den Atta Troll. Ich habe alles genau bedacht. Da ich <*mich*> Ihrer Aengstlichkeit wegen, aller jener prosaischen Beygabe, die wirklich sehr radikal geworden wäre, enthalte, so ist mein Gedicht nicht bedenklicher als so manches Andre was in Deutschland gedruckt wird. Wird das Buch nicht zu streng verboten, so giebt ihm dennoch das neue Gedicht einen Zug, wodurch es mit dem Buch der Lieder gewiß rivalisiren kann und tausende werden es kaufen, die gewiß für den zahmeren lyrischen Inhalt des Buchs kein Interesse gefühlt hätten. Tritt aber der schlimmste Fall ein und das Buch würde strenger verpönt als zu erwarten steht, so verlieren Sie nicht viel, denn da Ihnen die Gedichte gehören, so können Sie sie ja als ein neues Buch nach Belieben wieder drucken und ohne das große politische Gedicht werden sie gewiß überall die Censur passiren. Lassen Sie nur bey Leibe niemanden mein Mspt sehen und sprechen Sie niemanden davon, damit das Buch gedruckt und ausgegeben werden kann ehe man nur im mindesten Lunte riecht; bey dem unverfänglichen Titel (ich nenne das Buch »Neue Gedichte von H. Heine« merken Sie sich das) gehen wir noch sicherer und man ist weit davon entfernt von mir etwas zu revoluzionäres zu erwarten. Auch, liebster Campe, Ihretwegen enthalte ich mich aller grellen Manifestazionen und Sie irren sich wenn Sie glauben, ich berücksichtigte nicht Ihre Interessen in Betreff der Gesammtausgabe; Sie sagen ich hätte Sie in der Tasche und Sie wären das Lamm – seyn Sie ohne Sorge, man ist in meiner Tasche ganz sicher, es ist die ehrlichste Tasche die es wohl giebt, und ich armer Wolf bin schon zufrieden wenn mich das Lamm nicht mit Haut u Haar auffrißt. Mehr als alle Contrakte binden mich die Gefühle der Billigkeit und der Ehre, ich darf hin zu setzen, und die der Freundschaft. Ich bin mehr als je durchdrungen von der Einsicht, daß ich immer auf Ihr Vertrauen rechnen können muß und also Ihre Intressen auch ohne besondere Verpflichtung fördern muß. Nein, Sie haben mich in der Tasche, ich fühle mich moralisch gebunden nicht zu sehr zu tollen, ehe die Gesammtausgabe unter Dach gebracht; deßhalb werde ich auch ganz bestimmt im September in Hamburg seyn, darauf können Sie sich verlassen, und Sie können alles vorbereiten zum Druck. Sie begreifen nicht, welche Opfer ich bringe um dies möglich zu machen. Leider muß ich jetzt meiner Augen wegen nach der Schweitz ins Bad reisen, und um nach Hamburg zu reisen muß ich wieder über Paris gehn, und zwar überall begleitet von Frau und Papagey. – In meinem Mspt ist eine Stelle mit Bleystift angestrichen, die, wenn sie Ihnen zu stark, ebenfalls über Bord geworfen werden mag. Wie milde im manchen Orten die deutsche Censur, ersah ich daraus, daß mein Gedicht auf den König von Preußen, das ein hiesiges Blatt gedruckt, in M a i n z nachgedruckt ward, im Rheinland. Und ich wagte nicht mahl das Gedicht in meine Sammlung aufzunehmen, aus Furcht nicht gar zu böses Blut in Berlin zu machen. Ich schicke es Ihnen anbey, und theilen Sie etwa nicht meine Aengstlichkeit so können Sie es unter die politischen Gedichte, etwa in der Mitte, aufnehmen. Du lieber Himmel! wie vieles hab ich zurückgelegt für keckere Zeiten! Dem hiesigen Journal Vorwärts hab ich noch einige andre Gedichte gegeben, die ich Ihnen mittheilen werde sobald sie abgedruckt, Ihrem eignen Ermessen überlassend ob sie für mein Buch nicht zu grell. (das Vorwärts hat nur 200 Abonenten!) – Den Ratkliff habe ich in meinem Gedichtebuch nicht aufgenommen, da er ja doch in der Gesammtausgabe erscheint. Mspt ist genug da für 21 Bogen. Sagen Sie nur dem Setzer daß er für Gedichte, die einen Cyklus ausmachen; so wie auch für Gedichte die aus mehren Stücken bestehen (wie z.B. die Unterwelt, der Tannhäuser u. s. w.) jedesmahl einen eignen Schmutztitel nehme. Auch sehen Sie darauf daß meine Interpunktzion gewissenhaft befolgt wird. Auch im großen Gedicht (Deutschl ein Wintermährchen) wird jedesmal wo ein Capitel endet auch eine neue Seite angefangen. Sie haben also und wissen alles und können das Buch gleich in die Presse geben. Verschwiegenheit, Sorgfalt der Correktur, honettes Papier ist jetzt Ihre Sache. Ich hatte Anfangs die Absicht Ihnen erst in Hamburg zu sagen, wie viel Honorar ich für mein großes Gedicht, das Wintermährchen, von Ihnen erwarte. Ich sage erwarte, nicht verlange, da ich Ihnen ja doch das Gedicht auf Gnad und Ungnade zuschicken muß, da die Geldfrage nicht lang erörtert werden kann in diesem Augenblick. Indessen, ich freu mich so sehr auf unser Zusammenleben diesen Herbst in Hamburg, daß ich aller krämerlichen Verhandlungen im Voraus entledigt seyn möchte, daß ich alles Geschäftliche abgethan zu sehen wünschte, und ich will Ihnen deßhalb schon heute eröffnen, daß ich als Honorar für mein großes Gedicht, das Wintermährchen, die Summe von 1000 M b⁰ von Ihnen erwarte, was gewiß nicht zu viel, denn

1⁰ verkaufe ich Ihnen für dieses Honorar das Gedicht ein für alle mahl und werde also für alle folgenden Auflagen nichts nachgezalt erhalten. Das Gedicht aber ist eben von der Art, daß es, allein gedruckt, gewiß mehr Absatz finden dürfte als die Sudeleyen eines Hoffmann v.

Fallersleben, die nur durch Stofflichkeit und Zeitbeziehungen reitzen, welche hier trotz des poetischen Werths, reichlich überboten werden.

2° erhalten Sie jetzt den Atta Troll als ein ganz besonderes Buch und obgleich ich ihn sehr zu erweitern denke, obgleich Sie weit mehr erhalten als Sie wohl erwarten, brauchen Sie ja jetzt nichts für denselben zu zahlen, da ich ihn für die stipulirten 1200 M b°, womit Sie mir die Gedichtesammlung honoriren, Ihnen bereits verkauft. Indem Sie statt des Atta Trolls das Wintermährchen in der Gedichtesammlung abdrucken, geben Sie nicht bloß letzteren einen größeren Zug, sondern haben auch den Vortheil, daß Sie ein Büchlein, das die Censur leicht passirt, nemlich den Atta Troll dem Publiko geben können, und ich versichere Sie obgleich hier kein politisches Zeitintresse im Spiel ist, dürfte auch dieses Büchlein seine 1000 M b° werth seyn. Das Wintermährchen ist es freylich nicht werth, vom verlegerlichen Standpunkt, auch schon weil ich mich gehütet habe von dem neuen Gedichte auch nur das gringste Fragment in einer Zeitschrift zu publiziren. Wenn es mir um pekuniärer Ausbeutung zu thun gewesen wäre, hätte ich an Cotta manches Stück für das Morgenbl geben können; denn Sie haben keinen Begriff davon, wie ich um Verse angegangen werde. Herwegh lachte mich aus, als ich ihm dieser Tage gestand, wie wenig ich bisher von meiner politischen Muse Vortheil gezogen.

3tens habe ich das Geld nöthig um ins Bad zu reisen und meine armen kranken Augen zu kuriren.

Ich zweifle nicht daß dieser letzte Grund den Ausschlag giebt, und in so fern habe ich Sie wirklich in der Tasche, lieber Campe.

Und so glaube ich ist alles in Ordnung. Schreiben Sie mir nur gleich Antwort, denn ich werde wohl zu Ende dieses Monaths abreisen; vorher trassire ich jedenfalls 1200 M b° auf Sie, das übereingekommene Honorar der Gedichtesammlung. Ueber die 1000 M b° für das Wintermährchen werde ich nicht eher verfügen als bis Sie das Mspt des Atta Troll, den ich in schweitzer Gebirgsluft ausarbeiten will, in Händen haben. Hoffentlich werde ich dort wieder eine Porzion Gesundheit schöpfen, die freylich bald wieder verpufft seyn wird durch angestrengte Geistesarbeit, wozu ich dieses Jahr noch verdammt bin um übermenschliche Ausgaben zu decken. – Ich schreibe Ihnen dieser Tage nochmals die Anordnung des Buchs betreffend. Ist Ihnen der Ti-

tel recht? Oder hätten Sie »Buch der Lieder; 2ter Theil« gewünscht?
Leben Sie wohl u heiter.

Ihr Freund
H. Heine.

Meine Augen sind so leidend daß ich nicht überlesen kann was ich
Ihnen heute geschrieben.

123. *An Charlotte Embden (geb. Heine), Paris, 11. Juli 1844*

Paris den 11 Juli 1844.

Liebe gute Schwester!
Gestern habe ich der lieben Mutter geschrieben, und ihr gemeldet
daß ich die Reise nach Hamburg per Land und zwar über Antwerpen
mache. Jetzt also wird sie nicht mehr bey jedem Windzug zittern.
Dir aber, liebes Lottchen sage ich heute die Wahrheit, nemlich daß ich
nächste Woche, den 20 Juli, mit dem Dampfschiff von Havre nach
Hamburg abfahre und also den 22 oder 23ten bey Euch anlange. Die
Mutter braucht nichts zu wissen bis ich gesund und wohl mit meiner
Ehehälfte angelangt bin. Es ist die schönste Jahrzeit zum Seereisen und
außer der Seekrankheit ist auch nicht das gringste zu besorgen. – Jetzt
aber, liebes Lottchen, kommt die Frage des Logirens und über diese
will ich Dir heute aufs Bestimmteste sagen was zu thun ist.
    Ich bin dies Jahr nicht ins Bad gereist und meine Nerven sind so
gereitzt daß ich gewiß krank werde, wenn ich nicht einige Zeit noch
auf dem Lande frische Luft oder am Meere die Seeluft einathme, und
zwar in der größten Seelenruhe. Könntest Du also, liebes Lottchen, vor
dem Dammthor noch eine Landwohnung für mich finden, wo ich den
August, September u October zubringen könnte, so wäre mir das sehr
recht. Ist es aber nicht möglich, so bleibe ich zuerst nur einige Tage in
Hamburg und reise gleich mit meiner Frau nach Helgoland, um dort
einige Wochen in der Seeluft zu athmen und wenn sie mir nicht
schlecht bekommen auch Bäder zu nehmen. Ich habe es so nöthig!
    Sobald ich in Hamburg ankomme, steige ich wieder ab bey Hillert
obgleich ich voraussehe, daß seine neugebaute Stadt London gewiß für

mich, der ich ein Greul gegen alles frische Bauwerk habe, nicht zuträglich seyn wird. Aber ich bleib ja doch nur wenige Tage dort, und geh dann aufs Land, wenn ich eine Landwohnung habe oder nach Helgoland, wenn ich keine habe. Geh ich nach Helgoland, so suchst Du mir unterdessen eine Wohnung in der Stadt, in Deiner Gegend, die ich bey meiner Rückkehr gleich beziehen kann. – Im Fall es Dich gar nicht genirt, (aber nur in diesem Fall) wär es mir angenehm wenn Du die paar Tage, die ich bey Hillert zubringe, meine Frau beheerbergen könntest, nicht weil ich Geld sparen will, sondern weil es mir anständiger dünkt, daß meine Frau nicht im Wirthshaus abgestiegen. Jedenfalls werde ich Dir darüber nochmals schreiben.

Wie wär' es, wenn Du Dir ein Jontefchen machtest und uns nach Helgoland begleitest? Das wär mir noch am angenehmsten. Könntest Du das möglich machen? Jedenfalls wär es Dir sehr gesund und die Kosten, das weiß ich aus Erfahrung, sind höchst unbedeutend.

Indem ich Dir schreibe, werde ich furchtbar gestört durch ein beständiges Klopfen, das unerträglich. Wenn Du für mich miethest, ist die Hauptsache daß in der Nähe meiner Wohnung weder gebaut wird, noch ein sonstig monotones Klopfen zu befürchten ist.

Da ich nur bis Mitte, spätestens Ende November dort bleibe, so werde ich nichts von Haushalt mitbringen, und ich muß daher die Wohnung auf dem Lande, oder später die Stadwohnung ganz wohlmöblirt und allen nöthigen Geräthen miethen. Doch braucht die Einrichtung nicht komplet zu seyn, da es mir ganz gleichgültig ist, allerley Sachen und Geräthe dort anzuschaffen, die ich doch immer später dort gebrauchen und vielleicht gar mitnehmen kann. – Ich habe nöthig: zwey Schlafzimmer, jedes mit einem Bett (Seit Jahren schlaf ich nicht bey meiner Frau – woher sollen da die Kinder kommen?) dann ein Wohnzimmer, ein Stübchen für eine Magd, ein Speisezimmer und eine Küche. Ich arbeite in meinem Schlafzimmer und es wär mir angenehm wenn dieses ein bischen ekartirt ist, durch eine Pièçe, wo man sich nicht beständig aufhällt, wie z. B. das Speisezimmer oder der Salon. Seh nicht auf den Preiß, seh nur daß die Wohnung gut u still ist.

Und nun, leb wohl u behalte lieb

Deinen getreuen Bruder
H. Heine.

124. *An Mathilde Heine, Hamburg, 20. August 1844*

Hambourg ce 20 Août

Mon trésor cheri! Depuis ton depart j<*e n*>e fais que soupirer. Je pense continuellement à toi. Je souffre de mon mal de tête habituel et ces souffrances sont toujours exitées et entretenues par l'inquitude de mon coeur. Je ne veux plus être separé de toi! Quel horreur! Je sens plus que jamais la néçessité de t'avoir toujours sous les yeux. Juge un peu combien je dois être agité n'ayant pas encore de tes nouvelles. Ecris-moi, je te supplie, aussi souvent que possible, au moins deux fois par semaine; sous l'addresse de Mrs Hoffman et Campe; le facteur me delivre mes lettres en personne, il sait me trouver partout. En deux jours je quitte mon grand appartement et je m'installerai dans quelque trou qui ne me coute pas trop et où je n'entends pas pendant la nuit abboyer les chiens, comme dans mon appartement actuel. Il y a ici une meute conjurée contre mon someil ça me fait enrager toutes les nuits.

Ecris-moi si tu as beaucoup souffert du mal <*de mer*> si tu n'as pas été chicanée par la Douane, si tu n'as rien perdu en route et principalement si tu es bien dans la Pension. Je te supplie de me dire la stricte verité sous ce rapport, car si tu n'es pas bien je hâterai mon retour encore plus que je le fais dejà. Dis moi si ta situation est assez tollerable et je pourrai finir mes affaires avec plus de loisir et de tranquillité. – L'etat des choses est ici encore le même. Tout le monde me demande de tes nouvelles et comme je n'en ai pas encore moi même je suis d'autant plus impatienté. – J'espère que tu peux lire mon griffonnage; je n'ai plus d'encre et ma plûme est affreuse. – Mes compliments à Me Darte et à tes jeunes amies; j'espère que Pauline m'ecrira une grande lettre pleine de details sur toi. Dis lui que je suis toujours l'admirateur de sa belle jambe. Reste tranquille dans ton nid, ma pauvre colombe; ne te montre pas au public affin que personne de mes connaissance ne sache que tu es à Paris sans moi.

Ton pauvre chien
Henri Heine

A Madame / Me. Mathilde Heine, / dans la Pension de Me. Darte, Chaillôt No: 101. / à / Paris.

[Übersetzung]
Mein geliebter Schatz!
Seit Deiner Abreise tue ich nichts als seufzen. Ich denke unaufhörlich an Dich. Ich leide an meinem gewöhnlichen Kopfweh, und diese Schmerzen werden immer gesteigert und genährt durch die Unruhe meines Herzens. Ich will nicht mehr von Dir getrennt sein! Wie schrecklich! Ich fühle mehr als je die Notwendigkeit, dich immer vor Augen zu sehen. Sage Dir einmal, wie es mich aufregen muß, daß ich noch keine Nachrichten von Dir habe. Schreibe mir, ich beschwöre Dich, so oft wie möglich, wenigstens zwei Mal die Woche, unter der Addresse der Herren Hoffmann & Campe; der Faktor gibt mir in Person meine Briefe, er weiß mich überall zu finden. In zwei Tagen verlasse ich mein großes Logis, ich werde ein Zimmer beziehen, das mich nicht so viel kostet, und wo ich während der Nacht kein Hundegebell höre, wie in meiner jetzigen Wohnung. Es hat sich hier eine ganze Meute gegen meinen Schlaf verschworen; das macht mich jede Nacht wütend.

Schreibe mir, ob Du viel an der *Seekrankheit* gelitten hast, ob Du nicht von der Douane schikaniert worden bist, ob Du unterwegs nichts verloren hast, und vor allem, ob Du in der Pension gut aufgehoben bist. Ich bitte Dich inständig, mir in dieser Hinsicht die volle Wahrheit zu sagen; denn wenn Du es nicht gut hast, werde ich meine Rückkehr noch mehr beschleunigen, als ich es so schon tue. Sage mir, ob Deine Lage einigermaßen erträglich ist, dann kann ich meine Geschäfte mit mehr Muße und Ruhe beenden. – Der Stand der Dinge ist hier noch derselbe. Alle Welt fragt mich nach Neuigkeiten von Dir, und da ich selbst noch keine habe, bin ich um so besorgter. – Ich hoffe, daß Du mein Gekritzel lesen kannst, ich habe keine Tinte mehr, und meine Feder ist abscheulich. – Meine Empfehlungen an Madame Darte und an Deine jungen Freundinnen; ich hoffe, daß Pauline mir einen langen Brief voller Details über Dich schreiben wird. Sag ihr, daß ich noch immer der Bewunderer ihres schönen Beines sei. Bleibe ruhig in Deinem Nest, mein armes Täubchen; zeige Dich nicht öffentlich, damit niemand meiner Bekannten erfahre, daß Du ohne mich in Paris bist.

Dein armer Hund
Henri Heiné.

125. *An Karl Marx, Hamburg, 21. September 1844*

Hamburg den 21 Sept. 1844.

Liebster Marx! Ich leide wieder an meinem fatalen Augenübel, und nur mit Mühe kritzle ich Ihnen diese Zeilen. Indessen, was ich Ihnen wichtiges zu sagen, kann ich Ihnen Anfangs nächsten Monaths mündlich sagen, denn ich bereite mich zur Abreise, beängstigt durch einen Wink von Oben – ich habe nicht Lust auf mich fahnden zu lassen, meine Beine haben kein Talent eiserne Ringe zu tragen, wie Weitling sie trug. Er zeigte mir die Spuren. Man vermuthet bei mir größere Theilname am Vorwärts als ich mich deren rühmen kann, und ehrlich gestanden das Blatt beurkundet die größte Meisterschaft im Aufreitzen und Comprimittiren. Was soll das geben, sogar Mäurer ist debordirt! – Mündlich mehr hierüber. Wenn nur keine Perfidien in Paris ausgesponnen werden. Mein Buch ist gedruckt wird aber erst in 10 bis 14 Tagen hier ausgegeben, damit nicht gleich Lärm geschlagen wird. Die Aushängebogen des politischen Theils, namentlich wo mein großes Gedicht, schicke ich Ihnen heute unter Kreuzkouvert, in dreyfacher Absicht. Nemlich, erstens damit Sie sich damit amüsiren, zweitens damit schon gleich Anstalten treffen können für das Buch in der deutschen Presse zu wirken, und drittens damit Sie, wenn Sie es rathsam erachten im Vorwärts das Beste aus dem neuen Gedichte abdrucken lassen können.

Ich glaube bis zu Ende des 16ten Capitels des großen Gedichts, ist alles geeignet zum Wiederabdruck, nur müssen Sie Sorgen tragen daß die Parthie worin Cöllen behandelt ist, nemlich die Capitel 4, 5, 6 und 7 nicht getrennt gedruckt wird sondern in dieselbe Nummer kommt. Dasselbe ist der Fall mit der Parthie, die den alten Rothbart betrifft, nemlich die Capitel 14, 15 und 16 die zusammen in derselben Nummer abgedruckt werden müssen. Schreiben Sie, ich bitte, zu diesen Auszügen ein einleitendes Wort. Den Anfang des Buchs bringe ich Ihnen nach Paris mit, der nur aus Romanzen und Balladen besteht, die Ihrer Frau gefallen werden. (Sie herzlich von mir zu grüßen ist meine freundlichste Bitte; ich freue mich darauf, Sie bald wieder zu sehen. Ich hoffe, der nächste Winter wird minder melancholisch für uns seyn, wie der vorige.)

Von dem großen Gedichte macht jetzt Campe noch einen besonderen Abdruck, worin die Censur lange Stelle gestrichen, wozu ich aber eine Vorrede geschrieben, die sehr unumwunden; den Nazionalen habe ich darinn aufs Entschiedenste den Fedehandschuh zugeworfen. Ich schicke Ihnen dieselbe nachträglich, sobald sie gedruckt. Schreiben Sie doch an Heß (dessen Addresse ich nicht weiß) daß er am Rhein, sobald ihm mein Buch zu Gesicht kommt, Alles was er vermag in der Presse dafür thue, ehe die Bären drüber herfallen. Ich bitte nehmen Sie auch Jungh in Anspruch für einen Hülfsartikel. – Für den Fall, daß Sie die requirirten Einleitungsworte zum Vorwärts mit Ihrem Namen unterzeichnen, können Sie sagen, daß ich Ihnen die frischen Bogen gleich zugesanndt. Sie verstehen die Distinkzion, warum ich in anderer Weise dieser Bemerkung gern überhoben wäre. – Ich bitte Sie, suchen Sie Weil zu sehen und ihm in meinem Namen zu sagen, daß ich seinen Brief, der an den unrechten Henri Heine (es giebt deren viele hier) gerieth, erst dieser Tage erhielt. Ich werde ihn in 14 Tagen persönlich wiedersehen, er solle unterdessen keine Zeile über mich drucken lassen, am allerwenigsten in Bezug auf mein neues Gedicht. Ich würde ihm, wenn meine Augen es erlauben, vielleicht noch vor meiner Abreise schreiben. Freundliche Grüße an Bernays. – Ich bin froh, daß ich fortkomme: Meine Frau hab ich schon vorher nach Frankreich zu ihrer Mutter geschickt, die am Tode daniederliegt. – Leben Sie wohl theurer Freund und entschuldigen Sie mein verworrenes Gekritzel. Ich kann nicht überlesen was ich geschrieben – aber wir brauchen ja wenige Zeichen um uns zu verstehen!

Herzinnigst
H. Heine.

126. *An Betty Heine, Paris, 17. Oktober 1844*

Paris, den 17 October 1844.

Meine liebe gute Mutter!

Den Brief, den ich Dir bey meiner Ankunft in Amsterdam geschrieben, wirst Du hoffentlich erhalten haben. Der Rest meiner Reise war ebenfalls durch das schönste Wetter begünstigt, und ich bin gestern

Abend im besten Wohlseyn bey meiner lieben Frau in Paris angekommen. Ich fand sie frisch und gesund, und sie hat sich mit musterhaftem Gehorsam, ganz wie ich es ihr vorgeschrieben, aufgeführt. Wir sind beide noch wie betäubt von der Freude des Wiedersehens! Wir sehen uns mit großen Augen an, lachen, umarmen uns, sprechen von Euch, lachen wieder und der Papagey schreit dazwischen wie toll. Wie froh bin ich meine beiden Vögel wieder zu haben! Du siehst liebe Mutter ich bin glücklich wie es nur ein Mensch seyn kann, da nichts auf der Welt vollkommen ist; mir fehlt jetzt nur ein gesunder Kopf und die Nähe meiner guten Mutter und meines guten Lottchens. In einigen Tagen werde ich Euch noch mehr entbehren jetzt erfüllt mich noch zu sehr das Freudegefühl der Rückkehr.

Sag an Lottchen, daß sie mir nur recht bald schreibt (Faubourg Poissonnière No 46) ich werde ihr erst später schreiben, da ich ihr noch nichts mitzutheilen habe und sie meine glückliche Ankunft aus diesem Brief erfährt. Ich grüße die ganze Klicke, die Putchen, den Jung, und ganz besondere Empfehlungen in meinem und meiner Frau Namen sind an meinen Schwager zu bestellen, welchem meine Frau für seine artige Aufmerksamkeit ihren verbindlichsten Dank sagen läßt.

Schreibt mir nur bald wie sich Onkel Heine befindet; Euch habe ich alle in so gutem Wohlseyn verlassen, daß ich letzteres voraussetze.

Eine große Masse Arbeit harret meiner hier in diesem Augenblick, und trotz meines bösen Kopfübels muß ich die nächsten Monathe mich sehr anstrengen. Aber ich bin froh und munter. – Meiner Frau habe ich ein wunderprächtiges Stammbuch gekauft ein Album wie sie es längst gewünscht. Sie verspricht Euch bald zu schreiben – Gott erhalte Euch unterdessen und Ihr werdet lang leben.

Ich umarme Dich, liebe Mutter – hat Jette Mittwoch Nacht oft nach dem Wind sehen müssen?

H. Heine

Madame / Betty Heine, née de Geldern. / 20, rue Dammthorstraße / à / Hambourg.

VI

DER STERBENDE ARISTOPHANES

(1844–1856)

Das Leben in Paris war sehr kostspielig. Heine war durch seine Tätigkeit bei der *Allgemeinen Zeitung* einer der bestbezahlten Journalisten seiner Zeit; zusätzlich zu den französischen und den bei Hoffmann und Campe erschienenen Büchern hatte er in der zweiten Hälfte der dreißiger Jahre auch gelegentlich lukrative Auftragsarbeiten übernommen. Dazu zählten seine Essays *Über die französische Bühne* für die von August Lewald herausgegebene *Allgemeine Theater-Revue*, die Einleitung zu einer illustrierten Prachtausgabe von Cervantes' *Don Quichotte* und *Shakespeares Mädchen und Frauen*, eine begleitende Abhandlung für eine Schmuckedition mit Stahlstichen von Shakespeares Frauengestalten. Mitte der vierziger Jahre kamen die Ballettszenarien *Die Göttin Diana* und *Der Doktor Faust* hinzu, die er für ein Londoner Opernhaus schrieb. Dennoch war er auf weitere, nichtliterarische Einnahmequellen angewiesen, nicht zuletzt, weil der deutsche Buchmarkt der Willkür der Staatsregierungen unterworfen war und das Bundestagsdekret gezeigt hatte, wie unsicher dieses Feld für ihn werden konnte. Ein wichtiger Bestandteil seines Budgets war daher die Pension, die er seit 1839 von seinem Onkel Salomon erhielt. Nach der Aussöhnung, die 1838 mit Hilfe des Komponisten Meyerbeer zustande gekommen war, zahlte Salomon seinem Neffen jährlich 4000 Francs, nach der Hochzeit mit Mathilde stockte er die Summe um weitere 800 Francs auf. Das war ein Betrag, der Heines Existenz sicherte, und wie Meyerbeer bestätigen konnte, hatte der Onkel damals mündlich zugesichert, daß Heine diese Zahlungen auch über seinen, Salomons, Tod hinaus erhalten sollte, »[…] wie dies auch schon aus der Phrase hervorgeht, mit der er ihm diese Gunst ankündigte, indem er ihm sagte ›nun brauchst Du wenigstens nicht zu fürchten einst in Deinen alten Tagen auch Dein Brod durch Bücherschreiben erwerben zu müssen‹«[1].

---

[1]   Werner / Houben I, S. 587.

Am 23. Dezember 1844 starb Salomon Heine. In seinem Testament war von der Pension nicht die Rede. Heine erbte 8000 Mark Banko und erhielt einen Brief von seinem Vetter Carl Heine, der den größten Teil des Millionenvermögens von Salomon Heine geerbt hatte. Inhalt und Ton des Schreibens mußten ihn schockieren:

> Du hast nie mit Capital umzugehen gewußt, daher proponire ich Dir, diese *Mark Banco* 8000 – will ich, wenn Du es wünschst, zu mir nehmen und Dir darauf 4% Zinsen vergüten. – Ich meinerseits stelle die Bedingung, daß Du nicht ohne triftige, nothwendige Gründe darüber disponirst und nur die Zinsen erhebst. Ich dagegen bin jederzeit frei das Geld zu Deiner Disposition zu stellen, wenn mir solches nicht mehr convenirt. [...] Der selige Vater hat Dir F 4000 – jährlich gegeben; daß es sich nicht thun läßt, daß ich mich in dieselben Lasten hineinbegebe, versteht sich von selbst auch liegt es in der Sache selbst. Ich wünsche aber, daß Du pecuniär den unersetzlichen Verlust nicht zu sehr empfinden mögest, auch kenne ich Deinen kränkelnden Zustand und will Dir pro Jahr F 2000 – geben, d. h. nicht als rente, sondern es bleibt meinem freien Willen überlassen dieses aufzuheben [...]. Nie im Leben hast Du Ansprüche darauf zu machen. Wilst Du die *Mark Banco* 8000 – nicht bei mir lassen, so sage ich Dir schon heute, daß ich die F 2000 – nicht gebe. [...] Wie ich höre hat Deine Schwester verlauten lassen Du habest oder würdest eine Biographie vom seligen Vater schreiben. – Ist dies der Fall, so bitte ich Dich das Manuscript einem bewährten Freunde vorher einzuliefern und verlasse mich fest darauf, daß nicht ein Wort darin bleibt, das hätte wegbleiben müssen. – Ich empfehle Dir darin, wenn es überhaupt Deine Absicht ist, die genaueste Vorsicht. Nie würden Dir die Kinder des Entschlafenen verzeihen ein unpassendes Wort. (HSA XXVI, 123 f.)

Der dreizehn Jahre jüngere Cousin, dessen Lebensleistung bisher lediglich darin bestand, geerbt zu haben, schwang sich zu einer Art finanzieller, familiärer und sogar literarischer Ordnungsinstanz auf. Es war stets verletzend für Heine gewesen, daß Onkel Salomon und die Hamburger Verwandtschaft seine Bedeutung als Dichter niemals anerkannt hatten – auf eine paradoxe Weise war der Schluß dieses Brief von Carl nun jedoch eine solche Anerkennung: Er zeugt von der Furcht des Geldmenschen vor der Macht der Feder.

In der Folgezeit kämpfte Heine geradezu verzweifelt um sein

Recht und seinen Stolz. Seine Briefe zeigen, welche Strategien er dabei anzuwenden versuchte: Es waren die des Literaturkampfes, wie sie ihm seit Jahrzehnten vertraut waren. Detmold, Laube, Campe mobilisierte er dabei ebenso wie einen neuen Bekannten, Ferdinand Lassalle. Meyerbeer und Fürst Pückler verwendeten sich in Briefen an Carl für ihn, worauf die beiden berühmten Männer hochmütige Antworten erhielten, in denen Carl sich gar als moralische Instanz gerierte:»[…]ich wünschte Dr. Heine hätte lieber weniger Talent und honettere Gesinnungen. […] einem solchen Menschen dürfte ich nach Recht und Natur keine andere Soulangements, als mit dem Stocke gewähren.«² Heines Kampagne blieb wirkungslos, aber im Februar 1847, bei einem Paris-Besuch Carls, kam es doch noch zu einem Einlenken: Er erhielt die ursprüngliche Pension in voller Höhe sowie die Zusicherung, daß nach seinem Tod die Hälfte der Summe an Mathilde weitergezahlt würde. Und Carl hatte die Gewißheit, daß sein Cousin in Zukunft nichts schreiben würde,»das dem Gedächtniß, der Erinnerung an meinen seligen Vater schaden kann« (HSA XXVI, 166) – wobei natürlich die Frage bleibt, was das denn eigentlich gewesen sein könnte.

Der Pensionsstreit warf seinen Schatten auf die gesamte nachfolgende Zeit. Er lähmte Heines Arbeitskraft anderthalb Jahre lang und schwächte zweifellos seine ohnehin schon angegriffene Gesundheit noch weiter. Es ging ihm immer schlechter, und seine Briefe schildern die Symptome seiner Krankheit mitunter recht ausführlich. Der Plan, nach Berlin zu reisen und sich dort von Johann Friedrich Dieffenbach behandeln zu lassen, einem Kommilitonen aus Bonner Zeiten und inzwischen ein berühmter Arzt, zerschlug sich, weil Heine bei der preußischen Justiz kein freies Geleit erwirken konnte. Wie er schon geahnt hatte, war auch der Kontakt zu Alexander von Humboldt, den er auf den Rat Varnhagens hin aufnahm, keine Hilfe (Nr. 132). Der Polizeiminister teilte Humboldt lapidar und unmißverständlich mit, daß Heine»[…] unter mehreren Anklagen wegen Majestäts Beleidigung und Aufreizung zur Unzufriedenheit steht, mithin die Verhaftung zu erwarten hat, sobald er den preußischen Boden betritt. […] Derselbe

² Werner / Houben I, S. 588.

wird unter diesen Umständen auf Diefenbachs Hülfe verzichten [...] müssen.«3

1846 hatte Heine noch einmal eine Reise unternommen, war mit Mathilde und Peruche, ihrem Papagei, zur Kur in die Pyrenäen gefahren, Anfang 1848 hatte er sich für längere Zeit in einer Klinik behandeln lassen. Aber es half nichts, spätestens im Frühjahr 1848 war die Lähmung seiner Beine so weit fortgeschritten, daß er nicht mehr ausgehen konnte. Über Heines Krankheit und deren mögliche Ursachen wird heute noch spekuliert. Syphilis, Multiple Sklerose, Tuberkulose mit Rückenmarkshaut- und Hirnhautentzündung sind dabei die häufigsten vermuteten »Diagnosen«, über deren Richtigkeit wohl überhaupt kein Urteil mehr möglich ist. Was bleibt, ist das imposante Werk, das Heine dieser namenlosen Krankheit abgerungen hat. Vor allem die Briefe an Campe zeigen, wie akribisch und mit welch enormer Energie er daran gearbeitet hat. Während der Drucklegung des *Romanzero* schrieb der Verleger angesichts der detaillierten und durchdachten Korrekturen Heines denn auch ebenso anerkennend wie besorgt:

> Glauben Sie mir, mein lieber Freund! ich erkenne es mit Bewunderung an, wie Sie in Ihrer Lage einen Fleiß, eine Thätigkeit entwickeln, die mich in Erstaunen setzt. [...] – ich kenne diese Sorgfalt, die Sie üben; alles das, in diesem Maaße, wie es von Ihnen behandelt ietzt vorliegt, mit der ungeheurn Promptitüde verbunden, das eben, setzt mich in Erstaunen Und ich wünsche nur, daß diese Aufgeregtheit, nicht nachtheilig auf Sie zurück wirken mag! Kann Ihr Körper diese Fatiguen aushalten und gut machen, dann will ich es loben –. Fast mögte ich Madame Heine bitten die consequente Anstrengung, n i c h t z u d u l d e n ! (HSA XXVI, 317 f.)

Der Fertigstellung des *Romanzero* war ein über zweijähriges Schweigen von seiten Campes vorausgegangen. Warum er so lange nicht auf Heines Briefe antwortete und was diesen offensichtlichen Vertrauens-

3 Ernst von Bodelschwingh-Velmede an Alexander von Humboldt, 28. 1. 1846. Zit. nach: Heinrich Heine: *Briefe. Erste Gesamtausgabe nach den Handschriften.* Hg., eingeleitet und erläutert von Friedrich Hirth [fortgeführt von Claire Hartgenbusch]. Bd. VI. Mainz 1951 [1957], S. 30. Vgl. auch die Erläuterungen zu Alexander von Humboldt im Personenlexikon, S. 499.

verlust auslöste, ist ungewiß. Heine belastete die Situation sehr, und er war vor allem darüber erbittert, daß Campe die längst geplante Gesamtausgabe nicht anging, über deren Konzeption er sich viele Gedanken gemacht hatte und die er, wie er mehrfach andeutete, mit seinen Memoiren anreichern wollte. Aber auf dieses spezielle Lockmittel ging Campe nicht ein. Georg Weerth gelang es schließlich, das Schweigen zu beenden. Als er im Juni 1851 von Paris nach Hamburg reiste, besuchte er Campe im Auftrag Heines und berichtete diesem danach:

Was die verzögerte Herausgabe Ihrer Gesammtwerke und sein langes Schweigen anbetrifft so entschuldigt er erstere wie bisher durch die schlechten Zeiten; letzteres mit allerlei Ausflüchten, daß es ihm zu peinlich sei, die lange abgebrochene Korrespondenz jezt ohne ein persönliches Wiedersehen auf's Neue anzuknüpfen; daß er durch einen Brief, in dem ihm unwillkührlich etwas Unangenehmes entschlüpfen könne, Sie nicht in Ihrer Krankheit aufregen wolle und daß er namentlich bisher eine gewisse Unbehaglichkeit Ihnen gegenüber empfunden habe, weil Sie seiner Zeit seinen Jungen nicht zur Taufe gehalten hätten, eine Ehre, um die er Sie damals doch so dringend ersucht habe. (HSA XXVI, 294)

Heine hatte damals die Patenschaft für Campes Sohn übernommen, war aber bereits zu krank, um noch zu dessen Taufe nach Hamburg kommen zu können. Ob das aber nun der wahre Grund für Campes Verstimmung war, läßt sich nicht mit Sicherheit bestimmen. Jedenfalls kam er bald darauf nach Paris, und schnell war das alte Verhältnis wiederhergestellt – allerdings nur, um bei den Verhandlungen über die *Vermischten Schriften*, die sich durch Campes Zögerlichkeit sehr in die Länge zogen, erneut auf eine ernste Bewährungsprobe gestellt zu werden.

Heines dritter Gedichtband, der *Romanzero*, mit dem sie ihre Zusammenarbeit nach dem Schweigen wiederaufnahmen, wurde trotz der Verbote in Preußen und Österreich ein großer Verkaufserfolg. Allein zwischen Oktober und Dezember 1851 wurden vier Auflagen mit insgesamt 21 000 Exemplaren verkauft. Zum Teil lag das gewiß auch daran, daß das Publikum ein geradezu voyeuristisches Interesse am persönlichen Schicksal des Poeten in seiner sprichwörtlich gewordenen »Matratzengruft« hatte. Immer wieder wurde in den Zeitungen über den »sterbenden Aristophanes«[4] berichtet, wie man ihn nun nannte. Sensationscharakter hatten auch die umlaufenden Gerüchte über eine angebliche »Bekehrung« des Dichters, die die Öffentlichkeit ebenfalls sehr beschäftigten – fast mehr als sein Werk selbst, so scheint es, das fremd und sperrig in der Literaturlandschaft des Nachmärz stand, in der sich der sogenannte Programmatische oder Bürgerliche Realismus zur wichtigsten Strömung entwickelte. Mit seinen grellen Farben, grotesken Figuren und disharmonischen Tönen erhob der kranke Dichter Einspruch gegen das gewollt Harmonische, demonstrativ »Gesunde« dieser neuen Richtung. Das Scheitern der März-Revolutionen von 1848/49 war inzwischen allenthalben verdrängt worden, die Erinnerung daran wurde überlagert vom allgemeinen Fortschrittsoptimismus und wirtschaftlichen Erfolgen. Heine jedoch hielt die Erinnerung an die Niederlage und an die vormärzlichen Träume wach, sein poetologisches Rezept gegen den politischen Katzenjammer war das genaue Gegenteil von Verdrängung:

> Ja, wie der Mensch, wenn er leidet, sich ausweinen muß, so muß er sich auch auszweifeln, wenn er sich grausam gekränkt fühlt in seinen Ansprüchen auf Lebensglück; und wie durch das heftigste Weinen, so entsteht auch durch den höchsten Grad des Zweifels, den die Deutschen so richtig die Verzweiflung nennen, die Crisis der moralischen Heilung. (DHA XIV, 275)

Diese skeptische Maxime für die Dichtung in Zeiten der Niederlage war nicht nur das zentrale Element von Heines Poetik nach 1848, auch als Briefschreiber machte er sie sich zu eigen. In Briefen an Heinrich Laube (Nr. 155, 157) kritisierte er den einstigen Weggefährten scharf für dessen Buch über das Parlament in der Frankfurter Paulskirche und seine nationalliberale Wendung: »Du hast vielleicht vergessen, daß Du zur revolutionairen Parthei gehört hast.« (S. 388) Die Antwort Laubes auf diese Erinnerung, in der er Heine der »Hurerei mit den Fragen des Staats und des Vaterlands« (HSA XVI, 267) bezichtigte und nun selbst in den Jargon der gemeinsamen Gegner von einst verfiel, macht deutlich, daß die literaturpolitischen Fronten inzwischen anders

---

4 Werner / Houben II, S. 205.

verliefen als zu der Zeit, als ihre Namen noch nebeneinander auf dem Bundestagsdekret gegen das Junge Deutschland gestanden hatten.

Heine empfing viele Besucher in seinen langen letzten Lebensjahren, darunter waren seine Geschwister, alte Bekannte wie Leopold Zunz oder Elise von Hohenhausen, neue Bekannte wie Elise Krinitz, die legendäre »Mouche«, die ihn zu seinen letzten Liebesgedichten inspirierte. Mit Gérard de Nerval und Saint-René Taillandier kamen auch französische Übersetzer seiner Werke zu ihm. Meist waren es Arbeitsbesuche, denn wenn Heine auch nicht selbst übersetzte, so war er an der Redaktion der französischen Versionen seiner Werke doch oft unmittelbar beteiligt. 1855 kamen die ersten Bände seiner französischen Gesamtausgabe heraus. Besonders auf den Erfolg der *Lutèce*, der französischen Fassung der *Lutezia*, war Heine sehr stolz. Das Erscheinen seiner deutschen Gesamtausgabe sollte er jedoch nicht mehr erleben.

127. An Charlotte Embden (geb. Heine), Paris, 29. Dezember 1844

Paris, den 29. Dec. 1844.

Liebe gute Schwester!

Gestern Abend spät erhielt ich Deinen Brief. Du kannst Dir leicht vorstellen, welche schreckliche Nacht ich verbracht habe. Das Gehirn zittert mir im Kopf. Ich kann noch keine zwey Gedanken zusammen fassen. Obgleich ich auf den Fall gefaßt war, erschüttert er mich doch so tief, wie mich seit dem Tode meines Vaters noch nichts bewegt. Ich wundere mich, daß Du bey aller Deiner Betrübniß mir gleich schreiben konntest. Du weinst, aber ich habe bis jetzt noch keine Thräne vergießen können. Den Vortheil habt ihr Weiber, daß ihr leichter weinen könnt. Auch meine Frau weint, sie ist dreymal diese Nacht zu mir gekommen. Du hast recht, daß die Zeit allein hier trösten kann. Wie muß die Therese, das gute Kind leiden! – Und Carl, der arme Junge, wie viel muß der ausgestanden haben! Ehe ich nicht gefaßt und ruhig bin, will ich den armen Kindern nicht schreiben. O Gott, welche ein Kummer!

Unser guter Onkel Henri, wie muß der angegriffen seyn. Sag ihm alles Liebe. Zu condoliren steht mir noch nicht der Kopf. Die Feder zittert mir in der Hand. Dazu sind meine Augen wieder in dem schrecklichsten Zustand. Wenn ich nur weinen könnte! – Noch gestern schrieb ich i h m , obgleich ich das Unglück wohl ahnte. Gebe mir nur recht viele Details über seine letzten Augenblicke. Dieser Mann spielt eine große Rolle in meiner Lebensgeschichte und soll unvergeßlich geschildert werden. Welch ein Herz! Welch ein Kopf! Ueber seine letzten Verfügungen bin ich längst ohne Besorgniß; er hat mir selbst genug davon gesagt oder deutlich angedeutet. Ich gäbe meinen letzten Schilling darum, wenn ich ihn nur 5 Jahr oder auch nur 3 Jahr länger hätte behalten können; ja die Hälfte meiner übrigen Lebensjahre würde ich drum geben. Und wie liebenswürdig behandelte er meine arme Katze. Mir sagte er viel Hartes, er hat diesen Sommer mir in der Aufregung sogar einen Schlag mit dem Stock gegeben – ach Gott! wie gern bekäme ich wieder meine Schläge. Könnte ich nur weinen!

Ich erwarte mit Angst den Jammerbrief von Mutter, die, wie ich sie kenne, sobald nicht beruhigt seyn wird und alle alten Wunden aufreißt. – Schreib mir nur gleich, wie sich Carl befindet, sowie auch Therese, die bey all ihrer Standhaftigkeit doch ein zartes Wesen ist, und schon so viel geduldet. Ihr Vater war ihr Alles und ist sie ihm im ganzen Wesen so ähnlich. Lebe wohl und schreibe mir gleich. Ich habe Dir nichts zu sagen; bin heut nur ein matter Waschlappen. Ich war beständig auf diesen Fall gefaßt, habe mir alles Tröstliche schon längst vorgesagt, und doch trifft mich das Unglück, als wenn es ganz unerwartet, ganz unmöglich gewesen wäre. Ja, ich weiß, daß es wahr ist, daß ich ihn verloren habe, aber ich kann es doch nicht glauben. –

Grüß mir Deinen Mann. Küsse mir die lieben Kinder. Möchte ihnen etwas Heiteres sagen, aber heute vergeht mir der Spaß.

Dein Bruder
H. Heine.

128. *An Jenny Marx, Paris, 1. Januar 1845*

<Fr>au Doktorin!
Meinen freundlichsten Glückwunsch zum Neuen Jahr! Anbey eine Nippe die ich Ihnen als Etrennes schicke – Sie sehen, ich werde ganz Franzose und vergesse die deutschen Ausdrücke.

Recevez, Madame, l'assurance de ma parfaite consideration et agréez-en l'expression sincère.

Heinrich Heine.

d 1 Jan

Mes compliments à Mr Marx. Je prie le bon Dieu de le prendre cette année dans sa sainte et digne garde.

—

Die Kiste für meine Frau könnte der Ueberbringer mitnehmen.

129. *An Julius Campe, Paris, 4. Februar 1845*

Paris den 4. (?) Febr 1845

Liebster Campe!

Ich danke Ihnen für die Theilnahme, die sich in Ihrem jüngsten Briefe ausspricht und Ihre Vermittlung ist mir ganz recht; wahrlich was auf friedlichem Wege zu erlangen ist, darf nicht verabsäumt werden. Ich hätte Ihnen bereits schon früher wieder geschrieben, aber seit 14 Tagen stecke ich bis am Hals in einer Hetze von Quälnissen, hauptsächlich in Folge der preußischen Verfolgungen gegen alle die am Vorwärts geschrieben; heute muß schon Marx weg, und ich bin rein wüthend. Dabey kommen die Umtriebe gemeiner Frankfurter Juden und ihrer Spadassins gegen mich, von feigster Art. Meine Frau krank und ich halb blind. Sie sehen, ich könnte den hamburger Successionskrieg wohl entbehren – können Sie mir ihn vom Halse schaffen, desto besser, und ich führe meine anderen Kriege mit desto mehr Macht. Dr Heise laß ich herzlich danken für den mir versprochenen juristischen Beystand; er irrt sich aber, wenn er glaubt Carl Heine werde es nicht zum Eklat kommen lassen; ich kenne Carl Heine besser, der ist eben starrköpfig wie verschlossen. Auf dem Wege der Ambizion kann man ihm nicht beykommen, denn er ist in dieser Beziehung das Gegentheil des Vaters, der der öffentlichen Meinung wie ein Höfling schmeichelte; Karl Heinen ist es ganz gleichgültig was die Leute reden. Er hat nur drey Leidenschaften: die Weiber, Zigarren und Ruhe. Wenn ich die hamburger Freudenmädchen gegen ihn aufwiegeln könnte, müßte er bald nachgeben. Seine Zigarren kann ich ihm nicht nehmen – aber seine Ruhe. Hier ist die Lücke des Harnisches, die ich benutzen werde, und dazu dient mir eben der Prozeß, der nur der Rahmen seyn soll zu den Tribulazionen die ich aushecke: da kann ich unaufhörlich in den Zeitungen reklamiren, Memoiren schreiben, Gott und die Welt als Zeugen einmischen, bey jedem Inzidenzpunkt einen Eid schwören lassen more m a j o r u m – nein, das hält er nicht aus, und er bittet mich, um Gotteswillen aufzuhören – ehe ich noch den Prozeß verloren habe. Ob ich, um ihn zu gewinnen, hinreichende Beweißthümer besitze, ist Nebensache, o b g l e i c h i c h a u c h d a g u t v e r s o r g t b i n. Aber ich kenne zu gut die Fatalität d e s O r -

t e s und der richterlichen Willkür um auf ein Gewinnen allein zu rechnen.

Vor etwa 8 Tagen kam mir ein hamburger Artikel zu Gesicht, der aus der Cöllner Zeitung in das Frankfurter Journal und andre Blätter übergegangen und die schnödeste Insinuazion in Bezug auf Dr. Halle enthielt. Hätte man etwa von Oppenheim dergleichen gemeldet, von dieser alten Wanze, die aus einer dicken Cravatte hervorlächelt, so würde ich vielleicht der Sache Glauben schenken. Aber so plump handelt nimmermehr der feine, gebildete, taktvolle Halle! In der ersten Regung meines Herzens wollte ich schon in der Allg. Ztg den Leumund des Angegriffenen großmüthig vertreten, aber bey reiferem Nachdenken merkte ich, daß ich auf dem Wege war eine sentimentale Dummheit zu begehen. Uebrigens weiß ich jetzt welche Feindschaft mein Familienunglück gern ausbeuten möchte, um dem Dr. Halle etwas ans Zeug zu flicken u mich auf ihn loszuhetzen. Dieser Tage mußte ich im schlechtesten Wetter, durch dick u dünn, von einem Zeitungsbureau zum andern wandern, um durch persönliche Intervenzion einen Artikel aus Hamburg zu hintertreiben, von dem ich Wind bekommen, daß er gedruckt werden solle, und vorzüglich zwar gegen den Senat, ins Besondere aber ganz furchtbar gegen Dr. Halle gerichtet sey. Und ich versichere Ihnen, er war nicht von Zucker. Aber verdient es der Mann, daß ich mir solche Unbill zu Gemüthe führe? Wenn er auch nie etwas g e g e n mich gethan, so hat er doch niemals etwas f ü r mich gethan, er kannte meine Zukunft in bestimmten Zahlen und er machte mich sorglos in der Gegenwart – er hat wenigstens s t i l l - s c h w e i g e n d viel an mir verbrochen. Er, der j e d e S t u n d e bey meinem Oheim überwachte, mittelbar oder unmittelbar, er hätte durch ein Wort die Gefahr abwenden können. Nein, er stand ruhig dabey als das Messer gewetzt wurde, das mich ins Herz treffen mußte, und als ich wirklich blutend zu Boden sank, schreibt er mir einen liebenswürdigen Brief, worin er die größte Theilnahme für meine Gesundheit und meine literarische Thätigkeit ausspricht, wie ich Ihnen schon geschrieben! Indessen er kann zu seiner Rechtfertigung sagen, daß ich ihn nie mit meinen Interessen ausdrücklich beauftragt. Das ist wahr, und weit entfernt in ihm einen Widersacher zu sehen, habe ich nach reiflichem Nachdenken sogar beschlossen, ihm jetzt meine Interessen vertrauungsvoll in die Hände zu legen und ihn zum Vermittler zwischen mir und Karl Heine zu machen. Dieses ist der Hauptzweck meines heutigen Briefes, und ich bitte Sie in meinem Namen zu Dr Halle zu gehen und seine gütige Vermittlung für mich in Anspruch zu nehmen. Er wird vielleicht diese Gelegenheit gern ergreifen, um mir seinen generösen Diensteifer zu beweisen und er wird gewiß seinen ganzen Credit bey Karl Heine aufbieten, um der fatalen Streitsache so schnell als möglich ein Ende zu machen. Er ist gescheut genug in der Tiefe einzusehen, daß hier wirklich periculum in mora ist, – Wahrlich, was jetzt noch als ein unbedeutendes Fünkchen glimmt, prasselt bald in lichte Flammen auf, und unversehens steht der ganze Wald in Brand, und nicht bloß die Wölfe und Füchse, sondern sogar die unschuldigsten Hasen können dabey lebendig gebraten werden. Dr. Halle hat mehr Intelligenz und Einsicht als die Andern, er weiß auch daß jetzt, wo der furchtbare Tyrann todt ist, vor dem ich zitterte, die Familie gar keine Garantie meiner Unterwürfigkeit mehr besitzt, daß Beschränkung in meinen Finanzen mich mehr erbittert als zähmt, daß ich schonungslos behandelt auch ohne Schonung handeln kann, daß ich, zum Aeußersten gebracht, mich ganz ruhig an den Pranger stellen werde, aber umgeben von meiner ganzen lieben Familie, die auch am Pranger stehen und weit verdrießlichere Gesichter schneiden wird als ich, der ich an dergleichen schon etwas gewöhnt bin und mich übrigens alsdann in dem Purpurmantel meines Ruhmes verhüllen kann. Où peut-on être mieux qu'au sein de sa famille!

Aber hoffentlich kommt es nicht dazu – und deßhalb gebe ich Ihnen unbedingte Vollmacht entweder direkt mit Karl Heine, wenn derselbe dazu geneigt wäre, oder indirekt durch die Vermittlung des Dr. Halle meine Pensionsfrage auszugleichen. Da sowohl meine Finanzen als meine Ehre Ihnen am Herzen liegen, so ertheile ich Ihnen die weiteste Befugniß. Als mein Ultimatum bestimme ich Ihnen zwey Punkte:

1° Die lebenslängliche Pension muß mir unbedingt und unverkürzt, wie ich sie in den letzten Jahren bezog (nemlich 4800 Franks jährlich) l e g a l z u g e s i c h e r t werden, damit ich wenn ich meinen armen Vetter überlebe (was der Himmel verhüte!) von seinen Rechtsnachfolgern nicht gekränkt werden kann; daß die Hälfte der Pension, im Fall ich vor meiner Frau sterbe derselben zu Gute kommen solle, wird gewiß Karl Heine schon aus Großmuth bewilligen, da er ja doch die Wittwe von Heinrich Heine nicht vor Hunger sterben lassen darf. 2º Ich meinerseits bin bereit einen Revers auszustellen worin ich mein E h r e n w o r t gebe nie eine Zeilen zu schreiben, die meine Familie verletzen könnte. Die Abfassung dieser Verpflichtung mag so bindend als möglich seyn – hat dieselbe Ihre Billigung so wird die Unterzeichnung unverzüglich erfolgen. Kann ich den Frieden mir sichern, so werde ich eben so zahm und lenksam seyn, wie ich wild und zähe bin wenn ich Krieg führen muß.

Daß die mir im Testamente vermachten 8000 M mir ebenfalls ausbezahlt werden müssen, versteht sich von selbst; diese haben nichts mit meiner Pensionsfrage zu schaffen. Schon vor 8 Tagen habe ich bey einem Notar eine Vollmacht aufsetzen lassen, wodurch ich Ihnen die Befugniß ertheile jene Summe für mich in Empfang zu nehmen. Wegen der vielen gerichtlichen und Gesandschaftlichen Formalitäten werde ich diese Vollmacht erst in einigen Tagen Ihnen schicken können. Ich habe Ihnen darinn zugleich in Betreff meiner Pension die hinlänglichsten Befugnisse ertheilt meine Rechtsansprüche gerichtlich geltend zu machen und auch zu diesem Behufe einem Advokaten die hinlängliche Bevollmächtigung zu ertheilen. Zahlt man Ihnen die erwähnte Summe gleich aus, so bitte ich Sie mir dieselbe hierher in einem Wechsel auf Paris zu remittiren. Werde Ihnen dieser Tage noch besonders deswegen schreiben.

Was Sie mir von einer Testamentsklausel sagen, wodurch man wegen gerichtlicher Klage sein Legat einbüßen könne, so ist das eitel Spiegelfechterey wie dergl bey vielen Testamenten vorkömmt; wäre sie ernsthaft durchzuführen, so brauchte der Universalerbe eigentlich gar kein Legat auszuzahlen: denn wegen Chikanen muß man doch klagen, sonst bekömmt man nichts von gewissen Leuten; – und nun sollte eben diese Klage das Resultat haben, daß man nichts bekäme? Wie können vernünftige Leute sich durch ein solches Dilemma des Unsinns verblüffen lassen! Nein, liebster Freund, mein Legat wird nicht präjudizirt durch eine Klage zur Erlangung meiner Pension, eben so wenig wie letztere präjudizirt wird durch die Annahme des Legats – doch das führt zu weit. Für heute genug. Apropos des Testamentes meines

Oheims: suchen Sie doch, aber ohne daß ich Kosten dadurch mir mache, eine richtige Abschrift desselben zu bekommen. Ich dürfte vielleicht später in den Fall kommen dasselbe mit Randglossen herauszugeben.

Sehen Sie doch die Revue des deux Mondes vom 15 Januar zu lesen; es ist ein großer Artikel über mich darinn und Ew. Wohlgeboren werden darinn sehr huldreich erwähnt

Und nun, leben Sie wohl, u machen Sie daß ich meine Familienärgernisse mir schnell vom Halse schaffe; sie stören mich verflucht.

Ihr Freund
H. Heine.

Besonderer Zusatz.

Liebster Campe!

Zu dem beykommenden Briefe noch einige kompletirende Worte:

Ich habe diesen Brief nicht bloß für Sie geschrieben, sondern auch den Hintergedanken gehabt, daß Sie ihn an Dr. Halle lesen lassen. Sie zeigen ihm denselben, bitten ihn g e n a u zu lesen, damit er Ihre Bevollmächtigung ermesse. Sie gehn in der Frühe zu ihm wenn kein Gerichtstag für ihn. Er wird, weil er das nächste Opfer der Publizität seyn würde, seiner selbst wegen die Sache betreiben bey Carl Heine, u ist die Filzigkeit des letztern unüberwindlich so ist Halle reich genug durch eignen Zuschuß Carl H. zu bestimmen. Sie müssen in solchem Falle ihn fühlen lassen, daß er jetzt so reich ist und was thun könne, um ganz prächtig da zu stehen. Eile thue Noth. Sie wissen welche ungestüme Federn zunächst ins Feld rücken wollten. Das ist wahr, ich brauch nur zu pfeifen, und gar die französische u englische Presse. Jemand wollte hier einen Art. im Charivari drucken: comment on devient Senateur à Hambourg; Halle wäre auf immer verloren wenn es geschähe. Dergleichen lassen Sie merken. Lassen Sie den Anzug ungeheurer Mistkarren ein bischen riechen. In Betreff meines Ultimatums bemerken Sie sich noch Folgendes:

Von der Summe der Pension (4800 Fr) kann ich mir keinen Sous abkürzen lassen. Bestehen Sie auch so viel als möglich drauf, daß man die Hälfte nach meinem Ableben meiner Frau bewillige. Finden Sie unüberwindlichen Wiederstand, so geben Sie diesen letztern Punkt auf. Später denke ich mit Carl H. versönt dieses ergänzen zu können. Die Leute haben hier Gelegenheit generöse zu seyn oder es zu scheinen. Es ist mir ganz gleichgüldig, daß sie sich das Ansehn geben mögen Alles aus Generösität gethan zu haben. In dieser Beziehung mögen Sie, liebster Campe, ihnen allen möglichen Vorschub leisten. In der Erklärung, die Sie sich anheischig machen sollen zu drucken, um in der Presse das Ende des Handels anzukündigen, können Sie alle Schuld des Mißverständnisses auf mich schieben, die Großmuth der Familie hervorstreichen, kurz mich sakrifizieren.

Ich gestehe Ihnen heute offen, ich habe gar keine Eitelkeit in der Weise ander Menschen, mir liegt am Ende gar nichts an der Meinung des Publikums; mir ist nur eins wichtig, die Befriedigung meines innern Willens – die Selbstachtung meiner Seele.

Was den Revers betrifft, den ich zu unterzeichnen erbötig bin, so liegt mir wenig dran, daß Sie ihn so bindend als möglich ausstellen. Wahrlich, was ich schreibe überliefere ich um keinen Preis einer Verwandtencensur, aber ich will gern meinen Privatgroll verschlucken und gar nichts über das Lumpenpack schreiben, das sich alsdann seines obscuren Daseyns ruhig erfreuen mag u seiner blöden Vergessenheit nach dem Tode sicher seyn wird. Komme ich später mit Karl Heine auf besseren Fuß, so werde ich mich mit ihm leicht verständigen über das was ich jetzt unbedingt aufgebe. Sie können daher den Besorgnissen der Leute von meiner Seite die bestimmtesten Garantien geben u hier jeden zufrieden stellen. Ich habe im Grunde bessere Personen zu schildern als die Schwiegersöhne meines Oheims.

So haben Sie freye Hand u ich bitte Sie schaffen Sie Ruhe meinem Geiste, der wirklich eine bessere Beschäftigung verdient. Ich ward durch die Geschichte in der köstlichsten Arbeit unterbrochen u die widerwärtigsten Gelddiskussionen ertödten in mir alle Poesie. Und gar ein Prozeß. Hätte ich kein Weib u übernommene Verpflichtungen, ich schmisse dem Volk den ganzen Bettel vor die Füße. Zum Unglück ist mein Wille auch so starr wie *<der>* eines Wahnsinnigen – das liegt in meiner Natur. Ich endige vielleicht im Irrenhause.

In einigen Tagen schicke ich Ihnen die notarielle Vollmacht zur Hebung des Legats. Ich zweifele nicht daß man es Ihnen unbedingt auszahlt, ohne Chikane in der Abfassung der Quittung, widrigenfalls Sie mit noch größerem Skandal drohen. Man hat mich schon niederträchtig genug behandelt; hier, in der f r a n z ö s i s c h e n Societät, in der vornehmen Welt, wo die Hinterlassenschaft von *Salomon* H. Aufmerksamkeit erregt, ist man indignirt über die Handlungsweise meiner Sippschaft. Ich habe überall die öffentl Meinung für mich. Sorgen Sie nur daß die Verschreibung die ich von Carl H. verlange nicht durch späteren Letzwillen annullirt werden kann. Will man meine Verzichtleistung auf Publikazion von Familienangelegenheiten darin als Verpflichtung von meiner Seite anführen, so mag es immerhin geschehen, u der Akt ist alsdann glaub ich ein Contrakt. Genug, die Form ist gleichgültig u ich will nur die Sache, die Sicherstellung der Pension, u da ich bona fide mein Versprechen zu halten gedenke, so ist mir auch gleichgültig wie stark man mich bindet.

Und nun, leben Sie wohl, theurer Freund, handeln Sie mit Diskrezion u Amenität, und bringen Sie die Sache zum schleunigsten Abschluß. Antwort nur bald.

Ihr Freund
H. Heine.

130. *An Giacomo Meyerbeer, Paris, 24. Dezember 1845*

Hochgeehrter Maestro!

Ich verhehle Ihnen nicht, daß ich es nicht verschmerzen kann irgend eine Fehlbitte bey Ihnen gethan zu haben. Ich muß daher Abschied von Ihnen nehmen.

Indem ich mich nun von Ihnen entferne, kann ich nicht umhin, zu meiner eignen Genugthuung, Ihnen zu bedeuten, daß Sie keine Ahnung davon haben, wie sehr es für Sie und andre vom höchsten Nutzen war, daß ich seit 15 Jahren den Posten von Paris behauptete, trotz aller Geld- und Gesundheitsopfer, die mir dieses kostspielige und hitzige Pflaster auferlegte.

In Betreff der Volkslieder-Melodien gebe ich Ihnen Ihr Versprechen zurück. Nachdem ich Jahrenlang von Ihnen an der Nase herumgeführt worden, verzichte ich auf jene Herausgabe. Ich habe den H^{rn}

Escudièr hiervon Anzeige gemacht und ihnen ihre Vorschüsse (1000 fs) zurück erstattet. Vielleicht gebe ich Ihnen nächstens die 500 fs zurück, mit denen Sie jüngst behaupteten sich von Ihrem Worte losgekauft zu haben; ich entbinde Sie lieber gratis jener Verpflichtung. Ich kann Ihnen ebenfalls nicht verhehlen, wie sehr ich in diesem Augenblicke einsehe daß Sie nur in der Musik ein Genie sind, daß ich nur diesem meine Bewunderung und Verehrung zollen darf.

Heinrich Heine.

P. den 24 Dezember 1845.
(Todestag meines armen Oheims)

Monsieur / Mr Meyerbeer. / Rue Richelieu. / Hotel de Paris. / Paris.

131. *An Karl August Varnhagen von Ense, Paris, 3. Januar 1846*

Paris den 3 Januar 1846.

Theuerster Varnhagen!
Es ist dieses der erste Brief den ich in diesem neuen Jahre schreibe und ich beginne ihn mit dem heitersten Glückwunsch. Möge in diesem Jahre leibliches wie geistiges Wohlseyn Sie beglücken! Daß Sie von körperlichen Leiden oft niedergedrückt, höre ich hier mit großer Betrübniß. Ich hätte Ihnen gern zuweilen ein tröstendes Wort zugerufen, aber Hekuba ist eine schlechte Trösterinn. Mir ging es nemlich in der jüngsten Zeit spottschlecht und das Schreiben selbst erinnert mich beständig an mein körperliches Mißgeschick: ich kann kaum meine eignen Schriftzüge sehen, indem ich ein ganz geschlossenes und ein bereits sich schließendes Auge habe, und jeder Brief mir eine Pein. Ich ergreife daher mit innigster Freude die Gelegenheit Ihnen durch einen Freund mündlich Nachrichten von mir zukommen zu lassen, und da dieser Freund eingeweiht ist in allen meinen Nöthen kann er Ihnen umständlich mittheilen, wie entsetzlich mir von meinen nächsten Sippen und Magen mitgespielt worden, und was etwa in dieser Beziehung noch für mich zu thun wäre. Mein Freund, Herr Lassalle, der Ihnen diesen Brief bringt, ist ein junger Mann von den ausgezeichnetsten Geistesgaben: mit der gründlichsten Gelehrsamkeit, mit dem weitesten Wissen, mit

dem größten Scharfsinn, der mir je vorgekommen, mit der reichsten Begabniß der Darstellung, verbindet er eine Energie des Willens und eine Habilité im Handeln, die mich in Erstaunen setzen, und wenn seine Sympathie für mich nicht erlöscht, so erwarte ich von ihm den thätigsten Vorschub. Jedenfalls war diese Vereinigung von Wissen und Können, von Talent und Charakter, für mich eine freudige Erscheinung, und Sie, bey Ihrer Vielseitigkeit im Anerkennen, werden gewiß ihr volle Gerechtigkeit widerfahren lassen. Herr Lassalle ist nun einmahl so ein ausgeprägter Sohn der neuen Zeit, die nichts von jener Entsagung und Bescheidenheit wissen will, womit wir uns mehr oder minder heuchlerisch in u n s e r e r Z e i t hindurchgelungert und hindurchgefaselt – Dieses neue Geschlecht will genießen und sich geltend machen im Sichtbaren; wir, die Alten, beugten uns demüthig vor dem Unsichtbaren, haschten nach Schattenküssen und blauen Blumengerüchen, entsagten und flennten, und waren doch vielleicht glücklicher als jene harten Gladiatoren, die so stolz dem Kampftode entgegengehn. Das tausendjährige Reich der Romantik hat ein Ende, und ich selbst war sein letzter und abgedankter Fabelkönig. Hätte ich nicht die Krone vom Haupte fortgeschmissen und den Kittel angezogen, sie hätten mich richtig geköpft. Vor vier Jahren hatte ich, ehe ich abtrünnig wurde von mir selber, noch ein Gelüste mit den alten Traumgenossen herum zu tummeln im Mondschein – und ich schrieb den Atta Troll, den Schwanengesang der untergehenden Periode, und Ihnen habe ich ihn gewidmet. Das gebührte Ihnen denn Sie sind immer mein wahlverwandtester Waffenbruder gewesen, in Spiel, und Ernst; Sie haben gleich mir die alte Zeit begraben helfen und bey der neuen Hebammendienst geleistet – ja, wir haben sie zu Tage gefördert und erschrecken – Es geht uns wie dem armen Huhn das Enteneyer ausgebrütet hat und mit Entsetzen sieht wie die junge Brut sich ins Wasser stürzt und wohlgefällig schwimmt!

Ich bin durch Buchhändler-Vertrag verpflichtet den Atta Troll herauszugeben; das soll in einigen Monathen geschehen, mit Vorsicht, damit man mir nicht den Prozeß macht und mich köpft.

Sie merken, theurer Freund, wie vague, wie ungewiß mir zu Muthe ist. Solche schwachmatische Stimmung ist jedoch zumeist in meiner Kränklichkeit begründet; schwindet der Lähmungsdruck, der gleich einem eisernen Reif mir die Brust einklemmt, so wird auch die alte Energie wieder flügge werden. Ich fürchte jedoch das wird noch lange dauern. Der Verrath der im Schooße der Familie, wo ich waffenlos und vertrauend war, an mir verübt wurde, hat mich wie ein Blitz aus heiterer Luft getroffen und fast tödtlich beschädigt; wer die Umstände erwägt, wird hierin einen Meuchelmords-Versuch sehen; die schleichende Mittelmäßigkeit, die zwanzig Jahre lang harrte, ingrimmig neidisch gegen den Genius, hatte endlich ihre Siegesstunde erreicht. Im Grunde ist auch das eine alte Geschichte, die sich immer erneut.

Ja, ich bin sehr körperkrank, aber die Seele hat wenig gelitten; eine müde Blume ist sie ein bischen gebeugt, aber keineswegs welk und sie wurzelt noch fest in der Wahrheit und Liebe.

Und nun leben Sie wohl, theurer Varnhagen; mein Freund wird Ihnen sagen wie viel u wie unaufhörlich ich an Sie denke, was um so begreiflicher, da ich jetzt gar nicht lesen kann, und bey den langen Winterabenden nur von Erinnerungen mich erheitere.

Heinrich Heine
46. Faubourg Poisonnière

132. *An Alexander von Humboldt, Paris, 11. Januar 1846*

Herr Baron!

Das Wohlwollen womit Sie mich seit Jahren beehren, ermuthigt mich Sie heute um einen Dienst anzugehn.

Trübselige Familienangelegenheiten rufen mich dieses Frühjahr nach Hamburg, und ich möchte alsdann, die Gelegenheit benutzend, einen Abstecher für einige Tage nach Berlin machen, theils um alte Freunde wieder zu sehen, theils auch um die Berliner Aerzte über ein sehr bedenkliches Uebel zu konsultiren. Bey einer solchen Reise, deren einziger Zweck Erheiterung und Gesundheit ist, darf ich wahrlich von keiner atra cura beängstigt werden, und ich wende mich an Sie, Herr Baron, mit der Bitte, durch Ihren hohen Einfluß, mir von den resp. Behörden die Bestimmte Zusicherung zu erwirken, daß ich von denselben, während meiner Reise durch die könig. Preußischen Staaten, wegen keinerley Beschuldigungen, welche auf die Vergangenheit Bezug haben, in Anspruch genommen werden soll. Ich weiß sehr gut, daß ein solches Gesuch keineswegs im Einklang steht mit den dortigen administrativen Bräuchen; aber in einer Zeit die selbst etwas exceptionel ist, dürfte man sich vielleicht dazu verstehen, die alte Registratur mit einer Rubrik für exceptionelle Zeitgenossen zu bereichern.

Empfangen Sie, Herr Baron, im Voraus meinen tiefgefühlten Dank, und betrachten Sie meine Bitte selbst als einen Beweis der Verehrung womit ich verharre,

Herr Baron!

Ihr ergebener u gehorsamer
Heinrich Heine.
(46, Faubourg Poissonnière)

Paris den 11 Januar
1846.

133. *An Honoré de Balzac, Paris, 27. Februar 1846*

Mon cher Balzac!

Je vous prie de diner chez moi mercredi prochain (4 mars) à 6 heures. Vous trouverez les amis: Royer, Gozlan, les Escudièr, Gautier. Celui-ci qui prétend savoir votre addresse s'est chargé de vous faire remettre ces lignes; rassurez moi sur leur sort par un petit mot. Bien des choses de la part de mon épouse et d'autres jolies femmes que vous verrez mercredi.

Mille compliments de votre tout dévoué

Henri Heiné
46, faub. Poissonière.

ce 27 février

[Übersetzung]
Mein lieber Balzac!
Ich bitte Sie, kommenden Mittwoch (4. März) um 6 Uhr bei mir zu Abend zu essen. Ebenfalls eingeladen sind unsere Freunde Royer, Gozlan, die Escudiers und Gautier. Ich habe jemanden, der behauptet Ihre Adresse zu

kennen, damit beauftragt, diese Einladung zu überbringen; lassen Sie mich kurz wissen, ob Sie meine Nachricht erhalten haben. Alles Gute von meiner Frau und anderen hübschen Frauen, die Sie Mittwoch sehen werden.

Tausend Grüße von Ihrem ganz ergebenen

Henri Heiné

134. *An Julius Campe, Paris, 2. März 1846*

Paris den 2. Merz 1846.

Mein theuerster Campe!

Ihren Brief v. 22. Feb. habe ich erhalten und ich eile Ihnen sowohl zu Ihrem männlichen Opus zu gratuliren als auch Ihnen für die Ehre zu danken, die Sie mir dabey anweisen. Mit Vergnügen will ich meinen künftigen Verleger über das Taufbecken halten, wenn Sie bis zu der Zeit wo dieses geschehen soll noch immer diesen Wunsch hegen. Ich will alles mögliche thun um alsdann in Hamburg seyn zu können, aber offen gestanden biete ich in dieser Beziehung keine hinreichende Sicherheit, denn meine Krankheit ist in diesem Augenblick kritischer als je, sie hat seit 14 Tagen entsetzliche Fortschritte gemacht, und tritt keine heilsame Krisis ein, so wird mir die Reise schwerlich rathsam seyn, um so mehr da dort eben jene fatalen Familienangelegenheiten, die mir meine Gesundheit u Laune gekostet, mich von Angesicht zu Angesicht erwarten, eine Emozion die mir schädlicher wäre als Arsenik. Vielleicht aber ist auch diese Misère früher beseitigt.

Was Sie von Carl Heine äußern ist ganz richtig. Meyerbeer hätte längst sowohl Recht als Verpflichtung gehabt ihm zu schreiben, er wird es aber nicht thun da ich jetzt mit ihm sehr gespannt bin. Aber s c h r i f t l i c h hat mir hier Meyerbeer das bestimmte Zeugniß ausgestellt, daß mein Oheim, als er mir durch seine Vermittlung die Pension stipulirte, ganz ausdrücklich die Lebenslänglichkeit derselben ausgesprochen hat, indem er nemlich sie aus dem Grunde (wie Meyerbeer mir bezeugt) mir aussetzte, »damit ich in meiner kraftvollen Zeit mich nur der Poesie zu widmen brauche und später im Alter nicht nöthig hätte von Nahrungssorgen bedrückt zu seyn.«

Doch, liebster Freund, um diesen Punkt handelt es sich nicht, Carl Heine hat weder das Versprechen der Pension noch die Lebenslänglichkeit derselben gradezu in Abrede gestellt; auch um die thatsächliche Auszahlung des Geldes handelt es sich nicht, da Carl Heine den ungefähren Betrag mir bereits für dieses Jahr schon zukommen lassen und auch nach eignen Aeußerungen an dritte Personen den Geldpunkt als geringfügig ansieht: es handelt sich um die Niederträchtigkeit der Form in welcher man mir das Geld giebt, um das erbärmliche Hin- und Herzerren und Herabwürdigen und beständigen Androhen bey diesem Geben oder Hinschmeißen einer Geldsumme, die man mir jeden Augenblick entziehen zu können androht, wenn Klage käme oder wenn ich nicht reuig genug sey, oder wenn nur irgend eine sträfliche Aeußerung von mir laut würde – unter diesen Umständen ist keine Existenz möglich. Das ahnen jene Leute nicht, die vielleicht eine solche Existenz ertragen würden. Ich that alles was moralisch möglich war, ich bat meinen Vetter förmlich um Verzeihung, ich gelobte als einen Akt der Großmuth anzusehen was ich als eine Rechtsverpflichtung erfechten wollte, und ich erwartete von Carl Heine eine legale Anerkennung der Pension in optima forma zu erhalten. Diese blieb aus, Willkür, Knickerey trat ein, dann wieder eben so willkürliches Verbessern, immer beleidigende Form und beständige Aufreitzung und Beunruhigung, statt des definitiven Friedens den ich von der Selbstdemüthigung erwartete. Heute so, morgen so, Alles um meine etwanigen Rechtsansprüche zu verhöhnen und mich zu einem Bettler herabzuwürdigen. Soll ich doch einmal betteln, so will ich wenigstens nicht bey Freunden betteln, lieber bey Feinden, und die Pension werde ich öffentlich meinem Vetter zu Füßen schmeißen. Ich soll vor Aerger k r e p i r e n äußert sich jüngst jemand von der Sippschaft.

Jetzt werden Sie meine Lage verstehen. Ich kann kaum schreiben, so entsetzlich ist mein letztes Auge angegriffen. Die Emozion bringt ebenfalls die schauderhaftesten Wirkungen auf meine Brust- u Bauchlähmung hervor. Seit 12 Monathen habe ich an Dettmold nach Hannover nicht geschrieben, eben solche Emozion zu vermeiden. Geben Sie ihm doch gefälligst Nachricht von mir, recht bald; ich habe Gründe.

Was Sie mir in Bezug des Mossieu Rieser sagen wundert mich nicht. Daß er die Hand im Spiel hatte, wo eine für meine Würde nachtheilige Fälschung vorfiel, ist immer sonderbar. Ist dieser Shylok denn noch nicht zufrieden? Hat er mir nicht bey dem Testamente meines Oheims das gewünschte Pfund Fleisch unter dem Herzen herausgeschnitten? – O, wie dank ich dem Himmel, nicht zu seyn wie meine Feinde. Ich bin ganz ohne Galle und Arg. Mein Herz kennt nur den heiligsten Götterzorn. Auch bin ich nur äußerlich, leiblich krank; geistig genieße ich der unsterblichsten Gesundheit. Hätte ich nur Ruhe um meine letzten Schöpfungen ans Licht zu stellen! – Grüße an Ihre Frau und alle Heiter- und Wohlgesinnten.

Ihr Freund
H. Heine.

135. *An Alexander Weill, Barège (haute Pyrenées),*
     25. Juli 1846

Bareges, Dep. des hautes Pyrenées,
den 25 Juli 1846.

Liebster Weil!

Ihren zweiten Brief ohne Datum (der Mangel des letztern ist das Wahrzeichen daß der Schreiber kein Geschäftsman) habe ich erhalten und ich danke Ihnen daß Sie mich nicht ohne Nachrichten gelassen. Da ich wohl bis Ende des nächsten Monats hier bleiben muß, so können Sie mir noch mehrmals schreiben, unter derselben Addresse. Ich fühle mich etwas besser als vor einigen Wochen, aber meine Gesichtsparalisie scheint inveterirt zu seyn, ja böslicher als früher, da ich jetzt nur mit großer Anstrengung einige Minuten und nicht länger sprechen kann. Meine innere Lebenkraft, oder besser gesagt mein Lebenswille verläßt mich nicht und wenn das Gehirn meiner Feinde so gelähmt ist wie das meinige könnten sie Gott danken; aber eine trübe Melancholie erfaßt mich zuweilen in furchtbarer Stärke. Madame Heine befindet sich wohl, die Bäder bekommen ihr sehr gut und sie ist heiter und so verträglich als es ihrem Naturel nur irgend möglich ist. Sie hat bereits zwey allerliebste Bälle hier genossen. Denken Sie sich unseren Schrekken: vorigen Donnerstag war unsere Peruche davongeflogen! Sie hatte den Flug nach dem Gebirge genommen und wir verzweifelten schon sie in den immensen Wäldern jemals wiederzufinden. Meine Frau lief verzweiflungsvoll u weinend im Dorfe umher, ein Bild des naivsten Jammers. Aber was ist dem französischen Militär unmöglich! Die hier badende Soldaten, lauter intelligente, in Afrika geübte Burschen, haben die Cokotte aufgefangen und in Triumpf wieder eingebracht. Ich habe wahrlich Respekt für diese Kerls und vergleiche ich sie mit meinen heimischen Klötzen, die nur blind drein hauen können aber durch Verstand keinen Hund, viel weniger eine Perüche aus dem Loche locken können, so zweifle ich gar nicht dran, daß der Rhein mit der Zeit wieder die Trikolore abspiegeln wird! – Leben Sie wohl, schreiben Sie mir bald und viel. – Meine Frau läßt Sie freundschaftlich grüßen.

Ihr
H. Heine.

Lassen Sie doch im Courier français mit einigen Zeilen daß mir hier die Bäder sehr gut bekommen.

136. *An Julius Campe, Tarbes, 1. September 1846*

Tarbes den 1ten Sept. 1846.

Liebster Campe!

Ich habe lange mit Schreiben gezögert, hoffend es würde mit mir besser gehen, so daß ich Ihnen erfreulichere Dinge zu melden hätte als heute; leider aber hat mein Zustand, der sich seit Ende May bedenklich verschlimmert, in diesem Augenblick eine so ernsthafte Form angenommen, daß ich selbst erschrecke. Während den ersten Wochen, die ich in Barèges zubrachte, hatte ich mich etwas erholt und Hoffnung geschöpft, aber seitdem ging es den Schneckengang; meine Sprachwerkzeuge sind so gelähmt daß ich nicht sprechen kann, und essen kann ich nicht seit vier Monath, wegen der Schwierigkeit des Kauens und Schluckens und der Abwesenheit des Geschmacks. Auch bin ich entsetzlich abgemagert, mein armer Bauch ist kläglich verschwunden, und ich sehe aus wie ein dürrer einäugiger Hannibal. Traurige Symptome (beständige Ohnmachten) haben mich nun bestimmt nach Paris zurückzueilen und gestern hab' ich Barèges verlassen. Ich bin keineswegs ängstlich, sondern sehr gefaßt und trage wie bisher, mit Geduld, was sich nicht ändern läßt und ein altes Menschenschicksal ist.

Meine Meinung geht dahin, daß ich nicht mehr zu retten bin, daß ich aber vielleicht noch eine Weile, ein oder höchstens zwey Jahre, in einer trübseligen Agonie mich hinfristen kann. Nun, das geht mich nicht an, das ist die Sorge der ewigen Götter, die mir nichts vorzuwerfen haben und deren Sache ich immer mit Muth und Liebe auf Erden vertreten habe. Das holdselige Bewußtseyn, ein schönes Leben geführt zu haben, erfüllt meine Seele selbst in dieser kummervollen Zeit, wird mich auch hoffentlich in den letzten Stunden bis an den weißen Abgrund begleiten. – Unter uns gesagt, dieser letztere ist das wenigst Furchtbare, das Sterben ist etwas Schauderhaftes, nicht der Tod, wenn es überhaupt einen Tod giebt. Der Tod ist vielleicht der letzte Aberglaube.

Was soll ich zu dem Zufall sagen, der eben in jetziger Zeit eine falsche Todesnachricht von mir in Deutschland verbreitete? Diese hat mich eben nicht ergötzlich gestimmt. Zu anderen Zeiten hätte ich drüber gelacht. Zum Glück hatte ich fast gleichzeitig einen Artikel in der Allg. Ztg., der meinen Feinden gewiß eine Freude verdorben hat, wenn sie nicht etwa selbst jene Nachricht geschmiedet.

So wie ich nach Paris komme, schreibe ich Ihnen in Betreff meiner Gesammtausgabe, die ich jetzt nicht länger verschoben sehen möchte. Ich bitte Sie, da jetzt noch Dampfschiffe gehen, schicken Sie mir gefälligst alle meine Bücher (die Exemplare, die ich hatte, sind alle verzettelt) und ich gebe mich gleich an die Durchsicht und Anordnung der Gesammtausgabe. Daß ich Ihnen den Troll noch nicht geschickt, ist wahrlich nicht meine Schuld; die Familiengeschichten hatten mir alle gute Laune geraubt und die zunehmende Krankheit verhinderte mich das Gedicht nachträglich so auszurüsten, wie ich es gern thäte; jetzt aber will ich es, wie es auch gehe, schnell fördern und werde es bey meiner Ankunft in Paris schnell vornehmen. Mein Geist ist klar, sogar schöpferisch geweckt, aber nicht so beseligend heiter wie in den Tagen meines Glück Gott verzeihe meiner Familie die Versündigung die sie an mir verschuldet. Wahrlich nicht die Geldsache, sondern die moralische Entrüstung, daß mein intimster Jugendfreund u Blutsverwandter das Wort seines Vaters nicht in Ehren gehalten hat, das hat mir die

Knochen im Herzen gebrochen und ich sterbe an diesem Bruch. – Wie ich höre hat meine falsche Todesnachricht meinen Vetter sehr erschreckt; er hatte wahrlich erschreckende Gründe.

Unter den jetzigen Umständen ist es wohl überflüssig gewesen, Ihnen besonders zu melden, daß ich auf das Vergnügen Ihr Söhnchen über die Taufe zu halten verzichten muß. In diesem Jahr wäre ich sehr gern nach Hamburg gekommen um meine alte Mutter noch einmal zu sehen und mich an heimischer Theilnahme in meinem Unglück zu trösten! Aber es sollte nicht seyn. – Meine Finanzen sind schlecht, diese Krankheit und die Reise nach Barèges haben mich schier ausgebeutelt, und ich weiß wahrhaftig nicht wie ich die zunehmenden Lebenskosten diesen Winter erschwinge! Selbst indem ich die 200 M b°, die ich dieses Jahr von Ihnen zu fodern habe, bey meiner Ankunft in Paris an die Ordre von A. Leo auf Sie abgebe (ohne weiteren Advis) bin ich noch nicht sehr gefördert! Bloß meine Aerzte haben mir in einem Monath mehr gekostet! Doch genug davon, ich gerathe hier auf das Kapitel das in jedem deutschen Dichterleben so fürchterlich bitter rabaschirt wird. –

Leben Sie wohl und glücklich, und seyn Sie überzeugt, daß ich es immer ehrlich und gut mit Ihnen gemeint und auch Ihre freundschaftliche Sympathie immer zu schätzen wußte. Grüßen Sie mir alle dortigen Freunde. – Ich habe in Paris meine Wohnung verändert und wohne jetzt: Faubourg Poissonnière N° 41. –

Ihr treu ergebener
H. Heine.

137. *An Betty Heine, Paris, 28. Februar 1847*

Paris d 28 Februar 1847.

Liebe gute Pracht-Mutter!

Dein und Lottchens jüngsten Briefe, worin die Beantwortung meiner Anfrage bey Campe, habe ich richtig erhalten und ich danke Dir herzlich, liebes Lottchen, für die rasche Förderung. Ich habe jetzt Mittel gefunden wie ich gleich Antwort von Euch haben kann, nemlich durch eine Commission. – Ich hoffe Ihr befindet Euch alle sehr wohl. Hier ist wieder eine grimmige Kälte eingetreten, die mir eben nicht sehr zuträglich ist. Ich befinde mich jedoch ziemlich wohl; mein Zustand bessert sich peu à peu und ich sehe einem angenehmen Frühling und Sommer entgegen. Nur meine armen Augen sind sehr leidend oder vielmehr die Augenlieder zieht die krampfhafte Lähmung immer tiefer herab, so daß ich jetzt sehr schlecht sehe; die Augen selbst sind gesund. Mit Carl Heine bin ich ganz aufs Reine, ja, ich bin sogar sehr mit ihm zufrieden. Nicht bloß daß er mir die Pension, ganz wie ich sie früher von seinem Vater bezogen, bis an mein Lebensende auszahlt, sondern er hat mir noch außerdem das feyerliche Versprechen ertheilt, daß nach meinem Tode (Gott erhalte mich!), die Hälfte der Summe, nemlich 2400 Franks, als lebenslängliche Pension auf meine mich überlebende Frau übergehen solle. Das ist mir lieber als wenn er mir eine große Summe geschenkt hätte. Zwar ist noch eine große Frage ob die Katze mich überlebt, aber sie ist so verwöhnt und unerfahren, daß ich nicht genug für sie sorgen kann. Wär sie klüger würde ich mich minder mit ihrer Zukunft beschäftigt haben, und auch hier siehst Du wie die Dummheit eine glückliche Gottesgabe ist, denn Andre müssen für sie sorgen.

Meine Geschäfte gehn übrigens gut. Ich meine nicht die der Börse, von denen ich mich mit einem blauen Auge zurückziehe.

Von Dir und dem lieben Lottchen und den Unterputen sprechen wir hier beständig. Gott erhalte Euch. Schöne Grüße an meinen Schwager Moriz, besonders von meiner Frau, die einen Narren an ihm gegessen hat. Carl war verwundert mit welchem Enthusiasmus meine Frau von Moriz sprach; auch er lobte ihn.

Und nun lebt wohl und behaltet mich lieb.

H. Heine.

Madame / Betty Heine, nèe de Geldern. / 20. rue Dammthorstraße / à / Hambourg.

138. An Heinrich Laube, Paris, 3. April 1847

Sonnabend d 3 April

Liebster Laube!

So eben schickt Mignet zu mir und läßt mir sagen daß Dich Thiers auf morgen zum Mittagessen einladet und daß Du also Punkt halb sieben zu ihm (Mignet) morgen Nachmittag kommen sollst, damit er mit Dir alsdann zu Thiers gehe um mit Dir dort zu speisen. Fürchtend daß Du vielleicht morgen zu frühe ausgehest, habe ich Dir diese Mittheilung noch diesen Abend machen wollen. Ich bitte Dich, erwarte mich morgen bis 11 Uhr bey Dir; ich komme ganz gewiß.

Ich blieb bis gegen 2 heute zu Hause, führte meine Frau nach dem Davidschen Conzert und kehrte bald wieder nach Hause in Erwartung Dich zu sehen, was leider nicht der Fall. Diesen Morgen hab ich, obschon im ekelhaftesten Zustand, mir die Weilsche Vorrede vom Halse geschrieben.

Verflucht schlechte brustglucksende Nächte; hätte ich nicht Frau und Papagey, ich würde (Gott verzeih mir die Sünde) wie ein Römer der Misère ein Ende machen!

Dein Freund H. Heine.

No. 15.

139. An Betty Heine, Paris, 19. April 1847

Paris d 19 April 1847.

Liebste gute Mutter!

Deinen Brief v 13ten habe ich erhalten und mit Freuden daraus ersehen, daß Ihr Euch wohl befindet, so wie auch daß Madame Gustav gekalbt hat. Ich lasse ihn durch Euch gratuliren. Er hat von jeher nur Mädchen machen können, das ist keine Kunst, und wenn ich das gewollt hätte, so könnte ich jetzt Vater von neun Töchtern seyn, so gut wie Apollo, der die neun Misen erzeugte. – Von Gustav hör ich aus Wien nur Gutes, es soll ihm ganz vorzüglich gehn. Früher hörte ich schon mit großer Verwundrung, daß er sehr ökonomisch wirthschafte; (ich dachte freylich an den C o m i s s ä r) – Grüß ihn mir herzlich, ich denke oft an ihn und noch gestern Nacht fiel mir ein, wie einst als kleiner Junge betheuerte, daß er seine Mutter lieber habe als seine Katze, ja, daß er sie mehr liebe als sechs Katzen.

Mein liebes Lottchen umarme ich brüderlichst, so wie auch die Puten.

Ich befinde mich heiter und wohl; klage aber gegen die ganze Welt, und wenn Du etwa hörst daß ich in's Gras beiße, so sey überzeugt, daß ich nur in einen guten Kuchen beiße. Mit meinen Augen ist leider noch nichts geändert, es ist Krampf, der auch den Mund affizirt, und warscheinlich schwindet das durch die nervenstillende Landluft und Landruhe. Doktoren will ich gar nichts mehr an mir lassen. Ich sehe alle diejenigen welche diesen Winter gestorben sind haben einen Arzt gehabt.

Ich bin in diesem Augenblick, wo ich mich schon zum Hinausziehen aufs Land vorbereite, mit der Ordnung meiner Papiere beschäftigt. Diesmal gehe ich alle meine Briefe wieder durch und verbrenne alle worin nur das gringste Verfängliche, besonders in Familienbeziehung, steht. So hab ich leider von Dir einen Theil Briefe und von Lottchen fast alle dem Feuer übergeben müssen; was mir sehr wehe that, denn ich liebe Euch mehr als sechs Katzen!

Ich habe den Atta Troll in französischer Sprache herausgegeben und er fand den außerordentlichsten Beyfall.

Grüß mir Max wenn Du ihm schreibst; auch bitte ich Dich, schicke mir noch einmahl seine Petersburger Addresse; habe sie verlegt und will mir die Mühe sparen sie aufzusuchen.

So eben kommt meine Frau zu mir (sie wohnt nemlich sechs Zimmer entfernt von meinem Arbeitszimmer) und ohne daß ich es ihr sage, merkt sie daß ich Euch schreibe und läßt Euch mit vielen Küssen und Zärtlichkeiten grüßen. Auch diese Katze liebe ich mehr als sechs andre Katzen. – Meinen Schwager läßt sie noch ganz besonders grüßen und bey dieser Gelegenheit füge ich ebenfalls einige Grüße bey für Moritz. Du hast keinen Begriff davon, liebes Lottchen, wie sehr vortheilhaft meine Frau von Deinem Manne eingenommen ist. Auch Ludwig läßt sie grüßen, meinen Herren Neffen.

Eur getreuer
H. Heine.

Montmorency, den 27. Julius 1847.

Liebste gute Mutter!

Wenn ich Dir jetzt wenig schreibe, so geschieht es einestheils, weil ich Dir wirklich nichts Erhebliches mitzutheilen habe, anderseits, weil ich, seitdem ich auf dem Lande lebe, so faul bin, daß ich vor Tinte und Feder einen wahren Abscheu empfinde. Ich befinde mich leidlich wohl; doch mein Augenübel ist halsstarrig. Ich darf fast gar nicht lesen, und das Schreiben ist mir ebenfalls nicht sonderlich heilsam. Diesen Winter werde ich mir in Paris einen Vorleser anschaffen, der mir zugleich als Secretär dienen soll. Wenn Du daher alsdann mahl einen Brief von mir erhälst, der nicht eigenhändig geschrieben ist, so erschrick nicht; ich sag es Dir 6 Monath voraus. – Ich will hoffen, daß Du in Deinem jüngsten Brief (den Du direct hierher addressirt), die Wahrheit gesagt hast, und Dich wohl befindest; Du hast keinen Begriff davon, wie sehr ich manchmal mich ängstige, wenn ich an Euch denke.

Ich gehe selten nach Paris, und lebe hier still und friedsam in meiner Ländlichkeit; ich pflege mich mit Gewissenhaftigkeit. Seit 2 Tagen ist ein schändlich schlechtes Regenwetter, und bey meiner Frau zwitschern die Grunzvögelchen; sie liebt Dich und Lottchen unaussprechlich, und wir sprechen beständig von Euch. Sie führt sich sehr gut auf bis auf die kleine Launenhaftigkeit und die große Verbrengerey. Immerhin, da ich keine Kinder habe, verbrengt sie im Grunde nur ihr eignes Geld, da ich ihr weniger hinterlassen werde, als wenn sie sparsam wäre! – Mein liebes Lottchen und die Kinder grüße ich herzlich. Ach, hätte ich nur heute eine Gräupchensuppe, wie man sie bey Lottchen bekommt, oder einen Auflauf, wie Anna sie liebt! –

Lebt wohl und schreibt mir hierher nach Montmorency direct unter der angegebenen Addresse. –

Es gießt der Regen wie mit Eimern vom Himmel herunter.

Eur getreuer
H. Heine.

So eben wo ich im Begriff den Brief zu versiegeln, erhalte ich Euren lieben Brief vom 23 Juli; da nichts darauf zu antworten ist, so ist es wieder an Euch mir bald zu schreiben. Ich küsse Euch.

H. Heine

141. *An Leopold Wertheim, Montmorency, 20. September 1847*

Montmorency, den 25. Sept. 1847.

Liebster Wertheim,
Mir geht es so schlecht, oder vielmehr es geht gar nicht mehr; seit 14 Tagen sind auch meine Beine und Füße so paralysirt, daß ich nicht das Zimmer verlassen konnte und kaum wenige Schritte zu gehen vermag. Der Unterleib ebenfalls so bedeutend paralysiert und ich bin mehr als unwohl. Ich will deshalb Donnerstag mich wieder nach meiner alten Wohnung (Faubourg Poissonnière 41) verfügen, wo Sie mich Donnerstag Abend oder Freitag früh finden können. So ist mir also auch Montmorency mißglückt, wie voriges Jahr Barège, und mein Schicksal eilt dem Ende entgegen. Ich trage es mit Ruhe und Stolz.

Ihr
H. Heine.

142. *An Betty Heine, Paris, 4. Dezember 1847*

Paris d 4 Dez. 1847.

Liebe gute Mutter!
Aus Deinem jüngsten Briefe ersah ich mit Freude daß Du auf der Besserung, und ich hoffe daß Du mir die Wahrheit gesagt hast. Was m e i n e Gesundheit betrifft, so leide ich noch immer an meinen Augen, aber im Uebrigen befinde ich mich besser als gewöhnlich. Ja, ich bin von Herzen seit zwey Jahren noch nicht so frisch und gesund gewesen wie seit 14 Tagen; das kommt von einem Kräutertrank den ich als Cur jetzt trinke und der mich, nach der Betheurung meines Arztes radikal herstellen soll, so daß ich einem guten Winter entgegen sehe. So-

bald meine Cur vollendet erzähle ich Dir mehr davon. (Ich hab eine Feder mit der ich nicht schreiben kann, kann auch keine andre heute schneiden, da es sehr dunkel schon ist und meine Wohnung leider nicht sehr hell – letztere ist überhaupt nicht nach meinen Wünschen, da ich, zumal heute, beständig klopfen höre.

Wenn ich nicht irre, muß dieser Tage Dein Geburtstag seyn und ich sage Dir mit herzlichster Liebe meinen Glückwunsch. Da ich nicht weiß ob ich Dir noch vor Neujahr schreibe, gratulire ich Dir bey dieser Gelegenheit doppelt – Was soll ich Dir zum Weihnacht schenken? Einen Critall-Leuchter für Deinen Salon oder einen türkischen Teppich? Ich habe gestern einen gesehen der nur 6000 Franks kostet. Meine Frau hat mir bereits mein Weihnachtsgeschenk gekauft (für ihr erspartes Geld) nemlich einen prächtigen Nachtstuhl, der wirklich so prächtig, daß sich die Göttinn Hammonia desselben nicht zu schähmen brauchte. Ich vertausche ihn nicht gegen den Thron des Königs von Preußen. Ich sitze darauf ruhig und sicher und scheiße allen meinen Feinden was!

Mein liebes Lottchen küsse ich, so wie auch die Puten. Schreib mir bald, mein gut lieb alt Mausel. Eur getreuer

H. Heine

143. *An Betty Heine, Paris, 30. März 1848*

Paris, 30. Merz 1848.

Liebste gute Mutter!

Eben weil es jetzt so stürmisch in der Welt und hier besonders tribulant hergeht, kann ich Dir wenig schreiben. Der Spektakel hat mich physisch und moralisch sehr heruntergebracht. Ich bin so entmuthigt, wie ich es nie war. Will jetzt ganz ruhig leben und mich um nichts mehr bekümmern. Mitten in der Krisis meiner Cur ging der Lerm los, und nicht blos Geld, sondern auch Gesundheit hab ich eingebüßt. – Sollten die Sachen sich hier, wie ich fürchte, noch düsterer gestalten, so gehe ich fort, mit meiner Frau, oder auch allein. Bin sehr verdrießlich. In Deutschland muß es auch nicht angenehm zugehen, und dahin hab ich auch kein großes Begehr. Meine Frau befindet sich wohl. Wir leben still und von der Welt abgesondert. Ich will mich in keinem Fall hervorstellen. Dennoch werde ich von den hiesigen Deutschen viel verläumdet. Sie sagen mir nach, ich hätte von der vorigen Regierung Geld bekommen, man habe meinen Namen auf der Pensionsliste gefunden. – Nennt mich Liberchen-Esser! so viel Ihr wollt! Das Wetter ist wunderschön, und ich gehe viel spaziren. Meine Haushaltung geht ihren ruhigen Stiefel fort. Meine Frau führt sich gut auf. Führte sie sich nicht gut auf, so würde ich ihr jetzt die Freyheit geben, wie alle Könige ihren Völkern; sie würde dann sehen, was bey der Freyheit herauskömmt. – Du hast keinen Begriff davon, welche Misère jetzt hier herrscht. Die ganze Welt wird frey und bankrott. – Leb wohl! Schreib mir nur viel, liebe Mutter. Auch Du, liebes Lottchen. Rechnet aber nicht viel auf Nachrichten von mir; setze gar zu ungern die Feder an. Fürchte das Schreiben. – Um meine Addresse noch bestimmter zu machen, so schreibt: An H. Heine chez Mr. Faultrièr, 84 Rue de Lourcine à Paris.

So lasse ich alle meine Briefe jetzt addressiren, denn ich traue meinem Hausportier nicht. Hat die F a m i l i e viel Geld verloren? Schreib mir nur viel, lieb Lottchen und küsse mir die Puten. Meine Frau, die Verbrengerin, grüßt herzlich.

H. Heine.

144. *An Julius Campe, Paris, 26. April 1848*

Paris den 26 April 1848.

Liebster Campe!

Ich schreibe Ihnen heute um Sie auf Ihr vorletztes Schreiben und Ihr jüngstes vom 18 dieses nicht ganz ohne Antwort zu lassen, wenigstens in Bezug auf die in letzterem enthaltene Anfrage. Ich bin seit einigen Wochen kranker als je und ohne die größte Anstrengung kann ich keine Zeile aufs Papier bringen. Auch diktiren kann ich nicht; denn seit 20 Tagen sind meine Kinnladen gelähmt, kann ohne Krämpfe nur halb hörbar wenig sprechen, und dadurch daß ich nichts konsistentes mehr kauen kann, bin in diesem Augenblick sehr schwach. Kann nicht mehr auf den Beinen stehen. – Warum haben Sie also gewartet, warum hatte ich also keine Antwort vorig Jahr als ich Ihnen mein Prospekt zur Gesammt Ausgabe schickte? Damahls war ich noch im Stande zu arbeiten. Warum keine Antwort auf mein letztes Schreiben wo ich um Quittung, Lebens und Sterbens wegen, dringend bat? Warum, während mir alle Freunde Zeichen der Theilnahme widmeten, obstinirten Sie, Campe, sich immer, meinen Krankheitszustand zu ignoriren? Waren Sie immer sicher daß ich der thätigen Hülfe in solchem Zustande nicht manchmal bedürftig? Und sagte Ihnen Ihr Gewissen nie daß Sie dazu moralisch einigermaßen verpflichtet gewesen seyn möchten, wenn auch keine merkantilische Obligatio zu erfüllen war? Seyn Sie in dieser Beziehung außer Sorge, es geht mir pekuniär noch nicht ganz schlecht, und ginge es ganz schlecht so sind die Verpflichteten die letzten denen ich verpflichtet seyn möchte in meinen letzten Tagen.

Ich hoffe dieser Tage im Stande zu seyn Ihnen in Bezug auf Ihr vorletztes Schreiben mehr zu sagen. Schicken Sie mir jedenfalls gleich Abschrift des oberwähnten Prospektus u Ihre Wünsche in Betreff der Reihenfolge der Schriften sollen bey der Gesammtausgabe beachtet werden; hinzuschreiben kann ich jetzt leider nichts mehr. Warum warteten Sie?

Was die neue Auflage des 1ten Theils der Reisebilder u des 1ten Theils des Salons betrifft, so können Sie immerhin beide Bücher wieder so abdrucken wie sie sind. Ich habe nie meine Gesinnung geändert und habe also auch seit der Februar Revoluzion nichts in meinen Büchern zu ändern. Die neue Aufl des 1ten Reisebilderbands lassen gefälligst nach der 2ten Auflage abdrucken, nicht nach der ersten. Die Gedichte im 1ten Salontheile sind in den »Neuen Gedichten« bey erneuertem Druck manchmal verbessert u ich bitte den Abdruck hiernach zu bewerkstelligen.

Ich habe mir unsägliche Mühe gegeben meinen trostlosen Zustand meiner Mutter zu verbergen, und ich empfehle Ihnen ernsthafteste Diskrezion. Vielleicht erspart der Himmel der alten Frau den Kummer welchen Ihr die Kenntniß meines Elends bereiten müßte. Deßhalb darf auch meine Schwester nichts wissen u auch diese habe ich immer zu täuschen gewußt. – Ich bleibe bis zum 7ten May in der Heilanstalt wo ich seit 2 ½ Monath darniederliege u ich begebe mich wieder, um die großen Unkosten zu sparen, nach meiner Wohnung rue de Berlin N° 9, wohin Sie gefälligst Ihre Briefe addressiren wollen. Ich werde, wie gesagt, Ihnen die nächste Woche schreiben – der Kranke rechnet immer auf bessere Tage. Mein Kopf ist frey, geistesklar, sogar heiter. Auch mein Herz ist gesund, fast lebenssüchtig, lebensgierig gesund – und der Leib so gelähmt, so makulaturig. Bin wie lebendig begraben. Sehe niemand, spreche niemand. – Schreiben Sie mir was es neues in Deutschland giebt. – Grüßen Sie mir mein junges Pathchen, der kommt zu einer wunderlichen Zeit in die Welt! Leben Sie wohl u seyn Sie überzeugt daß ich Ihnen des zeitlichen Wohles in Hülle u Fülle wünsche und Ihnen ohne Eigensüchtigkeit wie immer freundschaftlich ergeben bin.

Heinrich Heine.

145. *An Charlotte Embden (geb. Heine),*
      Passy, 12. Juni 1848

Passy den 12 Juni 1848.

Liebes Lottchen!

Vorgestern sagte ich in einem Briefe an Campe, dass derselbe Dich davon unterrichten solle wie mein wahrer Gesundheitszustand; meine Frau wünschte daß ich Dich nicht in allzugroßer Täuschung, die der Mutter wegen nöthig war, länger erhielte, damit wenn ich peigere Du Dich nicht zu sehr erschrickst. Letzteres aber, liebes Kind, wird hoffentlich nicht so bald geschehen und ich kann mich ein Dutzend Jahre noch hinschleppen wie ich bin, leider Gottes. Bin seit 14 Tagen so gelähmt, daß ich wie ein Kind getragen werden muß; meine Beine sind wie Baumwolle. Meine Augen entsetzlich schlecht. Von Herzen aber bin ich wohl u mein Hirn u Magen sind gesund. Werde gut gepflegt, u es fehlt mir gar nichts zur Bestreitung großer Krankheitskosten; ich klage aber sehr, und jammere. Meine Frau führt sich gut auf, u wir wohnen sehr angenehm. Sterbe ich in diesem Zustand, so ist mein Ende doch noch besser, als das von 1000 Anderen.

Nun weißt Du woran Du bist. Gern hätte ich Euch diesen Sommer besucht, vielleicht sehe ich Euch nächstes Frühjahr, oder Du kommst vielleicht nächstes Jahr hierher. Dieses Jahr bin ich im Grunde froh Dich nicht hier sehen zu können, wegen des Weltrevoluzionsgepolters, das Ihr dort gewiß in eben so hohem Grade wie wir hier zu ertragen habt. Ja, wir leben in einem miserabelen Momente, u ich wünschte wohl und heiter, und nicht auf einige kranke Augenblicke, ein Wiedersehen mit Dir zu genießen. Werde ich aber besser werden? Das weiß Gott, der alles zum Besten lenkt. – Leb wohl, grüß mir Deinen Mann, meinen Neffen u meine drey Nichten oder Nischten. Schreib mir oft u viel, wie es dort aussieht bey der Familie. Der Mutter wollen wir nach wie vor meine Krankheit verheimlichen. Ich wohne: 64. grande rue à P a s s y, près de Paris.

Schreib mir nochmals Deine Addresse; ich hab sie vergessen und addressire den Brief an die alte Strasse.

Dein Dich herzlich liebender und getreuer Bruder
H. Heine.

146. *An Betty Heine, Passy, 26. Juni 1848*

Passy den 26 Juni 1848

Liebste Mutter!

Da wieder in Paris ein großes Blutbad angerichtet worden, so bist Du gewiß meinetwegen in Sorgen, und ich eile daher Dir zu melden daß wir hier in großer Sicherheit die drey schrecklichen Tage verlebt und ich auch vor der Hand hier in behaglichster Ruhe das Ende der Dinge abwarte.

Ich erhalte keinen Brief von Dir u unsere Besorgniß ist manchmal unerträglich. Ich schreibe Dir in größter Eile. – Meine Frau läßt küssend grüßen, Dich sowohl als Lottchen.

Die Welt ist voll Unglück und man vergißt sogar sich selbst.

Dein getreuer Sohn
H. Heine.

Petite Fée!
(C'est sous ce nom qui vous a été donné par Madame Heine, que vous êtes connue chez nous). J'ai encore à vous remercier de la première gracieuse lettre que vous m'avez écrite au moment où vous alliez monter en voiture pour vous rendre a u x R o c h e s ou chez Madame de Grignan, je ne sais. Ce matin j'ai reçu votre seconde lettre dont le ton affectueux et compatissant me fait beaucoup de bien quoique la nouvelle que vous me donnez n'est guère réjouissante. Pour dire la vérité, je suis tellement abassourdi de douleurs physiques que cette mauvaise nouvelle, la non-réussite aux Affaires-étrangères, ne me fait pas grand-chose: un coup d'épingle à un homme qui se trouve sur le brasier ardent de la torture du St Office. En attendant je vous remercie du zèle que vous avez montré à cette occasion et je vous prie d'être aussi auprès de Monsieur votre frère l'organe de ma réconnaissance sincère.

Je vous écris aujourd'hui pour vous dire que dès demain vous ne me trouveriez plus dans ma v i l l a d o l o r o s a de Passy, que je quitte pour rentrer à Paris rue de Berlin N° 9 (au coin de la Rue d'Amsterdam); je n'y resterai que jusqu'à ce que Madame Heine ait trouvé un appartement plus convenable à l'état de ma santé. Depuis que j'ai eu la consolation de vous voir, mes maux ont augmenté et des symptômes alarmantes me décident à rentrer à Paris. –

Je ne veux pas être enterré à Passy: le cimetière doit y être bien ennuyeux. Je veux me rapprocher de celui de Montmartre, que j'ai depuis longtems choisi pour ma dernière résidence. Mes crampes n'ont pas cessé: au contraire, elles ont envahi toute l'épine dorsale et montent jusqu'au cerveau, où elles ont fait peut-être plus de dégât que je ne puis constater moi-même; des pensées réligieuses surgissent …

Adieu, petite fée, que le bon Dieu vous pardonne vos enchantements et qu'il vous prenne dans sa sainte et digne garde

Heinri Heiné
Passy ce 19. Sept. 1848.

[Übersetzung]
Kleine Fee!
(Unter diesem Namen, den Ihnen Madame Heine gegeben hat, sind Sie bei uns bekannt.) Ich habe Ihnen noch für den ersten freundlichen Brief zu danken, den Sie mir in dem Augenblick geschrieben haben, in dem Sie in den Wagen gestiegen sind, um sich entweder n a c h R o c h e s oder zu Madame de Grignan zu begeben. Heute morgen habe ich Ihren zweiten Brief erhalten, dessen liebevoller und mitfühlender Ton mir sehr wohl tut, obschon die Neuigkeit, die Sie mir mitteilen, nicht sehr erfreulich ist. Ich bin, um die Wahrheit zu sagen, von physischen Schmerzen derart betäubt, daß die schlechten Nachrichten über den Mißerfolg der auswärtigen Angelegenheiten mir nicht viel ausmachen: ein Nadelstich für einen Menschen, der sich in dem glühenden Flammenmeer der Folter des heiligen Offiziums befindet. In der Zwischenzeit danke ich Ihnen für Ihr Engagement in dieser Angelegenheit und bitte Sie, auch bei Ihrem Herrn Bruder die Stimme meiner aufrichtigen Dankbarkeit zu sein.

Ich schreibe Ihnen heute, um Ihnen zu sagen, daß Sie mich ab morgen nicht mehr in meiner v i l l a d o l o r o s a in Passy finden werden, aus der ich ausziehe, um nach Paris zurückzukehren, in die Rue de Berlin Nr. 9 (an der Ecke der Rue d'Amsterdam). Ich werde dort nur so lange bleiben bis Madame Heine eine Wohnung gefunden haben wird, die meinem Gesundheitszustand eher entspricht. Seit dem Zeitpunkt Ihres trostreichen Besuches haben sich meine Leiden vergrößert, und beunruhigende Symptome veranlassen meine Rückkehr nach Paris.

Ich möchte nicht in Passy begraben werden: Der dortige Friedhof soll recht langweilig sein. Ich möchte in der Nähe des Friedhofs Montmartre sein, den ich seit langem als meine letzte Bleibe ausgewählt habe. Meine Krämpfe haben nicht aufgehört, sondern sie haben, ganz im Gegenteil, auch auf mein Rückgrat übergegriffen und sind bis zum Gehirn gestiegen, wo sie vielleicht einen größeren Schaden angerichtet haben als ich es selbst feststellen kann. Religiöse Gedanken entstehen …

Leben Sie wohl, kleine Fee, möge der liebe Gott Ihnen Ihren Zauber verzeihen und Sie unter seine heilige und würdige Obhut nehmen.

Henri Heiné
Passy, den 19. September 1848

148. An Maximilian Heine, Passy, 3. Dezember 1848

Aelterer, etwa vor 5 Monath geschriebener Brief.

Liebster Max!

Ich habe von Tag zu Tag gezögert, Dir auf den zweiten Brief, den ich von Dir richtig erhalten, zu antworten; aber ich wartete immer auf eine gute Stunde und bessere Mittheilungen, als ich Dir zu machen vermag. Seit ich Dir zuletzt schrieb oder vielmehr schreiben ließ, habe ich das Bett nicht verlassen und mich Tag und Nacht in den unerhörtesten Krämpfen umhergewühlt; letztere fangen an, minder schmerzhaft zu sein und auch die Krämpfe im Rückrate haben nachgelassen, seitdem ich zwei Cautheres im Genicke und andere zwei Cauteres am entgegengesetzten Ende des Rückens, im Kreuze nemlich, mir setzen ließ und zwar auf Anrathen einer großen Consultation, wozu Chomel und Rostan gehörten. Außer Jodine férugineuse nehme ich keine Medizin. Zwei Aerzte, der Doktor Wertheim und Dr Grubi behandeln mich. Ersterer leitet mein ganzes traitement und besucht mich mehrmals des Tages, sowohl als Freund als in ärztlicher Hilfsleistung. Ich habe Hoffnung, daß mein Zustand allmählig leidlicher werde und daß ich bald wieder außerhalb dem Bette einen Theil des Tages auf dem Sessel zubringen kann. Auch mit meinen Augen wird es besser gehen, da die Augen selbst nicht krank, sondern nur schwach sind und durch den Krampf manchmal so verschlossen sind, daß ich, nur wenn ich das rechte Augenlied mit der Hand aufziehe, etwas sehen kann. Diese thatsächliche Blindheit ist ungemein verstimmend und in Verbindung mit dem Unwohlsein, welches die Bettlägrigkeit hervorbringt, ist in mir, in meinem Gemüthe, eine Weinerlichkeit und Seufzerei aufgekommen, die meiner innersten Natur fremd ist und die mich, als ein unheimliches Phenomen, noch extra beängstigt. Es darf Dich nicht Wunder nehmen, wenn eines frühen Morgens meine Muse sogar als eine Betschwester Dir entgegentritt. In meinen schlaflosen Marternächten verfaße ich sehr schöne Gebete, die ich aber doch nicht niederschreiben laße und die alle an einen sehr bestimmten Gott, nemlich an den Gott unserer Väter gerichtet sind. Die alte Garde-malade, die bei mir wacht, sagte mir vorige Nacht, daß sie gegen den Krampf in den Knieen ein sehr gutes Gebet wisse und ich bat sie mit großem Ernst, für mich es hinzubeten, während sie mir zu gleicher Zeit eine heiße Serviette um die Kniee wickelte: Das Gebet hat eine gute Wirkung gethan und der Krampf wich. Was wird man aber im Himmel von mir sagen; ich sehe schon, wie mancher Engel von Gesinnung sich verächtlich über mich äußert: da sehen wir ganz diesen charakterlosen Menschen, der, wenn es ihm schlecht geht, durch alte Weiber eine Fürbitte machen läßt bei derselben Gottheit, die er in gesunden Tagen am ärgsten verhöhnte. Liebster Max! Du hast keinen Begriff davon, wie viel ich gelitten habe und wie viel ich in diesen Leiden Charakterstärke, schauerlichstarke Charakterstärke an den Tag gelegt habe. Blos meines Weibes wegen habe ich diesen Leiden nicht ein Ende gemacht, wie es wohl einem Manne erlaubt wäre, dem alle Hoffnung erloschen ist, je wieder das Leben genießen zu können und dessen Herz noch außerdem an so manchen unheilbaren Wunden siecht. Es scheint mir jetzt daß jedes moralische Ungemach, daß jeder Kummer noch zu ertragen wäre, wenn man dabei spatzieren gehen könnte. Aber mit zerrissenem Herzen unaufhörlich auf dem Rücken liegen, auf dem wunden Rücken, das ist unerträglich. – Meine äußere Lage hat sich etwas verbessert; ich habe eine neue Wohnung bezogen, welche mir besser gefällt, als die vorige und die nur den Fehler hat, daß sie etwas zu klein ist; ein Uebelstand, der mich nöthigt, an dem ganzen Haushaltungsspektakel unwillkührlich Theil zu nehmen, so wie ich denn in diesem Augenblicke einigermaßen aus dem Concepte komme durch eine Diskussion, welche sich zwischen meiner Gattin und der Köchin entsponnen hat. Meine Frau ist übrigens ein herrliches, holdseliges Weib, und wenn sie eben nicht zu laut z e c k e l t, ist ihre Stimme ein tönender Balsam für meine wunde Seele. Ich liebe sie mit einer Leidenschaftlichkeit, die über meine Krankheit hinausragt und in diesem Gefühle bin ich stark wie matt und lahm auch meine armen Glieder. Bei dieser Gelegenheit bemerke ich Dir auch die Hausnummer meiner neuen Wohnung, an welche Du hinfür direkt Deine Briefe adressiren kannst: Ich wohne nemlich: rue d'Amsterdam. N⁰ 50 à Paris. Ich hoffe, bald unter dieser Adresse einen Brief von Dir zu empfangen.

Ich wiederhole Dir, meine Adresse ist: Monsieur Henry Heine, rue d'Amsterdam 50 à Paris

Die Adresse worunter Du mir zuletzt schriebst ist jedoch immer eine sichere, da die Briefe die solchermaßen adressirt, mir immer von einem sicheren Freunde zugeschickt werden der immer meine Wohnung genau kennt. Ich wünschte auch daß Du mir eine solche Nothadresse mittheilen möchtest womit ich Dir meine Briefe zuschicken kann, im Fall ich einmal Deine temporäre Wohnung nicht wüßte, oder Deine jetzige Adresse verlöre die so barbarisch ist daß ich sie nicht im Gedächtniß behalten kann. Von Geldangelegenheiten will ich Dir erst in einem nächsten Briefe schreiben da ich heute zu sehr agacirt bin, auch die Mittheilungsweise nicht sehr bequem ist. Wie Du an der Doppelhändigkeit der Schriftzüge merken wirst ... soviel will ich Dir nur heute bemerken daß Du mit Recht durch die Hierherreise Carls eine Verbesserung meiner Finanzen erwarten konntest. Als er hieher kam schickte er mir einen Abgesandten, ein Stück Aaron Hirsch der neueren Zeit der ihn entschuldigen sollte daß er ohne mich zu besuchen wieder abgereist sei und zwar nach London, und der zugleich mir insinuirte daß Carl wohl bereitwillig sei mir eine Summe Geldes zu geben die aber nicht über 10 000 Francs hinauslaufen möchte, thcils um meine dringenden Schulden zu decken, theils um die, durch meine Krankheit vergrößerten Tagesausgaben reichlicher zu bestreiten. Ich gab diesem Abgeordneten eine Note worin ich den Wunsch aussprach daß Carl 5000 Francs an bestimmte Personen hier, deren Forderungen drückender Art, auszalen möchte; daß er ebenfalls 2000 frcs remboursiren möchte an eine nicht in Paris wohnende Person, die ein Familien-Mitglied sei und mir jene Summe vorgestreckt habe, die ich also in jedem Fall als eine drückende Ehrenschuld betrachte; und endlich daß er mir für das bevorstehende Jahr noch 3 000 Frcs Zuschuß in beliebigen Terminen zufließen lassen möge. Der erwähnte Abgeordnete kam bald darauf und theilte mir die Resolution mit, nehmlich einen Brief den Carl an ihn geschrieben und den ich Dir vielleicht in natura hier mitschicke damit Dir der Character dieser Verhandlung anschaulich werde und ich mich nicht darüber näher zu expectoriren brauche. Daß Carl alles bewilligte und nur erst den Namen des Familien-Mitgliedes dem ich 2000 Frcs schulde wissen wolle, ehe er auch diese Summe octroyire, war mir nicht einmal befremdlich; so dumm war ich und so sehr verkannte ich das Hochgefühl dieser Leute, unbelehrt trotz aller Erfahrungen!

Alles verlangte wurde bewilligt, ich bekomme für 1849 einen Zuschuß von 3000 Frcs in vierteljährlichen Raten; die 5000 Frcs die ich auf hiesigem Orte schuldete und die mich nicht wenig drückten, wurden Gottlob richtig ausbezahlt an die betheiligten Personen, in verdrießlich directester Weise; nur bei dem erwähnten Familien-Mitgliede in St Petersburg, nehmlich bei der Erwähnung seines Namens, fand ich unerwarteten Widerspruch, und obgleich der Ambassadeur mir betheuerte daß sein Freund Carl gewiß späterhin auch diese Summe hingeben werde, so gestand er mir doch daß er sie momentan verweigere, aus mancherlei Gründen, namentlich weil der Gläubiger in St Petersburg, wie er von ihm selber wisse, dieser Summe nicht bedürftig sei und vielmehr sich in den blühendsten Umständen befinde. Ich habe Dir liebster Max dieses Factum melden müssen und werde später darauf zurückkommen um mit Dir zu verabreden daß jene 2000 Frs nicht verloren gehen und ich bei günstigerer Gelegenheit meine Dummheit redressiren kann. Du verstehst mich; der jetzige Augenblick ist nicht der rechte und mein Verhältniß zu Carl wird Dir in seiner ganzen Schnödigkeit einleuchten wenn ich Dir sage daß ich ihn bis jetzt noch nicht mit Augen geschn habe, obgleich er meinen grausenhaften Krankheitszustand kennt und daß er mich trotz jener Kenntniß, indirecter Weise mit einer Brutalität regalirt hat wie ich sie mir kaum in meinen gesündesten Tagen vom Alten zu erfreuen hatte. Zur Beschönigung will ich jedoch bemerken daß alles mögliche geschieht um ihn von mir entfernt zu halten. –

Ich weiß nicht ob ich mich oben deutlich genug ausgesprochen da mir das Dictiren heute so schwer wird und ich mich obendrein einer ganz neuen Feder bediene, die noch nicht mit meiner Art und Weise vertraut ist. Am verdrießlichsten wird es mir wenn ich meiner Mutter zu schreiben habe und mich einer fremden Feder bedienen muß. Es schneidet mir tief durch's Herz wenn ich bedenke wie bekümmert die arme Frau sein muß wenn sie meine Schriftzüge nicht sieht. Sie glaubt jedoch nur an einem Augenübel und hat keine Ahnung von der Größe meines Unglücks. Ich rassürire sie von Brief zu Brief daß ich bald ganz hergestellt sein und ihr eigenhändig schreiben werde wenn mein Augenarzt es erlaubt. Meiner Schwester jedoch habe ich die Wahrheit nicht verhehlt.

375

Über Gustav wirst Du eben so gut als ich authentische Nachricht haben, ich glaube er hat bei dem allgemeinen Unglück noch profitirt. Die Ereignisse in Deutschland wirken sehr unangenehm auf meine Gemüthsstimmung. Welche ekelhafte Misère. Es ist vielleicht ein Glück für mich daß ich mich in nichts zu mischen brauchte, auch ist es mir sehr lieb daß Du so ferne von dem Schauplatz dieser Gräuel lebst, ich bitte Dich inständigst, schreibe mir wie es Dir geht und schreibe mir viel und oft. Du weißt ja nicht wie lange Du mich noch hast. Wie oft weine ich nach Dir! wie blutet mir das Herz daß ich Dich meinen einzigen Freund nicht bei mir habe in dieser schrecklichen Zeit. Ich bin ganz allein, ich lebe in einer schauerlichen Einsamkeit, obgleich mitten in Paris, dem Tummelplatz aller Leidenschaften. Leb wohl, ich liebe Dich unaussprechlich.

Dein getreuer Bruder
H. Heine

3 Dezember 1848

149. *An Gustav Kolb, Paris, 17. April 1849*

Paris den 17. April 1849.

Liebster Kolb!

Ich bitte Sie den beikommenden Aufsatz, welcher »Berichtigung« betitelt ist, in der Allgem. Zeitung abzudrucken, und zwar so bald als möglich, da er bereits sehr spät kommt, was sehr begreiflich ist bei den Schwierigkeiten, womit jede schriftliche Manifestazion von meiner Seite verbunden ist; ich liege nämlich seit einem Jahre zu Bette und bin zu schwach die Feder in der Hand zu halten. Ich denke oft an Sie und hege die Absicht Ihnen bald einen großen Brief mit Herzensergießungen zukommen zu lassen. Ich hätte Ihnen noch so vieles zu sagen, ehe mir der schwarze Thanatos auf immer den Mund verschließt. – Hier ist Alles still, denn wir haben, was wir wollen und sogar ein alter Bonapartist wie ich bin, mag allenfalls zufrieden gestellt seyn, wenn er vive Napoléon rufen hört! Dem Kommunismus geht es auch gut, obgleich er über schlechte Zeiten jammert. Wir haben alle kein Geld mehr und somit existirt de facto die communistische Gleichheit. Auch haben wir Weibergemeinschaft; nur die Ehemänner wissen es noch nicht. Am besten florirt Meyerbeer, dessen neue Oper gestern Abend gegeben ward, nachdem Alles was die beharrlichste Intrigue und ungeheurer Geldreichthum vermag, in Spiel gesetzt wurde, das klägliche Opus als ein Meerwunder der Kunst ausposaunt zu sehen. An lobhudelnden Berichterstattungen wird es Ihnen nicht fehlen, und ich glaube, es mag Ihnen genehm seyn gleichzeitig die Spottverse zu erhalten, die hier im Manuskript coursiren. Wollen Sie dieselben irgend einem Lobartikel hinzugesellen, so würden Sie den Freunden der Wahrheit einen Spaß bereiten. Das Gedicht ist schon vor 3 Monaten geschrieben, während den wenigen Stunden, wo der Verfasser, den Sie gewiß errathen, etwas minder als gewöhnlich leidend war.

Leben Sie wohl, theuerster Freund, sorgen Sie dafür, daß meine Berichtigung nur schnell abgedruckt wird; daß ich erbötig bin, den Abdruck als Inserat zu bezahlen, versteht sich von selbst. Schicken Sie mir auch einige Exemplare des Abdrucks an meine Adresse: rue d'Amsterdam Nº 50 à Paris.

Treu und liebend
Ihr Freund
Heinrich Heine.

150. *Augsburger Allgemeine Zeitung, Nr. 115 vom 25. April 1849, Beilage, S. 1768*

BERICHTIGUNG

Deutsche Blätter, namentlich die Berliner Haude- und Spener'sche Zeitung, haben über meinen Gesundheitszustand sowie auch über meine ökonomischen Verhältnisse einige Nachrichten in Umlauf gesetzt die einer Berichtigung bedürfen. Ich lasse dahingestellt seyn ob man meine Krankheit bei ihrem rechten Namen genannt hat, ob sie eine Familienkrankheit (eine Krankheit die man der Familie verdankt) oder eine jener Privatkrankheiten ist woran der Deutsche der im Auslande privatisirt zu leiden pflegt, ob sie ein französisches ramol-

lissement de la moëlle épinière oder eine deutsche Rückgratschwind-
sucht ist – so viel weiß ich daß sie eine sehr garstige Krankheit ist die
mich Tag und Nacht foltert, und nicht bloß mein Nervensystem, sondern auch das Gedankensystem bedenklich zerrüttet hat. In manchen
Momenten, besonders wenn die Krämpfe in der Wirbelsäule allzu
qualvoll rumoren, durchzuckt mich der Zweifel ob der Mensch wirklich ein zweibeinigter Gott ist, wie mir der selige Professor Hegel vor
fünfundzwanzig Jahren in Berlin versichert hatte. Im Wonnemond des
vorigen Jahres mußte ich mich zu Bette legen und ich bin seitdem nicht
wieder aufgestanden. Unterdessen, ich will es freimüthig gestehen, ist
eine große Umwandlung mit mir vorgegangen: ich bin kein göttlicher
Bipede mehr; ich bin nicht mehr der »freieste Deutsche nach Goethe«,
wie mich Ruge in gesündern Tagen genannt hat; ich bin nicht mehr der
große Heide Nr. II, den man mit dem weinlaubumkränzten Dionysus
verglich, während man meinem Collegen Nr. I den Titel eines groß-
herzoglich weimar'schen Jupiters ertheilte; ich bin kein lebensfreudi-
ger etwas wohlbeleibter Hellene mehr, der auf trübsinnige Nazarener
herablächelte – ich bin jetzt nur ein armer todtkranker Jude, ein abge-
zehrtes Bild des Jammers, ein unglücklicher Mensch! So viel über meinen Gesundheitszustand aus authentischer Leidensquelle. Was meine
Vermögensverhältnisse betrifft, so sind sie, ich gestehe es, nicht überaus
glänzend; doch die Berichterstatter der oberwähnten Tagesblätter
überschätzen meine Armuth, und sie sind von ganz besonders irr-
thümlichen Annahmen befangen wenn sie sich dahin aussprechen als
habe sich meine Lage dadurch noch verschlimmert daß mir die Pension
die ich von meinem seligen Oheim Salomon Heine genossen, seit dem
Ableben desselben entzogen oder vermindert worden sey. Ich will mich
mit der Genesis dieses Irrthums nicht befassen, Erörterungen vermei-
dend die ebenso kummervoll für mich wie langweilig für andere seyn
möchten. Aber dem Irrthum selbst muß ich mit Bestimmtheit entge-
gentreten, damit nicht mein Stillschweigen einerseits die Freunde in
der Heimath beunruhige, andrerseits nicht einer Verunglimpfung Vorschub leiste die just das edelste Gemüth träfe das jemals sich mit
schweigendem Stolze in einer Menschenbrust verschlossen hielt. Trotz
meiner Abneigung gegen derartige Besprechung persönlicher Bezüge
finde ich es dennoch angemessen folgende Thatsachen hier hervorzu-

stellen: die in Rede stehende Pension ist mir seit dem Ableben meines Oheims Salomon Heine, ruhmwürdigen Andenkens, keineswegs entzogen noch vermindert worden, und sie wurde immer richtig, bei Heller und Pfennig, ausgezahlt. Der Verwandte der mit diesen Auszahlungen belastet, hat mir, seitdem sich mein Krankheitszustand verschlimmert, noch außerordentliche trimestrielle Zuschüsse angedeihen lassen, die, zu gleicher Zeit mit der Pension ausgezahlt, den Betrag derselben fast auf das Doppelte erhöhten. Derselbe Verwandte hat ferner durch eine großmüthige Stipulation zu Gunsten des viel theuern Weibes, das mit mir ihre irdische Stütze verliert, auch die bitterste aller Sorgen von meinem Krankenlager verscheucht. Mancherlei Anfragen und Anträge die, in liebreichen, jedoch mitunter sehr fehlerhaft adressirten Zuschriften aus der Heimath, an mich ergingen, dürften in obigen Geständnissen ihre Erledigung finden. Den Herzen welche verbluten im Vaterland, Gruß und Thräne! Geschrieben zu Paris (rue d'Amsterdam No. 50) den 15 April 1849.

Heinrich H e i n e.

151. *An Betty Heine, Paris, 21. Januar 1850*

Paris den 21. Januar 1850.

Liebste gute Mutter!
Deinen und des lieben Lottchens Briefe mit Neujahrswünschen habe ich richtig empfangen. Ich hoffe, Ihr habt dieses Jahr angenehm angetreten. Gebe der Himmel, daß es sich ruhig und ohne Schrecknisse endige. Bei mir hat dieses neue Jahr noch gar keinen neuen Charakter angenommen, und es dröhnelt sich hin, blöde und melancholisch wie das vorige. Auch nicht die geringste Veränderung in meinem Gesundheitszustande; meine Augen schone ich noch immer, aber ohne Resultat. Wenn ich sie nicht schonte eben wie meinen Augenapfel, so wäre ich jetzt blind, was doch das größte Uebel ist, wovor einen der liebe Gott bewahre. Ich schreibe Dir daher noch immer nicht eigenhändig, was doch so kein großer Unterschied ist, da ich doch jetzt nie mehr in Briefen meine Gedanken ausspreche. Meine Frau leidet noch immer an den

Folgen ihres Leichtsinns; sie kann nämlich noch immer nicht gehen, fängt aber doch jetzt schon etwas an auf einem Beine wie ein Frosch im Zimmer umherzuhüpfen. Sie läßt Euch mit innigster Zärtlichkeit grüßen, wie Ihr denn überhaupt unsere beständige Unterhaltung seyd. Meine Frau trägt ihr Mißgeschick mit weniger Ungeduld als ich erwartete; die bösen Augenblicke der Mißlaune vergütet sie wieder durch so unendlich viel Liebenswürdigkeit in andern Augenblicken, daß ich bei diesem Geschäfte noch immer meine Rechnung finde. Ich bitte Euch mir recht bald zu schreiben und auch von Dir, mein Lottchen, erwarte ich einen langen Brief über Dich und meine Lieben, die ganze heilige Familie. Ich hoffe, daß Du von Deinem Leiter-Unfall jetzt ganz hergestellt bist. Der Hansnarr von Wihl kommt zuweilen zu mir und ermangelt nie mich in einer oder der andern Weise zu amüsiren. Man muß sich freilich vor ihm in Acht nehmen, aber freilich vor welchen Menschen müßte man sich nicht auch in Acht nehmen. – Ueber die Absurditäten in deutschen Blättern, über meine sogenannte Bekehrung will ich mich nicht aussprechen. Es ist hier derselbe Fall wie bei allen andern mich betreffenden Zeitungsnachrichten. Und nun, liebe Mutter, leb wohl. Der liebe Gott erhalte Dich, bewahre Dich vor Schmerzen und Augenübel, schone Deine liebe Gesundheit und wenn Dir die Dinge auch manchmal nicht zu Wunsche gehen, so tröste Dich mit dem Gedanken, daß wenige Frauen von ihren Kindern geliebt und verehrt worden sind, wie Du es bist und wie Du es wahrlich zu seyn verdienst, Du meine liebe, brave, rechtschaffene und treue Mutter. Was sind die Andern in Vergleichung mit Dir! Man sollte den Boden küssen, den Dein Fuß betreten hat. – Der Winter ist unendlich rauh; wenn Du nur warm hast in Deinem dünnen wackelichen Häuschen am Dammthor. Ich laß mir nichts abgehen und brenne zur Heizung ganze Wälder. Werde überhaupt gut gepflegt.

Dein getreuer Sohn
H. Heine

152. *An Heinrich Laube, Paris, 25. Januar 1850*

Paris den 25. Januar 1850.

Liebster Laube!

Erst seit einigen Tagen habe ich erfahren, daß Du Theater-Direktor in Wien bist, und das hat mir eine so große Freude gemacht, daß ich es nicht länger aufschieben will Dir einige Nachrichten von mir direkt zukommen zu lassen. Die Ursache meines Stillschweigens war immer das peinliche Gefühl, daß ich Dir nichts Gutes mitzutheilen hatte; ich wollte immer eine gesunde Stunde und ein erfreuliches Ereigniß abwarten, um Dir zu schreiben. Aber die Stunden und die Ereignisse haben sich seitdem immer verschlimmert, die Gerüchte, die über meinen Gesundheitszustand im Umlauf, sind leider mehr als wahr: Seit ein und drei Viertel Jahr liege ich zu Bette, Tag und Nacht mich in den abscheulichsten Schmerzen umherwälzend, und an allen Gliedern gelähmt. Beständige Krämpfe, die widerwärtigsten Contraktionen, schier gänzliche Erblindung – ein Unglück, wie es selten vorkommt in den Annalen des menschlichen Leidens, ein unerhörtes, grauenhaftes, wahnsinniges Unglück! Die gräßlichste Hoffnungslosigkeit mit einem Geleite von moralischen Torturen, die ich jedoch ebenfalls wie die physischen mit einer Ruhe ertrage, die ich mir selber nie zugetraut hätte. Mein Kopf ist sehr schwach durch das beständige auf dem Rükken liegen und durch den Uebergebrauch von betäubenden Opiaten; doch ganz ruinirt ist er noch nicht und ich hoffe ihn bis zu meinem Ende, das, unter uns gesagt, ziemlich nahe ist, in einiger Klarheit zu erhalten. Was man von meiner jetzigen Gläubigkeit und Frömmelei herum erzählt, ist mit vielem Unsinn und noch mehr Böswilligkeit vermischt. Es hat sich in meiner religiösen Gefühlsweise gar keine so große Veränderung zugetragen und das einzige innere Ereigniß, wovon ich Dir mit Bestimmtheit und mit Selbstbewußtseyn etwas melden kann, besteht darin, daß auch in meinen religiösen Ansichten und Gedanken eine FebruarRevoluzion eingetreten ist, wo ich an der Stelle eines frühern Prinzips, das mich doch früherhin ziemlich indifferent ließ, ein neues Prinzip aufstellte, dem ich ebenfalls nicht allzu fanatisch anhänge und wodurch mein Gemüthszustand nicht plötzlich umgewandelt werden konnte: ich habe nämlich, um Dir die Sache mit einem Worte zu verdeutlichen, den Hegelschen Gott oder vielmehr die Hegelsche Gottlosigkeit aufgegeben und an dessen Stelle das Dogma von einem wirklichen, persönlichen Gotte, der außerhalb der Natur und des Menschen Gemüthes ist, wieder hervorgezogen. Dieses Dogma, das sich ebensogut durchführen läßt, wie unsere Hegelsche Synthese, haben am tiefsinnigsten, laut den Zeugnissen der Neoplatonischen Fragmente, schon die alten Magier dargestellt, und später in den Mosaischen Urkunden tritt es mit einer Wahrheitsbegeisterung und einer Beredsamkeit hervor, welche wahrlich nicht bei unsern neuern Dialektikern zu finden ist. Hegel ist bei mir sehr heruntergekommen und der alte Moses steht in Floribus. – Hätte ich aber doch neben dem Moses auch seine Propheten! Das ist ein großes Mißgeschick, daß mir in meinem jetzigen Gräuelzustand nicht die hinlänglichen Mittel zu Gebote stehen mir einige Tagesnöthen vom Leibe zu schaffen, die mich ebenfalls unversehens überfallen. Obgleich die FebruarRevoluzion mich, wie so Viele andere finanziel ruinirt hat, so bleibt mir doch noch so viel übrig, daß einige deutsche Dichterfamilien in diesen Ruinen meines Glückgebäudes noch ganz behaglich leben könnten: Aber ich Unglückseliger, der ich an fürstlichen Aufwand gewohnt bin und dessen Krankheitskosten beispiellose Summen in Anspruch nehmen, komme nicht aus mit den Ressourçen die mir übrig geblieben. Ich sage Dir dieses im Vertrauen und um Dich au fait zu setzen, warum ich trotz meines jetzigen Zustandes auf einigen Erwerb Bedacht seyn muß. Du merkst also, warum ich Dir jetzt meinen Faust schicke und endlich Dich mit dem Unterkommen desselben belästige. Ich kann jetzt gänzlich darüber verfügen. Hätte ich doch statt des Ballettes ein Drama geschrieben, das Du auf Deiner redenden Bühne gegeben haben würdest. Jetzt sehe zu ob Deine Collegen im singenden und springenden Fache etwas für den armen Pantomimen-Dichter thun können. Ich Narr des Glücks! könnt ich wie Romeo sagen. Jetzt wo ich kein Stück mehr schreiben kann, hast Du das große Burgtheater in Händen. Vor 15 Jahren hätte ich unter solchen Umständen gewiß ein Drama nach dem andern geschrieben. Ich kam immer in der Welt überall zu frühe; dieses und meine falsche Position, die das Exil mit sich führt, waren mein Unglück. – Von Campe habe ich seit zwei Jahren keinen Brief, oder vielmehr keine Antwort auf meine dringendsten Anfragen in Betreff des Drucks meiner Gesammtausgabe. Ich bin zu gerade und zu ehrlich, um bestimmt herausgrübeln zu können, welchem Hintergedanken dieses Stillschweigen zuzuschreiben ist. Die Pension für die Gesammtausgabe bezahlt er mir richtig schon seit zwei Jahren, was mir freilich in diesem Augenblicke die Hauptsache war. Wartet er mit dem Drucke meiner Werke um sie herauszugeben sobald ich sterbe, um meinen Tod als Reklame auszubeuten? Oder hält er mit Schreiben zurück, weil er meint, daß ich in meinen jetzigen Geldbeklemmnissen, die ich ihm gestanden, Gott weiß, was für Anträge ihm machen würde? Die Verstimmung, die ich hierüber empfand, vereinigt mit dem Wiederaufflackern meines religiösen Gefühls haben mich unlängst zu einer That getrieben, über die Du sehr ungehalten seyn wirst, wenn ich sie Dir einst in ihrem Detail gestehe. Ich sage ungehalten in literarischer, nicht in moralischer Beziehung. Ich habe ein schreckliches Auto-da-Fè gehalten, woran ich noch jetzt nicht ohne Erschütterung denken kann. Doch ich will mich später darüber expectoriren, da dieser Brief doch nur dazu dienen sollte Dir später öfter zu schreiben. Ueber Deine politischen Variationen höre ich viel klagen; ich meinestheils verzeihe sie Dir gern: werde nur nicht dumm, das ist Alles, was ich von Dir verlange. Daß Du mir meine religiösen Varianten zu Gute halten wirst, erwarte ich gleichfalls. Zu bekehren suche ich Dich nicht, sowie ich überhaupt meine jetzigen Meinungen für mich behalte. – Deutsche sehe ich wenig, wie ich denn überhaupt wenige Menschen zu mir lasse. Mit meinem Vetter, Karl Heine, stehe ich leider noch immer auf schlechtem Fuße, was mich sehr bekümmert, da ich ihn von Kind auf so sehr geliebt habe und eine innige Freundschaft uns früher verband. In finanzieller Beziehung kann ich nicht über ihn klagen. – Vor einiger Zeit besuchte mich hier wieder der traurende West-Oestliche-Schwalben-Rabbi, der Herr Ludwig Wihl, ehemaliger Archivarius des seel. Gutzkow. Auch Herrn Bamberg, dessen Du Dich gewiß erinnerst, sehe ich zuweilen; er hebbelt jetzt noch ärger als je, besonders wenn junges Licht ist. – Ich habe heute geglaubt das Manuskript des Ballettes Dir zuschicken zu können, aber die mir versprochene Abschrift ist mir noch nicht zugekommen und so will ich Dir denn dieselbe dieser Tage nachträglich zuschicken. – Meine Frau, der ich gesagt habe, daß ich Dir schreibe, läßt Dich und Madame Laube, die graziöse Madame Laube, wie sie sagt, aufs zierlichste grüßen. Auch ich bitte, mich ihr zu empfehlen und ihrer Graziosität meine schönsten Huldigungen zu Füßen zu legen. – Ich habe einen Bruder in Wien, mit welchem ich keineswegs in Unfreundschaft stehe, wie jämmerlicher Zeitungsklatsch behauptet hat; kennst Du ihn? Wir stehen in keiner Verbindung außerhalb dem Familienleben, haben nie geistige Bezüge gehabt und so erfahren wir wenig von einander. Begegnest Du ihm, so grüße ihn mir freundschaftlichst. Und nun lebe wohl. Ich empfehle Dich dem besondern Schutze der Götter (alter Styl; ich sollte eigentlich jetzt sagen: des lieben Gottes). Liebreich verharrend

Dein Freund
Heinrich Heine

Meine Adresse ist:
Monsieur Henri Heiné, / rue d'Amsterdam N° 50 / à Paris.

153. An Leopold Wertheim, Paris, 15. März 1850

Paris, den 15. Merz 1850.

Liebster Wertheim!

Ich habe mit Vergnügen erfahren, daß Sie Ritter des Isabellen-Ordens geworden sind; dieser Orden, den die Königin Isabella gestiftet hat, um die Vertreibung der Juden aus Spanien zu feiern, ist eine sehr schöne Decorazion, und ich bin sehr neugierig, Sie damit geschmückt in Person wiederzusehen. Indem ich Ihnen mein Compliment mache zu dieser Beförderung, die ich erst spät erfuhr, kann ich nicht umhin, um so dringender zu bitten, den Besuch, den Sie mir schon lange angekündigt, endlich in die Wirklichkeit treten zu lassen. Sie haben keinen Grund mehr, die Erfüllung dieses Versprechens länger aufzuschieben; Jahr und Tag sind vergangen, seit ich Sie nicht bey mir sah, Weiberhader verjährt in kürzester Frist, aber Männerfreundschaft ist langlebiger. Meine Lage ist noch immer dieselbe, d.h. ich liege noch immer auf demselben Flecke, nur daß ich jetzt noch viel zusammengekrümmter und abgezehrter bin als früher. Tag und Nacht leide ich an meinen niederträchtigen Krämpfen und Contrakzionen, wobey ich nur in Betäubung durch Morphium einige Erleichterung finde. Mein Zustand ist so tragisch, daß ich selber anfange, Mitleiden mit mir zu haben, was bisher der alte Uebermuth noch nicht erlaube. Medizin nehme ich gar keine mehr, weder Arzt noch Apotheker können mir helfen. Die Hand Gottes liegt schwer auf mir; doch – sein heiliger Wille geschehe.

Ihr viel leidender Freund
Heinrich Heine.

154. *An Julius Campe, Paris, 1. Juni 1850*

Paris, den 1sten Juny 1850.

Liebster Campe!

Ich mache Ihnen hiermit Anzeige, daß ich 600 Mark Banco, als das im verflossenen Monath fällige Semester meiner Pension auf Sie trassirt habe, und zwar zahlbar vier Wochen nach Dato und an die Ordre der H Homberg & Compagnie hieselbst. Es ist aber nicht genug, liebster Campe, daß Sie Ihre merkantilischen Verpflichtungen gegen mich erfüllen, was freylich für mich von großer Wichtigkeit und auch sehr löblich ist: Sie sollten Sich auch bestreben, den moralischen Obliegenheiten nachzukommen, womit Sie nicht minder belastet sind, und die Sie durch Ihr Stillschweigen fast frevelhaft verabsäumen. Da ich die Gründe Ihres langjährigen Zögerns in Beantwortung der wichtigsten Anfragen durchaus nicht kenne, so darf ich dieselben nicht von vornherein allzuherbe verdammen, aber so viel weiß ich, daß Sie durch Ihre Zögerniß meinen litterärischen Interessen großen Schaden zugefügt und vielleicht unverantwortliche und unwiederbringliche Zerstörnisse verursacht haben. In einer Zeit, wo in der Außenwelt die größten Revoluzionen vorfielen und auch in meiner inneren Geisteswelt bedeutende Umwälzungen stattfanden, hätte schnell ins Publicum gefördert werden müssen, was geschrieben vorhanden lag, nicht weil es sonst für das Publicum minder kostbar geworden wäre, sondern weil ich es jetzt nicht mehr herausgeben dürfte aus freyem Willen, wenn ich nicht eine

Sünde gegen den heiligen Geist, einen Verrath an meinen eignen Ueberzeugungen, jedenfalls eine zweydeutige Handlung begehen wollte.

Ich bin kein Frömmler geworden, aber ich will darum doch nicht mit dem lieben Gott spielen, wie gegen die Menschen, will ich auch gegen Gott ehrlich verfahren und Alles, was aus der frühern blasphematorischen Periode noch vorhanden war, die schönsten Giftblumen hab ich mit entschlossener Hand ausgerissen und bey meiner physischen Blindheit vielleicht zugleich manches unschuldige Nachbargewächs in den Kamin geworfen. Wenn das in den Flammen knisterte, ward mir, ich gestehe es, gar wunderlich zu Muthe; ich wußte nicht recht mehr, ob ich ein Heros oder ein Wahnsinniger sey, und neben mir hörte ich die ironisch tröstende Stimme eines Mephistopheles, welche mir zuflüsterte: der liebe Gott wird dir Alles weit besser honoriren als Campe, und du brauchst jetzt nicht mit dem Druck dich abzuquälen oder noch gar vor dem Drucke mit Campe zu handeln wie um ein Paar alte Hosen. Ach liebster Campe, ich wünsche manchmal, Sie glaubten an Gott, und wär es auch nur auf einen Tag; es würde Ihnen dann auf's Gewissen fallen, mit welchem Undank Sie mich behandeln zu einer Zeit, wo ein so grauenhaftes und unerhörtes Unglück auf mir lastet. Schreiben Sie mir bald Antwort, ehe es zu spät ist. Liegt Ihrer Schreibsäumniß irgend eine politische Hesitazion oder ein merkantilisches Bedenken zum Grunde, so sagen Sie es aufrichtig, und ich will die gehörigen Instrukzionen hinterlassen für den Fall, daß ich vor dem Beginn des Drucks meiner Gesammtausgabe das Zeitliche segne. Erschrecken Sie nicht über das Wort »d a s Z e i t l i c h e s e g n e n «, es ist nicht pietistisch gemeint; ich will damit nicht sagen, daß ich das Zeitliche mit dem Himmlischen vertausche, denn wie nahe ich auch der Gottheit gekommen, so steht mir doch der Himmel noch ziemlich fern; glauben Sie nicht den umlaufenden Gerüchten, als sey ich ein frommes Lämmlein geworden. Die religiöse Umwälzung, die in mir sich ereignete, ist eine bloß geistige, mehr ein Akt meines Denkens als des seligen Empfindelns, und das Krankenbett hat durchaus wenig Antheil daran, wie ich mir fest bewußt bin. Es sind große, erhabne, schauerliche Gedanken über mich gekommen, aber es waren Gedanken, Blitze des Lichtes und nicht die Phosphordünste der Glaubenspisse. Ich sage Ihnen das besonders in der Absicht, damit Sie nicht wähnen, ich würde, wenn ich auch

selber die Gesammtausgabe besorge, in unfreyer Weise etwas darin
ausmerzen; quod scripsi, scripsi.

Ihr freundschaftlich ergebener

H e i n r i c h   H e i n e .

rue d'Amsterdam, 50.

155. *An Heinrich Laube, Paris, 12. Oktober 1850*

Paris den 12ten October 1850.

Liebster Laube!
Schon seit einem Jahrhundert habe ich Lust oder vielmehr Unlust, Dir
zu schreiben; aber ich wollte eine gute Stunde abwarten, wo kein körperliches Mißbehagen den moralischen Unmuth steigert. Aber die
Stunde kam nicht, und in einer Stimmung, die desperater als je,
schreibe ich Dir heute. Ich habe bereits diesen Morgen meine Frau bis
zu Thränen gequält und jetzt kommt die Reihe an Dich, dem ich jetzt
in der plumpsten Weise das Unangenehme sagen will, das ich Dir bei
besserer Laune viel glimpflicher oder überzuckert beigebracht hätte.
Es gilt dieses zunächst Deinem Buche über das deutsche Parlament, das
ich vor länger als 6 Monaten gelesen und doch noch nicht verdauet
habe. Verschweigen darf ich Dir das nicht, oder kann ich Dir es nicht,
dazu bin ich zu sehr Deutscher. Doch wozu lange verschimmelten ärger wieder durchkäuen: soviel wisse, daß mich das Buch 8 Tage lang
todtkrank machte. Es ist ein sehr gut geschriebenes Buch, das beste was
ich von Dir gelesen habe, und Dein Verbrechen ist umso größer. Ja Du
hast ein Verbrechen an dem heiligen Geist begangen und Du weißt, daß
diese Sorte von Verschuldungen keine Vergebniß finden. Es betrübt
mich zugleich der Gedanke, welcher schrecklichen Sühne Du dadurch
entgegen gehst. Möge die Hand Gottes einst nicht zu schwer auf Dir
lasten, denn ich weiß, daß Du wie ich selber, bei meinen sündigsten
Handlungen nur aus Dummheit gefrevelt. Du hast Geist genug, um
Dummheiten begehen zu dürfen; was bei dem Mittelmäßigen ganz un-
statthaft ist, muß man dem Großen manchmal erlauben. Das Schreckliche ist, daß Deine Gegner, die Dich mit dem Maßstab ihrer eignen

Gemeinheit messen, Deine Handlung nich der Dummheit sondern der Klugheit zu schreiben. Wie weit ich davon entfernt bin, an die Motive zu glauben, die Dir der republikanische Tugendpöbel mit mehr oder minder bona fide andichtet, kannst Du Dir leicht vorstellen; ich begreife wie Du die Helden Deiner ehemaligen Parthei – (Du hast vielleicht vergessen, daß Du zur revolutionairen Parthei gehört hast und als ein Koryphäe derselben genug erduldet hast) – wie Du hohle Lieberale, strohköpfige Republikaner und den schlechten Schweif einer großen Idee, mit Deinem prickelnden, durchhechelnden Talente lächerlich machen konntest – leichtes Spiel hattest Du jedenfalls, da Du diese Personen nur getreu abzukonterfeien brauchtest, und die Natur Dir hier zuvorgekommen, indem sie Dir die Karrikaturen bereits fix und fertig vorgeführt, an die Feder geliefert – Du hast kopflose Menschen gulliotinirt. Aber ich begreife nicht, wie Du mit einer stoischen Beharrlichkeit der Lobpreiser jener Schlechtern und noch Mittelmäßigeren sein konntest, jener Heroen, die kaum werth sind, ihren geschmähten Gegnern die Schuhriemen zu lösen, und die sich resumiren in dem Edlen von Gagern, diesen Achilles, dessen Homer Du geworden bist. Du hast ihn so lieblich geschildert, daß wenn ich Pederast wäre, dieser Mann mein Mann werden müßte, und ich ihm ebenfalls den Pelyten-Steiß küssen würde. Wie schade, daß seine Mutter Thetis ihn nicht bei den Fersen sondern bei dem Kopf faßte, als sie ihn in den Styx tauchte, so daß der Kopf, der verletzliche schwächlichste Theil des Edlen wurde. Doch kein Wort mehr – auch werde ich gestört in diesem Augenblicke, – genug ich habe Dir meine Meinung gesagt, unbekümmert um welchen Preis.

Und nun zu einem ebenfalls trüben Gegenstand. Über mein Ballet hast Du mir kein Wort wissen lassen, welche Saumseligkeit um so tadelhafter, da erstens mein Körperzustand nicht der Art ist, daß ich auf Etwas lange warten darf, und da ich Dir zweitens unumwunden den Grund angegeben habe, warum ich diese Sache gefördert zu sehen wünschte, warum es mit ihrer Förderung Eile hat. Es handelt sich hier nicht von einem literarischen Interesse, es stachelt mich hier nicht die Ruhmsucht, die mich überhaupt nie sehr gestachelt hat und ihre hinlängliche Befriedigung hier auf Erden fand; es handelte sich um die Interessen meines Suppentopfs, weit respectablere Interessen, die mich leider bis zum letzten Augenblick beschäftigen. Was ich Dir bereits früher darüber geschrieben, hast Du vielleicht vergessen; meine Krankheitskosten haben sich seitdem vergrößert, es ist grauenhaft, wie ich nicht blos leiblich sondern auch finanziell abgezehrt bin. Es liegt ein Fluch auf meinen Finanzen. Mit meinen Sippen und Magen stehe ich denselben häkelichen Verhältnissen. Mein Vetter giebt mir eine höchst anständige Summe jährlich, die aber doch nicht hinreicht, weil ich in Paris wohnen muß; eine Transportirung nach Deutschland ist gar nicht mehr möglich, so sehr bin ich herunter, ich würde die Reise keinen Monat überleben, die Transportkosten wären verloren. Ueber diese Punkte sprach ich hier mit dem Dr. Joseph Bacher, den Du seit dem in Wien gesehen haben wirst, und der Dir gewiß unsere Unterhaltung mitgetheilt hat. Er hatte die Idee, daß ich ein poetisches Buch auf Subscription herausgeben solle und machte sich anheischig, mir dadurch zu einer bedeutenden Summe zu verhelfen. Die Idee lächelte mir nicht sehr, sie grinste mir vielmehr etwas säuerlich ins Gemüthe, da ich dergleichen immer für eine versteckte Bettelei ansah, obgleich unsere bedeutendsten deutschen Schriftsteller sich einer solchen Form unterzogen. Ich wäre gern aus dieser Welt gegangen, ohne je auf den Dank meiner deutschen Mitbürger Anspruch gemacht zu haben. Ich habe die gemeineren Berührungen mit dem Publikum immer Campen überlassen. Und das soll nun anders sein, noch kurz vor meinem Tode – ein verdrießlicher Gedanke ist es mir, zu einem solchen Hülfsmittel meine Zuflucht nehmen zu müssen. Konferire hierüber mit Herrn Bacher, der mir auch in Bezug auf das Ballet seinen Miteifer versprochen. – Ich weiß nicht, ob Du meinen Bruder nicht gesehen, da ich ihm noch immer nicht geschrieben habe, und vielleicht auch nicht sobald dazu komme, ihm zu schreiben, so wäre es mir lieb, wenn Du ihm authentische Nachrichten von mir gäbest, da in deutschen Blättern so viel Widersinniges von mir geredet wird. Solltest Du mit dem Ballet zu keinem Resultate gekommen sein und auch kein nahes vorhersehen, so bitte ich, dieses Manuscript sehr stark versiegelt an meinen Bruder zu geben mit dem Bemerken, daß ich ihm seiner Zeit, anzeigen werde, wie ich darüber verfügen will. Ich bitte Dich auch, Herrn Bacher anzugehen, daß er mir über die besprochene Angelegenheit, sobald als möglich schreibt. Ich habe Dir auch geschrieben, daß Du meine kleine Tragödie William Ratkliff einmal durchlesen und mir sagen solltest, ob sie für das Theater zurichtbar sei, in welchem Falle ich mich namentlich erböte, die vielleicht mißfälligen Geistererscheinungen darin auszumerzen und noch ein oder zwei Szenen hinzuzudichten, um dem Einwurf einer zu großen Kürze zu entgehen. Aber ich habe auch hierüber von Dir keinen Brief erhalten.

Mein Zustand hat sich insofern verschlimmert, daß meine Kontractionen stärker und dezitirter geworden. Ich liege zusammengekrümmt, Tag und Nacht in Schmerzen, und wenn ich auch an einen Gott glaube, so glaube ich doch manchmal nicht an einen guten Gott. Die Hand dieses großen Thierquälers liegt schwer auf mir. Welch ein gutmüthiger und liebenswürdiger Gott war ich in meiner Jugend, als ich mich durch Hegels Gnade zu dieser hohen Stellung emporgeschwungen! Ich lebe ganz isolirt und sehe wenig Deutsche, außer durchreisende Fremde. Meißner war hier und ich sah ihn viel. Auch seinen großen Landsmann Moritz Hartmann sah ich dieser Tage; ist ein sehr hübscher Mensch, und alle Frauenzimmer sind in ihn verliebt, mit Ausnahme der Musen. Er ist hier im Gefolge von Adolph Stahr und Fanny Lewald, bei welchen er lohnlakayert und sich ein literarisches Trinkgeld verdienen wird. Stahr's Reise nach Italien habe ich mit großem Vergnügen gelesen. Deinen politischen Glaubensgenossen, A. Weill sehe ich gar nicht mehr. Monsieur Bamberger, der berühmte Hebbellist hat sich einige kleine Stinkereychen zu Schulden kommen lassen und bleibt jetzt weg. Wie Meyerbeer an mir gehandelt hat, als er glaubte, ich sei schon todt und nicht mehr exploitirbar, ist Dir bekannt; er ist wieder hier in Ruhmgeschäften. Seuffert hatte sich einigermaßen vom Soff zurückgezogen und sich der Religion in die Arme geworfen; jetzt aber scheint er beides vereinigen zu wollen und noch obendrein die Liebe hinzuzufügen: er ist verliebt und Bachus, Christus und Amor bilden jetzt seine Dreieinigkeit. Er ist aber von allen Hiesigen der Beste und jedenfalls der Geistreichste. Karbeles hat geheirathet, und zwar eine junge Dame, die ihn an Schönheit übertrifft. Meinen Freund Balzac habe ich verloren und beweint. George Sand, das Luder hat sich seit meiner Krankheit nicht um mich bekümmert; diese Emancipatriçe der Weiber oder vielmehr diese Emancimatriçe hat meinen armen Freund Chopin in einem abscheulichen aber göttlich geschriebenen Roman auf's Empörendste maltraitirt. Ich verliere einen Freund nach dem andern und bey denen die mir übrig bleiben erprobt sich das alte Sprichwort: Freunde in der Noth gehn sechzig auf ein Loth – Aber das Sprichwort ist doppelschneidig, es kritisirt nicht blos die Beklagten sondern auch den Kläger: mich trifft jedenfalls der Vorwurf daß ich in der Wahl meiner Freunde sehr kurzsichtig war und ich deren so leichte wählte. Welche Menge Freunde muß ich jetzt haben, daß mir ein Pfund herauskommt. Schreibe mir bald Antwort, meine Adresse ist: rue d'Amsterdam 50. – Ich vergaß Dir oben zu sagen, daß ich mit meinem Freunde Kampe noch immer in derselben Lage stecke; dieser Freund in der Noth hat mir seit länger als 2 Jahren nicht geschrieben, beschränkt sich darauf, die halbjährigen Wechsel zu zahlen, die ich contractmäßig auf ihn trassire, eine geringe Summe, welche nicht einmal ausreichen würde, meine Krankenwärterin zu bezahlen, indem ich dieser Person außer der Beköstigung täglich 5 frc. zahlen muß. Deine Frau laß ich freundschaftlich grüßen, so wie auch meine Mathilde, die Euch beiden die hübschesten Dinge (bien des choses) sagen läßt. Ich wünsche Euch Gesundheit und Hciterkeit und empfehle Euch dem besondern Schutze Gottes.

Heinrich Heine.

156. *An Gustav Heine, Paris, 15. November 1850*

Paris den 15ten November 1850

Mein lieber guter Bruder!

Wenn man einander zuviel zu sagen hat, so kommt man gar nicht zum Schreiben, oder das Schreiben wird immer aufgeschoben, bis eine äußere Veranlassung uns plötzlich die Feder in die Hand giebt.»Die Feder in die Hand giebt«, das ist bei mir leider nur eine Redefigur, denn seit 2 ½ Jahren beinahe liege ich mit gelähmten Gliedern zu Bette und fast ganz blind, und so kann ich Dir auch heute nicht eigenhändig schreiben, sondern ich muß mich einer fremden Hand bedienen, wodurch die intimsten Mittheilungen destomehr erschwert werden. Ja, lieber Gustav, Alles was Dir die Gerüchte von meinem tragischen Zustande melden konnten, wird von der gräßlichen Wirklichkeit noch unendlich übertroffen: Du hast keinen Begriff davon, wieviel ich gelitten und noch leide; beständige Krämpfe und Zusammenziehungen, besonders der Beine und des Rückgrats, zusammengekrümmt liege ich auf einer Seite im Bette, ohne mich bewegen zu können und nur alle 24 Stunden werde ich auf einige Minuten wie ein Kind auf den Sessel gesetzt, während man mir das Bett macht; um die Schmerzen zu betäuben, nehme ich beständig Zuflucht zum Opium, auch mein Kopf ist daher sehr dumpfig, und Du begreifst daher, wie sauer mir jede schriftliche Kommunikation ankommt. Das ist der Grund, warum ich solange mit Schreiben zögerte, obgleich es mir drückend auf der Seele lag, Dir vor meinem Tode wissen zu lassen, daß ich in unwandelbarer brüderlicher Treue Dir immer zugethan blieb, daß ich zumal in den letzten Zeiten noch liebreicher und öfter an Dich dachte, und daß Du gewiß nicht mehr den närrischen Gedanken hegst, als habe ich durch ein mißfälliges Wort jemals meine Brüderlichkeit verleugnet – zur Zeit, als man Dir einen solchen Floh in's Ohr setzte, war ich in einem außerordentlich kritischen Zustande meiner Krankheit, und Du begreifst vielleicht jetzt, daß <ich> meiner Indignation keine Worte leihen konnte. Und was sollte ich auch sagen? Wie sehr würde ich mich und Dich lächerlich gemacht haben durch eine öffentliche Besprechung infamer Lügen, oder gar durch eine kurze öffentliche Anzeige, daß Du mein Bruder seist, was sogar eine Impertinenz von meiner Seite gewesen wäre, eine Impertinenz gegen Dich – und meinen seligen Vater. Du hast nicht soviel Erfahrung, zu wissen, wie leicht man sich durch eine öffentliche Erklärung eine Blöße geben kann, und begreifst nicht, wie sehr die letzte, die ich vor 2 Jahren in der Augsburger Zeitung gab, mir Ueberwindung kostete; – aber ich mußte sie geben um dem Gerätsche über meine schlechte Geldumstände und Familienbedrängnisse ein Ende zu machen. Leider sind, unter uns gesagt, auch jene Gerüchte von meinen Geldnöthen und Familienärgernissen nicht rein aus der Luft gegriffen und sie sind nur unrichtig eingekleidet: Durch die erschrecklichsten und unerhörtesten Vorfälle, zumal durch die verwünschte Februarrevolution sind meine Finanzen in eine so unglückliche Verwirrniß gerathen, daß mir von einer sehr bedeutenden Summe, die ich in den besten Papieren besaß, gar nichts übrig blieb, und ich zur Deckung früherer Verbindlichkeiten alle möglichen Ressourcen erschöpfen mußte – zu dieser Last, die ich im Interesse meiner Ehre übernommen und wie ein Ehrenmann durchgeschleppt, kamen noch der ungeheure Zuwuchs von Tageskosten, die meine Krankheit hervorbrachte, und zugleich die Unmöglichkeit, unter den jetzigen körperlichen Umständen auch nur das Mindeste durch literärische Thätigkeit oder sonstige Betriebsamkeit zu verdienen. Ja lieber Bruder, während ich auf der einen Seite alles Besitzthum verlor, vergrößerten sich auf der andern durch meine Krankheit die Tagesausgaben, die derjenige, der nicht in Paris krank war, kaum begreifen dürfte und es entging mir zu gleicher Zeit durch eben diese Krankheit die Möglichkeit jedes Erwerbs. Da Du nun ungefähr weißt, von welcher Art und Gemüthsweise die Personen sind, auf deren Großmuth ich angewiesen war, so begreifst Du auch, wie zu meinen körperlichen Leiden auch noch moralische hinzutreten mußten, von denen ich heute nicht reden will, da jeder Gedanke daran mich auf's Tiefste erschüttert; über diese Wunde ein andermal, oder vielleicht auch nie, denn da ist Alles verwebt mit dem Ursprunge meiner Krankheit, die aus einer Erschütterung entstand, wie sie vielleicht wenig Menschengemüther auf dieser Welt erlebt haben. Du weißt, ich bin ein kurzsichtiger Narr, der leicht getäuscht werden konnte, und denkst gewiß nicht, daß ich mich durch eine kleine Uebertölpelung so tief aus aller Fassung reißen lassen könnte: sei überzeugt, es sind ganz ungeheure Schändlichkeiten an mir verübt worden, Schändlichkeiten, die fast fatalistisch mit den wunderbarsten Zufällen zusammentraten, und wodurch ich entweder verrückt werden oder körperlich zu Grunde gehen mußte – ich behielt den Verstand. Der Sohn des Alten war nur ein blindes Werkzeug und hat noch bis auf diese Stunde keinen Begriff davon, wozu ihn die Bosheit des Zufalls in Bezug auf mich bestimmt hat. Meine Freundschaft, meine fast kindische Schwäche für ihn gehört zu den angedeuteten Fatalitäten. Seine hiesigen Verwandten, die mich mit dem finstersten Shylokzorn verfolgen und mir schon manches Pfund Fleisch aus der Brust geschnitten haben, erlauben keine völlige Aussöhnung, und benutzen jede Gelegenheit, ihn von mir zu entfernen. Die vorstehenden Mittheilungen und Andeutungen mögen Dir, lieber Gustav, als Anleit dienen

zum Verständniß dessen, was ich Dir heute zu sagen habe, und was die
äußere Veranlassung dieses Briefes ist. Ich habe nämlich an meinen
Freund Heinrich Laube, den dortigen Theaterdirector vor etwa 8 Monat das Manuscript eines Ballettes geschickt, um damit nach bereits hier
in Paris gepflogenen Verabredungen zu verfahren, und daß ich ihn
jetzt sehr dringend auf die Finanznoth aufmerksam machte, die eine
Folge meiner Krankheit, und daß er daher nicht lange zögern dürfe,
wenn er mir pekuniären Vortheil aus meiner Arbeit vermitteln könne.
Ich gestand ihm unumwunden, daß ich nur diesen pekuniären Vortheil
im Auge habe, daß ich dessen bedürfe. Hierauf antwortete er mir das
Erfreulichste, doch seit 8 Monat erwarte ich nähere Nachricht. Da es
eben nicht meine Gewohnheit ist, von Freunden für meine Privatinteressen eine besondere Dienstfertigkeit in Anspruch zu nehmen, so ver-
stimmte mich sehr diese Verzögerung; doch ich hätte noch ruhig gewartet, wär' nicht ein besonderer Grund hinzugekommen, der mich
vor 6 Wochen dazu veranlaßte, an Laube wiederum zu schreiben. Ich
hatte nämlich vor geraumer Zeit sein Buch über das deutsche Parlament gelesen, worin er nicht blos gegen Manches, was mir lieb und
theuer, die malitiöseste Perfidie begeht, sondern auch Menschen und
Sachen, die mir die verhasstesten in dieser Welt sind, bis zur servilsten
Adoration lobpreist und verherrlicht. Dieser Abfall von unsern frühern gemeinschaftlichen Lebensrichtungen, dieser Verrath an der Sache der Vernunft und der Wahrheit, wurmte mich so unablässig, daß
ich mich nothgedrungen fühlte, ihm darüber meine offne Meinung zu
sagen, und ich that es gewiß, ohne zu bedenken, ob ich auch einen
Freund dadurch verliere. Da kam nun zuletzt an Laube die Bitte, das
Manuscript des Ballettes wohlversiegelt an Dich zu übergeben, indem
ich Dir, sobald ich davon Anzeige erhalten, weiterhin mittheilen
werde, wie ich über das Packetchen verfügen wolle. Ich weiß nicht, ob
Du mit ihm in Berührung stehst, obgleich ich vor 8 Monaten ihm
Grüße für Dich schrieb, und ihn zugleich darauf aufmerksam machte,
daß das Geschwätz über ein Zerwürfniß zwischen uns beiden ohne das
geringste Fundament und nur böswillige Lüge sei. Du bist nun au fait
meines Verhältnisses zu Laube, wir sind vielleicht Freunde nur noch in
der Form, nichtsdestoweniger habe ich soviel als möglich gesucht, die
wahren Gründe meiner Unzufriedenheit, die politischen nicht allzu-

herbe hervortreten, und dagegen blos den momentanen, persönlichen Unmuth hervorleuchten zu lassen. Ich habe ihm deshalb auch gesagt, mit Dir zu conferiren, über einen Plan oder Vorschlag, den mir der Doctor Joseph Bacher bei seiner Durchreise in Paris gemacht, und wodurch in der That meine Finanzen sehr glänzend gehoben werden könnten. Ich wünsche auch, daß Du mit Herrn Bacher, der, wie er sagte, Dich kennt, Dich bereden möchtest; ich gestehe Dir freilich von vorne herein, daß das Project mir nicht sonderlich mundet, indem etwas daran ist, was nach Bettelei riecht, ein Geruch, der mir der fatalste von allen. Ich bin ihm mein ganzes Lebenlang aus dem Wege gegangen, und es wäre schrecklich, wenn ich jetzt auf dem Todtenbette mit diesem Mißdufte behelligt würde. – Zu meinen Tribulationen gehört, daß ich seit 3 Jahren auf alle meine Briefe ohne Antwort von Campe bin; er bezahlt zwar regelmäßig die Tratten meiner stipulirten kleinen Pension, aber nie eine Antwort auf die wichtigsten Anfragen. Was dahinter steckt, und welche Vortheile dadurch bezweckt werden, begreife ich nicht; er erwartet vielleicht einen Moment der höchsten Noth, um für die armseligen Stückchen Manuscript, die er bei mir vermuthet, mir, wie gewöhnlich, ein Lumpengeld geben zu können. Er irrt sich diesmal; ich lasse Nichts bei Lebzeiten erscheinen, wenn nicht ein Project, wie das ofterwähnte mich dazu zwänge. Du hast keinen Begriff davon, lieber Bruder, wieviel ich von der Undankbarkeit Derjenigen zu leiden habe, die mir soviel zu verdanken haben. Und nun lebe wohl, und laß mir mit einigen Worten wissen, ob Du das Manuscript erhalten hast. Meine Adresse ist: Monsieur Henry Heine, rue d'Amsterdam. No 50 à Paris. Deine Frau bitte ich herzlich von mir zu grüßen, so wie ich auch meine liebe Nichte Anna recht tüchtig küssen und grüßen lasse. Ich habe ihrer Mutter, meiner lieben Schwester noch nie recht über meinen schrecklichen Zustand geschrieben, nämlich in Bezug auf meine Krankheit, und sie scheint kaum eine Ahnung von der Natur derselben zu haben. Meiner Mutter wird Alles sorgfältig verborgen. Ich hoffe, daß mein liebes Annchen bald einen wohlgewachsenen Mann durch Deine Auswahl bekommen wird. Schön braucht er nicht zu sein; wenn Du suchst, findest Du gewiß in einer so volkreichen Stadt wie Wien ist. Ich wäre sehr begierig, mein liebes Annchen einmal wiederzusehen, und ich spreche oft von ihr mit meiner Frau, die ein herzig-gutes Geschöpf ist und Euch Alle herzlich grüßen läßt. Sie kennt Dich, lieber Gustav, nur abgemalter Weise, in effigie, und ich habe ihr gesagt, daß Du ihr nach meinem Tode ein liebreicher Bruder wirst. Ob ich Dich noch mit leiblichen Augen auf dieser Erde sehen werde? – – Lebe wohl und behalte lieb Deinen

getreuen Bruder
Heinrich Heine
50. rue d'Amsterdam

Mein Esel von Sekretair schreibt so unrichtig, will aber das Zeug mir nicht überlesen lassen, bin zu betrübt – kann durch fremde Hand nicht alles sagen.

Harry.

157. An Heinrich Laube, Paris, 30. November 1846

Paris, 30 November 1850.

Liebster Laube!

Die Witterungs-Veränderung verschlimmert in diesem Augenblick meinen Krankheitszustand, und raubt mir Lust u Fähigkeit zum Schreiben. Daher nur das Nöthigste zur Beantwortung Deines letzten Briefs. über den politisch confessionellen Theil desselben kein Wort mehr, da dergleichen doch zu keinem Resultate führen könnte. Genug wir wissen jetzt auf welchem Felde wir uns beide nicht begegnen dürfen, ohne feindselig an einander zu gerathen. Es ist traurig daß dem so sei. Es hat mich gerührt, daß Du nicht darauf eingegangen bist, den Unmuth dem ich in meinem letzten Brief den Zügel schießen ließ, einer momentanen persönlichen Empfindlichkeit beizumessen: indem ich Dich der Vernachlässigung meiner Privatinteressen beschuldigte, konntest Du sehr leicht meine Unmuthsworte einem Particularmiß-muthe zuschreiben – ich hatte darauf gerechnet, denn es kam mir im Grunde nicht in den Sinn, daß solche Vernachlässigung stattfinde, und Dein Brief beweist mir wie wenig es der Fall ist. Daß Du rein auf die Sache eingingest, ist ehrlich und redlich, und daß Du mit den banalsten

Schmähungen, Charaktermangel, Poeteneitelkeit, Popularitätssucht u dergl. auf mich einschiltst, ist mir sehr erfreulich, und ich sehe darin die Fürsorge des Freundes, der wohl weiß daß ich diese Parteisprache sehr gut kenne und gegen ihre herbsten Idiotismen nachgerade sehr abgestumpft sein muß. Du hast Dich so verjüngt, daß Du wieder ein Schüler des alten Jahn geworden, und die alte Turnhose angezogen. Was Dein Appell an das Urtheil der Vernünftigen und Praktischen betrifft, so wäre ich nicht übel geneigt, Dir einen Brief von Varnhagen mitzutheilen, der mir dieser Tage o f f e n und durch verschiedene Hände gehend zugekommen ist u eine schreckliche Apologie des jungen Deutschlands u namentlich Deiner enthält. Hier sind keine banale Spießbürgerphrasen, es sind blutige Wahrheiten, und nicht ich werde sie dem Freunde mittheilen. Der Himmel erhalte Dich, u schenke Dir Gesundheit u alle jene Philisterfreuden, die Du so theuer erkauft hast.

Was meine Geschäfte betrifft, so will ich mich kurz fassen. Die Aufführung des Ratcliff war nur eine vorübergehnde Grille, an die ich selbst nicht ernsthaft dachte und die ich ganz aufgebe. Kann aber das Ballet doch zur Aufführung kommen, so wär mir das sehr gepfiffen, und indem ich zu dem ursprünglichen Libretto noch ein halb Dutzend Druckbogen hinzuschriebe, die das Bezüglichste und Interessanteste enthalten müßten, so würde ich wohl ein Büchlein geben können, das dem Volumen des Atta Troll gleichkäme und mir ein erkleckliches Honorar eintragen könnte. Nun aber bin ich Campen gegenüber auf folgende Weise gebunden: Ich muß ihm jedes Buch, das ich herauszugeben beabsichtige, vorher zu demselben Honorare anbieten, das mir ein andrer Buchhändler dafür geben würde, und im Fall er mir dieselbe Summe zugeständte, bliebe ihm der Vorrang vor andern Buchhändlern. Du siehst, ich muß nun warten bis ich Gewißheit von Dir erhalte, daß das Ballet wirklich aufgeführt werde, u alsdann müßtest Du mir die Summe angeben, die ich von Campe verlangen dürfte für ein Opus von angedeutetem Volumen. Es ist möglich aber nicht wahrscheinlich, daß er sich bereit erklärt, für den verlangten Preis durch einen seiner Helfershelfer dort in Wien das Buch zu drucken, um es gleichzeitig bei der Balletaufführung ausgeben zu können. Dieser Demarche muß ich mich unterziehen, wenn ich ihm nicht das Messer in Händen geben will gegen mich selbst. Bisher hat er seine contractlichen Verbindlichkeiten richtig erfüllt, u der Himmel weiß! daß auch ich die meinigen strict erfüllen will. Es ist möglich, wenn er sieht daß ich dort einen Buchhändler habe u auf ein bestimmtes Honorar Anspruch machen kann, er diesmal sich weniger zähe zeigen dürfte u jedenfalls sein kindisches Stillschweigen brechen müßte. Sage mir daher welche Anerbietungen ich ihm machen soll, um eventualiter gleich ins Reine zu sein. Das Project einer Herausgabe eines neuen Buchs Gedichte rückt wieder in die Ferne, da meine Krankheit mir nicht erlaubt, das flüchtig Crayonnirte aufzuzeichnen und für den Druck zu ordnen. Wird die Noth groß, so muß ich freilich mit einem solchen Buch herausrücken. Du sagst mir nicht, ob Du Herrn Joseph Bacher über mich gesprochen; man erwartet ihn in Paris wie ich höre, ist er jedoch noch in Wien, so laß ich ihn bitten, mich bei seiner Ankunft hier recht bald zu besuchen. – Meinen Bruder, wenn Du ihn siehst, bitte ich freundlich zu grüßen; ich habe erfahren, wie er der Menschheit einen neuen Beweis gegeben hat, daß er sich mit der Erhaltung derselben eifrig beschäftigt und seiner Frau wieder ein Kind gemacht hat. Grüße mir auch Frau Doctorin Laube, von der wir oft in traulicher Unterredung uns hier unterhalten. W i r will heißen ich und meine Mathilde, die an meinem Krankenlager einen harten Stand hat, mir mehr als je mit Treue u Liebe ergeben ist und vielleicht auch die einzige Ursache ist warum ich dieses hundsföttische Leben noch mit Geduld ertrage.

Dein Freund
Heinrich Heine
50. rue d'Amsterdam

Monsieur / le Docteur Henri Laube / aux Bureaux de la Direction / du Burg-Theater / à / V i e n n e / Capitale de l'Autriche

158. An Gustav Kolb, Paris, 21. April 1851

Paris, 21. April 1851.

Liebster Kolb!

Es ist nun eine Ewigkeit, daß ich keine Nachrichten von Ihnen erhalten, und ich hatte immer die Idee im Kopfe, daß Sie einmal, die Eisenbahnen benutzend, eines frühen Morgens vor meinem Bette stehen würden. Ich bin nämlich noch immer bettlägerig, liege beständig auf meinem kranken Rücken, worin die fürchterlichsten Krämpfe hausen, und was im Publikum von meiner Krankheit erzählt wird, ist nur eine Kleinigkeit im Vergleich mit meinen wirklichen Leiden. Und das alles ertrage ich mit religiöser Geduld. Ich sage religiös, weil ich doch nicht ganz in Abrede stellen kann, was man von meiner jetzigen Gottgläubigkeit erzählt. Aber ich muß Ihnen in dieser Beziehung versichern, daß hier große Übertreibungen herschen, und daß ich nicht im entferntesten zu den sogenannten frommen Seelen gehöre. Die Hauptsache besteht darin, daß ich schon längst eine große Abneigung gegen den deutschen Atheismus empfand, schon längst bessere Überzeugungen in Betreff der Existenz Gottes hegte, und mit der Manifestation derselben eine geraume Zeit warten wollte, vielleicht um dem lieben Gott eine Sürprise zu machen. Unberechtigte gobemouches haben jedoch flüchtige Aussprüche von mir aufgefangen und mich in das allerdümmste Gerede gebracht. Ich witterte dabei sogar die Absichtlichkeit gewisser Leute, die mich als einen fetten Braten für ihren Himmel gern canonisirt hätten; es ist dafür gesorgt, daß meine sogenannte Bekehrung ihren Committenten keine Indigestion verursachen wird. Aber wie geht es Ihnen, theuerster alter Freund? Verabsäumen Sie nicht, zur Industrie-Ausstellung nach London zu reisen, und zwar über Paris, wo Sie mich rue d'Amsterdam N 50 finden und mir noch einmal die Hand reichen sollen, bevor ich selber die große Wanderschaft antrete, wozu man keine Beine gebraucht – Gottlob, daß man diese Beine entbehren kann, denn sonst müßte ich lahmer Schelm in diesem irdischen Jammerthale zurückbleiben. Um mich zu jener Reise vorzubereiten, suche ich auch meine Papiere in Ordnung zu bringen, und zu diesem Behufe sollen Sie mir, liebster Kolb, einen Dienst leisten, womit ich Sie, der so viel beschäftigt ist, nur nothgezwungen belästige. Aber ich baue auf alten erprobten Eifer für meine Interessen. Ich bedarf nämlich zu einem Zwecke, dessen Auseinandersetzung zu weitläufig wäre, die Collection aller Artickel, die ich seit dem Ministerium der H. Thiers und Guizot, also vom 1 März 1840 bis zur Februar-Revolution in der Allgemeinen Zeitung drucken ließ. Ich bitte Sie inständigst, lieber Kolb! mir sämmtliche Artickel der bezeichneten Periode ohne irgend eine Ausnahme hervorzusuchen und durch die Diligence oder, was vielleicht noch weniger kosten würde, durch Kreuz-Couvert hierherzuschicken. Wie unendlich leid thut es mir jetzt, daß ich nie Copie davon behielt, daß ich die zeitgemäßen Abänderungen und Auslassungen der Redaction nicht mehr wieder herstellen kann, und auch eine gute Anzahl Artickel, die Sie gar nicht abgedruckt haben, für mich verloren sind; – sollte gegen mein Erwarten irgend etwas dieser Art sich noch auffinden können, so würden Sie mir durch Mittheilung desselben einen außerordentlichen Dienst leisten. Wie schade ist es, daß Sie mir in der Allgemeinen nicht immer freie Hand ließen, und zumal meine bestimmten und immer wiederholten Voraussagungen über den damals unbeachteten Sozialismus als Chimeren oder als indirecte Propaganda zurückwiesen! Man würde mir zugestehn müssen, daß ich zu den Wenigen gehörte, welche die Zukunft am richtigsten beurtheilt. Auch hat mich nichts überrascht. Betrübt hat mich jedoch vieles, und wie alle Propheten habe ich am meisten erduldet. Ich kann mich über die Siege meiner liebsten Überzeugungen nicht recht freuen, da sie mir gar zu viel gekostet haben. Dasselbe mag bei manchem ehrlichen Mann der Fall sein, und es trägt viel bei zu der großen, düstern Verstimmung der Gegenwart. Hier ist alles im Chaos. Jeder hat eine Solütion in der Tasche; baares Geld wäre erquicklicher. Lange wässrige Parlamentsreden, aber kein Geist Gottes schwebt über dem Wasser. Kammer und Präsident haben Furcht voreinander, und fallen voreinander auf die Kniee, wie der Mohr und Papageno. Für den Präsidenten bin ich mit Leib und Seele, aber nicht blos weil er der Neffe des Kaisers, sondern weil er auch ein wackerer Mensch ist und durch die Autorität seines Namens größerem Unheil entgegenwirkt; wie Ludwig Philipp es war, so ist auch Louis Bonaparte ein Mirakel zu Gunsten der Franzosen. Ob er sich halten wird, ist eine andere Frage, denn diese Menschen fürchten nichts, und haben nur die Stunde im Auge. – Sie sehen, ich bin ein armer gelähmter Deutscher, der den gestrigen Tag nicht vergessen kann, und der den kommenden Tag nur mit Scheu begrüßt. – Ich denke oft mit Kummer daran, daß Lindner und Lebret das Wiederaufstrahlen des Imperialismus durch Ludwig Napoleon nicht mehr erlebt haben. Welche Dithyramben hätten ihre alten Herzen gesungen! Wie oft denke ich der Vergangenheit, liebster Kolb! als wir noch im politischen Flügelkleide uns im idyllischen München ergingen! Fiffi und Figaro und vielleicht Madame Lindner selbst sind jetzt todt, und die Welt ist eine andere geworden! Vor einigen Nächten erinnerte ich mich daran, wie der alte Stägemann immer wieder gesund wurde, wenn Sie nach Augsburg reisten, um die Allgemeine Zeitung zu übernehmen. Ich lachte herzlich und vergaß meine Schmerzen. – Ich sehe jetzt die Allgemeine fast gar nicht, doch höre ich mit Vergnügen, daß Sie mir manche liebreiche Aufmerksamkeit darin erwiesen. Geht es mir einmal leiblich etwas besser, und kostet mir jede Manifestation nach außen nicht mehr so große Anstrengungen, so versuche ich vielleicht wieder meine Pfoten in die Spalten der Allgemeinen zu klemmen. Ich schreibe sehr wenig und meistens nur Poetisches, lese sehr viel, oder vielmehr ich lasse mir viel vorlesen und noch mehr erzählen. Sehe manche wichtige Person, und Gottlob fast gar keine Deutschen. In Bezug auf letztere immer das alte Lied; da mir meine Mittel nicht mehr wie früher erlauben, mich ausbeuten zu lassen, so hat sich mancher freiwillig zurückgezogen. Da ich schon wegen meiner Beine nicht jedem Klatsch nachlaufen kann, um ihn zu rectifiziren, so verliere ich durch die Intrigue der Schlechten mitunter auch einen Ordentlichen, d.h. ordentlich in Vergleichung mit den andern. – Und nun leben Sie wohl, liebster Kolb! und nehmen Sie im Voraus meinen Dank für die Mühe, die ich Ihnen verursache. Kommt durch die Mittheilung der verlangten Artickel etwa ein completes Exemplar der Allgemeinen zu Schaden, so bin ich erbötig, diesen zu ersetzen. – Von Laube habe ich manchmal Brief, obgleich ich mit ihm wegen seines Buches über das Frankfurter Parlament in Delicatesse bin. Es ist ein perfides, böswilliges Buch. In Wien stehe ich auch in starker Verbindung mit meinem Bruder Gustav Heine, der dort das Fremdenblatt herausgibt und ebenfalls politisch nicht mit mir harmonirt; wir sind aber doch intime Freunde, und was die liberale Presse vom Gegentheil wissen will, ist eitel Lug und Misere. Grüßen Sie mir alle etwaige alte Bekannte, die sich meiner erinnern, und bleiben Sie freundschaftlich zugethan

Ihrem getreuen
Heinrich Heine
50 rue d'Amsterdam

159. An Johann Vesque von Püttlingen, Paris, 22. Juni 1851

Hochgeehrter Herr!

Ich hätte Ihnen längst den Empfang Ihrer musikalischen Zusendung angezeigt und den gebührenden Dank dafür abgestattet, wenn ich nicht die Absicht gehegt hätte, Ihnen etwas mehr als eine banale Höflichkeit zu erweisen. Ich wollte Ihnen über Ihre schönen Productionen, die mir von allen Seiten so sehr gerühmt werden, meine eignen Empfindungen mittheilen, und ich hatte mich zu diesem Behufe schon um ein FortePiano und einen Sänger umgesehen, der sie mir vortragen sollte. Aber wegen zunehmendem Übelbefinden mußte dieses aufgeschoben werden, und als ich vor einigen Tagen das Piano kommen ließ, merkte ich zu meinem Schrecken, daß es in meinem Krankenzimmer keinen Platz finden kann. Ich muß Ihnen hier gestehen, damit Sie diese Misere begreifen, daß ich mich seit drei Jahren in eine sehr enge Wohnung zurückgezogen, um das Defizit der Februar-Errungenschaften auszumerzen, daß ich seitdem in dieser engen Wohnung keine drei Noten Musik gehört habe und also von der Musik sehr entfernt lebe. Ich bin aber im Begriffe, eine größere Landwohnung zu beziehen, und da werde ich in meinem Schlafzimmer, das ich nie verlassen kann, mir Ihre Compositionen vortragen lassen. Ich liebe die Musik sehr, aber ich habe selten das Glück, gute Musik zu hören, oder gar meine eignen poetischen Schöpfungen durch Musik unterstützt zu sehen. Von den außerordentlich vielen Compositionen meiner Lieder sind mir während den zwanzig Jahren, die ich in Frankreich lebe, nur sehr wenige, vielleicht kaum ein halbes Dutzend, zu Ohren gekommen. Ich habe sie vielleicht in hiesigen Soireen singen gehört, ohne zu wissen, daß es Compositionen meiner eignen Lieder gewesen, sintemalen die Übersetzer, die französischen Paroliers, sie unter ihrem eignen Namen herausgeben. Ich habe mal ein Singspiel geschrieben, welches durch Zufall verbrannt ist; für Joseph Klein, den Bruder des verstorbenen Bernhard Klein, schrieb ich eine Oper, die derselbe componirte, aber mit sammt meinem Texte später verloren hat. In jüngster Zeit schrieb ich für das Theater der Königin in London eine Ballet-Pantomime, die vielleicht eine meiner besten Erzeugnisse, und die durch ihre musikalischen Motive einen guten Componisten zu den größten Hervorbringungen anregen könnte; aber einer kleinlichen Cabale des Chef-de-Ballets wegen mußte mein Werk im Carton des Impressarios bleiben, wo es alt und grau werden mag. Mein Freund Heinrich Laube machte mir Hoffnung, den deutschen Text in Berlin oder zu Wien bei den dortigen Theatern anbringen zu können; er scheiterte jedoch zu Berlin, wo ich meines Preußenhasses wegen nicht sonderlich geliebt bin, und in Wien, wo ich mich besser empfohlen glaubte, fand er den insolentesten Widerstand bei dem Intendanten der Oper, den er mir als einen Herrn von Holbein nannte; der Name ist mir so bekannt, und ich muß ihn gewiß schon einmal an irgend einem deutschen Pranger gesehenhaben. Mein deutsches Ballet-Manuscript ist jetzt zu Wien in Händen meines Bruders Gustav Heine, der Ihnen, wenn Sie sich durch Ihr Talent oder auch nur durch Ihren Einfluß dafür interessiren wollen, das Manuscript zur Ansicht mittheilen soll, wie sich von selbst versteht unter Versprechen der gehörigen Discretion. Sie werden sich jedenfalls alsdann überzeugen, daß ich ein Werk geliefert habe, welches nicht verloren gehen kann, obgleich es dem Hauptzweck des armen Dichters, den weltlichen Erwerb, nicht entsprochen haben wird, da meine Tage gezählt sind und zwar äußerst knapp. – Ich wiederhole Ihnen, mein Herr, daß es mir äußerst leid ist, Ihnen für Ihre freundliche Zusendung vor der Hand nur danken zu können, doch habe ich Ihnen wenigstens einen Brief schreiben können, der etwas besseres als eine gewöhnliche Höflichkeit, nämlich ein sympathetisches Vertrauen ausspricht. Ich bin mit solchen Briefen in meinem Leben nicht freigebig gewesen, und mein heutiges Schreiben mag Ihnen meine ausgezeichnete Hochschätzung bekunden. Empfangen Sie die Versicherung derselben und genehmigen Sie meine heiterste Begrüßung

Heinrich Heine
Paris, rue d'Amsterdam 50,

den 22 Juni 1851. –

Paris, 5 November 1851.

Liebster Herr Weerth!

Sie werden gewiß selber schon mal die Bemerkung gemacht haben, daß wir öfter an diejenigen denken, denen wir aus Saumseligkeit eine Antwort schuldig geblieben, als an denjenigen, dem wir immer gleich einen nothdürftigen Höflichkeitsbrief schreiben u. mit solchem gleichsam so bald als möglich abzufertigen suchen. So geschieht es auch, daß Sie, lieber Weerth, sich täglich in meinem Gedächtnisse immer tiefer einwurzeln, während ich mir beständig den Vorwurf mache, daß ich Ihnen für die vielen freundlichen Zeilen, die Sie an mich gerichtet, u. besonders für Ihr letztes erheiterndes Schreiben noch nicht meinen Dank ausgesprochen habe. Aber ich wartete immer auf eine gesunde Stunde, die nie kam, u. heute endlich entschließe ich mich dazu, ich weiß nicht warum, da ich doch eben mehr als je in diesem Augenblick leidend u. sauertöpfisch gestimmt bin. Seit einigen Wochen ist mein Zustand viel schlimmer geworden, ich kann nicht mehr mit dem gewöhnlichen Leichtsinn auf Besserung hoffen, u. auf den ärgsten Fall mich vorbereitend, suche ich wenigstens meine Briefschulden zu zahlen. Aber auch meine andern Schulden tilge ich gewissenhaft, u. es ist vielleicht noch kein Dichter so philisterhaft respectabel gestorben, wie ich es sein werde, wenn mich der Herr zu sich rufen wird zum ewigen Leben, wie die Frommen sagen. Es freut mich, daß Ihnen meine Vorrede gefallen hat; leider habe ich weder Zeit noch Stimmung gehabt, darin auszusprechen, was ich eben darthun wollte, nämlich, daß ich als Dichter sterbe, der weder Religion noch Philosophie braucht, u. mit beiden nichts zu schaffen hat, Der Dichter versteht sehr gut das symbolische Idiom der Religion u. das abstracte Verstandeskauderwelsch der Philosophie, aber weder die Herren der Religion noch die der Philosophie werden jemals den Dichter verstehen, dessen Sprache ihnen immer spanisch vorkommen wird, wie dem Maßmann das Latein. Durch diese linguistische Unkenntniß geschah es, daß diese u. jene Herren sich einbildeten, ich sei ein Betbruder geworden. Sie begreifen nur die Mißgeschöpfe, denen sie gleichen, wie Göthe sagt, den ich um seinen göttlichen Namen beneide. Apropos Göthe: Ich habe vor einiger Zeit wieder Eckermanns Gespräche mit

Göthe gelesen u. ein wahrhaft pommadiges, besänftigendes Vergnügen daran gefunden. Lesen Sie sie doch, diese 2 Bände, im Fall Sie sie noch nicht kennen, u. im Fall Sie vielleicht den später erschienenen dritten Theil dieser Gespräche auftreiben können, suchen Sie mir denselben gelegentlich zukommen zu laßen. Ich beschäftige mich gern zu meiner Geistesabspannung mit solcher Lectüre; meistens lese ich jetzt Reisebeschreibungen, u. seit 2 Monaten bin ich nicht aus Senegambien u. Guinea herausgekommen. Der Überdruß, den mir die Weißen einflößen, ist wohl Schuld daran, daß ich mich in diese schwarze Welt versenke, die wirklich sehr amüsant ist. Diese schwarzen Negerkönige machen mir mehr Vergnügen, als unsre heimischen Landesväter, ob sie gleich ebenfalls von Menschenrechten wenig wissen u. die Sclaverei als etwas Naturwüchsiges betrachten. Ich hoffe, daß Ihnen mein Romancero, besonders aber mein Faust gefallen wird. Gott weiß, daß ich auf diese Bücher keinen großen Werth lege, u. daß sie nicht so bald das Tageslicht gesehen hätten, wenn Campe mir nicht die Daumschrauben angelegt. Ich komme zu dieser Publication wie die Magd zum Kind, ja zu zwei Kindern. Campe kann Ihnen erörtern, wie ich das meine. über das Schicksal meiner Bücher bin ich ganz in Unwissenheit, da Campe, seit er alles hat was er braucht, mir keine fernere Nachricht darüber gibt. Trifft dieser Brief Sie in Hamburg, so erfahre ich etwas vielleicht darüber von Ihnen, wenn Sie mich ferner mit einer Zuschrift erfreuen.

Ich bin so betäubt vom Opium, das ich zu wiederholten Malen eingenommen, um meine Schmerzen zu betäuben, so daß ich kaum weiß was ich dictire. Dazu kommt, daß schon diesen Morgen ein dummer Teufel von Landsmann bei mir war, der in einer langen u. langweiligen Unterredung Ideen mit mir austauschte; durch diesen Austausch von Ideen habe ich vielleicht seine dummen Ideen im Kopfe behalten, u. ich habe vielleicht einige Tage nöthig, ehe ich mich derselben ganz entäußere u. wieder einen vernünftigen Gedanken fassen kann. Der Mann sah alles grau in grau, was auch seine eigne Farbe ist; er sagte, Deutschland stünde an einem Abgrund – nun da ist es gut, daß Deutschland kein wildes Roß ist, sondern ein gescheutes Langohr, dem es vor dem Abgrund nicht schwindelt u. an dem Rand desselben ruhig hinwandeln kann. – H. Reinhardt, der mir die Feder leiht zum heutigen Briefe, läßt Sie freundlich grüßen.

Hier ist alles ruhig, nur daß der Polizei-Prefect jüngst, ein zweiter Herodes, gegen unsere unschuldigen Landsleute einen ungeheuern Kindermord beabsichtigte u. die armen Kleinen sehr ängstigte. Sie mußten sich alle auf die Polizei verfügen, um ihre hiesige Existenz zu beweisen, was manchem sehr schwer ward, der weder Existenz noch Existenz-Mittel besitzt. Jener Herodes meinte, daß sich ein politischer Heiland unter uns befände, u. die Denunziation rührt leider von einer Person her, der es nicht an Bildung fehlt, u. sogar ein Litterat ist. Das sind verteufelt schauderhafte u. widerwärtige Dinge. Wenn ich denke, daß solche Personen sich Jahre lang mir nahen konnten, so wird mir grauenhaft zu Muthe. Welche schreckliche Sache ist das Exil! Zu den traurigsten Widerwärtigkeiten desselben gehört auch, daß wir dadurch in schlechte Gesellschaft gerathen, die wir nicht vermeiden können, wenn wir uns nicht einer Coalisation aller Schufte aussetzen wollen. Wie rührend schmerzlich u. zugleich ingrimmig sind über dieses Thema die Klagen des Dante in der göttlichen Komödie!

Leben Sie wohl, theurer Freund! u. bleiben Sie heiter zugethan

Ihrem herzlichst ergebenen
Heinrich Heine.

161. *An Anna Embden, Paris, 6. November 1851*

Paris, den 6 November 1854.

Liebes Anchen!

Ich habe Dir längst schreiben wollen, aber ich kam nie dazu, da ich sehr viel Gezippel und Gezappel um die Ohren habe. Auch heute bin ich noch nicht im Stand Dir ein vernünftiges Wort zu sagen. Dein lieber Brief hat mich sehr amüsirt und wir haben über Deine Handzeichnungen sehr gelacht. Meine Frau hat Dich sehr lieb und läßt sowohl Dich, als auch Deinen Vater, Deinen Bruder, Lenchen und versteht sich, Deine Mutter herzlich grüßen.

Anbei schicke ich Dir ein Authograph, wofür Dir Dein Vater zwölf gelbe Louisd'or's auszahlen wird. Kaufe Dir dafür etwas, was Dir gefällt; indem Du mich dadurch des eigenen Einkaufes, des Verpackens und Versendens überhebst, leistest Du mir einen Dienst, wofür ich Dir danke. Zeige mir auch den Empfang dieses Briefes an. Sobald ich nur etwas bei guter Laune bin, will ich Dir mehr schreiben. Unterdessen lebe wohl und bleibe liebreich zugethan

à Mademoiselle / Me Anna Embden

Deinem getreuen Oheim
Harry Heine.

162. *An Betty Heine, Paris, 5. Dezember 1851*

Paris, 5 Dezember 1851.

Liebste Mutter!

Da in diesem Augenblick wieder die größte Aufregung in Paris herscht, und gestern und vorgestern großes Blutvergießen stattfand, so eile ich Dir zu melden, daß ich mich wohl befinde u außer dem Bereiche jeder Gefahr bin. Meine Krankheit hat wenigstens den Nutzen, daß ich mich in den Partheikampf nicht mische; wäre ich gesund, so hätte ich jetzt jeden Augenblick Gelegenheit, verstümmelt oder gar todt geschossen zu werden. Meine Frau läßt sich leider nicht zurückhalten, bei jedem Tumult die Nase auf die Straße hinauszustecken, u war gestern mitten im Feuer. Ich habe leider nichts zu befehlen hier in Frankreich, u wie überall fehlt auch in meinem Hause die nothwendige Autorität. Mit Ludwig Napoleon scheint es zu Ende zu sein, u er hat seine Sachen nicht geschickt angefangen. Ich fürchte es geht ihm noch sehr schlecht. Leider hat er nicht begriffen daß die Franzosen die Republik zwar nicht lieben, aber doch sie behalten wollen. Was so viel gekostet hat, läßt man sich nicht gerne nehmen. Wie viele Menschen haben einen Widerwillen gegen ihre Maitresse, können sich aber doch nicht entschließen, das Mensch zu verlassen, für welches sie schon so viel Geld ausgegeben.

Das Kistchen mit Büchern habe ich erhalten, u danke für die Sendung. Ich hoffe, daß das Verzeichniß, das mir nicht zurückgeschickt worden ist, nicht verloren ging; antworte mir hierüber.

Von Gustav habe ich Brief erhalten; er schreibt darin, daß er seine Frau so sehr liebe. Leider bemerke ich, daß er meine Geschäfte nicht so ausgeführt hat, wie er es mir früher glauben machte, u ich fürchte, hier neuen Verdruß einzuerndten. Ich habe Euch in einem meiner letzten Briefe gesagt, daß ich an Gustav alles zurückgezahlt habe; ich zweifle nicht, daß Ihr gefühlt habt, warum ich dergleichen erwähne. Ich bin ein kranker Mensch, u die Stunde kann immer kommen, wo mir das Reden unmöglich ist.

Dich, liebes Lottchen! grüße ich herzlich. Grüße mir Deinen Mann, u küsse mir meine zwei Nichten u meinen Neffen, dessen wir hier immer mit vieler Liebe gedenken. Meine Verbrengerin hat sich eine grünseidene Robe angeschafft, welche ich die Vitzliputzli-Robe nenne; ich habe ihr nämlich berechnet, daß die Robe so viel kostet wie das Honorar beträgt für das Gedicht Vitzliputzli, welches im Romancero enthalten ist. Wir leben in der größten Harmonie, im schönsten, kostspieligsten Frieden. Wir sprechen oft von Euch, u oft bis tief in die Nacht schwatzen wir von der lieben Mutter u meiner lustigen Schwester. Annchen, die Märtyrerin, wird noch immer viel bedauert. Wenn sie mir schreibt, bitte ich sie, nur recht schwarze Tinte zu nehmen, da ich meine Familienbriefe immer selbst lese, u meine Augen besonders im Winter sehr schwach sind.

Der Romancero erregt mehr Begeisterung, als ich erwartete. Ich versichre Euch, es ist ein sehr schwaches Buch, man darf es aber nicht sagen. Ich habe es mit gelähmten Kräften geschrieben; mohlt Euch.

Ich hoffe, liebe Mutter! daß Du recht wohl bist, u ich werde immer meine Gesundheit nach der Deinigen einrichten. Du verstehst mich. Schreib mir bald u viel.

Dein getreuer Sohn
Harry Heine

Madame / Betty Heine, née de Geldern / 20, Dammthorstraße / H a m - b o u r g . / (Allemagne du Nord.)

163. *An James de Rothschild, Paris,*
15. Januar 1852

Paris den 15. Januar 1852.

Herr Baron!

Die älteren Juden, welche sehr gefühlvolle ·Menschen waren, hegten den Glauben, daß man in Gegenwart eines Kindes nicht etwas Gutes essen dürfe, ohne demselben einen Bissen davon mitzutheilen, aus Furcht, das Kind würde dadurch einen Blutstropfen verlieren, oder wie sie sich ausdrückten, aus Zaar lechajim, was noch mehr sagen will, als das Wort Rachmones. Ihr edles Herz, Herr Baron scheint auch diesem großmüthigen Aberglauben treu geblieben zu sein und jedesmal, wenn das Glück Sie in Ihren kolossalen Geschäften ganz besonders begünstigte, haben nicht bloß Ihre nächsten Hausfreunde, sondern auch der Dichter, das große Kind, etwas zu schlucken bekommen. In diesem Augenblicke, wo Sie wieder bei einem ungeheuren Unternehmen vorherrschend betheiligt sind, und überhaupt siegreich und millionärer als je aus den Revolutionsstürmen hervorgehen, jetzt erlaube ich mir Ihnen wissen zu lassen, daß ich noch nicht gestorben bin, obgleich mein Zustand nicht eben den Namen Leben verdient.

Eine sehr große und sehr schöne Dame, die mir in meinem Elend manches tröstende Wort zugerufen hat und die bei Ihnen in sehr großem Ansehen steht, nämlich die Frau Baronin James Rothschild wird es Ihnen sehr gut aufnehmen, wenn Sie sich in einer Weise, die meiner und Ihrer würdig wäre, für mich interessiren wollten.

Genehmigen Sie die Versicherung der wahren und ehrfurchtsvollen Freundschaft, mit welcher ich verharre,

Herr Baron
Ihr Ergebener
Heinrich Heine.
50 rue d'Amsterdam.

164. *An James de Rothschild, Paris, 19. Januar 1852*

Hochgeehrtester Herr Baron!

Ich habe mit Vergnügen erfahren, daß Sie meiner nicht vergessen haben, und indem ich Ihnen zugleich für den neuesten Beweis Ihrer Güte verpflichtet bin, sage ich Ihnen meinen tief gefühltesten Dank. Es liegt sichtbar auf Ihnen der Segen Gottes, und jede Berührung mit Ihnen bringt Glück. Seit Jahren wurzelt in mir dieser Glauben, und Ihr persönliches Wohlwollen war mir daher immer besonders erfreulich und trostreich. Bewahren Sie es mir immer mit Ihrer gewohnten Großmuth, und sein Sie überzeugt, daß ich mich dessen, so viel es in meiner Macht steht, würdig zeigen werde. Ich denke sehr oft an Sie und Ihre edle Familie; die Stunden, die ich die Ehre hatte, in Ihrer Nähe zu verleben, erquicken mich in der Erinnerung.

Genehmigen Sie, Herr Baron, die Versicherung
meiner Ehrfurcht und wahrhaften Ergebenheit
Heinrich Heine

165. *An Julius Campe, Paris, 28. Januar 1852*

Paris 28 Januar 1852.

Mein liebster Campe!
In demselben Maße wie die Revolution Rückschritte macht, macht meine Krankheit die ernstlichsten Fortschritte, u ich sehe dem Augenblicke entgegen, wo meine Augen gar Nichts mehr erblicken u sehen werden. Gestern Abend glaubte ich definitiv zu sterben, doch diesen Morgen will es mir vorkommen, als sei ich noch am Leben, u ich benutze diese Gelegenheit, Ihnen zu melden, daß jetzt meine Schwester mir bald eine Kiste mit Büchern schicken wird, u daß Sie, ebenfalls diese Gelegenheit benutzend, mir die verlangten Bücher beipakken lassen können. Schicken Sie mir nämlich einige Exemplare der Stereotyp-Ausgabe des Romanzero, etwa 3 bis 4 Stück, so wie auch noch einige Ex. des Buchs der Lieder von derselben Prachtausgabe, ferner 6 Ex. des Faustbuchs, u endlich, wenn Sie wollen, noch 1 Ex.

von Hauenschild's »Aus der Junkerwelt«, welches ich lesen will, sobald ich mit dem Buche »Aus der Natur« fertig bin. Letzteres gefällt mir immer besser und besser. Können Sie noch ein »Schief-Levinche« entbehren, so lassen Sie es mitlaufen. Zugleich bitte ich Sie, mir einen Catalog der Bücher eines dortigen Antiquars zu schicken; ich brauche in diesem Augenblicke ein altes Buch: Erfahrungs-Seelenkunde, von dem Hofrath P. Moritz, welches in den 70^r oder 80^r Jahren zu Berlin herausgekommen sein muß. Ist es dort, so verschaffen Sie mir es. In dem Catalog von Jowien befinden sich leider wenig alte Bücher; ist Niemand dort, der jetzt dergleichen hat, wie früher Bernhardt? Der Transport der Bücher durch die Eisenbahnen ist schauderhaft theuer, weil in Cöln unter dem Namen Commissionaire eine Compagnie Diebe diesen Transport ausbeutet, indem sie sich dort als nothwendiger Vermittler den Eisenbahnbüreaux aufdrängt u imaginaire Spesen sich zahlen läßt. Wenn diesem Unfug gesteuert wird, der dem Rheinzoll der alten Raubritter gleicht, werden die Transportkosten der Bücher spottwohlfeil sein; bis dahin sind die Sendungen unter Kreuzcouvert u Briefpost noch immer die wohlfeilsten. Die hiesigen Buchhandlungen lassen sich ebenfalls für beigepackte Pakete das zehnfache Porto bezahlen, u ich weiß von dieser Spitzbüberei ein Lied zu singen.

Ihr armer Freund
Heinrich Heine.

166. *An Gustav Kolb, Paris, 13. Februar 1852*

Paris, den 13 Februar 1852.

Liebster Kolb!
Ich muß Sie wieder hart angehen, um mir endlich die verlangten Nummern der »Allgemeinen Zeitung« zu verschaffen. Ich fand dieser Tage unter meinen Papieren ein altes Stück Abrechnung der Cottaschen Buchhandlung, welches ich hier beyfüge, da darin die Nummern spezifizirt sind, welche ich zu besitzen wünsche und dieses Blatt Ihnen die Aufsuchung derselben erleichtern kann. Ich bemerke nur, daß ich den

Artikel von Bucharest, welcher obenan steht, nicht brauche, und dann, daß ich auch die Nummern zu haben wünsche, welche späteren Datums als diese Abrechnung sind. Ich sage Abrechnung, obgleich ich nicht mitgerechnet habe, und mein Guthaben darin um etwa sechs- bis siebenhundert Franks verkürzt worden, wie ich seinerzeit die Ehre hatte, dem Herrn Baron zu melden. Es bezog sich dieses auf die unglückliche Lewaldsche Theater-Revue, woran Schaden gemacht wurde, den am Ende der Schriftsteller entgelten mußte, obgleich, wenn seine Buchhändler irgend einen außerordentlichen Succeß durch ihn gewinnen, solches ihm nie zu gute kommt, wie jetzt zum Beispiel bey dem unerhörten Succeß meines »Romancero« der Fall ist. Wie dumm ich, liebster Kolb, in weltlichen Dingen bin, davon haben Sie keinen Begriff, und meine Frau hatte ganz recht, als sie einst jemanden, der meinen Verstand rühmte, sehr unwirsch versicherte, »ich verstelle mich nur so«.

Ja, ich habe soviel gemerkt, daß man seine Verstandeslacunen durch Geist verhüllen muß, um nicht gänzlich wie ein dummer Junge behandelt zu werden. Aber was soll aus einem Volke werden, dessen Stimmführer so große Esel sind, wie ich leider bin? Das deutsche Volk hat sich in der letzten Zeit nicht sehr verstellt. Die Franzosen machen noch immer eine pfiffige Miene, sind aber im Grunde ebenso dumm wie wir, und in Bezug auf Dummheit giebt es keine Rheingrenze mehr. Wie ich über den Präsidenten hier schon seit Jahr und Tag denke, wissen Sie, und ich habe auch mit Ihrem Kollegen Peschel bey seiner Anwesenheit hierselbst wegen der Capazität des Präsidenten eine Lanze gebrochen. Jetzt sieht jeder, daß ich ihn richtig beurtheilt, und daß auch er sich verstellt hat, nur in ganz umgekehrter Weise wie wir. Er war wirklich der Löwe in der Eselshaut, die er eines frühen Morgens von sich abstreifte, zum Entsetzen der ganzen Kammermenagerie. Wie weit schon sein coup d'état durch die Provokazionen jener Kammer justifizirt werden kann, ist schwer zu bestimmen. Diese Dummköpfe, diese Kollegen des Herrn Savoye, stachelten und nergelten beständig den Helden, der das blanke Schwert der executiven Gewalt in Händen hatte, während sie nur die legale Scheide besaßen. Die Verblendung war unbegreiflich, und ich wunderte mich nicht über das, was geschah. Aber mein Herz blutete dennoch, und mein alter Bonapartismus hält nicht Stich gegen den Kummer, der mich überwältigte, als ich die Folgen jenes Ereignisses übersah. Die schönen Ideale von politischer Sittlichkeit, Gesetzlichkeit, Bürgertugend, Freyheit und Gleichheit, die rosigen Morgenträume des achtzehnten Jahrhunderts, für die unsere Väter so heldenmüthig in den Tod gegangen, und die wir ihnen nicht minder martyrthumsüchtig nachträumten – da liegen sie nun zu unseren Füßen, zertrümmert, zerschlagen, wie die Scherben von Porzellankannen, wie erschossene Schneider – doch ich will schweigen, und Sie wissen warum.

Von Ihnen, liebster Kolb, erfahre ich wenig, nicht einmal Indirektes durch die »Allgemeine Zeitung«, die mir nicht zu Gesicht kommt. über Ihre hiesigen Correspondenten höre ich nichts Erbauliches. Ueber einen derselben, ein Donndorf ohne Naivetät und ohne Nachrichten, höre ich besonders viel spassen; ein sehr braver, aber darum nicht minder langweiliger Mensch, der sehr schlecht schreibt, wenn er nicht die Feder eines befreundeten Stilisten borgt. Von Seuffert sehe ich nichts, doch sagt man mir, er sey auf lebenslänglich verheirathet, er tränke nicht mehr, was kaum glaublich ist; er wasche sich sogar, und er spiele jetzt mit religiösen Ideen statt mit seinem schwarzseidenen Bandel. Herr Engländer, der bey Havas arbeitet, hat seine liebe Noth, gegen die täglichen Denunziazionen aufzukommen und seinen hiesigen Aufenthalt zu behaupten. Ich habe Ihnen längst wissen lassen, daß er nach meinem Bedünken einer der besten und geistreichsten Correspondenten ist und als solcher der »Allgemeinen Zeitung« sehr nützen könnte; ich halte es für meine Pflicht, auf dergleichen zurückzukommen. Unter den Polizeyspionen, die jetzt als solche enthüllt stehen, zeichnet sich sehr aus ein gewisser *<Bamberger>* oder *<Bamberg>,* der sich auch einen philosophischen Doktortitel beylegt und sehr schmähliche Antezedenzien hat. Ich habe das zufällige Verdienst, zu solchen Entlarvungen beygetragen zu haben.

Und nun, liebster Kolb, leben Sie wohl und behalten Sie mich in liebreichem guten Andenken. Ich sterbe verflucht langsam, aber ich fühle doch den täglichen Grabesfortschritt. Meine Leiden, meine physischen Schmerzen sind gräßlich, und es fehlt auch nicht an moralischen. Wenn ich an meinen eigenen Zustand denke, überfällt mich ein wahres Grauen, und ich muß gottergeben die Hände falten, weil mir doch nichts anderes übrig bleibt. Grüßen Sie mir die dortigen Freunde und lassen Sie bald mir ein Lebenszeichen zukommen.

Ihr getreuer Freund

Heinrich Heine.

50, Rue d'Amsterdam.

167. *An Maximilian Heine, Paris, 19. Juni 1852*

Paris 19 Juny 1852.

Liebster Max!

In diesem Augenblick erhalte ich Deine lieben Zeilen, eine Wohnung betreffend; auch willst Du Auskunft haben, ob ich in Paris bleibe. Ich eile daher Dir zu antworten, daß ich Paris dieses Jahr nicht verlasse und keineswegs aufs Land ziehe, wie ich früher die Absicht hegte, obgleich meine Wohnung äußerst enge ist. Wäre letzteres nicht der Fall, so müßtest Du Dich in meiner Wohnung zu behelfen suchen; aber ich habe auch für keine Katze Raum übrig, und kann also einen großen, gewiß schwerbepelzten russischen Eisbären und Arzt nicht in meinem kleinen Loch beherbergen. Meine Frau verspricht alle Frühjahr mir eine neue Wohnung zu suchen, aber es bleibt immer beim guten Willen; meine für meinen Zustand allzu enge Wohnung ist ein wahrer Geniestreich unpassender oder schlecht verstandener Ökonomie. Du sollst, sobald Du hier ankommst, ins erste beste Hotel absteigen, ev. den andern Tag gehst Du mit meiner Frau eine für Dich passende Wohnung in meiner Nähe zu suchen und das ist eine leichte Sache. Mit dem Logiren ist es überhaupt hier viel einfacher als in anderen großen Städten. Es sind Deutsche hier, die seit 20–30 Jahren in einem Hotel leben, wo sie abgestiegen. Denn man bezahlt in einem solchen nur ein Bestimmtes täglich für Wohnung und Aufwartung. Man braucht nicht im Hause zu speisen, man braucht keinen Sou sonstig im Hause zu verzehren und man kann jede Stunde wieder ausziehen, ohne vorher aufgesagt zu haben, was in Privathäusern immer 14 Tage vorher geschehen muß, wenn man monathlich miethet. Du siehst, die Sachen sind einfach, und wenn man keine Frau mit sich schleppt, ist Paris das wohlfeilste Nest für den Reisenden.

Meine Frau spricht mir Tag und Nacht von Dir und bedrängt mich unaufhörlich mit Fragen über Dein Aussehen; vergebens sage ich ihr, daß ich nicht genau mehr wisse, wie Du aussähest; habest in Deiner Kindheit ein Stumpfnäschen gehabt, nachher habe sich die Nase kaiserlich russisch verlängert. übrigens seyst Du von jeher ein sehr ordentlicher Mensch gewesen und das Inventarium Deiner Eisengeräthe habe mit einem hölzernen Hammer angefangen.»All mein Eisenzeug: Primo ein hölzerner Hammer.«Habest damals auch eine reichliche Kollektion von abgeschriebenen Federn besessen. Aber sie will immer wissen, wie Mask, so nennt sie meinen lieben Max, aussieht. Mag sich aber, lieber Max, Dein Gesicht verändert haben, Dein Herz ist dasselbe geblieben, und ich kenne es durch und durch. Ich liebe Dich sehr, und es wird mir eine große Erschütterung seyn Dich wiederzusehen. – Und nun lebe wohl! Küsse mir die Alte und die Jungen –

Dein getreuer Bruder
Harry Heine

168. *An Julius Campe, Paris, 12. August 1852*

Paris, 12 August 1852.

Liebster Campe!
Meinen heitersten Dank für die zugesandten Bücher, die mir nur eine Bagatelle, kaum 2 Frs. Porto gekostet. Gleichfalls meinen Dank für die freundschaftliche Gesinnung, die sich in Ihrem jüngsten Briefe aussprach. Ich kann heute nur einen Punkt desselben in Erwägung ziehn; es ist nämlich Ihre Auseinandersetzung, wie merkantilisch wichtig es für Sie sei, daß ein Buch nicht ganz zu spät im Jahre, nicht gegen Ende desselben erscheine. Das mag ganz seine Richtigkeit haben, aber ich kann dennoch bei der Herausgabe meines nächsten Buches keine allzugroße Rücksicht darauf nehmen; denn da dieses Buch das letzte ist, das bei meinen Lebzeiten von mir erscheinen wird, so muß ich mein Hauptaugenmerk darauf haben, daß es gut sei, daß es vollendet sei, und daß ich nicht am Rande des Grabes Fiasko mache. Ich habe keinen

zweiten Pfeil nachzuschießen. Wenn ich bei solchem neuen Buche nur alte Artikel zuzustutzen hätte, wie Sie nach Ihrer Äußerung zu glauben scheinen, so wäre die Arbeit bald abgethan und der Druck könnte schon jetzt beginnen. Aber dem ist nicht so. Nachdem ich die vorhandenen gedruckten Artikel mit großer Mühe aus den Augsburger Katakomben hervorgesucht, finde ich sie durch Censur und Zusätze so entstellt, so versäuet, daß ich nur den kleinsten Theil davon gebrauchen kann, und auch diesen nach alten Brouillons, die ich glücklicherweise wieder aufgefunden, wieder mit Noth und Mühe restauriren muß; ganz ungedruckte Aufsätze muß ich zeitgemäßer wieder umarbeiten, einen großen Theil Neues habe ich bereits hinzugeschrieben, ich möchte fast sagen hinzugedichtet (was aber unter uns bleibt), und Sie begreifen nicht, welche höllische Arbeit ich habe, um das noch fehlende zu erschwingen, und durch einen besonnenen Guß ein harmonisches Ganze hervorzubringen. Da kann ich mich nicht auf schnelles Stümpern einlassen, und muß ich mir Zeit nehmen. Ihrer Idee, einen ersten Band vorauszuschicken, dem ein andrer folgen könne, kann ich ebenfalls nicht Folge leisten, da ich, wie prägnant ich auch, alles weitschweifige ausscheidend, nur das Beste gebe, ich doch nicht unter 30 Bogen erscheinen lassen kann, wenn ich ein Ganzes von Werth geben will; wenigstens auf 30 Bogen beläuft sich das Manuscript nach meinem jetzigen Schematisiren, und wenn ich auf einige gesunde Tage rechnen kann, so ist vorauszusehen, daß die Arbeit auf eine größere Bogenzahl hinausläuft. Ich kann daher von vorn herein bestimmen, daß das Buch in 2 Bändchen, die nicht getrennt werden können, erscheinen muß. Sie wissen, ich bin ein großer Meister in der Anordnung, und eben weil ich meine Kunst der Form und des Stiles glänzender als je bekunden will, müssen Sie mir in Betreff der Zeit und des Drucks freie Hand lassen. Glauben Sie mir, es ist Ihr eignes Beste. Ich kann es Ihnen nicht deutlich machen, da ich heute, wo ich Ihnen das Buch bestimmt zum Verlag anbiete, nicht der Lobredner desselben sein möchte. Daß ich mit diesem Verlagsantrag nicht länger zögern will, hat seinen Grund in zwei Punkten, die ich Ihnen aufrichtig gestehen will. Der erste Punkt ist, daß ich von vorn herein die Honorarfrage aus dem Sinne haben möchte, damit Sie mich nicht beim Arbeiten belästige. Wäre das Buch ein rein literärisches oder ein poetisches wie der Romanzero, so würde ich es ruhig fertig machen, wohl wissend, daß nichts dabei verloren geht, wenn die Herausgabe erst nach meinem Tod geschähe, wenn etwa Freund Campe sich bei meinen Lebzeiten in Betreff des Honorares etwas zähe zeigen möchte. Das Buch jedoch, welches ich jetzt anfertige, schreibe ich zunächst des Geldes wegen. Aus diesem Grund gebe ich vorzugsweise ein Buch, das die Tagesgefühle ansprechen soll, und wenn es fertig ist, kann ich es nicht Jahr und Tag liegen lassen, im Fall meine Honoraransprüche Sie zufällig nicht in guter Laune antreffen, oder keinem Zutrauen begegnen, wie Sie mir es freilich in der letzten Zeit geschenkt haben, so daß was ich eben vorbringe vielleicht ungerecht ist – aber wir sind Alle Menschen, sind der Stunde und der Stimmung unterworfen, und ich möchte mich so schnell als möglich von dem Gedanken befreien, daß ich, wenn das Buch fertig ist, und ich müde von der Arbeit wäre, ich dennoch genöthigt sein könnte, auf die Handelschaft zu gehn, in der Weise deutscher Literaten herumzufragen, bei dero Collegen herumzufragen, was sie wohl für mein Buch geben würden, und nach solcher Kläglichkeit endlich nach mühseligem Schreiben endlich die Sache abzumachen. Ich gestehe Ihnen freimüthig daß obgleich ich des Geldes sehr bedürftig, dennoch einige Silberlinge mich nicht bewegen würden, das Buch in einem andern Verlage als dem Ihrigen zu geben; schon bei einem solchen Gedanken ist mir zu Muthe, als liefe mir eine Laus über die Leber. Auch gestehe ich Ihnen daß der Vorschlag einiger Freunde, um meinen Finanzen ein für alle mal aufzuhelfen, ein Werk auf Subscription herauszugeben, mir durchaus nicht mundet, und daß ich denen, die mich von allen Seiten angehen, ihnen zu erlauben, Subscriptionslisten zu eröffnen, gern so bald als möglich öffentlich meinen ablehnenden Dank sagen möchte, und daß ich nur damit wartete, um zu gleicher Zeit andeuten zu können, daß mein nächstes Werk vielleicht noch dieses Jahr bei Ihnen im Verlag erscheine. Das ist der zweite Punkt, warum ich Ihnen schon heute den definitiven Verlagsantrag mache, und ich bitte Sie, in der resoluten Weise, die Ihnen eigen und die nicht genug zuschätzen ist, mir umgehend zu schreiben, ob Ihnen Antrag und Bedingungen genehm sind, so daß Ihre Antwort mir in bündigster Kürze als Contract dienen möge. Dem Odysseus des deutschen Buchhandels gegenüber wäre es thöricht, wenn ich nicht meine Gedanken so klar als möglich ausspräche oder einen Hintergedanken verbergen wollte, da Sie dergleichen doch leicht herauswittern würden; unumwundene Offenheit ist daher für mich das rathsamste, und ich will daher die wesentlichen Punkte meines Antrags so bestimmt als möglich und zu größerer Deutlichkeit auch numerirt hierhersetzen.

Diese Punkte sind folgende; sollte ich irgend etwas, das zu Ihrem Vortheil sein könnte, vergessen haben, so notiren Sie es mir eben so bestimmt:

1º Was den Titel des Buches betrifft, so habe ich folgenden ausgeklügelt:

> Unter der Regierung
> Ludwig Philipps von Orleans.
> Tagesberichte
> von
> Heinrich Heine.

Das Wort »Tagesberichte« könnte ich der größern Einfachheit wegen ganz weglassen. Sollten Sie es behalten wollen, und sogar den Ausdruck: »Pariser Tagesberichte« vorziehen, so ist es mir recht. Sie haben, liebster Campe, vorig Jahr, als ich mit dem Romanzero niederkam, dessen Titel mehr Ihnen als mir gehört, einen so feinen Takt und so schöpferischen Sinn für Titelgebung an den Tag gelegt, daß ich hier wohl Ihre Competenz nicht abweisen kann, und wohlthue, mich bescheidentlich Ihrem Urtheil zu unterwerfen. Ich bemerke Ihnen deshalb, daß ich im Anfang auch an folgenden Titel dachte:

> Tagesberichte,
> geschrieben zu Paris
> vor dem Sturze Ludwig Philipps von Orleans.
> (oder: Königs der Franzosen.)

Doch ich glaube, Sie werden mit dem zuerst angegebenen Titel zufrieden sein, da er sogar einen etwas romanhaften, leihbibliotekarischen Anstrich hat, für die große Menge. Doch über diesen Punkt haben wir noch Zeit zur Verständigung.

2º Was die Bogenzahl betrifft, so habe ich das Material im Geiste schematisirt, und es beläuft sich schon auf dreißig Druckbogen. Es mag nun wohl, wenn ich weiter in die Arbeit hineinkomme, auf eine größere Anzahl hinauslaufen, so daß ich jedenfalls zwei mehr oder minder starke Bände herausgeben muß. Ich mache mich aber nur zu dreißig Bogen anheischig; ich bin jetzt so capriziöse, daß ich heute verwerfe was ich gestern geschrieben, schon wenn mir der Styl nicht gefällt, und ich habe eine wahre Leidenschaft des Zusammendrängens. Sie wissen aber aus Erfahrung, ich gebe am Ende immer mehr als ich versprochen.

3° Was das Honorar betrifft, so verlange ich von Ihnen nicht mehr und nicht weniger, als was Sie mir zuletzt für den Romanzero gegeben, nämlich sechstausend Mark Banko, womit Sie das Eigenthum des Buches, das Recht, so viele Auflagen zu machen, als Ihnen beliebt, und das Buch in der Gesammtausgabe meiner Werke aufnehmen zu können, erkauft haben. Ich bin ehrlich mit meinem Gewissen zu Rathe gegangen, was ich Ihnen wohl abfodern könne, ohne in den Verdacht zu gerathen, als wollte ich meinen letzten Sücceß ausbeuten und meine Preise erhöhen; ich haben nur das wesentliche, den Werth meines Buches und die Höllenmühe, die ich daran verwende, beachtet, und ich kann Ihnen mit heiterm Sinne das erwähnte Honorar abfordern, ja ein Selbstgefühl, ein Gefühl der Sicherheit, wie ich es nicht hatte als ich Ihnen den Romanzero antrug, unterstützt mich in diesem Augenblicke. Ich weiß, ich gebe das Beste was geleistet werden kann, da im Versemachen mir viele gleichkommen, nicht aber in der Prosa, wo ich jetzt ein Musterbuch geben dürfte, das ganz abgesehen von seinem interessanten und wills Gott auch pikanten Inhalt, seinen stehenden Werth behalten wird. Dazu kommt, daß ich Ihnen um die Hälfte mehr Manuscript gebe als ich beim Romanzero zu geben gehalten war; wenn ich beim Romanzero sechs Bogen mehr gab als ich versprochen, so dürfen Sie dieses nicht als eine Einrede zu obiger Bemerkung anführen, im Gegentheil, Sie müssen gestehen, daß ich noch vom Romanzero her verdiene, bei meinen heutigen Ansprüchen eine freundliche und dankbare Willfährigkeit zu finden. Ich zweifle keinen Augenblick, daß der Honorarpunkt am leichtesten bei Ihnen erledigt sein wird; sowohl Ihre Klugheit wie Ihre innere Bravheit bürgt mir dafür. Was hätten Sie erkleckliches erlangt, wenn ich etwa aus Kränklichkeit, aus Schwäche, aus Ungeduld, mir vielleicht einige hundert Mark abhandeln ließe? Ich würde dadurch verstimmt werden und dem Buche nicht alle jene rücksichtslose Ausstattung widmen, die ihm einen zweifachen oder dreifachen Werth geben kann. Sie wissen, wie viel ich mit einem einzigen Druckbogen für das Eingreifen eines Buchs zu thun vermag, und wie oft ich Gelegenheit habe, auch anderweitig Ihre Interessen zu fördern. Ich habe es Ihnen in der letzten Zeit bewiesen, beim Romanzero, bei den Neuen Gedichten, bei dem Salon, und kann es Ihnen noch besser beweisen, wenn ich bei der Gesammtausgabe noch am Leben bin. Sie wissen, ich bin gewissenhaft und befolge nicht das Bierbrauerrezept, das Sie mir unklugerweise selber mitgetheilt haben, und wodurch ich im Stande wäre, Ihnen eitel Schaum statt guten Breihahn einzuschenken. Bezahlen Sie gut, so gebe ich gutes Bier; wo nicht, so heißt es: wie geblecht, so gezecht. Sie sehen, wie offen ich bin. Ich verhehle Ihnen nicht mein Spiel; ich lasse Sie in alle meine Karten sehn, ich kann dieses jedoch ohne Schaden thun, da ich lauter Trümpfe in Händen habe. Ich bin wie von meiner Seele überzeugt, daß wenn ich noch mehr verlangen würde, Sie es dennoch geben würden; ich könnte große Summen von Ihnen erpressen, wenn dergleichen meine Art wäre; auch möchte ich es vermeiden, daß sich irgend ein säuerliches Wölkchen über Ihr Antlitz hinzöge, und Unmuth gegen den Freund in Ihrem Herzen sich einniste. Die Hand aufs Herz, alter Freund Campe! bin ich es nicht, der Sie in Händen hat? Würden Sie um irgend einen Preis gestatten, daß einer Ihrer resp. Collegen auch nur ein Blatt von mir jetzt in Verlag bekäme; würde dieses Blatt nicht in der Gesammtausgabe fehlen, die Sie doch nicht allzulange hinausschieben können? Ist hier nicht Ihr Point d'honneur engagirt, daß Sie nicht der Honorarforderung wegen ein Buch von mir ungedruckt lassen können, selbst wenn Sie vorauswüßten, daß Sie auch einmal Schaden daran leiden würden? Sie sehen, ich habe Ihre Blöße entdeckt, aber es ist eine edle, generöse Blöße, und ich bin nicht der Lump, der so etwas mißbraucht. Eigennützige Naturen sehen bei andern nur Motive des Eigennutzes, die bessern Motive entgehn ihnen, und so ist der Dichter oft sogar in Geschäften scharfsichtiger als irgend ein trockner Geschäftsmann.

4° Was die Zahlungsweise des Honorars betrifft, so wünsche ich, daß es mir erlaubt sei, den Betrag desselben, sobald ich das letzte Blatt des Manuscriptes abgeliefert, drei Monate nach dato auf Sie zu trassiren. Ich würde vorschlagen einen Theil der Summe mit einem längern Termin zu trassiren, wenn ich nicht wüßte, daß dergleichen Ihnen nicht mundet, und Sie vielmehr, da Sie nicht blos ein Solon sondern auch ein Crösus sind, am liebsten gleich baar jede Zahlung leisten. Es ist eine schöne Sache bei Ihnen, daß Sie Verstand mit Geld verbinden und immer bei Cassa sind wenn Apollo anklopft; aber ich kann doch nicht umhin, Ihnen wieder aufs bestimmteste zu bemerken, daß mein hiesiger Bankier meine Tratten nur zum Accept und Eincassiren schickt, aber wenn ich will nie in den Negzo gibt.

5° In Betreff des Drucks des Buches spreche ich den Wunsch aus, daß dasselbe ganz wie die Reisebilder gedruckt werden möge.

6° Endlich in Betreff der Ablieferungszeit des Buches kann ich nur das Versprechen geben, daß ich alles Mögliche aufbiete, um das Manuscript gegen Ende October abliefern zu können. Ist es früher möglich – woran ich freilich zweifle – so soll es gewiß geschehen; leider ist der bedeutendste Theil der Arbeit zu Anfang des Buches zu machen, während ich das Ende des Buches, wo das Material schon etwas ausgearbeitet ist, leichter fertigen kann. Habe ich hinreichend gesunde Stunden, so fördere ich rasch, aber ich habe mir nun einmal steif und fest vorgenommen, dem Buche, das gewiß mein letztes ist, eine schöne Vollendung zu ertheilen, die Dinge darin zu sagen, die ich an keinem andern Orte mehr sagen kann, kurz mir diesmal einmal zu genügen, ohne irgend eine Rücksicht auf Campe, der am Ende doch hierdurch solidere Vortheile im Laufe der Zeit gewinnen wird, als ihm die momentane Ausbeutung der Saison-Conjunctur gewähren dürfte. Ich muß Sie daher, liebster alter Freund, inständigst bitten, mir in Bezug auf den Ablieferungstermin freie Hand zu lassen. Sie werden es wahrlich nicht bereuen. Je länger ich daran arbeite, desto besser wird das Buch. Wäre ich gesund, so würde ich Sie auch in diesem Punkte durch anhaltendes Arbeiten befriedigen, aber mein Geist ist abhängig von einem hundsföttisch kranken Körper, der mich manchmal in Stich läßt, wie vorm Jahr beim Romanzero mein Secretair. Eventualiter, für den Fall, daß der dunkelste Fall, nämlich das Menschlichste einträte, ehe das Buch gedruckt wäre, habe ich mir eine Mappe angeschafft, worin ich alles Manuscript, das dazu gehört, so geordnet als möglich zusammenlege, so daß, wenn Ihnen dieselbe zugestellt wird, Sie selber im Stande wären, mir den Liebesdienst eines Herausgebers zu erzeigen, und dem Publikum, das gerne die Lakunen übersehen wird, das posthume Werk gedruckt zu überliefern.

Ich muß mich auf Alles gefaßt machen, denn wenn die Qualen, die ich jetzt erdulde, nicht abnehmen, so muß ich die Boutique schließen. Meine geistige Aufregung ist vielmehr Produkt der Krankheit als des Genius, so z. B. habe ich in der letzten Zeit, um meine Schmerzen zu beschwichtigen, eine Menge drolliger Thierfabeln versifizirt, wovon ich vielleicht eine nächstens unserm Kronprinzen, dem jungen Cäsarowitsch Campe, meinem künftigen Verleger, zum Auswendiglernen schicken werde. Rasend vor Schmerzen, wirft sich mein armer Kopf hin und her in den schrecklichen Nächten, und die Glöckchen der alten Kappe klingeln alsdann mit unbarmherziger Lustigkeit.

Und nun leben Sie wohl, und lassen Sie mich bei Leibe keinen Tag auf Antwort warten; Sie brauchen ja nur wenig zu schreiben, ja oder nein, und Sie begreifen sehr gut, daß in meinem Krankheitszustande jedes retardirende und zögernde Verfahren eine Spannung hervorruft, die heillos wie Gift wirkt und in der krampfhaften Erregung mich zu dem Tollköpfigsten verleiten kann. Apropos, es wäre mir nicht unlieb, wenn Sie meinen Bruder Max vor seiner Abreise von Hamburg darüber in Kenntniß setzen wollten, was den Inhalt meines heutigen Briefes bildet, und es kann ihm nicht gleichgültig sein, wenn er von Ihnen erfährt, daß ich noch in diesem Jahr ein bedeutendes Honorar zu erwarten habe (denn auf eine verneinende Antwort von Ihrer Seite muß ich mich zwar gefaßt machen, weil man sich auch auf das Unwahrscheinlichste in dieser Welt als Mann gefaßt machen muß, aber ich kann mir solches dennoch nicht vorstellen und ich setze daher voraus, daß Sie meinem Bruder nur Erfreuliches mittheilen werden.) Er ist dabei, im Vertrauen gesagt, interessirt, da ich ihm schon seit geraumer Zeit 4000 Frs schulde, und der gute Junge wegen meiner Finanznoth, die nur er begreift, in großer Sorge ist. Er ist im Besitz aller meiner vertrauten Angelegenheiten. Er ist ein guter, verständiger Mensch, und auf seine Discretion kann man rechnen. Ich beschwöre

Sie, außer ihm Niemandem ein Wort von meinem heutigen Briefe merken zu lassen.

Treu und frei
Ihr Freund
Heinrich Heine.

169. *An Gustav Heine, Paris, 26. Oktober 1852*

Paris 26 October 1852.

Liebster Gustav!

Ich bin heute ganz außerordentlich krank, über alle Begriffe krank, und beschränke mich daher, Dir kurzweg die Anzeige zu machen, daß ich Deinen Brief erhalten, worin die 2 Wechsel von 700 frs und 300 frs enthalten, welche tausend franks den Saldo der fünftausend Franks bilden, die Dir hoffentlich Friedland jetzt für meine Rechnung gänzlich ausbezahlt hat. Ich bitte Dich dringend, mir gleich wissen zu lassen, daß solches geschehen, da ich nicht früher an Friedland schreiben will, ehe ich nicht bestimmt weiß, daß er seine Wechsel bis zum letzten Sou bezahlt hat. Dein Zerwürfniß mit Max betrübt mich sehr, und wenn ich Dir auch nicht in allen Dingen Unrecht geben kann, so muß ich Dir doch versichern, daß Du Dich irrst, wenn Du ihn für einen Tartüffe hältst. Es ist hier keine Scheinheiligkeit, sondern nur eine Mattigkeit der Seele, und er hat sich eingebildet, daß er ein Nathan der Weise sei. Ihr beide paßt freilich nicht zusammen. Ich bin jedoch geduldiger Natur, und dulde und schweige. über Deine Frau habe ich nichts schlimmeres gesagt, als was ich über alle Weiber und zumal über meine eigne Gattin sage: sie quälen uns Tag und Nacht. Jede hat dabei ihre eigne Methode. Die Deinige ächzt und weint, die meinige zankt und schreit; jede erreicht ihren Zweck, uns nämlich das Leben zu verbittern und zu verkürzen. Nun ist meine Frau eine der besten, und die Deinige ist gewiß auch ein Engel – was müssen also erst die armen Ehemänner ausstehn, die mit einer wirklichen bösen Sieben, mit einem wahren Satanas zu haushalten haben! Ich bin sehr krank, und habe niederträchtige Nachbarn, welche aus Bosheit spektakeln. Hätte ich nur meine

423

Beine. Ich sterbe an den Prügeln, die ich nicht austheilen kann. – Und nun lebe wohl, lieber Bruder, und küsse mir die kleine Sippschaft. Suche in Frieden zu bleiben mit Lottchen; sie ist übel dran. Hadern bringt Unsegen und Unglück. Wir haben mehr als Andre der Eintracht nöthig. Bleib lieb und getreu

Deinem Bruder
H. H.

Monsieur / Monsieur Gustave Heine / Offizier in K. K. oesterreichischen Diensten / abzugeben im Bureau des Fremdenblattes / (774, Wollzeile) / V i e n n e . / (Capitale de l'Autriche.)

170. *An Saint-René Taillandier, Paris,*
       26. Januar 1853

Mon cher Monsieur Taillandier,
Ne croyez pas que j'aie voulu abuser de l'indulgence que vous avez pour moi; je n'ai pas encore répondu à votre dernière et aimable lettre, parce que réelement j'étais trop accablé de mes souffrances corporelles et par des tribulations extraordinaires qui me sont venues dans ces derniers temps. Je ne vous en parlerai pas; peut-être, si vous avez lu une lettre que j'ai insérée dans les Débats, vous comprenez de quoi je parle. J'étais forcé de m'occuper des préliminaires d'un procès assez embrouillé, et dont je ne pouvais pas m'abstenir sans faire une lâcheté. Quelque moribond qu'on soit, l'homme doit faire son devoir de vivant jusqu'au dernier moment. Notre ami Buloz s'est montré à cette occasion très affectueux pour moi; il est accouru chez moi au premier mot de détresse que je lui ai adressé, il m'a procuré tout de suite un bon avocat, un bon avoué, et lorsqu'on a vu que j'étais bien soutenu, on a filé doux, et j'ai pu sortir de cette affaire très-honorablement et avec beaucoup de dignité. – Je m'occupe dans ce moment à écrire un morceau pareil à l'article sur Faust, et je le donnerai peut-être à Buloz dans une quinzaine; à cette occasion, j'obtiendrai bien sûrement de lui qu'il donne une traduction de la H e i m k e h r , aussitôt que vous l'aurez envoyée. Je suis donc certain que ce travail sera imprimé tout de suite, et je vous prie de le fi-

nir et de me l'envoyer. Comme vous avez une écriture si belle et si délicieusement lisible, je pourrai parcourir votre manuscrit de mes propres yeux; je suis d'avance persuadé qu'il n'y aura pas un mot de mal compris, et j'enverrai le manuscrit sans tarder à Mr Mars, en même temps que mon nouveau travail dont je vous ai parlé, et où je donne des légendes allemandes tout à fait inconnues. Vous me demandez si j'ai quelques nouvelles poésies à ajouter à la H e i m k e h r ? En réponse à cette question, j'ai l'honneur de vous faire remarquer que mes poésies récentes trancheraient trop avec les vieilles, et que l'unité de couleur serait ainsi perdue. Cependant il se trouve dans mes »Neue Gedichte« un cycle d'environ huit ou dix petites poésies, intitulé Catharina, et dont je crois qu'à l'exception de la dernière de ces poésies, les autres pourraient bien se faire intercaler dans la H e i m k e h r, vers la fin, où l'on voit poindre un nouvel amour. Je suis bien heureux de savoir que vous vous occupez de ce travail, et j'ai au moins la satisfaction de voir que je laisse une grande partie de mes poésies bien traduites en français. – J'ai lu avec grand plaisir votre critique sur H e b b e l ; vous l'aviez bien jugé, et apprécié avec beaucoup de bonté. C'est un poëte dont les contemporains doivent d'autant plus s'occuper que la postérité sera trop injuste envers lui en l'ignorant complétement.

Adieu, mon cher Taillandier, et faites-moi bientôt savoir de vos gracieuses nouvelles.

Votre tout dévoué
Henri Heiné.

50. rue d'Amsterdam.

Paris 26 janvier 1853.

[Übersetzung]
Mein lieber Monsieur Taillandier,
glauben Sie nicht, daß ich die Nachsicht, die Sie mir gegenüber zeigen, mißbrauchen wollte. Ich habe Ihren letzten, liebenswürdigen Brief noch nicht beantwortet, weil ich von meinen körperlichen Leiden und von außerordentlichen Widerwärtigkeiten, die ich in der letzten Zeit erfahren mußte, wirklich zu niedergedrückt war. Ich werde Ihnen nicht mehr davon erzählen. Wenn Sie den Brief, den ich im »Journal des Débats« veröf-

fentlicht habe, gelesen haben, verstehen Sie vielleicht, wovon ich spreche. Ich war gezwungen, mich um die Vorbereitung eines recht undurchschaubaren Prozesses zu kümmern, auf den ich nicht verzichten konnte, ohne als Feigling dazustehen. Selbst als Todkranker muß man seine Pflicht als Lebender bis zum letzten Augenblick erfüllen. Unser Freund Buloz hat sich bei dieser Gelegenheit mir gegenüber voll Anteilnahme gezeigt. Bei dem ersten an ihn gerichteten Wort über meine Notlage ist er herbeigeeilt und hat mir unverzüglich einen guten Anwalt, einen guten Verteidiger, besorgt. Wegen meines guten Beistandes hat man klein beigegeben, so daß ich diese Angelegenheit in aller Ehre und mit großer Würde überstanden habe.

Ich beschäftige mich momentan damit, ein dem Faust-Artikel vergleichbares Stück zu schreiben, das ich Buloz vielleicht in zwei Wochen geben werde. Bei dieser Gelegenheit werde ich bei ihm sicherlich durchsetzen können, daß er Ihre Übersetzung der »Heimkehr«, sobald Sie sie zugeschickt haben werden, veröffentlichen wird. Ich bin daher sicher, daß diese Arbeit umgehend gedruckt werden wird, und bitte Sie, sie mir sofort nach ihrem Abschluß zuzuschicken. Da Sie eine so schöne und wohltuend leserliche Schrift haben, werde ich Ihr Manuskript selbst durchlesen können. Da ich schon im Voraus überzeugt bin, daß es keinerlei Mißverständnisse geben wird, werde ich Monsieur Mars das Manuskript unverzüglich zu schicken, ebenso wie meine neue Arbeit, von der ich Ihnen erzählt habe und in der ich deutsche, gänzlich unbekannte Legenden widergebe. Sie fragen mich, ob ich der »Heimkehr« noch einige neue Gedichte hinzuzufügen habe? Als Antwort auf diese Frage habe ich die Ehre, Sie darauf aufmerksam zu machen, daß sich meine neuen Dichtungen zu sehr von den alten abheben würden und daß die Einheit der Farbe folglich verloren ginge. In meinen »Neuen Gedichten« findet sich jedoch ein Zyklus von acht oder zehn kleinen Gedichten mit dem Titel »Catharina«. Ich bin mir sicher, daß diese Gedichte, mit Ausnahme des letzten, sehr gut in die »Heimkehr« eingeschoben werden könnten, gegen Ende, wo eine neue Liebe aufkeimt. Es beglückt mich sehr, zu wissen, daß Sie sich um diese Arbeit kümmern. Zumindest sehe ich mit Genugtuung, daß ich einen großen Teil meiner Dichtungen in guten französischen Übersetzungen hinterlasse. Ihre Hebbel-Kritik habe ich mit großer Freude gelesen. Sie haben richtig über ihn geurteilt, denn Sie haben ihn mit großer Güte gewürdigt. Er ist ein Dichter, mit dem sich die Zeitgenossen umso mehr beschäftigen sollten, da die Nachwelt, indem sie ihn überhaupt nicht beachtet, ihm gegenüber zu ungerecht sein wird.

Leben Sie wohl, mein lieber Taillandier, und lassen Sie bald ange-
nehme Nachrichten von sich hören.

Ihr ganz ergebener
Henri Heiné

171. *An Alexandre Dumas, Paris, 28. März 1854*

Paris 28 Mars 1854.

Mon cher Dumas!
La chronique de votre journal annonce que je publie dans ce moment
un nouveau poème, dont elle indique même le titre. C'est une nouvelle
controvée, je n'ai jamais écrit aucun poème qui puisse avoir un rapport
quelconque à ce titre, et je vous prie, mon cher ami, d'insérer cette rec-
tification dans votre journal. Je ne serais pas fâché, si vous aviez l'obli-
geance d'insinuer en même temps à vos lecteurs que je ferai paraître
sous peu une édition complète de mes poésies traduites de l'allemand
tant par moi-même que par des collaborateurs amis. Ne donnez pas à
cette insinuation l'air d'une réclame, vu qu'elle a uniquement pour but
de mettre mes pauvres poésies à l'abri du zèle malencontreux de certains littérateurs ou industriels, qui veulent s'ériger en truchements de
mes vers, sans avoir reçu pour cela la moindre mission, ni de moi-même
le poète, ni de mon auguste père Phébus Apollon. Après un pareil aver-
tissement, toute tentative ultérieure d'empiéter sur mes prérogatives
d'auteur, ne serait plus seulement de l'outrecuidance, mais bien de la
déloyauté.
Il y a quelques semaines que vous exprimiez dans votre feuille l'in-
tention de venir bientôt me voir; c'était une bonne pensée, mais je vous
préviens que si vous remettez votre visite encore pour longtemps, il se
pourra bien que vous ne me trouviez plus dans mon appartement actuel
rue d'Amsterdam N° 50, et que je sois déjà parti pour une autre demeure qui m'est tout à fait inconnue, de sorte que je ne pourrai laisser à
mon portier ma nouvelle adresse, pour le cas que des amis retardataires
comme vous viennent demander après moi. Je ne me fais pas une
grande idée de ma future résidence; je sais seulement qu'on y entre par

un couloir obscur et fétide, et cette entrée me déplait d'avance. Aussi ma femme pleure, quand je parle de ce déménagement. Madame Heine a bonne souvenance de toutes les amabilités que vous nous avez prodiguées il y a douze ans ou même plus. Depuis six ans je suis alité. Dans le fort de ma maladie, quand j'endurais les plus grandes tortures, ma femme me lisait vos romans, et c'était la seule chose capable de me faire oublier mes douleurs. Aussi je les ai dévorés tous. Pendant cette lecture, je m'écriais parfois: Quel ingénieux poète est ce grand garçon qu'on appelle Alexandre Dumas! Certes, après Cervantes et Madame Schariar, mieux connue sous le nom de Sultane Schéhérézade, vous êtes le plus amusant conteur que je connaisse. Quelle facilité, quelle désinvolture! Et quel bon enfant vous êtes! Je ne vous sais qu'un seul défaut: c'est la modestie, vous êtes trop modeste. Mon Dieu! Ceux qui vous accusent de vanterie et de rodomontades ne se doutent pas de la grandeur de votre talent; ils ne voient pas que votre vanité, de quelque haute taille qu'elle soit et quelques soubresauts élevés qu'elle fasse, ne saurait pourtant atteindre les genoux, que dis-je, pas même les mollets de votre colossal talent. Encensez vous tant que vous voudrez, prodiguez à vous-même les louanges les plus hyperboliques, donnez-vous en à coeur joie, je vous défie de vous préconiser autant que vous le méritez pour vos productions merveilleuses.»Oui, c'est bien vrai!« s'écrie en ce moment Madame Heine qui écoute la dictée de cette lettre, et la perruche qu'elle tient sur sa main, s'évertue de répéter: Oui! oui! oui! oui! oui! oui! Vous voyez, mon cher ami, que chez nous tout le monde est d'accord pour vous admirer.

Tout à vous, de coeur.

Henri Heiné

[Übersetzung]
Mein lieber Dumas!
Eine Rubrik Ihrer Zeitung kündigt an, daß ich momentan ein neues Gedicht veröffentliche, dessen Titel sie sogar nennt. Es handelt sich hierbei um eine Erfindung, da ich niemals ein Gedicht geschrieben habe, das in irgendeinem Zusammenhang mit diesem Titel stehen könnte, und ich bitte Sie daher, mein lieber Freund, diese Richtigstellung in Ihre Zeitung aufzunehmen. Ich wäre nicht verärgert, wenn Sie so freundlich wären, Ihren Le-

sern gleichzeitig zu verstehen zu geben, daß ich demnächst eine vollständige Ausgabe meiner Dichtungen veröffentlichen werde, die sowohl von mir selbst als auch von mir freundschaftlich verbundenen Mitarbeitern aus dem Deutschen übersetzt worden sind. Verleihen Sie diesem Hinweis nicht den Charakter einer Werbung, da er ausschließlich das Ziel verfolgen soll, meine armen Dichtungen vor dem leidigen Eifer gewisser Literaten und Gewerbetreibender zu schützen, die sich zu Vermittlern meiner Verse machen, ohne dafür den geringsten Auftrag erhalten zu haben, weder von mir, dem Dichter selbst, noch von meinem ehrwürdigen Vater Phöbus Apollo. Jeder weitere Versuch, sich meiner Vorrechte als Autor zu bemächtigen, wäre nach einer solchen Ankündigung nicht mehr nur Vermessenheit, sondern sogar Illoyalität.

Vor einigen Wochen haben Sie in Ihrem Blatt die Absicht geäußert, mich bald zu besuchen. Das war ein guter Gedanke, aber ich warne Sie: Falls Sie Ihren Besuch noch lange aufschieben, wäre es gut möglich, daß Sie mich nicht mehr in meiner jetzigen Wohnung in der Rue d'Amsterdam Nr. 50 finden, daß ich schon zu einem anderen, mir gänzlich unbekannten Wohnsitz aufgebrochen bin, so daß ich meinem Portier nicht meine neue Adresse hinterlassen kann, für den Fall, daß sich mit mir befreundete Nachzügler wie Sie nach mir erkundigen. In Bezug auf meine zukünftige Bleibe hege ich keine großen Erwartungen. Ich weiß nur, daß man sie durch einen dunklen und übelriechenden Flur betritt, und dieser Eingang mißfällt mir schon im Voraus. Auch meine Frau weint, wenn ich von diesem Umzug spreche.

Madame Heine hat all die Liebenswürdigkeiten, mit denen Sie uns vor zwölf oder sogar mehr Jahren überhäuft haben, in guter Erinnerung. Seit sechs Jahren bin ich bettlägerig. Auf dem Höhepunkt meiner Krankheit, als ich die allergrößten Qualen ertragen mußte, hat mir meine Frau aus Ihren Romanen vorgelesen, und nur das konnte mich meine Schmerzen vergessen lassen. Daher habe ich sie alle verschlungen. Während der Lektüre rief ich manchmal aus: Welch geistvoller Dichter ist dieser große Junge, der Alexandre Dumas heißt! Nach Cervantes und Madame Schariar, besser bekannt als Sultanin Scheherezade, sind Sie gewiß der unterhaltsamste Erzähler, den ich kenne. Welche Einfachheit, welche Zwanglosigkeit! Welch gutes Kind Sie doch sind! Ich sehe an Ihnen nur einen einzigen Fehler: die Bescheidenheit, Sie sind zu bescheiden. Mein Gott! Diejenigen, die Sie der Eitelkeit und der Prahlerei bezichtigen, erahnen nicht die Größe Ihres Talents, da sie nur Ihre Eitelkeit sehen. Auch wenn sie noch so groß ist und wenn sie noch so hohe Sprünge macht, kann Ihre

Eitelkeit dennoch nicht die Knie, ach, was sage ich, die Waden Ihres gewaltigen Talents erreichen. Beweihräuchern Sie sich so viel sie wollen, überschütten Sie sich mit den überschwänglichsten Lobreden, geben Sie sich ihnen mit freudigem Herzen hin, und ich wette mit Ihnen, daß Sie sich nicht in dem Maße lobpreisen können, wie Sie es für Ihre wunderbaren Werke verdienten.»Ja, das stimmt«, ruft in diesem Augenblick Madame Heine aus, die dem Diktat dieses Briefes zuhört, und der Papagei, den sie auf der Hand hält, gibt sich alle Mühe, Ja! ja! ja! ja! ja! zu wiederholen. Sie sehen, mein lieber Freund, daß wir Sie einmütig bewundern.

Ganz der Ihre, von Herzen.

Henri Heiné

172. *An Julius Campe, Paris, 15. April 1854*

Paris d 18 April 53

Liebster Campe!

Mein Sekretär ist unpäßlich und ich selbst bin so krank daß ich nicht sehe, was ich schreibe Ich werde Ihnen daher erst Morgen oder Uebermorgen auf Ihren jüngsten Brief ordentlich antworten. Das Dringendste ist heute, daß ich mich des peinlichen Gefühls entlaste welches mir Ihr Brief verursacht und Ihnen wissen lasse wie tief es mich schmerzt wenn ich Sie mit Unrecht gekränkt hätte. Bey Ihren unbegreiflichem Stillschweigen konnte ich allen möglichen Qualgedanken SpielRaum geben, aber ich hatte kein Recht die gringste beleidigende Beschuldigung auszusprechen, ehe ich wußte was passirt sey. Vergessen Sie aber nicht, daß ich Poet bin und ich nicht denke konnte, daß man nicht alles stehen und liegen lasse um nur gleich meine Gedichte zu lesen – in solchem Gefühl der Eitelkeit würde Wolfgang Goethe einem Ludwig Wihls nicht nachstehen. Aber bey solcher Voraussetzung, daß Sie meine Gedichte gleich gelesen, mußte der Poet das Stillschweigen für Mißbilligung seiner Poemata halten und unwirsch und toll werden. Dazu bin ich sehr krank, die Ungeduld steigert meine Krämpfe, und es drängt die Zeit wo ich meine schlechten Finanzen reguliren muß. Unter solchen Umständen durften Sie keinen schäferlichen Liebesbrief erwarten, als ich 3 Wochen ohne Nachricht war über das Schicksal meines Manuskripts, das auch außer den Gedichten, eine höchste wichtige Lebensurkunde, die in der Welt viel Aufsehen machen wird, meine religiösen »Geständnisse« enthält. – Todtkrank vor Kummer und Sorge entschloß ich mich mit blutendem Herzen einem sicheren Freunde, dem Fürsten Pükler, alle meine literarischen Geschäfte zu übertragen und bis zum letzten Augenblick zögerte er ehe ich ihm die Vollmacht zur Rückname meines Manuskripts behändigte. Ich wollte mich um nichts mehr bekümmern. Anfangs hatte ich den Fürsten in Verdacht einer unpassenden Generösität als er mir das von Ihnen verlangte Honorar garantirte und gleich anweisen wollte; aber er versicherte mir, daß er hoffe noch ein größeres Honorar für mich zu erzielen und die Klugheit womit er seine eignen Honorargeschäfte geleitet überzeugte mich – Ich glaubte kaum meinen Ohren, als er mir sagte daß er für seine weitschweifig gedruckten fünf Bändchen Reisebriefe zuletzt 10,000 Thaler Honorar erhalten. Ich weiß wohl daß hier der fürstliche Name bezahlt wird. Aber mein Name ist noch weit fürstlicher. Im 2ten Band meiner vermischten Schriften (wär Ihnen etwa lieber der Titel »opuscula«?) ist mehr enthalten als in jenen 5 Bändchen – ich habe jetzt das Manuskript, welches ich um es nöthigenfalls dem Fürsten mitgeben zu können rasch förderte, fast ganz, bis auf Vorrede und Zwischenstücke, vor mir liegen und es enthält circa 400 Seiten von der Handschrift meines Sekretärs – Tag und Nacht beschäftigte mich diese Hundearbeit des Umarbeitens, des Hinzuschmiedens von etwa 8 bis 10 Bogen, Alles um das Werk artistisch vollendet und mit den Zeitfragen im Einklang erscheinen zu lassen. Sie dürfen aber bey Leibe nicht verrathen daß ich von alten Berichten oft kaum 1/10 stehen ließ und meinen tollsten Humor in neugeschmiedeten Briefen ausließ. Wer das Handwerk versteht verräth den Meister nicht. »Pariser Briefe und Berichte aus der Parlamentarischen Periode – vom 1ten Merz 1840 bis Juni 1843«. – ist der Privattitel des 2ten Bandes und Sie sehen schon das die Zeit kaum mehr als 3 Jahre umfaßt und das Buch troz der gaukelnden Abwechslung der Themata, dennoch eine geschlossene Einheit hat – und ein Geschichtsbuch ist, das den heutigen Tag anspricht und in der Zukunft fortleben wird. In dieser Beziehung hat es für Sie weit mehr Werth als der 1te Band. Wäre ich nicht todtkrank liebster Campe, so würde ich gleich auf das schreckliche, meinen Julius beängstigende Risiko einer neuen Auflage eingehen – aber ich Unglücklicher habe keine leibliche Zukunft, ich muß meine Geschäfte wie ein Sterbender ordnen, kann meiner Frau keine verwickelte Geschäfte überlasse möchte mich sogar deßhalb auch über meinen etwa groß oder kleinen Nachlaß mit Ihnen gelegentlich verständigen – Nur ein gottlob Gesunder und glücklicher Mensch wie Sie kann von Risiko sprechen – Ich Aermster kann höchstens nur von Opfer reden – und ich hoffe daß Sie zu genereus denken um mir an der Summa, über deren Bestimmtheit ich Ihnen längst die triftigsten Gründe angab, nicht noch etwas herabhandeln wollen. Ich bitte Sie thun Sie das nicht, ich habe schon das Mögliche aufgeboten um Sie durch das was ich gebe zufrieden zu stellen, und ich verspreche Ihnen, bey meiner Publikazion, wo ich hoffentlich des Geldes minder bedürftig und auch die Ambizionsfrage nicht statt findet, so traitabel als möglich zu seyn – Sie wissen daß man mir trauen kann, und die geheime Kaufmanseitelkeit am Ende doch etwas abgedungen zu haben, wäre hier am unrechten Platze. Es wäre taktlos wenn ich hier von freundschaftlicher Gesinnung spräche. Ich weiß das Geld ist jetzt rar, aber ich bin bereit des großen Diskontos wegen, wenn Sie es wünschen, mir einen sehr bedeutenden Abzug gefallen zu lassen. Ich habe dabey immer den Vortheil, gleich außer Sorgen zu kommen und an meine Memoiren, die ich con amore betreibe, gehen zu können. Ich versichere Sie nachdem ich etwa 5000 Franks für eine Dummheit, die ich Ihnen später beichte, abbezahlt und höchst nöthige Anschaffungen gemacht, werde ich von den 6000 b° M die ich von Ihnen verlange, dennoch nicht so viel Geld übrig behalten um eine Landwohnung zu nehmen; eine andre Stadtwohnung werde ich aber beziehen.

Ich habe mich, liebster Campe, mehr als mir frommt mich schon heute expektorirt und es wär mir eine Wohlthat, wenn ich gleich eine definitive Antwort von Ihnen erhielte, die mich in den Stand setzt unverzüglich an den Fürsten Pückler, dem ich beim Abschied nur wenig sagen könnte, zu schreiben daß aufs Erfreulichste Alles mit Ihnen geordnet. Ich halte es nicht für unnöthig Ihnen zu bemerken, daß der Fürst die beste Gesinnung für Sie hegt, kein Wort gesprochen das unglimpflich seyn mochte und nur wünschte mich ob meiner Geldsorge geborgen zu sehen. Zugleich versichere ich Ihnen, daß ich nie ernstlich dran glauben könnte Julius Campe würde mich einiger Thaler wegen noch vor meinem Tode in fremde Hände gerathen lassen, obgleich die Vernunft mir sagte, daß die geschäftlichen Dinge in der Welt ihren logischen Gang gehen. Ich bitte Sie daher schicken Sie mir endlich eine Schlußnothe. Müssen Sie mir, vom merkantilischen Dämon gezwungen, durchaus an den verlangten 6000 M b° etwas abdingen, so thun Sie es in angedeuteter Weise oder als Assekuranz eines Kriegsrisiko oder Gott weiß ob welchem andern Grund und ich will mir einen Abzug von 500 Banco Mark oder 1000 Franks, was für mich jetzt sehr viel Geld ist, gefallen lassen – Ich erkaufe damit den Hausfrieden. Sagen Sie mir alsdann auch wann ich Ihnen den 2ten Band schicken soll; denn ich denke Sie lassen beide Bände zugleich erscheinen.

Kaum, liebster Campe, sehe ich noch was ich schreibe; aber es erleichtert mir das Herz, daß ich so nahe bin ins alte Freundschaftsgleise zu kommen. Der Himmel weiß, daß Ihnen meine besten Wünsche gelten und Ihr und Ihrer lieben Familie Glück mir am Herzen liegt. Zerwürfniß mit Ihnen wär mir wahres Gift.

Apropos! da Sie vielleicht, den Inhalt dieses Briefes genehmigend, den 1ten Band gleich in die Presse geben, so bemerke ich Ihnen daß ich anstatt des herben Gedichtes über Herwegh ein spaßhafter neues Gedicht auf ihn geschrieben, das ich Ihnen schicke; das erstere fällt aus. Auch soll das kleine Gedicht »Erlauschtes« wodurch ich mir zwey Hamburger reiche Juden aufsacke, ganz ausfallen und ersetzt werden. – Ich schreibe Ihnen also vor der Hand nicht mehr und erwarte einige Zeilen von Ihnen als Zustimmung zu allen meinen Wünschen. Ich weiß Sie haben, wegen Leipzig, jetzt die Arme voll belastet, aber den kurzen Bescheidbrief müssen Sie mir doch gleich schreiben. – Und nun, leben Sie wohl, glauben Sie nie an absichtliche Verletzung von meiner Seite und seyn Sie überzeugt, daß wenn Sie mich jetzt durch Nachgiebigkeit erfreuen, mein Dank Ihnen nicht ausbleiben wird.

Ihr Freund
Heinrich Heine

Paris, 9. Mai 1854.

Sʳ Durchlaucht, dem Fürsten Pückler Muskau.

Viel verehrtester Fürst!

Ich danke Ihnen herzlich für die zwei freundlichen Zuschriften, womit Sie mich aus Coblenz beehrten, und in Beantwortung derselben beeile ich mich, Ihnen wissen zu lassen, daß ich glaube, mit Campe aufs reine zu seyn, und Sie nicht mehr mit diesen fatalen Angelegenheiten weiter zu behelligen haben mag. Ich setze meine Worte mit Absicht ganz dubitativ, da bis jetzt Campe den von ihm verlangten Contract mir noch nicht eingeschickt hat, und entre la coupe et les lèvres immer ein mißlicher Spielraum für die Dämonen des Zufalls sich befindet. Da ich mit Campe nicht brechen wollte, und dennoch des verlangten Geldes nothwendig bedurfte, brachte ich dem lieben Hausfrieden das Opfer eines ganzen 20 Bogen großen Bandes, indem ich Campe jetzt, statt 2 Bänden, 3 Bände vermischte Schriften liefere; die französischen Berichte werden jetzt ganze 2 Bände ausmachen, was mir nicht wenig Plage und quälende Schreibereien kostet. Es wird dem großen Kind, welches Fürst Pückler heißt, manchmal im Leben nicht besser ergangen sein, daß er 3 eine grade Zahl sein ließ, um nur ruhig im Sonnenschein sein harmloses Spiel forttreiben zu können.

Lassen Sie doch dann und wann einige Zeilen zu mir hinflattern, damit ich in meiner Einsamkeit immer weiß, wo Sie herumfahren und galoppieren, während ich auf meiner Matraze festgenagelt liege. Ich verharre

Ew. Durchlaucht

treu ergebenster und wahlverwandter
Heinrich Heine
(50, rue d'Amsterdam.)

Monsieur / le prince Puckler-Muskau / poste restante / C o b l e n c e . / (Prusse Rhénane.)

174. *An Betty de Rothschild, Paris, 9. November 1854*

Hochgeehrteste Frau Baronin! Ich habe die Ehre, Ihnen heute meine jüngste Publication zuzusenden, welche bereits seit einigen Wochen die Presse verlassen. Ich erwartete vergebens von Tag zu Tag eine Kiste mit Exemplaren, welche mein Verleger in Hamburg durch die Eisenbahn an mich abgehn ließ; doch da dieselbe bis auf diese Stunde noch nicht ankam, und ich nicht weiß, ob sie noch lange ausbleiben wird, ließ ich mir eine Anzahl Exemplare aus einer hiesigen Buchhandlung kommen, wovon ich Ihnen das beifolgende zu verehren das Vergnügen habe. Ich muß es Ihnen in roher broschirter Gestalt zusenden, da ich wieder einige Wochen einbüßen müßte, wenn ich es vorher anständig einbinden lassen wollte.

Ich habe besondere Gründe, diese Lektüre Ihrer gütigsten Nachsicht zu empfehlen. Es sind Stellen darin, wo ich von dem Herrn Baron spreche und meine Sprache vielleicht nicht die der gewöhnlichen Devotion sein mag, die man einem Gönner schuldig ist; aber es hat um diese Gönnerschaft eine besondere Bewandtniß, mit deren Erörterung ich Sie nicht behelligen möchte. Sein Sie aber überzeugt, im Wesentlichen glaube ich mich keines Mangels an Takt schuldig gemacht zu haben. Wenn mich manchmal der Herr Baron mit dem Titel eines Freundes beehrte, so war ich doch nicht so unbescheiden, dieses für etwas anderes als für eine liebenswürdige Courtoisie anzusehn, wie er sich denn wirklich mir oft in seiner größten Liebenswürdigkeit gezeigt hat; die Augenblicke, die ich die Ehre hatte, in seiner Gesellschaft zu sein, gehören zu meinen angenehmsten und freudigsten Erinnerungen. Wie sehr ich ihn liebe und wie wahrhaft ich die großen Verdienste zu würdigen weiß, die er immer in einer Sache bekundete, welche auch mir heilig und theuer ist, werden Sie später, gnädige Frau, aus den Denkwürdigkeiten ersehn, die ich noch vor meinem Abscheiden zu beendigen hoffe. Ich sage dieses, damit der obenerwähnte Mangel unterthänigster Devotion nimmermehr mißgedeutet werden möge.

Ein Landsmann, der mich jüngst besuchte, hat zu meiner größten Freude mir erzählt, wie güthig und graziöse Sie, gnädige Frau, meiner gedenken. In meiner Abgeschiedenheit von der Welt tröstet und erheitert mich oft Ihr Bild, das in der Gemäldegallerie meines Gedächtnisses unter den kostbarsten Werken aufgestellt ist.

Ich bitte Sie, gnädige Frau, in Ihren Gebeten meiner und meiner Leiden zu gedenken; es könnte mir wohl fruchten, denn ich kann mir nicht vorstellen, daß der liebe Gott einer so tugendhaften und vollkommenen Person, wie Sie sind, etwas abzuschlagen vermöchte.

Genehmigen Sie die Versicherung der ausgezeichneten Verehrung, womit ich verharre,

gnädige Frau,
Ihr wahrhaftig ergebener
Heinrich Heine.

Paris, 9. November 1854. –

175. *An Hector Berlioz, Paris, 18. oder 19. Dezember 1854*

Mon cher Maëstro Berliozzo,
Je ne saurais assez vous remercier du plaisir que vous avez fait à Mme Heiné par votre dernière composition. Elle est revenue à la maison tout enflammée d'enthousiasme, et tout ce qu'elle disait n'était qu'un continuel dithyrambe en votre honneur. C'est votre propre faute, si elle demande à entendre de nouveau cette musique, et qu'elle me presse de vous demander des places pour la seconde exécution de dimanche prochain. Je suis enchanté, mon cher ami, de votre grand succès, et je vous en fais mes compliments sincères. Depuis quatre semaines je souffre d'une grippe qui m'a pris à la gorge, et qui menace de m'étrangler à tout moment; c'est peut-être très grave, et je dois peut-être bientôt quitter les Champs-Elysées de Paris pour ceux de la mythologie, qui ne sont probablement pas aussi gais. Et moi qui aime tant à vivre!

Tout à vous de coeur,
votre ami
p Henri Heiné.
(3, avenue Matignon.)

[Übersetzung]
Mein lieber Maestro Berliozzo,
ich kann Ihnen nicht genug für das Vergnügen danken, das Sie Madame
Heiné mit Ihrer letzten Komposition bereitet haben. Sie ist, glühend vor
Enthusiasmus, nach Hause zurückgekehrt, und alles, was sie sagte, war ein
endloser Dithyrambus zu Ihrer Ehre. Es ist Ihr eigener Fehler, wenn sie erneut diese Musik zu hören wünscht und mich drängt, Sie um Plätze für die
zweite Aufführung am nächsten Sonntag zu bitten. Ich bin, mein lieber
Freund, über Ihren großen Erfolg hocherfreut und beglückwünsche Sie
dazu aufrichtig. Seit vier Wochen leide ich unter einer Grippe, die sich mir
auf die Brust gelegt hat und an der ich immerfort zu ersticken drohe. Vielleicht ist mein Gesundheitszustand sehr ernst, so daß ich möglicherweise
bald die Champs-Elysées von Paris austauschen muß gegen die Champs-
Elysées der Mythologie, die wahrscheinlich nicht genauso lustig sind. Gerade ich, der ich doch so gerne lebe!

> Ganz der Ihre, von Herzen,
> Ihr Freund
> Henri Heiné.

176. An James de Rothschild, Paris, 13. Januar 1855 (Briefentwurf)

Paris, 13. Januar 1855.

Hochgeehrtester Herr Baron!
Da ich weiß, daß Sie gewiß nur eine Gelegenheit suchen, um unter irgend einer delikaten Form meine Lage durch Verbesserung meiner Finanzen zu erleichtern, so will ich Ihnen heute auf halbem Wege entge-
genkommen, indem ich Sie bitte, mich bei dem großen Anleihn von
500 Millionen so hoch als möglich zu betheiligen. Ich sehe wie Sie mir
entgegnen, daß ich zu einer solchen Betheiligg Ihrer Vermittlung nicht
bedürfe, weil ja die Subscription zu diesem Emprünt aller Welt offen
stehe. Dieses ist wahr, aber ich habe die Ehre, Ihnen zu bemerken, daß
um hier etwas erkleckliches zu gewinnen eine sehr große Summe sub-
scribirt u ebenfalls ein beträchtlicher Theil Capital gleich eingezahlt
werden muß, dessen Entbehrung mich gewiß geniren würde. Dieser

Gène entgehe ich, wenn Sie, Herr Baron, für mich die Einzahlungen machen. Ferner, da ich nicht auf die Börse gehn kann u also auch nicht den Moment abzupassen verstünde, wo ich durch Rentenverkauf mich gegen etwaigen Verlust zu schützen vermöchte, so vermeide ich zugleich diese Gefahr, indem ich diese Operation dem großen Finanzier überlasse, der in solchem Spiele nur gewinnen kann, da er immer alle Trümpfe in Händen hat. Ich resümire mich: Ich will weder einen Sou Geld einschießen, noch einen Sou riskiren, u wünsche mich weniger in dem Emprünt als vielmehr in Ihrem Gewinne an dem Emprünt zu betheiligen. Da ich aus Erfahrung Ihre große Capazität u auch Ihr großes Glück in allen Bankoperationen kenne, so übertrage ich Ihnen meine Interessen mit vollem Vertrauen, u zweifle nicht, daß Sie dieses Geschäft zu meiner Zufriedenheit ausführen. Ich sehe daher bald einem bedeutenden Provenü entgegen, u ich bitte Sie, Herr Baron, mir solches nicht durch irgend einen Aumonier des Hauses, sondern durch einen gewöhnlichen Commis Ihres Comptoirs zukommen zu lassen, damit die Delikatesse der geschäftlichen Form nicht verletzt werde. In allem Ernste aber, H. B. versichere ich Sie, daß außerordentliche Zufälle, besonders ein fatales Familien-Mißgeschick, das mich unerwartet trifft, mich heute veranlassen, zur Verbesserung meiner Finanzen Ihr freundschaftliches Interesse in Anspruch zu nehmen. Ich bin krank wie ein Hund, arbeite wie ein Pferd, u bin arm wie eine Kirchmaus. Ich bin in diesem Augenblick beschäftigt mit der Herausgabe der franz. Version meiner Berichte über Paris, die hoffentlich taktvoll ausfallen wird. Ich habe mit Vergnügen durch die Frau Baronin erfahren, daß ich bei Ihrem geistreichen Verständniß des Humors keine Ungnade zu befürchten hatte, was mich sehr bekümmert hätte, da ich Sie wahrhaft liebe u verehre.

Genehmigen Sie, H. B. die ehrfurchtvollste Versicherung dieser Gefühle, womit ich verharre

Ihr dankbar u treusam ergebener

Mon cher Dumas,

On m'a lu plusieurs de vos derniers N^os, et je vois que vous faites avec votre bonté de coeur infatigable une nouvelle quête au profit de votre grande clientèle, les malheureux. Je m'empresse de répondre à cet appel en vous envoyant ci-joint un billet de 50 francs sur la banque de Zurich, que j'ai reçu d'un de mes compatriotes résidant en Suisse, et qui prétend m'avoir emprunté la somme de 50 frs il y a 20 ans. Je voudrais au plus tôt me débarrasser de ce billet, et voici pourquoi: Il sent mauvais. Il exhale une odeur d'âne, qui me donne des nausées. L'âne est vraiment l'animal qui m'est le plus antipathique; c'est une idiosyncrasie qui date déjà de mon enfance. Quand j'entendais braire un âne, j'avais toujours une peur horrible, et je me sauvais à toutes jambes. Je n'ai jamais pu vaincre cette aversion, que je partage avec beaucoup des nôtres. Le rugissement d'un lion ou d'un tigre ne me fait pas trembler. Les loups affamés qui me poursuivaient quelquefois la nuit dans la forêt, ne m'effrayaient guère davantage par leurs hurlements. Le miaulement des chats m'est déjà plus pénible, mais il ne m'inspire pas une épouvante telle qu'en ressent mon illustre compatriote Meyerbeer, qui pâlit à la seule vue d'un chat; un disciple de Pythagore, qui croit à la métempsycose, dirait que le grand maëstro a été une pauvre souris pendant son existence antérieure, et qu'il se trouve avoir encore dans son corps actuel le coeur peureux de la souris qui a peur du moindre chat. Le grognement des cochons ne m'amuse pas non plus, et lorsqu'on tue un porc, je préfère aux mélodies qu'il fait entendre, la musique du même grand maëstro Giacomo Meyerbeer. Ce n'est que par une longue habitude que je me suis fait aux aboiements des chiens, des chiens de toute espèce, depuis le boule-dogue jusqu'au plus petit roquet, et je suis arrivé à me moquer des efforts combinés de toute une meute qui voudrait troubler mon sommeil.

Mais la bête que je redoute, comme je l'ai dit, c'est l'âne; et ce qui m'est tout à fait insupportable, ce sont les braillements d'un âne qu'on a mis en fureur, comme font nos petits espiègles, en lui fourrant une poignée de poivre dans le derrière. Les cris que pousse alors l'animal irrité, qui voudrait mordre mais qui ne saurait que braire, me saisissent d'effroi, et je ne ris nullement, comme mes amis, de ce terrible et intarissable: Y-a! Y-a! de ce hoquet aussi épouvantable que baroque et scurrile, enfin de tous ces accents inouïs et presque sublimes de stupidité, qu'un âne enragé trouve dans sa colère impuissante. Ce monstre non moins atroce que ridicule est tellement exaspéré qu'il ne veut plus rien ménager, ni les oreilles des hommes ni celles des dieux, et il les déchire sans merci, ne pouvant déchirer autre chose. Il est vrai qu'il n'aurait pas fallu lui mettre du poivre dans le derrière; mais cet âne torturé n'en est pas moins une vilaine et méchante bête, car ces cris désespérés révèlent tout ce qu'il y avait d'arrogance, d'envie, d'impertinence, d'ignoble rancune, d'insigne mauvaise foi et même d'astuce, profondément caché dans les entrailles de cet être absurde, qui d'ordinaire était si humble, qui supportait les coups de bâton avec une si touchante modestie, qui possédait cette vulgarité grave qu'on croit toujours alliée à une certaine honnêteté, qui était trop sot, trop insipide, trop niais, pour qu'on ne le tînt pas pour honnête, qui semblait toujours dire: je suis un imbécile, donc je suis honnête! et qui en effet parvenait parfois à être nommé l'honnête …

Halte-là, mon cher Dumas, j'allais faire une brioche, en donnant un nom propre à ce soi-disant âne honnête; je m'en garderai bien, j'ose à peine le nommer Martin, quoique j'aie pour moi ce dicton populaire: »il y a plus d'un âne qui s'appelle Martin«, car je risque toujours qu'il se trouve par hasard dans un coin de mon pays quelque obscur Martin qui puisse saisir une semblable occurrence pour faire une réclamation. Je connais cette espèce qui s'accroche avec avidité au moindre propos échappé à une plume de quelque rénommée, pour l'exploiter au profit de sa sotte vanité, et qui ne demande pas mieux que de pouvoir braire dans les journaux et écrire au rédacteur: Monsieur, l'âne dont il est question dans une lettre de Mr Henri Heiné, cet âne c'est moi! Y-a! Y-a! Y-a! Y-a!

Non, je ne veux pas fournir l'occasion d'une telle réclame à un âne qui veut à tout prix mettre son ânerie en évidence, et je quitte ce sujet dont j'ai dû cependant vous entretenir pour vous faire comprendre pourquoi je veux me débarrasser d'un billet de banque qui a l'odeur d'un âne qu'on a mis en fureur en l'assaisonnant peut-être d'une trop grande dose de poivre. Il m'importait de vous montrer que la bienfaisance n'entre pour rien dans l'envoi de ce billet, dont je vous prie de disposer comme bon vous semblera au profit de votre clientèle.

J'aurais beaucoup d'autres choses à vous dire, mais des crampes de gorge et de poitrine, qui menacent de me suffoquer à tout instant, ne me permettent pas de trop prolonger cette dictée; mon médecin m'a même ordonné de ne pas parler du tout. Ce sont les suites d'un accident fâcheux qui m'est survenu il y a deux mois, et dont je commence seulement à me remettre un peu. Imaginez-vous quel devait être mon état! Toute distraction par le travail m'était impossible, même la parole m'était interdite, – j'étais comme un chien garotté et muselé.

Mais pourquoi ne venez-vous pas me voir? J'apprends que vous demeurez à présent dans la même rue d'Amsterdam d'où j'ai déguerpi il y a quelque temps pour résider dans les Champs-Elysées, 3, avenue Matignon, où vous me trouverez à toute heure. Ce n'est pas loin de chez vous, et votre cabriolet pourrait vous y mener en cinq minutes. Ayez honte! tandis que vous, jeune homme, tardez à venir, un vieillard de 75 ans, qui demeure au Marais et qui s'obstine à faire toutes ses courses à pied, enfin notre illustre doyen Béranger, est venu me voir l'autre jour, malgré le mauvais temps qu'il faisait. Je n'avais pas vu Béranger depuis 24 ans, et je l'ai trouvé alerte comme un gamin de Paris. Une dame dont vous devinez le nom, et qui était présente lors de la visite de Béranger, était émerveillée de sa bonne mine, et lorsqu'il nous disait qu'il avait 75 ans, elle ne voulait absolument pas l'en croire, et s'évertuait à soutenir qu'il ne pouvait avoir que 60 ans tout au plus. La réponse que lui fit le chansonnier, m'a égayé pour toute une journée; car avec ce ton à la fois triste et malin, avec cette feinte bonhomie sous laquelle se cache la finesse la plus narquoise, il dit, en traînant doucereusement sur ses paroles: »Vous vous trompez, Madame, et si vous pouviez me permettre de vous en donner la preuve, je vous prouverais bien que vous avez tort, et que j'ai réellement mes 75 ans.« Quel vénérable polisson!

La dame dont je viens de parler et qui, en paranthèse, se gardera dorénavant de faire aux vieillards des compliments sur leur âge, m'avait depuis longtemps chargé de vous dire ses plus sincères remercîments pour la gracieuse surprise que vous nous avez faite en lui envoyant le manuscrit que vous aviez tracé si soigneusement et expressément pour elle, de cette même main qui a donné au monde 33 1/3 de chefs-

d'oeuvre. Je dis trente trois et un tiers, car je présume et j'espère que vous avez encore bien deux tiers des M o h i c a n s d e P a r i s en réserve pour votre public, qui les attend le bec tendu.
Mais il faut que je cesse ma dictée, – j'étouffe.

Tout à vous.
Votre ami
Henri Heiné

Paris, 8 Février 1855. –

[Übersetzung]
Mein lieber Dumas,
man hat mir mehrere Ihrer letzten Ausgaben vorgelesen, und ich sehe, daß Sie mit Ihrer unerschöpflichen Herzensgüte eine erneute Almosensammlung für Ihre zahlreichen, unglücklichen Schützlinge durchführen. Ich beeile mich, dieser Aufforderung nachzukommen, und schicke Ihnen beiliegend einen 50-Francs-Wechsel der Bank von Zürich, den ich von einem meiner in der Schweiz wohnenden Landsleute erhalten habe, der behauptet, sich von mir vor 20 Jahren 50 Francs geborgt zu haben. Ich möchte den Wechsel so schnell wie möglich loswerden, und zwar aus folgendem Grund: Er stinkt. Er strömt einen Eselsgeruch aus, der bei mir Ekel erregt. Der Esel ist das Tier, das mir am meisten zuwider ist wegen einer unüberwindlichen Abneigung, die aus meiner Kindheit stammt. Wenn ich einen Esel iahen hörte, bekam ich immer schreckliche Angst und ergriff so schnell wie möglich die Flucht. Ich habe es nie geschafft, diese Abneigung, die ich mit vielen von uns teile, zu überwinden. Das Brüllen eines Löwen oder eines Tigers läßt mich nicht erzittern. Die hungrigen Wölfe, die mich manchmal nachts im Wald verfolgten, erschreckten mich kaum mehr mit ihrem Geheul. Das Miauen von Katzen ist mir schon schwerer erträglich, aber es flößt mir nicht einen solchen Schrecken ein wie meinem berühmten Landsmann Meyerbeer, der schon beim bloßen Anblick einer Katze erbleicht. Ein Schüler des Pythagoras, der an die Seelenwanderung glaubt, würde sagen, daß der große Maestro in seinem früheren Leben eine arme Maus gewesen sei, und daß er in seinem jetzigen Körper das ängstliche Herz einer Maus habe, die sich vor der kleinsten Katze fürchte. Das Grunzen von Schweinen macht mir auch nicht gerade Spaß, aber beim Schlachten eines Schweins ziehe ich den Melodien, die zu hören sind, die Musik desselben großen Maestro Meyerbeer vor. Erst langsam habe ich mich an das Bellen von Hunden jeglicher Art gewöhnt, von der Bull-Dogge bis

zum allerkleinsten Köter, und ich habe es geschafft, mir nichts aus den vereinten Kräften einer ganzen Meute, die meinen Schlaf stören wollte, zu machen.

Aber das Tier, das ich wirklich fürchte, ist, wie schon gesagt, der Esel. Am unerträglichsten ist mir das Geschrei eines in Wut versetzten Esels, wie es unsere kleinen Schelme machen, indem sie ihm eine Handvoll Pfeffer in das Hinterteil stecken. Die Schreie, die das gereizte Tier dann ausstößt, das am liebsten beißen würde, aber nur schreien kann, versetzen mich in Schrecken, und ich lache keineswegs, wie meine Freunde, über dieses schreckliche und unerschöpfliche Iah! Iah!, über dieses ebenso entsetzliche wie seltsame und lächerliche Schluchzen, kurz über all diese unerhörten und in ihrer Dummheit fast erhaben Töne, die ein wütender Esel in seiner ohnmächtigen Raserei findet. Dieses genauso furchtbare wie lächerliche Scheusal ist so aufgebracht, daß es nichts mehr verschonen will, weder die Ohren der Menschen noch die der Götter, und sie erbarmungslos zerreißt, da es nichts anderes zerreißen kann. Zwar ist es richtig, daß man ihm keinen Pfeffer in das Hinterteil hätte stecken dürfen, aber dieser gepeinigte Esel ist deshalb nicht ein weniger gemeines und böses Tier, denn diese verzweifelten Schreie offenbaren alles, was an Überheblichkeit, an Mißgunst, an Unverschämtheit, an niederträchtigem Groll, an außerordentlicher Böswilligkeit und sogar an Arglist in den Eingeweiden dieses aberwitzigen Wesens verborgen ist, das gewöhnlich so demütig war, das die Stockschläge mit einer so rührenden Bescheidenheit ertrug, das jene bedächtige Gewöhnlichkeit besaß, die man immer mit einer gewissen Ehrlichkeit verbunden glaubt, das zu dumm, zu langweilig, zu einfältig war, um es für nicht ehrbar halten zu können, das immer zu sagen schien: ich bin ein Dummkopf, also bin ich ehrbar! und das tatsächlich erreichte, manchmal der Ehrbare genannt zu werden. ...

Genug, mein lieber Dumas! Ich hätte fast den Fehler gemacht, diesem angeblich ehrbaren Esel einen Eigennamen zu geben. Ich werde mich davor hüten. Ich wage ihn kaum Martin zu nennen, obwohl ich gerne die volkstümliche Redensart benutze: »Es gibt mehr als einen Esel, der Martin heißt«, denn ich laufe immer Gefahr, daß sich zufällig in einer Ecke meines Landes irgendein undurchsichtiger Martin befindet, der einen derartigen Vorfall für eine Beschwerde benutzen könnte. Ich kenne diese Sorte, die sich gierig an die unbedeutendste Äußerung klammert, die der Feder irgendeiner Berühmtheit entschlüpft ist, um sie zugunsten seiner dummen Eitelkeit auszubeuten, und die sich nichts sehnlicher wünscht, als in den Zeitungen ein Geschrei zu erheben und dem Redakteur schreiben zu können: Der Esel, Monsieur, von dem in einem Brief des Monsieur Henri Heine die Rede ist, bin ich! Iah! Iah! Iah! Iah!

Nein, ich will einem Esel, der seine Eselei um jeden Preis zur Schau stellen will, nicht die Gelegenheit zu einer solchen Werbung liefern, und verlasse daher dieses Thema, mit dem ich Sie jedoch unterhalten mußte, um Ihnen verständlich zu machen, warum ich einen Wechsel los werden möchte, der den Geruch eines Esels hat, den man in Wut versetzt hat, indem man ihn vielleicht mit einer zu großen Dosis Pfeffer gewürzt hat. Es war mir wichtig, Ihnen zu zeigen, daß die Wohltätigkeit bei der Zusendung dieses Wechsels, über den Sie nach Ihrem Belieben zugunsten Ihrer Schützlinge verfügen können, keine Rolle spielte.

Ich könnte Ihnen noch viele andere Dinge sagen, aber Hals- und Brustkrämpfe, an denen ich jeden Augenblick zu ersticken drohe, erlauben es mir nicht, dieses Diktat noch weiterzuführen. Mein Arzt hat mir sogar verordnet, gar nicht zu sprechen. Dies sind die Folgen eines ärgerlichen Unfalls, der mir vor zwei Monaten zugestoßen ist, und von dem ich mich erst jetzt ein wenig zu erholen beginne. Stellen Sie sich meinen Zustand vor. Jegliche Zerstreuung durch die Arbeit war mir unmöglich, sogar das Sprechen war mir verboten. Ich war wie ein gefesselter Hund mit Maulkorb.

Aber warum besuchen Sie mich nicht? Ich höre, daß Sie momentan in derselben Rue d'Amsterdam wohnen, aus der ich vor einiger Zeit getürmt bin, um in den Champs-Elysées, Avenue Matignon, Nr. 3, zu wohnen, wo Sie mich jederzeit antreffen können. Das ist nicht weit von Ihnen entfernt, und Ihr Kabriolett könnte Sie in fünf Minuten hierher bringen. Sie sollten sich schämen! Während Sie, junger Mann, auf sich warten lassen, hat mich, trotz des schlechten Wetters, vor kurzem ein 75jähriger Greis besucht, der im Marais wohnt und darauf besteht, alle Wege zu Fuß zu machen, kurz, unser ehrwürdiger Alterspräsident Béranger. Ich hatte Béranger 24 Jahre nicht gesehen, und habe ihn munter wie einen Pariser Gassenjungen vorgefunden. Eine Dame, deren Namen Sie erraten werden, und die bei dem Besuch Bérangers anwesend war, war über sein gutes Aussehen erstaunt. Als er uns sagte, daß er 75 Jahre alt sei, wollte sie es gar nicht glauben und bemühte sich, zu versichern, daß er allerhöchstens 60 Jahre alt sein könne. Die Antwort, die ihr der Liederdichter gab, hat mich einen ganzen Tag lang erheitert, denn mit diesem zugleich traurigen und boshaften Ton, mit dieser vorgegebenen Gutmütigkeit, hinter der sich die schalkhafteste Durchtriebenheit verbirgt, sagte er, seine Worte süßlich in die Länge ziehend: »Sie irren sich, Madame, und wenn Sie mir erlauben könnten, Ihnen einen Beweis dafür zu geben, könnte ich Ihnen sehr wohl beweisen, daß Sie Unrecht haben, und daß ich tatsächlich 75 Jahre alt bin.« Welch verehrungswürdiger Schlingel!

Die Dame, von der ich soeben gesprochen habe, und die sich, nebenbei bemerkt, künftig davor hüten wird, alten Männern Komplimente hinsichtlich ihres Alters zu machen, hatte mich bereits vor langer Zeit beauftragt, Ihnen aufrichtig für die freundliche Überraschung zu danken, die Sie uns bereitet haben durch die Zusendung des Manuskripts, das Sie so sorgfältig und ausdrücklich für sie aufgeschrieben hatten, mit derselben Hand, die der Welt 33 1/3 ihrer Meisterwerke gegeben hat. Ich sage dreiunddreißig und ein Drittel, denn ich vermute und hoffe, daß Sie noch gut zwei Drittel der M o h i k a n e r v o n P a r i s für Ihr Publikum, das sie mit weit aufgerissenen Schnäbeln erwartet, als Reserve bereit halten.

Aber ich muß mein Diktat beenden – ich ersticke.

Ganz der Ihre.
Ihr Freund
Henri Heiné

178. *An Charlotte Embden (geb. Heine),*
       Paris, 20. März 1855

Paris, 20. März 1855.

Liebste Schwester!

Ich leide in diesem Augenblick außerordentlich an Krämpfen in der Kehle, und bin deshalb nicht im Stande, Dir heute viel zu schreiben. Vor einigen Tagen ließ ich ein Kistchen an Dich am Gänsemarkt aber ohne Hausnummer adressirt durch die messageries royales an Dich abgehn; hoffentlich wissen die dortigen Eisenbahn- oder Postbeamten die Adresse von Moritz; wo nicht, mußt Du hinschicken, um Dich nach der Ankunft der Kiste zu erkundigen. Es ist ein Hut für Dich darin, und um die Gelegenheit zu benutzen, schickte ich auch einen Hut für Annchen und einen für Lenchen mit. Beide letzteren sind ganz einfach und der hellblaue Hut ist für die Blondine und der Rosahut für die Brünette. Ich hoffe daß der Deinige, ebenfalls bläulich u etwas ernster, Dir gut passen wird, und ich dadurch Deine Kundschaft auch für die Zukunft gewinne. Leider habe ich die Kiste hier nur bis Brüssel frankiren können, und Du wirst ein Heidenporto zu bezahlen haben. Meine Frau läßt

Euch freundschaftlich und herzlich grüßen. Es hat ihr große Freude gemacht, sich mit der Bestellung der Hüte beschäftigen zu können, und auf ihren guten Geschmack kann man sich verlassen. Ich küsse Euch, grüße herzlich meinen Neffen, und bitte, auch Deinen Mann von mir zu grüßen. Meine französischen Bücher geben mir schrecklich viel Gezippel und Gezappel. In 14 Tagen kommt die »Lutezia« auf französisch heraus. über Carl habe ich gar keine Nachricht, und ich bitte Dich, mir zu sagen, wie und wo er sich befindet. Halte mir nur meine liebe alte Mutter recht warm. Sie ist eine wahre Pracht! Gott erhalte Euch Alle!

Dein getreuer Bruder
H. H.

N. S. Die Adresse der Kiste war: Monsieur Maurice Embden (Gaensemarkt) Hambourg.

Madame / Charlotte Embden, née Heine / aux soins de Monsieur Maurice Embden / (Gaensemarkt) / H a m b o u r g . / (Allemagne du Nord.)

179. *An Adolphe Thiers, Paris, 14. April 1855*

Monsieur,

Comme vous n'êtes pas au pouvoir dans ce moment, et qu'à l'époque où vous le serez le pauvre moribond qui vous écrit ces lignes n'aura besoin d'aucune protection humaine, je ne peux pas être soupçonné d'obéir à des motifs mondains en m'empressant aujourd'hui de ranimer et d'augmenter l'interêt dont vous m'avez toujours honoré. Rassuré sur ce point, je veux bien vous faire l'aveu que le désir de faire quelquechose qui pût vous être agréable, était pour beaucoup, sinon pour la plus grande part, dans l'idée qui m'est venue de publier le recueil de lettres qui forme le livre de L u t è c e , et que j'ai l'honneur de vous présenter ci-joint. Dans la disposition d'esprit où sont aujourd'hui mes Allemands, cette publication était très scabreuse, et je doute également que la version française de mon livre trouve à l'heure qu'il est une grande sympathie en France; elle vient peut-être même à un moment très malencontreux. N'importe, j'ai voulu évoquer par cette publication les jours les plus brillants de cette période parlementaire qui ne sera représentée dans l'histoire que par trois grands noms, ceux de Louis-Philippe, de Thiers et de Guizot; et je crois n'avoir pas tout à fait manqué mon but. Oui, il n'y a que ces trois noms que les petits garçons de l'avenir aient besoin d'apprendre par coeur à l'école; dame Clio n'accorde pas dans ses tablettes beaucoup de place aux héros de second ordre, et elle aime à résumer toute une époque soit dans un seul grand nom, soit dans un glorieux triumvirat. J'ai suivi l'exemple de la déesse dans mon livre de Lutèce, que je vous prie de ne vouloir juger que dans son ensemble, et non pas dans ses détails ou même d'après des expressions qui peuvent être parfois quelque peu bourrues. Si j'ai fait de l'opposition au ministère du Ier Mars (opposition qui d'ailleurs n'était pas trop dangereuse), si je vous ai même parfois rudoyé comme ministre, je n'ai jamais manqué de rendre justice en vous à l'homme de bien et de génie, et de le défendre contre la cohue de mes compatriotes, qui vomissaient alors contre vous tant de sottes de atribes et de calomnies. Le temps a fait justice de ces derniers, mais lors de votre ministère de 1840 les mensonges les plus absurdes trouvaient du crédit au-delà du Rhin. C'était un ignoble spectacle que cette fureur qui, s'échauffant peu à peu, parvint à la fin au comble de la rage. Ceux qui donnèrent le signal, étaient quelques ânes patriotiques de ma connaissance, et dont l'un avait même reçu de vous quelque bienfaits. D'autres ânes de mon pays répondirent à leurs cris, d'atroces braillements éclatèrent chez nous de tous côtés, et l'on aurait presque pu dire que toute l'Allemagne n'était qu'un seul âne qui se serait mis à braire contre Mr Thiers.

Je vous prie, Monsieur, de vouloir bien regarder la date de mes lettres en lisant mon livre de Lutèce, et vous rappeler sous quelles auspices je les ai écrites. Il ne vous échappera pas qu'à une pareille époque je ne pouvais pas donner à mon style des tours courtisanesques en parlant de vous au milieu du quartier général de l'ânerie germanique. Comme je vous aime bien sincèrement, je serais peiné si par inadvertance ou gaucherie j'avais dit quelquechose qui pourrait vous déplaire. Dans l'état où je me trouve, je dois vivre de mes souvenirs, et le vôtre est bien cher à mon coeur. Veuillez agréer avec votre bonté habituelle l'assurance de ma grande admiration et de mon respectueux dévouement.

Henri Heiné

Paris, le 14 Avril 1855. –

[Übersetzung]
Monsieur,
da Sie zur Zeit nicht an der Macht sind, und da zu dem Zeitpunkt, zu dem
Sie es sein werden, der arme Todkranke, der Ihnen diese Zeilen schreibt,
auf keinerlei Protektion mehr angewiesen sein wird, kann man mich nicht
verdächtigen, weltlichen Beweggründen zu gehorchen, wenn ich mich
heute bemühe, die Anteilnahme, mit der Sie mich immer beehrt haben,
neu zu beleben und zu vertiefen. In dieser Hinsicht beruhigt, möchte ich
Ihnen gestehen, daß der Wunsch, etwas für Sie Erfreuliches zu tun, einen
großen, wenn nicht sogar den größten Teil meiner Absicht ausmachte, als
ich mich dazu entschlossen habe, die Briefsammlung zu veröffentlichen,
die die L u t e t i a bildet und die ich Ihnen beiliegend überreichen darf. In
Anbetracht der geistigen Verfassung, in der sich meine Deutschen gegenwärtig befinden, war diese Veröffentlichung äußerst gewagt, und ich bezweifle ebenfalls, daß die französische Übersetzung meines Buches augenblicklich in Frankreich auf große Sympathie stoßen wird. Sie erscheint
vielleicht sogar zu einem sehr ungünstigen Zeitpunkt. Was solls! Ich wollte
mit dieser Veröffentlichung die Erinnerung an die glanzvollsten Tage jener parlamentarischen Periode wachrufen, von der nur drei große Namen
in die Geschichte eingehen werden: Louis Philippe, Thiers und Guizot,
und ich glaube, mein Ziel nicht ganz und gar verfehlt zu haben. Ja, nur
diese drei Namen müssen die kleinen Jungen der kommenden Generatio-
nen in der Schule auswendig lernen. Die Dame Klio gewährt den Helden
zweiten Ranges auf ihren Tafeln nicht viel Platz, und sie faßt gerne eine
ganze Epoche entweder in einem einzigen großen Namen oder in einem
ruhmreichen Triumvirat zusammen. In bin dem Beispiel der Göttin in
meiner »Lutetia« gefolgt, die Sie nur in ihrer Gesamtheit beurteilen mögen, jedoch nicht in ihren Einzelheiten und schon gar nicht in Hinblick auf
Formulierungen, die manchmal ein wenig schroff sein können. Trotz meiner Opposition gegen das Ministerium des 1. März (die mich übrigens
nicht in allzu große Gefahr gebracht hat) und trotz mancher Brüskierun-
gen von meiner Seite, die Sie als Minister betrafen, habe ich es niemals versäumt, Ihnen als rechtschaffenem und geistvollem Menschen Gerechtigkeit widerfahren zu lassen, und diesen Menschen gegen die Meute meiner
Landsleute zu verteidigen, die gegen Sie damals so viele dumme Schmäh-
schriften und Verleumdungen ausgespien haben. Die Zeit hat letztere wi-
derlegt, aber hinsichtlich Ihres Ministeriums von 1840 wurde den wider-
sinnigsten Lügen jenseits des Rheins Glauben geschenkt. Es war ein
niederträchtiges Schauspiel, zu sehen, wie sich diese Wut nach und nach

aufgeheizt hat, um schließlich den Höhepunkt der Raserei zu erreichen. Diejenigen, die das Signal gegeben haben, waren einige, mir bekannte patriotische Esel, darunter einer, der von Ihnen sogar einige Wohltaten erhalten hatte. Andere Esel meines Landes haben ihre Schreie erwidert; von allen Seiten ist bei uns ein entsetzliches Eselsgeschrei ausgebrochen, und man könnte fast sagen, daß ganz Deutschland nur ein einziger Esel war, der gegen Monsieur Thiers zu iahen angefangen hätte.

Ich bitte Sie, Monsieur, bei der Lektüre meiner »Lutetia« genau auf das Datum meiner Briefe zu achten, und sich in Erinnerung zu rufen, unter welchen Umständen ich sie geschrieben habe. Es wird Ihnen nicht entgehen, daß meinem Stil zu dem damaligen Zeitpunkt schmeichelnde Wendungen fehlen mußten, weil ich von Ihnen inmitten des Hauptquartiers der deutschen Eselei gesprochen habe. Da ich Sie wirklich aufrichtig liebe, wäre ich betrübt, wenn ich aus Unachtsamkeit oder Unbeholfenheit etwas gesagt haben sollte, daß Ihnen mißfallen könnte. In dem Zustand, in dem ich mich befinde, muß ich von meinen Erinnerungen leben, und die Erinnerung an Sie ist meinem Herzen sehr teuer. Nehmen Sie bitte mit Ihrer gewöhnlichen Güte die Versicherung meiner großen Bewunderung und meiner respektvollen Ergebenheit an.

Henri Heiné

180. *An Julius Campe, Paris, 30. Mai 1855*

Paris den 30 May

Liebster Campe! Obgleich hunde elend und blinder als je (denn mein rechtes Auge sieht auch nichts mehr) schreibe ich Ihnen dennoch, um nur flüchtig zu melden daß ich noch lebe u mehr als je in freundschaftlicher Gesinnung für Sie verharre. Es sind keine Gemüthsdissidenzien sondern nur berechenbare Geschäftsdifferenzen welche allenfalls ein Hapern und Kabbeln verursachen konnten. Zwischen mir und Herrn Richard Reinhart, meinem ehemaligen Sekretär steht es anders; obgleich er meine Intressen materielle wie moralische, sehr warm vertritt, so fehlt ihm doch jene Gefühlstoleranz, die ich in so hohem Grade besitze u wodurch es mir möglich ist in Fällen wo nur mein Geldinteresse oder meine Eitelkeit im Spiel ist, 5 eine grade Zahl seyn zu lassen u troz aller Widderbellerey den Ehefrieden aufrecht zu erhalten – Gestern hab ich die Gemüthsverschiedenheit die zwischen mir und meinem ehemaligen Sekretär besteht ganz einsehen müssen u das Beywort ehemalig sagt Ihnen daß wir uns trennen mußten. Nächstens sage ich Ihnen was er von mir verlangte, was ich nur versprechen sollte für den Fall meines Todes, u was ich dennoch bestimmt versagte, ehrlich wie immer auf alle m o m e n t a n e Vortheile verzichtend um keinen späteren Vorwürfen von Zweydeutigkeit mich auszusetzen. Ich will lieber hülflos in meiner isolirten Lage verschmachten. Sie werden wenn ich Ihnen das Reinhardtsche Begehrniß melde mir gestehen wie sehr Sie Unrecht hatten mir durch Lappalien nur einige Minuten zu verbittern. – Durch Rheinhard konnte ich Ihnen nicht schreiben lassen u hatte auch nichts andres zu melden, als daß ich nach Ihrer Abreise 8 Tage lang dem Tode nahe war, jetzt leide ich nur durch die unaufhörlichen Krämpfe; bekomme ich Ruhe, so werden sie wohl nachlassen. An die Abfassung unserer Contraktsverdeutlichungen gehe ich sobald ich nur meiner nächsten Schwülitäten entlastet bin und ich bin herzlich sicher daß auch kein Jota übrig bleibt was Ihnen Bedenklichkeiten zu bieten im Stande wäre; Sie sollen ganz für alle Muthmaßlichen Fälle zufrieden gestellt werden. – Die Lutezia hat das Außerordentlichste erreicht: während 4 Wochen sprach ganz Paris von diesem Buch. Aber welche Arbeit hatte ich! Todtkrank, trotz meiner Krämpfe, arbeitete ich zwey Monath täglich 5 bis 6 Stunden an dieser französischen Lutezia u war doch im Stande ihr die stylistische Rundung zu geben die das Original besitzt. Leben Sie wohl u behalten Sie lieb u werth Ihren Freund

Heinrich Heine

(Den Kleinen zu grüßen)

181. *An Elise Krinitz, Paris, 20. Juni 1855*

3 Avenue M a t i g n o n , d. 20. Juny 1855.

Sehr liebenswürdige und charmante Person!
Ich bedaure sehr, daß ich Sie letzthin nur wenige Augenblicke sehen konnte. Sie haben einen äußerst vortheilhaften Eindruck hinterlassen u ich sehne mich nach dem Vergnügen, Sie recht bald wiederzusehen. –

Wenn es Ihnen möglich ist, kommen Sie schon morgen, in jedem Fall, so bald es Ihnen Ihre Zeit erlaubt, Sie kündigen sich an wie letzthin. Den ganzen Tag bin ich zu jeder Stunde bereit Sie zu empfangen. Die liebste Zeit wär' mir von 4 Uhr bis so spät Sie wollen. – Trotz meiner Augenleiden schreibe ich eigen händig, weil ich jetzt keinen vertrauten Sekretair besitze. – Ich habe viel Peinliches um die Ohren und bin sehr leidend noch immer. Ich weiß nicht, warum Ihre liebreiche Theilnahme mir so wohl thut, und ich abergläubischer Mensch mir einbilden will, eine gute Fee besuche mich in trüber Stunde. Sie war die rechte Stunde. – Oder sind Sie eine böse Fee? Ich muß das bald wissen.

Ihr
Heinrich Heine.

182. *An François Guizot, Paris, Anfang Juli 1855 (Briefentwurf)*

Monsieur!

J'ai encore à vous remercier de la bienveillante et graçieuse lettre, par laquelle vous m'accusiez la reception de mon livre de Lutece. Le succès prodigieux de ce livre m'a, je l'avoue, fait grand plaisir, mais il m'a inquieté et effrayé en même temps; car je sais que ce ne sont pas precisement les bons livres qui se rejouissent de la vogue exorbitante dès leur apparition de même que ce sont rarement les honnêtes gens qui font fortune dans un seul jour – Sous ce rapport votre suffrage etait pour moi d'une grande valeur. Au moins, je voyais que mon livre ne devait pas son succès à cet esprit d'opposition contre le gouvernement, que les auteurs mediocres dans ce beau pays de france affichent plutôt qu'ils n'en sont réellement inspirés, pour acquerir les applaudissements de la presse. Oui, tout en speculant sur ce salaire en monnaye de singe avec lequel les differents partis payent ceux qui flattent leurs passions, ces sycophantes aux fiers allures redoutent la disgrace de certains directeurs de l'oppinion publique qui excercent sur la presse leur influence tenebreuse. Je n'appartiens pas aux ames timorées qui reculent devant une pareil intimidation; je le prouverai un jour. Mais je n'en etais pas moins peniblement affecté de voir que tous les ecrivains qui ont denigré le gouverment sont devenus des personnages sacrés et revetus d'une inviolabilité litteraire; on m'a pardonné dans mon Livre de Lutèce toutes hardiesses, même les plus injustes, mais on a crié contre moi, on m'a accusé de sacrilege accause pour avoir osé dire la verité sur tel quasimodo lyric qui a vilipendié l'empereur de la maniere la plus lâche et la plus ignoble – Et chose singulière et symptome aussi attristant que curieux, c'est dans le Moniteur l'organe officiel du gouverment, qu'on m'a vertement tancé pour avoir commis le crime atroce que je viens d'indiquer.

Pardonnez moi, Monsieur, cet epanchement sincère qui s'addresse non a l'homme d'etat mais à l'homme de lettre, qui l'a provoqué par une marque de sympathie.

Encouragé par le bon accueil dont vous avez honnoré mon Livre de Lutèce je prends la liberté de vous envoyer ci-joint la traduction française d'une partie de mes Poesies. Si vos loisirs vous permettent de vous occuper de cette lecture vous serez étonné combien je suis allemand dans le domaine de la poësie, moi qui suis presque francais dans mes idées et dans la vie. Vous ferez sans doute cette remarque. Car vous, Monsieur, mieux que la plupart de vos compatriotes vous connaissez le genie du peuple allemand, il s'est revelé a votre esprit par l'etude des beaux-arts, et cette initiation vous a mis à même de penetrer dans ses plus secrêtes profondeurs. Pour vous le Sphynx d'outre-Rhin n'as plus de mystères. Je ne peux pas dire la même chose de vos colegues erudits qui ne connaissent que la lettre morte et non la vie de notre Germanie. Pour la foule mon pays reste toujours une t e r r a   i n c o g n i t a. Est-ce-qu'elle en apprendra quelque chose par la lecture de ses poëtes? C'est possible et sous ce rapport mon livre qui reproduit en francais un poëte tout-à fait allemand, profitera peut-être à l'instruction publique en france.

[Übersetzung]
Monsieur!
Ich habe mich noch bei Ihnen für den wohlwollenden und freundlichen Brief zu bedanken, mit dem Sie mir den Empfang meiner »Lutetia« angezeigt haben. Der gewaltige Erfolg dieses Buches hat mir, ich gebe es zu, großes Vergnügen bereitet, mich gleichzeitig aber auch beunruhigt und erschreckt. Denn ich weiß, daß sich nicht gerade die guten Bücher schon von ihrer Veröffentlichung an außerordentlicher Beliebtheit erfreuen, und daß es auch selten die ehrlichen Leute sind, die ihr Glück an einem einzigen

Tag machen. – Vor diesem Hintergrund war Ihre Zustimmung für mich sehr wertvoll. Ich habe wenigstens gesehen, daß mein Buch seinen Erfolg nicht jenem Oppositionsgeist gegen die Regierung verdankt hat, den die mittelmäßigen Autoren in dem schönen Land Frankreich eher zur Schau tragen als daß sie von ihm tatsächlich überzeugt wären, um den Beifall der Presse zu bekommen. Ja, während sie auf den Lohn spekulieren, den die verschiedenen Interessengruppen denjenigen zahlen, die sich ihnen anbiedern, fürchten diese Sykophanten mit ihrem stolzen Gebaren die Ungnade gewisser Anführer der öffentlichen Meinung, die auf die Presse ihren undurchsichtigen Einfluß ausüben. Ich gehöre nicht zu den ängstlichen Seelen, die vor einer solchen Einschüchterung zurückweichen; ich werde es eines Tages beweisen. Aber es hat mich nicht weniger schmerzlich berührt, zu sehen, daß alle Schriftsteller, die die Regierung verleumdet haben, nun unantastbare Persönlichkeiten sind, und ihre Werke unangreifbar. Man hat mir in meiner »Lutetia« alle Kühnheiten, sogar die ungerechtesten, verziehen, aber man hat sich über mich empört, man hat mich des Sakrilegs angeklagt, weil ich es gewagt habe, die Wahrheit zu sagen über manchen lyrischen Quasimodo, der den Kaiser auf die feigste und niederträchtigste Art verunglimpft hat. Es ist eine sonderbare Sache und ein gleichsam betrübliches und seltsames Zeichen, daß man mich im »Moniteur«, dem offiziellen Sprachrohr der Regierung, heftig getadelt hat wegen des furchtbaren Verbrechens, auf das ich gerade hingewiesen habe.

Verzeihen Sie mir, Monsieur, diesen aufrichtigen Herzenserguß, der sich nicht an den Staatsmann richtet, sondern an den Schriftsteller, der ihn durch seine Sympathiebekundung hervorgerufen hat.

Ermutigt durch die positive Aufnahme, mit der Sie meine »Lutetia« beehrt haben, bin ich so frei, Ihnen beiliegend die französische Übersetzung eines Teils meiner Dichtungen zu schicken. Wenn Ihre freie Zeit die Beschäftigung mit dieser Lektüre erlauben sollte, werden Sie erstaunt sein, wie deutsch ich im Bereich der Dichtung bin, während meine Ideen und mein alltägliches Leben fast französisch sind. Sie werden diese Beobachtung mit Sicherheit machen. Denn Sie, Monsieur, kennen besser als der größte Teil Ihrer Landsleute den Geist des deutschen Volkes, der sich Ihnen durch das Studium der schönen Künste offenbart hat und in dessen geheimste Tiefen Sie auf diesem Weg vordringen konnten. Für Sie ist die Sphinx von der anderen Rheinseite kein Mysterium mehr. Ich kann nicht das Gleiche von Ihren gelehrten Kollegen sagen, die nur den toten Buchstaben, aber nicht das Leben unseres Germaniens kennen. Für die meisten wird mein Land immer Terra incognita bleiben. Werden sie etwas über das Land durch die Lektüre seiner Dichter lernen? Das ist durchaus möglich, und vor diesem Hintergrund wird mein Buch, das in französischer Sprache einen ganz und gar deutschen Dichter wiedergibt, vielleicht der Unterweisung der breiten Öffentlichkeit in Frankreich zugute kommen.

183. *An Elise Krinitz, Paris, 20. Juli 1855*

Allersüßeste fine mouche! Oder soll ich Sie, statt nach dem Embleme Ihres Petschafts, nach dem Dufte Ihres Briefes tituliren? In diesem Falle müßte ich Sie holdseligste Bisamkatze nennen. – Vorgestern erhielt ich Ihr Schreiben, die Pattes de mouche krabbeln mir beständig im Kopfe herum u vielleicht sogar im Gemüthe. Herzlichen Dank für die viele Liebe, die Sie mir widmen! Die Gedichte sind sehr schön, u ich wiederhole in dieser Beziehung, was ich Ihnen schon gesagt.

Auch ich freue mich, Sie bald wieder zu sehen et de poser une empreinte vivante sur les traits suaves et quelque peu souabes – ach! wäre ich noch ein Mann, diese Phrase bekäme eine minder platonische Tournüre. Aber ich bin nur noch ein Geist, was vielleicht Ihnen, aber nicht mir sonderlich zusagt. – Meine französische Gedicht Ausgabe ist erschienen u macht Furore.

Ich werde aber erst in einigen Monathen die Gedichte, die unübersetzt geblieben, wie P. E. den »neuen Frühling«, in einem der letzten Bände der fr Edizion herausgeben. Sie sehen, hier ist kein Zeitverlust. – Ja ich freue mich, Sie wiederzusehen: Fine mouche de mon âme! Holdeste Bisamkatze, die aber zugleich so sanft ist wie eine Angorakatze, meine Lieblingsgattung – Lange Zeit liebte ich Tigerkatzen, aber die sind zu gefährlich et les empreintes vivantes, die sie zuweilen in meinem Gesichte zurückließen, waren nicht sehr angenehm. – Ich befinde mich noch immer sehr schlecht; beständige Krämpfe und Ärgernisse – Ärger über meinen Zustand, der hoffnungslos! Ein Todter, lechzend nach den lebendigsten Lebensgenüssen! Das ist schrecklich. – Leben Sie wohl! Möge das Bad Sie erquicken u kräftigen. Innigste Grüße

Ihr Freund
Heinrich Heine.

Paris d. 20. July 1855.

184. *An Betty Heine, Paris, 10. August 1855*

den 10 August 1855.

Liebste Mutter,

Seit Eurem letzten Schreiben denke ich nun an gar nichts anderes als an das freudige Wiedersehen mit meiner lieben Schwester. Alles ist schon verabredet daß mein liebes Lottchen bei seiner Hierherkunft bei uns ein wohnliches Zimmer findet, wo Lottchen und eine meiner Nichten (denn es wäre mir am allererfreusamsten, wenn sie Anna oder Lenchen mitbrächten) sich behaglich finden werden. Ja, es würde mir eine unendliche Freude sein, wenn Lottchen auch eins der lieben Kinder mitbrächte, Annchen oder Lenchen, gleichviel welche, denn beide sind mir gleich lieb und nur das Alter entschiede bei dem Vortritt. Wir wohnen sehr geräumig jetzt und alle Fremden welche hierherkommen, bewundern die schöne Aussicht und die gute Luft die wir genießen, so daß wir im glänzendsten Mittelpunkt von Paris uns befinden und doch wie auf dem Lande zu sein scheinen. Die letzte Woche waren Laube und seine Frau aus Wien hier und besuchten uns oft. Auch Friedland und seine Frau aus Prag. Dieser Mann hat, wie ich Euch einmal gemeldet, mir schon einen Theil des Schadens ersetzt, worin ich durch ihn gerathen, und da ich Wechsel habe und er sehr reich ist, so verliere ich am Ende gar nichts. Auch Dr. *Lippert* der mir ein Empfehlungsschreiben von Lottchen brachte, hat mich vor 8 Tagen besucht. Er scheint ein äußerst liebenswürdiger Mensch zu sein, hat ein gutes Aeußeres, spricht nicht dumm und hat mir versprochen mich bald wieder zu besuchen. Er bleibt noch 5 Wochen hier und ich sagte ihm, daß er Lottchen alsdann hier sehen würde. Meine Frau befindet sich wohl und sehr heiter. Ich leide noch immer an meinem alten Uebel, die Krämpfe, die zwar nicht sehr schmerzhaft sind, mich aber an jedem Lebensgenuß, besonders aber am Arbeiten stören. Mit Campe diplomatisire ich noch immer, und wenn er sich auch auf den Kopf stellt, so lasse ich mich jetzt nicht mehr von ihm über den Löffel barbieren. Er muß heimlich auf mich sehr ergrimmt sein und spielt mir gewiß allerlei böse Streiche im Dunkeln. Aber ich l a v i r e und am Ende erlange ich doch was ich will. Er wird wüthend sein, wenn er erfährt, daß Lottchen und Gustav nach Paris kommen. Schiff scheint sein Factotum zu sein und Lottchen wird sich in Acht nehmen.

Meine Frau grüßt und küßt Euch herzlich und meine Wenigkeit thut desgleichen. Ich umarme Dich zärtlich, meine gute, vortreffliche Mutter, und ich verbleibe mit innigster Liebe

Dein getreuer Sohn
Harry Heine

185. *An Elise Krinitz, Paris, 25. September (?) 1855*

Holde Freundin!
Ich bin in diesem Augenblick so migränisch krank, daß ich fürchte, morgen noch leidend zu sein, u bitte ich Sie, statt morgen mir Sonnabend od. Sonntag das Glück Ihres Besuches zu schenken.

Ihr Schleier liegt auf meinem Sekretair wohlverwahrt. Ich liebe Sie mit todtkranker, innigster Zärtlichkeit.

H. H.

186. *An Lucie Duff-Gordon, Paris, 28. September 1855*

Theuerste Freundinn!
Ich war vorgestern d o p p e l t unglücklich, da ich Migräne hatte und Sie nicht sehen konnte. Daß ich beständig an Sie dachte, sollte Ihnen das Büchlein beweisen das ich beständig neben mir liegen hatte um es Ihnen zu behändigen. Ich hoffe mein Mißgeschick schreckt Sie nicht davon ab recht bald wieder die Mühe des 5 Treppen-Ersteigens zu unternehmen um Ihrem armen Freund die Hand zu drücken – Es thut mir so wohl Ihre Augen zu sehen und Ihre wohlbekannte Stimme zu hören! Sie haben bey Ihrem hohen Geiste doch so viel Seele! Man vergißt Sie nie wenn man Sie einst gesehen hat, edelste, himmlischste Lucie!

Vergessen Sie nicht Ihrer Frau Mutter viel Gutes von mir zu sagen. – Mein Kopf ist noch immer leidend, doch die Anfälle des Uebels

sind jetzt nicht mehr so stark. Daß ich nicht arbeiten kann ist mein
größter Verdruß
Sie bald – je eher je lieber – erwartend, verharre ich

Ihr
Heinrich Heine.

187. *An Elise Krinitz, Paris, 30. September 1855*

Sonntag, den 30. Sept. 55.

Holdes Herz! Das Wetter ist schlecht u ich bin eben so schlecht, u ich will
heute meine Lotosblume keiner solchen spleentrüben Witterung aussetzen. Ach Gott! Ich gäbe Ihnen so gern einen sonnig heitern indischen
Tag, wie man ihn am Ganges findet u wie er für Lotosblumen paßt!

Komme Du bald – aber wie gesagt, nicht heute – ich erwarte Sie
Mittwoch Nachmittag – ich denk', das ist Ihnen recht.

Je pose etc. etc.

H. H.

188. *An Lucie Duff-Gordon, Paris, September 1855*

Hoch geehrte grossbritannische Göttinn Lucie!
Ich liess durch den Bedienten zurückmelden, dass ich mit Ausnahme
des letzten Mitwochs alle Tage und zu jeder beliebigen Stunde bereit
sey, your Godship bey mir zu empfangen. Aber ich habe bis heute vergebens auf solcher himmlischen Erscheinung gewartet. Ne tardez plus
de venir! Venez aujourd'-hui, venez demain, venez souvent. Vous demeurez si près de moi, dem armen Schatten in den Elisäischen Feldern!

Lassen Sie mich nicht zu lange warten. Anbey schicke ich Ihnen
die 4 ersten Bände der französischen Ausgabe meiner unglückseligen
Werke.

Unterdessen verharre ich Ihrer Göttlichkeit

Unterthänigster und ergebenster Anbeter,
Heinrich Heine.

P. S. »The parson drank the gruel water.«

189. *An Elise Krinitz, Paris, 10. November 1855*

Süßeste Person!

Ich hab heut entsetzliches Kopfweh und werde wohl morgen die Nachgeburt desselben genießen müssen. – Ich bitte Sie daher, nicht morgen (Sonntag), sondern Montag zu kommen, – es sei denn, daß der Weg Sie in meine Nähe führte, in diesem Fall können Sie auch morgen auf eigne Gefahr kommen. – Ich sehne mich sehr nach Dir, letzte Blume meines larmoyanten Herbstes, holdselige Närrin! – Ich verharre

zärtlich toll
Dein ergebenster
H. H.

190. *An Anselm von Rothschild, Paris, 16. Dezember 1855*

Hochgeehrter Herr Baron!

Ihr seliger Vater war mein großer Gönner und oft im Strudel seiner Geschäfte hat er mit liebenswürdiger Geduld meinen persönlichen Angelegenheiten viele Stunden gewidmet, was ich dankbarlich, wie Sie einst sehen werden, nie vergessen habe. Giebt das mir auch eine Anwartschaft auf die Sympathie des Sohnes? Jedenfalls nehme ich sie heute in Anspruch, wo ich mich an Sie, Herr Baron, mit der Bitte wende, bei der österreichischen Kreditbank, die fürnemlich unter Ihren Auspizien errichtet wird, mir die Gunst einer Betheiligung zu gewähren; ich limitire dieselbe durch keine bestimmte Akzien-Zahl um nicht einer Generosität vorzusprechen, die vielleicht diese Gelegenheit gern benutzt um in anständiger Form meinen sehr unbrillanten Finanzen Aufhülfe angedeihen zu lassen. Bey Ihrer allgemein gerühmten hohen Geistesbildung und bey der Eitelkeit womit Dichter behaftet sind ist eine solche Annahme, sehr natürlich. Vielleicht auch wende ich mich vorzugsweise an Sie, weil Sie, Herr Baron, Deutschlands neue Zustände genau kennen und daher wohl wissen, daß für die moralischen Interessen Ihres neuen Bank Instituts der Eifer eines Publizisten von viel verzweigten Einfluß nicht ganz überflüssig ist. Der Himmel weiß, daß ich letztere nie zu meinem Privatnutzen ausgebeutet, sondern nur zum Vortheil von Personen, die mir lieb sind und die ich als meine natürlichen Bundesgenossen (in einem Kampfe der fast schon zwey Jahrtausende dauert) betrachte. Ja, es ist im Grunde wirklich eine Subvenzion die ich bey einer Allierten Macht Anspruch mache. Ein Gefühl der Delikatesse gebietet mir Ihnen zu eröffnen, daß der Baron James, der bey jeder seiner großen Operazionen sich meiner erinnerte auch bey der jüngsten meiner gedacht hat und zwar unaufgefordert, was mich um so mehr erfreute. Gebietet mir nun diese Fürsorge von Seiten des Chefs des Pariser Hauses auf eine Begünstigung des Chefs des Wiener Hauses bey derselben Veranlassung zu verzichten? Ich weiß es nicht. Jedenfalls aber justifizire ich meine heutige Zuschrift durch das spanische Sprüchwort: Ein kluger Esel frißt aus zwey Krippen.

In Erwartung einer baldigen Antwort verharre ich mit der höchst geschätztesten Hochachtung

Herr Baron
Dero ergebener
H. H.

191. *An Betty Heine, Paris, 30. Dezember 1855*

Paris den 30. Dec.

Liebste, gute Mutter,
Das neue Jahr ist vor der Thüre und wenn das alte Jahr sich nicht bald fortmacht, so würde ich es herausschmeißen; es ist eins der miserabelsten Jahre gewesen. Ich hoffe daß das neue Jahr besser sein wird und gratulire Dir zu seiner Eröffnung. Möge Dir der Himmel viele freudige und glückliche Tage schenken. Ich umarme Dich herzlich. Mein liebste Lottchen und seinen Kindern gratulire ich ebenfalls und ich umarme sie in Gedanken. Hier ist alles still und keine Maus regt sich. Meine Frau befindet sich wohl und hat mir die zärtlichsten Küsse für meine liebe Mutter aufgetragen. Mit meiner Gesundheit geht es wie gewöhnlich; ich hoffe immer auf Besserung und die Jahre vergehen. Meine Augen

gingen etwas leidlicher, aber ich gerathe wieder in die Nothwendigkeit sie sehr schonen zu müssen. Und nun lebe wohl, meine innigst geliebte Mutter, und sei überzeugt daß ich unaufhörlich, Tag und Nacht, an Dich denke. Noch die vorige Nacht habe ich von Dir sehr lebhaft geträumt, ich sah Dich ganz wie Du in den frühesten Zeiten ausgesehen, und ich hätte vor Kummer weinen können, als ich an die Gegenwart dachte. Du bist meine gute, liebe Mutter und da wir beide unser ganzes Leben hindurch immer brav und redlich gehandelt haben, so haben wir nicht zu fürchten, daß wir in einer anderen Welt wieder von einander getrennt leben müßten. Es thut mir unendlich weh, daß ich Dir meinen Neujahrswunsch nicht mündlich abstatten kann und ich beneide meine Schwester und die Kinder, welche das Glück haben ihre vortreffliche Großmutter mündlich zu küssen. Dein getreuer Sohn

Harry Heine.

192. *An Anselm von Rothschild, Paris, 30. Dezember 1855*

Hochgeehrter Herr Baron!
Ich habe dieser Tage mit großem Vergnügen dero geneigte Zuschrift erhalten, worin Sie mir Anzeige machten, daß ich über das Provenü des Rückkäufer um 100 Akzien, womit Sie mich bey Ihrer Bank betheiligt, verfügen könne, und daß Sie bereit wären mir diesen Betrag in einer Tratte auf Ihr hiesiges Haus zu remittieren. Indem ich Sie, Herr Baron, bitte in letzterer Weise zu verfahren, sage ich Ihnen meinen wahrhaftesten Dank für dieses Geschenk, ich sage Geschenk, denn ich hege nicht jenen kleinen Bettelstolz der nicht gern die Sache bey ihrem rechten Namen nennt, obgleich ich dennoch eingestehe, daß Sie durch die merkantilische Fikzion womit Sie Ihr Geschenk bekleiden mich doppelt verpflichtet und erfreut haben; ich sehe darin ein Zeichen der Achtung für einen Poeten und zugleich ein Zeichen Ihrer Pietät für den Geist überhaupt, den selbst der Hochgestellte nie verletzt ohne dadurch zu beurkunden, daß er nicht zur Parthey der Geister gehört. Wie wenig verstehen zumal die Neo-Millionäre die Kunst des Gebens! Jedes Mal wenn sie uns ein Stück Geld zuwerfen, werfen sie uns zugleich ein Loch in den Kopf; denn sie wissen die feineren Köpfe, die leicht

wundbar, nicht zu unterscheiden von dem dicken Hirnschädel des Pöbels, der alles verträgt. Ja die Kunst des schönen Gebens wird in unserer Zeit immer seltener, in demselben Maße wie die Kunst des plumpen Nehmens, des rohen Zugreifens täglich allgemeiner gedeihet, daher nochmals meine Danksagung, Herr Baron, für Gabe und Form des Gebens, so wie überhaupt für den Antheil an meinem traurigen Leibeszustand der sich in Ihrem Briefe so liebreich und gefühlvoll ausspricht.

Genehmigen Sie die Versicherung, daß niemand mehr als ich der getreue Verehrer einer Familie ist, wo die jüngere Generazion so würdig in die Fußstapfen der älteren tritt und auf welcher auch in dieser Beziehung der Segen Gottes so sichtbar ruht. Hier haben wirklich die Tugenden der Väter Häuser gegründet und welch glänzende Häuser! Ihre Familie hat gewiß eine providenzielle Bedeutung von der glorreichsten Art. In dieser Ueberzeugung und mit den besten Wünschen für Ihr besonderes Heil, verharre ich, Herr Baron,

Ihr ergebener
H. Heine

193. *An Elise Krinitz, Paris, Ende Dezember 1855*

Liebste Seele! Ich bin noch immer sehr krank und ich will Dich auch heute nicht sehn. Aber ich hoffe, Du kannst morgen (Sonntag) kommen. Kannst Du erst übermorgen kommen, so schreib mir ein Wort.

Dein armer Freund
Nebukatnetzar II.

(Ich bin nemlich eben so wahnsinnig wie der babylonische König u esse nur gehacktes Gras, welches meine Köchin Spinat nennt.)

194. *An Elise Krinitz, Paris, 1. Januar 1856*

Liebstes Kind!
Ich gratulire Dir zum neuen Jahr und schicke Dir anbey eine Schachtel Chocolade – die wenigstens de bon goût ist. Ich weiß sehr gut, daß es

Dir nicht ganz recht ist, wenn ich dergleichen Convenienzen beobachte, aber es geschieht auch unserer äußeren Umgebung wegen, die in der Nichtbeobachtung der üblichen Aufmerksamkeiten einen Mangel an wechselseitiger Estime sehen würde. Ich liebe Dich so sehr, daß ich für meine Person garnicht nöthig hätte, Dich zu estimiren. Du bist meine liebe Mouche und ich fühle minder meine Schmerzen, wenn ich an Deine Zierlichkeit, an die Anmuth Deines Geistes denke. Leider kann ich nichts für Dich thun, als Dir solche Worte, »Gemünzte Luft« sagen. Meine besten Wünsche zum neuen Jahr – ich spreche sie nicht aus, Worte! Worte!

Ich bin vielleicht morgen im Stande, meine Mouche zu sehen, dann laß ich es ihr wissen. Jedenfalls aber kommt sie übermorgen (Donnerstag) zu ihrem

Nebukatnetzar II
ehemaliger königl Preuß Atheist
jetzt aber Lotosblumen Anbeter.

195. *An Elise Krinitz, Paris, 2. Januar (?) 1856*

Liebste Seele!
Bin sehr elend. Hustete schrecklich 24 Stunden lang; daher heute Kopfschmerz, wahrscheinlich auch morgen. – Deßhalb bitte ich die Süßeste statt morgen (Donnerstag), lieber Freitag zu mir zu kommen. – Bis dahin muß ich lungern. Mein Serinsky hat für die ganze Woche sich krank melden lassen. Welche unbehaglichen Mißstände! Ich werde fast wahnsinnig vor ärger, Schmerz u Ungeduld. Ich werde den lieben Gott, der so grausam an mir handelt, bey der Thierquälergesellschaft verklagen.

Ich rechne auf Freytag. Unterdessen küsse ich in Gedanken die kleinen pattes de mouche

Dero wahnsinniger
H H.

196. *An Elise Krinitz, Paris, 23. Januar (?) 1856*

Liebste Mouche! Ich bin sehr leidend u zum Tode verdrießlich. Auch das Augenlid meines rechten Auges fällt zu U ich kann fast nichts mehr schreiben. Aber ich liebe Dich sehr und denke viel an Dich, Du Süßeste. Die Novelle hat mich gar nicht ennuyirt u giebt gute Hoffnung für die Zukunft. Du bist nicht so dumm, wie Du aussiehst; zierlich bist Du über alle Maßen, u daran erfreut sich mein Sinn. Werde ich Dich morgen sehn? Ich weiß noch nicht; denn geht's mir nicht besser, erhältst Du Contre-Ordre! Eine weinerliche Verstimmung überwältigt mich. Mein Herz gähnt spasmatisch. Diese baillements sind unerträglich. Ich wollte ich wäre todt oder ein gesunder Mops, der keine Lâvements mehr nöthig hat –

Misère, dein Name ist

H. H.

Mittwoch Nachmittag 1 Uhr.

197. *An Betty Heine, Paris, 24. Januar 1856*

Paris d 24 Jan. 1856

Liebe gute Mutter!

Leider habe ich in diesem Augenblick keinen d e u t s c h e n Sekretär und ich muß Dir selbst mit Bleystift schreiben. Deßhalb kann ich aber nur wenige Zeilen an Dich richten um meine Augen zu schonen. Nur meinen Gesundheitszustand und dessen Unverschlimmerung will ich Dir anzeigen. Meine Krämpfe wollen nicht weichen. Meine Frau, die viel an Kopfschmerz leidet grüßt herzlich. Ich umarme Lottchen und die lieben Kinder, denen ich für ihre Gratulazion danke.

Und nun reiche mir die alte liebe Schnautze, daß Dich herzlich küsse

Dein gehorsamer Sohn

H. Heine

198. *An Elise Krinitz, Paris, 24. Januar 1856*

Paris, den 24. Januar 1856.

Liebste Mouche! Ich habe eine böse, sehr böse Nacht verjammert und verliere fast den Muth. Ich rechne darauf, daß ich Dich morgen sumsen höre. Dabey bin ich sentimental wie ein Mops, der zum erstenmale liebt. Könnt ich nur einmal auf die appâts der Madame Koreff meine Sentimentalität ergießen!

Aber auch diesen Genuß versagt mir das Schicksal. Aber Du verstehst mich nicht, Du bist eine Gans.

Dein Gänserich I
König der Vandalen.

199. *An Alexander von Humboldt, Paris, Februar 1856*

Dem großen Alexandros sendet seinen letzten Gruß der sterbende

H. Heine.

ANHANG

Personenlexikon

Die Literatur das sind wir und unsre Feinde.
(Heine an Karl Immermann, 19. 12. 1832)

Das Lexikon enthält Erläuterungen zu allen Empfängern der hier abgedruckten Briefe und darüber hinaus zu einer Reihe weiterer Personen, die für Heines Leben und Werk wichtig sind.

Andersen, Hans Christian (1805–1875)

Als der junge Poet Heine im Juni 1833 in Paris aufsuchte und ihm ein Heft mit Gedichten in dänischer Sprache überreichte, war sein späterer Weltruhm als Märchendichter noch nicht abzusehen. Der in ärmlichen Verhältnissen in Odense aufgewachsene Andersen hatte schon als Kind Deutsch gelernt und sich früh für deutsche Literatur interessiert. Vor allem die deutsche Romantik wurde zu einer seiner wichtigen Inspirationsquellen, und auch Heine zählte er zu seinen Vorbildern. Er übersandte ihm mehrfach mit Widmungen versehene Exemplare deutschsprachiger Übersetzungen seiner Werke, und als er Heine 1843 erneut in Paris besuchte, widmete dieser ihm das Gedicht »Lebensfahrt« (1844 in die *Neuen Gedichte* aufgenommen).

Assing, Rosa Maria, geb. Varnhagen (1783–1840)

Die Schwester von Heines vertrautem Freund und Förderer Karl August Varnhagen von Ense stammte wie dieser aus Düsseldorf. Nach einem Aufenthalt in Straßburg kam sie nach Hamburg und heiratete dort 1816 den Arzt David Assur Assing. Als »Rosa Maria« publizierte sie in Almanachen Lyrik und Prosa. Wie der Salon ihrer berühmten Schwägerin Rahel Varnhagen in Berlin, so wurde das Haus der Assings in Hamburg zum Treffpunkt für Literaten und Künstler. Zu ihren Gästen gehörten Chamisso, Fouqué, Hebbel, Gutzkow, Kerner, Mundt und Schwab, seit Mai 1823 war auch Heine ein regelmäßiger Besucher während seiner Aufenthalte in Hamburg. 1835 besuchte Rosa Maria Assing Heine in Paris zusammen mit ihren Töchtern Ottilie und Ludmilla, die später bekannte Schriftstellerinnen wurden. Als sie starb, schrieb Heine an ihren Bruder: »Ich habe die Hingeschiedene sehr gut gekannt, sie zeigte mir immer die liebreichste

Teilnahme, [...] und obgleich ich sie nicht allzu oft sah, zählte ich sie doch zu den Vertrauten, zu dem heimlichen Kreise, wo man sich versteht ohne zu sprechen.« (S. 284f.)

BALZAC, HONORÉ DE (1799–1850)

»[...] anderen Tages kam Heinrich Heine, der berühmte Heine, der mächtige Heine. Er wollte zu mir hinaufklimmen, ohne sich anmelden zu lassen. Sie wissen, ich bin nicht für den ersten Besten zu haben, aber als ich wußte, wer der Besucher war, gehörte ihm mein ganzer Tag.«[1] Diese von den Brüdern Goncourt überlieferte Äußerung Balzacs charakterisiert das freundschaftliche Verhältnis zwischen Heine und dem Meister des französischen Realismus. Sie begegneten sich häufig in den Salons und speisten zusammen. Balzac widmete Heine 1844 seine Novelle *Un prince de la Bohème*, und in Heines Nachlaßbibliothek findet sich ein Buch mit einer handschriftlichen Widmung Balzacs. Über Balzacs Werk hat Heine sich freundlich, aber nie ausführlich geäußert.

BELGIOJOSO-TRIVULZIO, CRISTINA PRINCIPESSA DI (1808–1871)

Die Angehörige eines alten Mailänder Adelsgeschlechts war eine entschiedene Unterstützerin der italienischen National- und Befreiungsbewegung des »Risorgimento«. Vom Metternich-Regime verfolgt und wegen »Hochverrats« verurteilt, ging sie ins Pariser Exil, wo sie – nachdem sie ihr zwischenzeitlich beschlagnahmtes Vermögen wiedererlangt hatte – einen glanzvollen Salon führte und ihre finanziellen Mittel sowie ihre Verbindungen zu den Spitzen von Staat und Gesellschaft zugunsten geflüchteter Carbonari und ihres politisch-patriotischen Anliegens einsetzte. Die extravagante und intellektuell brillante Fürstin, die in französischen Journalen publizierte und selbst zwei politische Zeitschriften gründete, war mit George Sand befreundet und zeitweilig mit dem berühmten Historiker François Mignet liiert. Heine verkehrte bereits 1831 in ihrem Salon, und nachdem sich eine enge Freundschaft entwickelt hatte, hielt er sich mehrmals für längere Zeit auf ihrem Schloß »La Jonchère« auf. Er sandte ihr regelmäßig Widmungsexemplare seiner Werke, und als er es einmal vergaß,

---

[1]   Jules und Edmond Goncourt: *Journal. Mémoires de la vie littéraire*. Zit. nach der Übersetzung in Friedrich Hirth: *Heinrich Heine und seine französischen Freunde*. Mainz 1949, S. 67f.

mahnte die Fürstin: »Sie bringen Gedichte heraus und geben sie mir nicht? Mir, die ich Ihre Gedichte gelesen habe, bevor ich des Deutschen mächtig war und die es in groben Zügen lernte, um Sie besser lesen zu können? [...] Sie werden nächsten Sonntag mit mir dinieren [...]. Wenn ich Sie dann an meiner Tafel neben mir und Ihre Gedichte in meiner Tasche weiß, wird meine Gunst wieder aufleben und ich werde Ihnen vergeben.« (HSA XXVI, 131)[2] Beide verband die Erfahrung des Exils und zeitweilig auch das Interesse am Saint-Simonismus. Von einem gelegentlich behaupteten Liebesverhältnis der beiden kann wohl, trotz des bewundernden und galanten Tons mancher Briefe Heines, keine Rede sein. Ihre vertraute Verbindung hielt während der gesamten Pariser Zeit Heines, bis zu seinem Tod an.

BERLIOZ, HECTOR (1803–1869)

»[...] selbst die trägsten Gemüther wurden fortgerissen von der Gewalt des Genius, der sich in allen Schöpfungen des großen Meisters bekundet. [...] die Berliozische Musik überhaupt hat für mich etwas urweltliches, wo nicht gar antidiluvianisches, und sie mahnt mich an untergegangene Thiergattungen, an fabelhafte Königsthümer und Sünden, an aufgethürmte Unmöglichkeiten: an Babylon, an die hängenden Gärten der Semiramis, an Ninive [...].« (DHA XIV, 127) Mit diesem Urteil Heines war der Meister selbst zwar nicht ganz zufrieden, seiner freundschaftlichen Verbundenheit mit ihm tat das jedoch keinen Abbruch. Bereits kurz nach Heines Übersiedlung nach Paris lernten die beiden sich kennen, und gewiß spielte dabei auch der Umstand eine Rolle, daß sie als Musikjournalisten Kollegen waren. Heines Berichte über das musikalische Geschehen in Paris, das er aufmerksam beobachtete, erschienen nicht nur in deutschen, sondern auch in französischen Blättern (wie der *Gazette Musicale*), und Berlioz war jahrelang fest angestellter Musikkritiker für das *Journal des Débats*. Der wegen seines expressiven Stils ebenso berühmte wie umstrittene Komponist, der mit seiner *Symphonie fantastique* einen Meilenstein

---

[2] Zit. nach der Übersetzung von Ulrike Reuter, in: dies.: Faszination, Freundschaft, Fürsorge – und immer der Freiheitskampf. Cristina di Belgiojoso und Heinrich Heine. In: »*Ich Narr des Glücks*«. *Heinrich Heine 1797–1856. Bilder einer Ausstellung*. Hg. von Joseph A. Kruse unter Mitwirkung von Ulrike Reuter und Martin Hollender. Stuttgart, Weimar 1997, S. 145–157, hier: S. 150.

der Musikgeschichte schuf und mit seiner Abhandlung *Traité d'instrumentation et d'orchestration modernes* (1844) die Entwicklung der Instrumentierung nachhaltig beeinflußte, war ein begeisterter Leser Heines, wie viele kenntnisreiche Äußerungen über dessen Werk belegen. Von einem seiner letzten Besuche an Heines Krankenbett berichtete er: »Als er [Heine] [...] meinen Namen melden hörte, rief er mir von seinem Bett aus das traurige und zugleich reizende Epigramm zu: ›Was! Berlioz? Sie haben mich also nicht vergessen? Sie bleiben immer originell!‹«3

BEUGHEM, FRIEDRICH VON (GEB. 1796)

Nur für kurze Zeit, von Januar bis März 1820, war der in Dinslaken geborene Beughem als Jurastudent in Bonn immatrikuliert, dennoch entstand zwischen ihm und Heine eine enge Freundschaft, die sich in einigen Briefen und den Gedichten »Oben auf dem Rolandseck«, »An Friz von Beughem!« und »Die Nacht auf dem Drachenfels« spiegelt, die Heine dem Kommilitonen widmete (nur letzteres wurde von Heine veröffentlicht, 1821 in den *Gedichten*). Beughem ging als Gerichtsreferendar nach Hamm in Westfalen, wo Heine ihn im September 1820 noch einmal besuchte. Spätere Kontakte gab es nicht mehr.

BÖRNE, LUDWIG, EIGENTL. JUDA LÖW BARUCH (1786–1837)

Der Journalist und satirische Zeitschriftsteller war neben Heine der bedeutendste literarisch-politische Publizist des vormärzlichen Deutschland. Als Juda Löw Baruch in Frankfurt am Main geboren und im dortigen Ghetto aufgewachsen, studierte er in Halle Medizin und in Gießen Staats- und Kameralwissenschaft. Er arbeitete in Frankfurt als Polizeiaktuar, wurde aber im Zuge der wiedererstarkten Reaktion nach dem Wiener Kongreß (1815) wegen seiner jüdischen Herkunft zwangspensioniert. Nach seiner (protestantischen) Taufe begann seine publizistische Karriere. Als Herausgeber verschiedener Journale, in denen seine zeitkritischen Schriften (u.a. die humoristische *Monographie der deutschen Postschnecke*, 1821) erschienen, geriet er immer wieder mit der Zensur in Konflikt. Nach der Julirevolution 1830 übersiedelte er nach Paris. Im November 1827 hatte Heine ihn – auf seinem Weg nach München – in Frankfurt besucht und ein anfangs freundschaftliches Verhältnis zu dem Kollegen angeknüpft. Wohl auf Heines Anregung hin verband auch Börne sich mit

---

3 Werner / Houben II, S. 250.

Julius Campe, in dessen Verlag seine *Gesammelten Schriften* (1829–1832) und die aufsehenerregenden, in Preußen verbotenen *Briefe aus Paris* (1831–1834) erschienen. Schon kurz nach Heines Ankunft in Paris traten politische Differenzen zwischen ihm und dem national-republikanisch orientierten Börne zutage, und durch Börnes polemische, zunächst in Privatbriefen an seine Vertraute Jeanette Wohl, bald darauf aber auch öffentlich geäußerte, moralisierende Kritik an Heine wurde der Bruch zwischen ihnen auch dem Publikum offenbar. Heine schwieg zu diesen Angriffen. 1840 erschien sein Buch *Ludwig Börne*. *Eine Denkschrift*, eine brillante, zeitkritische Studie über die deutsche Oppositionspolitik und -literatur der dreißiger Jahre und zugleich eine poetische Darstellung seiner eigenen revolutionären Utopie. Heine betonte stets, das Buch sei »nicht eigentlich eine Schrift über Börne [...], sondern über den Zeitkreis worinn er sich zunächst bewegte und sein Name war hier vielmehr nur ein Buchtitel« (HSA XXI, 371), das Publikum aber betrachtete es lediglich als nachträgliche Polemik Heines gegen seinen inzwischen verstorbenen Antipoden, wozu auch eine von Jeanette Wohl, Karl Gutzkow u. a. betriebene Pressekampagne beitrug. Die Aufnahme des als Skandal empfundenen Buches war geprägt von der stereotypen Gegenüberstellung der angeblichen patriotischen »Charakterfestigkeit« und »Sittlichkeit« Börnes und der »Frivolität« und »Gesinnungslosigkeit« Heines. Darin spiegelte sich jene politische Entwicklung, die Heine in seiner *Denkschrift* prophezeit hatte: das Aufbrechen der Differenz zwischen den »Repräsentanten der Nazionalität« und den »Repräsentanten des Cosmopolitismus« (DHA XI, 85) innerhalb der deutschen Opposition.

BROCKHAUS, FRIEDRICH ARNOLD (1772–1823)

Aus Dortmund stammte der Sohn einer Kaufmannsfamilie, der eine der großen deutschen Verlegerpersönlichkeiten wurde. 1805 gründete er in Amsterdam sein später in Leipzig angesiedeltes Verlagshaus, das durch das *Conversations-Lexikon* und Zeitschriften wie das *Litterarische Conversations-Blatt* (später *Blätter für literarische Unterhaltung*) eine der bedeutenden Positionen in der deutschen Verlagslandschaft einnahm. Dem Liberalen Brockhaus, der häufig mit drastischen Repressionen des preußischen Staates gegen seinen Verlag zu kämpfen hatte, bot Heine 1820 vergeblich seine erste Gedichtsammlung an, 1821 traf er in Berlin mit ihm zusammen. Mit seinem Sohn Heinrich Brockhaus (1804–1874), der den Verlag weiterführte, hatte Heine 1840 in Paris Umgang.

Bundesversammlung (Bundestag) (1815–1866)

Der Bundestag in Frankfurt am Main war das höchste Organ des 1815 gegründeten Deutschen Bundes, der nach dem Wiener Kongreß an die Stelle des Heiligen Römischen Reiches Deutscher Nation getreten war. Ihm gehörten fünfunddreißig souveräne Fürsten und vier freie Städte an. Ihre Gesandten bildeten den Bundestag, in dem der österreichische Delegierte den Vorsitz innehatte. Die Mehrheitsbeschlüsse des Bundestages waren für alle Mitgliedstaaten bindend, wobei die Einzelstaaten die in Frankfurt vorgegebene Rechtsordnung jeweils durch eigene Gesetze umsetzten. Mehrmals schränkten Repressionen und Verbotsmaßnahmen des Bundestages das kulturelle und geistige Leben ein, wobei Schriftsteller und Verleger stets besonders betroffen waren: 1819 bestätigte der Bundestag die nach dem tödlichen Attentat auf August von Kotzebue (durch den Jenaer Burschenschafter Sand) zunächst auf einer Ministerkonferenz gefaßten Karlsbader Beschlüsse, die das Verbot der Burschenschaft, die Überwachung der Universitäten und die Entlassung revolutionär gesinnter Professoren, Vorzensur für alle Druckschriften unter zwanzig Bogen (320 Seiten) sowie die Einsetzung einer zentralen Untersuchungskommission gegen »demagogische Umtriebe« vorsahen. Nach dem Hambacher Fest 1832 verbot der Bundestag alle öffentlichen Kundgebungen und politischen Vereinigungen (speziell gegen diese Beschlüsse protestierte Heine in der berühmten Vorrede zu seinen *Französischen Zuständen*), am 10. Dezember 1835 erfolgte das Verbot der Schriften des Jungen Deutschland (zu denen der Bundestag Laube, Mundt, Wienbarg, Gutzkow und Heine zählte, eigens erwähnt wurde in dem Beschluß auch der Verlag Hoffmann und Campe als wichtigster Verbreiter dieser Schriften), die bis dahin drastischste staatliche Zwangsmaßnahme der deutschen Literaturgeschichte. 1836 kam es jedoch in einzelnen Bundesstaaten bereits wieder teilweise zu Änderungen und Lockerungen des Verbots. Preußen ließ Bücher der inkriminierten Schriftsteller ab März 1836 wieder zu, falls diese zuvor von der preußischen Zensur genehmigt worden waren. Gegen diese Maßnahme protestierte Heine am 26. April 1836 mit seinem offenen Brief *Erörterungen* (DHA XI, 150ff.).

Campe, Julius (1792–1867)

1826 trafen Heine und Campe in Hamburg zum erstenmal zusammen, und diese Begegnung markierte für beide einen entscheidenden Wendepunkt in ihren noch jungen Karrieren: Der aufstrebende Dichter, der zwar schon einiges Aufsehen erregt hatte, bislang aber nur in literarischen Zirkeln bekannt war, fand den wagemutigen, umtriebigen Verleger, der ihm zum Durchbruch und, trotz der scharfen Zensur, zum dauerhaften Erfolg in ganz Deutschland verhalf – und dieser fand das Markenzeichen für seinen bis dahin lediglich regional bedeutsamen Verlag, das diesem das anfänglich »Buntscheckige«[4] nahm und ihm statt dessen ein unverwechselbares Profil gab, durch das sein Haus zu *dem* Verlag der modernen Literatur in Deutschland wurde, die den oppositionellen Zeitgeist prägte. Fast alle jungen, politischen Autoren – Karl Gutzkow, Hoffmann von Fallersleben, Franz Dingelstedt, Karl Immermann, Ludwig Börne, Friedrich Hebbel u.a. – veröffentlichten ihre Bücher bei Campe, der immer wieder mit den Zensurbehörden zu kämpfen hatte, was der »Odysseus des deutschen Buchhandels« (HSA XIII, S. 222), wie Heine ihn nannte, mit Mut, List und viel Erfahrung tat. Sein Geschäftssinn war ausgeprägt, seine Vertriebswege waren schnell und seine Methoden mitunter originell: Heines *Doktor Faust* (1851) war das erste deutsche Buch mit einem illustrierten Schutzumschlag. Er »weiß ein Buch unter die Leute zu bringen« (HSA XX, 272), rühmte Heine, warnte seinen Schriftstellerkollegen Immermann jedoch auch: »Campe ist ein ächter Buchhändler – es ist alles damit gesagt; es ist eine Sünde wollte man generose gegen ihn seyn. S e h e n S i e s i c h v o r .« (HSA XX, 392) Julius Campe war im niedersächsischen Deensen (bei Holzminden) geboren worden und stammte aus einer Buchhändlerfamilie. Schon sein Onkel Joachim Heinrich Campe (1746–1818), einer der bedeutendsten Reformpädagogen der Aufklärung, hatte einen Verlag geführt. Als Dreizehnjähriger begann Julius Campe eine Buchhändlerlehre bei seinem Halbbruder August Campe (1773–1836) in Hamburg. Anschließend war er Gehilfe bei Maurer in Berlin. Patriotisch begeistert nahm er als Freiwilliger an den Befreiungskriegen gegen Napoleon teil, ein Erlebnis, das ihn ebenso prägte wie ein zweijähriger Italien-Aufenthalt. 1823 übernahm er von seinem einstigen Lehrherrn August die Hamburger Verlagsbuchhandlung Hoffmann und Campe, und mit dem ersten Band von Heines *Reisebildern* (1826) begann eine Autor-Verleger-Beziehung, wie sie – durch ihre Konstanz wie durch ihre Konflikträchtigkeit – in der deutschen Literaturgeschichte ohne Beispiel war. Von zwei Ausnahmen abgesehen, erschienen fortan alle deutschsprachigen Bücher Heines bei Hoffmann und

---

4 Brief Julius Campes an Alexander Jung, 1837, zit. nach Heinrich Hubert Houben: Vom Verleger des »Jungen Deutschlands«, in: *Börsenblatt für den Deutschen Buchhandel*. Nr. 54, 8. März 1910, S. 2948.

Campe. Das Verhältnis zwischen ihnen war von Anfang an mehr als eine bloße Geschäftspartnerschaft und blieb auch über manche Krise hinweg insgesamt freundschaftlich geprägt, wie es, nach Campes Worten, »einer guten Literarischen Ehe geziemt, wo man Lieben, aber auch Schmollen und grollen darf, damit wieder Platz für die Liebe gewonnen wird, die sich dadurch verjüngt« (HSA XXV, 37). Ihre vielen Streitigkeiten um Geld-, Termin- und vor allem immer wieder Zensurfragen trugen die beiden mitunter recht heftig und ebenso offen wie öffentlich aus. Zu den schwersten Belastungen, die ihre Verlagsbeziehung wie ihre Freundschaft an den Rand des Scheiterns führten, gehörten die Auseinandersetzungen um die Vorrede zu den *Französischen Zuständen* (1832), um die Gesamtausgabe von Heines Werken, die trotz eines Vertragsabschlusses und umfangreicher Planungen Heines zu dessen Lebzeiten nicht erschien, und vor allem um den verstümmelten Abdruck des *Schwabenspiegels* (1838/39). Heine reagierte darauf mit seinem in der *Zeitung für die elegante Welt* abgedruckten Artikel *Schriftstellernöthen. Offener Brief des Dr. Heine an Herren Julius Campe, Inhaber der Hoffmann und Campeschen Buchhandlung zu Hamburg* – ein klassisch gewordener Text über die Literatur- und Zensurverhätnisse im Vormärz. Heine sah seine Manuskripte nicht ausreichend vor fremdem Zugriff geschützt und bezichtigte Campe der allzu großen Nachgiebigkeit gegenüber der Zensur, wobei er ihm besonders übelnahm, daß er in dessen eigenen Organen von engen Verlagsmitarbeitern angegriffen wurde (u.a. von Gutzkow in dem bei Hoffmann und Campe erscheinenden *Telegraph für Deutschland*). Diese harschen Vorwürfe reizten Campe so sehr, daß er Heine schrieb: »Und wenn ich mich auf das Dampfschiff setzte und Sie mit ein paar gutgeladenen Pistolen zur Rechenschaft zöge, würde mir es kein Mensch verdenken [...]. Ich verstehe neben dem Buchhandel auch dieses Handwerk – eine Kunst will ich es nicht nennen – und meine Entschloßenheit wird Ihnen die Ueberzeugung geben, daß ich Verrath an der Freundschaft nicht feige einzustecken gelaunt bin.« (HSA XXV, 212) Das Vertrauensverhältnis konnte danach erst bei Heines Besuch in Hamburg 1843 ganz wiederhergestellt werden. Einen weiteren Tiefpunkt bedeutete die Zeit zwischen April 1848 und Juli 1851, in der Campe keine Briefe Heines beantwortete. 1846 war Heine Taufpate von Campes Sohn Heinrich Julius geworden, 1851 und 1855 reiste Campe zu ihm nach Paris. Ein literarisches Denkmal setzte Heine seinem Verleger in Caput XXIII von *Deutschland. Ein Wintermärchen*.

CHOPIN, FRÉDÉRIC (1810–1849)

1831 kam der in Warschau geborene Komponist und Klaviervirtuose nach Paris, wo ihm der endgültige internationale Durchbruch gelang. Bereits im selben Jahr lernten er und Heine sich kennen und blieben fortan stets freundschaftlich miteinander verbunden. Heine traf Chopin auch oft mit dessen Geliebter George Sand, mit der er ebenfalls gut befreundet war. Im zehnten seiner Briefe *Über die französische Bühne* (1837) schrieb er: »Ja, dem Chopin muß man Genie zusprechen, in der vollen Bedeutung des Worts; er ist nicht bloß Virtuose, er ist auch Poet, er kann uns die Poesie, die in seiner Seele lebt, zur Anschauung bringen, er ist Tondichter, und nichts gleicht dem Genuß, den er uns verschafft, wenn er am Clavier sitzt und improvisirt.« (DHA XII, 191)

CHRISTIANI, RUDOLPH (1797 [1798?]–1858)

Den als Sohn deutscher Eltern in Kopenhagen geborenen Juristen und Literaten lernte Heine während seines Lüneburg-Aufenthaltes 1823/1824 kennen; seitdem verband beide ein enges freundschaftliches Verhältnis. Christiani hatte in Göttingen studiert und war 1818 Mitarbeiter der literarischen Zeitschrift *Wünschelruthe*, die Heines späterer Studienfreund Heinrich Straube herausgab. In Lüneburg arbeitete er als Rechtsanwalt und Ratssekretär. Durch sein Engagement für die Verfassungsbewegung nach der Julirevolution 1830 und seine Tätigkeit als Deputierter in der Hannoverschen Ständeversammlung erlangte er lokale Berühmtheit, weswegen Heine, der ihm die Gedichte »Diesen liebenswerten Jüngling« und »An einen ehemaligen Goetheaner (1832.)« widmete, ihn scherzhaft »Mirabeau [...] der Lüneburger Heide« (DHA II, 111) nannte. Christiani, der später mit Spielschulden zu kämpfen hatte, heiratete 1833 die aus Bordeaux stammende Charlotte Heine (1813–1869), eine Cousine Heinrich Heines (sie war die Tochter von Isaak Heine, einem Bruder von Heines Vater Samson). In der rechtsgültigen Fassung seines Testaments (1851) benannte Heine Christiani als Herausgeber seiner Gesamtausgabe – eine Aufgabe, die dieser nicht mehr übernehmen konnte, da er vor deren Erscheinen (1861–1884) verstarb.

COTTA, JOHANN FRIEDRICH, FREIHERR VON COTTENDORF
(1764–1832)

Nach einem Studium der Rechtswissenschaft und kurzer Tätigkeit als Advokat übernahm der in Tübingen geborene Cotta als Dreiundzwanzigjähriger von seinem Vater die »Johann Georg Cotta'sche Buchhandlung« und führte sie zu großem Ansehen und Erfolg. Zunächst in Tübingen, seit 1811 in Stuttgart angesiedelt, wurde sie zum Verlag der deutschen Klassik, in dem die Werke von Schiller, Goethe, Herder, Wieland, Hölderlin u. v. a. erschienen. Cotta, der auch auf anderen Gebieten unternehmerischen Erfolg hatte (Landwirtschaft, Druckereien) und über weitreichende politische Verbindungen verfügte, baute mit modernen Methoden ein Zeitschriften-Imperium auf, zu dem mit dem *Morgenblatt für gebildete Stände* (Stuttgart) die führende Kulturzeitschrift und mit der für ihr dichtes europäisches Korrespondentennetz berühmten *Allgemeinen Zeitung* (Augsburg) die größte deutschsprachige Tageszeitung gehörten. Als Zeitschriftenverleger war Cotta denn auch auf den jungen Heine aufmerksam geworden, und nachdem dieser ihm auch durch Varnhagen empfohlen worden war, kam es zur Zusammenarbeit: von November 1827 bis Juli 1828 war Heine in München Redakteur der *Neuen allgemeinen politischen Annalen* und publizierte auch in anderen Zeitschriften Cottas (*Morgenblatt, Das Ausland*). Auch wenn die unmittelbare Redaktionstätigkeit, die Heine als einengend empfand, nur von kurzer Dauer war, blieb die Verbindung bestehen und wurde für Heine zum zweiten publizistischen Standbein: sein Freund Julius Campe blieb sein Buch-Verleger, in Cottas Journalen erschien der größte Teil seiner Zeitschriften-Veröffentlichungen, insbesondere seine Pariser Berichte für die *Allgemeine Zeitung* (beginnend mit der Serie *Französische Zustände*, 1831/1832). Zwischen Heine und dem liberal-konservativen Cotta, der ein glühender Napoleon-Verehrer war, herrschte ein beinahe ungetrübtes Vertrauensverhältnis. Hinzu kam, daß Cotta sich Heine gegenüber stets sehr großzügig zeigte und hohe Honorare zahlte, was dieser seinem angestammten Verleger Campe gelegentlich gerne vorhielt – wobei Cotta jedoch durch seine Herkunft und seine gesellschaftliche Position ganz andere Voraussetzungen hatte. Heines Verbindung zum Hause Cotta blieb auch über den Tod des Groß-Verlegers hinaus bestehen.

Cotta, Johann Georg, Freiherr von Cottendorf
(1796–1863)

Im Anschluß an ein abgebrochenes philologisches und rechtswissenschaftliches Studium und an eine diplomatische Karriere als württembergischer Legationsrat in Frankfurt und Wien trat Johann Georg Cotta 1821 in den väterlichen Verlag ein (ab 1824 war er Redakteur des *Morgenblatts*), nach dem Tod Johann Friedrich Cottas übernahm er 1832 dessen Geschäfte.

Er verwaltete die Güter und führte den Verlag, gründete zusätzlich eine Schriftgießerei und Stereotypieranstalt und erwarb weitere Verlagshäuser (Bibelanstalt, Göschen). Durch Verkauf aller Firmenzweige, die nicht unmittelbar mit dem Verlagswesen zu tun hatten, gelang ihm die Sanierung des mittlerweile verschuldeten Unternehmens. Auch wenn er politisch konservativer dachte als sein Vater und gegenüber Heine nicht so vorbehaltlos offen war wie dieser, hielt er die publizistische Verbindung zu ihm aufrecht. In Johann Georg Cottas Amtszeit fiel der größte Teil von Heines Paris-Berichterstattung für die *Allgemeine Zeitung*, insbesondere die 1840 begonnene, später überarbeitete und unter dem Gesamttitel *Lutezia* zusammengefaßte Artikelserie, aber auch Ärgernisse wie der Raubdruck einer Rückübersetzung der zuerst auf französisch erschienenen *Geständnisse* durch die *Allgemeine Zeitung* (1854).

DETMOLD, JOHANN HERMANN (1807–1856)

Der vielfältig begabte Jurist, Politiker, Zeichner und Kunstkritiker stammte aus Hannover, wo er sich nach einem in Heidelberg und Göttingen absolvierten Studium 1830 als Advokat niederließ. Er hatte Heine Mitte 1827 einige eigene literarische Versuche zugesandt, über die dieser sich lobend geäußert hatte, und seitdem standen sie miteinander in Briefkontakt. Als Heine im November 1827, auf dem Weg nach München, in Heidelberg Station machte, lernten die beiden sich auch persönlich kennen. Sie verbanden gemeinsame literarische Vorlieben und Sinn für Humor, wie er sich in Detmolds Karikaturen oder seiner satirischen *Anleitung zur Kunstkennerschaft oder Kunst in drei Stunden ein Kenner zu werden* (1834) äußerte. Als Detmold sich 1836/1837 in Paris aufhielt (seine Berichte über die Gemäldeausstellung im Salon von 1837 erschienen in Cottas *Morgenblatt*, durch Heines Vermittlung), befestigten sie ihre Freundschaft. Mehrfach leistete Detmold Heine publizistischen Beistand, etwa in der Auseinandersetzung mit Menzel oder im Pensionsstreit. Eine Anthologie zeitgenössischer deutscher Literatur, die sie 1837 gemeinsam planten, kam nicht zustande. Auf seiner ersten Deutschlandreise (1843) besuchte Heine ihn in Hannover. Politisch engagierte Detmold sich im hannoverschen Verfassungsstreit an der Seite des ebenfalls mit Heine befreundeten Rudolph Christiani, 1848 zog er als Abgeordneter ins Parlament in der Paulskirche ein (und brachte anschließend, gemeinsam mit dem Maler Adolf Schrödter, den populären Karikaturenzyklus *Die Thaten und Meinungen des Herrn Piepmeyer, Abgeordneten zur constituirenden Nationalversammlung* heraus); dort schloß er sich der äußersten Rechten und den Partikularisten um den Reichsverweser Erzherzog Johann von Österreich an und wurde schließlich sogar Minister. Obwohl er damit in scharfem Gegensatz zu den politischen Ansichten Heines stand, blieb ihr Verhältnis ungetrübt.

DÜMMLER, FRIEDRICH HEINRICH GEORG FERDINAND (1777–1846)

Der im thüringischen Batzendorf geborene Dümmler absolvierte eine Buchhändlerlehre in Leipzig, später leitete er eine Buchhandlung in Göttingen. Er nahm als Freiwilliger an den Befreiungskriegen teil; nach seiner Rückkehr aus französischer Gefangenschaft erwarb er 1815 in Berlin die von Julius Eduard Hitzig gegründete Buchhandlung und führte sie unter eigenem Namen weiter. In seinem Verlag, der u.a. die Schriften der Akademie der Wissenschaften herausbrachte, erschien 1823 – mit geringem Verkaufserfolg – Heines zweites Buch, *Tragödien, nebst einem lyrischen Intermezzo*. Als Heine ihm 1825 durch Moser sein neues Buch anbot, lehnte er ab. Kurz darauf erschien es als Teil I der *Reisebilder* bei Campe, der später mehrmals vergeblich versuchte, Dümmler die Restauflage der *Tragödien* abzukaufen. Erst mit dessen Nachfolger kam es 1850 zu einer Einigung, und das Verlagsrecht ging an Campe über.

DUFF-GORDON, LUCIE, LADY, GEB. AUSTIN (1821–1869)

»Ich lernte Heine vor mehr als zwanzig Jahren in Boulogne kennen; ich war noch ein Kind von elf oder zwölf Jahren und saß neben ihm an der Table d'hôte. [...] Er war ein oder zwei Monate in Boulogne und ich sah ihn noch oft. Immer aber erinnerte ich mich mit großer Zärtlichkeit des Dichters, der mir so schöne Geschichten erzählte und so freundlich zu mir war, jedem anderen gegenüber aber so sarkastisch.«[5] Das junge Mädchen war damals, im Sommer 1834, mit seiner Mutter, der Schriftstellerin und Übersetzerin Sarah Austin (1793–1867; sie übertrug u.a. Pückler und Ranke ins Englische), im Badeort Boulogne-sur-mer, den auch Heine oft besuchte. Die mit Heine befreundete Deutschland-Kennerin Sarah Austin, die seit einem längeren Aufenthalt in Bonn auch mit Schlegel bekannt war, übersetzte 1841 Auszüge aus Heines *Harzreise*. Ihre Tochter, die Sir Alexander Duff-Gordon (1811–1872), den englischen Übersetzer von Karl August Varnhagen von Ense, heiratete, war mit John Stuart Mill und Charles

---

5 Werner / Houben I, 278.

Dickens befreundet und wurde eine bekannte Reiseschriftstellerin. 1852 und 1855 besuchte Lucie Duff-Gordon Heine an seinem Pariser Krankenlager, wo sie ihm vorlas (u.a. eine eigene Übersetzung eines seiner Gedichte). Die heiteren Billetts, die Heine ihr schrieb, erinnern im Ton an seine zur selben Zeit entstandenen Briefe an Elise Krinitz (»die Mouche«).

DUMAS, ALEXANDRE (1802–1870)

Den berühmten Dramatiker und ungemein produktiven Romancier (er schuf über zweihundert Romane) lernte Heine im Mai 1834 kennen; seitdem pflegten sie stets freundschaftlichen Kontakt und geselligen Umgang in den Pariser Salons. Während Dumas heutzutage vor allem für Abenteuerromane wie *Die Drei Musketiere* oder *Der Graf von Monte-Christo* bekannt ist, schätzte Heine ihn zunächst vor allem als Dramatiker: »Das Theater ist sein wahrer Beruf. Er ist ein geborener Bühnendichter« (DHA XII, 260), schrieb er 1837 in seiner Artikelserie *Über die französische Bühne*. Heine veröffentlichte in Dumas' Zeitschrift *Le Mousquetaire* und ließ sich auf dem Krankenlager gerne aus dessen Romanen vorlesen. Dumas gehörte zu den wenigen Trauergästen bei Heines Beerdigung am 20. Februar 1856.

EMBDEN, ANNA CATARINA (GEB. 1829)

»Sie ist mein Herzblatt« (HSA XXIII, 105), schrieb Heine 1851 über seine Nichte, das dritte der fünf Kinder seiner Schwester Charlotte. Anna Embden wurde in Hamburg geboren und hatte offenbar eine ähnliche satirische Ader wie ihr Onkel. Davon zeugen die launigen Briefe, die er von seiner »muthwilligen Nichte, die nichts als Schelmstücke im Kopf hat« (HSA XVI, 303), bekam. So schrieb sie ihm, als sie sich 1851 für einige Zeit bei Gustav Heine in Wien aufhielt, über ihren Umgang mit dem (Heine nicht besonders wohlgesinnten) Schriftsteller Moritz Saphir: »In Baden schenkte er mir ein Lebkuchenherz mit rothem Ueberguß; Später fragte Saphir mich, ob ich sein Herz noch besäße, ich erwiederte ihm es sei mir zu alt geworden und schon ganz vertrocknet, weshalb ich es meinem Onkel dem großen Heinrich Heine nach Paris geschickt hätte der es in Jamben oder Trochäen besingen würde.« (ebd., 304) Nicht nur in Briefen gab sie Kostproben ihres satirischen Talents, Heines Schwester Charlotte berichtete 1853: »Die liebe Mutter […] hat ein Büchelchen worin sie anschreibt, wenn sie Stuhlgang gehabt hat, Anna weiß es immer aufzufinden, und schreibt ihr dem Inhalt gemäß, ein Verschen darin. Das Lachen nimmt kein Ende, wenn Mutter es findet, sie ist unerschöpflich in derartigen

Verse.« (HSA XXVII, 137f.) Heine schenkte Anna Embden 1844 eine Abschrift seines Gedichts »Ein Fichtenbaum steht einsam«, seine Hoffnung auf einen Besuch von ihr an seinem Krankenlager erfüllte sich nicht mehr.

EMBDEN, CHARLOTTE (SARA), GEB. HEINE
(1800 [1802?]–1899)

Heines Schwester wurde in Düsseldorf geboren und stand ihm von allen Geschwistern am nächsten. Sie war ihm in der gesamten Familie die engste Vertraute, und die vielen zärtlichen, liebevollen Briefe, die er an sie richtete, belegen die Wahrhaftigkeit seines Bekenntnisses, daß Charlotte »unsäglich von mir geliebt wird, daß ich ihr mit zärtlichen Gefühlen, wie sie bey Brüdern selten sind, zugethan bin« (HSA XX, 417). 1820 verließ sie Düsseldorf mit ihrer Mutter und zog, wie die gesamte Familie, über Hamburg und Oldesloe 1822 nach Lüneburg. 1823 heiratete sie den Kaufmann Moritz Embden, mit dem sie fortan in Hamburg lebte und mit dem sie fünf Kinder hatte. Ihr herzlicher Briefwechsel mit ihrem Bruder, der durchsetzt ist mit Familienanekdoten, Witzeleien und Wortspielen, riß nie ab. In den Jahren der Krankheit versorgte sie ihn mit Büchern aus Hamburger Leihbibliotheken, und er zog sie über seinen wahren Gesundheitszustand, den er der Mutter vorenthalten wollte, ins Vertrauen. Zu seiner großen Freude besuchte sie ihn 1855, kurz vor seinem Tod, zum ersten und einzigen Male in Paris. Heine schrieb 1824 für seine Schwester das Gedicht »Mein Kind, wir waren Kinder« (veröffentlicht 1826 im *Heimkehr*-Zyklus in Band I *Reisebilder* und 1827 im *Buch der Lieder*), dem Gedichtzyklus *Neuer Frühling* stellte er 1831 beim Abdruck in der zweiten Auflage des zweiten *Reisebilder*-Bandes die Bemerkung voran: »Seiner Schwester, Charlotte Emden, geb. Heine, widmet diesen neuen Frühling artig und liebevoll der Verfasser.« (DHA II, 341) Charlotte Heine, die musikalisch begabt war und in ihrer Jugend Gesangsunterricht bei dem Düsseldorfer Musikdirektor August Friedrich Burgmüller gehabt hatte, schrieb nach dem Tod ihres Bruders ihre anekdotischen Erinnerungen an ihn nieder. Sie blieben ungedruckt, flossen aber in das erste der beiden Heine-Bücher ihrer Tochter Maria[6] ein. Zu den Sternstunden ihres langen Lebens gehörte 1887 der Besuch der österreichischen Kaiserin Elisabeth, die eigens nach Hamburg gereist war, um mit der Schwester des von ihr verehrten Dichters zu sprechen.

---

6   Maria Embden-Heine, Prinzessin della Rocca: *Erinnerungen an Heinrich Heine von seiner Nichte*. Hamburg 1881.

EMBDEN, MORITZ (1790–1866)

Moritz Embden wurde in Hamburg geboren, war dort als Kaufmann tätig und heiratete 1823 Heines Schwester Charlotte. Die Familien Embden und Heine waren zuvor bereits miteinander verbunden, denn eine Schwester Moritz Embdens war mit Henry Heine (einem Bruder von Heines Vater Samson) verheiratet. Embden dilettierte auch als Dichter, einige seiner offenbar wenig anspruchsvollen Produktionen erschienen in einer Hamburger Zeitschrift.[7] »Wir beide unterscheiden uns darinn daß bey ihm, in seinem Kopfe, die Schrauben zu fest geschraubt sind, u daß sie bey mir zu lose geschraubt sind« (HSA XX, 118), schrieb Heine über ihn, und trotz guter Vorsätze zerstritt er sich bald mit seinem Schwager, was zwischenzeitlich sogar zum Zerwürfnis mit Charlotte führte. Das Verhältnis zu ihr war jedoch zu eng, als daß es dadurch dauerhaft getrübt werden konnte.

FOUQUÉ, FRIEDRICH HEINRICH CARL BARON DE LA MOTTE (1777–1843)

Der in Brandenburg (Havel) geborene Dichter, der einer Hugenottenfamilie entstammte, gilt als der Hauptvertreter der sogenannten Zauber- und Ritterromantik. Seine größten Erfolge feierte er mit der Märchennovelle *Undine* (1811) und dem Roman *Der Zauberring* (1813). In seiner Jugend war Heine ein begeisterter Leser Fouqués, und in seiner frühen Lyrik ist dessen Einfluß deutlich spürbar. In Berlin, wo Fouqué als Mitglied verschiedener literarischer Zirkel und als Herausgeber von Zeitschriften und Almanachen eine wichtige Rolle im Literaturbetrieb spielte, lernte Heine ihn 1821 – vermutlich im Varnhagenschen Salon – kennen. Fouqué widmete ihm das teils lobende, teils mahnende Gedicht »An H. Heine«. Den restaurativen Charakter von Fouqués aktuellen Dichtungen, insbesondere seinen Mittelalterkult, lehnte Heine schon als Student ab; im zweiten Buch seiner *Romantischen Schule* (1836) würdigte er denn auch vor allem Fouqués frühes Werk und kritisierte dagegen sein späteres Schaffen, das stereotyp an seine gewohnte Schreibweise anknüpfte, um so heftiger. Nach der Berliner Zeit gab es keinen weiteren Kontakt mehr zwischen Heine und Fouqué.

---

7 Vgl. Joseph A. Kruse: *Heines Hamburger Zeit*. Hamburg 1972, S. 72.

Friedländer, Amalie, geb. Heine (1799–1838)

Heines Cousine, die zweitjüngste der vier Töchter seines Onkels Salomon Heine, stammte aus Hamburg. Heine lernte sie 1814 kennen, als sie mit ihrem Vater zu Besuch nach Düsseldorf kam. Sie war Harry Heines Jugendliebe, allerdings erwiderte sie seine Gefühle nicht, worunter der junge Dichter während seiner kaufmännischen Ausbildung bei Onkel Salomon in Hamburg (1816–1819) sehr litt. »Aber mein letzter Wunsch ist immer: Sie recht glücklich zu wissen« (HSA XX, 23), schrieb er 1817 in ihr Album. 1821 heiratete Amalie Heine standesgemäß den vermögenden Gutsbesitzer Jonathan Friedländer (1793–1863) aus Königsberg, mit dem sie zwei Töchter hatte. Zur letzten Begegnung zwischen ihr und Heine kam es 1827, als sie zusammen mit ihrem Mann zu Besuch in Hamburg war. Heine, der gerade aus England zurückgekommen war, schrieb am 19. Oktober 1827 an Varnhagen: »Ich bin im Begriff diesen Morgen eine dicke Frau zu besuchen, die ich in 11 Jahren nicht gesehen habe, und der man nachsagt ich sey einst verliebt in sie gewesen. Sie heißt Me Friedländer aus Königsberg, so zu sagen eine Cousine von mir. Den Gatten ihrer Wahl hab ich schon gestern gesehen, zum Vorgeschmack. Die gute Frau hat sich sehr geeilt und ist gestern just an dem Tage angelangt, wo auch die neue Ausgabe meiner ›jungen Leiden‹ von Hoffmann & Campe ausgegeben worden ist. – Die Welt ist dum und fade und unerquicklich und riecht nach vertrockneten Veilchen.« (S. 185 f.)

Gans, Eduard (1797 [1798?]–1839)

Der in Berlin geborene Jurist Eduard Gans, der in Berlin, Göttingen und Heidelberg studiert hatte, war der Präsident des »Vereins für Cultur und Wissenschaft der Juden«. Heine lernte ihn im Varnhagenschen Salon kennen und wurde von ihm in den »Verein« eingeführt. Als überzeugter Hegelianer – er wurde später Mitherausgeber der ersten Hegel-Gesamtausgabe – war der Liberale Gans der profilierteste Gegner Savignys und der von ihm vertretenen konservativen Historischen Rechtsschule. Er kämpfte, wie Heine schrieb, »zermalmend gegen jene Lakayen des altrömischen Rechts, welche [...] damit beschäftigt sind, die hinterlassene Garderobe derselben auszustäuben, von Motten zu säubern, oder gar zu modernem Gebrauche zurechtzuflicken. Gans fuchtelte solchem Servilismus selbst in seiner elegantesten Livree. Wie wimmerte unter seinen Fußtritten die arme Seele des Herrn von Savigny!« (DHA XIV, 269) Gans war der führende Rechtshistoriker seiner Zeit und als brillanter Redner bekannt, mußte sich aber erst taufen lassen (1825), bevor seine glänzende akademische Laufbahn beginnen konnte. 1831 wurde er Dekan der Berliner juristischen Fakultät. Heines Freundschaft zu Gans, mit dem er bei all seinen Aufenthalten in Berlin umging, war nicht spannungsfrei, vor allem Gans' Taufe kritisierte er heftig, und das kurze Porträt, das er ihm in *Ludwig Marcus. Denkworte* (1844, überarbeitet 1854) widmete, fiel, bei aller Würdigung seiner wissenschaftlichen und politischen Verdienste, eher kritisch aus.

GELDERN, PEIRA (BETTY) VAN s. Heine, Betty

GOETHE, JOHANN WOLFGANG VON (1749–1832)

»Das Prinzip der Goetheschen Zeit, die Kunstidee, entweicht, eine neue Zeit mit einem neuen Prinzipe steigt auf, und […] sie beginnt mit Insurrekzion gegen Goethe. Vielleicht fühlt Goethe selbst, daß die schöne objektive Welt, die er durch Wort und Beyspiel gestiftet hat, nothwendiger Weise zusammensinkt, so wie die Kunstidee allmählich ihre Herrschaft verliert, und daß neue, frische Geister von der neuen Idee der neuen Zeit hervorgetrieben werden und gleich nordischen Barbaren, die in den Süden einbrechen, das zivilisierte Goethenthum über den Haufen werfen und an dessen Stelle das Reich der wildesten Subjektivität begründen.« (DHA X, 247) Bei dieser »Insurrekzion«, die er 1828 in seiner programmatischen Rezension von Wolfgang Menzels *Die deutsche Literatur* beschrieb, spielte auch der junge Heine seine Rolle. Die »im subjektivsten Styl« (HSA XX, 197) geschriebene *Harzreise* verstieß ebenso gegen die ästhetischen Normen der »Kunstperiode« wie viele seiner Gedichte aus dem *Lyrischen Intermezzo* und der *Heimkehr*. Er kritisierte die politische Indifferenz Goethes, die »Kunstbehaglichkeit des großen Zeitablehnungsgenies, der sich selbst letzter Zweck ist« (HSA XX, 389), und beklagte »das Kunstwesen, das durch ihn in Deutschland verbreitet wurde, das einen quietisierenden Einfluß auf die deutsche Jugend ausübte, das einer politischen Regeneration unseres Vaterlandes entgegenwirkte« (DHA VIII, 155 f.). Seine Kritik an dem Weimarer »Kunstgreis« (DHA II, 111) war allerdings weitaus moderater als die Wolfgang Menzels, Ludwig Börnes und anderer erklärter Goethe-Gegner, die seit Beginn der zwanziger Jahre immer zahlreicher und lautstärker auftraten. Zudem zielte sie weniger auf Goethes Werk, sondern vor allem »auf Goethesche Formen, wie wir sie bei der blöden Jüngerschaar nachgekneeted finden, und auf das matte Nachpiepsen jener

Weisen, die der Alte gepfiffen. Eben die Freude, die dem Alten jenes Nachkneten und Nachpiepsen gewährt, erregte unsere Klage.« (DHA X, 248) Seinem Freund Varnhagen, der ihm, wie auch dessen Frau Rahel, stets die Beschäftigung mit Goethe ans Herz legte, erläuterte er seine differenzierte Position: »Wo denken Sie hin, lieber Varnhagen, Ich, Ich gegen Göthe schreiben! Wenn die Stern am Himmel mir feindlich werden, darf ich sie deßhalb schon für bloße Irrlichter erklären? Ueberhaupt ist es Dummheit gegen Männer zu sprechen, die w i r k l i c h groß sind, selbst wenn man Wahres sagen könnte. Der jetzige Gegensatz der Göthischen Denkweise, nemlich die deutsche Nazionalbeschränktheit und der seichte Pietismus sind mir ja am fatalsten. Deßhalb muß ich bey dem großen Heiden aushalten, quand même – [...] Gehöre ich auch zu den Unzufriedenen, so werde ich doch nie zu den Rebellen übergehen.« (S. 187f.) Im ersten Buch der *Romantischen Schule* (1836) beschrieb Heine später kritisch den Streit um Goethe, beleuchtete seine Bedeutung für die aktuelle deutsche Literatur und würdigte seine literaturgeschichtliche Stellung, indem er vor allem den Liederdichter und den Schöpfer des *West-östlichen Divan* rühmte, in dessen heiterer Sinnlichkeit Heine ein entscheidendes emanzipatorisches Element sah, das sich mit seiner eigenen revolutionären Interpretation der deutschen Geistesgeschichte deckte, die er in *Zur Geschichte der Religion und Philosophie in Deutschland* entfaltet hatte. In seinen Werken hat Heine sich kontinuierlich produktiv mit Goethe auseinandergesetzt, und vom *Lyrischen Intermezzo* bis zum *Romanzero*, von der *Harzreise* bis zum Ballettszenario *Der Doktor Faust* und den *Geständnissen* stecken sie voller direkter oder indirekter Bezüge zu Goethe. Am 2. Oktober 1824 war der dreiundzwanzigjährige Verfasser der *Gedichte* und der *Tragödien, nebst einem lyrischen Intermezzo*, der auf seiner Wanderung durch den Harz in Weimar Station machte, von dem fünfundsiebzigjährigen Goethe empfangen worden, dessen großes Lebenswerk zu dem Zeitpunkt bis auf den zweiten Teil des *Faust* abgeschlossen war. Goethe selbst notierte in seinem Tagebuch damals lediglich »Heine von Göttingen«[8]. Zu Heines Werken hat er sich niemals geäußert, er hat sie offensichtlich nicht gekannt. Auf Heine aber hat die Begegnung wie ein Katalysator gewirkt und, wie sich in den nachfolgenden Briefen an Moser und Christiani zeigte, zu intensivem Nachdenken über seine eigene Rolle als Dichter geführt. »Ich will [...] nur Ihre Hand küssen und wieder fortgehen« (S. 130), schrieb Heine am 1. Ok-

---

[8] Werner / Houben I, S. 296.

tober 1824 an Goethe, und nachdem er am folgenden Tag empfangen worden war, hat er im übertragenen Sinne genau das getan: Er hat ihm, auf seine Weise, »die Hand geküßt«, ihn als Repräsentanten der klassischen »Kunstperiode« gewürdigt, aber er ist auch »fortgegangen«, auf seinem eigenen Weg. Sozusagen »im Fortgehen von Goethe« entstand die *Harzreise*, mit der Heine seinen *Reisebilder*-Stil fand, der eine ganze nachfolgende Dichtergeneration prägen sollte und ihn zu einem der ersten Repräsentanten der Moderne in Deutschland machte.

GUBITZ, FRIEDRICH WILHELM (1786–1870)

Als Holzschneider machte sich der in Leipzig geborene und in ärmlichen Verhältnissen aufgewachsene Gubitz in seiner Jugend einen Namen, und nach einem Theologiestudium in Wittenberg und Jena wurde er als Neunzehnjähriger zum ordentlichen Mitglied der Berliner Akademie der Künste ernannt. Dort war er zudem publizistisch tätig, schrieb Dramen und Theaterkritiken und wirkte lange Jahre als Herausgeber verschiedener Zeitschriften, u. a. des angesehenen Journals *Der Gesellschafter oder Blätter für Geist und Herz*. In seinen Memoiren schrieb er: »An einem Tage des zweiten Vierteljahrs 1821 stand ein junger Mann vor mir, fragend: ob ich Gedichte von ihm aufnehmen wolle, und ich empfing schön geschrieben: ›Poetische Ausstellungen‹. Da ich ehemals die […] Gewohnheit hatte, Fremde, die ihren Namen im Gespräch nicht voranschickten, danach unbefragt zu lassen, sah ich nach der Unterschrift und las: ›H. Heine‹. Auf meinen Wink hatte er sich gesetzt, und da er das Wenden der Handschrift bemerkte, sagte er: ›Ich bin Ihnen völlig unbekannt, will aber durch Sie bekannt werden.‹«9 Der Gedichtzyklus *Poetische Ausstellungen* bildete den Auftakt zu einer Vielzahl von Publikationen Heines im *Gesellschafter*, den er später ironisch »die Wiege meines Ruhms« (S. 161) nannte – nicht zu Unrecht, denn viele Gedichte, Auszüge aus seinem ersten Drama, *Almansor*, sowie der Reisebericht *Ueber Polen* und die *Harzreise* erschienen dort zum erstenmal. Die abmildernden Eingriffe in den Text der *Harzreise*, für die Heine Gubitz verantwortlich machte (der wiederum dem Zensor die Schuld gab), veranlaßten Heine schließlich, nicht mehr im *Gesellschafter* zu publizieren.

---

9 Friedrich Wilhelm Gubitz: *Erlebnisse. Nach Erinnerungen und Aufzeichnungen*. Berlin 1868. Bd. 2, S. 260.

Guizot, François Pierre Guillaume (1787–1874)

Der in Nîmes geborene Guizot war nach einem rechtswissenschaftlichen Studium in Paris zunächst als Schriftsteller und Historiker hervorgetreten, 1812 wurde er zum Professor ernannt. Seine politische Karriere war eng verbunden mit dem Aufstieg und Fall des »Bürgerkönigs« Louis Philippe, dem er seit der Julirevolution von 1830 bis zum Sturz des Königs 1848 in verschiedenen Kabinettsämtern diente. Er war Gesandter in London, Unterrichts-, Innen- und Außenminister und von September 1847 bis zur Februarrevolution 1848 Ministerpräsident. Der politische Zweikampf zwischen Guizot und Thiers während der Julimonarchie war ein zentrales Thema von Heines Frankreich-Berichten, in denen er ein insgesamt recht kritisches Bild des liberal-konservativen Politikers zeichnete. Anders als mit Thiers hatte Heine mit Guizot, den er 1834 kennengelernt hatte, keinen engeren persönlichen Umgang. 1854 schrieb er über sein Verhältnis zu beiden: »Was mich betrifft, so hatte ich [...] die ausgezeichneten Verdienste Guizots immer erkannt und begriffen, und meine Schriften zeugen von meiner frühen Verehrung des weltberühmten Mannes. Ich liebte mehr seinen Nebenbuhler Thiers, aber nur seiner Persönlichkeit wegen, nicht ob seiner Geistesrichtung, die eine borniert nationale ist, so daß er fast ein französischer Altdeutscher zu nennen wäre, während Guizots kosmopolitische Anschauungsweise meiner eigenen Denkungsart näher stand.« (DHA XIV, 78) Heine übersandte Guizot, der Deutsch konnte, 1854 seine *Vermischten Schriften* und später auch die französische Version von *Lutezia*.

Gutzkow, Karl (1811–1878)

Nach einem Theologiestudium, das er in seiner Geburtsstadt Berlin absolvierte, machte sich Karl Gutzkow zunächst als Literaturkritiker einen Namen. Sein Förderer Wolfgang Menzel holte ihn als Mitarbeiter des einflußreichen *Literaturblatts*, der Beilage zum Cottaschen *Morgenblatt für gebildete Stände*, nach Stuttgart. Bald aber machten auch seine Romane *Briefe eines Narren an eine Närrin* (1832 anonym bei Hoffmann und Campe erschienen) und *Wally, die Zweiflerin* (1835) von sich reden – letzterer allerdings mehr, als ihm lieb sein konnte, denn Menzel, der sich inzwischen mit Gutzkow überworfen hatte, denunzierte ihn als »gotteslästerlich« und »sittenverderbend«, was Gutzkow eine zweieinhalbmonatige Haftstrafe eintrug und den Anstoß zum Verbot der Schriften des Jungen Deutschland gab. Mit den anderen verbotenen Autoren Laube, Mundt, Wienbarg und Heine fühlte Gutzkow sich nicht verbunden, im Gegenteil: »Es sind meine

Freunde nicht, es sind Rivale«[10], notierte er, und diese Haltung bestimmte sein Vorgehen gegenüber Heine, wenn auch zunächst verdeckt. Als Gutzkow 1838 nach Hamburg kam, um die Redaktion der bei Hoffmann und Campe erscheinenden Zeitschrift *Telegraph für Deutschland* zu übernehmen, entstand die für Heine ungünstige Konstellation, daß ein literaturpolitischer Gegner in »seinem« Verlag saß und Zugang zu den von ihm eingesandten Manuskripten hatte. Jedenfalls sollte Heine, der Campe zunächst dazu gratuliert hatte, mit Gutzkow den »besten Journalisten« und »das größte Talent, das sich seit der Juliusrevoluzion aufgethan«, gewonnen zu haben, sich irren, als er hinzufügte: »der wird mir noch viele Freude machen« (HSA XXI, 242). Denn vor allem Gutzkows Bedenken waren es, die Campe bewogen, die Sammlung von Heines in Paris entstandenen Gedichten, die unter dem Titel *Nachtrag zum Buch der Lieder* erscheinen sollte und deren satzfertiges Manuskript 1838 in Hamburg lag, doch nicht zu drucken. In seinem Brief vom 6. August 1838 riet Gutzkow Heine selbst von der Publikation ab, im Ton scheinbar kollegial, in der Sache aber auf der Linie der Ablehnungsfront gegen den »frivolen Heine« und seine erotisch-emanzipatorische Lyrik: »Dichter der Reisebilder, man hat Dir viele Sünden vergeben, weil es Dornen an Rosen waren; aber diese neuen, Heine, die nur Dornen sind, vergiebt man Ihnen nicht! Für ›den ungezogenen Liebling der Grazien‹ giebt es auch eine Gränze, und diese haben Sie in jener Gesangsmanier längst überschritten. […] Wer hat in England, in Frankreich dergleichen zum Jocus der Commis herausgegeben, Gedichte, die man sich vorliest in Tabacksqualm, bei ausgezogenen Röcken, in einem gemietheten Zimmer, unter leeren Flaschen, die auf dem Tische stehen! […] Durch diesen Nachtrag ruiniren Sie Ihre Stellung so, daß selbst Ihre Freunde die Feder niederlegen und sich bescheiden müssen. Geben Sie das Buch auf!« (HSA XXV, 158) Der Brief an Gutzkow vom 23. August 1838 (Nr. 98) war die souveräne Antwort Heines. Gutzkow schlug Heine zudem vor, seinen ursprünglich als Nachrede zu der nun verhinderten Gedichtsammlung gedachten *Schwabenspiegel* statt dessen im *Jahrbuch der Literatur* abdrucken zu lassen, das er selbst gerade bei Hoffmann und Campe herausgab. Heine überließ Gutzkow daraufhin den u.a. gegen Menzel gerichteten Text. Er erschien jedoch – ohne daß er

---

[10] Karl Gutzkow: Vergangenheit und Gegenwart. 1830–1838. In: *Jahrbuch der Literatur. Erster Jahrgang 1839.* Hamburg 1838 [mit der Jahreszahl 1839], S. 1–110. Hier: S. 74.

vorher darüber informiert wurde – stark zensiert, so daß Heine sich in einer öffentlichen Erklärung von diesem Abdruck distanzierte. Als Gutzkow sich anschließend in seinem Artikel *Herr Heine und sein Schwabenspiegel* im Campeschen *Telegraphen* ausgesprochen abfällig über den doch von ihm selbst eingeworbenen Beitrag äußerte – und dabei sogar einige von der Zensur gestrichene Stellen aus dem ihm vorliegenden, unzensierten Manuskript Heines zitierte –, waren die Fronten klar, und Heine reagierte mit seiner bis dahin ausführlichsten öffentlichen Stellungnahme: *Schriftstellernöthen. Offener Brief des Dr. Heine an Herren Julius Campe, Inhaber der Hoffmann und Campeschen Buchhandlung zu Hamburg* (abgedruckt in der *Zeitung für die elegante Welt*). Sie richtete sich weniger gegen seinen Verleger als vielmehr gegen Gutzkow. Dennoch war das Vertrauensverhältnis zwischen Heine und Campe danach für lange Zeit beschädigt und konnte erst bei Heines Besuch in Hamburg 1843 ganz wiederhergestellt werden. Die verlagsinterne Konkurrenzsituation zwischen Gutzkow und Heine spitzte sich weiter zu, als Heine 1840 seine kritische Denkschrift *Ludwig Börne* herausbrachte und Gutzkow seinerseits eine apologetische Biographie Börnes vorlegte. In der Folgezeit griff Gutzkow Heine mehrfach polemisch an und stand nun in einer Reihe mit den Anhängern Börnes und anderen Heine-Gegnern aus dem liberalen Lager, deren Vorwürfe (»Frivolität«, »Immoralität«, »Charakterlosigkeit«) denen der national-konservativen, vom gemeinsamen Gegner Menzel angeführten Seite erstaunlich ähnelten. Heine begann zwar, eine Erwiderung zu schreiben, zur Veröffentlichung seiner geplanten »Gutzkowyade« (HSA XXI, 331) kam es jedoch nicht. Begegnet sind sich die beiden nie, bei seinem Paris-Aufenthalt 1842 ging Gutzkow Heine aus dem Weg. Gutzkow, der sich auch mit Laube, Görres und den Junghegelianern polemische Fehden lieferte und sich literaturpolitisch immer stärker isolierte, trat später vor allem mit den monumental angelegten Romanen *Die Ritter vom Geiste* (9 Bände, 1851/52) und *Der Zauberer von Rom* (9 Bände, 1858–1861) sowie als Herausgeber der weitverbreiteten Zeitschrift *Unterhaltungen am häuslichen Herd* hervor.

HEGEL, GEORG WILHELM FRIEDRICH (1770–1831)

Der nach Heines Ansicht »größte Philosoph, den Deutschland seit Leibnitz erzeugt hat« (DHA VIII, 113), war 1818, als Nachfolger Fichtes, an die Berliner Universität berufen worden, nachdem er zuvor Professor in Jena und Heidelberg gewesen war. Als Heine nach Berlin kam, lagen von Hegels Hauptwerken die *Phänomenologie des Geistes*, die *Wissenschaft der Lo-*

gik und die *Enzyklopädie der philosophischen Wissenschaften* vor. Die *Grundlinien der Philosophie des Rechts* waren soeben erschienen, und er hatte unter den Studenten wie in der Berliner Gesellschaft viele Anhänger. Heine spottete darüber, »wie in der gelehrten Caravanserai zu Berlin die Kameele sich sammeln um den Brunnen hegelscher Weisheit, davor niederknien, sich die kostbaren Schläuche aufladen lassen, und damit weiterziehen durch die Märkische Sandwüste« (DHA VII, 161), aber auch für ihn wurde die Begegnung mit der Hegelschen Philosophie zu einem wichtigen Element seiner geistigen Entwicklung. Er traf mit Hegel im Varnhagenschen Salon zusammen und hörte, wie in seinem Zeugnis bescheinigt wurde, seine Vorlesung *Philosophie der Geschichte*. Die kritische Auseinandersetzung mit der Geschichtsphilosophie Hegels, die bereits in Heines 1822 entstandenen Reisebericht *Ueber Polen* erste Spuren hinterlassen hat, spielte in seinem späteren Werk eine große Rolle. Die Dialektik von Gedanke und Tat faszinierte ihn ebenso wie Hegels Vorstellung von der Geschichte als Emanzipationsprozeß. Dem Gedanken von der teleologischen Notwendigkeit, mit der sich der Fortschritt – auch über die Schicksale der Individuen hinweg – vollziehe, stand er allerdings stets skeptisch gegenüber, und Hegels »allgemeinem« Freiheitsbegriff hielt er den von der Freiheit des Subjekts entgegen. Diesen Standpunkt behielt Heine konsequent bei, von den Briefen an Moser – der, wie die meisten Freunde im »Verein für Cultur und Wissenschaft der Juden«, überzeugter Hegelianer war – bis zu dem 1855 entstandenen Gedicht »Beine hat uns zwey gegeben«.

HEINE, AMALIE s. Friedländer, Amalie

HEINE, BETTY (PEIRA), GEB. VAN GELDERN
(1771–1859)

Die Mutter Harry Heines wurde in Düsseldorf geboren und kam aus einer angesehenen, schon lange in der Stadt ansässigen Familie von Ärzten und Hoffaktoren. Sie legte später ihren jüdischen Namen Peira ab und nannte sich Betty – ein Indiz dafür, daß ihr Glaube nicht orthodox war. Sie war offenbar eine energische, lebenskluge Frau, und es ist wohl vor allem ihren beharrlichen Bemühungen zu verdanken, daß sie und Samson Heine 1796 die Heiratserlaubnis erhielten, die alle jüdischen Paare in Düsseldorf beantragen mußten. Im Geschäft ihres Mannes scheint sie nicht mitgearbeitet zu haben, in der Erziehung ihrer vier Kinder sah sie ihre Lebensaufgabe. Von Hause aus gebildet, unterrichtete sie sie teilweise selbst. 1820, nach dem Zusammenbruch von Samson Heines Geschäft, zog sie mit der Familie zunächst nach Hamburg und Oldesloe, 1822 nach Lüneburg. 1828 ließen sie sich in Hamburg nieder. Nach dem Tod ihres Mannes wurde sie von Salomon Heine unterstützt. Nachdem Heine nach Paris übergesiedelt war, sah er seine Mutter nur noch bei seinen beiden Besuchen in Hamburg (1843 und 1844), nach Paris reiste Betty Heine nie. Heine sprach stets ebenso respekt- wie liebevoll von ihr. Er widmete ihr zwei Sonette unter dem Titel »An meine Mutter, B. Heine, geborne v. Geldern« (1821 in den *Gedichten* publiziert, 1827 ins *Buch der Lieder* aufgenommen), seine berühmtesten literarischen Denkmale für Betty Heine sind die »Nachtgedanken« (1843) und Caput XX seines Versepos *Deutschland. Ein Wintermärchen*.

HEINE, CARL (1810–1865)

Mit Heines Vetter Carl, dem jüngsten der sechs Kinder von Salomon Heine in Hamburg, verbindet sich vor allem der 1844, mit dem Tode Salomons, begonnene Pensionsstreit, der Heines letzte Lebensjahre zu einem großen Teil überschattete und die Beziehung zu seiner Hamburger Verwandtschaft auf Dauer beschädigte. Zuvor hatten die beiden ein recht freundschaftliches Verhältnis zueinander, davon zeugen insbesondere die vertraulichen Briefe, in denen Carl sich bei seinem Vetter in Paris nach dessen Meinung über Cécile Furtado erkundigte, die später seine Frau werden sollte. Auch bei den Paris-Besuchen Carls – der dort stets auf großem Fuß lebte – und bei den beiden Besuchen Heines in Hamburg (1843 und 1844) war ihre Beziehung ungetrübt. Als Salomon Heine 1844 starb, erbte Carl den größten Teil des Millionenvermögens und übernahm die Leitung des väterlichen Geschäfts. Danach zeigte er sich Heine gegenüber hartherzig und überheblich.

HEINE, CÉCILE, GEB. FURTADO (1820–1898)

Cécile Furtado entstammte einer reichen Pariser Bankiersfamilie. Heine war der damals Fünfzehnjährigen 1835 im Sommerurlaub in Boulogne-sur-mer erstmals begegnet, mit ihrer Familie hatte er bereits zuvor Umgang. Sein Vetter Carl hatte Cécile schon früher kennengelernt und offenbar von Anfang an ein Auge auf sie geworfen – wobei der Reichtum ihrer Familie gewiß auch eine Rolle spielte. In einem recht eigenartigen Brief erkundigte er sich im Oktober 1835 bei Heine nach dessen Eindruck von ihr und bat ihn darum, ihm »recht ausführlich über ihr Äußeres« zu schreiben, da er »als guter Epicuräer [...] viel auf Schönheit und hübschen Körper, gepaart mit guten Eigenschaften des Herzens und Geistes« halte, und er gestand ihm »als Freund daß ich früher daran dachte, vielleicht wäre dieß Mädchen später etwas für dich« (HSA XXIV, 349). Am Ende beschloß er aber, daß sie doch etwas für ihn selbst sei, und 1838 heiratete er sie. Heine stand mit Cécile – die ihn als Dichter hochschätzte und sich ein Autograph von ihm erbat – in sporadischem, aber sehr freundschaftlichem Briefverkehr, bei den Paris-Aufenthalten des Paares sahen sie sich ebenso wie bei den Hamburg-Besuchen Heines. Später scheint sich das Verhältnis verschlechtert zu haben, jedenfalls vermutete Heine, daß Intrigen Céciles der Grund dafür waren, daß Salomon Heine die ihm zuvor gewährte Pension in seinem Testament nicht mehr erwähnte.

HEINE, CHARLOTTE s. Embden, Charlotte

HEINE, GUSTAV (GOTTSCHALK) (1804 [1805?]–1886)

Als drittes Kind von Betty und Samson Heine wurde Heines Bruder in Düsseldorf geboren. Er besuchte das dortige Lyzeum und absolvierte eine Ausbildung in der Landwirtschaft, jedoch ohne Erfolg. In Hamburg eröffnete er 1825 ein »Speditions- und Produktengeschäft«, das vier Jahre später wieder aufgelöst wurde. Bald darauf ging er nach Österreich zum Militär, wo er den Rang eines Dragoneroffiziers erreichte. Er heiratete Emilie (Emma) Kaan von Albest (1822–1859), die Tochter eines Wiener Industriellen – aus der Ehe gingen fünf Kinder hervor –, wurde Eigner des Wiener *Fremdenblatts* und kam zu einigem Vermögen. Das Verhältnis zwischen Heinrich und Gustav Heine war oft angespannt, anscheinend haben die beiden sich nach Heines Übersiedlung nach Paris zwanzig Jahre lang nicht gesehen, auch schrieben sie einander kaum. »Wir stehen in keiner Verbindung außerhalb dem Familienleben, haben nie geistige Bezüge gehabt und so erfahren wir wenig von einander« (S. 384), schrieb Heine 1850. 1851 und 1855 war Gustav in Paris zu Besuch, in dieser Zeit wurde ihre Beziehung wiederbelebt; er unterstützte seinen Bruder im Pensionsstreit mit der Hamburger Familie und verhandelte – allerdings unglücklich und erfolglos – mit Campe. Gekrönt wurde sein gesellschaftlicher Aufstieg in Österreich durch die Ernennung zum Ritter (1867) und zum Freiherrn (1870). Seitdem führte er den Namen Freiherr von Heine-Geldern.

HEINE, HENRY (1774–1855)

Der jüngste unter den fünf Brüdern von Heines Vater Samson war Bankier in Hamburg, seine Firma war allerdings bei weitem nicht so bedeutend wie die von Salomon Heine. Geschäftliche Beziehungen zwischen beiden Häusern bestanden nicht, die familiäre Beziehung zu Salomon scheint gelegentlich angespannt gewesen zu sein. Weil seine Frau Henriette (geb. Embden) die Schwägerin von Heines Schwester Charlotte war, stand er der engeren Familie des Dichters näher. Er hatte ein herzliches Verhältnis zu ihm und förderte ihn durch gelegentliche Zuwendungen, die Heine beispielsweise 1824 seine Harzwanderung ermöglichten. Henry Heine war literarisch interessiert – er veranstaltete gelegentlich Leseabende in seinem Haus – und nahm Anteil an Heines Werk. So zeigte er sich als einziger aus der Familie »höchst empört, und betrübt« (HSA XXIV, 386) über den Bundestagsbeschluß gegen die Schriften Heines und des Jungen Deutschland. Fast scheint es, als hätte Henry Heine für seinen Neffen das sein können, was sein Onkel Salomon nie war. Er selbst deutete das an, als er 1836 an Heine schrieb: »[...] so balde nun die Zeiten sich bessern, werde ich auch Deiner nicht vergessen. Hätte ich die Mittel, wie ich es wünschte, es stünde mit Manchem ganz anders.« (HSA XXIV, 386) Auch Heine war dieser Kontrast zum gelegentlich aufbrausenden und groben Onkel Salomon bewußt, und als Henry Heine, der ihn mehrmals in Paris besucht hatte, 1855 starb, schrieb er: »Mein lieber Onkel Henri war ein vortrefflicher, guter Mensch, sanft und gütig bis zur Schwäche und deßhalb noch liebenswürdiger. Er war höflich, anständig, von guten Manieren, kein grobes und noch weniger irgend ein verletzendes Wort kam von seinen Lippen. Er sagte nie eine Lüge, und wie die feine, so war auch die rohe, beleidigende Boßheit seinem Herzen ganz fremd. Vorzüglich aber muß man an ihm rühmen: er war ein grundehrlicher Mann! [...] Solche gute Eigenschaft wird leider in unserer Familie sehr rar, Falschheit und Untreue wird vorherrschend [...].« (HSA XXIII, 470)

HEINE, MATHILDE, EIGENTL. AUGUSTINE CRESCENCE, GEB. MIRAT (1815–1883)

»Meine Frau ist ein gutes, natürliches, heiteres Kind, fast zu sehr Kind, launisch wie nur irgend eine Französinn seyn kann, und sie erlaubt mir nicht in melancholisches Träumen, wozu ich so viel Anlage, zu versinken. Seit sieben bis acht Jahren liebe ich sie mit einer Leidenschaft und Zärtlichkeit, die ans Fabelhafte grenzt.« (HSA XXII, 55) Diese Liebe zu Mathilde, die Heine 1843 gegenüber seinem Bruder Maximilian bekannte, blieb stets sein »innigstes Lebensbedürfniß« (S. 299). Augustine Crescence Mirat stammte aus Vinot de la Trétoire, einem Dorf in der Nähe von Paris. Vermutlich als Fünfzehnjährige kam sie in die Hauptstadt, wo sie im Schuhgeschäft einer Tante arbeitete. Dort lernte Heine sie im Oktober 1834 kennen, verliebte sich in sie, und schon bald lebten sie zusammen, und zwar »sehr glücklich, d.h. ich habe weder Tags noch Nachts eine Viertelstunde Ruhe« (HSA XXI, 178). Mathilde – Heine nannte sie so, »weil der Name Creszenzia [...] mir immer in der Kehle wehe that« (HSA XXIII, 289) – hatte keine besondere Bildung genossen, und Heine versuchte dem abzuhelfen, indem er ihr ab 1839 zwei Jahre lang Unterricht in einem Pensionat bezahlte. Deutsch lernte sie jedoch nie, und von der literarischen Bedeutung ihres Mannes scheint sie keinen rechten Begriff gehabt zu haben. Heinrich Laube, der 1839 zu Gast im Hause Heine war, schrieb später rückblickend: »Sie war eine volle Figur mit heiterem, runden Antlitz und von angenehmem Wesen. Heine hatte die größte Freude an ihrem naiven fröhlichen Naturell und hat diese Freude an ihr nie verloren. Stets, bis zu seinem letzten Athemzuge, hat er sich glücklich gepriesen in ihrem Besitze, und er selbst hatte immer etwas Naives und Kindliches, wenn er von ihr erzählte und sie schilderte. [...] Daß sie nichts von seinen Schriften verstand, war für ihn ein Triumph. ›Sie liebt mich persönlichst, und die Kritik hat dabei garnichts zu thun!‹ rief er vergnügt. In der That war das sehr drollig, wenn sie fragte, ob es denn wahr wäre, daß ihr Henri ein berühmter Dichter sei?«[11] Unter Heines Freunden und Bekannten war Mathilde für ihre Schönheit ebenso berühmt wie für ihre Temperamentsausbrüche. Alexander Weill berichtete: »[...] sie war gut bis zur Schwäche, aber sie liebte Szenen. [...] wie ein Kind wälzte sie sich auf dem Boden, stampfte mit den Füßen und hämmerte auf sich selbst ein [...], und diese ehelichen Szenen endeten immer mit einer leidenschaftlichen Versöhnung, unterbrochen von homerischem Gelächter.«[12] Heines Eifersucht und seine gelegentlichen Klagen über seinen »Hausvesuv« (HSA XXII, 155) und ihr »Fieber, beständig Geld auszugeben« (HSA XXIII, 90), zeigen, daß ihre Beziehung nie konfliktfrei war, aber vielleicht war ihre Liebe gerade deshalb so beständig. Das bevorstehende Duell Heines mit Salomon Strauß führte dazu, daß er, »um *Mathildes* Posizion in der Welt zu sichern, in die

---

[11] Werner / Houben I, 419.
[12] Werner / Houben I, 385.

Nothwendigkeit gesetzt war, meine wilde Ehe in eine zahme zu verwandeln« (HSA XXI, 427). Um sie für den Fall eines tödlichen Ausgangs materiell abzusichern, heirateten die beiden vorher, am 31. August 1841, in der Kirche St. Sulpice, und Heine schrieb anschließend: »Dieses eheliche Duell, welches nicht eher aufhören wird, bis einer von uns beiden getödtet, ist gewiß gefährlicher als der kurze Holmgang mit Salomon Straus aus der Frankfurter Judengasse!« (ebd.) Die Sorge um Mathilde bewegte Heine stets, nicht zuletzt ihretwegen bemühte er sich, frühzeitig einen Vertrag über eine Gesamtausgabe seiner Werke abzuschließen, der für die Zeit nach seinem Tod die Fortführung der Zahlungen an Mathilde vorsah, und diese Sorge spiegelt sich auch in den vielen Gedichten, die er ihr in der Spätzeit widmete (»In Mathildens Stammbuch«, »Gedächtnißfeyer«, »An die Engel« – 1851 im *Romanzero* veröffentlicht – und »Babylonische Sorgen« aus den *Gedichten. 1853 und 1854*; in Heines Nachlaß fanden sich weitere Gedichte an Mathilde, u.a. »Ich war, O Lamm, als Hirt bestellt«). Der Geringschätzung mancher Zeitgenossen und auch mancher heutiger Heine-Biographen zum Trotz blieb Mathilde die Liebe seines Lebens.

HEINE, MAXIMILIAN (MEYER) (1806 [?]–1879)

»Mein Bruder ist ein ordentlicher, williger Mensch, äußerlich nicht sehr anziehend, innerlich voll von griechischen und römischen Autoren, und besonders zu hüten vor Aesthetik, Venerie und andre ansteckende Krankheiten.« (HSA XX, 191 f.) So führte Heine seinen jüngsten Bruder Maximilian, der ihm näherstand als Gustav, bei seinem Berliner Freund Moser ein. Geboren in Düsseldorf, zog Maximilian 1820 mit seinen Eltern nach Hamburg, anschließend nach Oldesloe, wo er aufs Gymnasium ging, und 1822 nach Lüneburg, wo er bis 1825 das Johanneum besuchte. Mit finanzieller Unterstützung Salomon Heines studierte er Medizin in Berlin (dort hatte er Umgang mit den Freunden seines Bruders und auch mit dem Varnhagenschen Kreis), Göttingen und Heidelberg. Als Militärarzt trat er Ende 1829 in russische Dienste und war zunächst, im Anschluß an den gerade beendeten Russisch-Türkischen Krieg, in Adrianopol stationiert, wo er den Ausbruch der Pest miterlebte. Er berichtete darüber in seinen 1833 in St. Petersburg erschienenen *Bildern aus der Türkei* und veröffentlichte 1846 *Beiträge zur Geschichte der orientalischen Pest*, mit denen er in die aktuelle gesundheitspolitische Diskussion eingriff und gewisse Beachtung fand. 1834 ließ er sich als Arzt im Staatsdienst in St. Petersburg nieder. Von 1844 bis 1860 gab er mit zwei deutschen Kollegen die *Medizinische Zeit-*

schrift Russlands heraus und schrieb für verschiedene andere Fachzeitschriften. Maximilian hatte ein besseres Verhältnis zu Salomon Heine als sein älterer Bruder und versuchte gelegentlich, zwischen beiden zu vermitteln. Auch in Verhandlungen zwischen Heine und Campe schaltete er sich ein, allerdings ebenso erfolglos wie Gustav. Der kranke Heine bat seinen Bruder gelegentlich um medizinischen Rat. 1852 kam Maximilian zu ihm nach Paris, bei der Gelegenheit widmete Heine ihm das (zu Lebzeiten unveröffentlichte) Gedicht »An meinen Bruder Max«. Über diesen Besuch schrieb er in einer Korrespondenz für die *Allgemeine Zeitung*: »Als wir hier das Vergnügen hatten den verehrten Reisenden am Krankenbette seines Bruders zu sehen, suchte er eben denselben dadurch zu erheitern daß er ihm die Titulatur aller seiner Aemter, Orden und Würden vorlas, die fast eine ganze Seite füllte.« (HSA XXIII, 219) Maximilian war korrespondierendes Mitglied verschiedener Akademien und in Rußland in den erblichen Adelsstand erhoben worden. Er heiratete 1860 die Witwe des früheren Leibarztes des Zaren. 1868 erschienen bei Dümmler in Berlin seine *Erinnerungen an Heinrich Heine und seine Familie*.

HEINE, SALOMON (1767–1844)

Mit seinem Onkel Salomon verband Heine eine der schwierigsten und konfliktträchtigsten Beziehungen seines Lebens. 1825 schrieb er über ihn: »Wir leben zwar in beständigen Differenzen, aber ich liebe ihn außerordentlich, fast mehr, als ich selbst weiß. Wir haben auch in Wesen und Charakter viel Aehnlichkeit. Dieselbe störrige Keckheit, bodenlose Gemüthsweichheit und unberechenbare Verrücktheit – nur daß Fortuna ihn zum Millionär und mich zum Gegentheil, d.h. zum Dichter, gemacht, und uns dadurch äußerlich in Gesinnung und Lebensweise höchst verschieden ausgebildet hat.« (S. 160) Salomon Heine, einer der fünf Brüder von Heines Vater Samson, wurde in Hannover geboren. Mit siebzehn Jahren ging er nach Hamburg und erlernte das Bankgewerbe. 1797 gründete er dort mit drei Teilhabern das Bankhaus Heckscher & Co., 1819 eröffnete er seine eigene Firma. Er war ein »Selfmademan«, der es aus eigener Kraft vom Wechselausträger zum Millionär brachte. Vorwiegend durch internationale Anleihgeschäfte und durch geschickte Devisenspekulation in großem Stil wurde der stets für seine Korrektheit gerühmte Bankier zu einem der reichsten Männer der Stadt. Hohes Ansehen erwarb er zudem durch seine zahlreichen Spenden und Stiftungen (darunter das 1843 eröffnete Krankenhaus der israelitischen Gemeinde, das

Heine mit dem Gedicht »Das neue Israelitische Hospital zu Hamburg« würdigte) und sein ebenso besonnenes wie großzügiges Verhalten nach der Brandkatastrophe von 1842 (er verzichtete auf die Auszahlung der Versicherungssumme für sein abgebranntes Haus, unterstützte obdachlos gewordene Mitbürger, gewährte der Stadt einen zinslosen Kredit und setzte sich dafür ein, daß der Zinssatz der Banken nicht erhöht wurde, was die Hamburger Wirtschaft schwer getroffen hätte). 1814 traf Harry Heine zum erstenmal mit seinem Onkel zusammen, als dieser zu Besuch nach Düsseldorf kam. Im Juni 1816 ging er dann nach Hamburg, um bei Salomon seine kaufmännische Ausbildung fortzusetzen. Salomon Heine finanzierte 1818 sein Tuchgeschäft »Harry Heine & Comp«, und nachdem Heine als Geschäftsmann gescheitert war, ermöglichte er ihm das Jurastudium. Diese Abhängigkeit – auch über den Studienabschluß hinaus – und vor allem die Tatsache, daß der Onkel, genau wie der größte Teil der Familie, überhaupt kein Verständnis für seine literarische Tätigkeit und für seine Erfolge hatte, belasteten Heine sehr. Salomon hielt seinen Neffen für verschwenderisch, dieser wiederum warf ihm vor, daß der für seine Wohltätigkeit so berühmte Bankier ihn nur widerwillig und zögerlich unterstützte. Der Patriarch der Familie war manchmal jovial und gutmütig, aber auch von despotischer, aufbrausender Natur, und zwischen Onkel und Neffen fiel manches böse Wort. 1839 war es zu einer Versöhnung gekommen, seitdem erhielt Heine eine jährliche Pension von Salomon, die nach seiner Hochzeit noch aufgestockt wurde. Heine widmete seinem Onkel die *Tragödien, nebst einem lyrischen Intermezzo* (1823), dem Zyklus »Lyrisches Intermezzo« war beim Abdruck in der ersten Ausgabe des *Buchs der Lieder* (1827) ebenfalls »als ein Zeichen der Verehrung und Zuneigung« (DHA I, 748) eine Widmung an Salomon Heine vorangestellt. Der Tod Salomons bedeutete einen Einschnitt in Heines Leben, insbesondere im Verhältnis zu seiner Hamburger Verwandtschaft, das sich danach verschlechterte. Im Testament des Onkels war die Weiterzahlung der Pension – mit der Heine gerechnet hatte und die Salomon ihm, wie der mit der Familie bekannte Komponist Giacomo Meyerbeer bezeugte, mündlich zugesagt hatte – nicht erwähnt, und der Erbe des Millionenvermögens, Heines Vetter Carl, verweigerte sie ihm, was zu einem jahrelangen Streit führte.

HEINE, SAMSON (1764–1828)

Heines Vater war in Hannover als zweitältester von insgesamt sechs Brüdern geboren worden. Die orthodox lebende Familie genoß innerhalb der jüdischen Gemeinde einiges Ansehen. Seine kaufmännische Tätigkeit begann er vermutlich im väterlichen Geschäft. Samson Heine ging später nach Altona, Hamburg, Celle und kam 1796 nach Düsseldorf, wo er nach der Hochzeit mit Betty van Geldern eine Tuchhandlung (»Ellen- und Modewaren«) eröffnete. Seine Ware verkaufte er in einem Geschäftsraum im Wohnhaus der Familie und auf einem Stand auf dem Markt. Er hatte u.a. Geschäftsbeziehungen zu englischen Partnern, deren Manufakturwaren er in Düsseldorf einführte, und reiste zu diesem Zweck auch nach England. Samson Heine war Mitglied der Düsseldorfer Bürgermiliz und zwischenzeitlich auch ehrenamtlich als Armenpfleger tätig. Er brachte es zu bescheidenem Wohlstand für seine Familie. Mit der gegen England verhängten Kontinentalsperre geriet sein Geschäft jedoch zunehmend in Schwierigkeiten. Seine kleine Firma konnte beim herrschenden Überangebot an Textilien im Preiskampf mit der Konkurrenz nicht mehr mithalten und wurde 1819 schließlich aufgelöst. Eine treibende Kraft war dabei sein Bruder Salomon, der im Begriff stand, in Hamburg sein eigenes Bankgeschäft zu eröffnen und wohl um den Ruf des Familiennamens fürchtete. Er zitierte Samson zu sich nach Hamburg und strengte sogar ein Entmündigungsverfahren an, um diesen zur Geschäftsaufgabe zu bewegen. Samson Heine litt an Epilepsie. Seine Frau Betty und ihre Kinder Charlotte, Maximilian und Gustav folgten ihm 1820 nach Hamburg, wo sich die Familie nach Aufenthalten in Oldesloe (1820) und Lüneburg (ab 1822) im Sommer 1828 endgültig ansiedelte. Als Samson Heine im Dezember 1828 starb, befand sein ältester Sohn sich gerade auf der Rückreise aus Italien, zu der die Nachricht vom schlechten Gesundheitszustand seines Vaters ihn veranlaßt hatte. Der Tod des Vaters traf Heine schwer, und in den fragmentarisch überlieferten *Memoiren* schilderte er ihn äußerst warmherzig und liebevoll: »[...] ich versuche vergebens durch das Schellen meiner Kappe die Wehmuth zu überklingeln, die mich jedesmal ergreift wenn ich an meinen verstorbenen Vater denke. Er war von allen Menschen derjenige, den ich am meisten auf dieser Welt geliebt. Er ist jetzt todt seit länger als 25 Jahren. [...] Es verging seitdem keine Nacht, wo ich nicht an meinen seligen Vater denken mußte, und wenn ich des Morgens erwache glaube ich oft noch den Klang seiner Stimme zu hören, wie das Echo eines Traumes.« (DHA XV, 82)

HILLER, FERDINAND (1811–1885)

Der Komponist stammte aus einer jüdischen Kaufmannsfamilie in Frankfurt am Main, wo Heine ihn 1827 kennenlernte. Er war schon als Kind mit eigenen Kompositionen aufgetreten und wurde u.a. in Weimar von Johann Nepomuk Hummel ausgebildet. 1828 zog er nach Paris, wo er als Klaviervirtuose Erfolge feierte. Wie Heine verkehrte auch Hiller in Salons und Künstlerkreisen, und die beiden vertieften ihre Freundschaft. In seinen Musikberichten (u.a. *F. Hillers Conzert*, im *Morgenblatt für gebildete Stände*, 1831) lobte Heine seine Auftritte, 1833/1834 vertonte Hiller Gedichte aus Heines Zyklus *Neuer Frühling*. Hiller komponierte Kammermusik und Lieder, mit seinen Sinfonien und Opern war er weniger erfolgreich. Er schrieb zudem Feuilletons und musikalische Lehrbücher. Auch nach seiner Rückkehr nach Deutschland (Frankfurt, Berlin, Düsseldorf, von 1850 bis 1884 war er städtischer Kapellmeister in Köln) blieb Hiller in Kontakt mit Heine, 1851 besuchte er ihn noch einmal in Paris.

HUGO, VICTOR (1802–1885)

Den bedeutendsten Dichter der französischen Romantik lernte Heine zu Beginn seiner Pariser Zeit, spätestens im Herbst 1832 kennen, möglicherweise bei Eugène Renduel – der Verleger von Heines 1833 begonnener erster französischer Werkausgabe brachte auch die Schriften Hugos heraus –, wahrscheinlicher aber durch Victor Bohain, den Eigner der 1832 gegründeten, aber kurzlebigen Zeitschrift *L'Europe littéraire*, an der beide mitarbeiten. Ihr Umgang blieb eher distanziert, es gab gelegentliche Besuche, und 1834 überreichte Heine Hugo ein Widmungsexemplar seiner *Tableaux de voyage*, aber im Salon Hugos verkehrte er nicht. Der Kontakt brach bald ganz ab, nachdem Heine sich mehrfach sehr kritisch über Hugos Werke geäußert hatte. 1854 schrieb er über ihn: »Sonderbar! Die Eigenschaft, die ihm so viel fehlt, ist eben diejenige, die bey den Franzosen am meisten gilt und zudem zu ihren schönsten Eigenthümlichkeiten gehört. Es ist dies der Geschmack. Da sie den Geschmack bey allen französischen Schriftstellern antrafen, mochte der gänzliche Mangel dessellben bey Victor Hugo ihnen vielleicht eben als Originalität erscheinen. Was wir bey ihm am unleidlichsten vermissen, ist das, was wir Deutsche Natur nennen: er ist gemacht, verlogen, und oft im selben Verse sucht die eine Hälfte die andere zu belügen; […] seine Begeisterung ist nur Phantsmagorie, ein Calcül ohne Liebe, oder vielmehr, er liebt nur sich; er ist ein Egoist, und damit ich noch schlimmeres sage, er ist ein Hugoist.« (DHA XIII, 44)

HUMBOLDT, ALEXANDER FREIHERR VON (1769–1859)

Den weltberühmten Geographen und Naturforscher hatte Heine vermutlich schon 1821 in Berlin im Varnhagenschen Salon kennengelernt. In Paris, wo Humboldt sich als Mitglied der Académie des Sciences morales et politiques sowie als Gesandter der preußischen Regierung öfter aufhielt, trafen sie gelegentlich zusammen. Auch wenn Karl August Varnhagen Heine mehrfach wissen ließ, daß Humboldt ihm gesagt habe, wie sehr er Heine schätze, blieb dieser stets überzeugt, daß er »nicht zu seinen Freunden gehöre« (S. 226). Als Heine 1846 plante, sein Augenleiden in Berlin bei seinem alten Studienfreund Dieffenbach, inzwischen ein bekannter Augenarzt, behandeln zu lassen, bat er Humboldt darum, seinen Einfluß geltend zu machen und für ihn freies Geleit zu erwirken. Humboldt antwortete ihm: »Ich habe mit Wärme gehandelt und habe mir keine Art des Vorwurfs zu machen – aber es ist mir garnichts geglückt. Die Verweigerung ist sogar so bestimmt gewesen, daß ich, Ihrer persönlichen Ruhe wegen, Sie ja bitten muß, den Preußischen Boden nicht zu berühren. Ich glaube, gegen Sie die Pflicht erfüllen zu müssen, Ihnen ganz mit der Offenheit zu schreiben, die Schriftsteller sich gegeneinander schuldig sind.« (HSA XVI, 142f.) In Wirklichkeit hatte er sich aber gar nicht für Heine verwendet. Das zeigt sein unterwürfiger Brief an Friedrich Wilhelm IV. vom 23. März 1846: »Ew. Königlichen Majestät habe ich Rechenschaft zu geben über das, was in den französischen Journalen von Heines projektierter Reise nach Berlin gesagt worden ist … Um so mehr war ich verwundert, einen Brief zu erhalten, den ich Ew. Majestät beilege, und in dem er mich auffordert, die Erlaubnis, Berlin zu besuchen, für ihn auszuwirken […]. Da der erste Zweck meines Lebens ist, alles von Ew. Majestät sorgfältig abzuwenden, was Ihrer so glänzenden Regierungsweise im Auslande, besonders da, wo die Literatur durch die Politik gefärbt ist, Verwickelungen erregen kann, so wollte ich mich nicht an Sie wenden.«[13]

IMMERMANN, KARL LEBERECHT (1796–1840)

Eine Rezension, die Immermann 1822 über Heines erstes Buch, *Gedichte*, schrieb, stiftete die Bekanntschaft zwischen beiden. Der in Magdeburg geborene Immermann war als Jurist tätig (in Magdeburg, Münster und ab 1827 in Düsseldorf), sein literarisches Werk umfaßt Gedichte, Erzählun-

---

[13] *Alexander von Humboldt und das Preußische Königshaus. Briefe aus den Jahren 1835–1857*, hg. und erläutert von Conrad Müller. Leipzig 1928, S. 194f.

gen, Dramen und die bedeutenden Zeitromane *Die Epigonen* (3 Bde., 1836) und *Münchhausen* (4 Bde., 1838/39). Er gründete das Düsseldorfer Stadt-theater, das unter seiner Leitung zu einer der profiliertesten Bühnen Deutschlands wurde. Auf seine Rezension der *Gedichte* – eine der tiefgrün-digsten zeitgenössischen Äußerungen zu Heines früher Lyrik – reagierte Heine mit einem Brief an Immermann, und daraus entspann sich ein reger Briefwechsel über Literatur und Literaturbetrieb. Ihre Freundschaft ent-wickelte sich schnell zu einem zeitweiligen schriftstellerischen Bündnis. 1824 besuchte Heine Immermann für einige Tage in Magdeburg; es sollte die einzige persönliche Begegnung der beiden bleiben, die vor allem die Opposition gegen den vorherrschenden literarischen Zeitgeschmack einte. Ausdruck dieser Gemeinsamkeit war die Tatsache, daß Heine 1827 Im-mermanns literaturkritische Xenien in den zweiten Band seiner *Reisebilder* aufnahm – und damit einen großen Skandal heraufbeschwor, denn von einer dieser Xenien fühlte sich August von Platen angegriffen, der die bei-den dafür in seinem Lustspiel *Der romantische Oedipus* bloßzustellen ver-suchte. Immermann reagierte darauf mit der Gegensatire *Der im Irrgarten der Metrik umhertaumelnde Cavalier*, Heine mit den bekannten Platen-Ka-piteln in *Die Bäder von Lucca*, denen er beim Abdruck im dritten Band der *Reisebilder* (1830) die Widmung voranstellte: »Karl Immermann, dem Dichter, widmet diese Blätter, als ein Zeichen freudigster Verehrung, der Verfasser.« (DHA VII, 83) Auch danach arbeiteten Immermann und Heine zusammen: 1830 machte Heine Immermann ausführliche metrische Ver-besserungsvorschläge für dessen komisches Versepos *Tulifäntchen*, von Paris aus gewann er ihn als Autor einer Artikelserie über zeitgenössische deutsche Malerei für die Zeitschrift *L'Europe littéraire*, in der er selbst über aktuelle deutsche Literatur berichtete. Die Zeitschrift ging allerdings bankrott, und Immermann erhielt nie das Honorar für seine Beiträge. Auf seine entsprechenden Anfragen reagierte Heine nicht, so daß der Brief-wechsel zum Erliegen kam. Auf den frühen Tod des politisch wie ästhe-tisch konservativeren Immermann reagierte Heine bestürzt; an Laube schrieb er am 9. September 1840: »Ich habe die ganze Nacht durchgeweint. Welch ein Unglück. Sie wissen welche Bedeutung Immermann für mich hatte, dieser alte Waffenbruder, mit welchem ich zu gleicher Zeit in der Li-teratur aufgetreten, gleichsam Arm in Arm! Welch einen großen Dichter haben wir Deutschen verloren ohne ihn jemals recht gekannt zu haben! Wir, ich meine Deutschland, die alte Rabenmutter! Und nicht bloß ein großer Dichter war Immermann sondern auch brav und ehrlich, und deß-halb liebte ich ihn. Ich liege ganz darnieder vor Kummer.« (HSA XXI, 381)

Jaubert, Caroline, geb. Gräfin d'Alton-Shée
(1803–1883)

Caroline Jaubert, die als Sechzehnjährige mit dem um vierundzwanzig Jahre älteren, politisch einflußreichen Juristen Maxime Jaubert (1781–1865) verheiratet worden war, führte einen der angesehensten Pariser Salons, zu dessen vielen Besuchern auch Heine zählte. 1835 hatten sie sich kennengelernt. Caroline Jaubert zeigte sich begeistert von seinem Werk – Heine schickte ihr mehrfach Widmungsexemplare seiner auf französisch erschienenen Bücher. Der Kontakt hielt bis zum Tode Heines an. Er bat sie um Rat bei der Abfassung seines Testaments, sie empfahl ihm einen Notar, und in seinem Testament von 1851 benannte Heine den inzwischen zum Generalstaatsanwalt am Kassationsgerichtshof aufgestiegenen Maxime Jaubert als seinen Testamentsvollstrecker.

Keller, Ernst Christian August (1797–1879)

Heine lernte den aus dem westfälischen Orsoy stammenden Keller 1821 oder 1822 in Berlin kennen, wo dieser Regierungsreferendar war. Der Jurist, der in Marburg, Heidelberg und Berlin studiert hatte, war auch journalistisch tätig. Seine von liberaler Geisteshaltung geprägten politischen Artikel erschienen (unter seinem Pseudonym »Hartmann vom Rhein«) im *Rheinisch-Westfälischen Anzeiger*, wo Heine u.a. seine *Briefe aus Berlin* veröffentlichte. Ihr freundschaftlicher Kontakt beschränkte sich auf Heines Berliner Zeit.

Kolb, Gustav (1798–1865)

Der in Augsburg geborene Kolb hatte in Tübingen Kameralwissenschaft studiert und danach zunächst eine Verwaltungslaufbahn in Stuttgart begonnen. Wegen seiner Aktivitäten in einem burschenschaftlichen Geheimbund mußte er ab 1825 eine anderthalbjährige Haftstrafe auf der Feste Hohenasperg absitzen. Danach wurde er zunächst Korrektor und Übersetzer im Cottaschen Verlagshaus, später Redakteur (u.a. der in München erscheinenden Zeitschrift *Das Ausland*). Heine lernte ihn kennen und schätzen, als er im November 1827 nach München ging, um für Cottas *Neue Allgemeine politische Annalen* zu arbeiten, und fortan verband sie eine kollegiale Freundschaft. 1831 reiste Kolb nach Paris und erneuerte den Kontakt zwischen Heine und den Cottaschen Zeitschriften. Aus der so gestifteten Zusammenarbeit gingen der Bericht *Gemäldeausstellung in Paris* (später: *Französische Maler*) und die 1831/1832 in der *Allgemeinen Zeitung* erschienene Artikelfolge *Französische Zustände* hervor. 1837 übernahm der liberal gesinnte Kolb die Redaktion der *Allgemeinen Zeitung*, der größten und wichtigsten deutschen Tageszeitung, die unter seiner Leitung jahrelang das Publikationsorgan für alle großen Paris-Berichte Heines war. Trotz gelegentlicher Unstimmigkeiten in Zensurfragen blieb ihr Verhältnis stets freundschaftlich. 1853 besuchte Kolb Heine zum letztenmal in Paris.

Krinitz, Elise, eigentl. Johanna Christiana Müller; Pseudonym Camille Selden (1825–1896)

Als Heines »Mouche« ist Elise Krinitz berühmt geworden. Sie stammte nicht, wie sie in ihren Memoiren schrieb, aus Prag, sondern aus dem sächsischen Belgern, und war auch keine uneheliche Tochter des Grafen Nostitz, wie sie selbst gern andeutete, sondern wurde, nachdem ihre Mutter im Kindbett gestorben war, von dem aus Torgau stammenden, in Paris lebenden Ehepaar Krinitz adoptiert. Sie interessierte sich für Literatur, war eine begabte Pianistin und hatte Gelegenheit zu vielen Reisen. Durch geschäftliche Mißerfolge des Vaters verarmte die Familie. Vermutlich nach einer unglücklichen Ehe in England kehrte sie nach Paris zurück. Im Juni 1855 besuchte die gebildete junge Frau Heine, dessen Dichtung sie sehr verehrte, an seinem Krankenlager. Daraus entwickelte sich schnell eine herzliche, vertraute Verbindung, die bis zu Heines Tod andauerte. Heine, der ihre Besuche sehr genoß, gab ihr den Kosenamen »Mouche« (Fliege), nach dem Emblem ihres Petschafts, und widmete ihr fünf Gedichte, die zu den schönsten und ergreifendsten Werken aus der Zeit seiner »Matratzengruft« gehören. Ebenso wie die kurzen Billetts, die er ihr schrieb, zeugen sie von einer besonderen, warmherzigen Beziehung und einem literarisch stilisierten, halb ernsten, halb scherzhaften Flirt. Die »Mouche« las Heine vor und half ihm gelegentlich bei der Korrespondenz. Die Gedichtübersetzungen, die sie, wie sie später schrieb, auf seinen Wunsch hin angefertigt hat, sind nicht überliefert. Später war sie als Sprachlehrerin und unter dem Pseudonym Camille Selden als Schriftstellerin und Übersetzerin (u.a. von Goethes *Wahlverwandtschaften*) tätig. Ihr Erinnerungsbuch *Heinrich Heines letzte Tage*, das 1884 auf französisch und im selben Jahr auch auf deutsch und englisch erschien, sorgte für großes Aufsehen.

La Grange, Adélaïde-Edouard Le Lièvre, Marquis de (1796–1876)

Nach einer militärischen Laufbahn, die ihn bis in den Generalstab führte und ihm das Ritterkreuz der Ehrenlegion eintrug, machte La Grange als Politiker und Diplomat Karriere: Er war u.a. französischer Gesandter in Madrid und Wien, 1835 wurde er Mitglied der Deputiertenkammer (mehrmals wiedergewählt). Als Publizist und Übersetzer war er ein wichtiger Vermittler zwischen Frankreich und Deutschland. Er übertrug u.a. Romane der mit ihm befreundeten Karoline Pilcher sowie Werke von Wilhelm Hauff und Jean Paul, die er dem französischen Publikum zudem durch Essays in der renommierten *Revue de deux Mondes* nahebrachte. Auch über Ludwig Börne, Baron Cotta und Ludwig Robert schrieb er ausführliche Artikel. Das mit Heine befreundete Ehepaar Robert traf er auf einer seiner Deutschlandreisen, Heine selbst lernte er vermutlich 1832 kennen. La Grange gehörte zu den Gründungsaktionären und Mitarbeitern der kurzlebigen Zeitschrift *L'Europe littéraire*, für die auch Heine schrieb. 1833 übersetzte La Grange zehn Gedichte aus Heines *Nordsee*-Zyklen (veröffentlicht 1835), ihr freundschaftlicher Kontakt brach mit dem Beginn von Heines Krankheit ab.

Laube, Heinrich (1806–1884)

1833 wandte Laube sich mit der Bitte um einen Beitrag für einen Literaturalmanach an Heine und eröffnete damit den über zwanzig Jahre andauernden Briefwechsel der beiden Schriftstellerkollegen, die 1835 gemeinsam auf dem Verbotserlaß gegen das Junge Deutschland standen. Der im schlesischen Sprottau geborene Laube hatte in Halle und Breslau Theologie studiert, durch seine Mitgliedschaft in der Burschenschaft geriet er mehrfach in Konflikt mit den Behörden und mußte längere Haftstrafen verbüßen. Nach einer vorübergehenden Arbeit als Hofmeister war er Redakteur verschiedener Zeitschriften (u.a. der *Mitternachtszeitung für gebildete Stände* und der *Zeitung für die elegante Welt*) und entfaltete eine umfangreiche literarische Tätigkeit als Romanautor, Dramatiker, Journalist. Die 1908/1909 erschienene Gesamtausgabe seiner Werke umfaßt fünfzig Bände. Bekannt wurde er durch seine am Vorbild der Heineschen *Reisebilder* orientierten *Reisenovellen* (1834–1837) und die Romantrilogie *Das junge Europa* (1833–1837), in der sich sein Interesse am Saint-Simonismus spiegelte. Von den vier Schriftstellern, die neben Heine vom Verbot des Jungen Deutschland betroffen waren, stand Laube ihm am nächsten, und die zweite Hälfte der dreißiger Jahre war die Zeit der größten Übereinstimmung zwischen ihnen. Sie einte die Gegnerschaft Wolfgang Menzels und Karl Gutzkows, sie leisteten einander publizistische Unterstützung, und Heine veröffentlichte in den von Laube redigierten Zeitschriften. In seiner *Romantischen Schule* (1836) würdigte Heine den jüngeren Kollegen als einen der wichtigsten Dichter der neueren Generation. Laube schrieb mehrere positive Rezensionen über Heines Werke, 1839 besuchte er Heine erstmals in Paris. Seiner Erzählung *Der Rabbi von Bacherach* stellte Heine beim Abdruck im vierten Band des *Salon* (1840) die Widmung voran: »Seinem geliebten Freunde Heinrich Laube widmet die Legende des Rabbi von Bacherach, heiter grüßend, der Verfasser.« (DHA V, 108) In den vierziger Jahren traten die politischen und ästhetischen Differenzen zwischen ihnen deutlicher hervor, zum erstenmal bei der Vorbereitung des Abdrucks von Heines Versepos *Atta Troll* in der von Laube redigierten *Zeitung für die elegante Welt* (1843). Laubes Zensurrücksichten zwangen Heine zu umfangreichen Überarbeitungen, auch äußerte sich der Freund kritisch zur politischen Tendenz des Werkes und erhob zu Heines Enttäuschung sittlich-moralische Bedenken dagegen. Obwohl Laube ihn 1844 öffentlich angriff, kam es nicht zum Bruch – das war erst 1850 der Fall. Anlaß war Laubes Buch *Das erste deutsche Parlament*. Laube hatte der Nationalversammlung in der Paulskirche angehört (und sich der erbkaiserlichen Partei angeschlossen), und seine nationalliberalen Ansichten, von denen sein Buch geprägt war, verstand Heine als Verrat an der früheren gemeinsamen Sache, insbesondere an der kosmopolitischen Weltsicht, in der er sich mit Laube einig gewußt hatte. Sie führten darüber einen scharfen Briefwechsel. Zwar besuchte Laube, der seit 1849 Direktor des Wiener Burgtheaters war (bis 1867), Heine 1855 noch einmal am Krankenbett, aber ihre literaturpolitische Allianz war zerbrochen. 1847 hatte Heine Laube in seinem Testament noch als Herausgeber einer posthumen Gesamtausgabe seiner Werke benannt und ihn für diesen Fall auch mit der Abfassung seiner Biographie betraut. In der rechtsgültig gewordenen Fassung des Testaments von 1851 tauchte Laubes Name dann nicht mehr auf. Dennoch wurde Laube Herausgeber einer Heine-Werkausgabe: Er edierte eine von 1884 bis 1886 in Wien erschienene, illustrierte Prachtausgabe. Seine »Erinnerungen an Heinrich Heine«, die er 1868 in der von ihm selbst herausgegebenen Zeitschrift *Gartenlaube* veröffentlichte, wurden mehrfach nachgedruckt.

Lewald, Johann Karl August (1792–1871)

August Lewald wurde in Königsberg geboren und stammte aus einer wohlhabenden Kaufmannsfamilie. Nach einer kaufmännischen Ausbildung und seiner Teilnahme am Frankreich-Feldzug (als Sekretär eines Generals) entdeckte er das Theater als sein Betätigungsfeld. Er war u. a. Schauspieler und Theaterdichter in München, Wien und Brünn, 1824 übernahm er die Leitung des Nürnberger Stadttheaters. 1827 ging er als Theaterdichter und Komparseninspektor nach Hamburg, wo er Heine kennenlernte, mit dem er fortan in freundschaftlicher Verbindung stand. Nach einem längeren Paris-Aufenthalt ließ er sich zunächst in München, später in Stuttgart nieder, wo er 1835 die Zeitschrift *Europa. Chronik der gebildeten Welt* gründete. In seiner bei Cotta erschienenen *Allgemeinen Theater-Revue* publizierte er 1837 Heines Berichte *Über die französische Bühne. Vertraute Briefe an August Lewald.* Sein eigenes literarisches Werk umfaßt Novellen, Reisebeschreibungen und autobiographische Schriften. Heine, der auch mit Lewalds Cousine, der bekannten Schriftstellerin Fanny Lewald (1811–1889), Umgang hatte, blieb bis zu seinem Lebensende mit ihm in Kontakt.

Liszt, Franz Ritter von (1811–1886)

Den Pianisten und Komponisten aus dem burgenländischen Raiding, der zum Inbegriff des Virtuosentums wurde, lernte Heine bereits zu Beginn seiner Pariser Zeit kennen. Sie hatten gemeinsame Freunde, wie etwa Hector Berlioz; Liszt machte George Sand und Heine miteinander bekannt und stellte ihn auch seiner damaligen Geliebten, der Gräfin Marie d'Agoult vor. Im zehnten seiner Briefe *Über die französische Bühne* (1837) schrieb Heine erstmals ausführlich über Liszt, dessen Konzerte er häufig besuchte. 1844 zerbrach ihre Freundschaft, denn der recht kritikempfindliche Pianist fühlte sich verletzt durch Heines spöttischen, in der *Allgemeinen Zeitung* publizierten (und 1854 für die Buchfassung der *Lutezia* noch verschärften) Artikel *Musikalische Saison.* Dort karikierte Heine ihn als »Attila, die Geißel Gottes aller Erardschen Pianos, die schon bey der Nachricht seines Kommens erzitterten und die nun wieder unter seiner Hand zucken, bluten und wimmern, daß die Thierquälergesellschaft sich ihrer annehmen sollte! [...] das tolle, schöne, häßliche, räthselhafte, fatale und mitunter sehr kindische Kind seiner Zeit [...]« (DHA XIV, 130). Die »Lisztomanie« betrachtete er – ähnlich wie die Opernerfolge Meyerbeers – als Erfolg geschickten Marketings und Indiz für die Kommerzialisierung des Musikbetriebs: »Es will mich manchmal bedünken, die ganze Hexerey ließe sich dadurch erklären, daß niemand auf der Welt seine Successe, oder vielmehr die *mise en scène* derselben so gut zu organisieren weiß wie unser Franz Liszt. In dieser Kunst ist er ein Genie [...]. Die vornehmsten Personen dienen ihm als Compères, und seine Mietenthusiasten sind musterhaft dressiert.« (ebd., 132)

MARX, JENNY, GEB. VON WESTPHALEN (1814–1881)

Die in Salzwedel geborene Tochter eines adeligen Gutsherrn und preußischen Beamten war umfassend gebildet. Gegen den Widerstand ihrer Familie heiratete sie 1843, nach langer Verlobungszeit, ihre Jugendliebe Karl Marx, dessen Werk ohne ihre Arbeit nicht denkbar wäre. Sie schrieb seine Manuskripte ab, korrigierte und redigierte. Sie veröffentlichte auch selbst politische Texte, Kritiken und Feuilletons, die jedoch meist nicht unter ihrem eigenen Namen erschienen. Jenny Marx hatte sieben Kinder, von denen nur drei das Erwachsenenalter erreichten. Während ihres Aufenthaltes in Paris (1843/44) hatte sie ebenso vertrauten und freundschaftlichen Umgang mit Heine wie ihr Mann.

MARX, KARL (1818–1883)

Manches im Lebenslauf des jungen Marx erinnert an die Anfänge Heines: Der in Trier als Sohn jüdischer Eltern geborene Marx, der als Kind evangelisch getauft wurde, studierte zunächst in Bonn und Berlin Rechtswissenschaft (in Bonn hörte er Vorlesungen Schlegels, in Berlin war er u.a. Schüler des mit Heine befreundeten Rechtsprofessors Eduard Gans), hatte aber neben philosophischen und historischen stets auch literarische Interessen: Er versuchte sich als Dramatiker und Romanautor, kompilierte eine Volksliedersammlung und schrieb Lyrik. Die Sammlungen seiner Gedichte, die er seiner Verlobten Jenny von Westphalen überreichte, trugen Titel wie *Buch der Liebe* und sogar *Buch der Lieder*. 1841 promovierte er in Jena zum Doktor der Philosophie. Marx gehörte zum Kreis der Linkshegelianer um Bruno Bauer und Arnold Ruge. Als Mitarbeiter von Ruges *Deutschen Jahrbüchern* und Redakteur der in Köln erscheinenden liberalen *Rheinischen Zeitung* sammelte er erste publizistische Erfahrungen. Im Oktober 1843 kam er mit seiner Frau nach Paris, um zusammen mit Ruge die *Deutsch-Französischen Jahrbücher* herauszugeben, in denen seine erste wichtige philosophische Schrift erschien, die *Einleitung* zur *Kritik der Hegelschen Rechtsphilosophie*. Zum Pariser Ruge-Kreis hielt Heine lose Verbindung, und dadurch lernte er den jungen Marx Ende 1843 kennen, nach der Rückkehr von seiner ersten Deutschlandreise. Schnell entwickelte sich ein freundschaftliches Verhältnis, in dem, wie Marx' Tochter Eleanor Aveling nach Erzählungen ihrer Eltern berichtete, »die Politik keine Rolle« gespielt habe, »eine viel größere die Dichtkunst und das Familienleben. Es gab eine Zeit, wo Heine tagaus tagein bei Marxens vorsprach, um ihnen seine Verse vorzulesen und das Urtheil der beiden jungen Leute einzuholen. Ein Gedichtchen von acht Zeilen konnten Heine und Marx zusammen unzählige Male durchgehen, beständig das eine oder andere Wort diskutirend und so lange arbeitend und feilend, bis alles glatt und jede Spur von Arbeit und Feile aus dem Gedicht getilgt war.«[14] Sowohl in den *Deutsch-Französischen Jahrbüchern* als auch im von Marx mitredigierten *Vorwärts!* erschienen 1843/1844 Gedichte Heines. Der *Vorwärts!* druckte 1844 das Versepos *Deutschland. Ein Wintermärchen* nach. Heine war ein wichtiges Vorbild für den jungen Marx, und als dieser Anfang 1845 aus Paris ausgewiesen wurde, schrieb er ihm: »Von allem, was ich hier an Menschen zurücklasse, ist mir die Heinesche Hinterlassenschaft am fatalsten. Ich möchte Sie gern mit einpacken.« (HSA XXVI, 126) Zwar ließ Marx Heine danach noch gelegentlich von gemeinsamen Bekannten Grüße übermitteln und blieb ein aufmerksamer Leser seiner Werke – so lobte er 1846 ausdrücklich Heines skandalisierte Denkschrift *Ludwig Börne*, und Heine gehört zu den am häufigsten von ihm zitierten Autoren –, aber ihre Pariser Poetenfreundschaft, die fast wie eine Reminiszenz an Heines Bonner Studententage wirkte, fand später, als Marx zum Begründer des wissenschaftlichen Sozialismus wurde, keine ausgiebigere briefliche Fortsetzung. Marx und Heine waren durch gemeinsame Erfahrungen und gemeinsame Gegner (wie die Nationalisten und die Republikaner Börnescher Prägung) verbunden, aber es trennte sie eine grundlegende Differenz, die sich in ihrem jeweiligen Verhältnis zu Hegel manifestierte: Was Marx von diesem übernahm, den Entwurf eines geschlossenen philosophischen Systems und die Vorstellung eines von gesetzmäßiger Notwendigkeit bestimmten Geschichtsverlaufs, lehnte Heine ab, und dem Denken in Kategorien eines welthistorisch Allgemeinen setzte er stets die Orientierung an der konkreten Freiheit des Individuums entgegen.

---

[14] Werner / Houben I, 542.

MENZEL, WOLFGANG (1798–1873)

Als die personifizierte Reaktion, eine Art Metternich der Literatur, ist Wolfgang Menzel in die Geschichte eingegangen. Der publizistische Initiator des Verbots gegen das Junge Deuschland, gleichermaßen geschmäht von Börne (*Menzel, der Franzosenfresser*, 1837) wie von Heine (*Über den Denunzianten*, 1837), wurde im schlesischen Waldenburg geboren. Er studierte in Jena und Bonn Geschichte und Philosophie. Als Anhänger der oppositionellen Turnbewegung und aktiver Burschenschafter geriet er in Konflikt mit den Behörden und emigrierte darum für einige Jahre in die Schweiz. Nach der Rückkehr nach Deutschland (1824) widmete er sich ganz der Literatur. Mit seinen Dramen und Novellen hatte er kaum Erfolg, dafür wurde er als Kritiker eine Instanz. Von 1825 bis 1849 redigierte er das Cottasche *Literaturblatt*, die Beilage zum *Morgenblatt für gebildete Stände*, und diese einflußreiche Position machte ihn zum »Literaturpapst« seiner Zeit. Zunächst liberal gesinnt und den Entwicklungen der neuen, politischen Literatur gegenüber aufgeschlossen, wandelte sich Menzel bald zum konservativen »Hardliner« mit einer starren christlich-nationalen, chauvinistischen Haltung und offen antisemitischen Ansichten. Seine Rezension des Dramas *Wally, die Zweiflerin*, in der er Karl Gutzkow, mit dem er zuvor lange befreundet war, der »Gotteslästerung« bezichtigte, gab 1835 einen entscheidenden Anstoß für das Verbot des Jungen Deutschland. Heine hatte Menzel schon während seiner Bonner Studienzeit kennengelernt und pflegte später ein kollegial-freundliches Verhältnis zu ihm. 1827, auf seiner Reise nach München, besuchte er ihn in Stuttgart, als Mitarbeiter Cottas waren sie Verlagskollegen. 1828 schrieb er eine insgesamt wohlwollende Rezension seines Buches *Die deutsche Literatur*, und auch Menzel fand vor seiner politischen Wandlung in seinen Kritiken lobende Worte für Heine. Spätestens seit dem Verbot des Jungen Deutschland waren sie jedoch erbitterte Gegner. Mit seiner brillanten, boshaften Polemik *Über den Denunzianten* und einer Reihe weiterer Artikel griff Heine Menzel an und versuchte dabei gezielt – allerdings vergeblich, wie vor ihm bereits Gutzkow –, ein Duell mit ihm herbeizuführen.

MERCKEL, JOHANN FRIEDRICH CHRISTIAN (1786–1846)

Der literarisch gebildete Kaufmann, der aus Lüneburg stammte und in Hamburg lebte, war zwischen 1825 und 1831 ein guter Freund und Vertrauter Heines während dessen Hamburger Zeit. Er war eng in den Redaktions- und Herstellungsprozeß des *Buchs der Lieder* und der ersten *Rei-*

sebilder-Bände eingebunden, indem er Korrekturen anbrachte, Heine bei der Anordnung beriet und während dessen Abwesenheit von Hamburg die Verbindung zu Campe hielt. In der ersten Ausgabe des *Buchs der Lieder* ehrte Heine ihn dafür und widmete ihm den *Nordsee*-Zyklus. Darüber hinaus sind weitere, handschriftliche Widmungsgedichte Heines an Merckel überliefert (u.a. die »Giebelrede des Verfasssers« in einem Exemplar von Bd. I der *Reisebilder*). Später lockerte sich der Kontakt; bei seinen von Paris aus unternommenen Hamburg-Besuchen (1843 und 1844) hat Heine Merckel nicht wiedergesehen.

MEYERBEER, GIACOMO, EIGENTL. JAKOB LIEBMANN MEYER BEER (1791–1864)

Der Sohn einer vermögenden Bankiersfamilie wurde in Berlin geboren, wo er bereits mit elf Jahren als Klaviervirtuose auftrat. Nach seiner musikalischen Ausbildung in Berlin (u.a. bei Zelter) und Darmstadt sowie ausgedehnten Reisen zog er 1816 für acht Jahre nach Italien, wo ihm mit der Oper *Crociato in Egitto* der Durchbruch gelang. Nach der Übersiedlung nach Paris stieg er zum führenden Opernkomponisten seiner Zeit auf. Werke wie *Robert le Diable* oder *Les Huguenots*, bei deren Aufführungen stets verschwenderischer Ausstattungsaufwand getrieben wurde, feierten große Triumphe (*Robert le Diable* wurde innerhalb von drei Jahren auf 77 Bühnen in zehn verschiedenen Ländern gespielt). Von 1842 bis 1846 war Meyerbeer preußischer Generalmusikdirektor in Berlin. Er erhielt hohe Auszeichnungen wie den Roten Adler-Orden oder die Ernennung zum Kommandeur der französischen Ehrenlegion und war auch kommerziell ungemein erfolgreich. Heine hatte seit seiner Berliner Studienzeit Kontakt zur Familie Beer, nachdem er – möglicherweise im Varnhagenschen Salon – den Bruder des Komponisten, den Dramatiker Michael Beer (1800–1833), kennengelernt hatte. Mit Meyerbeer selbst war er 1829 in Berlin erstmals zusammengetroffen, in Paris entwickelte sich ein zunächst freundschaftliches Verhältnis zwischen ihnen. In der *Allgemeinen Zeitung* und in seinen Briefen *Über die französische Bühne* berichtete Heine ausführlich über die Aufführungen von Meyerbeers Opern, deren Charakter und Erfolg er vor allem als Ausdruck der gesellschaftlichen Entwicklung verstand. Meyerbeer, der auch mit der Familie Heine bekannt war – er war 1838 Trauzeuge bei der Hochzeit Carl Heines mit Cécile Furtado –, trug 1839 vermittelnd zur Aussöhnung des Dichters mit Salomon Heine bei; nach dessen Tod stand er Heine im Streit um die ihm von seinem Onkel zugesicherte Pension zur Seite. Ab Mitte der vierziger Jahre kam es zu Verstimmungen und schließlich zum Bruch, wohl in erster Linie wegen einiger von Meyerbeer zugesagter, aber nicht ausgeführter Heine-Vertonungen. Meyerbeer schätzte Heine, fürchtete aber stets auch seine spitze Feder – nicht zu Unrecht, denn in seinen späteren Paris-Berichten schrieb Heine ebenso spöttisch wie kritisch über ihn. Dabei blieb er seiner Linie treu, indem er nicht eigentlich musikalische, sondern gesellschaftliche Phänomene schilderte und Meyerbeers strategisch geplanten Erfolg als Paradebeispiel für die zunehmende Kommerzialisierung des Musikbetriebs darstellte. Meyerbeer versuchte 1855 auf Heines Vetter Carl einzuwirken, um diese Kritik unterbinden zu lassen, und seine Furcht reichte sogar über Heines Tod hinaus: Meyerbeer bemühte sich darum, die Veröffentlichung von gegen ihn gerichteten Spottgedichten aus dem Nachlaß zu verhindern.

MICHELET, JULES (1798–1874)

Die Schriften des in Paris geborenen Historikers, der die französische und europäische Geschichtsschreibung nachhaltig beeinflußte, las Heine mit Begeisterung. Seine von der Romantik geprägte Schreibweise, seine demokratische, antiklerikale Haltung und die Parteinahme für das Volk, das er als erster als historisches Subjekt darstellte, machten Michelet sehr populär. Nach seiner Hauslehrertätigkeit (u. a. bei der Tochter Louis Philippes) leitete er die historische Abteilung des Nationalarchivs und wurde 1834 an die Sorbonne berufen. Seine Vorlesungen als Professor am Collège de France (ab 1838) zogen Zuhörer in Scharen an. Michelet, der Deutschland durch mehrere Reisen kannte und einen Briefwechsel mit Jakob Grimm führte, schenkte Heine 1833 die ersten Bände seiner monumental angelegten *Histoire de France*, dieser übersandte ihm 1835 sein Buch *De l'Allemagne*. Heine fügte 1838 ein umfangreiches Michelet-Zitat in *Shakespeares Mädchen und Frauen* ein, Michelet wiederum zitierte die Äußerungen über Martin Luther aus Heines *De l'Allemagne depuis Luther* in einem späteren Band seiner *Histoire de France*. Eine kritische Würdigung Michelets, in der er vor allem seinen Stil rühmte, schrieb Heine in seinem Korrespondenzartikel für die *Allgemeine Zeitung* vom 22. Juni 1843 (später *Lutezia* LX), wo es heißt: »Als Schriftsteller behauptet Michelet den ersten Rang. Seine Sprache ist die holdseligste, die man sich denken kann, und alle Edelsteine der Poesie glänzen in seiner Darstellung. […] Ist er ein großer Historiker? Verdient er neben Thiers, Mignet, Guizot und Thierry, diesen ewigen Sternen, genannt zu werden? Ja, er verdient es, obgleich er die Geschichte in einer ganz anderen Weise schreibt.« (HSA X, 213)

MIRAT, AUGUSTINE CRESCENCE S. Heine, Mathilde

MOSER, MOSES (1796–1838)

»[…] mein Erzfreund, der philosophische Teil meiner Selbst, die korrekte Prachtausgabe eines wirklichen Menschen, […] der Epilog von Nathan dem Weisen« (S. 115) – so würdigte Heine den vielleicht engsten Freund, den er je hatte und der einer seiner wichtigsten Briefpartner war. Moser stammte aus dem brandenburgischen Lippehne und arbeitete in dem Berliner Bankhaus Moses Friedländer, dessen Teilhaber er später wurde. Er gehörte zu den Gründungsmitgliedern des 1819 ins Leben gerufenen »Vereins für Cultur und Wissenschaft der Juden«, wo Heine ihn kennenlernte, als er 1822, während seiner Berliner Studienzeit, beitrat. In seinem Nachruf *Ludwig Marcus. Denkworte* (1844, erweitert 1854) erinnerte er sich: »Das thätigste Mitglied des Vereins, die eigentliche Seele desselben, war Moses Moser, der vor einigen Jahren starb, aber schon im jugendlichsten Alter nicht bloß die gründlichsten Kenntnisse besaß, sondern auch durchglüht war von dem großen Mitleid für die Menschheit, von der Sehnsucht, das Wissen zu verwirklichen in heilsamer That. Er war unermüdlich in philanthropischen Bestrebungen, war sehr praktisch, und hat in scheinloser Stille an allen Liebeswerken gearbeitet.« (DHA XIV, 268) Gegründet unter dem Eindruck der judenfeindlichen Krawalle des Jahres 1819, arbeitete der Verein für ein modernes, selbstbewußtes, in die säkularisierte Gesellschaft integriertes Judentum. Diesem Ziel dienten eine Unterrichtsanstalt, die nach Berlin gezogene Juden auf das Universitätsstudium vorbereiten sollte, und die *Zeitschrift für die Wissenschaft des Judentums*, die sich der historischen, philologischen, philosophie- und religionsgeschichtlichen Erforschung des Judentums widmete. Wie die meisten der jungen, im Geiste der Aufklärung aufgewachsenen Vereinsmitglieder dachte Moser fortschrittlich und war ein überzeugter, ernsthafter Anhänger der Philosophie Hegels, dessen Vorlesungen er regelmäßig besuchte. Das Verhältnis zu Hegel war ein Differenzpunkt zwischen ihm und Heine, den dieser in seinen Briefen an Moser häufig und meistens scherzhaft behandelte. Diese Briefe (die Schreiben Mosers an Heine sind leider bis auf zwei Ausnahmen verschollen), in denen sich ungewöhnlich ausführliche Selbstreflexionen Heines finden – insbesondere über sein Verhältnis zum Judentum –, sind das Zeugnis ihrer engen, sehr vertrauten Freundschaft, die 1831, vor Heines Übersiedlung nach Paris, zerbrach. Der Grund dafür ist nicht ganz klar, möglicherweise hatte Moser Heines Polemik gegen Platen kritisiert, während Heine sich Unterstützung von ihm erhofft hatte.

Müller, Wilhelm (1794–1827)

Gedichtzyklen wie *Die schöne Müllerin* und *Winterreise* (beide von Franz Schubert vertont) machten den in Dessau geborenen Müller zu einem der bekanntesten Liederdichter des 19. Jahrhunderts. Heine schätzte ihn sehr, und Müller schrieb 1822 eine lobende Rezension von Heines *Gedichten*. Persönlichen Umgang hatten die beiden nicht.

Müllner, Amadeus Gottfried Adolf (1774–1829)

Das Schicksalsdrama *Die Schuld* (uraufgeführt 1813) war eines der meistgespielten Bühnenstücke der Zeit und der größte Erfolg des in Langendorf bei Weißenfels geborenen Müllner. Der promovierte Jurist, der seine Anwaltskanzlei aufgab, um sich ganz der Schriftstellerei zu widmen, war außerordentlich streitbar und machte sich als gefürchteter Literaturkritiker einen Namen. Von 1820 bis 1825 leitete er das angesehene Stuttgarter *Literaturblatt*, die Beilage zum *Morgenblatt für gebildete Stände*. Nach Streitigkeiten mit dem Verleger Cotta kündigte er und übernahm die Redaktion des konkurrierenden *Mitternachtblatts für gebildete Stände*. Der junge Heine schätzte *Die Schuld* – Einflüsse des Stückes sind in seiner Tragödie *William Ratcliff* erkennbar –, und auf seiner Harzwanderung 1824 besuchte er Müllner in Weißenfels. Müllners Rezensionen von Heines Tragödien und Gedichten waren insgesamt eher negativ.

Platen-Hallermünde, Karl August Georg Maximilian Graf von (1796–1835)

In der Literaturgeschichte sind die Namen Platen und Heine für alle Zeiten als Gegner in einem der größten deutschen Literaturskandale miteinander verbunden. Dabei gab es durchaus Gemeinsamkeiten zwischen ihnen. Der als Sohn einer verarmten adeligen Familie in Ansbach geborene Platen machte in seiner Kindheit als Protestant in Oberbayern gewiß ähnliche Außenseitererfahrungen wie Heine als Jude in Düsseldorf, und ohne Zweifel wurden diese bei Platen später durch die Entdeckung der eigenen Homosexualität noch verschärft. Den »bittren Grimm über eine nüchterne, unempfängliche Gegenwart, jene tiefe Feindschaft gegen die Zeit«[15], die Karl Immermann als Grundzüge von Heines Lyrik erkannte, empfand jedenfalls auch Platen, doch war seine künstlerische Antwort darauf eine andere. Im Unterschied zu Heine reagierte er mit Pathos statt mit Ironie, mit der Hinwendung zu strengen Formen statt mit der Dekonstruktion hergebrachter Muster, mit bewußter Künstlichkeit statt mit kunstvollem Realismus. Wie Heine verfügte er über ein ausgeprägtes Bewußtsein für Metrik und Form, schrieb Satiren und politische Lyrik (u.a. *Polenlieder*, 1839), doch auf all diesen Gebieten überwog bei ihm im Vergleich mit der Leichtigkeit Heines das Bemühte, Angestrengte. Erzogen in einer Münchener Kadettenanstalt, nahm er 1814/15 am Frankreich-Feldzug teil. Durch Beziehungen zum bayerischen Hof erlangte er eine Befreiung vom weiteren Militärdienst, die ihm ein philologisches Studium in Würzburg und Erlangen ermöglichte. Dort erhielt er durch die Vermittlung seines Münchener Förderers Schelling eine Anstellung an der Bibliothek. Ab 1826 lebte er in Italien, finanziell abgesichert durch seine Offizierspension, ein Gehalt, das Bayerns König Ludwig I. ihm zahlte, und durch die großzügige Unterstützung seines Verlegers Cotta. Sein Werk umfaßt neben Komödien wie *Der Schatz des Rhampsinit* (1825) oder der Literatursatire *Die verhängnißvolle Gabel* (1826, eine Parodie auf die Gattung des Schicksalsdramas) vor allem Lyrik, wobei er sich auf Formen wie das Sonett, die Ode und insbesondere das persische Ghasel konzentrierte. Seine Versuche auf dem Gebiet der Tragödie, der von ihm selbst am höchsten bewerteten Gattung, scheiterten und blieben unvollendet. Platens hohe Selbsteinschätzung in Verbindung mit der Enttäuschung über die mangelnde Anerkennung für sein literarisches Werk durch das Publikum führten bei ihm zu Verbitterung, die der Grund dafür gewesen sein mag, daß er sich von Immermanns kleinen, spöttischen Xenien »Östliche Poeten«, die Heine in den zweiten Band seiner *Reisebilder* aufgenommen hatte, so stark angegriffen fühlte. Deren Schluß, den er auf sich bezog, lautete:»Von den Früchten, die sie aus dem Gartenhain von Schiras stehlen, / Essen sie zuviel, die Armen, und vomieren dann Ghaselen.« (DHA VI, 166) Weder Immermanns noch Heines Werke hatte Platen vorher gelesen, über Heine wußte er lediglich, daß er Jude war – auch Immermann hielt er offenbar zunächst für einen Juden, und er steigerte sich regelrecht in die

---

[15] Galley / Estermann I, S. 35 f.

Vorstellung einer gegen ihn gerichteten »jüdischen Verschwörung« hinein. In seiner Komödie *Der romantische Oedipus* stellte er die beiden daraufhin als verschworenes Freundespaar dar – wobei er auch eine homoerotische Komponente ihres Verhältnisses andeutete – und ließ den Dichter »Nimmermann« Heine als »Synagogenstolz«, »Samen Abrahams« und »Petrark des Lauberhüttenfests« besingen und feststellen: »Sein Freund, ich bin's; doch möchte ich nicht sein Liebchen seyn; / Denn seine Küsse sondern ab Knoblauchsgeruch.«[16] Immermann reagierte darauf mit der Satire *Der im Irrgarten der Metrik umhertaumelnde Cavalier*, in der er u.a. – ebenso wie Heine kurz darauf in seinen *Bädern von Lucca* – auf Platens Homosexualität anspielte. Obwohl Platen als Einzelgänger und lediglich aus verletzter Eitelkeit handelte, erschien sein Angriff aus Heines Perspektive als Teil einer antisemitischen Kampagne der klerikal-reaktionären Münchener Kreise, die bereits seine Hoffnungen auf eine Professur durchkreuzt hatten. Sein furioser Gegenangriff, »woran noch zwanzig Grafen ihr Lebtag genug hätten« (HSA XX, 375), demontierte Platen förmlich als Dichter, und in der Überzeugung, »daß Satyre durchaus persönlich seyn muß« (HSA XX, 427), spickte Heine ihn mit deftigen, verletzenden Anspielungen auf Platens Homosexualität und schrieb danach: »Der arme Platen! C'est la guerre! Es galt kein scherzendes Tournier, sondern Vernichtungskrieg […].« (HSA XX, 374)

Pückler-Muskau, Fürst Hermann von (1785–1871)

»Wissen Sie, worin unsere Aehnlichkeit bei so großer Verschiedenheit des Genies besteht? Darin, daß wir Beide hundert Jahre alt werden können, und dennoch immer Kinder bleiben werden. Diese ewige Kindlichkeit ist eine Größe, und vielleicht die beste Garantie für eine Zukunft nach diesem Leben« (HSA XXVII, 168 f.), schrieb Fürst Pückler 1854 an Heine, der sich ihm seinerseits in »wahlverwandter Hingabe und getreuer Geistesbrüderschaft« (HSA XXIII, 316) verbunden fühlte. Der Standesherr von Muskau war eine der schillerndsten Persönlichkeiten des 19. Jahrhunderts. Nach einem wegen Schulden abgebrochenen Jurastudium in Leipzig, einer mi-

---

[16] August von Platen: *Der romantische Oedipus*. In: ders.: *Sämtliche Werke in zwölf Bänden. Historisch-kritische Ausgabe mit Einschluß des handschriftlichen Nachlasse*s. Hg. von Max Koch und Erich Petzet. Bd. 10. Leipzig o.J. [1910], S. 164.

litärischen Ausbildung und mehrjährigen Reisen durch Europa brachte er es in den Befreiungskriegen zum Militärgouverneur von Brügge und zum Oberstleutnant. Auf seiner ersten Englandreise entdeckte er die Leidenschaft seines Lebens: die Landschaftsgärtnerei, seine »Parkomanie«. Die Verwandlung seines Besitzes in ein großes Gartenkunstwerk war seine Lebensaufgabe, die, wie sein ohnehin extravaganter Lebensstil, sein Vermögen verschlang. Pro forma ließ er sich darum von seiner Frau Lucie (geb. von Hardenberg, geschiedene Gräfin Pappenheim), scheiden, um in England durch eine reiche Heirat die eigenen Finanzen zu sanieren. Der Plan schlug fehl, aber dafür wurden die Briefe, die er aus England an seine geschiedene Frau schrieb und die 1830 – von Karl August Varnhagen von Ense redigiert – anonym unter dem Titel *Briefe eines Verstorbenen* erschienen, zu einem der größten internationalen Bucherfolge des gesamten 19. Jahrhunderts. In stilistischer Hinsicht ähnelten sie den *Reisebildern*, und in seinem ersten Brief an Heine bescheinigte Pückler diesem, er sei für ihn »ein unnachahmliches Muster, wie man abwechselnd, bald durch den schlagendsten Witz, die beißendste und zugleich überzeugendste Satyre den Verstand ergötzen, bald durch die tiefste Seelenanschauung das Gemüth mit süßem Schmerz erfüllen kann« (HSA XXIV, 250). Ihre Freundschaft mit Varnhagen verband sie zusätzlich, und sie unterstützen einander: Heine setzte sich (allerdings vergeblich) für eine französische Übersetzung von Pücklers *Andeutungen über Landschaftgärtnerei* (1834) ein, dieser stand Heine 1846 im Pensionsstreit mit Carl Heine zur Seite und vertrat 1854 bei den schwierigen Verhandlungen über die *Vermischten Schriften* seine Interessen gegenüber Campe. Trotz dieser freundschaftlichen Verbindung kam es erst nach 23 Jahren, im Frühjahr 1854, zur ersten und einzigen persönlichen Begegnung zwischen ihnen. Als Pückler 1834 in Paris war, verfehlten sie einander. Heine widmete Pückler 1854 seine *Lutezia* und stellte ihr als Zeugnis seiner Freundschaft mit dem »wahlverwandte[n] Zeitgenossen« (DHA XIII, 15) seinen »Zueignungsbrief. An seine Durchlaucht, den Fürsten Pückler-Muskau« voran.

ROBERT, FRIEDERIKE, GEB. BRAUN (1795–1832)

Bevor die für ihre Schönheit berühmte Friederike Robert zum umschwärmten Mittelpunkt der Berliner Gesellschaft wurde, hatte sie ein hartes Leben. In Böblingen als neuntes von achtzehn Kindern geboren, wurde sie mit siebzehn Jahren an den italienischen Schmuckhändler Giambattista Primavesi verheiratet, der sie zur Prostitution zwang. Ein

Ausweg tat sich auf, als sie sich in einen ihrer Freier verliebte, den sie nach einer langwierigen Scheidung von ihrem ersten Mann heiratete: den Literaten und Journalisten Ludwig Robert (1778–1832), einen Bruder Rahel Varnhagens. Das Paar lebte zunächst in Karlsruhe, später in Berlin. In den dortigen Künstlerkreisen und im Varnhagenschen Salon hatte die geistreiche Friederike Robert großen gesellschaftlichen Erfolg. Als Heine 1824 von Göttingen aus nach Berlin reiste, lernte er sie kennen – ihren Mann kannte er bereits seit seiner Berliner Studienzeit, mit ihm stand er in freundschaftlichem Briefwechsel – und schrieb für sie unmittelbar danach seinen »Sonettenkranz an Friederike Robert« (1844 unter dem Titel »Friederike« in die *Neuen Gedichte* aufgenommen). Sie war seit 1819 Herausgeberin des Literaturalmanachs *Rheinblüthen*, der im Verlag ihres Bruders Gottlieb Braun in Karlsruhe erschien und in dem sie auch eigene Gedichte (u.a. von Mendelssohn vertont) veröffentlichte. Sie gewann Heine für die *Rheinblüthen*, er publizierte darin Gedichte, auch seine *Harzreise* sollte ursprünglich dort erscheinen. Zu seiner Verärgerung kam es jedoch nicht zu dem für 1825 geplanten Abdruck, da der Almanach eingestellt wurde. Die beiden führten einen heiteren, literarischen Briefwechsel (von Friederike Roberts Briefen ist jedoch nur einer erhalten), geprägt von Heines Bewunderung ihrer Schönheit und spielerisch-spöttischen Galanterien, dessen Ton in mancher Hinsicht an *Ideen. Das Buch Le Grand* (*Reisebilder* II) erinnert, weswegen die darin auftretende »Madame« als Heines Hommage an Friederike Robert gilt.

ROTHSCHILD, ANSELM SALOMON VON (1803–1874)

Als der Leiter der Rothschild-Bank in Wien 1855 die neue »Creditanstalt für Handel und Gewerbe« gründete, die zur größten österreichischen Aktienbank wurde, wandte Heine sich an ihn mit der Bitte, an einem Aktiengeschäft beteiligt zu werden. Der engagierte Philanthrop und Kunstsammler erfüllte Heines Bitte und übersandte ihm, verbunden mit der »Zusicherung meiner freundschaftlichsten Gesinnungen und ganzer Wertschätzung« (HSA XXVII, 373), einen Wechsel über 4000 Francs.

ROTHSCHILD, BETTY DE (1805–1886)

Die Gattin von James Rothschild war kunst- und literaturinteressiert und nahm stets Anteil an Heines Leben und Werk. Heine verkehrte seit Beginn seiner Pariser Zeit im Hause Rothschild und korrespondierte in freundschaftlichem Ton mit Betty Rothschild, der er häufig Widmungsexemplare seiner neuerschienenen Werke zukommen ließ. 1847 schrieb er für sie das Gedicht »Die Engel«.

ROTHSCHILD, JACOB (JAMES) MAYER BARON DE (1792–1868)

»[…] das Geld ist der Gott unserer Zeit und Rothschild ist sein Prophet.« (DHA XIII, 123) Heines Charakterisierung war durchaus zutreffend. Der Chef des Pariser Hauses Rothschild stieg vor allem durch internationale Anleihgeschäfte und durch die Finanzierung der seinerzeit boomenden, neuentstandenen Eisenbahnindustrie zu einem der mächtigsten und reichsten Männer Europas auf. Heine schrieb halb spöttisch, halb bewundernd: »Der Herr Baron will überhaupt aus Pietät die Büsten von allen europäischen Fürstenhäusern anfertigen lassen, die durch sein Haus ihre Anleihen gemacht, und diese Sammlung von Marmorbüsten wird eine Walhalla bilden, die weit großartiger seyn dürfte, als die Regensburger.« (ebd., 123 f.) Durch die Tatsache, daß der »Bürgerkönig« Louis Philippe, mit dem Rothschild eine langjährige Freundschaft verband, bei seiner Wirtschafts- und Finanzpolitik vor allem auf den Bürgerstand und die private Industrie setzte, gewann das Haus Rothschild auch in der französischen Innenpolitik großen Einfluß. Diese immer stärker werdende Verflechtung von wirtschaftlichen und politischen Interessen, die für das System des *Justemilieu* charakteristisch war, beschrieb Heine in seinen Pariser Korrespondenzberichten aufmerksam und sehr kritisch, wobei er auch die Person Rothschilds selbst nicht schonte. Dennoch war er häufig zu Gast im Hause Rothschild, und trotz manch bissigen Bonmots, das von Heines Besuchen an seiner Tafel überliefert ist, unterstützte ihn der Baron, der ein Förderer der Künste und insbesondere der jüdischen Künstler war, gelegentlich durch großzügige Beteiligungen an Anleihegeschäften.

ROUSSEAU, JOHANN BAPTIST (1802–1867)

Der in Bonn geborene und entfernt mit dem gleichnamigen französischen Philosophen verwandte Rousseau war einer der ersten Studienfreunde Heines in Bonn. Zusammen bereiteten sie sich auf die Aufnahmeprüfung vor, wobei Rousseau, der Philologie studierte, Heine Nachhilfeunterricht in Latein gab. Beide verband das Interesse für Literatur und die neu entfachte, in Bonn vor allem von Schlegel beförderte Begeisterung für altdeutsche Dichtung. Zeugnis ihrer Dichterfreundschaft und der Bewunderung, die Rousseau Heine zollte, sind acht an Heine gerichtete Sonette, die er in seinen 1822 erschienenen *Poesien für Liebe und Freundschaft* publizierte, und das lange Gedicht »Das Nibelungenlied. An H. Heine« in seinem zweiten, 1823 veröffentlichten Lyrikband. Heine wiederum widmete dem Kommilitonen, dem er den Spitznamen »der Poet« gab, das (zu Lebzeiten unveröffentlichte) Gedicht »Bang hat der Pfaff sich in der Kirch verkrochen« sowie das Sonett »An J. B. R.« (1821 aufgenommen in die *Gedichte*, nicht aber ins *Buch der Lieder*) und schrieb 1823 für den Berliner *Gesellschafter* eine wohlwollene Rezension zu Rousseaus Gedichten. Nach ihrer kurzen gemeinsamen Studienzeit blieben sie in Briefkontakt. Rousseau arbeitete als Hauslehrer und Journalist und war Redakteur verschiedener Zeitschriften, in denen Heine gelegentlich Gedichte veröffentlichte (*Rheinisches Unterhaltungsblatt*, *Agrippina*, *Rheinische Flora*), aber schon bald traten die politischen Gegensätze zwischen ihnen zutage. Rousseau hing der katholisch-altdeutschen Richtung burschenschaftlicher Prägung an, und als Heine 1823 antisemitische Äußerungen von ihm zu Ohren kamen, kühlte ihr Verhältnis stetig ab. Später äußerte sich Rousseau stets kritisch und ganz im Sinne der national-konservativen Heine-Gegner über den einstigen Studienfreund. Als Dichter erlangte er allenfalls regionale Bedeutung, auch sein Berufsleben, das ihn nach Frankfurt a. M., Berlin und Wien führte, war wenig erfolgreich, er starb schließlich verarmt in Köln.

SAND, GEORGE, EIGENTL. AURORE BARONNE DE DUDEVANT, GEB. DUPIN (1804–1876)

»Wie männiglich bekannt, ist George Sand ein Pseudonym, der *nom de guerre* einer schönen Amazone. [...] Unsere Heldinn wählte jenen Namen, weil er die erste Silbe von Sandeau; so hieß nemlich ihr Liebhaber, der ein achtungswerther Schriftsteller, aber dennoch mit seinem ganzen Namen nicht so berühmt werden konnte, wie seine Geliebte mit der Hälfte desselben, die sie lachend mitnahm, als sie ihn verließ.« (DHA XIII, 40) Die so von Heine gerühmte Romanautorin (*Lélia*, *Consuelo*) und Vorkämpferin der Frauenemanzipation war eng mit ihm befreundet. 1834 lernten sie sich – auf George Sands Wunsch – durch die Vermittlung von Franz Liszt kennen, und schon bald sprachen sie einander als »cousin« und »cousine« an. Sie tauschten sich über philosophische und literarische Fragen, aber auch über Privates aus. In seine Liebesgeschichte mit Mathilde weihte Heine sie ein, und wie gut sie ihn kennenlernte, zeigt einer ihrer Tagebucheinträge von 1841: »Man hält ihn für von Grund auf böse, aber nichts ist falscher; sein Herz ist so gut, wie seine Zunge schlecht ist. Er ist zärtlich, aufmerksam, aufopfernd, in der Liebe romantisch, ja schwach, und eine

Frau kann ihn unbegrenzt beherrschen. [...] Er ist wie seine Dichtungen, eine Mischung aus höchster Sentimentalität und närrischsten Possen.«[17] Auch mit Frédéric Chopin, der seit 1838 der Liebhaber von George Sand war, hatte Heine freundschaftlichen Umgang. Mitte der vierziger Jahre wurde ihr Kontakt sporadischer. Nach der Revolution von 1848 lebte George Sand sehr zurückgezogen, den kranken Heine besuchte sie nicht mehr, was diesen sehr erbitterte: »George Sand, das Luder hat sich seit meiner Krankheit nicht um mich bekümmert« (S. 390), klagte er 1850 gegenüber Laube. Mehrfach überreichte Heine ihr Widmungsexemplare seiner Werke, eine längere Würdigung George Sands schrieb er 1854 in der »Späteren Notiz« zu Artikel V der *Lutezia*.

SCHENK, EDUARD VON (1788–1841)

In Düsseldorf geboren, machte Schenk nach seinem Jurastudium Karriere am Hof Ludwigs I. in München. Er war ein enger Vertrauter des Königs und im Kultusministerium für die von Ludwig I. besonders geförderte Universität zuständig. Im September 1828 wurde er Innenminister. Er dilettierte als Tragödiendichter (seine *Schauspiele* erschienen 1829 bei Cotta, 1826 feierte er mit *Belisar* einen lokalen Erfolg) und war mit dem Schriftsteller Michael Beer, dem Bruder des Komponisten Meyerbeer, befreundet. In den Münchener Künstlerkreisen lernte Heine Schenk 1827 kennen. Von seiner Fürsprache erhoffte er sich eine Anstellung als Universitätsprofessor in München. Trotz des Empfehlungsschreibens, das Schenk an den König richtete, erfüllte sich diese Hoffnung nicht.

SCHLEGEL, AUGUST WILHELM VON (1767–1845)

Als Heine 1819/1820 in Bonn Schlegels Vorlesungen über Geschichte der deutschen Sprache und Poesie, über Metrik, Prosodie und Deklamation sowie über das Nibelungenlied hörte, war dieser als Oberhaupt der romantischen Schule und gefeierter Shakespeare-Übersetzer auf der Höhe seines Ruhmes. Der in Hannover geborene Schlegel hatte 1798 eine Professur in Jena angetreten, wo er zusammen mit seinem Bruder Friedrich (1772–1829) das *Athenaeum*, die programmatische Zeitschrift der Frühromantik, herausgegeben hatte. Die langjährige Verbindung mit Madame de Staël, mit der er Europa bereiste, hatte ihn zu einer internationalen Berühmtheit gemacht. Seine 1808 in Wien gehaltenen Vorlesungen *Über dra-*

---

[17] Werner / Houben II, S. 494.

matische Kunst und Literatur und vor allem seine Übersetzungen von siebzehn Dramen Shakespeares (1797–1810) gelten als seine herausragenden Leistungen, während seine Dichtungen zweitrangig sind. Seine Bedeutung lag nicht so sehr in der Entwicklung eigener, origineller Ansätze, sondern vorwiegend in der systematischen Vermittlung der romantischen Theorie und ihrer Anwendung auf Literaturkritik und -historie. 1818 übernahm er an der neugegründeten Universität Bonn eine Professur für Literatur- und Kunstgeschichte. Seine Vorlesungen waren gesellschaftliche Ereignisse und zogen den jungen Heine und seine Kommilitonen in ihren Bann. Heines kurzer Essay *Die Romantik* (1820) und sein 1821 im Berliner *Gesellschafter* veröffentlichter »Sonetten-Kranz an Aug. Wilh. v. Schlegel« zeugen davon. Er hatte persönlichen Umgang mit Schlegel und legte ihm seine Gedichte zur Korrektur vor. Im Hinblick auf Metrik und Verslehre lernte er viel von ihm, unter seinem Einfluß übte er sich systematisch in traditionellen lyrischen Formen wie Ballade, Romanze und Sonett. Auch die in Bonn entstandenen Byron-Übersetzungen Heines gehen auf den Ansporn Schlegels zurück. Seinen Ansichten über Literatur und Geschichte folgte Heine jedoch nicht, und in der *Romantischen Schule* (1836) wurde Schlegel dann wegen seiner Rückwärtsgewandtheit, seiner restaurativen, antiaufklärerischen Haltung, seiner Mittelalter-Verehrung und seinem mangelnden Sinn für die politischen Fragen der Gegenwart zum Inbegriff all dessen, was er an der Romantik kritisierte.

SELDEN, CAMILLE s. Krinitz, Elise

SETHE, CHRISTIAN (1798–1857)

Der in Kleve geborene Sethe war 1811 mit seinen Eltern nach Düsseldorf gezogen und besuchte gemeinsam mit Heine das dortige Lyzeum. Ihre enge Freundschaft spiegelt sich in den Briefen, die Heine aus Hamburg an Sethe richtete, nachdem er dort 1816 seine kaufmännische Lehrzeit begonnen hatte. Ihm vertraute er seinen Liebeskummer, seine Unzufriedenheit mit seiner Rolle in der Hamburger Familie und mit der für ihn vorgesehenen Berufslaufbahn an, ihm berichtete er über seine ersten dichterischen Versuche und Erfolge. Ab 1819 studierten sie zusammen in Bonn Rechtswissenschaft, auch in Berlin (1822) und bei Ferienaufenthalten auf Norderney (1825) sahen sie einander wieder. Dem Jugendfreund widmete Heine 1821 den zehnteiligen Gedichtzyklus »Fresko-Sonette an Christian S.«, den er 1827 auch in das *Buch der Lieder* aufnahm. Sethe, dem Heine den

Spitznamen »Staatsrat« gab, schlug die Verwaltungslaufbahn ein und lebte lange Zeit in Münster, wo es 1843 noch einmal zu einem Wiedersehen kam: Sethe gehörte zu den wenigen alten Bekannten, die Heine auf der ersten seiner beiden Deutschlandreisen, die er von Paris aus unternahm, besuchte.

STEINMANN, FRIEDRICH ARNOLD (1801–1875)

Der in Kleve geborene Steinmann war ein Mitschüler Heines am Düsseldorfer Lyzeum (wenn auch nicht in derselben Klasse) und besuchte zusammen mit ihm die Universität Bonn, wo die beiden durch gemeinsame literarische Interessen verbunden waren. 1820 schrieb Heine ihm zum Abschied das Gedicht »An Fritz St.« ins Stammbuch, das er 1821 in seinen Band *Gedichte* (nicht jedoch ins *Buch der Lieder*) übernahm. Steinmann setzte danach sein Jurastudium in Heidelberg fort und wurde schließlich Gerichtssekretär in Münster. Er war auch literarisch tätig, schrieb zahlreiche humoristische und politische Zeitbetrachtungen, Dramen, Lustspiele und Novellen, allerdings mit geringem Erfolg. Den Briefkontakt brach Heine schon bald nach seinem Weggang aus Bonn ab, dennoch trat Steinmann – auch noch lange nach Heines Tod – immer wieder mit Publikationen über Heine hervor, in denen er sich als engen Vertrauten des Dichters darzustellen versuchte. Mehrfach publizierte er unautorisiert Briefe und Jugendgedichte Heines, die dieser selbst nicht für die Veröffentlichung bestimmt hatte, und brachte schließlich sogar eine Reihe von ihm selbst gefälschter, angeblicher Heine-Briefe und -Gedichte heraus. Seine verschiedenen biographischen Skizzen über Heine gelten nicht zuletzt deswegen größtenteils als unglaubwürdig.

STRAUBE, HEINRICH (1794–1847)

Straube war Heines engster Freund und Vertrauter während seiner Göttinger Studienzeit. Der Jurastudent war literarisch interessiert und gab 1818 im Göttinger Verlag Vandenhoeck und Ruprecht zusammen mit J. P. von Hornthal die an der Heidelberger Romantik orientierte Zeitschrift *Wünschelruthe* heraus, zu deren Mitarbeitern u.a. Clemens Brentano, Achim von Arnim, Justinus Kerner und die Brüder Grimm zählten. Heine widmete ihm 1820 das Sonett »An Straube. Nachdem ich die Wünschelruthe durchblättert« (abgedruckt 1821 in den *Gedichten*, 1827 unter dem Titel »An H. S.« ins *Buch der Lieder* aufgenommen). Straubes Liebesgeschichte mit der Dichterin Annette von Droste-Hülshoff nahm 1819 ein unglückliches Ende. 1821 wurde er Anwalt, später Regierungsrat in Kassel. Nachdem Heine ihn 1827 dort besucht hatte, brach ihr Kontakt ab.

STRAUSS, SALOMON (1795–1866)

Der in Frankfurt am Main geborene Tuch- und Rauchwarenhändler war seit 1832 mit Jeanette Wohl (1783–1861), der langjährigen vertrauten Freundin Ludwig Börnes und Adressatin von dessen *Briefen aus Paris*, verheiratet. Er verehrte den Schriftsteller und unterstützte Jeanette Wohl mit großem Einsatz bei der Abschrift von Börnes Briefen. 1833 zog er zusammen mit ihr nach Paris. Als er dort Börne kennenlernte – der Jahre zuvor seinerseits erwogen hatte, Jeanette Wohl zu heiraten –, entwickelte sich zwischen ihnen ebenfalls eine Freundschaft. Nach Börnes Tod (1837) verwaltete Strauß zusammen mit Jeanette Wohl seinen Nachlaß. Heines Denkschrift *Ludwig Börne* (1840) und die darin enthaltenen spöttischen und anzüglichen Bemerkungen über das Dreiecksverhältnis Börne–Wohl–Strauß verärgerten ihn sehr. Zusammen mit Jeanette Wohl gab er daraufhin anonym eine Auswahl bis dahin ungedruckter, negativer Äußerungen Börnes über Heine heraus und initiierte die als »Ohrfeigen-Affäre« bekannt gewordene Pressekampagne gegen Heine. Sie veranlaßte diesen, Strauß zum Duell zu fordern. Erst nach mehreren Briefen ging Strauß darauf ein, und am 7. September 1841 kam es zum Pistolenduell zwischen beiden, bei dem Heine durch einen Streifschuß an der Hüfte leicht verletzt wurde.

TAILLANDIER, RENÉ GASPARD ERNEST, GENANNT SAINT-RENÉ (1817–1879)

Die Übersetzungen des in Paris geborenen Taillandier trugen maßgeblich zur Verbreitung von Heines Werk in Frankreich bei. Taillandier hatte in Heidelberg studiert und in München Kontakt mit dem Philosophen Joseph Schelling gehabt. Ab 1841 lehrte er französische Literatur an der Universität Straßburg, 1846 wurde er Professor für deutsche Literatur in Montpellier. Für die angesehene *Revue des deux Mondes* publizierte Taillandier zahlreiche Artikel über deutsche Literatur (u.a. über Mörike, Börne, Karl August Varnhagen von Ense sowie über aktuelle politische Dichtung), darunter umfangreiche Rezensionen von Heines *Neuen Gedichten*, *Ludwig Börne* und *Atta Troll*. 1851 lernte er Heine persönlich kennen, und ihre erfolgreiche Zusammenarbeit begann. Taillandier wurde der Übersetzer des späten Heine, seine Übertragungen aus dem *Romanzero*, den *Gedichten. 1853 und 1854*, der *Heimkehr* und dem *Neuen Frühling* sowie *Der*

Doktor Faust – an deren Redaktion Heine unmittelbar beteiligt war – erschienen in der *Revue des deux Mondes*, für die Taillandier 1852 auch einen großen biographischen Artikel über Heine schrieb, und in der französischen Gesamtausgabe von Heines Werken (1855–1885). 1863 übersetzte er die Tragödien Heines. Im selben Jahr wurde Taillandier als Professor an die Sorbonne berufen, 1873 wurde er in die Academie française gewählt.

THIERS, LOUIS ADOLPHE (1797–1877)

Der in Marseille geborene Journalist, Historiker und Politiker war einer der führenden Vertreter des konstitutionellen Liberalismus in Frankreich. Unter dem »Bürgerkönig« Louis Philippe begann sein politischer Aufstieg: Zwischen 1832 und 1836 bekleidete er verschiedene Ministerämter, 1836 und 1840 war er jeweils für kurze Zeit Ministerpräsident, 1871 wurde er der erste Präsident der Dritten Republik. Seine zwischen 1823 und 1827 erschienene, zehnbändige *Geschichte der französischen Revolution* gilt als das erste Standardwerk zum Thema. Heine las sie 1830, noch bevor er nach Paris kam und Thiers persönlich kennenlernte:»Ich vergesse nicht die Liebenswürdigkeit, womit einst im Garten des Schlosses einer fürstlichen Freundinn der große Geschichtsschreiber der französischen Revoluzion und des Empires, welcher damals der allgewaltige Präsident des Conseils war, meinen Arm ergriff, und mit mir spazieren gehend, lange und lebhaft in mich drang, daß ich ihm sagen möchte, was mein Herz begehre, daß er sich anheischig mache, mir alles zu verschaffen.« (DHA XIV, 83) Thiers war es auch, der Heine 1836 eine Pension des französischen Staates gewährte, die ihm bis 1848 gezahlt wurde. Eine Gemeinsamkeit zwischen ihnen war die Verbindung mit dem Verleger Cotta. Auch Thiers hatte zeitweilig für dessen *Allgemeine Zeitung* geschrieben, und der süddeutsche Zeitungsmagnat finanzierte mit dem bonapartistisch ausgerichteten *Le Constitutionnel* und dem liberalen *Le National* gleich zwei von Thiers redigierte Zeitschriften. Als Politiker bewunderte Heine den 1834 in die Academie française aufgenommenen Thiers, der für ihn »der klügste Kopf Frankreichs« (DHA XIII, 50) war, dennoch beurteilte er die Rolle, die er im System des *Justemilieu* spielte, mitunter recht kritisch. Die permanente Rivalität zwischen Thiers und seinem politischen Widersacher François Guizot war eines der zentralen Themen von Heines Frankreich-Berichten, die er von 1840 bis 1843 für die *Allgemeine Zeitung* schrieb und 1854 in überarbeiteter Form unter dem Titel *Lutezia* als Buch veröffentlichte. Die 1855 erschienene französische Version, *Lutèce*, übersandte er sowohl Thiers als auch Guizot.

TIECK, LUDWIG (1773–1853)

Die Werke Ludwig Tiecks, der einer der produktivsten und vielfältigsten Dichter der Romantik war, hat der junge Heine gerne und häufig gelesen, seine frühen Gedichte verdankten ihnen manche Anregung. Im zweiten Buch seiner *Romantischen Schule* (1836) widmete er Tieck eine umfassende und moderat kritische Würdigung, deren Ausgewogenheit angesichts der Tatsache, daß Tieck zu den erklärten Gegnern des Jungen Deutschland gehörte, ein wenig überraschend ist. Später äußerte er sich nur noch vereinzelt und meist spöttisch über ihn. Tiecks Reaktion auf die Übersendung von Heines *Tragödien, nebst einem lyrischen Intermezzo* (1823) war, wie Grabbe berichtete, negativ[18], und aus der späteren Zeit sind einige sehr abfällige, auch antisemitische Äußerungen von ihm über Heine überliefert, so daß es verständlich ist, daß Heine und Tieck nie persönlichen Umgang miteinander hatten.

UHLAND, LUDWIG (1787–1862)

Die Lyrik des Tübinger Dichters, der vor allem für seine Balladen berühmt ist – seine Bedeutung als Pionier der Germanistik ist weniger bekannt –, beeinflußte das Werk des jungen Heine vor allem wegen ihrer Nähe zum Volkslied. Im dritten Buch seiner *Romantischen Schule* (1836) lieferte Heine eine sehr differenzierte Kritik Uhlands, die seine literarischen Verdienste würdigte, aber auch politische Ablehnung formulierte gegen »jenes chevalereske und katholische Wesen, [...] jene sanften Knappen und sittigen Edelfrauen, jene Nordlandshelden und Minnesänger, [...] jene Vätergrüfte mit Ahnungsschauern, jene blassen Entsagungsgefühle mit Glockengeläute, und das ewige Wehmutsgewimmer« (DHA VIII, 213), die ihren Inhalt ausmachten, und die unzeitgemäße Verehrung und Vereinnahmung seiner Dichtung durch national-konservative Kreise anprangerte. Eine Reaktion Uhlands auf Heines Übersendung der *Tragödien, nebst einem lyrischen Intermezzo* (1823) ist nicht überliefert, ein persönlicher Kontakt zwischen ihnen kam nicht zustande.

---

[18] Vgl. Brief von Christian Dietrich Grabbe an Ludwig Gustorf vom 3. 6. 1823, in: Christian Dietrich Grabbe: *Werke und Briefe. Historisch-kritische Gesamtausgabe in sechs Bänden*. Hg. von der Akademie der Wissenschaften in Göttingen. Bearbeitet von Alfred Bergmann. Bd. V, Emsdetten 1970, S. 84.

Varnhagen von Ense, Karl August (1785–1858)

»Er ist ein Mann dessen äußere Stellung, Charakter, Kritik und Loyalität das höchste Vertrauen verdient, [...] der übrigens der einzige ist auf den ich, in diesem falschen Neste, mich verlassen kann« (HSA XX, 66), schrieb Heine aus Berlin über Karl August Varnhagen von Ense, den er 1821 kennengelernt hatte, und dieses Vertrauensverhältnis blieb eine der konstantesten persönlichen Beziehungen in seinem Leben. Varnhagen stammte ebenfalls aus Düsseldorf, schlug nach einem abgebrochenen Medizinstudium in Berlin, Halle und Tübingen zunächst die Offizierslaufbahn ein (in österreichischen und russischen Diensten, Verwundung in der Schlacht bei Wagram, 1809) und trat anschließend als Diplomat in den preußischen Staatsdienst. Er begleitete 1815 den Fürsten von Hardenberg zum Wiener Kongreß und wurde 1816 preußischer Geschäftsträger in Baden, ab 1817 im Range eines Minister-Residenten. Wegen seiner liberalen Grundhaltung und seiner Unterstützung der badischen Verfassungsbewegung wurde er 1819 auf Wunsch Metternichs abberufen und in den vorgezogenen Ruhestand versetzt. Fortan lebte er in Berlin und widmete sich ganz seinen vielfältigen publizistischen Tätigkeiten. Nicht zuletzt durch seine weitreichenden Kontakte zu den bedeutendsten Politikern, Künstlern und Intellektuellen war er einer der kenntnisreichsten Beobachter des Zeitgeschehens. Er schrieb für Cottas Zeitschriften und war, zusammen mit Eduard Gans, Herausgeber der Hegelschen *Jahrbücher für wissenschaftliche Kritik*. In seinen *Biographischen Denkmalen* (1824–1830), *Denkwürdigkeiten* (ab 1837) und seinen *Tagebüchern* (1861–1870 in Auswahl von seiner Nichte Ludmilla Assing veröffentlicht) verfolgte er seine personalisierte, biographische und autobiographische Zeitgeschichtsschreibung. Er stand mit Goethe im Briefwechsel und gilt als Mitbegründer der Goethe-Philologie, weswegen Heine ihn scherzhaft den »Statthalter Goethes auf Erden« (HSA XXI, 272) nannte. 1814 hatte er Rahel Levin geheiratet, und ihr Salon war der Mittelpunkt des geistigen Lebens in Berlin, zu dem auch Heine 1821 Zutritt fand. Von Anfang an setzte Varnhagen sich für Heine ein, in klug abwägenden Rezensionen bemühte er sich vor allem, sein Werk auch den politisch wie ästhetisch eher konservativeren Kreisen näherzubringen. Mit Rat und publizistischer Unterstützung stand er Heine in vielen schwierigen Situationen wie z.B. dem Streit um die Pension von Onkel Salomon bei. Er war der einzige von Heines engeren Freunden, der in der Kontroverse um seine Platen-Polemik öffentlich für ihn Partei ergriff, und vor allem aufgrund seines Zuratens setzte Heine den Plan, nach

Paris zu gehen, in die Tat um. 1843 widmete Heine ihm sein Versepos *Atta Troll*: »Das gebührte Ihnen denn Sie sind immer mein wahlverwandtester Waffenbruder gewesen, in Spiel, und Ernst; Sie haben gleich mir die alte Zeit begraben helfen und bey der neuen Hebammendienst geleistet [...].« (S. 351) Obwohl es nach Heines Übersiedlung nach Paris zu keiner persönlichen Begegnung mehr kam, blieben sie doch stets miteinander verbunden, und Varnhagen schrieb 1854 an Heine: »Obschon weiter Raum uns trennt und oft längere Zeit vergeht ohne daß wir unmittelbar Lebenszeichen austauschen, so besteht doch unausgesetzt ein nahes und inniges, ich darf sagen tägliches Zusammenleben, durch frühes Jugendvertrauen begründet, durch wahren Herzensantheil und ungenirtes Geistesverständniß unaufhörlich genährt, durch jeden Fortschritt des Alters gereift und erhöht!« (HSA XXVII, 191)

VARNHAGEN VON ENSE, RAHEL (ANTONIE FRIEDERIKE), geb. LEVIN (1771–1833)

»Heine wurde uns vor mehreren Jahren zugeführt, wie so Viele und immer zu Viele; da er fein und absonderlich ist, verstand ich ihn oft, und er mich, wo ihn Andre nicht vernahmen, das gewann ihn mir; und er nahm mich als Patronin«[19], schrieb Rahel Varnhagen 1830, und Heine bekannte, »[...] daß mich niemand so tief versteht und kennt wie *Frau v. Varnhagen*. [...] Das Beste ist, ich brauch *Frau* v. Varnhagen keine lange Briefe zu schreiben. Wenn sie nur weiß daß ich lebe, so weiß sie auch was ich fühle und denke.« (HSA XX, 254) Neben gemeinsamen literarischen Interessen und politischen Grundanschauungen, die Heine mit dem Ehepaar Varnhagen verband, basierte dieses tiefe Einverständnis zwischen Rahel und ihm vor allem auf dem ihnen gemeinsamen Außenseiter-Bewußtsein als Juden in einer latent antisemitischen Gesellschaft. In ihrem berühmten Bekenntnisbrief an Heine vom 21. September 1830 interpretierte Rahel all das, was Heine in seinen Werken »herrlich, elegisch, phantastisch, einschneidend, äußerst scherzhaft immer, gesangvoll, anreizend, oft hinreißend sagen; nächstens sagen« werde, als »Text aus meinem alten beleidigten Herzen« (HSA XXIV, 61). Rahel Levin stammte aus einer Berliner Kaufmannsfamilie. Ihre Ausstrahlung und intellektuelle Originalität machten

---

19 Rahel Varnhagen an Friedrich von Gentz, 9. 10. 1830. In: Rahel Varnhagen: *Gesammelte Werke*. Hg. von Konrad Feilchenfeldt, Uwe Schweikert und Rahel E. Steiner. München 1983 (Rahel-Bibliothek), Bd. III, S. 452.

ihre berühmte »Dachstubenwohnung«, die in den 1790er Jahren ihren ersten Salon beherbergte, zum Zentrum des offenen geistigen Austauschs jenseits aller sozialen, politischen und religiösen Schranken. In unkonventionellem Rahmen kamen hier Angehörige aller Stände zu geistreichen Gesprächen zusammen. U. a. gehörten Friedrich Schleiermacher, die Brüder Schlegel und die Brüder Humboldt, Jean Paul, Clemens Brentano und Prinz Louis Ferdinand von Preußen zu ihren Gästen. Während des Krieges und der französischen Besetzung verließ Rahel Berlin und lebte in Prag, wo sie sich mit großem Einsatz um die Versorgung verwundeter Soldaten kümmerte. 1814 ließ sie sich taufen und heiratete Karl August Varnhagen von Ense, den sie auf den Stationen seiner diplomatischen Laufbahn (Wien, Karlsruhe) begleitete, bis sie beide nach seiner von Metternich erzwungenen Abberufung nach Berlin zurückkehrten. Auch ihr zweiter Berliner Salon wurde zum Mittelpunkt des kulturellen Lebens mit Gästen wie Hegel, Alexander von Humboldt, Fouqué, Chamissso, Heine und vielen anderen. Spiegel dieser intellektuellen Geselligkeit ist das Werk der Brief-Schriftstellerin Rahel Varnhagen, dessen Publikation sie selbst noch vorbereitete, das aber erst nach ihrem Tod von ihrem Mann auszugsweise herausgegeben wurde (*Rahel. Ein Buch des Andenkens für ihre Freunde*; 1833). Die Briefe, die sie an Heine schrieb und die sich nach dessen Übersiedlung nach Paris vor allem mit dem Saint-Simonismus beschäftigten, sind leider größtenteils verschollen. In dem familiär-freundschaftlichen Verhältnis zwischen Heine, Rahel und ihrem Mann war Goethe »sozusagen der unsichtbare Vierte«[20]. Wie Karl August versuchte auch Rahel, Heine die Lektüre Goethes ans Herz zu legen – offenbar gegen gewisse Widerstände: 1823 schrieb Heine scherzend an ihren Bruder Ludwig Robert: »Sie können kaum glauben, wie artig ich mich jetzt gegen Frau von Varnhagen betrage, – ich habe jetzt, bis auf eine Kleinigkeit den ganzen Goethe gelesen!!! Ich bin jetzt kein blinder Heide mehr, sondern ein sehender.« (HSA XX, 125) Rahel war mit Goethe zusammengetroffen, und die 1812 unter dem Titel *Ueber Goethe* im *Morgenblatt* veröffentlichten Auszüge aus ihren Briefen an Karl August Varnhagen waren ihre erste (allerdings anonyme) Publikation. Sie war eine wohlwollende, aber auch sehr kritische Leserin Heines und ließ ihn wissen: »[…] wenn Sie druken laßen,

---

[20] Christian Liedtke: »Vaterland französische Straße Nr. 20«. Heinrich Heine und das Ehepaar Varnhagen. In: *Makkaroni und Geistesspeise*. Hg. von Nikolaus Gatter. Berlin 2002 (Almanach der Varnhagen Gesellschaft 2), S. 209–231, hier: S. 213.

vergeßen Sie nie dabey, daß ich es lese, geflißentlich. Das schützt Sie vor Manchem und hilft Ihnen in Vieles. Sie haben keinen passionirteren, keinen erwägenderen Leser, keinen größern aplaudeur.« (HSA XXIV, 127f.) Heine widmete seiner »Patronin« mit der *Heimkehr* (1826 in Band I der *Reisebilder* und 1827 in der Erstauflage des *Buchs der Lieder*) seinen wohl berühmtesten Gedichtzyklus.

VESQUE VON PÜTTLINGEN, JOHANN (1803–1883)

Der begabte musikalische Dilettant, der aus dem polnischen Opole stammte, war im Hauptberuf Jurist und bekleidete hohe Positionen im österreichischen Staatsdienst. Seine Liebe galt der Musik, und er war einer der wichtigsten Förderer des Wiener Musiklebens. Ausgebildet u.a. bei Ignaz Moscheles – einem Londoner Bekannten Heines –, gehörte er zu den angesehensten Liedkomponisten seiner Zeit, seine Werke waren in den Wiener Salons weit verbreitet und wurden dort in geselligen Runden gesungen. Als seine bedeutendste Komposition gilt die Vertonung der 88 Gedichte aus Heines *Heimkehr*-Zyklus, die er dem Dichter 1851 zusandte.

WEERTH, GEORG (1822–1856)

»Der Herr Weerth [...] ist ein sehr netter, außerordentlich talentvoller und äußerst braver und rechtschaffener Mensch; ich habe ihn selbst wenig gesehen, kenne ihn aber genau durch gemeinschaftliche Freunde« (HSA XXIII, 90), schrieb Heine am 12. März 1851 an seine Mutter. Weerth war von Paris aus nach Hamburg gereist, wo er im Auftrag Heines versuchte, den Kontakt mit Julius Campe wiederaufzunehmen, der seit April 1848 keinen Brief Heines mehr beantwortet hatte. Weerths Vermittlung war erfolgreich. Im Juli 1851 reiste Campe nach Paris. Bei Hoffmann und Campe war 1849 das einzige Buch von Georg Weerth erschienen: *Leben und Thaten des berühmten Ritters Schnapphahnski*, das zuvor als erster deutscher Feuilletonroman in der *Neuen Rheinischen Zeitung* veröffentlicht worden war. Der Roman, dessen Titelfigur aus Heines *Atta Troll* entlehnt war (weswegen Weerth zunächst geplant hatte, Heine das Buch zu widmen) und den 1848 ermordeten Fürsten Lichnowski karikierte, trug ihm drei Monate Haft ein. Weerth stammte aus Detmold, hatte eine kaufmännische Lehre in Elberfeld absolviert und war drei Jahre lang bei einer englischen Textilfirma angestellt. Mit Satiren, Reiseberichten und Sozialreportagen aus England, die in der liberalen *Kölnischen Zeitung* und frühsozialistischen Journalen erschienen, trat er erstmals publizistisch hervor. Mitte der vierziger Jahre lebte er in Brüssel. Marx und Engels, die er dort kennenlernte, gehörten ebenso zu den »gemeinschaftlichen Freunden«, von denen Heine seiner Mutter schrieb, wie Richard Reinhardt (1829–1898), der zu der Zeit, als Weerth nach Paris kam, Sekretär Heines war und diesem auch aus dem *Schnapphahnski* vorlas. Weerth zog sich nach der gescheiterten Revolution, die er als Mitarbeiter der *Neuen Rheinischen Zeitung* journalistisch begleitet hatte, resigniert aus der Publizistik zurück und ging als Kaufmann auf Reisen, die ihn bis nach Südamerika führten. Seine Briefe an Heine, die reizvolle Reiseschilderungen enthalten, mit Heine-Zitaten und -Anspielungen gespickt sind und dem Dichter in der »Matratzengruft« von der Aufnahme seiner Werke in der ganzen Welt berichten, gehören zu den interessantesten brieflichen Rezeptionszeugnissen und belegen zudem die »heinesche« Begabung Weerths.

WEILL, ALEXANDER (1811–1899)

»[…] eine seltene Ursprünglichkeit des Fühlens und Denkens, ein leicht erregbares, enthusiastisches Gemüth und eine Lebhaftigkeit des Geistes, die ihm im Erzählen und Schildern ganz wunderbar zustatten kommt, und seinen literarischen Erzeugnissen den Charakter eines Naturproduktes verleiht« (DHA X, 283), attestierte Heine dem elsässischen Schriftsteller in dem kurzen Vorwort, das er 1847 zu dessen Dorfnovellen (*Sittengemälde aus dem elsässischen Volksleben*) schrieb. Das Vorwort war ein Freundschaftsdienst Heines für seinen langjährigen Bekannten, dem er 1839 erstmals begegnet war und mit dem er bis zu seinem Lebensende Umgang hatte. Weill, der politische Artikel in verschiedenen demokratischen Zeit- und Flugschriften in Paris sowie für die in Leipzig erscheinende *Zeitung für die elegante Welt* schrieb, hat Heine mehrfach publizistischen Beistand geleistet (etwa in der Auseinandersetzung mit Salomon Strauß). Heine half ihm gelegentlich aus Geldverlegenheiten. Bis zuletzt war Weill ein regelmäßiger Besucher des Dichters. Seine 1883 erschienenen *Souvenirs intimes de Henri Heine* sind lebendig geschrieben und enthalten interessante Schilderungen aus dem Alltag des Ehepaars Heine, sind aber wohl nicht immer glaubwürdig.

WERTHEIM, LEOPOLD (1810–1890)

Der angesehene österreichische Mediziner praktizierte seit 1840 in Paris. Er war für lange Jahre Heines Arzt, und die beiden verband ein freundschaftliches Vertrauensverhältnis, das 1848 für einige Zeit getrübt war, nachdem Mathilde Wertheim einen Faustschlag versetzt und ihn aus der Wohnung geworfen hatte, weil er ihr mangelnde Sorgfalt bei der Pflege des kranken Heine vorgeworfen hatte. Später kam Wertheim wieder zu Heine und behandelte ihn bis kurz vor seinem Tod.

WOHLWILL, IMMANUEL, EIGENTL. JOËL WOLF
(1799–1847)

Immanuel Wohlwill, der seinen Namen 1822 nach dem preußischen Kabinettsbefehl über die Festlegung von Familiennamen für Juden geändert hatte, gehörte zu Heines Freundeskreis im Berliner »Verein für Cultur und Wissenschaft der Juden«. Er stammte aus Harzgerode und wurde früh Waise, ging in Berlin zur Schule und nahm dort ein philologisches und philosophisches Studium auf. Von 1823 bis 1838 unterrichtete er an der Israelitischen Schule in Hamburg und wurde dann Direktor der angesehenen Jacobsenschule in Seesen, einer der ersten gemeinsamen Schulen für jüdische und christliche Kinder. Der engagierte Pädagoge, der auch mit erziehungswissenschaftlichen Schriften hervortrat, wurde 1834 als erster Jude Ehrenmitglied der traditionsreichen »Patriotischen Gesellschaft« in Hamburg. Er war zudem im Vorstand der Hamburger Abteilung des »Vereins für Cultur und Wissenschaft der Juden«, dem 1821 gegründeten »Hamburg und Altonaer Special-Verein«. Es gab Spannungen zwischen den beiden Abteilungen, denn die Hamburger Mitglieder waren Anhänger der jüdischen Reformbewegung, die den vorwiegend hegelianisch orientierten Berliner Mitgliedern, zu denen auch Wohlwill zählte, nicht radikal genug erschien. Später schloß Wohlwill sich der neuentstandenen freireligiösen Bewegung an. Heine hatte sowohl in Berlin als auch in Hamburg Umgang mit ihm. Von ihrer vermutlich umfangreicheren Korrespondenz sind nur wenige Briefe erhalten.

ZUNZ, LEOPOLD, EIGENTL. YOM TOV LIPMAN ZUNZ
(1794–1886)

Der in Detmold geborene Zunz war der bedeutendste jüdische Gelehrte seiner Zeit. Er studierte in Berlin Mathematik, Philologie und (u.a. bei August Boeckh und Friedrich August Wolf) Klassische Altertumswissenschaft, und indem er deren Methoden auf die jüdische Geschichte und Literatur übertrug, wurde er mit Schriften wie *Etwas über rabbinische Litteratur* (1818) und *Gottesdienstliche Vorträge der Juden* (1831) zum Begründer der Wissenschaft des Judentums, der modernen Judaistik. Er gehörte 1819 zu den Gründungsmitgliedern des Berliner »Vereins für Cultur und Wissenschaft der Juden« und war der Herausgeber der Vereinszeitschrift. Heine lernte ihn kennen, als er 1822 während seiner Berliner Studienzeit dem Verein beitrat. Seitdem hatte er stets herzlichen Umgang mit ihm. Vor allem während der Arbeit an seinem *Rabbi von Bacherach* bekam er von ihm wichtige Hinweise und Lektüreempfehlungen über das Judentum und seine Geschichte. Nach vielen Jahren ohne feste Anstellung und Tätigkeiten als Redakteur, Prediger und Hauslehrer, wurde Zunz 1840 Leiter des neugegründeten jüdischen Lehrerseminars in Berlin. Im Zuge der Märzrevolution, an der Zunz sich aktiv beteiligte, wurde er in verschiedene Ämter gewählt. Der freundschaftliche Kontakt zwischen Zunz und Heine war nach dessen Übersiedlung nach Paris abgerissen, aber als eine Forschungsreise Zunz 1855 nach Paris führte, war er mit seiner Gattin Adelheid Zunz (1802–1874) noch einmal bei Heine zu Besuch.

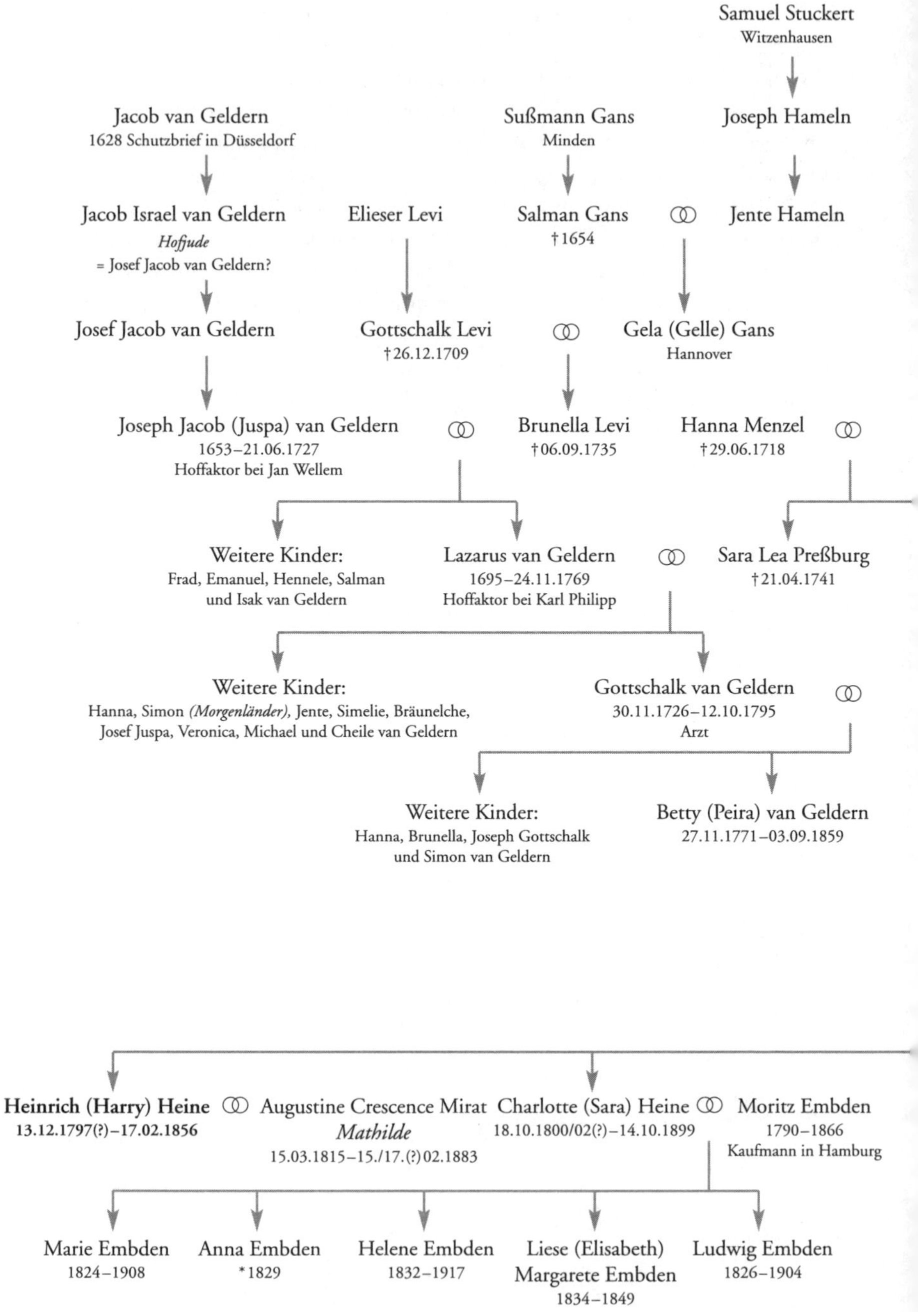

Samuel Stuckert
Witzenhausen

Jacob van Geldern
1628 Schutzbrief in Düsseldorf

Sußmann Gans
Minden

Joseph Hameln

Jacob Israel van Geldern
Hofjude
= Josef Jacob van Geldern?

Elieser Levi

Salman Gans
†1654

⊕

Jente Hameln

Josef Jacob van Geldern

Gottschalk Levi
†26.12.1709

⊕

Gela (Gelle) Gans
Hannover

Joseph Jacob (Juspa) van Geldern
1653–21.06.1727
Hoffaktor bei Jan Wellem

⊕

Brunella Levi
†06.09.1735

Hanna Menzel
†29.06.1718

⊕

Weitere Kinder:
Frad, Emanuel, Hennele, Salman
und Isak van Geldern

Lazarus van Geldern
1695–24.11.1769
Hoffaktor bei Karl Philipp

⊕

Sara Lea Preßburg
†21.04.1741

Weitere Kinder:
Hanna, Simon *(Morgenländer)*, Jente, Simelie, Bräunelche,
Josef Juspa, Veronica, Michael und Cheile van Geldern

Gottschalk van Geldern
30.11.1726–12.10.1795
Arzt

⊕

Weitere Kinder:
Hanna, Brunella, Joseph Gottschalk
und Simon van Geldern

Betty (Peira) van Geldern
27.11.1771–03.09.1859

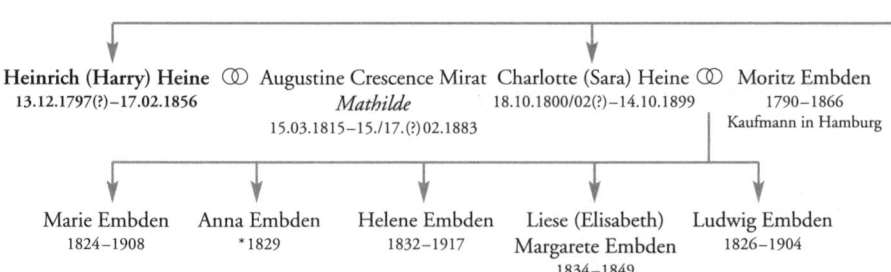

Heinrich (Harry) Heine
13.12.1797(?)–17.02.1856

⊕

Augustine Crescence Mirat
Mathilde
15.03.1815–15./17.(?)02.1883

Charlotte (Sara) Heine
18.10.1800/02(?)–14.10.1899

⊕

Moritz Embden
1790–1866
Kaufmann in Hamburg

Marie Embden
1824–1908

Anna Embden
*1829

Helene Embden
1832–1917

Liese (Elisabeth)
Margarete Embden
1834–1849

Ludwig Embden
1826–1904

Stammtafel der Familien Heine und van Geldern

»Ich läugne es nicht, daß ich die Bäume der Flur mehr liebe als Stammbäume [...].«

Heinrich Heine, *Ueber Polen* (DHA VI, 58)

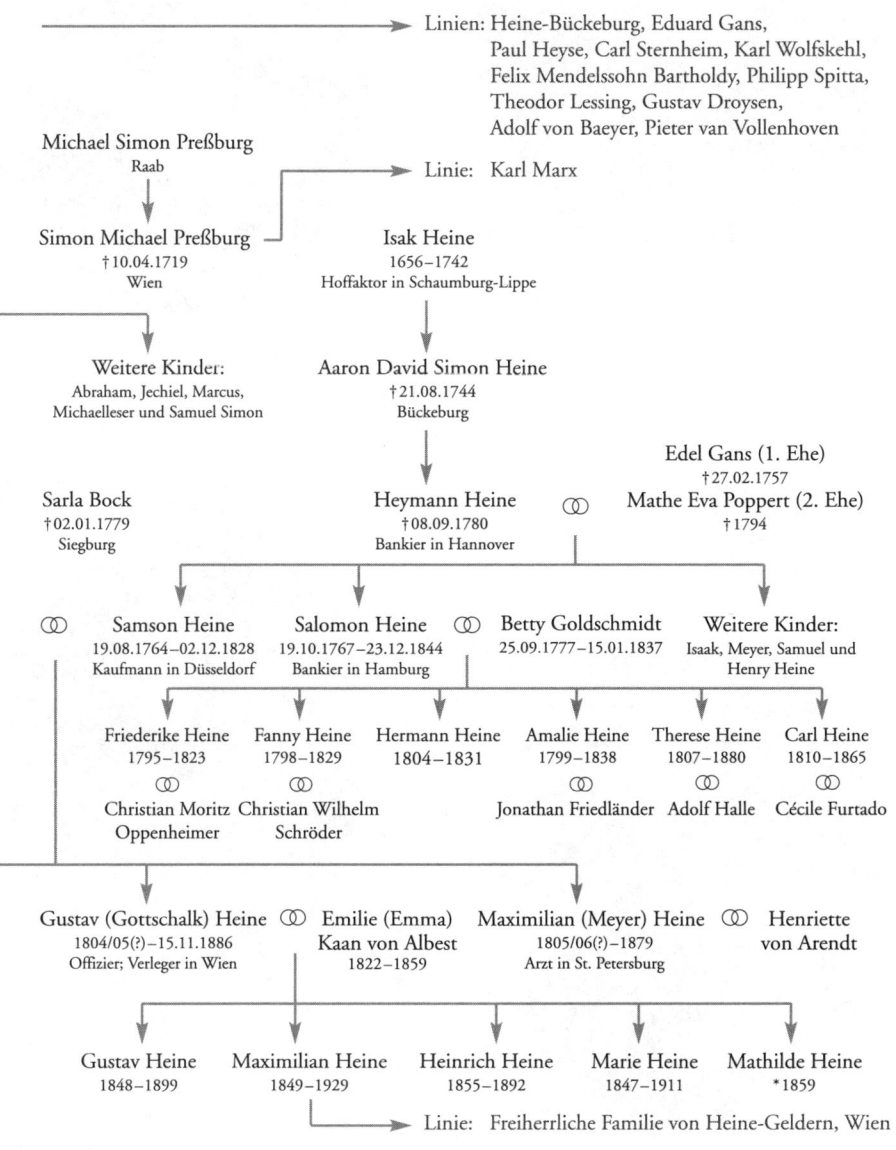

Linien: Heine-Bückeburg, Eduard Gans,
Paul Heyse, Carl Sternheim, Karl Wolfskehl,
Felix Mendelssohn Bartholdy, Philipp Spitta,
Theodor Lessing, Gustav Droysen,
Adolf von Baeyer, Pieter van Vollenhoven

Linie: Karl Marx

Michael Simon Preßburg
Raab

Simon Michael Preßburg
† 10.04.1719
Wien

Isak Heine
1656–1742
Hoffaktor in Schaumburg-Lippe

Weitere Kinder:
Abraham, Jechiel, Marcus,
Michaelleser und Samuel Simon

Aaron David Simon Heine
† 21.08.1744
Bückeburg

Edel Gans (1. Ehe)
† 27.02.1757

Sarla Bock
† 02.01.1779
Siegburg

Heymann Heine
† 08.09.1780
Bankier in Hannover

ⓒⓓ **Mathe Eva Poppert (2. Ehe)**
† 1794

ⓒⓓ **Samson Heine**
19.08.1764–02.12.1828
Kaufmann in Düsseldorf

Salomon Heine
19.10.1767–23.12.1844
Bankier in Hamburg

ⓒⓓ **Betty Goldschmidt**
25.09.1777–15.01.1837

Weitere Kinder:
Isaak, Meyer, Samuel und
Henry Heine

Friederike Heine
1795–1823
ⓒⓓ
Christian Moritz
Oppenheimer

Fanny Heine
1798–1829
ⓒⓓ
Christian Wilhelm
Schröder

Hermann Heine
1804–1831

Amalie Heine
1799–1838
ⓒⓓ
Jonathan Friedländer

Therese Heine
1807–1880
ⓒⓓ
Adolf Halle

Carl Heine
1810–1865
ⓒⓓ
Cécile Furtado

Gustav (Gottschalk) Heine ⓒⓓ
1804/05(?)–15.11.1886
Offizier; Verleger in Wien

**Emilie (Emma)
Kaan von Albest**
1822–1859

Maximilian (Meyer) Heine
1805/06(?)–1879
Arzt in St. Petersburg

ⓒⓓ **Henriette
von Arendt**

Gustav Heine
1848–1899

Maximilian Heine
1849–1929

Heinrich Heine
1855–1892

Marie Heine
1847–1911

Mathilde Heine
*1859

Linie: Freiherrliche Familie von Heine-Geldern, Wien

Betty Heine, geb. van Geldern

Charlotte Embden, geb. Heine

Maximilian Heine

Gustav Heine

Salomon Heine

Mathilde Heine, geb. Augustine
Crescence Mirat

Carl Heine

Amalie Friedländer, geb. Heine

ZEITTAFEL

1797   13. Dezember (Datum unsicher): Harry Heine wird in Düsseldorf geboren. Eltern: Betty (Peira) Heine (geb. van Geldern) und Samson Heine (Tuchhändler).

1800   Ab September: Heine besucht eine Kinderschule.
18. Oktober (Datum unsicher): Geburt seiner Schwester Charlotte.

1801   Abzug der französischen Truppen aus Düsseldorf.

1803   Heine besucht die jüdische Privatschule Rintelsohn (Religions- und Hebräischunterricht).

1804   August: Aufnahme in die städtische Grundschule im ehemaligen Franziskanerkloster.
Heines Bruder Gustav wird geboren (Datum unsicher).

1806   März: Düsseldorf und das Herzogtum Berg werden von Bayern an Frankreich abgetreten, erneuter Einzug französischer Truppen.
15. Oktober (Datum unsicher): Geburt von Heines jüngstem Bruder Maximilian.

1807   September: Eintritt in die Vorbereitungsklasse des Lyzeums.

1810   April: Aufnahme in das Lyzeum.

1813   Oktober: Abzug der Franzosen aus Düsseldorf.

1814   September bis Juni 1815: Wiener Kongreß, Neuordnung Europas. Das Rheinland und Düsseldorf werden preußisch.
September: Heine verläßt das Lyzeum ohne Abgangszeugnis.
Ab Oktober: Besuch der Handelsschule von Vahrenkampf.

1815   Februar: Erste Hamburg-Reise, Besuch bei seinem Onkel Salomon Heine.
September/Oktober: Aufenthalt in Frankfurt am Main, Hospitanz in einer Bank und einer Kolonialwarenhandlung.

1816   Ab Juni: Kaufmännische Ausbildung bei Salomon Heine in Hamburg.

1817   Februar/März: Erste Gedichtpublikationen in der Zeitschrift *Hamburgs Wächter*.

1818   Mai: Eröffnung des Manufakturwarengeschäfts »Harry Heine & Comp.« mit finanzieller Unterstützung von Onkel Salomon. Die Ware stammt aus dem väterlichen Geschäft in Düsseldorf.

1819 Februar: Salomon und Henry Heine strengen ein Entmündigungsverfahren gegen ihren Bruder Samson an. Wegen dessen Zahlungsschwierigkeiten werden »Harry Heine & Comp.« und Samson Heines Geschäft aufgelöst.

Juni: Rückkehr Heines nach Düsseldorf.

August: Karlsbader Beschlüsse (Verbot der Burschenschaft, Pressezensur, Überwachung der Universitäten, Entlassung revolutionär gesinnter Professoren, Untersuchungskommission gegen »Demagogen«).

Ab Oktober: Heine studiert Rechts- und Kameralwissenschaft in Bonn. Umgang mit August Wilhelm von Schlegel, Mitgliedschaft in der Studentenverbindung »Allgemeinheit«, Arbeit an Gedichten und Byron-Übersetzungen.

November: Vernehmung durch das Universitätsgericht wegen Teilnahme an einer studentischen Kundgebung.

1820 März: Heines Eltern und Geschwister verlassen Düsseldorf und ziehen nach Hamburg, kurz darauf nach Oldesloe.

Sommer: Beginn der Arbeit an der Tragödie *Almansor*.

September: Heine wechselt an die Universität Göttingen. Letzter Besuch in Düsseldorf, Wanderung durch Westfalen nach Göttingen.

1821 Januar: Wegen einer Duellforderung wird Heine für ein Semester der Universität verwiesen und muß Göttingen verlassen (»Consilium abeundi«). Aufenthalte in Hamburg und Oldesloe.

Ab April: Fortsetzung des Studiums in Berlin. Regelmäßige Zeitschriftenpublikationen. Bekanntschaft mit Gubitz, dem Ehepaar Varnhagen, Fouqué, Hegel, Chamisso u.a.

Dezember: Heines erstes Buch, *Gedichte*, erscheint bei Maurer in Berlin.

1822 Januar: Heine schreibt die Tragödie *William Ratcliff*.

Februar bis Juli: *Briefe aus Berlin*.

Juli: Übersiedlung von Heines Familie nach Lüneburg.

August: Heine wird Mitglied im Verein für Cultur und Wissenschaft der Juden (Freundschaft mit Moser, Gans, Zunz). Reise durch den preußischen Teil Polens.

1823 Januar: *Ueber Polen*.

April: Bei Dümmler in Berlin erscheint Heines zweites Buch, *Tragödien, nebst einem lyrischen Intermezzo*.

Ab Mai: Aufenthalt bei den Eltern in Lüneburg. Reisen nach Hamburg, Cuxhaven, Ritzebüttel. In Lüneburg entsteht der Gedichtzyklus *Die Heimkehr* (u.a. mit der »Loreley«).

20. August: Uraufführung des *Almansor* in Braunschweig.

1824 Ab Januar: Fortsetzung des Studiums in Göttingen.

April/Mai: Reise nach Berlin. Auf dem Rückweg Besuch bei Immermann in Magdeburg. Beginn der Arbeit am *Rabbi von Bacherach*.

September/Oktober: Wanderung durch den Harz.

2. Oktober: Begegnung mit Goethe in Weimar.

1825 3. Mai: Heine besteht das juristische Examen.

28. Juni: In Heiligenstadt Taufe auf den Namen Christian Johann Heinrich.

20. Juli: Promotion zum Dr. jur.

August bis September: Erste Reise nach Norderney, anschließend Aufenthalt in Lüneburg. Die ersten *Nordsee*-Gedichte entstehen.

November: Heine zieht nach Hamburg. Der Plan, dort als Anwalt zu arbeiten, scheitert.

1826 Januar: Die *Harzreise* erscheint im *Gesellschafter*. Heine lernt den Verleger Julius Campe kennen.

Mai: *Reisebilder* I (*Heimkehr*, Gedichte, *Harzreise* [erweitert], *Die Nordsee* I) erscheinen bei Hoffmann und Campe.

1827 April: *Reisebilder* II (*Die Nordsee* II und III, *Ideen. Das Buch Le Grand*, Xenien von Immermann, *Briefe aus Berlin*).

April bis August: Aufenthalt in England (London, Brighton, Margate, Ramsgate). Rückreise nach Hamburg über die Niederlande (u.a. Leyden, Amsterdam) und Norderney.

Oktober: *Buch der Lieder*.

November: Heine zieht nach München und wird Mitarbeiter der *Neuen allgemeinen politischen Annalen* und anderer Zeitschriften des Cotta-Verlags. Auf der Reise u.a. Begegnungen mit den Brüdern Grimm in Kassel, Börne in Frankfurt und Menzel in Stuttgart.

1828 August bis Dezember: Italienreise (u.a. Innsbruck, Trient, Verona, Mailand, Genua, Lucca, Florenz, Bologna, Padua, Venedig).

Oktober: Heines Hoffnung, in München eine Professur zu erhalten, zerschlägt sich.

Juli: Heines Eltern ziehen von Lüneburg nach Hamburg.

2. Dezember: Samson Heine stirbt. Heine reist zurück nach München, wo die Verhandlungen über eine Fortsetzung der *Annalen* scheitern.

1829 Januar: Heine trifft in Hamburg ein.

Februar: Heine zieht nach Berlin, später nach Potsdam.

April: Platens Lustspiel *Der romantische Oedipus* mit den Angriffen auf Immermann und Heine erscheint.

Juli: Übersiedlung nach Hamburg.

August–September: Erste Reise nach Helgoland.

Dezember: *Reisebilder* III (*Reise von München nach Genua, Die Bäder von Lucca*).

1830 März: Heine zieht nach Wandsbek.

Juli: Während seines Helgoland-Urlaubs erfährt Heine von der Pariser Julirevolution.

Dezember: Heine bemüht sich vergeblich um eine Stelle als Ratssyndikus in Hamburg.

1831 Januar: *Nachträge zu den Reisebildern* (*Englische Fragmente, Die Stadt Lucca*).

Mai: *Einleitung* zu *Kahldorf über den Adel* (Streitschrift von Robert Wesselhöft). Übersiedlung nach Paris (Ankunft am 19. Mai).

August: Erster Badeaufenthalt in Boulogne-sur-mer (fortan jährliche Sommerferien dort oder in der Normandie).

Oktober: *Gemäldeausstellung in Paris* (später: *Französische Maler*) in Cottas *Morgenblatt für gebildete Stände*.

1832 Januar bis September: Artikelserie *Französische Zustände* in der *Allgemeinen Zeitung*.

Kontakt zu den Saint-Simonisten.

Mai: Hambacher Fest. Anschließend Bundestagsbeschluß: Versammlungsverbot und Verschärfung der Zensur.

Dezember: *Französische Zustände* (Buchfassung).

1833 März: *État actuel de la littérature en Allemagne* (später erweitert: *Die romantische Schule*) in *L'Europe littéraire*.

3. November: Ein Brand in der Wohnung Betty Heines vernichtet Briefe, Manuskripte, biographische Dokumente Heines und seiner Familie.

Dezember: *Der Salon*, Bd. 1 (bis 1841 insgesamt 4 Bände).

1834 März: *De l'Allemagne depuis Luther* (später: *Zur Geschichte der Religion und Philosophie in Deutschland*) in *Revue des deux Mondes*.

Oktober: Heine verliebt sich in Crescence Augustine Mirat (»Mathilde«).

1835 April: *De l'Allemagne* (Buchfassung) als Teil der ersten französischen Werkausgabe Heines.

November: *Die romantische Schule*.

10. Dezember: Der deutsche Bundestag verbietet die Schriften des Jungen Deutschland (Gutzkow, Heine, Laube, Mundt, Wienbarg).

1836 Oktober/November: Reise durch Südfrankreich (u.a. Marseille, Avignon, Lyon).

1837 April: Vertrag zwischen Heine und Campe über eine Gesamtausgabe (Laufzeit 11 Jahre).

1838 August: Wegen Bedenken Campes und Gutzkows wird das Manuskript zu Heines neuem Gedichtband (*Nachtrag zum Buch der Lieder*) zurückgezogen und bleibt ungedruckt.

November: *Der Schwabenspiegel* im *Jahrbuch der Literatur*. Der Abdruck ist durch Zensureingriffe entstellt, so daß Heine in einer öffentlichen Erklärung (21. 1. 1839) die Autorschaft ablehnt.

1839 Ab Januar: Heine erhält eine Pension von Onkel Salomon (4000 Fr.).

April: *Schriftstellernöthen. Offener Brief des* Dr. *Heine an Herren Julius Campe, Inhaber der Hoffmann und Campeschen Buchhandlung zu Hamburg* als Reaktion auf anhaltende Streitigkeiten mit seinem Verleger wegen Zensurschwierigkeiten.

1840 Ab Februar: Erneute Korrespondententätigkeit für die *Allgemeine Zeitung* (bis 1843 regelmäßig, bis 1848 gelegentlich; 1854 überarbeitete Buchfassung: *Lutezia*).

August: *Ludwig Börne. Eine Denkschrift* (unter dem gegen Heines Willen gesetzten Titel *Ueber Ludwig Börne*).

1841 Juni–Juli: Aufenthalt in den Pyrenäen (Cauterets). Anregung zu *Atta Troll*.

31. August: Hochzeit mit Mathilde.

7. September: Duell mit Salomon Strauß wegen dessen »Ohrfeigen-Lüge«, Heine wird leicht verletzt.

Dezember: Verbot des Verlags Hoffmann und Campe in Preußen (aufgehoben im Juni 1842). Heine schreibt seine ersten *Zeitgedichte*.

1842 Mai: Die große Hamburger Brandkatastrophe zerstört die Innenstadt, auch die Häuser von Betty und Salomon Heine sowie Campes Verlagsräume brennen ab.

1843 Januar bis März: *Atta Troll* in der *Zeitung für die elegante Welt*.

Oktober bis Dezember: Erste Deutschlandreise, über Aachen, Köln, Hagen, Münster, Bremen nach Hamburg (Ankunft 29. Oktober).

5. Dezember: Abschluß eines neuen Vertrags mit Campe über Heines Gesamtwerk.

16. Dezember: Ankunft in Paris. *Deutschland. Ein Wintermärchen* entsteht.

1844 April: Preußische Haftbefehle gegen Heine, Marx, Ruge und andere Mitarbeiter deutscher Zeitschriften in Paris.

Juli–Oktober: Reise nach Hamburg mit Mathilde.

Oktober: *Neue Gedichte* und *Deutschland. Ein Wintermärchen* (Separatdruck).

23. Dezember: Salomon Heine stirbt. Beginn des Pensionsstreits mit Carl Heine.

1846 Juni–September: Kuraufenthalt in den Pyrenäen (letzte Reise Heines).

1847 Januar: *Atta Troll. Ein Sommernachtstraum* (Buchfassung).

Februar: Beilegung des Pensionsstreits.

1848 Februar–Mai: Aufenthalt in einer Heilanstalt.

Februar: Februarrevolution in Paris, Frankreich wird Republik. Letzte Berichte Heines für die *Allgemeine Zeitung*.

Mai: Fortschreitende Lähmung, Heine kann nicht mehr gehen, »Matratzengruft«.

18. Mai: Eröffnung der deutschen Nationalversammlung in der Frankfurter Paulskirche.

23.–25. Juni: Niederschlagung des Pariser Volksaufstands (Juni-Massaker).

1851 Juli: Nach mehrjährigem Schweigen besucht Campe Heine in Paris. Verlagsvertrag über den *Romanzero* u.a.

Oktober: *Romanzero* und *Der Doktor Faust. Ein Tanzpoem*.

1854 23. September: Abschluß eines Vertrags über eine französische Gesamtausgabe von Heines Werken.

Oktober: *Vermischte Schriften I–III* (*Geständnisse, Gedichte 1854 und 1854, Die Götter im Exil*).

1855 Februar: *De l'Allemagne. Nouvelle Édition*.

April: *Lutèce*.

Juli: 13. Auflage des *Buchs der Lieder*.

1856 17. Februar: Tod Heinrich Heines.

Verzeichnis der Handschriften und Druckvorlagen

Die Ziffern bezeichnen die Briefnummern in diesem Band, Ziffern in runden Klammern die Nummer der Briefe in der HSA beziehungsweise im Heinrich-Heine-Portal.

1. Handschriftenstandorte

Archive, Bibliotheken

Berkeley, Judah L. Magnes Memorial Museum 115 (957)

Berlin, Staatsbibliothek zu Berlin – Preußischer Kulturbesitz 132 (1102)

Cambridge, The Houghton Library, Harvard University 5 (7), 26 (69), 46 (176), 92 (598), 110 (896), 123 (1010), 124 (1015), 137 (1175), 1139 (1185), 151 (1280), 162 (1384), 178 (1634), 180 (1647), 184 (1675)

Chantilly, Musée de Chantilly, Collection Lovenjoul 79 (511), 97 (727), 102 (851)

Cleveland, Public Library 53 (247)

Coburg, Kunstsammlungen der Veste Coburg 12 (25)

Dortmund, Stadt- und Landesbibliothek 68 (414)

Düsseldorf, Heinrich-Heine-Institut 2 (2), 3 (3), 4 (6), 13 (28), 19 (50), 22 (62), 27 (77), 29 (93), 39 (139), 50 (218), 60 (316), 112 (903), 117 (964), 126 (1043), 145 (1227), 148 (1254), 158 (1328), 161 (1373), (1444), 171 (1531), 173 (1546), 176 (1620), 182 (1654)

Abschriften durch Elise Krinitz 181 (1649), 183 (1661), 185 (1696), 187 (1699), 189 (1720), 193 (1730), 195 (1733), 196 (1739), 198 (1741)

Forlí, Biblioteca communale, Collezione Piancastelli 77 (484)

Frankfurt am Main, Bundesarchiv 88 (561)

Hamburg, Staats- und Universitätsbibliothek 18 (47), 42 (158), 147 (1247)

Köln, Historisches Archiv 93 (602)

Kopenhagen, Königliche Bibliothek 72 (442)

Krakau, Jagellionenbibliothek, Sammlung Varnhagen 24 (65), 40 (152), 44 (168), 49 (197), 51 (235), 52 (245), 57 (307), 58 (306), 62 (332), 63 (334), 64 (371), 65 (380), 67 (403), 70 (426), 78 (502), 84 (542), 100 (792), 118 (967), 131 (1099), 199 (1747)

Marbach, Schiller-Nationalmuseum, Deutsches Literaturarchiv 20 (57), 54 (275), 66 (395), 101 (843), 104 (858)

Moskau, Rußländisches Staatliches Archiv für Sozial- und Politikge-
schichte 125 (1027), 128 (1062a)*, 160 (1371)
New Haven, Yale University Library 17 (46)
New York, Leo Baeck Institute (1142)
New York, Pierpont Morgan Library 106 (866)
New York, Public Library 73 (450), 109 (882)
Paris, Bibliothèque Nationale 6 (8), 10 (17), 14 (34), 15 (37), 25 (66), 28
(89), 30 (96), 31 (98), 33 (113), 35 (122), 37 (136), 38 (138), 43 (167),
(282), 59 (312), 69 (415), 71 (434), 76 (480), 80 (523), 82 (529), 85
(543), 86 (546), 87 (553), 89 (566), 91 (597), 94 (642), 95 (657), 96 (658),
99 (743), 107 (879), 108 (880), 113 (916), 121 (998), 122 (1004), 129
(1072), 130 (1094), 134 (1127), 136 (1150), 138 (1177), 142 (1209), 144
(1217), 155 (1305), 157 (1313) 165 (1402), 168 (1444), 172 (1538), 175
(1612)
Paris, Collection Edmond de Rothschild 163 (1400), 164 (1401), 174 (1601)
Paris, Musée Carnavalet 74 (467)
St. Petersburg, Russische Nationalbibliothek 45 (173)
Weimar, Stiftung Weimarer Klassik, Goethe- und Schiller-Archiv 11 (23),
34 (117), 61 (318)
Wien, Österreichische Nationalbibliothek 152 (1281), 159 (1334)

Privatbesitz

8 (12), 21 (59), 55 (281), 75 (473), 135 (1146), 145 (1227), 146 (1232),
167 (1438), 170 (1482), 190 (1727)

2. *Verschollene Briefe (Handschriftenstandort unbekannt, die Wiedergabe
folgt der HSA oder einem älteren Druck, für den noch auf die Handschrift
zurückgegriffen werden konnte)*

1 (ob), 16 (40), 32 (100), 36 (134), 41 (156), 47 (177), 48 (179), 81 (525),
90 (570), 116 (959), 120 (973), 156 (1310), 169 (1464), 186 (1697), 191
(1728), 194 (1732), 197 (1740)

Für den Hinweis auf diesen Brief danken wir Valerij Formičev (Moskau) und
Rolf Hecker (Berlin).

3. *Als Drucke überlieferte Briefe (Handschrift unbekannt, die Wiedergabe folgt den Drucken, die in diesen Fällen die einzigen Textzeugen sind)*

7 (11), 9 (15), 23 (63), 56 (285), 83 (531), 98 (731), 103 (855), 111 (901), 114 (927), 119 (971), 127 (1060), 133 (1124), 140 (1198), 141 (1202), 143 (1215), 149 (1262), 153 (1284), 154 (1297), 166 (1411), 177 (1624), 179 (1639), 188 (1700), 192 (1729)

4. *Offene Briefe (die Wiedergabe folgt zeitgenössischen Journaldrucken)*

105 (861), 150 (1263)

Verzeichnis der Briefempfänger

Die Ziffern bezeichnen die Briefnummern

Fettgedruckte Seitenzahlen verweisen auf den Artikel im Personenlexikon

La Grange, Constance-Madeleine-Louise de, geb. Nompar de Caumont 236f.

La Rochefoucauld, François VI. Duc de 63

Las Casas, Emmanuel Comte de 181

Lassalle, Ferdinand 335, 350f.

Laube, Heinrich 9, 211, 213f., 216, 219, 231, 255–258, 280–285, 303–306, 318, 335, 338, 381–384, 387–391, 394, 396–398, 401, 403, 455, 472, 486, 488, 495, 500, **503f.**

Laube, Iduna, geb. Buddeus 284f., 305, 384, 391, 398, 455

Lebret, Albrecht 400

Lebrun, Karl August 190

Lehmann, Joseph (Pseud. Anselmi) 71, 96f., 103, 105, 113, 129, 133, 144, 167, 170

Leo, August 359

Leonardo da Vinci 191

Leske, Carl Friedrich Julius 318

Lessing, Gotthold Ephraim 77, 115, 511

Leßmann, Daniel 116, 133, 144

Levy, David 106

Levy, Joseph 34

Lewald, August 247f., 390, 333, 412, **505**

Lewald, Fanny 505

Lichnowski, Felix Fürst 528

Lieber, Franz 183

Lindner, Elisabeth, geb. Reiffinger 401

Lindner, Friedrich Ludwig 152, 184, 187, 189f., 400

Lipke, Leonhard 114, 145

Lippert, Heinrich 455

Liszt, Franz 262–264, 270, **505f.**, 518

Lottner, Friedrich August 35

Louis-Ferdinand (eigentl. Friedrich Ludwig Christian), Prinz von Preußen 527

Louis Philippe (König der Franzosen) 400, 418, 447f., 486, 510, 517, 523

Ludwig I. (König von Bayern) 152f., 187, 191, 194, 219, 513, 519

Lüpke s. Lipke, Leonhard

Luther, Martin 258, 510

Machiavelli, Niccolò 191

Mackeldey, Ferdinand 36, 53

Mäurer, German 327

Majus d. Jüngere, Johann Heinrich 144

Maltitz, Gotthilf August Freiherr von 317

Markus (Marcus), Ludwig 71, 89, 95–97, 103, 106, 110, 112, 117, 133, 144, 482, 511

Mars, Victor de 425f.

Marx-Aveling, Eleanor (Ellen, Tussy) 507

Marx, Jenny, geb. von Westphalen 327, 342, **506**

Marx, Karl 219, 327f., 342f., **506f.**, 529

Maurersche Buchhandlung 68, 273, 473

Meißner, Alfred 390

Meister, Georg Jakob Friedrich 121, 129

Menzel, Wolfgang 44, 187, 256, 273, 283, 477, 483, 486–488, 504, **508**

Merckel, Friedrich 176f., 182f., 190, 198, 229, **508f.**

Metternich, Clemens Lothar Wenzel Fürst 89, 214, 468, 508, 525

Meyer, August 124

Meyer, Heinrich Philipp Carl 124